Die Wahrheit der Religionen

von Hans Günter Steinbrech

präsentiert von Peter Boge

Bibliografische Information der Deutschen Nationalbibliothek: Die Deutsche Nationalbibliothek verzeichnet diese Publikation in der Deutschen Nationalbibliografie; detaillierte bibliografische Daten sind im Internet über dnb.de abrufbar.

© 2021 Peter Boge

Herstellung und Verlag: BoD – Books on Demand, Norderstedt

ISBN: 9783754332863

INHALT

Karl Jaspers hat einmal gesagt, daß niemand die Wahrheit hat, und daß wir alle die Wahrheit suchen. Obgleich in ihren Lehraussagen verschieden, behaupten alle Religionsgemeinschaften von sich, als einzige diese Wahrheit zu besitzen und zu lehren. Das impliziert aber einen Widerspruch, und wenn man Wahrheit nicht relativieren will, stellt sich die Frage, ob es wirklich eine Religion gibt, die ihrem Anspruch voll gerecht wird, oder ob man aus den einzelnen religiösen Lehrgebäuden jeweils nur bestimmte Sätze herausnehmen und zu einem Mosaik der Wahrheit zusammenstellen muß. Eine solche Möglichkeit wie die zuletzt genannte darf nicht ausgeschlossen werden, wenn man davon ausgeht, daß alle Religionen den gleichen Ursprung haben, jedoch falsche Überlieferungen, Fehlinterpretationen und Übersetzungsfehler zu Unterschieden in den Aussagen der einzelnen Religionen geführt haben.

Lohnt es sich aber überhaupt für den einzelnen Menschen, nach dieser Wahrheit des Seins zu forschen? Ein volles Ja kann nur die einzig mögliche Antwort sein, weil wir schließlich alle wissen wollen, welcher Sinn unserem

Leben zugrunde liegt und zu welchem Ziel wir streben. Die hier vorliegende, freilich begrenzte Bestandsaufnahme soll dem nach Wahrheit suchenden Menschen Wege zu einer Erklärung des Lebenssinnes und einer Begründung für seine Existenz aufzeigen. Wer sich mit diesem Thema beschäftigt, muß jedoch auch bereit sein, sich zunächst von aller religiösen Autorität zu lösen; nicht, um sich grundsätzlich gegen sie zu stellen, sondern um zu prüfen, ob die Aussagen und Lehrmeinungen einer betreffenden Religion auch für jedermann zu jeder Zeit und in jeder Situation akzeptabel sind.

Da wir aber auch Religionsgemeinschaften begegnen, die sich trotz scheinbarer Unausgewogenheit ihres Lehrgebäudes und offensichtlich Widersprüche gegenüber anderen Religionen auf eine göttliche Offenbarung berufen, muß auch der Frage nach der Existenz Gottes und der Möglichkeit, ihn zu erkennen, nachgegangen werden.

Die Auswirkungen der Religionen auf das alltägliche Leben konnten bei den vorliegenden Betrachtungen genauso wenig ausgeschlossen werden wie die Wesenheit des Menschen.

Vorwort des Herausgebers

Viele Jahre habe ich mit mir gerungen und die Tragik erkannt. Dieses unbekannte Werk wird ohne Zutun in den Antiquariaten verschwinden und die Erkenntnisse des Verfassers in Vergessenheit. Somit spielt die Vergangenheit merklich immer eine Große Rolle in unsere Gegenwart. Die Zusammenstellung dieses Buchs basiert, nach meinen Ansichten, aus dem störrischen Verhalten eines gelangweilten Ingenieurs, dem mehr Zuzutrauen war als diese materialistische Welt zu vermessen oder Bewertungen abzugeben.

Der klassische Dilettant zeigt hier Zusammenhänge, die auch für die ausführenden Arbeiter verständlich werden, die gerade die Grube graben, in die Ihr Auftraggeber bald selbst hineinfällt.

Ein weiteres Verlangen in mir ist es, keine weiteren Anmerkungen zu geben. Das Buch spricht für sich selbst und die Freude zur Liebe die Erkenntnisse zu teilen.

Viel Erfolg.

Peter Boge

Die Beziehungen des Menschen zur Religion sind nicht ohne Problematik, weil dabei Seinsformen angesprochen werden, die sich außerhalb der Reichweite unserer Sinnesorgane befinden. Religionen wollen und sollen uns aber den Weg zu dem weisen, was noch außerhalb der materiellen Umwelt vorhanden ist. Denn nur, wenn wir die sinnhafte, erfaßbare Welt mit dem Außersinnlichen verbinden, können wir zum universellen Kosmos und damit auch zu uns selbst finden.

Die Schwierigkeit aber, etwas ohne unsere fünf Sinne zu erkennen, bringt eine Unsicherheit zum Vorschein, die - sehen wir einmal von einer echten metaphysischen oder jener oft zur Schau gestellten heuchlerischen Fröm-migkeit ab - unsere Einstellung gegenüber einer Religion durch Angst, Gleichgültigkeit oder Gegnerschaft bestimmt. Ich wage zu behaupten, daß dem nicht so wäre, wenn wir uns die eigentliche Bedeutung des Be-griffes Religion bewußt machten. Wir würden nämlich dann wahrschein-lich sowohl unsere Einstellung zur Religion des eigenen Kulturkreises re-vidieren, als auch fremde Religionen besser verstehen. Weil wir Menschen aber allzu oft dazu neigen, Begriffsinhalte durch Schlagworte zu erläutern und damit zu verkürzen, gelangen wir zu falschen Vorstellungen und folg-lich auch zu falschen Urteilen.

Karl Marx (1818-1883) schrieb in seinem Aufsatz „Zur Kritik der Hegel-schen Rechtsphilosophie" (1843), der ein Jahr später in den „Deutsch-Französischen Jahrbüchern" abgedruckt wurde:

„Die Religion ist der Seufzer der bedrängten Kreatur, das Gemüt einer herzlosen Welt, wie sie der Geist geistloser Zustände ist. Sie ist das Opi-um des Volkes."

Entgegen dieser totalen Negation des Religionsbegriffes äußerte sich Kaiser Wilhelm I. (1797-1888) am 23. August 1876 auf dem Bahnhof zu Züllichau vor der dort versammelten protestantischen Geistlichkeit dahin-gehend, daß Religion dem Volke erhalten bleiben müsse. Zur Begründung dieses Satzes könnte man sich Arthur Schopenhauers (1788- 1860) Auffas-sung anschließen, daß Religion die Krücke für eine schlechte Staatsverfas-sung sei.

Doch sollte man sich auch überlegen, ob nicht Immanuel Kants (1 724-1804) Darstellung der Religion als die Erkenntnis aller unserer Pflichten als göttliches Gebot die moralische Belebung der Schopenhauerschen „Krücke" darstellt, oder ob wir in einer Religion die aus der uns zur Verfügung stehenden geistigen Freiheit erkennbaren Verhaltensnormen sehen, auf die wir unser Leben aufbauen und die uns Antwort geben auf die Fragen nach Ursache und Sinn unseres Seins.

Selbst für den deutschen Kaiser Friedrich II. (1194-1250), in dem die damaligen Päpste wegen seiner betont rationalen Haltung den vor dem Weltende erscheinenden Antichristen sahen, war Religion der tragende Pfeiler, der den Weiterbestand der Gesellschaftsordnung sichert. Es ist zu vermuten, daß wir Menschen die einzigen Lebewesen auf Erden und vielleicht auch im Weltraum sind, die nach dem Grund ihrer Existenz, nach dem Lebenssinn fragen können und auch fragen. Für die Suche nach einer Antwort bieten sich scheinbar zwei Wege an. Der eine Weg führt über die verstandesmäßige Erkenntnis der Problematik und stellt mit dieser Ratio den fragenden Menschen dem Kosmos gegenüber, während der zweite Weg aus einer Welterfahrung außerhalb der Ratio in unmittelbarer Erkenntnis durch reine Intuition besteht.

lm ersten Falle existiert ein großes Angebot an Systemen in Form von philosophischen Denkgebäuden auf der Basis naturkundlicher Erkenntnisse, im anderen wollen uns verschiedenartige Religionen, deren Herkunft sich mitunter im Dunkel der Menschheitsgeschichte verliert, den Weg weisen. Aber in keinem der Fälle begegnen wir einer einheitlichen Aussage, sondern müssen uns mit Widersprüchen auseinander- setzen, die aus zumindest unklaren oder unzureichenden, wenn nicht gar unrichtigen Darstellungen erwachsen sind. Aus diesem, wie ein lrrgarten erscheinenden Gewirr an Barstellungen und Gegendarstellungen gilt es, den richtigen Weg in die klare Luft der Wahrheit zu finden.

Vor dem Versuch, die wesentlichsten Aussagen einzelner Religionen darzulegen und gegen die Ergebnisse wissenschaftlicher Forschung abzugrenzen, möchte ich zunächst einige allgemeine Überlegungen über den eigentlichen Begriffsinhalt und seine Zuordnung zum Menschen anführen. Ein Blick auf die Weltkarte mit den Ausbreitungsgebieten der verschiedenen Religionen läßt das Christentum als die am weitesten verbreitete Religion erkennen. Aber auch die großen Gebiete, deren Bewohner sich zur Lehre Mohammeds bekennen, rechtfertigen für den Islam den Titel einer Weltreligion. Die gleiche Bedeutung ist dem Hinduismus sowie den Lehren von Buddha und Konfuzius zuzumessen, wenngleich sich die letztgenannten Gruppen hauptsächlich auf den ostasiatischen Raum konzentrieren. Nicht vergessen werden in dieser Aufzählung sollte das Judentum, das mit einer zahlenmäßig geringen Anhängerschaft über das ganze Erdenrund Verbreitung gefunden hat.

Neben den genannten großen Verbreitungsgebieten gibt es Landstriche, in denen verschiedene, meist regional begrenzte Religionsgruppen vorherrschen, die gewöhnlich als heidnische oder Naturreligionen bezeichnet werden, weil bei ihnen eine Offenbarung durch Gott selbst oder einen Mittler, vielfach als Prophet bezeichnet, nicht direkt nachweisbar ist. Aber schon eine solche Unterscheidung darf zu keiner Wertung führen, solange nicht geklärt ist, auf welchem Wege dem Menschen eine göttliche Offenbarung zuteil werden oder eine Gotteserkenntnis erfolgen kann.

Man darf bei der Betrachtung der verschiedenen Religionen nicht außer acht lassen, daß die sogenannten Naturreligionen, die ich treffender als regionale Religionsgruppen bezeichnen möchte, immerhin 36,6% der Weltbevölkerung ausmachen, während das Christentum als die zahlenmäßig stärkste Religionsgruppe mit allen seinen verschiedenen Konfessionsgemeinschaften nur 29% der Weltbevölkerung erfaßt hat. Auch eine solche statistische Beschreibung kann kein Wertmaßstab sein, weil sich hieraus nicht ablesen läßt, wie stark das Leben des einzelnen Menschen durch eine Religion geprägt ist, da die Bandbreite der Einstellung zur jeweiligen Religion von tiefster Frömmigkeit bis zum scheinbar totalen Nihilismus reicht.

Denn in allen Rassen, Gesellschaftsschichten und Altersgruppen sind Menschen zu finden, die sich einer Religion total verpflichtet fühlen, und andere, die für religiöse Fragen keine Antenne zu haben scheinen oder zumindest nach außen hin Gleichgültigkeit zeigen.

Im Gegensatz zur heutigen Situation waren bis in das zwanzigste Jahrhundert hinein die kulturellen und moralischen Handlungen des Menschen in erster Linie durch seinen Gottesglauben bestimmt, dessen Form und Inhalt die gesetzmäßigen Ge- und Verbote begründet haben. Auch heute noch ist der überwiegende Teil der Menschheit davon überzeugt, daß der Verstoß gegen solche Gesetze nicht nur im Jenseits Strafen nach sich zieht, sondern auch Unglück und Missgeschick im diesseitigen Leben zur Folge haben kann. Dazu kommt nicht selten noch eine direkte Bestrafung durch die menschliche Gemeinschaft, die sich bewogen fühlt, den Verstoß gegen eine religiöse Satzung im sich selbst erteilten Auftrag eines in ihren Vorstellungen lebenden Gottes rächen zu müssen.

Darüber hinaus bleibt für viele Mitmenschen unverständlich, daß bei einem gottgefälligen Lebenswandel - was man auch immer darunter verstehen mag - nicht immer irdisches Glück, sondern meist nur eine Belohnung im Jenseits in Aussicht gestellt ist. Spätestens hier beginnen dann viele Menschen an der lauteren Aussage einer Religion zu zweifeln. Solche Zweifel jedoch können nur überwunden werden, wenn die Antwort aus dem Innern des Menschen auf dem Nährboden wahrer Erkenntnis erwächst. Wo solcher Nährboden fehlt, wird aus dem Zweifel Verzweiflung;

Das Näherrücken der Kulturkreise in unserem Jahrhundert durch die technischen Entwicklungen vor allem auf dem Gebiete der Wirtschaft und der Kommunikationsmittel, sowie die damit verbundene Mobilität der Weltbevölkerung hat manchen Menschen zu einer Inventur seiner religiösen Vorstellungen veranlaßt oder gar aus dem Fundament eines echten religiösen Lebenswandels herausgerissen.

Die Verschiedenheit der Religionen läßt den Schluß zu, daß Religionen an Kulturkreise gebunden sind. Dabei ist es unerheblich, ob eine bestimmte Kultur eine bestimmte Religion hervorbringt, oder ob Religionen kulturprägend sind. Es bleibt auch abzuwarten, ob bei zunehmender Technisierung die Religionen, dem Schicksal der Kulturen folgend, zu einer wie auch immer gearteten Einheitsform zusammenschmelzen oder aber durch die Erkenntnisse der Wissenschaft alle nicht Materie bedingten Bindungen des Menschen gelöst werden. Ein Zusammenschmelzen der Religionen, die ja alle für sich alleine den Anspruch auf volle objektive Wahrheit erheben, ist aber nur möglich, wenn jede Lehre sich auf den Kern ihrer Wahrheit besinnt und sich von allem unwahren und irreführenden Ballast trennt.

Die Entwicklung von Wissenschaft und Technik hat ohne Zweifel den menschlichen Horizont erweitert. Wir sehen heute nicht nur tiefer in den Weltenraum (Makrokosmos) und in die kleinsten Bestandteile der Materie (Mikrokosmos) hinein, sondern haben auch die Aussagen anderer - vorhandener und untergegangener - Kulturkreise und Religionen zusammengetragen. Dieses gewaltige Informationsmaterial ist von uns nicht nur wissenschaftlich, sondern auch seelisch zu verkraften. Da jede Religionsgemeinschaft von sich behauptet, die einzig richtige Lehre zu vertreten, und etliche Gemeinschaften, die die Nicht-Existenz Gottes propagieren, eben falls von der Richtigkeit ihrer Thesen überzeugt sind, bleibt dem fragenden Menschen nur übrig, seine Einstellung zur Religion und damit zu Gott individuell zu überprüfen und als seine ureigene Angelegenheit zu betrachten.

Denn gerade in der Individualität wird der Mensch zur Antwort auf die Frage nach seiner Existenz und nach seinen Beziehungen zur Außenwelt, zu seinem Nicht-Ich, herausgefordert. Er muß um seiner selbst willen antworten, er muß sich verantworten. Für dieses Antworten muß der Mensch frei sein von jedem äußeren und inneren Zwang. Dazu gehört es auch, bisherige Stand- punkte gegebenenfalls zu revidieren, Gedanken zu aktivieren und Begriffe zu klären. Vor allem müssen wir zu der Frage Stellung nehmen, ob der Mensch sich wirklich frei entscheiden kann, oder ob sein Handeln nur Reaktion auf eine vorgegebene Situation ist. Denn in vielen Fällen ist unsere Entscheidungsfreiheit durch andere Menschen bedroht, oder sie wird gar eingeschränkt, wenn wir uns dem nicht widersetzen. Viel zu oft gehen wir Entscheidungen aus dem Wege und zeigen uns kompromissbereit, vor allem, wenn es um unser religiöses Verhalten geht. Dramatisch wird es, wenn wir uns zwischen göttlichen und menschlichen Gesetzen entscheiden müssen.

Die Schwierigkeit liegt hier vor allem darin, daß in den Religionen göttliche Gesetze nicht eindeutig als solche zu erkennen sind. Denn wir müssen uns klar darüber sein, daß nicht alle Lehraussagen einer Religion göttlichen Ursprungs sind. Wir sollten uns aber auch davor hüten, von einigen wenigen Fehlaussagen ausgehend, eine Religion in ihrer Ganzheit als unwahr von uns zu weisen.

Es ist einleuchtend und wird wohl von niemandem bestritten, daß es ohne Mensch keine Religion geben kann. Fraglich ist es nur in der Umkehrung. Gibt es ein wahres Menschsein ohne Religion? Was aber ist Menschsein? Was ist eigentlich Religion? Heinrich Heine (1797-1856) zum Beispieltritt für eine strenge Trennung von Religion und Wissenschaft sein. In seiner Abhandlung „von Luther bis Kant" schreibt er: „Von dem Augenblick an, wo Religion bei einer Philosophie Hilfe begehrt, ist ihr Untergang unabweislich." Für Kant ist Religion die Erkenntnis aller unserer Pflichten als göttliche Gebote. So jedenfalls äußert er sich in seiner Abhandlung: „Religion innerhalb der Grenzen der bloßen Vernunft." Der um 1800 lebende Dichter Jean Paul (1763--1825) schrieb in seiner barock verschnörkelten und bildreichen Sprache zur gleichen Fragestellung:

„ Was ist Religion? - Sprecht die Antwort betend aus: Der Glaube an Gott; denn sie ist nicht nur der Sinn für das Überirdische und das Heilige und der Glaube ans Unsichtbare, sondern die Ahnung dessen, ohne welchen kein Reich des Unfaßlichen und Überirdischen, kurz, kein zweites Universum nur denkbar wäre."

Otto von Bismarck (1815-1898) äußerte sich zum Thema „Mensch und Religion" am 8. September 1870:

„ Wie man ohne Glauben an eine geoffenbarte Religion, an Gott, der das Gute will, an einen höchsten Richter und an ein zukünftiges Leben, zusammen leben kann in geordneter Weise, das Seine tun und jedem das Seine lassen, begreife ich nicht. " -

Sucht man in einem Lexikon nach einer Erläuterung des Religionsbegriffes, so wird Religion definiert als das Wissen von einer uns beherrschenden, übersinnlichen Macht, die Gott genannt wird, und das aus diesem Wissen resultierende praktische Verhalten. An einer anderen Stelle wird Religion erklärt mit dem totalen Engagement des Menschen für eine Wirklichkeit, die als letzter und absoluter Grund erlebt wird, in der das Seiende im Ganzen transzendiert, womit die Entscheidung über den Sinn des Seienden im Ganzen fällt. Es ist jedoch falsch, Religion nur als ein gedankliches, also rationales, Anerkennen einer Gottheit zu betrachten. Denn es gehört als ein wesentlicher Bestandteil das Gefühl zur Verbundenheit mit jener Macht, die auch außerhalb unserer sinnenhaften Welt besteht. So gesehen ist Religion aber auch nicht nur als ein formelles, anerzogenes Kultverhalten zu betrachten; denn in den sakralen Handlungen soll sich der Weg öffnen zu der Erkenntnis des Seins außerhalb unserer sinnhaften Welt und eine Beziehung zum Ewigen geknüpft werden. Religion soll eine Ahnung von dem vermitteln , was wir Gott nennen.

Mit der auf einer Weltanschauung begründeten Lehre von ethischen, also von der menschlichen Gemeinschaft gesetzten, Normen im Verein mit den erkennbar gemachten Gesetzen der absoluten und ewigen Wahrheit bestimmt eine Religion Wege und Ziel des menschlichen Handelns. Der Einfluß von Weltanschauungen und Ethik aber ist die Ursache aller jener Irrtümer, die sich in religiöse Lehren eingeschlichen haben, von denen keine bisher in der Menschheitsgeschichte bekannt gewordene Religion frei geblieben ist.

Auf der Suche nach dem Ursprung des Wortes „Religion" fand ich in einem alten lateinischen Wörterbuch unter dem Stichwort "religio" folgen-de Erläuterung: `

„Religio" ist der Zustand dessen, der wiederholt mit sich zu Rate geht, um zu sehen, ob seine Gedanken und Handlungen mit menschlichen und göttlichen Gesetzen übereinstimmen.

Auf das Menschliche bezogen heißt das Gewissenhaftigkeit, auf das Göttliche bezogen bedeutet es Heilighaltung des Göttlichen, Gottesfurcht.

Diese einfache und klare Definition sollte man bei wiederholtem Lesen auf sich wirken lassen. Ich halte das Wiederholt-mit'-sich-zu-Rate-Gehen für einen wesentlichen Bestandteil religiösen Handelns. Schwierigkeit bereitet dabei jedoch die Tatsache, daß die menschlichen und göttlichen Gesetze,wie Geschichte und Gegenwart zeigen, selten miteinander in Einklang stehen. Daher ist es angebracht, die drei Begriffe Mensch, Gesetz und das Göttliche auf ihren Inhalt hin näher zu untersuchen. Damit werden die Beziehungen des Menschen zur Religion übergeleitet auf die Beziehungen des Menschen zu den einzelnen Gesetzen, die sich in göttliche und menschliche aufteilen. Doch bevor wir uns den Gesetzen als Bezugsobjekt hinwenden, ist es erforderlich, daß wir uns der Wesenheit Mensch zuwenden und versuchen, den Standort des Menschen in der Welt, also im universalen Sein, zu bestimmen.

Schon bei der Definition des Begriffes Mensch zeigen sich auf Grund der verschiedenartigen Weltanschauungen auch verschiedenartige Aussagen. Einmal wird der Mensch nur als der -- bisherige - Endpunkt der Entwicklung der Säugetierreihe gesehen, ein andermal wird er als das Ebenbild Gottes dargestellt. Dabei hat letztere Aussage zur Folge, daß in der Umkehrung Gott als Ebenbild des Menschen betrachtet werden kann. Es ist verständlich, wenn aus solcher Schlussfolgerung Gott auch menschenähnliche Eigenschaften wie Eifersucht, Güte, Strenge und andere zugeschrieben werden.

Von dem Begriff des Ebenbildes läßt sich leicht Abstand nehmen, wenn wir uns mit dem Sinn des im hebräischen Urtext der Bibel verwendeten Ausdruckes näher befassen. In diesem Text steht die Buchstabenfolge BE-ZELMW, wobei der Wortstamm ZEL mit Eindringen, Durchdringen, Wesen, Schatten und letztlich Bild wiedergegeben werden kann. Wer die Bibel nun übersetzt, steht vor der Auswahl dieser verschiedenen Wörter, deren Bedeutung bei einer Übersetzung sorgfältig abzuwägen ist. So ist meines Erachtens für eine sinngemäße Wiedergabe der Begriff Bild oder in seiner Abwandlung Ebenbild für uns Menschen doch ein bißchen hoch gegriffen. Eine Übersetzung mit Schatten würde hier eher zutreffen. Erklären wir uns als Schatten der Schöpfungsmacht, bekennen wir uns auch zu dem gewaltigen Abstand zwischen Gott und seinen Geschöpfen und vereiteln eine Umkehrung der Beziehung Bild-Ebenbild. Denn es wird wohl niemand Gott als Schatten des Menschen betrachten wollen. Aber auch die Begriffe Eindringen und Durchdringen lassen eine sinnvolle Übersetzung zu. Durch die Verschmelzung dieser Ausdrücke können wir vielleicht zu einer neuen biblischen Definition des Menschen kommen, als das Wesen, das als schattengleiches Abbild Gottes von dessen Macht durchdrungen ist, als das Wesen, in das das Göttliche eingedrungen ist. Die extremen, voneinander abweichenden Aussagen über den Menschen als Nur-Säugetier oder schattengleiches Abbild Gottes zeigen, daß wir Menschen selbst uns noch nicht eindeutig begriffen oder erkannt haben. Das Woher, Wohin und Warum unseres Seins, praktisch die Frage nach dem Sinn unserer Existenz, hat seit jeher den denkenden Menschen zur Schaffung immer neuer Denkmodelle angeregt. Sagen und Mythen sind hiervon die ersten Zeugen. Sie sind daher keinesfalls nur als kurzweilige Geschichten anzusehen, sondern sie bergen in sich bei richtiger Darstellung Aussagen über vor- beziehungsweise frühgeschichtliche Ereignisse und frühe Erkenntnisse des menschlichen Geistes, die sich bis in den Bereich der Metaphysik erstrecken. Leider, so müssen wir bekennen, ist bis heute eine vollständige Sinndeutung unserer Sagen und Mythen noch nicht gelungen, wenn auch die Forschungsergebnisse der letzten zweihundert Jahre etwas Licht in das Dunkel gebracht haben.

Das Erwachen der Menschheit läßt sich neben allen wissenschaftlichen Theorien auch aus dem Alten Testament erklären, wenn wir uns von der allgemeinen Auffassung kirchlicher Bibelinterpreten distanzieren, nach denen es sich im zweiten Kapitel der Genesis lediglich um einen zweiten Schöpfungsbericht handeln soll, der uns Gott nur noch einmal in menschlich - übermenschlicher Gestalt präsentiert; denn es fällt auf, daß bis zu Kapitel 2:4 des ersten Mosesbuches (Genesis) stets von Gott, danach aber von Gott, dem Herrn, die Rede ist. Diese Formulierung scheint weder ein Zufall noch eine schriftstellerische Eigenheit zu sein, sondern eine exakte Textübertragung. Denn auch im hebräischen Text finden wir zwei verschiedene Ausdrücke. Es sind dies die Begriffe ELOHIM und JHWH ELOHIM. Dabei ist ELOHIM im Alten Testament der Ausdruck für die reine Schöpfungsmacht. Er wird an anderer Stelle aber augh für Menschen benutzt, die sich als Wissende auf übernatürliche Mächte berufen. Das können Priester, Propheten, Magier oder Schamanen sein. Denn ELOHIM ist die Mehrzahl von ELOHE oder ELOHA und bedeutet „die Götter" oder auch Götzen. Aber auch das Wort „Quelle" ist in dem Wortstamm von Elohim enthalten, sodaß mit dieser Gottesbezeichnung auch die Quelle allen Seins angesprochen ist. Elohim bedeutet somit die Schöpfungsmacht, die aus dem unvorstellbaren Nichts das Leben geschaffen hat.

Die Buchstaben JHWH, die mit der - in der hebräischen Schrift meist fehlenden -- Vokalisierung zu den Wörtern Jahweh und Jehova werden, lassen sich mit ‚lebendes Wort' übersetzen. Die mittleren Buchstaben HW oder HU erinnern an das „unwiderrufliche Wort" der nordamerikanischen

Indianer. Doch der eigentliche Sinn ist im Anfangsvers des Johannesevangeliums wiedergegeben: Im Anfang war das Wort, und das Wort war bei Gott und Gott war das Wort. JHWH ELOHIM bedeutet dann das lebende Wort der Schöpfungsmacht, das dem Menschen Erkenntnisse vermittelt, sich dem Menschen offenbart. Die Gegensätzlichkeit des Begriffes ELOHIM zeigt sich deutlich in Kapitel 18, Vers ll des zweiten Buches Mose: „Jetzt erkenne ich, daß der Herr größer ist als alle anderen Götter."

Den Begriff HW oder HU finden wir wieder im ersten Buch Mose 1:2 bei der Übersetzung von ‚wüst und leer". Diese Übersetzung steht für TOHU-WA BOHU. Wenn auch die ursprüngliche Bedeutung dieser Wörter nicht mehr bekannt ist, ist aber doch zweimal dort die Silbe HU zu finden, die mit „Wort" zu übersetzen ist. Somit ruhte im Anfang die Erde, oder besser die Schöpfung, im Worte Gottes. Platon (427-347) würde sagen, daß zunächst die Idee der Welt vorhanden war, bevor sie ihren Anfang nahm. Denn nach Platons Auffassung sind Ideen unveränderliche, vollkommene und im Außermateriellen beheimatete Urbilder oder Begriffe. Nach der Übersetzung von I Mose 2:7 schuf Gott, der Herr, also JHWH ELOHIM, den Menschen Adam aus dem Staub der Ackerscholle, im Hebräischen aus der ADAMAH. Das aber ist die weibliche Form von ADAM.

Damit führt uns die Bibel in das von der Wissenschaft erkannte Frühstadium der Menschheit, und wir erkennen in der ADAMAH jene unsere Vorfahren, die noch ohne Wissen um die Bedeutung von Paarung und Zeugung lebten. Sie benutzten zwar schon Werkzeuge aus Holz und Stein, um ihre Umwelt zu gestalten, ordneten sich aber in tierischem Instinkt der Herrschaft der Muttertiere im Matriarchat unter. Diese Gesellschaftsform stand ganz im Zeichen der kultischen Verehrung der Erde und der Frau. Wir kennen die germanische Göttin Nerthus, deren Namen mit Mutter Erde übersetzt wird, und betrachten die kleinen, drei bis zehn Zentimeter großen Statuetten aus Knochen, Elfenbein, Holz oder Stein, die durch die starke Betonung von Brüsten, Bauch und Gesäß deutlich als Abbild der Frau zu erkennen sind.

Die eigentliche Heraustrennung des Menschen aus dem Tierreich ist in Kapitel 12:7 des ersten Buches Mose beschrieben. Das Einhauchen der Seele läßt den Menschen zum eigentlichen Menschen werden und verhilft ihm zur Erkenntnis der ersten Naturgesetze. Denn jetzt erst hat der Mensch nach dem Bibelbericht den Atem, den Geist der Schöpfung, in sich aufgenommen.

Nun konnten die ersten Kulturlandschaften oder Paradiese entstehen, in denen Menschen seßhaft wurden. Bei der im 19. Vers beschriebenen Zuführung der Tiere handelt es sich um die erste Einordnung der Tiere nach ihrer Verwendungsmöglichkeit für den Menschen als Wild oder als Haustiere. Mit ihrer neuen Bedeutung für die Verwendungsfähigkeit wurde den Tieren der entsprechende Name zugeordnet.

Das Herauswachsen des Menschen aus der Primatenreihe ist eine wissenschaftliche Erkenntnis, wenn auch der Zeitpunkt dieses Geschehens sich noch nicht scharf begrenzen läßt. So datiert man das Erscheinen des Australopithecus, des unmittelbaren Primatenvorfahren des Menschen in Afrika, auf einen etwa vier Millionen Jahre vor uns liegenden Zeitpunkt. Als erster Mensch gilt der homo errectus, der vor etwa 1,3 Millionen Jahren in Afrika und Ostasien lebte. Unter den Schädelfunden dieser ersten Menschen zeigten etliche eine eingeschlagene Basis, und viele menschliche Knochen wiesen Brandspuren auf. Das läßt den Schluß zu, daß die ersten Menschen Kannibalen waren. Nun wird auch heute der Kannibalismus unter den hierfür bekannten Stämmen nicht nur betrieben, um den Hunger zu stillen, sondern er dient in erster Linie als mystische Handlung. Das aber ist ein Hinweis auf frühe religiöse Vorstellungen. „Der Kopfjäger", so schreibt der Anthropologe Gustav Ralph von Koenigswald, „gibt sich nicht damit zufrieden, den Schädel nicht nur zu besitzen, sondern öffnet ihn und nimmt das Gehirn heraus, das er ißt, um sich dadurch Weisheit und Geschicklichkeit seines Feindes anzueignen."

Um einmal die Zeitspannen in der Entwicklung des Menschen mit der Geschichte der Erde zu vergleichen, seien die 4,5 Milliarden Jahre, die die Erde nach wissenschaftlichen Ermittlungen bestehen soll, mit dem Ablauf eines Jahres verglichen. In diesem Beispiel habe die Erde mit dem ersten Januar zu existieren begonnen. Bevor nun die ersten Spuren des Lebens vor 3,5 Milliarden Jahren erkennbar wurden, vergehen in unserem Beispiel 80 Tage. Im Kalender ist es der 20. März. Aber erst am 18. Oktober sind auf der Erde die ersten sauerstoffatmenden Lebewesen zu finden.

Das geschah vor 900 000 000 Jahren. Bis zum Auftauchen der ersten Wirbeltiere vor 470 Millionen Jahren vergehen noch einmal rund 35 Tage, und unser Kalender zeigt das Datum des 22. Novembers. Das große Zeitalter der Saurier begann vor etwa 360M.i.llionen Jahren und endete vor 180 Millionen Jahren. Damit ist in unserem Vergleichsjahr der 18. Dezember erreicht. Die ersten Menschen aber erscheinen erst zweieinhalb Stunden vor Jahresende, und die Zeitspanne von der letzten Eiszeit bis heute macht gerade 83 Sekunden aus. `

Wollte man die Erdgeschichte graphisch darstellen, müßte man, um auch den letzten Zeitabschnitt verdeutlichen zu können, einen Kreis in der Größe des Erdäquators zeichnen. Sein Umfang beträgt bekanntlich rund 40 000 Kilometer. In einer solchen Graphik erschiene das Zeitalter des Menschen mit 1,3 Millionen Jahren als eine Strecke von 11 km. Die Zeit von Christi Geburt bis heute betrüge nur 18 Meter.

In seiner Geschichte hat der Mensch immer wieder versucht, sein Wesen und seine Stellung in einem gedanklich erklärbaren Zusammenhang mit dem Kosmos zu bestimmen. Höhepunkt dieser Darstellung ist die philosophische Anthropologie. Das bedeutet zu deutsch nichts anderes als die Lehre vom Menschen. Einer ihrer markanten Vertreter, ihr Neubegründer Max Scheler (1874-1928), weist auf die Zweideutigkeit des Wortes und Begriffes „Mensch" hin. Er sieht es als selbstverständlich an, daß das als Mensch bezeichnete Lebewesen nicht nur dem Begriff des Tieres untergeordnet bleibt, sondern darüber hinaus nur eine kleine Ecke im Tierreich ausmacht, selbst wenn Carl von Linné (1707--1778) den Menschen an die Spitze der Wirbel-Säugetierreihe setzt. Doch Scheler zeigt auch auf, daß in der Sprache des Alltags dasselbe Wort „Mensch", und zwar bei allen Kulturvölkern, etwas ganz anderes bedeutet und dem Begriff des „Tieres überhaupt" aufs Schärfste entgegensteht. Damit ist im Sprachgebrauch der Völker eine klare Unterscheidung zwischen dem Menschen und dem Tier zu verzeichnen.

Der griechische Dichter Sophokles (496--406) schrieb einmal: „Vieles Gewaltige lebt, doch nichts ist gewaltiger als der Mensch." Und im achten Psalm lautet der Hymnus auf die Herrlichkeit Gottes:„Nicht wenig geringer schufst du ihn (den Menschen, Anm. d. Verf.) als einen Gott, mit Lichtglanz und Herrlichkeit kröntest du ihn."

Die Grenze des Tierreiches wurde vom Menschen überschritten, als er die Fähigkeit entwickelt hatte, zur Natur nein sagen zu können. Mit der Möglichkeit des Nein-sagen-Könnens hatte er zugleich die Fähigkeit erlangt, nach seinem Woher und Wohin zu forschen. Diese Eigenschaften machen es aber unmöglich, den Menschen als Tier zu betrachten. Vielmehr ist ihm dadurch die Aufgabe aufgezwungen, seine Lebensbasis in der Welt zu begründen und abzusichern. Aus den natürlichen Gleisen seiner tierischen Existenz herausgeschleudert, gelangte er in den Zustand einer Freiheit, die zwingend zu einer Willkür führen würde, wenn der Mensch nicht zugleich einem doppelten Zwang unterworfen wäre, nämlich sich zu entscheiden (Entscheidungszwang) und für jede Entscheidung selbst die Verantwortung zu tragen (Verantwortungszwang). Leider sind wir Menschen uns dieser geistigen Freiheit selten bewußt. Zu oft stellen wir das Ergebnis unserer eigenen Entscheidung in den Hintergrund und folgen fremden Gedanken, teils aus Gefälligkeit gegenüber unangemessenen Bitten, teils fühlen wir uns aus einer falsch verstandenen Ethik heraus zu bestimmten Handlungen ver- pflichtet oder wir folgen einer vermeintlichen Autorität. Doch nicht nur Impulsen von außen müssen wir uns erwehren. Aus uns selbst melden Triebe ihren Herrschaftsanspruch an, und darüber hinaus lassen wir uns nur zu leicht von Vorstellungen beirren, die sich mit subjektiven Gedankenbildern verbinden. Man spricht in solchen Fällen von Assoziationen. Gerade zum Erkennen der Trennungslinie zwischen dienender Nächstenliebe und der Willensfreiheit gegenüber anderen Menschen, sowie zwischen der Erfordernis maßvoller Bedienung unseres Körpers und dem Erwehren der eigenen Triebe sollten die Religionen uns eine Entscheidungshilfe geben. Um sich aber richtig entscheiden zu können, gegebenenfalls auch gegen die Lehraussage einer Religion, ist die Erkenntnis der menschlichen Wesensart unabdingbare Voraussetzung. Hierzu ist es zweckmäßig, wenn wir den Weg zu uns Menschen aus der als tot bezeichneten Materie bis eben zur Spitze der Säugetierreihe verfolgen, wo wir nach Linné zu stehen uns wähnen, indem wir stufenweise die verschiedenen medialen Verbindungen der Lebewesen zur Außenwelt betrachten.

Die unterste Stufe des mit unseren fünf Sinnen erkennbaren Bereiches unserer Umwelt bildet in dieser Betrachtungsreihe die anorganische oder nach dem allgemeinen Sprachgebrauch tote Materie. Die hier stattfindende Stoffumwandlung auf Grund chemischer oder physikalischer Einflüsse wird im allgemeinen noch nicht als Leben bezeichnet, da sie als eine passive Reaktion der Materie angesehen wird. Durch diese Stoffumwandlung als Reaktion auf die besonderen geologischen und klimatischen Verhältnisse auf unserem Planeten Erde im Laufe der ersten Milliarde Jahre haben sich Kohlenstoffverbindungen aufgebaut und Kettenmoleküle gebildet. Ein Ergebnis jener Umstrukturierungen ist die Nukleinsäure, die nach den heutigen Erkenntnissen der Wissenschaft den Informationsspeicher über die Struktur von Lebewesen darstellt. Doch über das Wie und Warum dieser Entwicklung kann unsere Wissenschaft keine Auskunft geben, so daß hier gerne von einem Zufall gesprochen wird. Dieser Begriff stammt aus der Darwinschen Theorie. Es fragt sich aber, ob dieses Wörtchen „Zufall" zum anerkannten Gott der Wissenschaft ausgerufen oder besser durch das Wort „Absicht" ersetzt wird, wenn man in Betracht zieht, daß das zu erreichende Ziel den hierfür notwendigen Ablauf vorausbestimmen kann. Eine Frage, die heute in der Quantentheorie eine große Rolle spielt und in der Parapsychologie mit dem Phänomen der Präkognition, dem Vorherwissen, angesprochen wird. Es muß einen logisch denkenden Menschen eigenartig berühren, wenn das in der Nukleinsäure vorgezeichnete Bild des Menschen, was schon lange dort vor seiner eigentlichen Existenz vorprogrammiert war, das zufällige Produkt einer verspielten Natur sein soll. Wenn heute Wissenschaftler solche unerklärbaren Vorgänge wie die Weltwerdung oder die Entstehung des Lebens als Zufall deuten, dann kann das nur als ein Eingeständnis betrachtet werden, in dem zum Ausdruck kommt, daß das Gesetz, das diesem Vorgang innewohnt, noch nicht erkannt ist und letztlich auch Zweifel bestehen, ob dieses Gesetz jemals von uns Menschen wissenschaftlich ergründet werden kann.

Im weitesten Sinne des Begriffes Leben sind auch die Vorgänge in der sogenannten toten Materie eingeschlossen, wenn wir in den einzelnen Reaktionen das Wirken einer Ordnungskraft erkennen. Im engeren biologischen Sinne bezieht sich der Begriff des Lebens auf die Tätigkeit chemischer und kolloidaler Strukturen, die sich in einem Verband zu Organen zusammengeschlossen und in höheren Lebensstufen Spezialaufgaben in dem Zellenverband des biologischen Körpers übernommen haben.

Im organischen Bereich der Materie finden wir zunächst in der untersten Stufe Lebewesen, die nicht mehr nur Veränderungen in ihrer Existenz durch äußere Einwirkungen unterliegen, sondern auch aus sich heraus agieren und reagieren. Bei diesen einfachen Handlungen kann man von einem undifferenzierten Gefühlsdrang sprechen, bei dem vermutlich Gefühl und Trieb noch nicht getrennt sind. Wir erkennen diese Art der Lebensäußerung zum Beispiel in dem Bestreben der Pflanze, zum Licht und damit zur Sonne hin zu wachsen. Bei dieser Erscheinung sprechen wir vom Phototropismus (früher: Heliotropismus). Wenn auch allgemein der Pflanze keine höhere Psyche zugestanden wird, gibt es immer wieder Forscher, die der Pflanze eine Psyche aber nicht aberkennen. So behaupten zum Beispiel die beiden amerikanischen Wissenschaftler Peter Tomkins und Christopher Bird in ihrem Buche „Das geheime Leben der Pflanzen", das im Scherz-Verlag erschienen ist, daß Blumen außer Gefühlen sogar ein Erinnerungsvermögen besitzen sollen. Auch schon der Naturforscher und Philosoph Gustav Theodor Fechner (1801-1887) schrieb den Pflanzen Empfindungen und sogar Bewußtsein zu, also die Fähigkeit, Erfahrungen, Veränderungen der Umwelt oder Beziehungen zur Außenwelt aufzunehmen und als Wissen zu speichern. Freilich darf man bei seinen Theorien nicht außer acht lassen, daß Fechner bestrebt war, durch eine idealistische Weltanschauung den Materialismus zu überwinden. Aber auch der Saudi-arabische Biologieprofessor Faisal al-Saad von der Landwirtschaftsfakultät der König-Faisal-Univensität in Dschidda will experimentell nachgewiesen haben, daß Pflanzen ein Gedächtnis besitzen und Gefühle haben, die sie jedoch nicht wie die Tiere ausdrücken können.

Bei dem genannten Tropismus der Pflanzen und festsitzenden Tiere, wie beispielsweise bei den Hohltieren, handelt es sich um Bewegungen in Richtung auf einen Reizsender. lm Gegensatz zum Tropismus spricht man von Taxis bei den durch Außenreize bewirkten und zielgerichteten Ortsbewegungen, wie wir sie bei frei beweglichen pflanzlichen und tierischen Lebewesen wie Algen, Spermatozoiden und anderen Fortpflanzungskörperchen beobachten können. Vergeblich wurde bisher bei diesen Bewegungen nach einem Rückmeldesystem zu einem zentralen Nervensystem oder einer anderen Schaltstelle gesucht. Vielleicht stehen wir hier schon ganz deutlich der nicht materiell erkennbaren Psyche als Lebensäußerung gegenüber.

Die nächsthöhere Stufe der Lebewesen, der wir vor allem bei Tieren begegnen, wird von Trieben und Instinkten beherrscht. Zu den Trieben zählen wir zunächst Hunger-, Flucht- und Sexualtrieb. Wenn Sigmund Freud (1856-1939) den Sexualtrieb besonders hervorhob, so war damit nicht nur der reine Geschlechtsverkehr angesprochen, sondern jede Art von Lustgewinn. Es soll aber auch nicht unerwähnt bleiben, daß die orthodoxe Fassung der Psychoanalyse den Menschen nicht als aus sich selbst handelnd ansieht, sondern nur von einem Reagieren auf Bedürfnisse spricht, die letztlich von Drüsen gesteuert werden. In diesen Auffassungen spiegelt sich die Denkweise des bürgerlichen Materialismus des neunzehnten Jahrhunderts wider.

lm Gegensatz zum Trieb, der ein Agieren aus dem Lebewesen selbst ist, existiert der Instinkt als Reaktion auf Impulse vom Außerhalb des Lebewesens, das auf diese Impulse mit koordinierten und arterhaltenden Bewegungen antwortet. Für solche Lebensäußerungen sind Nervenbahnen als Rückmeldesystem erforderlich. Instinkthandlungen vollziehen sich, ohne daß dem Individuum etwas von der Zweckmäßigkeit seines Handelns bewußt wird. Die Handlungen werden also außerhalb der Ratio, des Verstandes, ausgeführt. Zu den Instinkthandlungen rechnen die Verhaltensweisen bei der Nahrungssuche, der Paarung, der Flucht im Gefahrenmoment oder beispielsweise auch die beim Bau von Höhlen und Nestern.

Treten jedoch neue, unerwartete Lebensumstände ein, so versagt dieses instinktive Verhalten.

Der Entwicklungsprozeß der Lebewesen auf den Menschen hin, dessen Notwendigkeit sich nicht aus einer materialistischen Weltdeutung erklären läßt, vollzieht sich in der immer wiederkehrenden Erfahrung aus Erfolg und Mißerfolg bei der sich zwar langsam aber stetig ereignenden sinnvollen Anpassung an neue Situationen. Dieser Lernprozeß bewirkt dann letztlich die Loslösung vom Instinkt und führt zu assoziativen Handlungsweisen.

Der russische Psychologe Iwan Petrowitsch Pawlow (1849-1936) spricht in diesem Zusammenhang von einem bedingten Reflex. Bei einem seiner Versuche verabreichte er der Hinterpfote eines Hundes einen elektrischen Schock und ließ dabei gleichzeitig eine Stimmgabel ertönen. Der Hund reagierte durch Anheben des geschockten Beines. Nach etlichen Wiederholungen des gleichen Vorganges hob der Hund schließlich das Bein, auch wenn der Elektroschock ausblieb und nur die Stimmgabel tönte. Damit hatte Pawlow dem Hund einen neuen Reflex in das Verhaltensmuster ein- gefügt. Pawlow zeigte mit weiteren Versuchen, daß man die verschiedensten Reflexe in das sogenannte assoziative Gedächtnis einpflanzen oder aus ihm herausnehmen kann.

Das assoziative Gedächtnis kommt vor allem bei jeglicher Dressur zum Tragen, ganz gleich, ob mit Zuckerbrot oder Peitsche dressiert wird. Diese Dressurmethode ist auch auf den Menschen anwendbar. Man denke nur an den Drill auf dem Kasernenhof. Schon die Römer formten durch geschlossenes Exerzieren das Verhalten eines einzelnen Bauernjungen in das gleich- geschaltete Reagieren eines Standardlegionärs um. Aber nicht nur beim Militär, sondern in jeder Gesellschaftsgruppe sind assoziative Verhaltensweisen maßgeblich an deren Struktur beteiligt. Selbst das kultische Leben einer Religionsgemeinschaft ist ohne assoziative Dressurelemente nicht denkbar. Hierzu gehören zum Beispiel die Rezitation heiliger Texte, eine Morgenandacht oder ein rituelles Bad. In unserer Gesellschaft bemüht sich die Werbung ganz fleißig, assoziative Reflexe in unser Gedächtnis einzupflanzen. Eine Intensivierung dieser Methode führt schließlich zur Gehirnwäsche. Hierunter versteht man die Zerstörung persönlicher und weltanschaulicher Wertbegriffe und die gesteuerte Neuorientierung durch psychischen Druck oder Suggestion im Bereich des assoziativen Gedächtnisses. Aber auch die Anwendung von Medikamenten und Drogen ist dabei nicht ausgeschlossen. Einer wissenschaftlichen Anwendung der Gehirnwäsche bediente sich Stalin in den dreißiger Jahren. Er hatte etliche Offiziere inhaftiert. als er sich von ihnen in seiner Stellung bedroht gefühlt. In einem angesetzten Gerichtsverfahren war ausländischen Prozessbeobachtern aufgefallen, daß sich die angeklagten Offiziere verschiedener Verbrechen gegen ihr Land für schuldig erklärten, die von diesen Männern gar nicht hatten begangen werden können. Des Rätsels Lösung wurde erst nach dem Zweiten Weltkrieg bekannt. Durch eine systematische, auf geistiger Basis vollzogenen Umpolung des assoziativen Gedächtnisses waren die normalen Denkprozesse der Inhaftierten ins Wanken gebracht worden. In das durch endlose Verhöre hervorgerufene Gedankenchaos hatte man neues Wissen eingepflanzt. Wie so etwas geschieht, beschreibt George Orwell in seinem Buche„1984".

Im Koreakrieg bedienten sich die Chinesen ähnlicher Methoden bei der Behandlung amerikanischer Piloten, um diese Männer zu Propagandazwecken zu mißbrauchen. Man versuchte ihnen die kommunistische Ideologie einzusuggerieren. Wenn das assoziative Gedächtnis auch allen Arten von Suggestionen unterliegen kann, hat doch gerade das Verhalten einiger amerikanischer Gefangener bestätigt, daß der Mensch nicht unbedingt diesen Einwirkungen unterliegen muß. Denn die Zahl derjenigen ist nicht gering, die dem Druck der Gehirnwäsche widerstanden haben. Ihr Durchhaltevermögen erklären diese Menschen mit ihrem Glauben an die Grundsätze ihrer eigenen Individualität, die ihre Basis im Glauben an ein transzendentes Sein haben kann. Ihr Vertrauen in Religion, Heimat, Freunde und Eltern, sowie ihre Hoffnung auf eine Rückkehr in die Heimat sind als Ursachen ihres Durchhalteerfolges anzusehen. Dazu kam der Glaube an die Möglichkeit, alle Strapazen überleben zu können, wenn genügend geistige Kräfte vorhanden sind, um ihre bedingten Reflexe, also das assoziative Gedächtnis,nicht dekonditionieren zu lassen.

Mit dieser Haltung tritt das dem Menschen eigene Prinzip der Willensfreiheit zutage, das sich jedem Versuch einer funktionellen Darstellung widersetzt. Daher läßt sich die Reaktion einer Lokomotive leichter voraussagen als die des Lokführers. Die einzige gesetzmäßige Voraussage funktioneller Reaktionen im menschlichen Leben bieten statistische Angaben über das Verhalten einer Menschenmasse. Dieses Verhältnis drückt Sir Arthur Conan Doyle (1859-1930) durch die Worte seiner Romanfigur Sherlock Holmes aus, indem er ihn zu seinem Gehilfen Dr. Watson sagen läßt: „Wenn auch der einzelne Mensch ein unlösbares Rätsel ist, so wird er doch in der Masse zu einer mathematischen Gewißheit. Man kann niemals voraussagen, was ein bestimmter Mensch tun wird, aber man kann mit

Gewißheit sagen, wie eine durchschnittliche Anzahl von Menschen sich verhalten wird. Das individuelle Verhalten ist variabel, aber Prozentsätze bleiben konstant." Besser läßt sich, glaube ich, die Individualität des Menschen nicht beschreiben.

Während bei Mensch und Tier das assoziative Gedächtnis den Instinkt zurückdrängt, bleibt der Trieb in seiner Kraft bestehen. Dieser Trieb ist nichts anderes als der von Platon in seinem , ,Gastmahl" beschriebene Eros. Die Trennung des Triebes vom Instinkt bedingt die dem Menschen eigene Maßlosigkeit. Solange beispielsweise der Sexualimpuls mit der Brunstzeit in der Rhythmik der Natur eingebettet ist, ist er ein Diener des Lebens. Im Gegensatz zum Hedonismus, der die Lust als das höchste Gut und Ziel des sittlichen Handelns darstellt und den Menschen auffordert, in allen Handlungen und Verhaltensweisen nach Lust zu streben, zeigt Scheler, daß, wenn das Triebleben vom Menschen prinzipiell als Lustquelle genutzt wird, dies eine späte Dekadenzerscheinung in seinem Leben ist. Scheler schreibt: „Die rein auf Lust gerichtete Lebenshaltung stellt eine ausgesprochene Alterserscheinung des individuellen wie des Völkerlebens dar." Die Isolation des Triebes aus dem Instinktverhalten kann so ungeheuerliche Formen annehmen, daß man mit Recht gesagt hat, daß der Mensch stets mehr oder weniger als ein Tier sein könne, aber niemals ein Tier selbst.

Ein Meilenstein in der Entwicklung der Lebewesen zum Menschen hin ist auch das Innensystem höher entwickelter Lebewesen, das unablässig unterschiedliche Krankheitserreger wie beispielsweise körperfremde Eiweißstoffe, wozu Bakterien und Viren zu rechnen sind, bekämpft und vernichtet. Damit wird das individuell Einmalige jedes Einzelwesens und seine Existenz gesichert. Nachteil dieses Systems sind freilich die sich zeigenden Probleme bei der Organtransplantation. Letztlich ist aber auch daran zu erkennen, daß jedes höhere Lebewesen ein einmaliges Individuum darstellt, was schließlich die Grundlage für das Ich - Bewußtsein des Menschen ist. Worauf wir Menschen uns am meisten einbilden, ist unsere Intelligenz. Jeder möchte nicht nur intelligent sein, sondern auch noch intelligenter als seine Mitmenschen. Jemandem fehlende oder geringe Intelligenz nachzusagen, gilt als Beleidigung. Aus dem lateinischen Wortschatz kommend, bedeutet Intelligenz soviel wie Einsehen oder Verstehen. Wir verstehen unter einem intelligenten Menschen jemanden mit schneller Auffassungsgabe und ausgebildeten geistigen Fähigkeiten. Die Individualität des Einzelwesens bedingt jedoch eine ungleiche Intelligenz. Versuche, Intelligenz zu messen, sind bisher gescheitert. Der französische

Psychologe Alfred Binet (1857-1911) entwickelte mit dem Arzt Thomas Simon zusammen ein Verfahren, um bei Kindern zwischen drei und fünfzehn Jahren die intellektuelle Leistung feststellen zu können. Anlaß zu diesen Überlegungen war die Erfahrung, daß Kinder verschieden schnell und in unterschiedlichem Alter ihre Aufnahmelitthigkeit entwickeln. Dabei legte Binet großen Wert darauf, daß die Testergebnisse niemals eine numerische Auswertung erführen, und klassifizierte die untersuchten Kinder immer nur als durchschnittlich, überdurchschnittlich oder unterdurchschnittlich. Erst der deutsche Psychologe William Stern (1871-1983) entwickelte das Binetsche System weiter und führte den Begriff des Intelligenzquotienten (IQ) ein. Dieser Intelligenzquotient ist das Hunndertfache des Verhältnisses von Intelligenzalter zu Lebensalter:

IQ = 100 X   Intelligenzalter / Lebensalter

In der praktischen Anwendung würde ein sechs jähriges Kind den Intelligenzquotienten 100 erhalten, wenn es die für sein Alter bestimmten Fragen (Intelligenzalter) vollständig beantwortet. Dann ist sein

IQ = l00 X 6 / 6 = 100.

Ein Zehnjähriger, der nur die Fragen für ein fünf jähriges Kind beantworten kann, besitzt einen IQ von 50. (IQ = 100x 5/10). Diese absoluten Maßzahlen sind aber bei weitem kein objektiver Maßstab; denn sonst müßte das sechsjährige Kind unseres Beispiels doppelt so intelligent sein wie das zehnjährige in unserem Beispiel und genauso intelligent wie ein fünf jähriges, das alle ihm zugerechneten Fragen richtig beantwortet und damit einen IQ von 100 erreicht hat. Das aber ist offensichtlich ein Trugschluß.

Bei Mensch und Tier läßt sich Intelligenz erkennen, wenn eine zu erfassende Situation nicht nur für die Tierart neu, sondern auch in ihrer Art nicht typisch ist (artneu und atypisch). Außerdem muß diese Situation auch für das einzelne Individuum ein neues Problem aufwerfen, das von ihm zu lösen ist. Ein solcher Fall liegt beispielsweise vor, wenn man einem Affen eine Banane außer Reichweite vor das Käfiggitter legt. Um in den Besitz der begehrten Frucht zu gelangen, wird der Affe sich einen Stock nehmen, sich also eines Werkzeuges bedienen. Eine solche Handlung ist Ausdruck praktischer Intelligenz. Es gibt aber Theoretiker, die dem Tier eine Intelligenz völlig absprechen und diese alleine dem Menschen zugestehen wollen. Völlig gegensätzlich hierzu steht die Auffassung der Evolutionisten aus der Schule Charles Robert Darwins (1809- 1 882) und J ean-Baptiste de Monet, Chevalier de Lamarcks (1744--1829), die einen

Wesensunterschied zwischen Mensch und Tier ablehnen, da Intelligenz in beiden Fällen erkennbar ist. Sie weisen den Menschen als homo faber, als Handwerker, aus. Wäre Intelligenz als oberstes Wesensmerkmal gegeben, könnte man dieser Theorie zustimmen, weil selbst eine bis ins Unendliche (wenn es das gäbe) gesteigerte Intelligenz keine Unterscheidung zwischen Mensch und Tier zuläßt.

Beim Menschen aber, und nur bei ihm, begegnen wir noch einem weiteren Wesensmerkmal, das sich in dem Verlangen ausdrückt, das Gegensätzliche zu suchen. Man nennt es schöpferischen Drang oder Kreativität. Auch das Streben zum Außermateriellen, wie es sich in den Religionen widerspiegelt, läßt sich als ein Suchen nach dem Anderssein unserer Sinnenwelt erklären. Dieses kreative Potential ist nun nicht bei allen Menschen gleich stark mobilisiert. Es liegt vielfach eingemottet oder gar verkümmert in den Polstern eines Übermaßes an Konsumgütern. Ich möchte drei Sprichwörter anführen, die diese Situation zwar mit anderen Ausdrücken, aber inhaltlich gleich gut darstellen: Müßiggang ist aller Laster Anfang - Not lehrt beten - Not macht erfinderisch Müßiggang haben wir in den Wohlstandsgesellschaften. Er erzeugt Trägheit und schließlich Stumpfsinn. Laster ist das Meiden kreativen Tuns. Not ist eine Entscheidungssituation, die den Menschen die Verbindung zum absoluten Sein suchen läßt und die kreativen Kräfte mobilisiert.

In der Kreativität verläßt der Mensch das Rationale und wendet sich dem Irrationalen zu. Dabei kommt eine Verbindung mit dem Unterbewußtsein zustande, die vor allem bei phantasiebegabten Menschen festzustellen ist. Die Stärke der Verbindung zum Unterbewußtsein bedingt, daß das Schöpferische einmal sich als spontane Eingebung, als sogenannter Geistesblitz, zeigt, ein andermal aber sich erst als Ergebnis zähen Ringens erweist. So definierte Thomas Alva Edison (1847-1931), dem die Erfindung der Glühbirne nur durch Hunderte von mühseligen Experimenten gelang, eine kreative Tat mit einem Prozent Inspiration und neunundneunzig Prozent Transpiration. Testergebnisse sagen aus, daß Kreativität nicht in einem funktionalen Zusammenhang zur Intelligenz steht. Das heißt, daß ein intelligenter Mensch nicht unbedingt kreativ sein muß, und umgekehrt, daß ein kreativer Mensch sich nicht durch ein besonderes intelligentes Verhalten ausweisen muß.

Doch der kreativen Kraft steht ein großes psychologisches Hindernis entgegen. Es ist die individuelle Angst des Menschen, mit seiner Erkenntnis oder seinem Wollen auf andere zuzugehen, und die Angst der damit verbundenen Möglichkeit einer Ablehnung. Diese Angst läßt sich überwinden, wenn wir unsere Fantasie schulen und uns mehr mit unseren Träumen beschäftigen, die uns Meldungen aus dem Unterbewußtsein übermitteln. Das ist eigentlich eine Grundaufgabe für uns Menschen. Denn es ist der eigentliche Weg, unser kreatives Potential zu mobilisieren, was letztlich heißt, Mensch sein.

Auf den Wesensunterschied zwischen Mensch und Tier wiesen die Griechen des Altertums hin, als sie den Begriff der Vernunft (griechisch: nous) einführten. Damit ist im Unterschied zur sinnlichen Wahrnehmungsfähigkeit ein geistiges Erfassen gemeint, das zunächst bei Parmenides (ca. 540-480) mit seinem ‚noein'' Denken und Erdachtes enthielt. Was geistig erfaßt wird, muß auch existieren. Nichtseiendes ist auch nicht denkbar. Bei Aristoteles (384 -322) wurde das Vernünftige zum letzten Prinzip der Organisation des Seins. Kant schrieb hierzu: „Nun ist aber die wesentlichste Naturanlage des Menschen die Vernunft oder sein Vermögen, sich frei von der Nötigung des Instinktes aus eigener Einsicht zum Handeln oder Unterlassen zu bestimmen. „Das ist wiederum nichts anderes als die dem Menschen eigene Willensfreiheit. Fassen wir nun den Vernunftbegriff mit den Begriffen wie Güte, Liebe, Reue, Ehrfurcht, Seligkeit und Verzweiflung zusammen, so haben wir das, was Scheler treffend mit Geist bezeichnete. Denn so ist in dem Begriff Geist alles zusammengefaßt, was in der materiellen Welt nur beim Menschen zu erkennen ist und als wesentliches Unterscheidungsmerkmal gegenüber dem Tier gilt.

Nach diesem Rückblick auf die Entwicklungsgeschichte der Lebensäußerungen auf unserem Planeten kann man zusammenfassend drei verschiedene Seinsarten erkennen: den leblosen Bereich der Materie, dann den Lebensbereich zwischen Gefühlsdrang und praktischer Intelligenz, der Trieb, Instinkt und assoziatives Handeln einschließt (Eigenschaften also, die Mensch und Tier gemeinsam haben), und drittens den Bereich des Geistigen, ein vom Organischen unabhängiges Daseinszentrum.

Die zuletzt genannte Art des Seins trifft unseres Wissens nach nur auf den Menschen zu, der im Gegensatz zum Tier alleine in der Lage ist, abstrahieren zu können. Während nämlich der Mensch werten und Mengen zahlenmäßig bestimmen kann, hat ein Tier nur vage Mengenvorstellungen, die jeweils an der Gestalt oder Gruppierung hängen bleiben. Beispielsweise sieht der Hund den Wald als Ganzes, gegebenenfalls mit der Assoziation „Reh- jagen". Der Mensch hingegen ist in der Lage, die Zahl der Bäume zu bestimmen, den wirtschaftlichen Wert einzuschätzen und die Bedeutung des Waldes für die Umwelt zu erkennen. Auch die „Erleuchtung" Buddhas (um 560 bis 480) ist ein Beispiel für die menschliche Fähigkeit der Abstraktion. Durch seinen reichen Vater stets von allen negativen Eindrücken dieser Welt ferngehalten, begegnete Buddha eines Tages einem Armen, einem Kranken und sah einen Toten. Aus der Abstraktion dieser drei Einzelheiten entstand für ihn ein neues Weltbild, das zur Grundlage seiner Lehre wurde.

Kein Tier, auch nicht der intelligente Schimpanse, hat sich je die Frage vorgelegt, wer er eigentlich ist. Ihm ist die Möglichkeit solchen Tuns einfach verschlossen. Der Mensch ist in der Anthropologie zugleich Subjekt und Objekt. Er stellt die Frage und fragt nach sich selbst. Dadurch gelangt er zu einer Lebensäußerung, die sein eigenes Handeln bestätigt. Das ‚cogito, ergo sum" von René Descartes (1596-1650), dieser Schluß des eigenen Seins aus der Denkfähigkeit, wäre hier umzuwandeln in ein ‚quero, ergo ens spiritusum", was soviel heißt wie: Ich frage, folglich bin ich ein Wesen mit Geist.

Der Wesensunterschied zwischen Mensch und Tier ist auch an der Verschiedenartigkeit im aggressiven Verhalten zu erkennen. In der Auseinandersetzung mit seinen Artgenossen handelt nach unserem Sprachgebrauch human, wer seine Handlungen auf das Erreichen eines bestimmten Zieles richtet und den Einsatz der ihm zur Verfügung stehenden Mittel auf das notwendigste Maß beschränkt. Im anderen Falle spricht man von einer bestialischen Handlungsweise. In der Tierwelt wird diese Forderung der Humanität eingehalten, indem der stärkere Artgenosse den schwächeren auf einen anderen Platz in der Rangstufe zurückdrängt, ihn aber nicht vernichtet oder auf Dauer schädigt. Für dieses Verhalten ist dem tierischen Angriffstrieb ein Hemmechanismus eingebaut, der dann in Funktion tritt, wenn die Gefahr besteht, daß der Gegner den Kampf nicht überleben würde. Bei Wölfen beispielsweise funktioniert die Beißhemmung, wenn der Unterlegene seine Kehle ungeschützt dem Stärkeren darbietet. Der Sieger gibt sich dann mit dem Augenblickserfolg zufrieden. Das ist deswegen möglich, weil ihm das abstrakte Denkvermögen fehlt, das ihm vor Augen führen würde, daß morgen der heute Unterworfene den Sieger erneut zum Kampfe herausfordern und vielleicht besiegen kann. Der Mensch aber kalkuliert auf Grund seines Geschichtsbewußtseins auch das Morgen ein. Aus Angst vor einer neuen Auseinandersetzung, die für ihn ja einen negativen Ausgang haben kann, ist der Mensch bestrebt, seine durch den augenblicklichen Erfolg gefestigte oder errungene Position über das derzeit Notwendige hinaus auf Dauer zu erhalten. Zur Erreichung seines Zieles ist er sogar fähig, die auch bei ihm vorhandene natürliche Tötungshemmung sowohl im einzelnen Mordfall als auch im kriegerischen Massenmord zu überwinden, wobei die Inversion der Begriffe „human" und „bestialisch" klar zutage tritt. Die kriegerischen Auseinandersetzungen der Menschen können somit auch nicht mehr, wie es gerne dargestellt wird, als ein natürliches Regulativ betrachtet werden, weil sie stets der freien menschlichen Entscheidung unterliegen und von abstrahierten Handlungsweisen bestimmt werden.

Während also das Tier mit seiner und in seiner Welt besteht, existiert der Mensch durch sein Geschichtsbewußtsein auch gegenüber der Welt. So gesehen ist die aus dem Darwinismus kommende Vorstellung, der Mensch sei ein Tier mit Verstand, unzutreffend und von der wissenschaftlichen Biologie widerlegt. Wenn der Mensch auch körperlich aus dem Tierreich herausgewachsen ist, so ist er doch kein Affe mit Überbau, bei dem sich n u r durch die Ausbildung des Großhirns der aufrechte Gang, die Sprache, die Fantasie und die Fähigkeit zur Abstraktion entwickelt haben. Mit diesen Anlagen hat er aber die Schwelle zum Geistigen überschritten. Ein Vergleich mit der Tierwelt zeigt, daß die Entwicklung des menschlichen Embryos sich schon früh aus der tierischen Entwicklungsreihe gelöst und einen eigenen Entwicklungsweg beschritten hat. So bezeichnet der Baseler Zoologe Adolf Portmann (geb. 1897) den menschlichen Säugling als eine physiologische Frühgeburt, da er, biologisch gesehen, ein Jahr zu früh auf die Welt komme. Für diese Erkenntnis spricht der notwendige Reifeprozeß des Neugeborenen durch den sozialen Kontakt im ersten extrauterinen Jahr. Das Fehlen eines solchen Kontaktes erklärt die Heimschäden von Säuglingen, die erst zur Adoption kommen, nachdem sie über Monate hinaus in Heimen auf ihre Adoptionsfähigkeit hin getestet wurden. Durch diese bürokratische Einrichtung wird bei diesen Kindern der menschliche Reifeprozeß gestört, was sich sehr nachteilig auf die seelische Entwicklung des Kindes auswirkt.

Es gilt festzuhalten, daß die biologisch-anthropologische Forschung eine Sonderstellung des Menschen in der Natur festgestellt hat. Danach unterliegt der Mensch zwar dem Einfluß lebensäußernder Körperfunktionen, doch ist seine Individualität letztlich von seiner geistigen Substanz geprägt. Durch seine Willensfreiheit ist er, solange er nicht durch eine Dressur im assoziativen Bereich gefesselt ist, auch nicht nach Charaktergruppen katalogisierbar. Wir haben uns von Conan Doyle sagen lassen, daß das Individuum Mensch in einer bestimmten Situation völlig anders handeln kann als in der gleichen Situation zu einem anderen Zeitpunkt. Das hat jedoch keinen Einfluß auf die Möglichkeit, seine freie Individualität selbst in eine Charakterschablone einzuengen, die wir Persönlichkeit nennen. Dieser Begriff hängt mit dem griechischen „persona' zusammen und bedeutet dort Maske. Solche Masken wurden im griechischen Theater getragen. Heute setzt man den Begriff Persönlichkeit gleich dem Erscheinungsbild. Hinter ein solches Erscheinungsbild flüchtet nämlich mancher, damit es ihm als Charakterkorsett dienen kann. Nach den Erkenntnissen der Psychologie entfremdet sich ein Mensch, der sich immer wieder mit seinem Erscheinungsbild, seiner Persona, identifiziert, von seinem wahren Selbst und wird zum Schauspieler seiner eigenen Rolle.

Wir Menschen sind nicht nur bestrebt, unser Weltbild so auszurichten, wie wir es gerne hätten, sondern wir wollen auch uns selbst und unsere Mitmenschen so sehen, wie wir es wünschen. Dabei kümmert es uns auch nicht, daß wir bei dieser Auffassung den Boden der Tatsachen verlassen unduns von der Wahrheit distanzieren. So bequem auch diese Einstellung sein mag, ihre Konsequenzen sind katastrophal. In Bertolt Brechts (1898-1956) „Leben des Galilei" heißt es: „Wer die Wahrheit nicht weiß, ist ein Dummkopf; aber wer sie weiß und eine Lüge nennt, ist ein Verbrecher." Die Lehre Zarathustras (um 630 bis um 553) bezeichnet eindeutig den, der die Lüge der Wahrheit vorzieht, als gottlos. Wenn wir uns so gegenüber der Welt ins Abseits stellen, indem wir in ein festes Persönlichkeitsbild flüchten, Mitmenschen nur so sehen, wie wir sie sehen möchten, und gar das eigene Weltbild unserem Wunschdenken anpassen, lösen wir unseren Verstand von der Wirklichkeit und leben ein Leben in Lüge.

Mit der Möglichkeit der Abstraktion, des Erkennens eines Dinges an sich, gelangt der Mensch zu der Fähigkeit des wissenschaftlichen Arbeitens und des Erkennens von Gesetzmäßigkeiten. Dieses Vermögen ist aber genau das, was der Lateiner mit dem Ausdruck , 'religio" belegt hat. In dem geisti- gen Daseinszentrum, das wir Menschen doch nur durch die „religio" entdeckt haben, können wir die Welt in der Abstraktion erfahren und einen letzten, absoluten Grund erkennen, den wir Gott, Schicksal, Vorsehung oder fälschlich auch Natur nennen. Neben der Kreativität, die uns Menschen gegen das Tier abhebt, besitzen wir durch den Geist die Fähigkeit, uns selbst von einem Zentrum jenseits aller raumzeitlichen Welt zu beobachten. Durch unsere Vorstellungswelt sind wir alleine der Ironie und ebenso des Humors fähig. Religion ist somit in der umfassendsten Bedeutung dieses Begriffes nicht nur zielgerichtetes Verhalten auf Gott hin, sondern gleichfalls das den Menschen vom Tier unterscheidende Wesensmerkmal, das den Menschen dem gesamten Kosmos, der sinnenhaften Materie und dem geistigen Sein gegenübergestellt und dann mit letzterem vereinigt.

Aus den bisherigen Ausführungen müßte zu erkennen sein, daß das angesprochene geistige Zentrum des Menschen nicht Teil der mit unseren Sinnen erfaßbaren materiellen Welt sein kann, sondern außerhalb davon zu lokalisieren ist. Mit dieser Erkenntnis aber überschreiten wir eine Schwelle, an der die Unfähigkeit des menschlichen Ausdruckes beginnt. Ab hier reichen unsere fünf Sinne für einen medialen Kontakt nicht mehr aus, ja, sie versagen sogar, wodurch alle gedanklichen Äußerungen aus jener Sphäre nur in Umschreibungen, also in einer versuchten Übersetzung transzendenter Erkenntnisse in unsere Begriffswelt, in unser Tagesbewußtsein gelangen können.

Die Übertragungsschwierigkeiten transzendenter Erkenntnisse in unseren Sprachbereich ist auch die Ursache so vieler Mißverständnisse, vor allem im religiösen Bereich. Wie oft fehlen uns einfach die Worte, wenn wir große Freude, tiefe Trauer oder die Erfahrung der Liebe zum Ausdruck bringen wollen. Man erlebt auf einmal einen Zustand, der, wie wir dann zu sagen pflegen, ‚ganz anders' ' und ‚nicht zu beschreiben" " ist. In einem seiner Werke, den „Ideen zur Geschichte der Menschheit" schrieb Johann Gottfried von Herder (1744-1803): „Alles ist in der Natur verbunden. Ein Zustand strebt zum anderen und bereitet ihn vor. Wenn also der Mensch die Kette der Erdorganisationen als ihr höchstes und letztes Glied schloß, so fängt er auch eben dadurch die Kette einer höheren Gattung von Geschöpfen als ihr niedrigstes Glied an; und so ist er wirklich ein Mittelding zwischen zwei ineinandergreifenden Systemen der Schöpfung."

Wenn wir uns ein richtiges Bild vom Menschen machen wollen, dürfen wir nicht bei seiner biologischen Entwicklung verharren. Ohne Zweifel teilen sich aber hier die Anschauungen. Eine Gruppe begnügt sich mit der Auffassung, daß der Mensch nur ein Produkt der Materie sei, und verneint die Auffassung der zweiten Gruppe, die eine rein geistige Komponente des Menschen im metaphysischen Bereich verwurzelt sieht. Wie weit unser Wissen in den rein metaphysischen oder außermateriellen Bereich des Seins hineinragt, soll in den nachfolgenden Kapiteln näher untersucht werden; denn nur dann, wenn wir jene außermaterielle Komponente des Menschen anerkennen können, ist es sinnvoll, notwendig, aber auch erst möglich, die Bedeutung der Religionen zu begreifen.

Politische, wirtschaftliche und regional abhängige Lebensbedingungen ließen den menschlichen Geist die unterschiedlichsten Kulturen formen und Religionen mit voneinander abweichenden Aussagen prägen. Ursprünglich symbolische Handlungen erstarrten zu Kulten und sind nur noch Ausweis für die Bindung an eine Religionsgemeinschaft, die als Vereinigung ihren rechtlichen und institutionellen Charakter stärker als ihre transzendente Aussage betont. Das Kennenlernen anderer Religionen hat dazu geführt, Religionen als ein allgemein menschliches, wenn auch geschichtlich verschiedenartiges Erscheinungsbild anzusehen.

Im modernen Schulunterricht begegnen wir heute mitunter statt des konfessionellen Religionsunterrichtes dem Fach Ethik. Diese Entwicklung kennzeichnet das Unvermögen der einzelnen Konfessionen, sich den wahren, aus echtem religiösen Verhalten gewonnenen Erkenntnissen zu öffnen. Statt dessen werden zumeist nur traditionsgebundene, aber damit nicht unbedingt wahre Lehraussagen propagiert, oder man gibt vor, eine Ethik zu lehren, die jedoch nur oberflächlich einen Lehrwert besitzt, weil ihr jegliche fundamentale religiöse Erkenntnis fehlt. Ethik ist kein Religionsersatz und durchaus nicht das Instrument, mit dem die Fragen nach Sinn und Ziel unseres Lebens beantwortet werden können. Ethische Handlungen sind der jeweils vorherrschenden allgemeinen Meinung angepaßte Tätigkeiten, die entsprechend ihrer Zweckmäßigkeit manipuliert werden können. Todes- strafe, Abtreibung und Kriegsdienstverweigerung sind Beispiele, an denen man erkennen kann, wie schwankend ethische Normen sein können, wenn eine Gesellschaft nach vorherrschenden Meinungen deren Wert bestimmt. Die eigentliche Beurteilungsgrundlage, die absolute und immer gültige Wahrheit, bleibt bei diesen nach sogenannten ethischen Gesichtspunkten gefällten Entscheidungen im Hintergrund. Letztlich ist aber eine gültige Antwort auf unsere Lebensfragen nur aus der tiefen religiösen Erkenntnis heraus möglich. Papst Paul Johannes II. drückte dies auf seiner Deutschlandreise am 15. November 1980 so aus: „Nicht, was die öffentliche Meinung sagt, ist wichtig; wichtig ist, was der Wille Christi ist."

Zweifellos erfahren wir bei unseren Entscheidungen eine Ohnmacht gegenüber einer Kraft, der wir uns in der Erkenntnis der eigenen Schwäche unterordnen. Diese Kraft versuchen wir Menschen uns -- je nach dem Ausmaß unserer sinnenhaften Befangenheit - vorzustellen. Dieser Vorstellung kann ein Fetischzauber entsprechen, ein imaginärer Supermensch oder ein anderes, körperlich vorstellbares Wesen, das vielleicht als Weltraumfahrer von einem fremden Stern zu uns kommt. Es können aber auch die Allmacht einer Partei, der Einfluß der Sterne, die verschiedensten Götter, wie wir sie aus der Antike kennen oder ein Orakel das Objekt unserer Vorstellung sein; wir haben jedoch auch die Fähigkeit, uns jenes Wesens bewußt zu werden, das als Ursprung von allem in totaler Unabhängigkeit als „ens absolutum", als das total unabhängige Sein, nach christlichem Sprachgebrauch als Gott, der Herr, oder nach Christi Worten als „Unser Vater" bezeichnet wird.

Wie wir diese Kraft letztlich personifizieren, liegt in unserer eigenen Entscheidungsfreiheit, jenem Hauptmerkmal unserer menschlichen Existenz. Hier kann kein anderer Mensch uns helfen. Hier sind wir auf uns selbst angewiesen und total gefordert. Die uns in dieser Situation bewusst werdende eigene Ohnmacht und das hieraus resultierende Streben nach Überwindung dieses Zustandes ist letztlich die Antwort des Menschen auf den göttlichen Anruf. Es ist der aus der religiösen Haltung erwachsende Glaube.

Alle Religionen behaupten von sich, daß allein ihre Lehre die volle Wahrheit verkündet. Mit gleichem Anspruch stehen daneben die verschiedensten philosophischen Denkgebäude. Mit allen diesen Systemen muß sich der kritische Mensch auseinandersetzen. Denn auch das Streben der Philosophie und damit das Streben allen wissenschaftlichen Denkens ist zunächst auf die Suche nach Wahrheit ausgerichtet. Da hierbei zwischen dem denkenden Verstand und der zu untersuchenden Wirklichkeit zu unterscheiden ist, kann das Problem der Wahrheitsfindung nur gelöst werden, indem eine Übereinstimmung zwischen Verstand und Wirklichkeit herbeigeführt wird.

Wahrheit ist aber weder unbedingt das, was wir Menschen nach demokratischen Spielregeln durch Mehrheitsbeschluß für richtig erklären, noch das, was diktatorisch von einem einzelnen oder einer kleinen Gruppe als unanzweifelbar verkündet wird. Der alles umfassende Begriff der Wirklichkeit, der das reale Sein und auch das Nicht-Sein mit einschließt, bezieht sich nicht nur auf die Gegenwart, sondern auch auf die Zukunft und die Vergangenheit und enthält das zeitlos Abstrakte der Mathematik genauso wie das überzeitlich Ewige in der religiösen Erfahrung.

Im Gegensatz zu dieser Darstellung wird im Perspektivismus, nach dessen Lehre die Erkenntnis des Menschen nicht absolut sein kann, das Sein und damit die Wahrheit nur aus einem bestimmten Blickwinkel (Perspektive) heraus erkennbar, dessen Ausgangspunkt von Interessen und Absichten vorgeschrieben wird. Eine Steigerung dieser Subjektivität stellt sich im Pragmatismus dar, der die Wahrheit nicht nur auf die Person, die Geschichte und den Stand der Wissenschaft begründet, sondern sie zusätzlich noch an ihrer Zweckmäßigkeit zur Durchführung bestimmter Aufgaben mißt. Damit wird die Wahrheit jedoch so sehr subjektiviert und relativiert, daß der Inhalt ihrer Bedeutung in Bezug auf den Wahrheitsgehalt einer Religion verloren geht. Perspektivistisch und pragmatisch gesehen müßte man jeder Religion einen vollen Wahrheitsgehalt bescheinigen, was dann aber eine weitere Untersuchung der hier gestellten Aufgabe überflüssig machte. Ich gehe bei meinen weiteren Ausführungen davon aus, daß der Wahrheitsbegriff losgelöst ist von Ort, Zeit, Zweck und seiner vollen Erkennbarkeit.

Es ist nicht von der Hand zu weisen, daß um uns herum ständig gewisse pragmatische Schein- oder Halbwahrheiten, wenn auch nicht immer mit rein physischer Macht, so doch mit psychologischen Effekten wie beispielsweise gefärbten Kommentaren oder falsch interpretierten Dokumentationen zur öffentlichen Meinung gemacht werden. Die täglich auf uns einströmende Reklame ist dafür ein treffendes Beispiel. Die Methode liegt darin, daß man letztlich dem einzelnen Menschen die Mühe des Denkens abzunehmen oder ihn gar am Denken zu hindern versucht, indem der Eindruck vermittelt wird, daß andere schon richtig vorgedacht haben und der einzelne die Gedanken nur noch nachzuvollziehen braucht. Diese Bevormundung trifft nicht nur auf den Anwendungsbereich materieller Gebrauchsgüter zu, sondern schließt auch die Beurteilung geistigen Gutes mit ein; wobei gerade im letzten Falle falsche Absichten und Täuschungen noch schwerer zu erkennen sind.

Diese Tatsache verpflichtet um so mehr jeden Menschen, für sich selbst die an ihn herangetragenen Sachverhalte auf Grund seines eigenen Wissens zu prüfen und seine Entscheidung zu treffen. Dabei mag mancher mit seiner Meinung auf wenig Gegenliebe stoßen. Doch dann ist es gut, sich an die bissige Bemerkung von Samuel Langhorne Clemens, alias Mark Twain (1835-1910), zu erinnern: „Wir lieben die Menschen, die frisch heraussagen, was sie denken - falls sie das gleiche denken wie wir."

Wir stehen damit vor der entscheidenden Frage, inwieweit man sich dem gesellschaftlichen Uniformismus beugen oder als Einzelindividuum eine eigene Lebensauffassung vertreten soll. Sicherlich werden sich die meisten Menschen auf Befragen für ein individuelles Leben entscheiden. Doch trotz dieses Wollens wird uns kaum bewußt, wie stark der einzelne an eine oft jeden Sinn entbehrende uniformierte Lebensauffassung gebunden ist. So wehren wir uns aus einer mit Angst verbundenen Unsicherheit heraus, Lebensgewohnheiten und gesellschaftliche Gepflogenheiten in Frage zu stellen. Lieber schwimmen wir mit dem Strom der Mehrheit. Hier aber möchte ich mit Schiller sagen: „Dann erst genieß ich meines Lebens recht, wenn ich mir jeden Tag aufs neu erbeute." (Wilhelm Tell, III, 1). Nur wenn wir jeden Tag aufs neu' die Frage nach dem Sinn unseres Tuns zu beantworten versuchen, wenn wir täglich unser Handeln und Reden verantwortungsvoll in das Geschehen der Welt eingliedern, können wir bewußt, also menschen- würdig leben. Es ist uns Menschen eine Verpflichtung, unsere Umwelt stets kritisch unter die Lupe zu nehmen.

Wie schwer es ist, die richtige Einstellung zu einer kritischen Haltung zu gewinnen, möchte ich an Hand einiger Fragen aufzeigen, die nicht nur mit ja und nein, sondern auch mit einer Begründung, also mit ja, weil ... beziehungsweise mit nein, weil ... zu beantworten sind. Erläuterungen wie, weil es schon immer so war" ' oder , ,weil es so üblich ist' ' sollen dabei jedoch nicht gelten:

1) Sollen Menschen verschiedener Hautfarbe einander heiraten?

2) Sind die Menschen meines Volkes besser oder gar höherwertiger als andere?

3) Bin ich in der Lage, ein absolut objektives Urteil zu fällen?

4) Sind unsere Einstellungen zur Sexualität und Moral für alle Kulturkreise und zu allen Zeiten gültig?

5) Darf ich Drogen (einschließlich Tabak, Kaffee und Alkohol) in beliebiger Menge unbekümmert zu mir nehmen?

6) Ist das Gebet Hauptinhalt meines Lebens?

7) Sind die Lehrmeinungen meiner Religion für mich bindend?

Bei der Beantwortung solcher Fragen versteckt man sich zu gerne hinter einer öffentlichen Meinung, um kritischen Situationen aus dem Weg zu gehen oder urteilt aus einer Tradition, ohne sich über die Logik oder Unlogik seiner Aussage im klaren zu sein. Auch eine Religion muß es sich gefallen lassen, mit gleicher Skepsis unter die Lupe genommen zu werden. Es gilt zu prüfen, ob ihre Lehraussagen von ewiger Dauer sind und für alle Lebensbereiche gelten. Reformen sind genauso kritisch zu betrachten wie die Gründe, die zu einer Sektenbildung führen.Doch bei aller kritischen Betrachtung der Variationen eines Gottesglaubens sollte man die Tatsache nicht verkennen, daß es bis heute noch niemandem möglich war, zu beweisen, daß Gott nicht existiert. Aber auch das Gegenteil, die Existenz Gottes, ist nicht beweisbar. Warum ein Beweis nicht möglich ist, erläutert Hegel in seinen „Vorlesungen über die Philosophie der Religion" mit dem Hinweis auf andere wissenschaftliche Disziplinen. Er schreibt: „Bei der Arithmetik werden Zahlen, bei der Geometrie Raum, in der Medizin menschliche Körper, Krankheiten von vornherein zugestanden, und es wird ihnen nicht zugemutet, zu erweisen, daß es z. B. einen Raum, Körper, Krankheiten gibt. _ .. wenn man es ihr (der Philosophie) allenfalls passieren läßt, daß es eine Welt gibt, so wird sie dagegen sogleich in Anspruch genommen, wenn sie ebenso die Wirklichkeit des Unkörperlichen überhaupt, eines von der Materie freien Denkens und Geistes, noch mehr Gottes voraussetzen wollte."

Die Widersprüche in den Religionen zeigen an, daß wir Menschen von Gott eine falsche oder nur vage Vorstellung haben. Wenn jede Religion nämlich von sich behauptet, sie sei die einzig wahre, so muß eine solche Aussage Skepsis hervorrufen, und es erhebt sich die Frage nach der Religion, die wirklich die Wahrheit über Gott und das transzendente Sein aussagt. Wenn es nur eine Wahrheit gibt, dann kann es entweder nur eine wahre Religion geben oder man muß sich die Wahrheit bruchstückweise in den Religionen zusammensuchen. Bevor wir uns nun um eine Klärung dieser Angelegenheit bemühen, sollten wir, ganz gleich ob Christ, Moslem oder Angehöriger einer anderen Religion, uns zunächst von der Vorstellung lösen, daß die eigene Religionsgemeinschaft alleine die Wahrheit lehrt. Denn über die Grenzen der Religionen hinaus sollten wir uns der vom Evangelisten Johannes (10:16) aufgezeichneten Worte Jesu erinnern:

„Noch andere Schafe habe ich, die nicht aus diesem Gehege sind, auch diese muß ich führen, und sie werden auf meine Stimme hören, und es wird sein eine Herde und ein Hirte. "

Ein solches Wort ist durchaus geeignet, uns den Weg aus dem Irrgarten der verschiedenartigen Religionen zu zeigen. Das den Menschen leitende, lebende Wort, das uns im Neuen Testament in Jesus von Nazareth begegnet, wird nach Johannes auch in den Gehegen anderer Religionen vernommen. Freilich nicht aus dem Munde des Menschen Jesus von Nazareth. Denn auch schon vor dem Ereignis zu Bethlehem vor rund 2000 Jahren hatten Menschen die Stimme Gottes vernommen; wobei anzumerken ist, daß die Stimme Gottes nicht unbedingt in Form physikalischer Schallwellen zu uns dringt, sondern dieses Vernehmen der Gottesstimme vielleicht besser mit der Erkenntnis des „lebenden Wortes der Schöpfung" wiederzugeben ist.

Im Bereich der empirischen Naturforschung wurde die metaphysische Definition des Wahrheitsbegriffes zurückgedrängt. Denn im Empirismus gilt nur das physisch Erkennbare. Würde man aber dieser Auslegung folgen, hätte es zum Beispiel bis 1895 keine Röntgenstrahlen gegeben, da bis zu ihrer Entdeckung die Menschheit von der Existenz dieser Strahlen nichts gewußt hatte; denn sie waren ja bis dahin nicht erkennbar. Damit dürften aber auch Begriffsinhalte wie Liebe, Treue, Verzweiflung, Haß oder Mut nicht Wirklichkeit sein, weil ihre Existenz wissenschaftlich auch nicht nachprüfbar ist.

Was aber Wirklichkeit ist und wie sie erkannt werden kann, darüber haben sich zu allen Zeiten Menschen Gedanken gemacht. Wie schwer es ist, wissenschaftliche Erkenntnisse gegen ihren Willen der Menschheit kundzutun, möchte ich an einem Beispiel erläutern: Der ägyptische Geograph, Astronom und Mathematiker Claudius Ptolemäus (um 100 bis um 170) hatte die Erkenntnisse früherer Astronomen in dem nach ihm benannten Weltbild zusammengefaßt. Nach den damaligen Erkenntnissen stand die Erde im Mittelpunkt der Welt, und sieben Planeten, wozu auch Sonne und Mond gerechnet wurden, bewegten sich auf kreisförmigen Umlaufbahnen um die Erde. Dieses geozentrische Weltbild wurde bis ins 16. Jahrhundert von niemandem angezweifelt. Es galt als wahr. Doch dann entdeckte Nikolaus Kopernikus (1473-1543), daß nicht die Erde, sondern die Sonne im Mittelpunkt unseres Planetensystems steht. Die Begründung lieferte er in seinem Werk „De revolutionibus orbium coelesticum libri VI". Das bis dahin als wahr geltende ptolemäische System sollte nun durch eine neue Wahrheit abgelöst werden. Kein Wunder, daß um die Anerkennung dieses neuen kopernikanischen Weltsystems ein erbitterter Streit entbrannte. Im Brennpunkt der Auseinandersetzungen stand vor allem der italienische Naturforscher Galileo Galilei (1564-1642). Ihm drohte sogar wegen Verbreitung von Unwahrheit der Tod seitens eines kirchlichen Inquisitionstribunals für den Fall, daß er nicht öffentlich der kopernikanischen Lehre abschwöre und somit das Ergebnis seiner eigenen Forschungsarbeiten, das ihm den Ruf eines ketzerischen Bibelzertrümmerers eingebracht hatte; widerrufe. Denn wir dürfen nicht vergessen, daß in den Übersetzungen des Bibeltextes das fast eineinhalb Jahrtausende bestehende „wissenschaftliche" Weltbild eingegliedert war. Gott, so steht da geschrieben, schuf den Menschen nach seinem Ebenbild und hieß ihn, die Erde sich untertan machen. Nach Genesis 1:1 schuf Gott den Himmel und die Erde. Versteht man unter dem Begriff Himmel lediglich das für uns sichtbare Firmament an Stelle des nicht materiellen Teiles der Welt, und begrenzt man den Begriff Erde auf den rotierenden Massekörper, auf dem wir leben, statt auf den Gesamtbereich der Materie, so ist die Bestürzung kirchlicher Kreise zu verstehen, wenn jetzt die Erde als Lebensbereich des „göttlichen" Ebenbildes Mensch nicht mehr der Mittelpunkt des Kosmos sein sollte. Zu sehr waren die Menschen der damaligen Zeit von der absoluten Richtigkeit des ptolemäischen Weltbildes überzeugt, zumal dieses doch so gut mit dem abgefaßten Bibeltext übereinstimmte, und die Bibel doch streng als Gottes Wort gilt. Wenigstens ist das die christliche Lehrmeinung.

Eigentlich war die Reaktion der Kirche nicht so sehr ausgelöst durch das Propagieren eines neuen Weltsystems, sondern vielmehr durch die Erfahrung, daß man durch einfache Experimente in der Natur bisherige Autoritäten der Wissenschaft im Sinne eines Aristoteles entthronen konnte. Es war die Angst, daß solche- Experimente auch die dogmatischen Aussagen der katholischen Kirche widerlegen könnten. Solche Angst aber offenbart Schwäche. Papst Urban VIII. soll damals geäußert haben, daß Galileis Schriften für die Kirche gefährlicher seien als das, was Luther und Johannes Calvin (1509-1564) veröffentlicht hatten. Mit Verwunderung müssen wir feststellen, daß die katholische Kirche sich von dem Schock, den die Darstellung des kopernikanischen Weltsystems auslöste, bis heute noch nicht erholt hat. Wir sehen es daran, daß seitens der katholischen Kirche heute, im zwanzigsten Jahrhundert, dieser Fall mit „voller Objektivität" wieder aufgerollt wurde, um ihre eigene Haltung zu klären. Für diese Kirche dreht sich bis in die jüngste Zeit noch immer die Sonne um die Erde.

Wenn auch einzelne Textstellen der Bibel durch fremde Gedanken beeinflußt und unrichtig wiedergegeben sind, so kann doch die in ihr enthaltene Grundaussage als das aus der Schöpfung erkannte Wort Gottes angesehen werden. Ungenaue Textwiedergaben können nicht dem Verfasser zum Vorwurf wegen schlechter Arbeit gemacht werden, weil ein bestehendes Wort verschiedene Begriffe in einer anderen Sprache zur Auswahl haben kann und oft auch hat und eine Übersetzung von der jeweiligen religiösen Anschauung, dem kulturellen und technologischen Stand der jeweiligen Zeitepoche beeinflußt wird. Heute wissen wir, daß auch das kopernikanische Weltbild nicht der Wahrheit entspricht, weil auch unsere Sonne nicht der Mittelpunkt des Alls ist. Daran aber sehen wir, daß wissenschaftliche Erkenntnisse nicht unbedingt das tatsächliche So-Sein, also die Wahrheit, wiedergeben. Kraft ihrer Macht und Autorität versuchte damals die römisch-katholische Kirche das so gut in ihr Lehrgebäude passende geozentrische Weltbild gegenüber neueren Erkenntnissen zu behaupten. Damit standen sich zwei große Parteien gegenüber, die jede für sich Anspruch auf die absolute Wahrheit ihres jeweiligen Weltbildes erhoben. Heute wissen wir, daß keiner von beiden im Besitz der Wahrheit war. Leider nehmen wir Menschen zu oft das als Wahrheit an, was von irgendeiner menschlichen Autorität, seien es Staat, Elternhaus, Schule, Kirche oder Vorgesetzte, als wahr hingestellt wird. In der zweiten Sure des Korans, Vers 43 , heißt es darum: , ‚Kleidet nicht die Wahrheit, verschleiernd, in das Gewand der Lüge und verhehlt sie nicht gegen euer besseres Wissen." Das ist eine Weisung an diejenigen, welche dazu neigen, ihre Autorität zu mißbrauchen, oder für ein offenes Wahrheitsbekenntnis zu feige sind. Kinder halten zunächst alles für wahr, was die Eltern ihnen sagen. Je weiter aber der junge Mensch in seine Umwelt hineinwächst, desto mehr gerät er in einen Entscheidungszwang, wenn er erkennt, daß die Aussagen seiner Mitmenschen einander widersprechen. Folgt er zunächst der für ihn größeren Autorität, so kommt mit zunehmendem Selbstvertrauen bei den Entscheidungsfindungen die eigene Erkenntnis hinzu, wenn diese auch sehr oft von einem egoistischen Wunschdenken beeinflußt wird. Im Grunde haben die Probleme unserer Jugend ihre Wurzeln nicht so sehr in den jungen Menschen selbst, sondern sie liegen in erster Linie in dem abseits der Wahrheit stehenden Establishment. Diese Problematik ist jedoch nicht neu, sondern existiert wahrscheinlich schon genauso lange wie das Menschengeschlecht. Auch hier könnte man einen Ansatzpunkt finden für den im Christentum gebräuchlichen Begriff der Erbsünde.

So ist es auch nicht verwunderlich, wenn griechische Denker vor rund zweieinhalbtausend Jahren aus dem Wirrwarr der in die verschiedensten Kulte zerfallenen griechischen Religionsgruppen die Wahrheit herauszufinden suchten und dieses Suchen zum Hauptanliegen der griechischen Philosophie machten. Hier sind vor allem Sokrates (470-399) und sein Schüler Platon zu nennen, der versuchten, durch Rede und Gegenrede, durch Spruch und Widerspruch, das Wesen der Dinge schrittweise aufzudecken.

Dieses Fortschreiten des Denkens in gegensätzlichen Begriffen eines Paares wie Theorie und Praxis, Subjekt und Objekt, Sein und Werden oder Struktur und Prozeß ist die eigentliche Wurzel der Dialektik. Solche gegensätzlichen Begriffe zeigen zwar jeder für sich das polare Verschiedensein zum anderen auf, bergen aber in sich einen Zusammenhang. In dem Kraftfeld zwischen diesen Polen wird ein Prozeß ausgelöst, der nach Auffassung der Dialektiker zur Einheit und damit zur Wahrheit führt. Für Sokrates war die Dialektik die Gesprächsform, durch die man im Spiel von Frage und Antwort sich schrittweise dem Wesen des Seins näher kommen konnte.

Mit dieser Methode gelang es Sokrates erstmals, das Sittliche von den bisherigen Fundamenten wie Staat und religiösem Kult zu trennen, indem er das Sittliche auf die Selbstgewißheit gründete, nämlich auf jene zur sittlichen Reinheit führende innere Stimme. Die mit dieser Mündigkeitserklärung der Einzelperson scheinbare Bedrohung der bisherigen Staatsauffassung kann als Ursache des Todesurteils von Sokrates angesehen werden. Dieses Urteil war eine Reaktion der Umwelt, wie sie sich etwa 430 Jahre später in Jerusalem unter ähnlichen Verhältnissen wiederholte.

Mit seinen bohrenden Fragen wollte Sokrates das oberflächliche, scheinbare Wissen ausräumen und ins Bewußtsein bringen, daß wir nichts wissen. , ‚Scio, me nihil scire' ' , soll er gesagt haben. , ‚Ich weiß, daß ich nichts weiß." Nur durch die Erkenntnis der menschlichen Unwissenheit kann man seiner Auffassung nach zu einem Wissen über das wahre, dauernde Sein gelangen. Nur durch ruheloses Fragen ist nach seiner Meinung der Mensch in der Lage, das Wissen über ein objektives Sein zu erlangen.

Ausgangspunkt seiner Denkweise war für Sokrates die Überzeugung, daß nur durch einsichtiges Denken ein sittliches Handeln möglich sei. Sein Schüler Platon bediente sich ebenfalls der damals neu aufgekommenen Technik des Dialoges und kann als eigentlicher Begründer der Dialektik angesehen werden. Das aus dem Griechischen abgeleitete Wort hat in seinem Ursprung die Bedeutung von unterhalten und sich unterreden. Platon verstand unter Dialektik das Verfahren, mit Rede und Gegenrede, mit Fragen, Thesen und Einwänden durch Widersprüche hindurch die Wahrheit zu finden. Daß dies seiner Auffassung nach jedoch nicht unmittelbar möglich ist, entspricht seiner Überzeugung von der Wirklichkeit im Ganzen, dem Kernpunkt seiner Ideenlehre. Für ihn besitzt ein Philosoph nicht alle Weisheit. Dies ist nur Gott gegeben. Der Philosoph ist sich im Unterschied zum völlig Unwissenden seines Mangels an Weisheit bewußt und strebt deswegen mit seinesgleichen nach dieser vollkommenen Weisheit. Für Platon beginnt Erkenntnis zwar im Erfahrungsbereich des Sinnenhaften, wächst aber durch die mit Geist begabte Seele in das Reich des Nicht-Sinnenhaften hinaus. In der Erkenntnis, daß die Antwort auf die Frage nach dem letzten Ursprung in ein Geheimnis zielt, stellt er fest, daß die hierfür gefundenen Begriffe notwendig nur gleichnishaft sein können und deswegen immer wieder neu bedacht sein müssen. Diese Erkenntnis hat genau das zum Inhalt, was bei den Betrachtungen und Beurteilungen der Religionen allzu oft außer acht gelassen wird.

Doch bleiben wir zunächst bei der Dialektik. Im Gegensatz zu Platon hatten die Sophisten, jene griechischen Wanderlehrer, von ihr eine andere Vorstellung. Sie hatten nämlich die Dialektik umfunktioniert und betrachteten sie als eine Überredungskunst. Ihnen bedeuteten Raffinessen und

Tricks mehr als die Wahrheit. Platon bezeichnete deswegen die Sophisten als Gegner des echten Dienstes an der Wahrheit. Als bedeutendster Sophist kommt Protagoras aus Abdera (um 480 bis um 410) in seiner Schrift über die Wahrheit zu einer positivistischen Relativierung des Wahrheitsbegriffes. Er erklärte den Menschen als das Maß aller Dinge. Damit kommt er zu dem Schluß, daß es keine objektive Wahrheit gibt. Nach seiner Auffassung kann ein Satz für den einen Menschen wahr, für den anderen falsch sein. Er beruft sich dabei auf die Subjektivität der Relativität. Während zum Beispiel der still an seinem Schreibtisch Sitzende die Zimmertemperatur als kalt empfindet, kann ein anderer Mensch, der gerade aus dem kühleren Keller kommt, die gleiche Raumtemperatur als warm empfinden. Solange die Temperatur in Relation zum subjektiven Empfinden des einzelnen Menschen gebracht wird, ist Protagoras recht zu geben. Doch die absolute Wahrheit liegt in der objektiven Wärmemessung, was ja nicht das subjektive Wärmeempfinden des einzelnen in Frage stellt.

Lösen wir uns von der Egozentrik sophistischer Auffassung, so finden wir uns wieder im Spannungsfeld zwischen den Polen der Materie und des Geistes. Auf keinen dieser Pole aber kann der Mensch sich während seines Erdenlebens dauerhaft ausrichten. Er kann weder Tier noch Engel sein. Damit ist der Widerstreit des „bios" und „logos" Thesis und Antithesis dieses dialektischen Spannungsfeldes, das in einer besonderen Daseins- unruhe besteht, aus dem nur das Ja zum Glauben, dem aktiven Bekenntnis zum Sein, den Menschen in die Synthesis der Wahrheit führen kann. `Heute assoziieren wir die Dialektik mit dem DIAMAT, dem dialektischen Materialismus, dessen Wurzeln bei Hegel und Marx zu finden sind. Im Rahmen seiner dialektischen Begriffsbestimmung ist für Hegel Philosophie nur möglich, wenn ein Denksystem auf einem einfachen, aber alles umfassenden Begriff aufgebaut werden kann. Dieser Begriff muß alles in sich einschließen, was unbezweifelbar und voraussetzungslos ist. Von einem solchen Begriff ausgehend muß dann alles Denkbare nach einer einheitlichen Methode erschlossen werden können. Dieser begriffliche Ausgangspunkt ist für ihn das Sein.

Hegels Arbeitsmethode ist die Dialektik mit den drei Stufen: Thesis, Antithesis und Synthesis. Danach treibt jeder Begriff (Thesis) aus sich heraus zum Gegensatz (Antithesis), um dann in einem allgemeineren, höheren Begriff (Synthesis) aufzugehen. Diesen Dreischritt finden wir zuerst bei Johann Gottlieb Fichte (l762-1814), der mit dieser dialektischen Methode nur Erkenntnisse gewinnen will. Er setzt zunächst einen Gegenstand als real: a ist a (Thesis). Zur Unterscheidung gegenüber anderem wird festgestellt, daß a nicht Nicht-a ist (Antithesis), um es in einem übergeordneten Begriff als Synthesis wiederum abgrenzen zu können. Ein Fichtesches Beispiel: Ich erkenne Gold, unterscheide es von Kupfer oder Silber und begreife es als Metall, das sich vom Kupfer und Silber abgrenzt.

Bei der Betrachtung des Menschen knüpft Fichte an Kant an, der sich jedoch von jeglicher Dialektik distanziert hatte, weil diese Methode für ihn der Inbegriff der natürlichen und doch trügerischen Schlüsse war. Fichte übernahm den Kantschen Ich-Begriff als transzendentale Einheit des Bewußtseins, dessen Funktion er als Einheitsfunktionen des Verstandes ansah.

Für das kreative Element des Menschen hatte Kant den Begriff der ‚produktiven Einbildungskraft" geprägt, Fichte nannte es das ‚reine Ich" . Für ihn war das reine Ich aber auch gleichzeitig reines Tun. Somit war das reine Ich ein handelndes Ich, dem dialektisch ein Nicht-Ich entgegensteht, auf das aber das Handeln ausgerichtet ist. Es denkt oder handelt das ‚reine Ich" die Antithesis, das Nicht-Ich, als Objekt: Ich denke mich selbst, oder ich denke das Ich, was jetzt ein Nicht-Ich ist. Der Schritt zur Synthesis wird uns klar, wenn wir an das Beispiel mit dem Gold denken. So wie das Gold sich von den übrigen Metallen durch bestimmte Eigenschaften abgrenzt, grenzt sich aus der Synthesis des ganzen Ichs das handelnde Ich, das Ich-bin von dem ge- dachten Ich, dem Satzobjekt, ab. Mit diesem Grundsatz ist es Fichte erst möglich, mit der Philosophie zu beginnen. Denn allem Denken geht für ihn zwar nicht zeitlich, aber in der Logik ein Sich-selbst-denken, das Denken des eigenen Ichs voraus. Hegel erkennt in seinem Weltbild drei Existenzformen. Als erstes nennt er die Natur mit ihrer körperlichen Wirklichkeit, die an Raum und Zeit gebunden ist. Hierzu rechnet alles, was der Natur zugeordnet ist. Ohne diese körperliche Wirklichkeit gäbe es nach dem damaligen Weltbild einen leeren Raum und eine leere Zeit. Andererseits hätten ohne Raum und Zeit diese Dinge keine Existenzgrundlage.

Als zweite Existenzform sieht Hegel die Begriffe, Zahlen und logisch- mathematischen Ideen an. Hier übernimmt Hegel Platons Auffassung, daß diese Kategorie weder materielle Dinge noch subjektive Inhalte des menschlichen Bewußtseins sind. In diese Kategorien gehören auch die Begriffe wie Himmel und Hölle, die Million und die Null, sowie das Dasein und das Nichts. Das alles wird vom Mathematiker oder Logiker nicht erfunden, sondern entdeckt. Mit der Entdeckung dieser Seinswelt beginnt eine Kette neuer Begriffe in einer systematischen Folge, die nicht durch uns, sondern aus sich selbst sich vor unseren Augen zu einem System entfalten. Es ist ein System, das an-sich oder in-sich existiert und bei dem ein Begriff den anderen in sich einschließt.

In der dritten Existenzform spricht Hegel die Welt des Geistes, das ist die Welt des Ichs, an, in der sich alles als dialektische Synthese vereinigt. Für ihn ist in der Natur das Sein auch ein Anderssein, wie beispielsweise ein Punkt im Raum zwar jedem anderen Punkt gleichen kann, aber schon allein durch seine Lage eine andere Charakteristik hat. Genauso soll in der Welt des Geistes das persönliche Ich auch unabhängig vom Sein existieren und von der Eigenart anderer Menschen sich unterscheiden. Nach Hegel unterscheide ich mich nicht nur durch die Zufälligkeit des Wohnortes und des Datums meiner Geburt allein von anderen Menschen, sondern auch durch meine persönliche Eigenart, durch das Für-sich-sein. Die Verbindung des Für-sich-seins zur Natur sieht Hegel in dem lebenden Organismus, der zwar ein unvollkommenes, körperliches Bild des Ichs ist, aber als Wohnung der Persönlichkeit die Stelle bezeichnet, in der die Welt des Bewußtseins in die Welt der Natur eindringt. Aber erst - so Hegel - wenn wir uns im Ich der Menschheit erkennen, wenn wir uns zum absoluten Geist fortentwickeln, der in der Geschichte lebt und sich entfaltet, gelangen wir zum vollen Für-sich-sein, zum Ich der Menschheit.

Während die Ideen nach Platons Auffassung als die schöpferischen Urmächte der Welt keinen Wandel erfahren, sondern die Veränderungen sich nur im Reich der schattenhaften Abbilder vollziehen, entfaltet sich bei Hegel Gott in einem ständigen Prozeß des Werdens zur Welt. Diese Wandlung erfolgt in konsequenten Schritten, die wegen ihrer Logik von Anbeginn vorgezeichnet sind und sich im Rhythmus der Dialektik vollziehen. Damit wird die Hegelsche Philosophie pantheistisch. Denn für ihn ist Natur Gott, Geist, ja unseresgleichen, wenn auch in einem Anderssein. Nach seiner Auffassung offenbart sich Gott in der Menschheitsgeschichte, in der Geschichte, die seit der französischen Revolution und den Napoleonischen Kriegen den Menschen, vor allem dem Bürgertum, stärker als früher ins Bewußtsein gedrungen sein soll. Der Wert der Geschichte freilich ist anzuzweifeln, wenn wir bedenken, daß sie von jeder Generation neu und mit geändertem Sinn geschrieben wird.

In der Hegelschen Staats- und Geschichtsphilosophie verschmilzt durch das pantheistische Weltbildgöttliche und staatliche Autorität zu einer Einheit. Damit ist jeder Mensch einem rein geschichtlichen Schicksal unterstellt und anstatt auf Gott oder einen Weltgeist richtet er alle Heilserwartungen auf den Staat oder die die Staatsmacht repräsentierende Polizei und die Sozialfürsorge. Erst durch seine Arbeit im Dienste des Staates erhält dann das menschliche Dasein seinen Sinn und seinen Wert. Diese einzig gültige Autorität stellt dem Einzelindividuum die von ihm zu erfüllende Aufgabe. Dadurch ist auch der Tod eines einzelnen für den Staat kein Verlust mehr. Denn der Mensch hat in der Gesellschaft nur einen Materialwert. Vermutlich wurde aus dieser Philosophie der Begriff des Menschenmaterials abgeleitet, das in Kriegen als Soldaten ‚verheizt' werden kann, wenn damit die Aufgabe dieser Menschen zum Wohle des Staates - nach Hegel in pantheistischer Auffassung des göttlichen Staates - erfüllt wird. Hier ist der Mensch zu einer Art Tier degradiert, dessen Gesellschaftsordnung mit Bienen- oder Ameisenstaaten gleichgestellt wird. Die individuelle Freiheit ist damit aufgegeben und der Weg zum Sozialismus geebnet. Hegel dehnt das hier von den Einzelindividuen gesagte auch auf einzelne Nationen aus, wodurch Weltgeschichte zum Weltgericht wird. Wenn also eine Nation ihre Aufgabe in der Geschichte erfüllt hat, tritt sie von der Bühne der Weltgeschichte ab. In den Untergängen und Katastrophen der Weltgeschichte, die weder nach dem Glück noch dem Unglück des einzelnen fragt, entwickelt sich der sich stets befreiende Geist fort. Hegels dialektische Geschichtsauffassung wurde von Karl Marx unter Berücksichtigung der ökonomischen Verhältnisse weiterentwickelt. Für Marx entfaltet sich die Geschichte aus der Zerspaltung der Gesellschaft durch den Widerspruch zwischen Lohnarbeit und Kapital. Er unterscheidet die ausbeutende, im Besitz der Produktionsmittel seiende Klasse von der nur über ihre Arbeitskraft verfügende. Für Marx ist die gesamte Geschichte die Geschichte der Klassenkämpfe, und seine Dialektik ist auf diese Vorstellung ausgerichtet. Nach seiner Auffassung kann der Aufstieg der bisher unter- drückten und ausgebeuteten Klasse nur dann erfolgen, wenn die Herrenklasse wirtschaftlich bedeutungslos wird, indem sie nur noch konsumiert, aber nicht mehr produziert. Heute wissen wir, daß nur durch verstärkten Konsum die Produktivität sinnvoll wachsen kann, wobei es zunächst gleich- gültig ist, wer konsumiert, wenn dem produzierenden Menschen das Recht und die Möglichkeit zum Konsum nicht verweigert wird. Für Marx bedeutet eine nur konsumierende Klasse ein Hemmnis in der ökonomischen Entwicklung und ihre Existenz nur noch ein politisches Faktum. Wir sprechen heute von einer Konsumgesellschaft, wobei unterschwellig davon ausgegangen wird, daß die Konsumfähigkeit und Konsummöglichkeit immer weiter gesteigert werden kann. Warnende Stimmen rufen heute zu einem freiwilligen Konsumverzicht auf, soweit damit sogenannte Luxusgüter angesprochen werden. Die gleiche Haltung hatte aber schon Paulus eingenommen, als er seinen ersten Brief an seinen Mitarbeiter Timotheus in Ephesus schrieb. Hier verband er Frömmigkeit mit Anspruchslosigkeit und führte aus (617-10): „Nichts brachten wir herein in diese Welt, so daß wir auch nichts mit fortnehmen können. Haben wir Nahrung und Kleidung, so wollen wir zufrieden sein. Denn die reich werden möchten, geraten in Versuchung und in Fallstricke und in viele törichte und schädliche Begierden, die den Menschen in Untergang und Verderben stürzen. Denn die Wurzel aller Übel ist die Geldgier; die sich ihr hingaben, irrten vom Glauben ab und bereiteten sich selbst viele schmerzliche Qualen."

Der Übergang der Produktionsmittel in den Besitz der Allgemeinheit gilt für Marx als vorrangig, wenn nicht nach seiner Meinung die Wirtschaft in ihrer Produktivkraft versagen soll und damit die Kultur katastrophenhaft in primitivere Formen zurückgeworfen würde. Aus dieser Einstellung heraus bestand für Marx in vorgeschichtlicher Zeit ein Urkommunismus als Thesis. Seine Anti-Thesis sind die im Laufe der Zeit immer größer werdenden Klassengegensätze und die damit verbundene

Periode des Privateigentums. Aus dieser Konstellation soll sich die Synthesis in einem Sozialismus der Zukunft entwickeln. Durch seinen Aufruf, den letzten Schritt vom ziel- und klassenlosen Proletariat zum Sozialismus der Zukunft zu tun, wird aus dem Philosophen Marx ein Agitator und Parteigründer.

Engels, der die Marxschen Ideen unter das Volk bringt, definierte Dialektik als die Wissenschaft von den allgemeinen Entwicklungsgesetzen in der Natur, in der menschlichen Gesellschaft und im Denken. An diese Auffassung knüpft der DIAMAT (dialektischer Materialismus), die Weltanschauung des Marxismus-Leninismus, an. Obgleich der DIAMAT für sich in Anspruch nimmt, die Theorien von Marx weitergeführt und vollendet zu haben, knüpft er doch an das Spätwerk Engels an und widerspricht in entscheidenden Zügen dem Marxschen Denken. In seiner 1908 veröffentlichten „Dialektik der Natur" hatte Engels eine Ontolgie im traditionell-philosophischen Sinne begründet. In dieser Lehre des Seins ist als erstes die Materie, aus der sich nach dialektischen Gesetzen alles andere entwickelt; auch oder sogar die Geschichte der Gesellschaft, was die Verneinung eines Unterschiedes zwischen Natur und Gesellschaft in sich einschließt. Aus der Ansicht heraus, daß der DIAMAT den Sieg des Sozialismus zwingend zur Folge hat, müßte demnach jede wissenschaftliche Arbeit den

Standpunkt des Proletariates vertreten. Gegen den Historismus I-legels wenden sich, wenn auch aus unterschiedlichen Gründen, Friedrich Nietzsche (1844-1900) und Soren Kierke- gaard (1813-1855). Nietzâche wollte das Philosophische von der Geschichte befreien, Kierkegaard das Christliche. Kierkegaard beeinflußte mit seiner Betonung der Verantwortlichkeit des einzelnen vor Gott die philosophische und theologische Erneuerungsbewegung der dialektischen Theologie in der evangelischen Kirche nach dem Ersten Weltkrieg. Die hier vollzogene Neuorientierung geht davon aus, daß nach den Ereignissen jenes Krieges die bis dahin herrschende theologische Auffassung von der Gleichsetzung des Kulturfortschrittes und auf geklärter Christlichkeit nicht mehr haltbar sei. War es nicht ein Widersinn, wenn vor den Schlachten jenes Krieges, oder sollte man nicht deutlicher sagen vor dem Schlachten, auf beiden Seiten in Feldgottesdiensten Gott um Beistand und Sieg der eigenen Nation gebeten und anschließend mit kirchlich gesegnetem Mordwerkzeug gekämpft wurde?

Neben dem Nationalismus ist in der dialektischen Theologie auch das bis dahin lange Zeit akzeptierte und propagierte Wertsystem in Frage gestellt worden, in dem die nach gesellschaftspolitischen Maßstäben bemessene Ehre den obersten Rang innehatte. Es wurde hier gleichzeitig die Frage nach dem Sinn der Geschichte, dem Wesen des Menschen und nach Gott neu gestellt.

Denn für Gott, so argumentierte der Schweizer Theologe Karl Barth (1886-1968), lege die Geschichte kein sichtbares Zeugnis ab. Trotz aller bisherigen historischen, psychologischen und spekulativen Auffassungen des Christentums galt für Barth die Offenbarung Gottes als die entscheidende theologische Denkkategorie. Nach Auffassung der dialektischen Theologie kann der Mensch von Gott nicht in einem einzelnen Satz, sondern nur in Satz und Gegensatz zugleich sprechen. Denn Gott ist - und das nicht nur nach diesem Denksystem - der ganz andere, der aus seiner Schöpfung nicht erkannt werden kann, sondern sich selbst offenbaren muß. In Rede und Gegenrede wird das Nein durch das Ja und das J a durch das Nein verdeutlicht. Tod ist Leben und Leben ist Tod. Man kann hier an das Matthäusevangelium anknüpfen (10:39) und sagen: , ,Wer sein Leben findet, wird es verlieren; und wer sein Leben verliert um meinet-(Christi)-willen, wird es finden."

Vergleicht man den Begriff Dialektik, wie ihn Platon auffaßte, mit dem, was die Sophisten darunter verstanden, und stellt dem die Ausdeutung eines Hegel und Marx gegenüber, so kommt man zu dem Schluß, daß in der dialektischen Methode Irrtümer nicht auszuschließen sind. Nach den Aufzeichnungen eines Gespräches zwischen Hegel und Goethe (1749-1832) durch Johann Peter Eckermann (1792-1854) soll Goethe zur Dialektik folgendes geäußert haben: „Wenn nur solche geistigen Künste und Gewandtheiten nicht häufig mißbraucht und dazu verwendet würden, um das Falsche wahr und das Wahre falsch erscheinen zu machen! " - „Dergleichen geschieht wohl", erwiderte Hegel, „aber nur von Leuten, die geistig krank sind."

Sehen wir von der Verbohrtheit ab, einen dialektischen Gegner der Geisteskrankheit zu bezichtigen, so bleibt doch die Feststellung, daß jeder Mensch, auch der Philosoph, seiner subjektiven Auffassung stets unterlegen ist. Diese subjektive Auffassung wird geprägt durch die Summe aller Umwelteinflüsse, wie beispielsweise durch Erziehung, Gesellschaft, Kulturkreis und Einfluß von Agitationen.

An der Bedeutung der Dialektik für die verschiedenen philosophischen Systeme ist zu erkennen, wie leicht ein philosophisches Denkgebäude den Absichten und Zielen eines Menschen oder eines Systems untergeordnet werden kann. Man wird oft _ nicht immer - beim Studium von philosophischen, weltanschaulichen und auch religiösen Systemen den Verdacht nicht los, daß man für seine Beweisführung zuerst ein System aufbauen muß, in dem ungeeignete Fragen- und Problemkomplexe ausphilosophiert, geeignete Tatbestände stark betont und Scheinschlüsse zusammengebastelt werden müssen. Es sind deswegen dem Autor nicht immer gleich unlautere

Absichten zu unterstellen, denn auch er unterliegt wie jeder andere Mensch Täuschungen. In Bezug auf die Erfassung des absoluten Wahrheitsgehaltes einer Religion halte ich es für ausgeschlossen, daß ein Mensch je aus seiner Logik heraus in der Lage sein wird, eine umfassend richtige Aussage machen zu können. Hierzu ist nur ein Wesen fähig, nämlich das, das von allen Umwelteinflüssen frei ist und über alles Wissen verfügt, also allwissend ist und somit die Wahrheit besitzt. Will nun ein Mensch nach Wahrheit streben, und das sollten wir alle tun, so muß er sich frei machen von einer Dialektik, die durch subjektive Einflüsse verfälscht ist. Ich kann auch in meinen Ausführungen hier nur versuchen, Interesse daran zu wecken, sich konstruktiv-kritisch den Aussagen einer Religionsgemeinschaft oder einer weltanschaulichen Gruppe zuzuwenden. Ich kann hier nur eine Landkarte mit den mir als wichtig erscheinenden Merkmalen der Religionen, Weltanschauungen und Glaubensbekenntnissen zeichnen. In dieser Landschaft sich zurechtzufinden muß sich aber ein jeder selbst mit dem ihm eigenen Kompaß des Geistes.

Im übrigen gilt zu bedenken, daß Probleme der Wissenschaften, seien sie aus dem physischen oder metaphysischen Bereich, zur Verdeutlichung an Modellen erläutert und beurteilt werden, wenngleich solche Modelle auch nicht maßstabgerecht mit der Wirklichkeit übereinstimmen. Ein treffendes Beispiel ist das Atommodell. In dem Bild, das wir vom Atom haben, wird der Atomkern von Elektronen umkreist, wie die Sonne von Planeten. Das ist für uns eine feste Vorstellung. Tatsache aber ist, daß Atome eine ganz andere, uns unbekannte Struktur besitzen. Zumindest wissen wir, daß diese Struktur nicht so ist, wie wir unser Bild aufgrund des Modelles gemacht haben. Mit solchen Bildern und Modellen, mögen sie den Mikrokosmos oder irgend ein anderes wissenschaftliches Problem oder gar etwas Unerklärliches aus der transzendenten Welt beschreiben, können wir uns dem wahren Sachverhalt nur nähern und dabei Irrtümer nicht ausschließen. So tragen wir das Bild in uns, daß sich irgendwo im Himmel - schon diese räumliche Bestimmung, die wir mit dem Firmament gleichsetzen, ist falsch - Gott befindet und, wenigstens für Christen, mit dem ihm zur rechten sitzenden Sohne seinen Thron teilt, wobei er von Engelscharen umjubelt wird. Entspräche dieses Bild der Wahrheit, kein Mensch möchte in den Himmel kommen, um die Engel bei solchem Tun zu unterstützen.

An der Darstellung eines Würfels möchte ich demonstrieren, wie verschiedenartig Bilder die Wirklichkeit wiedergeben. Betrachten wir uns die Würfelbilder nach verschiedenen Abbildungsgesetzen wie Kavalierperspektive, Militärperspektive und Zentralperspektive, so sehen wir, daß keine Zeichnung mit einer anderen identisch ist.

(suchen Sie nach diesen Perspektiven um es Bildlich zu verstehen)

Die jeweils aus neun Strichen bestehende zweidimensionale Darstellung führt erst durch unsere, auf Erfahrung beruhende Erkenntnisfähigkeit zu einer dreidimensionalen Vorstellung. Genauso wie diese Bilder sind auch unsere Weltbilder und Religionen verschieden.

Letztlich müssen wir uns vergegenwärtigen, daß alle Bilder, die wir sehen, Einbildungen sind, also von uns als Einzelindividuum in uns gebildet werden. Fehleinbildungen sind dann sogenannte optische Täuschungen. Denn was ist das Sehen wirklich? Unser Auge nimmt ja nicht irgendwelche Gegen- stände wahr, sondern empfängt nur Lichtwellen bestimmter Länge, die von verschiedenen Raumpunkten ausgestrahlt werden, und leitet sie dann an das Gehirn weiter. Erst die Erfahrung mit gleichen oder ähnlichen Wellenbündeln läßt Bilder von Gegenständen entstehen. Das eigentliche Erfassen von Gegenständen erfolgt aus wechselnden Perspektiven und in zeitlicher Reihenfolge, sodaß man zu Recht von einem Erfahren oder Erleben eines Gegenstandes sprechen kann.

Für unser Gehör gilt das gleiche. Wir hören keine Musik und nicht die Explosion einer Bombe, sondern unsere Ohren registrieren Schallwellen bestimmter Frequenzen und Amplituden, die erst durch Vergleich mit früher aufgenommenen Schallwellen ein Klangsignal erkennen lassen. Ist der Vergleich falsch, dann haben wir uns verhört. Denn das Verhören ist ein Fehler im Vergleichen, wenn wir unterstellen, daß das Gehörorgan in Ordnung ist.

Wenn wir ein Geräusch hören, mit dem, wie man sagt, wir nichts anfangen können, heißt das doch, daß wir dieses Geräusch nicht in uns bekannte Kategorien einordnen können. Gleiches gilt vom Wahrnehmen mit anderen Sinnesorganen. Die angeführten Beispiele mögen den Unterschied erläutern zwischen dem Aufnehmen sensueller Partikel und dem subjektiven Auswerten und Einordnen dieser aufgenommenen physikalischen Energien. Dieses subjektive Handeln gilt auch in Bezug auf das gesprochene Wort und andere zwischenmenschliche Kommunikationen. Was wir aufnehmen, formen wir auf Grund unserer subjektiven Lebenserfahrungen zu subjektiven Erkenntnissen um, die keineswegs den Realitäten entsprechen müssen. Dadurch lebt jeder in seiner eigenen Welt. Durch die Ähnlichkeit unserer Erfahrungen und die gleiche Konstruktion unserer Sinnensorgane jedoch differieren diese subjektiven Welten nicht unbedingt sehr stark. Größere Differenzen lassen sich oft als Irrtümer erkennen. Menschen mit stark abweichenden Umweltbildern pflegen wir als Irre zu bezeichnen. Damit wird aus der Begriffsbezeichnung jeglicher Wertmaßstab ausgeschieden und das Anderssein betont.

Subjektive Weltbilder können nicht nur durch eigene Irrtümer falsch werden, sondern auch durch Falschmeldungen von außen entstehen, wenn beispielsweise wir von Mitmenschen absichtlich getäuscht oder beirrt werden. So wird klar, daß menschliche Urteile stets subjektiv beeinflußbar sind und von der objektiven Wahrheit sehr weit entfernt sein können. Dies gilt umso mehr, als Probleme behandelt werden, die, weil an der Grenze unserer Erkenntnisfähigkeit, nur in Bildern dargestellt oder an Gleichnissen erläutert werden können. Aus dieser Erkenntnis heraus formulierte Goethe im Prolog zu Faust I: ‚‚Es irrt der Mensch, solang er strebt.'' Diese Tatsache war aber auch schon den Römern bekannt, als der Satz formuliert wurde: „Errare humanum est - Irren ist menschlich."

Wahrheit ist das, was wirklich ist. Die Suche nach Wahrheit ist das Vervollständigen unserer Erkenntnisse von der Wirklichkeit. Es ist aber Wirklichkeit nicht nur das, was wir Menschen mit unseren Sinnen zu er- kennen glauben, insbesondere den materiellen Kosmos, sondern alles Existente schlechthin, auch wenn wir es (noch) nicht erkennen können. Wir dürfen Wahrheit nicht als rationale Richtigkeit verstehen. Wahrheit ist göttliche Wirklichkeit. In Bezug auf die einzelnen Religionen möchte ich Professor G. Menschius beipflichten, wenn er ausführt, daß alle Religionen, die eine Begegnung mit dem Heiligen vermitteln, als wahr anzusehen sind.

Will der Mensch sein Handeln nach göttlichen - oder sagen wir es profaner, nach absolut gültigen - Gesetzen ausrichten, also im Sinne des lateinischen Wortes ‚‚religio' " handeln, so muß er die Wahrheit kennen. Da dies jedoch nach dem Vorhergesagten nicht absolut möglich ist, bleibt ihm nur das Streben nach Wahrheit übrig. Somit wäre religiöses Handeln nichts anderes als Wahrheitssuche, indem von außen kommende Signale so interpretiert werden, daß sie der Wirklichkeit entsprechen. Religionen sind dann nur Abbildungen der Wahrheit. Sie lassen sich, soweit sie nicht durch Irrlehren verzerrt sind, in jedem Punkt der Wahrheit zuordnen, wenn man die Abbildungsverhältnisse kennt. Dann verhält sich eine Religion zur Wahrheit wie eine Zeichnung zu der zu konstruierenden Maschine. Wer eine Maschine konstruieren will, muß die Zeichnung lesen und deuten können. Wer die Wahrheit erfassen will, muß die Aussagen einer Religion erkennen und verstehen können.

RELIGION, WELTBILD UND WELTANSCHAUUNG

Eine Diskussion über Religionen macht es erforderlich, den Begriffsinhalt gegenüber den Bedeutungen von Weltanschauung und Weltbild abzugrenzen. Was aber unterscheidet eine Religion von Weltanschauungen und Weltbildern? Man könnte die Auffassung vertreten, daß Religion etwas mit Priestern und Heiligen zu tun hat, während Weltanschauung eine wissenschaftlich fundierte Aussage darstellt, die dem Menschen unabhängig von einer göttlichen Offenbarung Lebensrichtlinie ist. Keine direkte Lebensrichtlinie beinhaltet das Weltbild, unter dem die einigermaßen zusammenhängende Vorstellung eines Menschen einer bestimmten Epoche der Menschheitsgeschichte von der Weltkonstruktion zu verstehen ist. So mögen Physiker, Chemiker und Astronomen, denen die Relativitätstheorie Einsteins genau so geläufig ist wie die Braunsche Molekularbewegung und die Quantentheoríe von Max Planck (1858-1947), ein sehr präzises Weltbild besitzen.

Aber nicht jeder Mensch hat ein Studium jener Fachrichtungen absolviert; denn in unserer Gesellschaft werden ja auch unter anderem Rechtsanwälte, Tankstellenwarte, Kaufleute, Mütter und Redakteure benötigt, um die Aufgaben des täglichen Lebens zu bewältigen. Auch diese Menschen haben von dem Aufbau der Welt eine bestimmte Vorstellung und tragen ein bestimmtes Bild von ihr in sich. Solche Bilder aber decken sich kaum. Das Weltbild eines Polizisten mag ein anderes sein als das eines Schornsteinfegers oder einer Hebamme. Aber auch das Weltbild des Polizisten Meier wird sich von dem seines Kollegen Müller unterscheiden. Welches nun das richtige Weltbild ist, vermag keiner zu sagen. So kommt es, daß etliche Menschen sich ohne logische Prüfung ein Weltbild so zusammensetzen, wie es ihnen gerade paßt, oder sie stehen dem Weltbild ihrer Epoche total gleichgültig gegenüber. Doch die verschiedenartige Mentalität der Menschen läßt bei anderen Zeitgenossen die Überzeugung aufkommen, daß nur das eigene Weltbild richtig sein kann. In einem Anflug von Größenwahn halten sie dann jeden, der ihr Weltbild nicht akzeptiert, für dumm. Wieder andere gehen sogar noch weiter und verlangen von ihren Mitmenschen unter Gewaltandrohung, ein bestimmtes Weltbild zu akzeptieren. Wie die Ereignisse um Kepler und Galilei zeigen, ist aber selbst die Ausübung von Macht und die Anwendung von Gewalt keine Garantie für die Richtigkeit eines Weltbildes. Im Gegenteil, man kann davon ausgehen, daß da, wo Gewalt zur Anwendung kommt, Irrtum und Dummheit ihre Wohnung haben. Fehlerhaft ist es aber auch, ohne Prüfung sein eigenes Weltbild, auch um des lieben Friedens willen, gegen ein anderes zu vertauschen. Zu revidieren wird es immer sein. Aber nur ein Weltbild, das bei ständiger Prüfung und notwendiger Revision in einem selbst wächst, führt zu innerer Ruhe und Sicherheit. Wer dies erkannt hat, wird auch bereit sein, die Weltbilder seiner Mitmenschen zu tolerieren.

Nach den heute zum Allgemeingut gewordenen Erkenntnissen der Wissenschaft kann man die Erde angenähert als ein kugelförmiges Gebilde in unserem Sonnensystem betrachten. Aber schon bei den Fragen nach Struktur, Mittelpunkt und Entstehung der Welt unterscheiden sich die Auffassungen. Wird auch die atomare Struktur der Materie nicht mehr ernsthaft angezweifelt, so besteht für den einen die Welt aufgrund eines anonymen, ewig aus sich selbst existierenden Weltgesetzes, während andere in der Weltordnung einen zielgerichteten Schöpfungsakt erkennen.

Die ersten Erkenntnisse, die wir aus der Urzeit des Menschen überliefert bekommen haben, sind Sagen und Mythen. Wir kennen die Sagen des klassischen Altertums, die germanischen Götter- und Heldensagen und die vielen Mythen aus den verschiedensten Kulturkreisen der Erde. Der Begriff Mythos ist dem der Sage gleichzusetzen. Denn Mythos bedeutet im Griechischen eigentlich Wort. Johann Gottfried von Herder (1744-1803) vertrat die Auffassung, daß Mythos und Religion gleichbedeutende Begriffe seien. Tatsächlich spiegelt sich im Mythos das Bedürfnis wider nach einer religiösen Erklärung des menschlichen Daseins. Aber, und das darf nicht übersehen werden, wir finden im Mythos auch eine Wiedergabe realer Seinsformen in symbolischer Darstellung. In enger Zusammenarbeit mit der Archäologie, Soziologie und den Religionswissenschaften gibt der Mythos Auskunft über das Weltbild eines Kulturkreises und über das Selbstverständnis des Menschen, indem er die Fragen nach seinem Lebensraum, nach dem Woher und Wozu seiner Existenz zur Sprache bringt oder gar beantwortet. Mythos ist dann Geschichte, wenn man ihn richtig interpretiert.

Die Entstehung des Lebens und der Ursprung der Welt wird in den verschiedensten Parabeln dargestellt. Man findet den Lebensbaum neben dem Weltenei, entdeckt in den polaren Gegensätzen einzelner sogenannter Weltelemente das Prinzip des Dualismus, der sich vor allem in den späteren persischen Religionen wiederfindet und andere Glaubensrichtungen beeinflußt. Aber auch das sich Herauslösen aus einem Urschlamm oder einem Urmeer oder die Umgestaltung eines Wesens mit menschlichen Proportionen wird in den Mythen zur Erklärung des Weltwerdens herangezogen.

So reden die indianischen Mythen vielfach von einem Baum des Lebens, und die Germanen sprachen von der Weltesche Yggrdrasil. Bei den Indianern senkte sich das Wurzelwerk tief in die Erde hinein, wo vor der Zeit die Menschen hausten. Die Öffnung zur Oberwelt wurde von Tieren gegraben.

An den Wurzeln nachkletternd, gelangten dann die Menschen zur Oberwelt. Man muß sich fragen, ob in diesen Sagen nicht das Wissen verborgen ist, daß das Tier doch vor dem Menschen die Erde bevölkert und sich der Mensch - zumindest in seiner körperlichen Form - aus dem Tier gebildet hat. Bei den Polynesiern findet man die Sage von einem Weltenei, in dem der Weltschöpfer vor Erschaffung des Alls saß, bis er den Entschluß faßte, die Welt aus der von ihm zerbrochenen Eihülle zu formen. Es ist hier nicht zu übersehen, daß für diese Menschen seit Anfang ein Weltschöpfer existiert, der das All erhält. Dabei steht ihm ein Heer von kleinen Göttern oder Engeln zur Seite, die von ihm gezeugt wurden. Aus einem Felsen schuf er sich die Göttermutter, die Mutter der Urgötter, die dann die einzelnen Teile der Welt , das Meer und den Sand, die Sterne und die Lebewesen, formten. Dem Weltenei begegnen wir auch in den indischen Mythen. Ein Urgeist schaffte das Urmeer und besamte es mit seinem Willen. Dadurch entstand im Urmeer das Weltenei, in welchem sich Brahman, das tätig schaffende Prinzip, das Die-Welt-Wollende, der Urgrund allen Seins, entwickelte. Hier spiegelt sich die indische Denkart wider, für die der Gedanke allein das rein Seiende ist. Dabei wird die Weltschöpfung allein durch göttliches Denken vollzogen. Es zersprengt auch das Denken des Brahman das Weltenei und läßt hieraus erst die Welt entstehen. Nach späterer Auffassung denkt Brahman nur, und aus diesem Gedanken entwickeln sich Zeit, Weltseele, Gestirne und Menschen. Vergleichen wir nun die christliche Gottesdefinition, den „tätigen Willen", mit der indischen Vorstellung, daß die Welt durch das Denken Brahmans entstand, so ist es schwer, keine einheitliche Grundtendenz erkennen zu wollen.

Auch in den ägyptischen Sagen spielt das Weltenei neben dem Wasser als dem zuerst Seienden eine Rolle. Hier finden wir einen Hauptgott, der über von ihm geschaffenen Urgöttern herrscht. Hinzu kommt die Personifizierung von Himmel und Erde durch eine männliche und weibliche Göttergestalt. Sie werden getrennt durch einen dritten Gott, den Gebieter des Luftmeeres. Sehr spät erst schält sich aus dem Götterheer der Weltschöpfer Thoth heraus, der mit Hilfsgöttern die Welt baut. Dann wird die Sonne Mittelpunkt der Verehrung, und der Sonnengott, Re oder Ra genannt, beherrscht Kult und Politik.

Die Vorstellung menschenähnlicher Überwesen, seien es Götter oder Riesen, beherrscht auch die Fantasie der Ureinwohner Australiens. Hier hatte in ferner Zeit ein mächtig starker Mensch die Sonne geschaffen, weil es vorher auf der Erde finster war. Die Erde wird dabei als immer gewesen vorausgesetzt. Berge und Inseln wurden durch einen Riesen geschaffen, der in seinem Zorn Weib und Kinder in diese Gestalten verwandelt hat. Er selbst, mit allen Menschen feind, fuhr auf zum Himmel, von wo er den Menschen böse Wetter, Blitz und Donner schickt.

Nach einem chinesischen Volksmärchen lagen einst Himmel und Erde direkt aufeinander, bevor fünf Urgeister, die chinesischen Elemente, entstanden. Diese fünf Alten schufen dann die Einzelheiten dieser Welt: Flüsse, Meere, Berge, Ebenen, Sonne, Sterne und Wind. Sie schufen Gräser, Bäume, Tiere und das Menschengeschlecht als Männer und Frauen. Nach diesem Schaffen baten die fünf Alten ein noch mächtigeres Wesen, den Fürsten des Jaspisschlosses, als höchster Gott über die Welt zu herrschen.

Ein anderes altes chinesisches Weltbild zeigt die Geburt eines menschlichen Wesens aus dem Durcheinander der fünf Grundelemente Wasser,Feuer, Erde, Holz und Metall zu einer Zeit, als es weder Erde noch Himmel,weder Zeit noch Stunde gegeben. Dieses Wesen hieß Pan = gu und wird in den Westländern Adam genannt. Mit Hammer und Meißel gab er dem Durcheinander Form und Gestalt. Er bildete den Himmel und die Erde in 18.000 Jahren. Er arbeitete Tag und Nacht und starb schließlich an Überanstrengung. Aus dem verwesenden Leichnam wurde das Fleisch zu Ackerland, und sein Kopf bildete die harten Gesteine der Erde. Sein Blut wurde zum Wasser der Bäche und Flüsse und seine Haare zu Gräsern und Bäumen.

Ein Auge wurde die Sonne, das andere der Mond. Aus seinem Atem wurde der Wind, aus seiner Stimme das Grollen des Donners. Sein Schweiß floß als Regen nieder, und aus dem Ungeziefer an seinem Leib entstand das Menschengeschlecht.

Das germanische Weltbild ist der ungemütlichen, kalten nordeuropäischen Witterung angepaßt. Der Edda ist zu entnehmen, daß im großen Weltenraum hoch im Norden Nilfheim, der Bereich urkalter, finsterer Nebel, und jenseits eines gähnenden Abgrundes im fernen Süden Muspelheim, das Reich des Feuers, existieren. Wasserströme aus dem unerschöpflichen Brunnen in Nilfheim (Nebelheim) wälzten sich einst gen Süden, um in den leeren Abgrund zu stürzen. Aber die Fluten erstarrten zu Eis, sodaß bald der Abgrund zwischen Nilfheim und Muspelheim sich auffüllte. Feuer-funken aus Muspelheim ließen das Bis schmelzen, und der ungeheuere Eisblock begann zu atmen. Ymir, der unförmige Urriese, war da. Surtur, der Herr von Muspelheim, schwang sein Feuerfunken sprühendes Schwert. Wieder fielen diese Funken auf das Eis und ließen eine Kuh entstehen, deren Milch dem Riesen Ymir als Nahrung diente. Durch diesen Göttertrunk gesättigt, schlief er ein und geriet in Schweiß. Aus seinem Leibe unter seinen Armen entsprossen ein Sohn und eine Tochter, die Stammeltern der Riesengeschlechter. Die Kuh leckte drei Tage gierig am Eisblock. Da entstand aus dem salzigen Eise Bur, der Stammvater der Götter. In einem gewaltigen Kampfe der Götter gegen die Riesen wurde dann Ymir erschlagen. Aus ihm wurde die Welt. Ähnlich der Sage von dem chinesischen Pan = gu wurde aus Ymirs Fleisch Erde, aus seinen Knochen türmten sich die Berge auf, sein Blut verwandelte sich in das Meer und die übrigen Wasserläufe. Aus dem mächtigen Schädel wurde die Wölbung des Himmels. So entstand Mitgard, ein Garten in der Mitte des Weltalls, vom Meere umflossen, geschaffen für das Menschengeschlecht. Die in Muspelheim aufblitzenden Funken wurden von Wotan, dem vornehmsten der Götter, eingefangen. Er warf sie an das Himmelsgewölbe, von wo sie als Sterne zu uns herab leuchten. Aus vielen Funken bildete er Sonne und Mond.

Ähnlich dem Urkampf zwischen den Göttern und den Unholden in der germanischen Göttersage berichten auch die babylonischen Mythen von einem Kampf zwischen den als rasende Naturgewalten symbolisierten Göttern. Gott Tiamat versucht als Oberbefehlshaber der Chaosgötter den Aufbau einer lichtvollen Welt durch den jungen Gott Marduk und seine Hilfsgötter zu verhindern. Gezeugt worden waren alle Götter zuvor aus einem männlichen und weiblichen Urgott. Diese Urgötter schlummerten zunächst unbeweglich in der tiefen Finsternis eines Urmeeres, bis sie sich zeugend vereinigten, um schaffende, die Welt aufbauende Götter hervorzubringen. im babylonischen Weltbild ist der Urgrund der Dinge das Weltmeer.

Die Erde erhebt sich als mächtiges hohes Gewölbe, in dessen Tiefe das Totenreich liegt. Die Feste des Hjmmels bildet ein oberes Gewölbe, welches das obere Wasser, den Regen, von dem unteren trennt. Diese Darstellung findet sich wieder in dem Schöpfungsbericht der Bibel. Wörtlich heißt es in den vorliegenden Übersetzungen (1. Mose 1:6-8): „Dann sprach Gott: Es entstehe ein festes Gewölbe inmitten der Wasser, und es bilde sich eine Scheidewand zwischen den Wassern. Gott bildete das feste Gewölbe und schied zwischen den Wassern oberhalb und unterhalb des Gewölbes, und es geschah so. Gott nannte das feste Gewölbe Himmel . . ." In der babylonischen Entstehungsgeschichte wird durch Marduk aus der Leiche des besiegten Tiamat die Welt geformt. Dabei wird die Entstehung des Sternenhimmels mit besonderer Intensität beschrieben. Alle Gestirne haben einen festen Platz, damit kein Irrtum in der Zeitrechnung entsteht. Dies ist ein Hinweis auf die sorgfältige Himmelsbeobachtung der Babylonier. Für sie sind die Sterne Götter oder doch mindestens deren Erinnerungsbilder.

Der Kampf zwischen Marduk und Tiamat wird im dualistischen Spannungsfeld der Perser von Ahura Masda und Ahriman ausgeführt. Auch diese beiden persischen Götter erhalten Hilfe durch Schaffung von Engel und Teufel. Während Ahura Masda mit seinen Engeln alles Helle und Reine in die Welt setzt, auch den Menschen, produziert Ahriman mit seinen bösen Geistern die Finsternis, den versengenden Wind, Schlangen, Skorpione, und er versucht den Menschen zu verderben. So kämpft nicht nur in der Welt, sondern auch im Menschen selbst das Gute gegen das Böse. Betrachten wir einen der wesentlichsten Sätze aus der Yoga-Philosophie, nämlich den Satz:

„In Dir beruht das Weltall" , so bestätigt dies die Darstellung, daß der Kampf im Weltall sich auch im Menschen vollzieht. Bei vielen Völkern besteht der Glaube, daß die Himmelskörper einmal Menschen waren, die durch irgendein Schicksal verwandelt wurden. Selbst in unserem Kulturkreis gibt es die Geschichte vom Mann im Mond. Für die Buschmänner ist die Sonne ein Mann, der früher auf Erden lebte und von den Kindern der ersten Menschen zum Himmel emporgeschleudert worden ist. Der Mond ist für sie das Erzeugnis der Heuschrecke, und die Sterne sind zum Himmel emporgeworfene Aschefunken. Bei den Eskimos und den Indianern Nordamerikas sind Sonne und Mond Geschwister, die in einem sträflichen Liebesverhältnis zueinander stehen. Für sie sind die Sterne ebenfalls an den Himmel versetzte Menschen. Den Glauben an einen höchsten Gott, der die Menschen erschaffen hat, finden wir sehr ausgeprägt bei den Zulukaffern. Nach ihrer Vorstellung kam Gott aus einem Urschlamm hervor und rief: „Es kommen Menschen hervor" Dann geschah es so. Es geschah auch so mit allem anderen. Auch hier leitet der Ruf oder das Wort Gottes, wie es auch im Alten Testament und zu Beginn des Johannesevangeliums steht, den Schöpfungsakt ein. Die Inkas beten zwar die Sonne als personifizierte göttliche Gestalt an, aber als höchstes Wesen, das alles erzeugt, steht Ticeviracocho. Er ist aus dem Wasser gestiegen und von Urgöttern umgeben, die ihm bei der Erschaffung der Welt halfen. Die Menschen wurden aus Erde und Stein gebildet.

Aber sie empörten sich gegen Ticeviracocho und wurden damit bestraft, daß sie fortan auf unfruchtbarem Boden leben müssen und ihnen kaum das Nötigste geboten wird. Eine Parallele hierzu ist letztlich die biblische Darstellung von der Vertreibung des ersten Menschenpaares aus dem Paradies. Es würde den Rahmen dieser Darstellung sprengen, wollte ich hier alle Sagen und Mythen über die Weltwerdung der einzelnen Völker zusammen- tragen. Auffallend aber ist, daß in fast allen Sagen und Mythen die Entstehung der Welt mit der Tat eines übermächtigen Wesens oder einer allgewaltigen Kraft in Zusammenhang steht. Bemerkenswert ist aber auch die Sonderstellung des Menschen gegenüber der gesamten Natur. Diese Sonderstellung ist mitunter so stark ausgeprägt, daß Stämme oder Völker für sich sogar gegenüber anderen Völkern Vorrechte beanspruchen. So behaupten zum Beispiel die Massai in Ostafrika, die wir schlechthin als Viehdiebe ansehen, daß Gott vor anderen Menschen die Massai erschaffen und ihnen alle Rinder der Erde zum Eigentum gegeben hat. Aus dieser Perspektive ist das Handeln der Massai kein Diebstahl, sondern die Ausübung eines ihnen zustehenden Naturrechtes.

Ein ähnliches Präjudiz finden wir im Alten Testament (l . Mose 9: 18-29). Mit den drei Noesöhnen Sem, Cham und Japhet wird hier die Menschheit in drei Gruppen eingeteilt, wobei die Nachfolger Chams wegen einer sexuellen Undiszipliniertheit ihres Stammvaters verflucht wurden, künftig als Knechte der Knechte seiner Brüder zu leben. Es bleibt in diesem Falle die Frage offen, ob in den ersten Büchern Mose nur Sagen und Mythen nieder- geschrieben wurden oder ob hier in diesem Falle bereits ein politischer Mythos begründet wurde, nämlich die Schaffung eines Feindbildes zur Eroberung Kanaans, jenes Landes, in dem sich die heimatlosen Israeliten nach ihrer Flucht aus Ägypten niederlassen wollten. Mit den beiden letzten Darlegungen ist gleichsam die Grenze zwischen den Begriffen Weltbild und Weltanschauung überschritten. Wir sahen, daß sich das Weltbild aus der Umwelterfahrung des Menschen geformt hat und je nach dem Stand der naturkundlichen Erkenntnisse mehr oder weniger stark differenziert ist. Denn in einem Weltbild sind die Mythen von der Entstehung der Welt genauso eingewoben wie wissenschaftliche Erkenntnisse und Theorien. Gerade die Theorien und Erkenntnisse der Wissenschaft ändern ständig das Bild, das wir von der Welt haben; an dem wir fortwährend malen und wahrscheinlich nicht fertig werden, solange das Menschengeschlecht auf Erden weilt.

Das aus der Begegnung mit der Umwelt erfahrene Weltbild ist der Ausgangspunkt der Überlegungen, die der Mensch anstellt , um sich die Frage des Lebenssinnes zu beantworten. Neben dem Rätsel seiner Existenz ist für den Menschen die Frage offen, wie er sich selbst am besten verwirklichen kann.

Das aber heißt nicht, danach zu fragen, was der Mensch in dieser Welt gebrauchen oder verbrauchen kann, sondern, was er benötigt, um seine Möglichkeiten zu realisieren. Die Antwort muß entsprechend der vielfältigen Weltbilder verschiedenartig ausfallen; sie bildet aber jeweils den Ausgangspunkt für eine hierauf aufbauende Weltanschauung, die sich dann in den einzelnen Religionen als Lehrmeinung oder Glaubenssatz verankert. Der Begriff Weltanschauung, der uns erstmals um die Wende vom 18. zum 19. Jahrhundert begegnet, unterscheidet sich wesentlich von dem seit der Aufklärung verwendeten Begriff der Ideologie, die das Denken und die Ideen aus den Sinnen herleiten soll. Nach der Lehre des englischen Aufklärers Francis Bacon (1561-1626) versperren die „Idola", die Trugbilder, dem Denken den Zugang zur Wahrheit. Vor allem Paul Heinrich Dietrich, Baron von Holbach (1723-1789), Materialist und Atheist, betonte in seinen Arbeiten die Auswirkung von Vorurteilen, die die sozialen Interessen und Privilegien relativieren. S0 wurde die Ideologie eine Formel für eine einer Gesellschaftsschicht oder einer wirtschaftspolitischen Lage zugeordneten Denkweise und Wertvorstellung, vor allem, wenn sie zur Rechtfertigung oder Verhüllung wirklicher Interessen dient.

Der Inhalt der Ideen wurde damit eingeschränkt, und die Ideologie wurde Ausdruck, Rechtfertigung und Kampfmittel gesellschafts- oder wirtschaftspolitischer Interessengruppen, die eigene Denkweisen und Wertvorstellungen entwickeln.

In seiner Auseinandersetzung mit Hegel funktionierte Marx den Ideologiebegriff um zu einer Theorie des falschen Bewußtseins. Damit ist Ideologie nicht mehr nur ein durch Vorurteile getrübtes Denken, sondern zugleich bewußter Ausdruck und Rechtfertigung gesellschaftlichen Seins.

Durch Marx ist der Ideologiebegriff doppelsinnig geworden. Einmal ist damit das falsche Bewußtsein der Gegner gemeint, und zweitens versteht man darunter die angeblich systematisch erarbeiteten eigenen „wahren" Erkenntnisse. Durch diese Zweideutigkeit und eine oft pseudowissenschaftliche Grundlage steht heute der Begriff der Ideologie im Gegensatz zur Weltanschauung. Letztere setzt ein ruhiges Betrachten und das Überdenken von Bildern und Zusammenhängen voraus, die ein erfahrener Mensch im Laufe seines Lebens macht. Nicht von ungefähr entstand das Wort Weltanschauung im Umkreis Goethes, der selbst den Begriff Weltansicht gebrauchte. Für Goethe galt, daß sich in den früheren Jahrhunderten eine Weltansicht, also Weltanschauung, und ihre praktischen Auswirkungen lange Zeit hindurch erhalten haben und die Sitten ganzer Völker zu bestimmen wußte. Für seine Zeit räumte Goethe die Möglichkeit ein, daß gleichzeitig zwei gegensätzliche Anschauungen existieren können und sich im Gleichgewicht halten. Die von subjektiven Auffassungen und Täuschungen nicht freien Weltbilder beeinflussen nun über Weltanschauungen die Religionen, wodurch sich dort fehlerhafte, subjektive Aussagen einschleichen, die mit der absoluten Wahrheit nicht übereinstimmen. Damit ist aber zugleich die Antwort gegeben auf die Frage, warum verschiedene Religionen existieren. Gelänge es, aus den Religionen alle Subjektivität und alle Täuschungen herauszuhalten, müßte das, was übrig bleibt, der Wahrheit entsprechen. Für uns Menschen ist es aber nicht möglich, bei der Analyse einer Weltanschauung oder gar Religion sagen zu können, was wahr und was unwahr ist. Aber es ist möglich, sich der Wahrheit zu nähern, indem man kritisch die einzelnen Lehrgebäude der Religionen analysiert und jede Aussage auf Ursprung und Auswirkung hin überprüft. Vermutlich werden wir so - und vielleicht nur so - herausfinden, ob nicht auch in den eigenartigsten Religionen und Weltanschauungen ein Zipfel von Wahrheit enthalten ist. Erforderlich für den Beginn einer solchen Wahrheitssuche ist die Auseinandersetzung mit den verschiedenen Theorien und Praktiken möglichst vieler Weltanschauungen und Religionen.

Die Unterscheidungsmerkmale zwischen Weltanschauung und Religion lassen sich ohne weiteres nicht bestimmen, solange der Begriff Religion nicht klar definiert ist. Es kann aber gesagt werden, daß eine Weltanschauung aus der sinnenhaften Umwelterkenntnis den Weg zu einer Selbstverwirklichung weist, während Religion eine Sinngebung des Lebens beinhaltet, die sich sowohl für den einzelnen als auch für die Gesellschaft auf eine überindividuelle und überkollektive transzendente Macht beziet. Das ursprünglich aus dem Lateinischen stammende Wort Religion, das soviel wie das Heilige oder Unnahbare bedeutet, erfuhr eine Begriffserweiterung und umfaßte bald auch die von dem Heiligen und dem Unnahbaren geforderte innere und äußere Haltung ehrfürchtiger Schau bis hin zur Beachtung des Kultes. .

Das Christentum übernimmt mit dem lateinischen Wort auch die für die römische Frömmigkeit typische Betonung des rechtlichen und institutionellen Charakters und versteht bis in die Neuzeit hinein Religion primär als Bindung an eine Gruppe, die sich auf etwas Besonderes verpflichtet hat. Die Reformation und die Entdeckung anderer Religionen führten im Bereich der abendländischen Kultur zu einer Überbetonung der menschlichen Subjektivität. Diese Entwicklung führte über Feuerbach, Marx und Freud zu der Auffassung, daß der göttliche Ursprung einer Religion nur eine Illusion sei, die dem Menschen dazu diene, seine eigenen, bis ins Unendliche zu steigernden Möglichkeiten anzubeten. Es hat aber der Mensch in seiner bisherigen Geschichte immer nach einem letzten Sinn gesucht, der als Maßstab seines im materiellen Raum mit Sinnen faßbaren Lebens dienen soll. Darüber hinaus ist festzustellen, daß das Leben nicht allen Erwartungen genügt und wir die Sehnsucht oder das Verlangen nach einer höheren oder größeren Erfüllung, die universell, unbedingt und unvergänglich ist, in uns tragen. Doch sieht es nach den bisher gemachten Erfahrungen der Menschheit so aus, daß wir Menschen aus uns heraus die Frage nach dem Lebenssinn weder beantworten noch von uns weisen können. So suchen wir die Antwort in einer Religion und erwarten dabei einen göttlichen Zuspruch, dem wir als Menschen entsprechen können, um aus diesem Zustand heraus die absolute Wahrheit erfahren zu können. Weist eine Weltanschauung den Weg des menschlichen Lebens zu einer Selbstverwirklichung auf Grund eines Weltbildes, das der Mensch mit Hilfe seiner auf chemische und physikalische Reize reagierenden Sinnesorgane erhält, das über Denkprozesse zu abstrakten ethischen Normen führt und möglicherweise durch logische Schlüsse sogar eine transzendente oder außermaterielle Welt mit dort in einem Ordnungssystem wirkenden Kräften vermuten läßt, so kommt in einer Religion das Gefühlsmoment hinzu, daß auch die Erfahrung von Furcht und der daraus resultierenden Sehnsucht nach Geborgenheit an eine höhere Macht glauben läßt.

Friedrich Ernst Daniel Schleiermachers (1768-1834) Gefühl von einer „schlechthinigen Abhängigkeit" als wesentlicher Bestandteil der Religion und Hegels spöttischer Kommentar: „Wenn es für die Religion oder gar speziell für das Christentum nur auf dieses Gefühl ankäme, dann würde der Hund der beste Christ sein, denn er trägt das Gefühl seiner Abhängigkeit am stärksten in sich", zeigen die Schwierigkeit auf, die die Definition des Begriffes Religion in sich trägt. Das liegt vor allem daran, daß in der Religion eine Wirklichkeit angesprochen wird, die unbeweisbar außerhalb unserer menschlichen Dimensionen liegt, und wir diesbezügliche Begriffe nur aus der uns bekannten materiellen Welt ableiten können.

Das angesprochene Gefühl ist mit einer geistigen Antenne zu vergleichen, die es dem Menschen ermöglicht, Kontakte zu einer außermateriellen Welt aufzunehmen. Platon vertrat in dieser Beziehung die Auffassung, daß statt einer ständigen Kommunikation der Mensch das gesamte Weltwissen in sich trägt, das aber nicht unmittelbar, sondern nur durch eine Wiedererinnerung (Anamnesis) seinem Bewußtsein zugänglich ist. Man kann diesen Vorgang mit einer großen Datenverarbeitungsanlage vergleichen, die zwar alles Wissen in ihren Speicheranlagen bewahrt, jedoch in einem Code, der von dem Rechner nicht gelesen werden kann. Im religiösen Bereich ist das Wissen von der außermateriellen Wirklichkeit ebenfalls in Mythen, Sagen und Offenbarungen codiert. Ihre Wörter sind uns zwar vertraut, aber die Begriffe der transzendenten Wirklichkeit können in ihnen nicht total wiedergegeben werden. Bei der Beschreibung einer Vorstellung oder einer Erfahrung aus der immateriellen Welt ist somit Vorsicht in Bezug auf die verwendeten Begriffe geboten, da diesen andere Definitionen zukommen als in unserem alltäglichen Leben. Muß man beispielsweise nach dem Ende der Welt mit wo oder wann fragen? Das Wo wäre mit einer superschnellen Rakete nach einer Überwindung einer Distanz von mehreren Lichtjahren zu erreichen, das Wann durch ein Warten über eine unbekannte Anzahl von Generationen. Oder sollte schließlich beides dasselbe sein? Das Ende der Welt, was ist das?

Ähnlich verhält es sich mit dem Begriff Himmel als Aufenthaltsort Gottes. Die Ergebnisse der Weltraumforschung zeigen, daß wir Gottes Aufenthaltsort nicht mit irgendwelchen räumlichen Koordinaten lokalisieren können. Das wiederum ließe den ketzerischen Schluß zu, daß, wenn Gott nicht irgendwo ist, er nirgendwo ist, daß es ihn also nicht gibt. Tatsächlich gibt es Lehren, die zwar von einer immateriellen Wirklichkeit sprechen, aber ohne einen persönlichen Gott auskommen. Normalerweise existiert in unseren Religionen Gott real, also in Wirklichkeit, jedoch meist außerhalb unserer von Raum und Zeit eingeschränkten materiellen Umwelt. Wenn in alten Religionen Gott auf einem heiligen Berg oder in einem heiligen Hain gewähnt wurde, so entspringt diese Vorstellung einem bestimmten Weltbild. Das aber ist keineswegs ein Grund, der entsprechenden Religion jeglichen Wahrheitsgehalt abzusprechen. Schließlich wird ja auch in etlichen christlichen Religionsgemeinschaften der Tabernakel als Wohnstatt Gottes angesehen.

Oder? Wo aber ist der Wohnsitz Gottes in Wirklichkeit? Setzt man den Begriff Wirklichkeit gleich Wahrheit, so ist alles, was ist, auch wahr. In diesem Sinne macht das Sein im Ist alles wahr. Weltbilder aber entsprechen nicht unbedingt der Wirklichkeit und entbehren somit des Anspruchs auf eine totale Wahrheit. Aus solchen Weltbildern abgeleitete Weltanschauungen unterliegen folglich den gleichen Irrtümern. Das gleiche gilt für die auf Weltanschauungen begründeten Lehraussagen der Religionen.

Somit geben Religionen lediglich Teilansichten der vollen Wirklichkeit und somit der Wahrheit wieder. Auf dem Wissen um die Existenz dieser Teilansichten basiert aber letztlich die Anerkennung des Vorhandenseins einer objektiven Wirklichkeit oder absoluten Wahrheit, die von der menschlichen Erkenntnis unabhängig ist. Scio, me nihil scire.

Die in vielen Epochen der Menschheitsgeschichte zu erkennenden Perioden einer Abwendung vom Gottesglauben steht in engem Zusammenhang mit der Veränderung „eines jeweils vorhandenen Weltbildes und der damit verbundenen Wandlung der Weltanschauung, die stets eine Reformierung der Religion zur Folge hat. Eine echte Gotteserfahrung aber dürfte hiervon nicht berührt werden, da sie nicht von irgendeinem Weltbild abhängig ist. Nicht umsonst wird nicht nur im Christentum vor der Schaffung eines Gottesbildes gewarnt. Hieraus folgt, daß das Bemühen um einen Gottesbeweis ohne Erfolg bleiben muß, solange das Weltbild des Menschen nicht mit der Wirklichkeit übereinstimmt. Ist diese Voraussetzung aber gegeben, ist also vom Menschen das wahre Weltbild vollständig erkannt, ist ein Gottesbeweis überflüssig.

Die absolute Wahrheit zu finden, machten sich die griechischen Philosophen in der Mitte des letzten Jahrtausends vor unserer Zeitrechnung ans Werk. Was daraus wurde, zeigt uns die Geschichte der abendländischen Wissenschaft, die richtungsweisend war für die Entwicklung der Zivilisationsstufe, auf der wir uns heute befinden , die aber noch heute die Frage nach der absoluten Wahrheit offen hält.

In dem Bewußtsein, daß jede Religion ein aus der Umwelterfahrung entstandenes Weltbild enthält und damit dem Einfluß der geschichtlichen Entwicklung von Weltanschauungen unterliegt, stellt sich die Frage, ob aus dem Glauben an einen Gott (Monotheismus) die verschiedenen poly-theistischen Religionen sich entwickelt haben, also die Religionen, die mehrere Gottheiten in einem Himmel oder sonst wo für existent halten, oder ob die umgekehrte These stimmt, daß mit zunehmender philosophi-scher Erkenntnisfähigkeit aus den polytheistischen Religionen der Glaube an einen Gott entstanden ist. Gründe und Gegengründe einer Antwort sollen später noch erläutert werden. Soweit in einer Religion ein höchs-tes, über der materiellen und immateriellen Welt stehendes, mit dem Menschen korrespondierendes Wesen existiert, dem die Erschaffung, Er-haltung und Lenkung der Welt zugeordnet wird, spricht man von einer theistischen Religion. Dabei spielt es keine Rolle, ob eine solche Religion in geschichtlicher Offenbarung ihre Wurzeln hat oder aus nicht mehr er-kennbaren Urquellen erwachsen ist. Zu diesen theistischen Religionen zählt in erster Linie die Religion der Juden, das Christentum und der Is-lam.

Eine andere Auffassung von Gott besteht im Deismus, der sich vor allem in England unter dem Einfluß des sich etablierenden Bürgertums und der Entdeckung mathematischer und physikalischer Gesetze entwickelt hat und den im Christentum bezeugten Gott zwar als Schöpfer der Welt aner-kennt, aber der Schöpfung in einem ihr eigenen Weltgesetz eine Selb-ständigkeit zuordnet, die weitere Eingriffe Gottes zumindest unnötig, wenn nicht sogar unmöglich machen. Dadurch wird die Weltgeschichte und auch das Leben des einzelnen dem Eingriff Gottes entzogen. Es hat bei einer solchen Gottesauffassung freilich das Beten keinen Sinn mehr. Man konnte den Resdes im Deismus verbleibenden christlichen Glaubens unter dem Begriff der Vernunft zusammenfassen. Mit dieser Einstellung hat für den Deisten der Mensch die Weltregierung übernommen und ist dabei weder jetzt noch zu einem anderen Zeitpunkt für sein Handeln ei-nem anderen gegenüber verantwortlich. Hier ist der Fortschrittsglaube Maßstab der geltenden Ethik.

Diese Vernunftreligion der Aufklärung beherrschte als Freidenkertum sehr viele angesehene Wissenschaftler und Schriftsteller ihrer Zeit. Ich nenne hier die Namen Gotthold Ephraim Lessing (1729-1781) und Voltaire (eigtl. François Marie Arouet, 1694-1778). Die naturkundlichen Erkennt-nisse hatten das Selbstbewußtsein im abendländischen Menschen gestei-gert und bedingten eine Abneigung gegen jede Art von Metaphysik, de-ren Beschaffenheit wissenschaftlich ja nicht erklärt werden kann. Daß eine solche Weltanschauung sich auch gegen die Aussagen der Religions-gemeinschaften richtete, dürfte in diesem Zusammenhang verständlich sein. Den christlichen Institutionen fehlten vielfach Gegenargumente, weil sie selbst mit ihrem materiellen Besitz eine riesenhafte Wirtschaftsmacht repräsentierten' und ihre Verwalter, Priester, Bischöfe und Päpste, sich mehr um materielle Dinge gekümmert hatten, als dem Postulat Jesu gerecht zu werden. Doch ein gutes Leben ohne Blick auf das transzendente Sein genügt wohl kaum als Antwort auf die Frage nach dem Sinn des menschlichen Daseins. Trotzdem beeinflußt der längst widerlegte Fortschrittsglaube des achtzehnten Jahrhunderts noch heute das Denken über Gott sehr stark.

Eng verknüpft mit dem Deismus und der Aufklärung ist der Liberalismus, der aus einer historisch-politischen Situation entstanden ist. Im Kampf gegen das absolute Fürstentum identifizierte er sich zeitweise mit den Idealen der Französischen Revolution: Freiheit, Gleichheit, Brüderlichkeit. Es ist einleuchtend, daß der Liberalismus sich nicht gegen den Deismus hat verschließen können, da auch er auf dem Boden der Aufklärung gewachsen ist. Neben dem Fortschrittsglauben in Wirtschaft und Wissenschaft trat da sittlich-religiöse Leben in den Hintergrund. Liberalismus wurde somit der Begriff für Freizügigkeit in Wirtschaft und Handel ohne Rücksicht auf die soziale Lage von Mitmenschen. Er löste das politisch-gesellschaftliche Leben von sittlichen Normen und versuchte den kirchlichen Einfluß in Staat und Gesellschaft zurückzudrängen. Bei aller negativen Kritik aus dem Blickwinkel des allumfassenden Seins dürfen die positiven Leistungen des Liberalismus nicht übersehen werden, die zur Emanzipation des Bürgertums beigetragen haben. Denn schließlich verdanken wir dieser Geisteshaltung die Grundlagen für Gewerbefreiheit, Versammlungs-, Rede- und Pressefreiheit, Schutz der Person vor widerrechtlicher Gewalt und letztlich beachtliche Impulse zur Verwirklichung der demokratischen Ideen.

Die neue Geistesströmung, die unter dem Begriff der Aufklärung in die Geschichte der Philosophie eingegangen ist, ging von der Auffassung aus, daß der Mensch der souveräne Herr der Schöpfung sei. Für Kant war die Aufklärung das Erwachen des Menschen aus einer selbstverschuldeten Unmündigkeit, wobei Unmündigkeit als das Unvermögen gilt, sich seines Verstandes ohne Leitung eines anderen zu bedienen. Gilt England mit seinen Philosophen David Hume (1711-1776) und John Locke (1632-1704) als das klassische Land der Aufklärung, zeigte diese Geistesströmung im katholischen Frankreich zersetzende Wirkung, die die Französische Revolution vorbereitete, während sie in Deutschland die große idealistische Bewegung einleitete.

Die Selbstherrlichkeit, in die der Mensch durch den Liberalismus und Deismus geführt war, beseitigte alle Skrupel und führte dazu, Teile dieser Schöpfung zu zerstören, sei es durch Kriege, Experimente an lebenden Organismen oder durch die Störung des Gleichgewichtes in der Natur. Es wäre jedoch falsch, den Deismus nur dem Denkbereich der Aufklärung zuzuordnen. Denn die Auffassung von einem untätigen Gott, einem deus otiosus, findet man auch in den Religionen von Völkern, die nach unserer Auffassung auf einer einfacheren Kulturstufe stehen.

Spricht der Deismus sich noch für einen Gott außerhalb unserer materiellen Welt aus, setzt der Pantheismus die Begriffe Gott und Welt gleich. Er leugnet einen von der Welt wesensverschiedenen Gott, der ihr überlegen ist und aus sich heraus existiert. Denn für den Pantheisten ist der Begriff Gott nichts anderes als das Naturgesetz selbst. Wie im Deismus kann von einer persönlichen Beziehung zwischen Gott und Mensch nicht mehr gesprochen werden. Gleichzeitig ist auch Lohn und Strafe aus der Hand eines Gottes nicht zu erwarten, weil alles Geschehen, auch das Handeln des Menschen, als ein naturnotwendiger Vorgang angesehen wird. Damit wird auch die Frage nach Gut und Böse überflüssig.

Im Grunde ist der Pantheismus eine, wenn auch umschriebene Absage an Gott und resultiert aus einem Weltbild, das den Sinn des menschlichen Daseins alleine in der mit unseren Sinnen erfaßbaren Welt sucht. Jedoch gilt zu unterscheiden, ob man Gott als das All auffaßt, oder das All, sprich: unsere materielle Umgebung, zum Gott macht. In der zuletzt genannten Version wandelt sich nämlich der Pantheismus zum Materialismus, der uns in den Spielarten eines zivilisatorischen, eines biologischen und eines ökonomischen Materialismus begegnet.

Grundsätzlich ist der Materialismus atheistisch. Denn für den Materialisten gibt es keine Transzendenz, damit aber auch keinen Geist im Menschen mit wahrem selbständigem Denken und Wollen. Da im Materialismus alles Geschehen auf naturnotwendigen Vorgängen beruht, also nur Funktion der Natur ist, kann von sittlichem Streben, Verantwortung, von Freiheit und Würde des Menschen in diesem Denkgebäude keine Rede sein. Im Materialismus tritt an Stelle des freien Individuums die Gesellschaft mit einer zweckbestimmten Ethik, die die Freiheit des einzelnen durch Gesetze vergittert. Dem zivilisatorischen Materialismus begegnen wir vor allem dann, wenn der Mensch seine Denk- und Handlungsweise nur auf irdisches Glück und Wohlstandswachstum richtet. Eine solche zivilisatorische Wohlstandsgesellschaft vermag mit ihrer Geisteshaltung jegliche Glaubensinhalte einer Religion auszuhöhlen.

Eine typische, wenn auch nicht die einzige Erscheinung des biologischen Materialismus zeigt sich in der nationalsozialistischen Weltanschauung. Hier wird dem als rassische Einheit aufgefaßten Volk der höchste Wert zugemessen. Das Blut gilt als Erzeuger und Erhalter allen kulturellen Lebens. „Blut und Ehre" war das Losungswort der nationalsozialistischen Staatsjugend. Dieser biologische Materialismus ordnet alle Rassen in eine Wertskala ein, wobei im deutschen Nationalsozialismus die germanische Rasse als die wertvollste galt und somit die Germanen als das Herrenvolk betrachtet wurden. Religion, Wirtschaft und Kultur hatte man mit allen anderen Lebensbereichen gleichgeschaltet und nach dem Führerprinzip der nationalsozialistischen Macht untergeordnet.

Mit dem internationalen Kommunismus hat diese Weltanschauung als gemeinsames Ziel die Abschaffung der Standes- und Klassengegensätze. Im Nationalsozialismus jedoch bezogen sich diese Vorstellungen auf die Volksgemeinschaft, von der andere Rassen wie Zigeuner und Juden ausgeschaltet waren. Daß mit dem Grundsatz, Gemeinnutz geht vor Eigennutz, jedes individuelle Handeln ausgeschaltet wurde, unterscheidet den Nationalsozialismus nicht von anderen sozialistischen Weltanschauungen.

Die größte Auswirkung der dritten Hauptgruppe des Materialismus, des ökonomischen Materialismus, begegnet uns im Marxismus und dem daraus abgeleiteten internationalen Sozialismus. Der Theorie nach steht hier statt der hohen Bedeutung des Blutes die Abhängigkeit von den wirtschaftlichen Produktionsverhältnissen, die angeblich alle religiösen, politischen und sozialen Ideen hervorbringen. Die Erlösung aus irdischer Not erfolgt hier nicht durch die Zuchtwahl wie im biologischen Materialismus, sondern durch die Überwindung der unvollkommenen ökonomischen Verhältnisse in einer klassenlosen Gesellschaft. Diese Auffassung gipfelt sich im DIAMAT (Dialektischer Materialismus).

Man sollte bei der Betrachtung des marxistischen Materialismus nicht an den Beweggründen achtlos vorbeigehen, die den aus bürgerlicher Familie stammenden Karl Marx zu seinen weltanschaulichen Theorien veranlaßten. Während England und Frankreich sich frühzeitig als moderne Nationalstaaten konsolidierten, und sich dort daher eine weltliche Intelligenzschicht herauskristallisieren konnte, war in dem wirtschaftlich schwachen und politisch zerrissenen Deutschland bis ins vorige Jahrhundert hinein nicht zuletzt das evangelische Pfarrhaus eine der tragenden kulturellen Säulen. Hier finden wir den Herkunftsort vieler deutscher Dichter und Denker. Doch das moderne wissenschaftliche Denken, wie es sich in Westeuropa entwickelt hatte, war hier nicht nur fremd, sondern wurde auch als feindlich und bedrohlich angesehen. Dagegen mußte man sich wehren. Wehren mußte man sich aber auch gegen die Machtansprüche des absolutistischen Fürstentums und gegen den Druck der Gegenreformation. Als Gegengewicht gegen diese Bedrohungen galt eine Heilslehre mit dem Inhalt, daß die Welt böse sei, weil sie sich vom göttlichen Ursprung getrennt habe. Eine Erlösung sei aber nur möglich, wenn sich der Mensch wieder mit Gott vereine. So jedenfalls formulierte es der 1782 verstorbene Philosoph und Theologe Christoph Oetinger. Ein Gemälde zeigt ihn in einer Hand mit der Bibel, in der anderen mit Zirkel, Winkel und Globus. Das soll zeigen, wie Oetinger Naturkunde und Theologie verbinden wollte. Für ihn war Gott nicht von der Natur und die Natur nicht von Gott zu trennen. Die notwendige grundlegende Veränderung in der Haltung des Menschen gegenüber dem Gottesreich sollte sich in einer demokratischen Staatsform verifizieren. Gleichheit aller Menschen, Abschaffung des Privateigentums und des Geldes, Beseitigung des Staates und jeglicher Herrschaft. Dieses von Oetinger zusammengefaßte Ideengut ist trotz aller christlich anmutender Gedanken eine Vorwegnahme der marxistischen Ideen..

Als Methode zur Begründung seiner Ideen bediente sich Marx der Dialektik Hegels mit der Dreiteilung: Thesis, Antithesis und Synthesis. Oetinger und Hegel hatten beide das Tübinger Stift besucht und waren somit im gleichen geistigen Klima groß geworden. Für sie beide bestand ein dreiteiliges Weltbild. In einem Urzustand, am Anfang der Zeiten, so sieht es auch heute der marxistische Sozialismus, gab es den „homme total", den Menschen also, der alles in sich vereinigte. Doch dann traten im Zustand der Antithesis, in dem sich der Mensch noch heute befinden soll, drei Fiktionen zu Tage. Die erste Fiktion ist die eines Gottes; nach Feuerbach projeziert nämlich der Mensch seine eigenen unerfüllten Bedürfnisse in ein transzendentes Wesen und sieht so sein eigenes Spiegelbild, dem er seine eigene schöpferische Kraft zuschreibt. Wieso allerdings im Materialismus solche schöpferische Kraft im Menschen geboren werden kann, muß ein Rätsel bleiben, da nach dieser Weltanschauung das Denken doch nur eine chemisch-physikalische Reaktion im menschlichen Gehirn sein soll.

In der zweiten Fiktion hat der Mensch irrtümlich alle Befugnisse, die seinem Wesen nach ihm selbst zukommen, auf einen Fürsten als Inhaber der

Staatsgewalt übertragen. Nach der dritten Fiktion hat der einzelne Mensch durch die Industrialisierung die Herrschaft über sein Werkzeug verloren, da so große Maschinen gebaut wurden, daß er sie alleine nicht mehr finanzieren konnte. Auch die Bedienung konnte nur noch durch die Zusammenarbeit vieler Menschen erfolgen. Marx nannte diese Antithesis die Negation.

Um zur Synthesis, zur dritten Stufe, zu gelangen, muß der Mensch die alte Einheit wieder herstellen. Er muß sich erneut seiner schöpferischen Kraft bewußt werden, sich seine Rechte wieder zurückholen und eigener Herr über das Produktionsmittel Maschine werden. Nur dann ist der Mensch wieder die ursprüngliche Einheit von Gott, Fürst und Maschine. Dieses Zurückholen erfolgt durch die Revolution, was für den Materialisten im Grunde nur ein anderer Ausdruck für ein Gottesurteil oder das Jüngste Gericht ist. Auch hier haben wir es mit einem eschatologischen Thema zu tun. Die Revolution, als Katastrophe verstanden, ist der Tag des Zornes, der Tag des Schreckens, an dem die Guten, die Proletarier, gesegnet werden. Dann ist wiederum ein ewig währender Idealzustand erreicht, für Hegel und Marx die Negation aller Negationen.

Selbstverständlich ist diese dreiteilige Weltheitslehre, wie sie in Hegels Heimat, dem Schwabenland, zu jener Zeit als wahr erachtet wurde, keine Neuentdeckung. Im Grunde genommen stammt dieses Weltbild aus der Zeit der Geburt Christi und ist unter dem Stichwort Gnosis in die Geistesgeschichte eingegangen. Das solches Geistesgut auf dem Boden der Aufklärung gute Wachstumsbedingungen vorfand, sollte nicht verwundern. Aber diese Wiedergeburt war nicht die Verwirklichung des Gottesreiches, sondern die kommunistische Weltrevolution. Denn im Materialismus ist die transzendente Welt und mit ihr Gott ausgeschaltet, womit die Stufe eines eindeutigen Atheismus erreicht ist.

Wer sich mit dem Atheismus beschäftigt, stößt unvermeidbar auf den Namen Nietzsche, dessen Leben erfüllt war von einem Ringen mit Gott und dem Glauben an ihn. Nietzsche wollte Gott verneinen; aber er konnte es nicht. Er, Nietzsche, hatte das Menschheitsproblem, die Frage nach Gott, zu seinem ureigensten Problem gemacht und ist dann daran gescheitert.

„Gott ist tot", sagte er und: „Er mußte sterben. Er sah mit Augen, welche alles sehen. Er sah des Menschen Tiefen und Gründe, alle seine verhehlte Schmach und Häßlichkeit. Der Gott, der alles sah, auch den Menschen, dieser Gott mußte sterben. Der Mensch erträgt es nicht, daß ein solcher Zeuge lebt."

Trotz aller Polemik gegen Gott hatte Nietzsche doch die Existenz Gottes anerkennen müssen. Denn ein Objekt des Hasses, das man töten will, ist doch existent. Man kann nicht etwas hassen oder gar töten, was nicht existiert. Hatte aber nicht gerade Nietzsche, der „glühende Atheist", erkannt, daß es Gott gibt, wenn er schreibt:

„Unnennbarer! Verhüllter! Entsetzlicher!
Du Jäger hinter Wolken!
Daniedergeblitzt von Dir,
Du höhnisch Auge, das mich im Dunkeln anblickt -
So liege ich, biege mich, winde mich,
Gequält von ewigen Martern,
Getroffen von Dir, grausamster Jäger,
Du Unbekannter - Gott!
Davon!
Da floh er selber,
Mein letzter einziger Genoß.
Mein großer Feind,
Mein Unbekannter,
Mein Henker - Gott!"

Im Grunde ist ein Atheist ein Mensch, der die Existenz einer transzendenten Macht ablehnt und nur sich und die ihn umgebende materielle Welt sucht und genießen möchte. Dies trifft aber nicht nur auf den einzelnen Menschen zu, sondern auf ganze Gesellschaftsgruppen, die letztlich mit einer von ihnen gewonnenen Staatsgewalt den Sprung vor der individuellen zur organisierten Gottlosigkeit vollführen.

Auch der Atheist ist kein Produkt unserer Neuzeit. Schon im alten Griechenland wurden diejenigen, die die Götter des Staatskultes nicht anerkannten und sich nicht an den öffentlichen Kultfeiern beteiligten, als Atheisten zu Gefangenschaft und Tod verurteilt. Somit galten die ersten Christen sowohl in Griechenland als auch in Rom als Atheisten, bis Kaiser Konstantin I. (um 280 bis 337) allen seinen Untertanen, besonders den Christen, volle Religionsfreiheit neben der heidnischen, offiziellen Staatsreligion zusicherte.

Wurde der Atheismus schon von den Materialisten Demokrit (um 470 bis 380) und Epikur (341-270) vertreten, gewann er durch die neuzeitliche Entwicklung von Wissenschaft und Technik seine besondere Bedeutung. Das Bildungsbürgertum setzte mit der Französischen Revolution einen Atheismus durch, der Gott, so wie er von den Christen gesehen wird, absetzte und statt dessen die „Göttin der Vernunft" proklamierte. Für Marx wurzeln religiöse Vorstellungen in sozialökonomischen Verhältnissen und zwar dergestalt, daß durch die Religion das Elend des Menschen erträglicher gemacht wird. Seine Behauptungen gipfeln in dem bekannten Ausspruch, daß Religion das Opium des Volkes sei.

Die politischen Konstellationen der letzten hundert Jahre bedrohen in besonderem Maße die Lebenssicherheit und Existenz der Menschen in dieser Welt. Seinsangst und Seinsnot beherrschen den modernen Menschen. Diese Situation prägte im Gegensatz zum deutschen Idealismus schließlich die Weltanschauung des Existentialismus. Als Mentor dieser Weltanschauung in seiner atheistischen Richtung fühlte sich Jean-Paul Sartre (1905- 1980). Viele hielten ihn für ein Universalgenie. Doch sollte man mit solchen Begriffen zurückhaltend sein. Vielleicht war er auch nur ein Hansdampf in allen Gassen. Erste Anregungen zu seiner eigenen Philosophie gewinnt Sartre aus

dem Studium von Hegel, Edmund Husserl (1859-1938) und Heidegger.

Sein Wechsel von der Philosophie zur Literatur verschaffte ihm erst den Durchbruch zur Popularität mit Werken wie „Die Fliegen" und „Die schmutzigen Hände". Die Überzeugung, alles zu vermögen, woran ihm gelegen ist, ließ ihn zur Philosophie zurückkehren mit seinem philosophischen Hauptwerk: „Das Sein und das Nichts." Seine nicht als objektiv zu bezeichnende Einstellung zu linksextremistischen Splittergruppen, die in seinem Engagement für die Baader-Meinhof-Gruppe 1974 einen Höheunkt erreichte, ließ ihn an Einfluß verlieren. Sartre sah allein im Handeln die Idee verwirklicht und nannte die Moral seines Handelns Freiheit. Für ihn war der Mensch nichts anderes als die Gesamtheit seiner Handlungen. Einen Gott als Schöpfer oder Erlöser lehnte er ab. Für ihn existierte Gott eben sowenig wie eine sinnvolle Weltordnung. Doch schien er sich seiner Sache nicht ganz sicher zu sein. Schließlich räumte er ein, daß „wenn" Gott nicht existiert, es wenigstens ein - wenn auch sinnloses - Sein gibt. Dieses „Wenn" ist eine Kondition, die auch er nicht beweisen konnte. In dem Begreifen einer scheinbar aussichtslosen Situation durch die Bedrohung von Maß und Zahl, von Materie und Produktion will Sartre die Vermassung und Anonymität des Menschen erkennen. Durch die Betonung des Nichts und einer absoluten, verantwortungslosen Freiheit, zu der wir nach Sartres Worten verurteilt sind, nähert sich der Existentialismus dem Nihilismus.

Sartre war so ehrlich , dem Ertrinkenden zu sagen, daß er ertrinken wird, und ruft ihm zu, mit aller Kraft gegen die Wellen zu kämpfen, auch wenn es zwecklos ist. Diese Einstellung ist das Ende vom Denken über den Menschen und den Sinn seines Lebens. Denn es kommt hier auf dasselbe heraus, ob man sich betrinkt oder Führer von Völkern ist. Damit ist die Verneinung aller Werte und Einsicht in die Sinnlosigkeit des Lebens erreicht. Man steht im Nihilismus.

Durch Weltbilder entstehen Weltanschauungen, die letzlich Religionen prägen. Es ist keine Seltenheit, daß Machtgruppen Religionen vor ihr politisches Engagement spannen und dem Volke eine entsprechende Glaubenslehre vorsetzen. Man braucht nicht nur die Geschichte des Christentums zu studieren, um zu erkennen, wie leicht eine Religion zu einer Parteireligion umfunktioniert werden kann. So sind auch die Worte Lessings in seinem „Nathan der Weise" (IV,l) zu verstehen, die er dem Tempelherren in den Mund legt:

„Religion ist auch Partei, und wer
Sich drob auch noch so unparteiisch glaubt,
Hält ohn' es zu wissen, doch nur seiner
Die Stange. "

Wie leicht Religionen zu Parteien werden können, sehen wir an den Religionskriegen, die in großer Zahl geführt wurden und noch geführt werden. Ich erinnere an die Kreuzzüge, den Dreißigjährigen Krieg und weise auf den Konflikt der katholischen Irländer mit den protestantischen Iren in unseren Tagen hin. Es mag sein, daß der Mann auf der Straße in den Glauben versetzt wird, er würde aus reinen religiösen Gründen in den Krieg geschickt. Letztlich hat es sich aber immer wieder gezeigt, daß hinter allen Religionskriegen handfeste wirtschaftliche oder machtpolitische Interessen verborgen sind. Es ist sehr einfach, dem Volke ein religiös motiviertes Feindbild vorzugaukeln, weil wir Menschen dazu neigen, zur Not auch mit unlauteren Mitteln unsere eigene Religion zu verteidigen. Dies läßt sich schon in einfachen Diskussionen feststellen. Wie oft läßt eine latente Angst, zugeben zu müssen, daß wir recht wenig von unserer eigenen Religion wissen, eine solche Diskussion in ein Streitgespräch um bloße Rechthaberei einmünden. Tatsächlich steht das Wissen um unsere eigene Religion auf so schwachen Füßen, daß mitunter nur ein (Schein-)Argument der Gegenseite genügt, unser eigenes Denkgebäude wie ein Kartenhaus zusammenbrechen zu lassen. Es ist auch nicht zu bestreiten, daß schon eine ständige Berieselung mit falschen Argumenten Anlaß gibt, an unserer eigenen religiösen Einstellung zu zweifeln und gar unsere eigene Anschauung über Bord zu werfen. Meist liegt es daran, daß wir uns zu wenig um Religiöses kümmern, das im Grunde doch das Gesetz unseres Handelns sein sollte.

Erleben wir es nicht immer wieder, daß bisherige Werte durch Reformen oder sogenannte neuere Erkenntnisse umgekrempelt werden? Sind wir nicht frustriert, wenn das, was bisher Tausende von Menschen für wahr und richtig gehalten haben, plötzlich nicht mehr stimmen soll? Um mit diesen Erscheinungen fertig zu werden, gibt es eigentlich nur einen Weg. Wir müssen unsere eigene Weltanschauung und unsere Religion, soweit sie uns bewußt ist, selbst auf ihren Wahrheitsgehalt hin prüfen, damit wir wegen der ständig in unser Bewußtsein eindringenden Informationen unseren Standpunkt korrigieren können, um dem totalen Sein gegenüber bestehen zu können. Warum, so müssen wir uns fragen, haben andere Menschen mitunter eine andere Auffassung von Gott und der Welt? Was sind das für Gründe und Ursachen, die unsere Mitmenschen zu einer anderen Denkweise veranlassen? Eine ablehnende Haltung gegenüber anderen Gedankengängen sollte nicht auf reiner Arroganz oder Hybris gegenüber dem anderen Menschen begründet sein. Denn schließlich kann sich nur der der Wahrheit nähern, der eine geistige Auseinandersetzung mit anderen Anschauungen nicht meidet. Es sollte für uns selbstverständlich sein, daß solche Auseinandersetzungen zu konstruktiven Ergebnissen führen müssen, damit sie für uns selbst und unseren Gesprächspartner einen Gewinn bringen.

Gerade dieses Spannungsfeld zwischenmenschlicher Beziehungen ist für Martin Buber (1878-1965) der eigentliche Ausdruck der menschlichen Existenz. Für ihn ist weder Individualismus noch Kollektivismus die Grundlebensform des Menschen, sondern die Beziehungen zwischen Wesen und Wesen, eine Form, die sich als Religionsinhalt in der Beziehung zwischen Gott und Mensch vor allem im Christentum deutlich zeigt. Buber nennt die Sphäre des „Zwischen" eine Urkategorie der menschlichen Wirklichkeit. In diesem „Zwischen" gelangt der Mensch zum Erlebnis der Freiheit als eine Kraft, die alles aktive und passive Handeln des Menschen zum Kontakt mit anderen Menschen werden läßt. Wir sind gewohnt, Beziehungen zwischen uns Menschen entweder von der Innerlichkeit des einzelnen oder in einer sie umfassenden und bestimmenden Allgemeinheit zu lokalisieren. Für Buber ist das „Zwischen" der Ort und der Träger zwischenmenschlicher Beziehungen. Mit der neuen Sphäre menschlichen Seins entspricht Buber den Einsichten moderner Naturerkenntnis, die im Gegensatz zu den Naturauffassungen des Idealismus und des Positivismus stehen. Denn in Bubers „Zwischen", dem Sammelbecken von Bedrohung und Hoffnung, .von Trennung und Bindung, von Freude und Leid, findet der Mensch das Ja zum Abbild, zum Schatten Gottes.

RECHT, GESETZ UND STRAFE

Religionen stehen nicht nur mit Kulturen in einer Wechselbeziehung, sondern sie beeinflussen auch die durch Gesetze geregelten Ordnungssysteme der menschlichen Gemeinschaften. Dabei wird im Normalfall vorausgesetzt, daß Recht und Gesetz übereinstimmen und Verstöße gegen die damit begründete Ordnung zu bestrafen sind. Selbst für das jüdische Volk, das in dem Bewußtsein lebte, als einzige Menschengruppe im Besitz des göttlichen Gesetzes zu sein, war das Erdulden göttlicher Strafen und das Vollziehen menschlicher Strafurteile etwas Selbstverständliches. Unverständnis kam erst auf, als Jesus von Nazareth das göttliche Gesetz als die Weltordnung definierte, deren einziger Motor die Liebe sei. Nach dieser Definition bestraft sich der Mensch selbst und zwar dann, wenn er von dieser Weltordnung, also von Gott, aus eigener Willensentscheidung abrückt.

Die von den Menschen erfundenen Gesetze weisen vordergründig zwar ebenfalls das Streben nach Ordnung auf, zeugen aber in ihrer Widersprüchlichkeit von der menschlichen Unzulänglichkeit. Das hat uns die Geschichte in mehr als genügend Fällen gezeigt. Ein typisches Beispiel ist uns in der griechischen Tragödie der Antigone aufgezeichnet. Die zwei Brüder Antigones, Eteokles und Polyneikes, hatten mit ihren I-leeren um die Stadt Theben gekämpft. Beide fielen in der Schlacht. Während der neue König Kreon für Eteokles, den Verteidiger der Stadt, ein feierliches Begräbnis anordnete, verbot er bei Todesstrafe die Bestattung des Polyneikes, weil er in ihm einen Landesverräter sah. Antigone, die Schwester der beiden Toten, sieht sich aber auf Grund höherer - göttlicher oder sittlicher - Gesetze, verpflichtet, für eine Bestattung ihres Bruders Polyneikes zu sorgen. Polyneikes wird bestattet. Darauf erläßt Kreon den Befehl, Antigone lebendig einzumauern. Antigone ist sich sowohl der sittlichen Verpflichtung als auch ihrer Schuld gegen Kreon bewußt und erkennt die Rechtmäßigkeit seines Urteils an. . Hier stehen zwei Rechtssätze gegeneinander, und die Rechtmäßigkeit dieser Sätze wird von keinem der Beteiligten bezweifelt. Wer da glaubt, eine solche Konstellation sei nur in griechischen Dramen möglich, möge sich an die Entscheidung des Bundesgerichtshofes im November 1977 erinnern. Ln einem Verfahren über die Gültigkeit von finanziellen Vereinbarungen in Fluchthelferverträgen, die entgegen der Gesetze in der Deutschen Demokratischen Republik ihren Bürgern ein Verlassen des Staats durch die Mithilfe von Nicht-DDR-Bürgern ermöglichen, hatte der Bundesgerichtshof festgestellt, daß solche Verträge auch dann voll gültig seien, wenn zur Flucht die Transitwege zwischen Westberlin und der Bundesrepublik benutzt werden, obwohl gemäß einem Abkommen beider Staaten die Bundesrepublik verpflichtet ist, einen Mißbrauch der Transitwege zu verhindern. Hier stehen vordergründig noch nicht einmal ehtische Normen in Konkurrenz zu staatlichen Gesetzen, sondern ein Vertrag zwischen zwei Staaten gegen den Gerichtsbeschluß eines Vertragsstaates. Während die Deutsche Demokratische Republik in der Entscheidung des Bundesgerichtshofes einen Widerspruch gegen die im Transitabkommen eingegangene, völkerrechtlich verbindliche Verpflichtung der Bundesrepublik zur Respektierung der Souveränität und der Nichteinmischung in die inneren Angelegenheiten der DDR sieht, behauptet der damals für innerdeutsche Angelegenheiten zuständige Minister Franke, die Verpflichtungen aus den Transitverträgen hätten da ihre Grenze, wo die Verfassungsordnung der Bundesrepublik Einwirkung auf die Unabhängigkeit ihrer Gerichte verbiete. Wer ist im Recht? In einem Kommentar der Rheinzeitung vom 1 1. 1 1. 1977 war zu lesen, daß die Karlsruher Richter juristisch zwar richtig entschieden hätten, aber, weil das Recht dem Menschen dienen soll, ihre Entscheidung doch falsch gewesen wäre; denn die Interessen von Millionen Transit-Reisender seien wichtiger als die noch so verständlichen Unternehmungen einzelner, sich von Fluchthelfern in die Freiheit schleusen zu lassen. Anläßlich dieses Kommentares muß man sich die Frage stellen, ob das Recht ist, was der Mehrheit nützt. Verliert der einzelne Rechtsansprüche nur deswegen, weil eine Mehrheit andere Interessen verfolgt? Der Fall zeigt aber auch, daß einzelne Menschen oder

Gruppen in rechtliche Konfliktsituationen geraten können, weil sie sich zwischen gegensätzlichen Rechtsauffassungen entscheiden müssen. So muß man sich auch die Frage stellen, ob die Amerikaner zu recht am 4. Juli 1776 ihre Unabhängigkeit gegenüber ihrem Mutterland erklärt haben, und ob der preußische Feldmarschall Yorck rechtmäßig handelte, als er am 30. Dezember 1812 die Neutralitätskonvention von Tauroggen abschloß und sich anschließend mit den Russen verbündete. Man sagt so einfach dahin, daß die Geschichte beiden Handlungen recht gegeben habe. Es ist aber nicht von der Hand zu weisen, daß im Zeitpunkt des Handelns gegen bestehende Rechtsnormen verstoßen wurde. Ist Recht also wandelbar? An den Thermopylen, wo 480 vor der Zeitenwende 7000 Griechen unter Leonides im Kampfe gegen das persische Heer den Tod fanden, steht heute ein steinerner Löwe. Eine Inschrift auf diesem Denkmal lautet: , ,Wanderer, kommst du nach Sparta, so verkündige dort, du habest uns hier liegen gesehen, wie das Gesetz es befahl." Bei aller Schwärmerei für solch heldenhaftes Verhalten zeigt uns doch die Geschichte, daß der Opfertod dieser heldenhaften Männer militärpolitisch sinnlos war. Vielleicht versteht man diesen Satz und damit den Sinn des hier angesprochenen Gesetzes besser, wenn wir uns vergegenwärtigen, daß die Griechen sich als Herren im edlen Sinn des Wortes fühlten. In der so angesprochenen Bedeutung ist nicht derjenige Herr, der seine Macht demonstriert, indem er einen Sklaven auspeitschen läßt, vornehm zu Tisch seinen Kaviar verspeist und galant zu Frauen ist, sondern hier ist Herr, wer sich seine Forderungen an das Leben nicht abkaufen läßt, weder von einem Krämer noch vom Tode. Es ist ein ehernes Gesetz. Wir sollten auch nicht vergessen, daß Jesus vor dem Hohen Rat nicht um sein Leben feilschte. „Er aber schwieg und antwortete nicht" (Markus 14:61). Auch vor Pilatus schwieg er in gleicher Weise (Markus 15:5).

Bei der Begründung von Rechtsnormen - in der BRD wurden bis 1979 eintausendfünfhundert Bundesgesetze und zweitausendfünfhundert Rechtsverordnungen erlassen - beruft man sich gerne auf sogenannte Naturrechte. Am Rande fällt dabei auf, daß man inkonsequenterweise jedoch nie von Naturpflichten spricht, was zumindest heute einleuchtend sein müßte, wenn wir uns zum Beispiel die Probleme der Umweltverschmutzung, den Naturschutz sowie den Raubbau an Bodenschätzen und Energien vor Augen führen. Nach Auffassung der Rechtsphilosophie soll das Natur- recht aus der reinen Vernunft erkennbar sein. Dann müßte jedoch das Natur- recht für alle Zeiten und an allen Orten seine Gültigkeit haben. Doch zeigt die sich stetig ändernde Rechtsauffassung, daß dem nicht so ist. Denn die Bestimmung des Naturrechtes ist - soweit eine göttliche Offenbarung geleugnet wird - von der jeweiligen ethischen Einstellung der Menschen abhängig. Das bedeutet aber, daß das Naturrecht wandelbar ist entsprechend dem augenblicklichen Weltbild und der daraus gebildeten Weltanschauung. Im Altertum sprach man von einem göttlichen Naturgesetz. Auch das christliche Mittelalter betrachtete, an die antike Philosophie anknüpfend, das Naturrecht als das ewige, für alle Menschen verbindliche, von Gott der menschlichen Vernunft eingeschriebene Gesetz. In der Französischen Revolution wurden hieraus die Menschenrechte Freiheit, Gleichheit und Brüderlichkeit abgeleitet.

Die historische Rechtsschule des neunzehnten Jahrhunderts rückte von dem Naturrechtsbegriff ab und sah das Recht als eine aus der jeweiligen Weltanschauung entspringende und daher geschichtlich wandelbare Erscheinung an. Danach hat der Mensch sich das Naturrecht kraft seiner Sonderstellung in der Natur selbst verliehen. Einer modifizierten Form des Naturrechtes trägt ein Zweig der Rechtsphilosophie Rechnung, der zur Rechtswirksamkeit des Naturrechtes einen auf der jeweiligen Volksmeinung basierenden Rechtssetzungsakt voraussetzt. Die heute in den Gesetzestexten kodifizierten Menschenrechte entsprechen dem ehemaligen Begriff des Naturrechtes.

Kraft unseres Menschseins, so wird behauptet, steht uns eine Würde zu, wie sie in Artikel 1 des Grundgesetzes der Bundesrepublik Deutschland niedergeschrieben ist. Danach ist diese Würde unantastbar und durch den Staat zu achten und zu schützen. Im darauffolgenden Absatz bekennt sich das deutsche Volk zur Unverletzlichkeit und Unveräußerlichkeit der Menschenrechte als Grundlage jeder menschlichen Gemeinschaft, des Friedens und der Gerechtigkeit.

Einen ähnlichen Hinweis enthält die am 10. Dezember 1948 (bei Stimmenthaltung der Ostblockstaaten) beschlossene, 30 Artikel umfassende, all- gemeine Erklärung der Menschenrechte vor den Vereinten Nationen. Neben

diesem unverbindlichen Beschluß wurde am 4. November 1950 von den Mitgliedern des Europarates eine Konvention zum Schutze der Menschenrechte und Grundfreiheiten unterzeichnet.

Im Gegensatz zur Naturrechtslehre lehnt der Rechtspositivismus jede methaphysische Rechtsquelle ab und läßt eine Bildung des (positiven) Rechtes nur zu als Gewohnheitsrecht, Gesetzesrecht und Vertragsrecht. Während das Gesetzesrecht und das Vertragsrecht durch den Menschen kodifiziert werden muß, bevor es Rechtskraft erhält, entsteht das Gewohnheitsrecht durch eine lange Zeit hindurch gepflegte Rechtsübung, ohne in Gesetze gefaßt zu sein. Beim positiven Recht ist also keine Rede mehr von einem Naturrecht; denn nur die Vertreter der Naturrechtslehre behaupten ja, daß es über den kodifizierten Rechten noch ein höheres Recht gäbe. Der Rechtspositivismus ist im Grunde die einzige Konsequenz aus einer Haltung, die den Menschen als höchste Macht im Kosmos ansieht und versucht, die Belange zwischen den Menschen und gegenüber der Gesellschaft zu regeln.

Nach der heute geltenden positiven Rechtsauffassung beruht das Recht auf dem Willen der Gemeinschaft, also des staatlich geeinten Volkes, oder im Völkerrecht auf dem Willen der Völkergemeinschaft. Nach dieser Darstellung war die Handlungsweise Antigones rechtswidrig. Aber hierbei wird der Rechtspositivismus genauso ad absurdum geführt wie nach den Ereignissen des Dritten Reiches, als der Mut zur Zivilcourage beschwört wurde, der sich im Widerstand gegen eine positive gesetzliche Normierung eines Unrechtes zeigen sollte. Schon Konfuzius nannte es Mangel an Mut, wenn man das Recht erkennt und es nicht tut. Der ehemalige Generalbundesanwalt Dr. Max Güde äußerte sich so: „Man war allzu gehorsam in der Ausführung der von einer brutalen Staatsmacht gestellten Aufgabe . . . und es sei der Irrglaube der Deutschen seit Generationen gewesen, den Staat für den uneingeschränkten Herrn des Rechtes zu halten." Aber ist die Einstellung, daß eben der Staat der uneingeschränkte Herr ist, nicht die Auswirkung der Philosophie Hegels, nach der die staatliche und göttliche Autorität zu einer Einheit verschmolzen sind?

Es ist nicht zu bestreiten, daß der Mut zum Widerstand gegen weltliche Gesetze die Gefahr in sich birgt, die Grenze zu überschreiten, an der die Herrschaft von Chaos und Anarchie beginnt, zumal es keinen legal-positivistischen Raum gibt, in dem das Widerstandsrecht zur Widerstandspflicht wird. Ein solches Handeln steht bei rechtspositivistischer Auffassung jeder Staatsraison entgegen und gilt als Hochverrat.

Um den Widerstand gegen das weltliche Recht, also das Staatsrecht, legalisieren zu können, muß man von einem übergesetzlichen Recht ausgehen, also von einer Rechtsnorm, der sich weltliches Recht unterzuordnen hat. Eine solche Unterordnung des Staatsrechtes ist aber ohne die Anerkennung einer objektiv waltenden Naturrechtsordnung nicht möglich. Die Auseinandersetzung zwischen der Theorie einer Naturrechtsordnung und dem Rechtspositivismus spiegelt sich im Christentum in den Beziehungen zwischen Staat und Kirche seit dem Urchristentum wieder. Ursache dieses Meinungsstreites sind zwei unterschiedliche Aussagen des neuen Testamentes. „Jedermann unterwerfe sich den Vorgesetzten Obrigkeiten" (Römer 13: 1)und „Du sollst Gott mehr gehorchen als der Obrigkeit' ' (Apostelgesch. 5:29). Freilich verlangt Paulus in seinem Römerbrief nicht eine Unterwürfigkeit gegenüber gottwidrigen und unsittlichen Forderungen der staatlichen Gewalt. Interessant ist, festzustellen, daß selbst die Kommunistische Internationale sich auf eine Naturrechtsordnung beruft, wenn sie in ihrem Kampflied zum letzten Gefecht aufruft, um das Menschenrecht zu erkämpfen.

Erst in der Naturrechtslehre findet die absolute Herrschaft des Rechtes über den Staat namens Würde der Person und der Freiheit des Menschen seine Begründung. Denn nach dieser Theorie ist uns Menschen von einer höheren Macht eine über allen positiven Rechten geltende Rechtsnorm verliehen worden. Diese Auffassung der abendländischen Rechtsphilosophie geht zurück auf die Anfänge der Religions- und Rechtsgeschichte, wo alles Recht heiliges Recht war, das von den Göttern abstammt oder als Macht empfunden wurde, der selbst die Götter unterworfen waren. Wer Schillers „Wilhelm Tell" einmal gelesen hat, dem mögen noch die Worte Stauffachers (11,2) im Innern nachklingen:

„ Wenn der Gedrückte nirgends Recht kann finden,

wenn unerträglich wird die Last - greift er

hinaufgetrosten Mutes in den Himmel

und holt herunter seine ewigen Rechte,

die droben hungen unveräußerlich

und unzerbrechlich, wie die Sterne selbst. "

Doch sollte man auch ein paar Zeilen weiter lesen, wo da geschrieben steht:

„Zum letzten Mittel, wenn kein andres mehr

verfangen will, ist ihm das Schwert gegeben. "

Spätestens hier ist danach zu fragen, wie dieses ewige Recht aussieht, das der Mensch sich notfalls mit dem Schwerte verschaffen muß, wenn er es von den Sternen, also von der Allmacht nicht erhält. Ein ewiges, über alle zeitbedingten Satzungen erhabenes Recht gibt es aber nur für den, der an Gott glaubt und dem es von ihm offenbart wurde, oder das aus der Schöpfung erkannt werden kann. So kennt die christlich-katholische Kirche als unmittelbar geoffenbartes göttliches Recht das „ius divinum positivum", welches uns in der Bibel begegnet, ferner das aus der Vernunft der Weltordnung abgeleitete natürliche Gottesrecht, das „divinum naturale" und schließlich das menschliche Gesetz, das durch das Gottesrecht begrenzt ist. Luther hielt Recht und Kirchenrecht für eine weltliche Angelegenheit, und der Rechtslehrer Rudolf Sohm sah das Kirchenrecht sogar für widerrechtlich an. Er begründete seine Auffassung mit dem in der Bibel wiedergegebenen Christuswort: „Mein Reich ist nicht von dieser Welt." Eine noch stärkere Verneinung des Rechtes finden wir bei Levo Nikolajewitsch Graf (Leo) Tolstoi (1828-1910), der alleine die Nächstenliebe als zwischenmenschliche Beziehungen gelten läßt. Eine ähnliche Auffasung vertrat Konfuzius, nach dessen Überzeugung die vollkommene Moral Gesetze überflüssig macht.

Es führt kein Weg an der Erkenntnis vorbei, daß alles weltliche Recht in Abhängigkeit der jeweiligen Kultur entstanden ist und es somit kein für alle Zeiten geltendes Vernunftrecht gibt. Hielten doch selbst die Philosophen im Altertum die Sklaverei für notwendig, und wir wissen, daß die Einehe einen Konkurrenzkampf zu führen hat gegen Harem, Kommune und der im Gespräch befindlichen Ehe auf Zeit. „Folgende Wahrheiten erachten wir als selbstverständlich: Daß alle Menschen gleich geschaffen sind; daß sie von ihrem Schöpfer mit gewissen un veräußerlichen Rechten ausgestattet sind; daß dazu Leben, Freiheit und das Streben nach Glück gehören; daß zur Sicherung dieser Rechte ... "

Diesem Auszug aus der Unabhängigkeitserklärung der Vereinigten Staaten von Nordamerika möchte ich, um die Wandlung des Naturrechtsbegriffes zu verdeutlichen, einen Textteil aus der französischen Verfassung vom 3. September 1791 anfügen:

„Daher erkennt und erklärt die Nationalversammlung, in

Gegen wart und unter dem Schutze des höchsten Wesens,

folgende Rechte des Menschen und des Bürgers:

I. Die Menschen werden frei und gleich an Rechten geboren

und bleiben es. Die gesellschaftlichen Unterschiede können

nur auf den gemeinsamen Nutzen gegründet sein.

2. Der Endzweck aller politischen Vereinigung ist die Erhaltung der natürlichen und unabdingbaren Menschenrechte. Diese

Rechte sind die Freiheit, das Eigentum, die Sicherheit, der Wider-stand gegen Unterdrückung.

3 _ _ .. "

Während bei den Amerikanern die Menschenrechte noch auf den Schöpfer zurückgeführt werden und unter den Franzosen diese Rechte unter dem Schutz eines höchsten Wesens stehen, ist in der Präambel zur Charta der Vereinten Nationen vom 26. Juni 1945 nur noch von dem Glauben an dieses Recht die Rede:

, ‚Wir, die Völker der Vereinigten Nationen, entschlossen, _ _ . den Glauben an grundlegende Menschenrechte _ _ _ zu bekräftigen _ . _ "

Wieweit die in feierlichen Proklamationen formulierten Menschenrechte geachtet werden, beantwortet uns der Blick in die Tageszeitungen. Auch die Entscheidung von Rechtsfragen durch die Gerichte ist mitunter so unterschiedlich, daß Fehlurteile keine Seltenheit sind. Das liegt einfach daran, daß wir Menschen gar nicht in der Lage sind, einen Tatbestand objektiv, das heißt der Wahrheit entsprechend, zu erfassen. Durch diese fehlende Objektivität wird neben der Festsetzung einer Entschädigung erst recht die Bestimmung eines Strafmaßes sehr bedenklich. Kein Mensch ist nämlich in der Lage, eine objektive Skala für Strafen festzulegen. Auch hier erfahren wir die Abhängigkeit rein subjektiver Entscheidungen. Solange wir Menschen nämlich Menschen sind, irren wir; solange unsere Gerichte richten, werden Fehlurteile nicht zu vermeiden sein. Die Erfahrung hat gezeigt, daß Recht haben etwas anderes ist als recht bekommen. Letzteres ist aber eine Funktion menschlicher Unzulänglichkeit_ Denn das beste Recht nützt nichts, wenn es nicht geltend gemacht werden kann. Wir wissen von den unzulänglichen Rechtsfindungen anläßlich der Entdeckungen von Kepler, Kopernikus und Galilei. Es wäre falsch, eine solche Angelegenheit mit dem Hinweis auf mittelalterliche Zustände abzutun. Denn einen ähnlichen Fall erlebten wir, als 1925 in Amerika Forscher, die den Gedanken der Abstammung des Menschen von Tieren wissenschaftlich vertraten, vor Gericht gestellt wurden. Ein anderes Beispiel ist die Tatsache, daß noch heute, 45 Jahre nach der Hinrichtung des deutschstämmigen Bruno Richard Hauptmann wegen Entführung und Ermordung des Lindbergh-Babys dieser Fall noch immer Gegenstand heftiger Debatten ist. Vor allem wird das Urteil angezweifelt, weil aus den vorliegenden Akten hervorgeht, daß damals zwischen der Anklagebehörde und der Polizei eine feindselige Atmosphäre geherrscht haben dürfte.

Nicht von ungefähr lautet die Antwort auf jene Scherzfrage, warum der Justitia die Augen verbunden sind, dies wäre notwendig, damit sie nicht das Unrecht sehe, das in ihrem Namen begangen werde. Wie objektiv oder subjektiv Recht sein kann, zeigt die Beurteilung des Filmes „Die 120 Tage von Sodom", der von dem Stuttgarter Amtsgericht beschlagnahmt wurde. Grundlage war der Paragraph 184, 1 und 3 des Strafgesetzbuches. Hiernach galt dieser Film als pornographisch. Außerdem sollte er die Gewalt verherrlichen oder doch zumindest verharmlosen (§ 131 StGB). Über denselben Film und unter Bezug auf dieselben Paragraphen sah der Freiburger Amtsrichter keinen Grund zur Beschlagnahme. Sein Urteil lautete, daß der Film nicht pornographisch sei. Die Gesamttendenz ziele weder ausschließlich noch überwiegend auf das lüsterne Interesse an sexuellen Dingen, noch werde die Gewalt verherrlicht. So subjektiv können richterliche Urteile sein. Der Psychologe Salomon Asch zeigte in einem Experiment am Swartmoore-College einer Gruppe von Studenten eine Karte mit einem senk- rechten Strich. Darauf zeigte er eine zweite Karte mit drei Linien, wobei eine Linie die gleiche Länge wie auf der ersten Karte aufwies, während die anderen erheblich länger oder kürzer waren. Nun sollten die Versuchspersonen ihr Urteil darüber abgeben, welche Linie länger oder kürzer war oder gar die gleiche Länge wie auf der ersten Karte habe. Dabei war das Experiment so angeordnet, daß aus den Gruppen jeweils ein Kandidat nichts von der Absprache wußte, die der Versuchsleiter mit den anderen Kandidaten getroffen hatte. Diese hatten nämlich den Auftrag, bewußt falsche Urteile abzugeben. Solange die eingeweihten Kollegen richtige Angaben über die Strichlängen machten, unterlief auch dem Uneingeweihten kaum ein Irrtum. Die Entscheidungsfähigkeit ließ jedoch nach, wenn aus der Runde absichtlich falsche Wertungen erfolgten. Dann leugneten dreiviertel aller Versuchspersonsen ihre eigenen Erkenntnisse und schlossen sich der allgemeinen, aber falschen Meinung an. Dieses Versuchsergebnis erinnert an den Satz: Einer ist Mensch, mehrere sind Leute, viele sind Vieh. In dem hier wiedergegebenen Experiment führte der auch beim Menschen zu beobachtende Herdentrieb zur Ausschaltung des eigenen Urteilsvermögens. In dem sogenannten Milgramexperiment wurde den Kandidaten ein Gehorsamszwang auferlegt, der im Ernstfalle dazu geführt hätte, daß der Kandidat einen anderen Menschen getötet hätte. Das Ergebnis des Versuches zeigte, daß 65 °7o der Versuchspersonen ohne eine Gehirnwäsche ihre Entscheidungsfreiheit aufgaben und Entscheidung sowie Verantwortung ihres Tuns dem Versuchsleiter übertrugen. Diese Tests sind auch als Eichmann - Experimente in die Geschichte der Psychologie eingegangen. Der SS-Mann Eichmann hatte in seinem Prozeß die Verantwortung seines Tuns ebenfalls bestritten und sie der NS-Führung angelastet.

Uns bleibt nichts anderes übrig, als die Möglichkeit einer Meinungsmanipulation zur Kenntnis zu nehmen und sie sowohl in religiösen Lehrmeinungen als auch in richterlichen Urteilen zu vermuten. Es gibt kein Gesetz, das Menschen vor solchen Manipulationen schützt. Es gibt aber auch kein

Gesetz, das erlaubt, sich Mitmenschen durch solche Manipulationen untertan zu machen, sie zu versklaven, außer dem bestehenden Naturgesetz, das stets dem Stärkeren die Möglichkeit gibt, sich durchzusetzen. Nach Gustav Radbruch ist das Recht die Wirklichkeit, die den Sinn hat, der Gerechtigkeit zu dienen. Dadurch wird aber das Recht zergliedert in seine Idee und seine praktische Handhabung. Von dieser Dualität beeinflußt, forderten die deutschen Verfassungsgeber von 1949, daß der Richter sowohl an das Gesetz als auch an das Recht gebunden sein soll. Denn, so wurde argumentiert, es ist durchaus möglich, in einem Staate formell Rechte zu schaffen, die von der allgemeinen Menschheit als Unrecht angesehen werden. Das aber führt zu einer Entkodifizierung des positiven Rechtes. Die Richter werden dadurch im allgemeinen Sinne des Wortes entpolitisiert und damit aufgefordert, sich an den Normen des Naturrechtes zu orientieren. Damit aber unterliegen sie zunächst einmal einer nichtkodifizierten, allgemeinen Ethik, die nicht mit dem Naturrecht übereinstimmen muß. Als Fazit ist festzuhalten, daß das Recht von uns Menschen nicht so zu fixieren ist, wie es erforderlich ist, um es über alle Zeiten konstant zu halten. Mit dem Naturrecht wollen wir Menschen uns jedoch eine Sonderstellung sichern, zu der die Rechtsgrundlage fehlt, solange wir nicht eine höhere Rechtsordnung anerkennen, die uns Menschen durch Offenbarung zuteil wird. Neben der fehlenden Objektivität in der Beurteilung rechtlicher Dinge scheint es uns Menschen andererseits eine Selbstverständlichkeit zu sein, daß wir bei Nichteinhalten gegebener Rechtsnormen gegenüber dem Staat und, soweit wir ein göttliches Recht anerkennen, gegenüber Gott schuldig werden, und daß wir diese Schuld oder Sünde sühnen müssen. Während die

Schulderkenntnis gegenüber Gott einer individuellen Einsicht bedarf, stellt bei Verletzungen weltlicher Rechtsnormen das Gericht als staatliche Instanz die Größe der Schuld und gleichzeitig die 1-löhe der Strafe durch einen Verwaltungsakt fest. Ethnologen haben Schuldbewußtsein und Sühnebedürfnis als gemeinsamen Urbesitz der Menschheit aufgezeigt. Fragen wir uns nach der Art der Sünde, die von den ersten Menschen begangen wurde, so müssen wir uns noch einmal l. Mose 2:17 vor Augen führen: „Nur von dem Baume der Erkenntnis von Gut und Böse darfst Du nicht essen." Das heißt doch im Klartext, was Gut und Böse ist, kann vom Menschen nicht festgestellt werden, weil er nicht im Besitz der absoluten Wahrheit ist. Wer trotzdem ein Urteil fällt, bringt Tod und Verderben über die Menschheit. Und so ist es gekommen. Wir Menschen maßen uns göttliche Objektivität an und verurteilen und strafen. Ein Fehlurteil löst das andere aus, und eine Strafe wird von der Gegenstrafe abgelöst. ‚ ‚Von dem Augenblick an, wo Du vom Baume der Erkenntnis issest (also nach menschlichem Urteilsvermögen Ereignisse in gute und böse einklassifizierst, Anm. d. Verf.), mußt Du sterben" (noch 2:17). Mit diesem Sterben ist nicht der Tod durch den Henker oder auf dem Schlachtfeld gemeint, sondern der durch die menschliche Engstirnigkeit herbeigeführte geistige Tod, der durch unsere eigene schuldhafte Überheblichkeit über uns gekommen ist.

Aus den Sühneriten primitiver Jägervölker will man erkannt haben, daß selbst Lebensnotwendigkeiten wie das Töten der Jagdtiere als Schuld empfunden werden. Aus der gleichen Erkenntnis finden wir in der Bibel die Worte: „In Schuld bin ich geboren und in Sünden hat meine Mutter mich empfangen." In Hiob und Ödipus ist der Begriff des unschuldig Schuldigwerdens ein fortwährendes Attribut der Menschheit geworden. Wenn nach dem Ersten Weltkrieg die Existenzphilosophie in der Unvermeidbarkeit der Schuld deren wesenhafte Zugehörigkeit zum Menschen sah und Karl Jaspers (1883-1969) nach dem Zweiten Weltkrieg die Schuldfrage der Welt als eine Lebensfrage bezeichnete, so erkennen wir im Wirken Christi die Erlösung aus dieser Schuld. Erlösung deswegen, weil Christus uns Menschen noch einmal Sinn und Wesen „der Welt und auch die Existenz eines obersten Wesens erläutert und uns damit die Freiheit gebracht hat.

Die zweitausend Jahre, die seit dem Auftreten Jesu verflossen sind, lassen jedoch Zweifel daran aufkommen, daß wir den Hinweis auf unsere menschliche Überheblichkeit verstanden haben. Doch nur dieses Verstehen kann uns von dem Schuldgefühl befreien, das seit Anbeginn der Menschheit auf uns als Erbsünde lastet. Aber nur, wer die Freiheit des Glaubens an und den Willen zum Leben in Gott verwirklicht, kann von diesem Schuldgefühl loskommen.

Wenn wir es jedoch nicht fertigbringen, uns von selbstgewählter Unfreiheit durch unsere Sinnenhaftigkeit und Selbstsucht zu befreien, können wir zur Schöpfung auch kein uneingeschränktes Ja sagen und damit in unserer Gemeinschaft, sei es im Volke, in der Familie oder in irgendeiner anderen Vereinigung, Klassen- und Standesunterschiede nicht abbauen und daher die Gleichheit unter uns Menschen nicht herbeiführen. So treten immer wieder neue Privilegien und Diskriminierungen zu Tage. Vor allem auch bei den Entscheidungen zwischen Schuld und Unschuld sowie in der Zumessung einer Strafe. Nicht umsonst heißt es, daß man die Kleinen hängt und die Großen laufen läßt. Schon Erasmus von Rotterdam (1469 od. 1466-1536) stellte fest: „Stiehlt einer ein Goldstück, dann henkt man ihn.

Wer aber Gelder unterschlägt , wer durch Monopole , Wucher und tausenderlei Machenschaften und Betrügereien noch so viel zusammenstiehlt, wird unter die vornehmen Leute gerechnet." Und bei Honoré de Balzac (1799-1850) lesen wir: „Hat man das Unglück, ob einer Kleinigkeit ertappt zu werden, so wird man vor dem Justizpalast als lebensunwürdig zur Schau gestellt. Stehlen sie aber eine Million, so werden sie in den Salons als die Tugend selbst gepriesen."

Das mosaische Gesetz forderte Ersatzleistungen oder Gleichstellung: „Auge um Auge, Zahn um Zahn ..." (2. Mose2l :24). In unserer Zivilisation ist die Bestrafung, und zwar die Bestrafung von Staats wegen, als eine Selbstverständlichkeit in unser Bewußtsein eingedrungen. Dabei sehen wir in unse- rem abendländisch-christlichen Kulturkreis geflissentlich über die Stellen des Neuen Testamentes hinweg, wie sie bei Matthäus (7: 1) und Lukas (6137) aufgezeichnet sind: , ,Richtet nicht, damit ihr nicht gerichtet werdet." ' Hieraus spricht die Erkenntnis, daß, ganz gleich, ob man juristisch von einer Vergeltungs- oder Zweckstrafe spricht, mit einer Strafe der alte Rechts- zustand nicht wiederhergestellt werden kann. Vielmehr wird, nun staatlicherseits, neues Unrecht geschaffen; denn nicht durch eine Bestrafung, sondern nur durch eine Ersatzleistung kann ein alter Rechtszustand wiederhergestellt werden.

Bei der Ahndung von Straftaten ist man heute von dem Begriff der Vergeltungsstrafe abgerückt. Statt dieses staatlichen Racheaktes spricht man heute mehr von einer Zweckstrafe, deren Aufgabe die Verhinderung weiterer Verbrechen ist. Dabei geht man davon aus, daß die Bestrafung als Mißerfolgserlebnis nicht ohne Einfluß auf die Motivation bleibt. Jedoch sagen hierzu die Psychologen zu Recht, daß so die Bereitschaft zu einer Straftat nicht gelöscht, sondern nur unterdrückt wird. Schließlich ist der Täter bei seiner strafbaren Handlung stets davon überzeugt, daß er nicht erwischt wird und somit einer Bestrafung entgeht.

Der Begriff der Erbsünde erhält eine andere Deutung, wenn wir wissen, daß es in früheren Zeiten keine Vorstellung über eine persönliche Schuld oder des bösen Willens gab. Wer ein Unglück verursachte, auch wenn er nie eine böse Absicht hatte, galt als schuldig. Man stellte sich vor, daß durch eine solche Tat göttlicher Zorn geweckt wurde. Dieser Zorn aber traf dann alle,

Gerechte und Ungerechte gleichermaßen. Diese Auffassung findet sich auch wieder im zweiten Mosesbuch (20:5): „. . _, denn ich, der Herr, dein Gott, bin ein eifersüchtiger Gott, der die Schuld der Väter an den Kindern im dritten und vierten Gliede heimsucht bei denen, die mich hassen."

Es war die Angst vor dem Zorn Gottes, die die Menschen dazu brachte, den Verursacher eines Unglückes, ganz gleich, ob er schuldig war oder nicht, als Versöhnungsopfer dem Zornigen darzubringen. Man tötete diesen Menschen nicht, sondern lieferte ihn an die Macht der Elemente aus. Ganz gleich, ob der Verurteilte gekreuzigt, gerädert, verbrannt oder ertränkt wurde, es waren eben nicht die Menschen, die den Tod brachten, sondern die Elemente der Natur. Bei den Hinrichtungsarten des Felssturzes , der Steinigung und des Lebendig-begraben-Werdens spielt der Gedanke des Opferns an die Götter der Unterwelt mit. Eine Abart des Steinigens, des Tötens aus der Ferne, was vor allem im Alten Testament als Todesstrafe oft erwähnt wird und vom Islam übernommen wurde, lebt noch heute in der Form des Erschießens fort. Bei dieser Urteilsvollstreckung wird die gefürchtete Blutschuld auf die gesamte Gemeinschaft übertragen und die Tötungshemmung leichter überwunden. Ein Zugeständnis an die Tötungshemmung war auch der Umstand, daß bei den Erschießungskommandos der deutschen Wehrmacht ein Gewehr blind, d. h. mit Platzpatronen geladen war. So konnte jeder Soldat des Kommandos sich der Hoffnung hingeben, daß er nicht an der Tötung aktiv mitgewirkt hatte.

Interessant ist auch die Erklärung für die noch heute übliche Henkersmahlzeit. Um der Rache der unsterblichen Seele eines Verurteilten zu entgehen, sollte dieser nicht unversöhnt sterben. Das Versöhnungsmal war dann eben diese letzte Mahlzeit. Auch das Abendmahl Christi läßt sich als eine solche Henkersmahlzeit darstellen. Nur hat sich hier der Todgeweihte mit der Menschheit versöhnt. Durch die Umkehrung der Zielrichtung wurde so aus der Henkersmahlzeit ein Liebesmal, bei dem das Göttliche der Menschheit die Hand zur Versöhnung hinstreckte. Doch mit dem Tode Jesu wurde diese Handreichung negiert. Es kann also sein Kreuzestod nicht – wie es fast immer geschieht - als Opfer so interpretiert werden, wie man es bei der Vollstreckung anderer Todesurteile früher angesehen hatte, nämlich um ein Wohlverhalten jener übermenschlichen Naturkräfte, Götter oder eines Gottes wiederherzustellen.

War in grauer Vorzeit eine irrationale Furcht vor unbekannten Mächten der Grund, Menschen in den Tod zu schicken, so muß man sich die Frage stellen, ob heute die Todesstrafe noch unserem rationalen Rechtsempfinden entsprechen kann. Waren es damals noch jene übermächtigen Kräfte, denen sich der Mensch untergeordnet fühlte, so ist es heute nur noch das abstrakte Gesetz, das den Menschen zum Untertan macht. „Zuwiderhandlungen werden . . .", das liest man fast in jedem Gesetz und in jeder Verordnung. Was aber fehlt, ist ein Hinführen des Bürgers zur Erkennung der Notwendigkeit einer gesetzlichen Regelung. Denn nur so kann die notwendige positive Einstellung zu staatlichen Maßnahmen geweckt und dem Bürger die Möglichkeit gegeben werden, sein Verhalten gegenüber göttlichen und menschlichen Gesetzen zu überprüfen, was einem echten religiösen Verhalten entspräche.

Sollte trotz solchen Verhaltens von Menschen der Gesellschaft oder einem einzelnen ein Schaden zugefügt werden , der so groß ist, daß er von dem Urheber nicht ersetzt werden kann, so muß die Gesamtheit der Gesellschaft, also der Staat, zunächst in Vorlage treten. Daß der Staat dann den Verursacher des Schadens in Regreß nehmen kann, dürfte eine Selbstverständlichkeit sein. Doch genauso wie die Todesstrafe unsinnig ist, sind auch Haftstrafen als unmenschlich anzusehen. Gefängnispsychologen sind sich darin einig, daß „drinnen" und „draußen" zwei völlig verschiedene Welten sind, weil der aus der Haft Entlassene und die Menschen seines früheren Wirkungskreises während seiner Haftzeit völlig verschiedene Entwicklungen durchgemacht haben. Soziale Kontakte aus der Zeit vor seiner Inhaftierung sind nach seiner Entlassung meistens zerbrochen. Erst durch die Isolation der Haft wird der Mensch entsozialisiert. In der Phase der nun notwendig gewor- denen Resozialisierun g beginnen dann die Schwierigkeiten für den Verurteilten, der bald merkt, daß die Strafe mit der Entlassung aus der Haft noch gar nicht zu Ende ist. Es wird also die Verurteilung eines Missetäters zur Quelle neuen Unrechtes, das nicht aus der Existenz einer kosmischen Ordnungsmacht erklärt oder gar gerechtfertigt werden kann.

Wir sollten uns bewußt sein, daß niemand als Verbrecher geboren wird, sondern daß der Mensch durch die Umwelt geformt wird und wir stets formend auf unseren Nächsten wirken. Es ist kaum zu vermuten, daß die gleiche Gesellschaft, die einen Menschen zu Unrechtshandlungen verleitet hat, ohne sich selbst geändert zu haben, den Gefallenen nach verbüßter Haftstrafe in die entgegengesetzte Richtung motivieren kann. Damit wird der Begriff Resozialisierung mehr oder weniger ein Schlagwort bleiben.

Bezüglich der Schadensregulierung wenden wir uns noch einmal dem Alten Testament zu. Im zweiten Buch Mose (21:23-25) heißt es: „Entsteht ein weiterer Unfall, so mußt du geben Leben um Leben, Auge um Auge, Zahn um Zahn, Hand um Hand, Fuß um Fuß, Brandmal um Brandmal, Wunde um Wunde, Strieme um Strieme." Der Trend zu Schadensersatzleistungen kommt ganz deutlich in Vers 19 zum Ausdruck: „Haben zwei Männer sich gestritten und geschlagen, sodaß einer bettlägerig wird, so bleibt der Schläger straf frei, muß ihm aber Unter- halt für seine Arbeitsunfähigkeit geben und für seine Heilung sorgen." Die gleiche Regelung gilt dann auch für das Sachenrecht. Man darf nicht übersehen, daß es sich bei den mosaischen Gesetzen um eine gewaltige Rechtsreform handelte, die ein unkontrollierbares, ausgeufertes Blutrachesystem ablöste. Denn das hebräische Lamechlied (s. Auch l. Mose 4:24) verlangte zuvor für eine Beule einen Mann, für einen Mann sieben Männer der verfeindeten Sippe.

Über den Begriff der Gerechtigkeit finden wir in der zweiten Sure des Korans, Vers 178, folgendes geschrieben: „Die Gerechtigkeit besteht nicht darin, daß ihr (beim Gebet) das Antlitz nach Osten oder Westen richtet, sondern der ist gerecht, der an Allah glaubt und an den jüngsten Tag und an die Engel und an die Schrift und die Propheten _ ..", und in Vers 179 heißt es weiter: „Oh, ihr Gläubige, die ihr vermeint, euch ist bei Totschlag das Vergeltungsrecht vorgeschrieben: ein Freier für einen Freien, ein Sklave für einen Sklaven und ein Weib für ein Weib. Verzeiht aber der Bruder dem Mörder, so ist doch nach Recht billiges Sühnegeld zu erheben, und der Schuldíge soll gutwillig zahlen. Diese Milde und Barmherzigkeit kommt von eurem Herrn. Wer aber darauf sich noch rächt, den erwartet harte Strafe."

MEILENSTEINE IN DER ENTDECKUNG
VON NATURGESETZEN UND IHRE AUSWIRKUNG AUF DIE PHILOSOPHIE

„Lob Dir! Wir wissen nur das, was Du uns gelehrt hast, denn Du bist der All- wissende und Allweise." Mit diesen Worten aus dem Koran (2233) wies Mohammed darauf hin, daß wir Menschen nur das wissen können, was wir von JHWH Elohim, von Gott dem Herrn, durch seine Offenbarung erfahren. Doch eine solche Offenbarung fällt uns Menschen nicht in den Schoß, sondern erfordert ein Bemühen, das auf Erkenntnis der wahren Seinsstruktur des Kosmos abzielt. Dieses Streben nach Wissen ist aber ebenso ein Wesensbestandteil des Menschen wie die Willensfreiheit. Steht dem aber nicht das Bibelwort mit dem Verbot, vom Baume der Erkenntnis zu essen, entgegen?

Wenn wir uns diese Bíbelstelle näher anschauen (1. Mose 2: 16/17), finden wir dort nicht ein Verbot, nach wissenschaftlicher Erkenntnis zu streben, sondern es handelt sich dort um die Erkenntnisfähigkeit von Gut und Böse. Der eigentliche Erkenntnisdrang wird in der Bibel grundsätzlich positiv beurteilt. So lesen wir in den Sprüchen des Alten Testamentes (1 :7): , ‚Furcht des Herrn ist der Anfang des Wissens", und nach 9:10 ist diese Furcht die Zucht, die Disziplin zur Weisheit. Dabei werden wir an Sokrates erinnert, dessen Bestreben die Beseitigung des oberflächlichen Wissens war, was auch Paulus in seinem Brief an die Korinther (l:21) darlegt:

„Denn da die Welt in ihrer Weisheit Gott in seiner Weisheit nicht erkannte, gefiel es Gott, durch die Torheit der Verkündigung die zu retten, die glauben. Denn die Juden fordern Zeichen, und die Helenen suchen Weisheit, wir aber verkünden einen gekreuzigten Christus, den Juden ein Ärgernis und den Heiden eine Torheit, den Berufenen aber, Juden wie Helenen, Christus als Gottes Kraft und Gottes Weisheit. "

In seinem Brief an die Kolosser fährt Paulus mit dem gleichen Thema fort (2:8):

„Seht zu, daß euch niemand umgarne mit Weltweisheit und leerem Trug nach Art menschlicher Überlieferung, nach Art der Weltelemente, aber nicht im Sinne Christi".

Unter dem Begriff Weltelemente scheinen teils jüdische Forderungen wie Beschneidung sowie Feiern von Neumonden und Sabbaten, teils aber auch Forderungen gnostischer Richtungen wie Selbsterniedrigung, Engelskult und Gesichte angesprochen sein.

Die hier zitierten Bibelstellen setzen die Anerkennung eines über den Menschen stehenden Geistwesens voraus. Die mit Fabeln und Geschichten überladenen und verworrenen metaphysischen Weltbilder mit ihren kaum noch überschaubaren polytheistischen Religionen gaben vor etwas über zweieinhalbtausend Jahren griechischen Denkern die Veranlassung, nach einer bestimmten Arbeitsmethode - wir nennen es wissenschaftliches Arbeiten -, die Rätsel unserer Welt, vor allem die Gesetze der uns umgebenden Natur, für uns Menschen zu erschließen und damit gleichzeitig die Frage nach der Existenz Gottes zu beantworten. Man begann also mit dem Versuch, überlieferte Weisheiten auf ihren Wahrheitsgehalt hin zu untersuchen.

Dies sollte auf der Basis der menschlichen Fähigkeit zu folgerichtigem und methodischem Denken und Erkennen durchgeführt werden. Nicht übersehen werden darf dabei, daß des Menschen Logik als die einzig richtige vorausgesetzt wird. Damit beruht aber die vom Menschen aufgebaute wissenschaftliche Welterkenntnis bereits auf einer Hypothese, wodurch zugleich die Existenz des Gebäudes in Frage gestellt ist. Das heißt jedoch nicht,daß die Erkenntnisse der Wissenschaft unrichtig sind. Doch die Richtigkeit besteht nur in Bezug auf die vorausgesetzten Annahmen. Ich möchte dies an einem Beispiel erläutern. Die Aussage 8 + 4 = 12 ist nur richtig unter der Voraussetzung, daß wir im Dezimalsystem rechnen. Würden wir beispielsweise ein Neunersystem unserer Rechnung zu Grunde legen, müßte die Gleichung lauten: 8 + 4 = 13.

Mit der griechischen Naturphilosophie wird der Deutung mythologischer Weltbilder ein in der Menschheitsgeschichte einmaliges Denksystem entgegengesetzt. Um 600 vor Christus beginnt mit Thales von Milet die Arbeit jener Männer, welche die Fragen nach den Ursachen mit mathematisch und empirisch begründeter Naturforschung zu beantworten versuchen. Die ersten Disziplinen dieser Wissenschaft waren Mathematik, Physik, Astronomie und Philosophie. Auf Grund empirischer Erfahrungen und logischer Erkenntnisse sollte das Weltbild des Menschen immer klarer gezeichnet werden. An diesem Werk arbeiteten Männer wie Archimedes, Hipparch, Demokrit, Aristoteles und in späterer Zeit Kepler, Galilei und Descartes bis hin in unsere Tage, die uns mit Namen wie Heisenberg, Bohr und Einstein bekannt gemacht haben.

Während schon im alten Griechenland eine unterschiedliche Auffassung vom Kosmos zwischen dem materialistischen Weltbild eines Demokrit und der Ideenwelt Platons bestand, machten sich nach der Überwindung der Scholastik zwei verschiedenartige philosophische Richtungen bemerkbar. Das eine war der Empirismus, der in England hauptsächlich von Bacon und Locke vertreten wurde, während auf dem Kontinent die von Descartes eingeschlagene rationalistische Richtung vorherrschend war. Dem Rationalismus verbunden, aber nicht ohne Beachtung der empirischen Richtung, entwarf Gottfried Wilhelm, Freiherr von Leibniz (1646-1716) ein Weltbild, das später unter dem Einfluß von Fichte und Hegel und auf Grund der Erfahrungen der industriellen Technik des 18. und 19. Jahrhunderts sich zum Positivismus der Naturforschung wandelte. Hierbei begegnen wir einer Denkart, die sich nur auf das Experiment beruft und jegliche Erkenntnis metaphysischer Art ablehnt. Man sollte sich aber bei der Beurteilung einer solchen Einstellung darüber im klaren sein, daß selbst die Tätigkeit des Geistes letztendlich etwas Metaphysisches ist und sich lediglich des Parameters Gehirn bedient, um sich im Materiellen für uns sichtbar und erkennbar zu machen.

Es ist heute allgemein üblich, diejenigen wissenschaftlichen Disziplinen, die sich mit den Naturgesetzen befassen, als Naturwissenschaften anzusprechen. Damit soll eine Unterscheidungsmöglichkeit gegeben sein gegen- über den anderen Disziplinen, die sich vordergründig nur mit geistigen

Problemen befassen und denen damit die Bezeichnung Geisteswissenschaften zugesprochen wurde. Diese Klassifizierung geht auf Wilhelm Dilthey (1833-1911) zurück, der versuchte, philosophische Probleme unabhängig von naturkundlichen Erkenntnissen zu lösen. Sein Ziel war es, die methodische und erkenntnistheoretische Selbständigkeit der sogenannten Geisteswissenschaften zu sichern. Wenn auch seine Terminologie heute üblicherweise angewandt wird, ist sie doch unrichtig, da die einzelnen wissenschaftlichen Disziplinen ohne ständigen Kontakt untereinander kaum neue Erkenntnisse zulassen und somit nicht unabhängig voneinander existieren können. Es ist weder „naturwissenschaftliches" Arbeiten ohne den menschlichen Geist zu bemühen noch „geisteswissenschaftliches"' Arbeiten ohne die von der Naturbeobachtung gelieferten Erkenntnisse möglich. Dabei muß man noch ganz von der Problematik absehen, die jungen Disziplinen wie Soziologie, Psychologie, Informatik oder Kybernetik in das Diltheysche Ordnungssystem einzugliedern. Die Einheit der Wissenschaft aber zeigt sich nirgends so deutlich wie bei den griechischen Philosophen, die intensiv um die Erforschung der Naturgesetze bemüht waren. Insgesamt kann man als Wissenschaft das bezeichnen, was der Mensch durch Beobachtung und Erfahrung an Kenntnissen sammelt, ordnet und speichert, wobei Gesetzmäßigkeiten zu Tage treten und Systeme entwickelt werden, die das weitere Handeln des Menschen bestimmen. Dabei müssen wir uns bewußt sein, daß die aufgedeckten Naturgesetze nur unter bestimmten Voraussetzungen, dann aber uneingeschränkt Gültigkeit haben und Grundlage unseres Weltbildes sind. Erst auf dieser Basis wird durch Gedankenkombination ein Weltbild sichtbar, das seinerseits Ausgangspunkt von Weltanschauungen ist, die in Verbindung ınit Erkenntnissen bestimmter Normen aus einer metaphysischen Quelle die Grundlagen für eine Gemeinschaft in Form von Staat,

Verein oder religiöser Gruppierung bilden. Gerade das menschliche Streben, die Gesetze der Natur zu erkunden, ist die Reaktion auf die ständig bohrende Frage nach dem Sinn des Lebens und letztlich nach dem Sinn des Seins. Der durch dieses Wissen erfolgte Aufbau unserer Technologie ist im Grunde nur ein Abfallprodukt dieses geistigen Strebens, wenn es heute auch vielfach als Selbstzweck verstanden wird. Denn ursprünglich wollte der Mensch doch nur dem ihm unbekannten Wesen, das wir als Gott bezeichnen, näherrücken.

Wird jedoch erworbenes Wissen nur schulmäßig weitergegeben, ohne daß immer wieder neu geforscht und vorhandenes Wissen auf seinen allgemeingültigen Wahrheitsgehalt ständig überprüft wird, breitet sich bald um die vorhandenen Erkenntnisse der Schleier des Geheimnisvollen. In früherer Zeit wurde das Wissen bei wenigen Mitmenschen wie Priestern, Schamanen und Zauberern, im Hebräischen Elohim genannt, aufbewahrt, die dieses Wissen dazu benutzten, auf ihre Umwelt eine nahezu göttliche Macht auszuüben. Mit dieser Macht stand und fiel aber ihr stets zu verteidigendes Ansehen. Wehe dem, der ein bestehendes und gut behütetes

Weltbild durch neue Erkenntnisse ändern wollte! Wehe dem, der neue, wahrheitsträchtige Argumente zusammen und offen vortrug! Er erregte naturgemäß den Zorn derer,š:lie bis dahin andere Thesen vertraten und lehr- ten. Schließlich erfordert der Kampf um die Gunst der breiten Volksmasse, die von dem Mühen um Erkenntnis und dem Suchen nach Wahrheit meist keine richtige Vorstellung hat (obwohl sich doch jeder dieser Mühe unterziehen sollte), die Erhaltung eines ganzen Systems, weil sonst zu leicht die Lehre insgesamt angezweifelt wird und die Vertreter dieser Lehre global als Lügner und Scharlatane verurteilt werden.

Der Wahrheitsgehalt der über Generationen vererbten und sprachlich verfälschten Mysterienweisheiten konnte beispielsweise von den Griechen nicht mehr erkannt werden, da ihnen die Schlüssel einer richtigen Deutung durch kultische Vorstellungen und fehlerhafte Interpretationen abhanden gekommen waren. Man suchte für die feststehenden Beziehungen zwischen den Erscheinungen in der Natur verstandesmäßig erklärbare Begründungen und formulierte sie als Naturgesetze. Analog zur Regelung der menschlichen Beziehungen untereinander durch einen Gesetzeskodex erklärten die Naturgesetze die Funktionen in der Natur. Die bis dahin gültige mythologische Weltdeutung, die auf Erfahrungen der Koinzidenz, also dem Zusammen- treffen von Ereignissen, aufgebaut war, wurde nun durch eine Naturphilosophie ersetzt, welche die anstehenden Seinsfragen abstrakt-mathematisch oder sinnenhaft-empirisch zu beantworten versuchte, indem man nach Ursache und Wirkung fragte. Diese Methode führte dann zu der Erkenntnis, daß wir eingeschlossen sind in Raum und Zeit und für das Jenseitige, das Ewige, keinen Maßstab besitzen, um es nach dieser Methode auszumessen, zu erkennen und zu begreifen. Doch darauf wird noch näher einzugehen sein.

Rund zweitausend Jahre glaubte das Abendland auf Grund seiner wissenschaftlichen Erfolge, die letzten Fragen eines Tages beantworten zu können, die das Wesen des Seins erklären. Diese Auffassung hat im Materialismus einen Höhepunkt erreicht und will auch jetzt noch nicht abklingen, obwohl seit etwa einhundert Jahren die Erkenntnisse der gleichen Naturforschung uns zeigen, daß sie wohl ein großer Irrtum ist.

Die rein empirischen Kenntnisse der Mathematik, die bei den Babyloniern zur Berechnung des Laufes der Gestirne und bei den Ägyptern zur Erdmeßkunst führten, wuchsen bei den Griechen zur Wissenschaft zusammen. Faßt man Wissenschaft alleine als das Verfahren methodischer Erforschung aller Seinsgebiete, in denen Gesetzlichkeiten vermutet werden, auf, so ist sie als von den Griechen entwickelt anzusehen. Im weitesten Sinne des Wortes aber, als zusammengetragenes Wissen überhaupt, begegnen wir einer Wissenschaft überall, wo Menschen sind. Schließlich entsteht Wissenschaft aus der Praxis des gesellschaftlichen Lebens und mündet, die Gesellschaft gleichzeitig verändernd, wieder in sie hinein. Somit bestand Wissenschaft auch schon vor der Blütezeit jenes griechischen Schaffens, das neben dem Einfluß arabischen Geistes zur Grundlage der abendländischen Kultur und damit unserer Zivilisation geworden ist.

In dem von dem Mathematiker, Politiker und Philosophen Thales von Milet (um 640 oder um 624 bis 545) gezeichneten Weltbild betrachtete man als Welt nur das sinnenhaft Wahrnehmbare. Thales, der als Politiker den ionischen Städten politische Einigung im Angesicht der drohenden persischen Invasion anriet, der als Mathematiker eine Methode zur Hohenbestimmung der Pyramiden und zur Entfernungsbestimmung von auf See aufkommenden Schiffen entwickelt hatte und dem man den Lehrsatz der Geometrie zuschreibt, nachdem jeder Umfangswinkel im Halbkreis ein rechter Winkel ist, hatte auf Grund seiner Berechnungen die Sonnenfinsternis vom 28. 5. 585 vor unserer Zeitrechnung voraussagen können. In der Erklärung des Weltbildes rückte Thales von der bis dahin üblichen mythologischen Deutung ab, indem er das Wasser als Urbestandteil der Welt ansah, weil es in seinen drei Aggregatzuständen, fest als Eis, flüssig im Normalzustand und gasförmig als Dampf, für ihn alle möglichen Erscheinungsformen der Welt umspannte.

Dem griechischen Philosophen und Mathematiker Pythagoras von Samos (um 580 bis um 500) schreibt man neben dem Lehrsatz, daß in einem rechtwinkeligen Dreieck die Summe der Quadrate über den Katheten gleich dem Hypotenusenquadrat ist, die Lehre von einer allgemeinen Seelenwanderung zu. Pythagoras kann jedoch keinesfalls als der Schöpfer jenes mathematischen Lehrsatzes angesehen werden. Denn schon zu früheren Zeiten, beispielsweise bei dem Bau der Pyramiden und der Feldvermessung, wußte man, daß bei drei und vier gleichen Knotenstrecken und einer Verbindungslinie von fünf Knotenstrecken ein rechter Winkel entsteht. So kann man

Pythagoras lediglich zubilligen, dieses Wissen in geeignete Worte gekleidet und zahlenmäßig bewiesen zu haben. Doch neben seinen mathematischen Erkenntnissen erklärte er, daß die Seele ein in sich beständiges Dasein hat, was Platon später als Unsterblichkeit bezeichnete. In der pythagoreischen Schule in Kroton, einer Stadt im westlichen Unteritalien, dem damaligen Kolonialland Magna Graecia, das auch Sizilien mit umfaßte, beschäftigte man sich aber nicht nur mit der Bestätigung der aus der Erfahrung gesammelten mathematischen Regeln , sondern strebte danach , diese Regeln durch rein logische Prozesse exakt zu beweisen. Aus diesen Arbeiten heraus erwuchs der Gedanke eines Zusammenhanges zwischen der Mathematik und der

Musik. Analog der Tatsache, daß Saiten verschiedener Länge verschiedene Töne erzeugen, glaubten die Pythagoreer, daß auch jeder Planet in Abhängigkeit seiner Entfernung vom Weltmittelpunkt einen anderen Ton erzeugt und damit ein harmonischer Sphärenklang entsteht, den wir Menschen jedoch wegen der Gewöhnung an diesen Klang nicht mehr wahrnehmen. An diese Gedankengänge anknüpfend folgerten die Pythagoreer, daß alle Dinge im Kosmos nach numerisch angelegten Gesetzmäßigkeiten miteinander verbunden sind, womit sie der aus dem babylonischen Kulturkreis stammenden Zahlensymbolik das Tor zu ihrem Lehrgebäude öffneten.

Die Zahl, so verkündete Pythagoras, ist das Wesen der Welt und das Maß aller Dinge. Im Absoluten ist sie das Maß der Arithmetik, in der konkreten Dingwelt das Maß der Musik, und in der Physik sowie in der Astronomie bestimmt sie die Größe der Bewegung. Auf dieser Lehraussage baute sich der ethischreligiöse Orden der Pythagoreer auf, deren Mitglieder in

Gütergemeinschaft lebten. Mittelpunkt ihres kultischen Lebens waren Opfer und Rituale, die im Griechischen Orgia heißen. Die Mitglieder dieses Ordens bekannten sich zum Glauben an göttliche und sittliche Gebote sowie zur Seelenwanderung. Das bedeutete zugleich Verbot von Fleischgenuß und Tieropfern. Eine weitere Forderung war unbedingte Mäßigkeit im Genuß und tägliches Überdenken seines Tuns und Lassens. Damit steht der Pythagoreer hier inmitten der „religio".

Finden wir später im differenzierten Hegelschen Weltbild die drei Existenzformen: Die körperliche Natur, die logisch-mathematische Welt und den Bereich des Geistes, so ist bei den Pythagoreern noch alles durch die Zahl zu einer Einheit verbunden, was sich letztlich in der Zahlendeutung widerspiegelt. Nach der pythagoreischen Schule bilden die ungeraden und die geraden Zahlen im Universum Paare von Gegensätzlichkeiten, wobei die ungeraden Zahlen dem Männlichen, Schöpferischen und Aktiven zugeordnet werden, während für das weiblich Passive die geraden Zahlen angesehen werden. Solche Zahlensymbolik hat auch im Christentum Eingang gefunden und war in der jüdischen Kabbala von großer Bedeutung.

Es gilt die Eins allgemein als das Symbol für die göttliche Einheit oder die Tat, die Zwei verkörpert das Gleichgewicht und die anziehend-abstoßende Gegensätzlichkeit wie Gut und Böse, Hell und Dunkel und ist gleichzeitig das Prinzip des Dualismus in der altiranischen Religion. Die Drei präsentiert sich als Dreieck in der ersten geometrischen Grundfigur und weist auf das ursprüngliche natürliche Vater-Mutter-Kind-Verhältnis hin. Auf das Göttliche übertragen stellt sich die Drei in verschiedenen Religionen als Gottdreiheit dar. In der Philosophie finden wir sie wieder in dem dialektischen Dreischritt von Thesis, Antithesis und Synthese. Endlich ist die Drei das Symbol für Vielseitigkeit, Fröhlichkeit und Brillanz. Beständigkeit und Dauerhaftigkeit, aber auch Trägheit drückt die Vier aus. Im Islam bedeutet die Vier Vollständigkeit. Sexualität und Abenteuer verkörpert die Fünf, die uns in der Zahl der Blütenblätter begegnet und bei den Pythagoreern das revolutionierende Element darstellt. Die Sechs verbindet im Hexagramm, dem aus zwei Dreiecken bestehenden Sechsstern, Geist und Materie und steht somit für Harmonie. Schließlich ist die Sechs jene Zahl, die gleich der Summe ihrer Divisoren ist ($1 + 2 + 3 = 6$) und gleichzeitig durch eine ungerade Zahl (drei) wie auch durch eine gerade (zwei) teilbar ist. Während die Sieben im semitischen Bereich als heilige Zahl gilt, ist die Acht die Zahl des Erfolges und des Einbezogenseins, woran die acht Pfade Buddhas erinnern. Die Neun gilt als die Zahl der Vollendung, die Zehn als Summe von $1 + 2 + 3 + 4$ begegnet uns in der Anzahl unserer Finger und Zehen genauso wie in den semitischen und buddhistischen Gesetzestafeln. In ihrer Vollkommenheit wurde die Zehn auch von den Pythagoreern verehrt. Die Zehn wird dann in der Elf als der Zahl der Maßlosigkeit überschritten, was den Feiern zum Karnevalsfest mitunter angelastet wird, das jedes Jahr mit dem 11.11. seinen Anfang nimmt.

Die Methode der Pythagoreer, Zahlen durch ihnen zugeschriebene Eigenschaften zu interpretieren, und die später ergänzenden Deutungen des Judentums sowie das Interesse christlicher Kreise begründeten die mittelalterliche Zahlenmagie mit ihren eigenartigsten Auswüchsen, die aber nie einer ernsthaften Analyse standgehalten hat. Nach diesem Ausflug in die Zahlendeutung wollen wir uns wieder an die

enge Verbundenheit von Mathematik und Philosophie erinnern, die Platon dadurch zum Ausdruck brachte, daß er über das Eingangstor seiner Akademie die Worte setzte, daß kein Nicht-Mathematiker Eintritt haben solle.

Nach Platons Ansicht war der Mathematiker, und nur der Mathematiker, berufen, im Staate die führenden Stellen im öffentlichen Leben einzunehmen. Im Gegensatz zur Philosophie, wie wir sie heute als wissenschaftliche Disziplin verstehen, wo immer ein System von sogenannten Wahrheiten als objektive Erkenntnis verkündet wird, um nachfolgend wieder durch ein neues, dem ersteren widersprechendes System abgelöst zu werden, bleibt ein einmal definiertes mathematisches System immer gültig. Trotz dieses Unterschiedes war die Mathematik mit der Philosophie stets eng verknüpft. Platon, der Ägypten, Nordafrika und Unteritalien bereist hatte und mit den berühmtesten Männern seiner Zeit in Verbindung stand, kann als der erste europäische Philosoph bezeichnet werden, der mit seiner Ideenlehre zwischen Sinnlichem und Geistigem unterschied und damit die abendländische Metaphysik einleitete. Er sah in den Ideen nie geschaffene und auf ewig unveränderliche Urbilder der materiellen Dinge, die in der Welt der Wahrnehmbarkeit stets veränderlich und nichtig sind. Sie existieren nur dadurch, daß sie an den Ideen teilhaben, weil ihre Abstraktion wieder die Idee ist. So erkennt Platon zum Beispiel in vielen Dreiecken „das" Dreieck und in den Bäumen „den" Baum. Aber nur dadurch, daß wir ein Wissen um die allgemeine Wesenheit in uns tragen, ist dieses „Wiedererkennen" in der Abstraktion möglich.

Genauso, wie im Gegenständlichen Dinge in gleichartige Gruppen sich zusammenfassen lassen, bilden bei Platon auch die Ideen gleichstrukturierte Gruppen, also Ideengruppen. Dementsprechend lassen sich die Ideen seiner vier Kardinaltugenden Besonnenheit, Gerechtigkeit, Tapferkeit und Weisheit in der Idee des Guten vereinigen. Über die Stufen dieser Ideengruppen kommt Platon dann zur Idee der Einheit des Einen, wohin, so schreibt er in seinem Spätwerk „Das Gastmahl", die Seele durch die Kraft des Eros gelangt. Was Eros ist, beschreibt er wie folgt:

„ VI. Als erster habe wie gesagt Phaídros seine Rede etwa damit begonnen, daß Eros ein großer Gott sei, wert der Bewunderung bei Menschen und Göttern, aus vielerlei Gründen, nicht zum mindesten wegen seiner Herkunft. Denn zu den ältesten Göttern zu gehören ist eine hohe Ehre. Zeugnis dafür: Eltern des Eros gibt es nicht, kein Laie, kein Dichter nennt sie. Hesiod sagt, am Anfang entstand das Chaos, darauf Mutter Erde, breitbrüstig, allen ein ewig sicherer Grund, und Eros. Parmenides sagt von der Gottheit des Werdens: Und sie erdachte als ersten von allen Göttern Eros. "

Nach Platon beginnt für den Menschen Erkenntnis mit den Erfahrungen im Bereich des Sinnenhaften. Das aber ist für ihn noch nicht die eigentliche Erkenntnis. Die eigentliche Erkenntnis ist für Platon der Aufstieg der mit Geist behafteten Seele in das_ Reich des Außersinnlichen. Der Antrieb zu diesem Aufsteigen ist bei Platon der Eros. Der Eros treibt die Seele zu dem Ort oder zu dem Zustand zurück, wo sie vor ihrer selbstverschuldeten Verbannung in das Grab des Leibes in ungetrübter Anschauung der Ideen war.

Damit ist bei Platon begründet, daß Gewinn von Erkenntnis eine Wiedererinnerung ist. Wiedererinnerung ist jedoch nur möglich, weil die einzelnen Ideen von der Ideengesamtheit beleuchtet werden. Mit der Gesamtheit der Ideen wiederum ist das wesenhafteste der Wesen, das Gute, gemeint. Dieses Gute ist wie Licht; es verleiht Schaubarkeit, kann aber von Menschen weder geschaut noch erkannt werden. Außer dieser Anschauung übernahm man an Platons Akademie die Lehre des Parmenides (um 540 bis 480, 470?), die von der Einheit, Ewigkeit und Unveränderlichkeit des Seins ausgeht. Außerdem waren für ihn Sein und Denken identisch. Er behauptete, daß nur das, was immer sich selbst gleich bleibt, voll erkannt und verstanden werden kann. Das Werden der Dinge sah er als Sinnestäuschung an. Diese Anschauung bedingt, daß es von der Natur, die in ständiger Verwandlung ist, kein sicheres und immer gültiges Wissen geben kann. Eine gegensätzliche Auffassung vertrat um 500 der Philosoph Heraklit (um 550 bis um 480), für den das Wesen der Welt in einem Spannungsfeld von Gegensätzen wie hell/ dunkel oder Leben/ Tod besteht. Diese Lehre

wirkt nach und findet sich wieder in der Hegelschen Dialektik. Für Heraklit sind diese Gegensätze das Werk des Logos, des Weltsinnes, der Norm des Denkens und des Handelns. Er sah in der Erkenntnis des Logos die entscheidende Aufgabe des Menschen. Doch kehren wir zur Lehre des Parmenides zurück. Für ihn war Wissenschaft nur sicheres, immer gültiges Wissen, und so stellt er folgende drei Fragen:

I. Ist eine Wissenschaft von der Natur unmöglich?

2. Gibt es in der sich ständig ändernden Natur gleichbleibende Strukturen, die wissenschaftlich erfaßt werden können?

3. Wie weit reicht die Verbindlichkeit der menschlichen Erkenntnis?

Während Platon eine Wissenschaft von den Dingen und Erscheinungen in der Natur als nicht möglich ansieht, weil er dies nur von den Ideen der Natur für möglich hält, versuchte Aristoteles die mit den Sinnen wahrnehmbaren Einzelerscheinungen zu sammeln, zu ordnen und zu vergleichen , um bei aller Verschiedenheit der Dinge nach Gemeinsamkeiten zu suchen, die ein sinnvolles Ordnen ermöglichen. Durch dieses Sammeln und Ordnen nach Grundmerkmalen kommt Aristoteles zur Aufteilung der Wissenschaft in Einzeldisziplinen und erweitert damit den Wissenschaftsbegriff des Parmenides. Bei der Suche nach Grundmerkmalen in den Einzeldingen und Einzelerscheinungen in der Natur stößt Aristoteles zur Metaphysik vor. Ihn interessiert nicht, was eine Erscheinung ist, sondern er fragt nach dem, was es möglich macht, daß etwas ist. Das sich Ändern, das Wachsen und Werden in der Natur - der Mensch ist in dieser Überlegung eingeschlossen -, zeigt ihm, daß das Endziel schon im Anfang vorgesehen ist. Diese Gedankengänge finden wir heute wieder bei der Erklärung der Nukleinsäure und in der Quantentheorie. Das Erreichen des schon im Anfang vorhandenen Endzieles ist für Aristoteles die Vollendung. Alle Veränderungen führt er auf einen, ,unbewegten Beweger" zurück, den er als Ursprung allen Werdens, aus sich selbst seiend, denkt und Gott nennt. Im Gegensatz zu Platon, der die Mathematik als Charakteristikum des eigentlichen Wissens ansah, näherte sich Aristoteles seinem Ziel aus der entgegengesetzten Richtung. Er gewann seine philosophischen Erkenntnisse bis hin zur Metaphysik aus der Erfahrung der Naturbeobachtungen. Das Weltbild des Aristoteles bestand aus dem Bereich unterhalb des Mondes, wo Verformungsprozesse stattfinden, und dem Bereich oberhalb des Mondes, wo die ewigen Sterne nur die Ortsveränderung als Bewegung kannten. Damit war das geozentrische Weltbild auch philosophisch erklärt.

Leider passen diese philosophischen Betrachtungen und das daraus entstandene Weltbild zu gut religiöse Primitivvorstellungen. Denn nur dadurch ist es zu erklären, daß auch das Christentum durch falsch verstandene

Diesseits- und Jenseitsvorstellungen sich dem Gedankengang eines Aristoteles zuwenden konnte und durch die Scholastik zu Lehrauffassungen kam, die dem Wahrheitsanspruch dieser Religion nicht gerecht wird. Die Vorstellung von einer geozentrischen Welt war so tief in die Gedankengänge damaliger Wissenschaftler eingedrungen, daß selbst Hipparchos von Nizäa (um 190 bis um 125) die von ihm entdeckten verschiedenen Längen der Jahreszeiten auf eine exzentrische Bewegung der Sonne um die Erde zurückführte, ohne das geozentrische Weltbild in Frage zu stellen.

Im Gegensatz hierzu hatte der Astronom Aristarchos von Samos (um 310 bis um 230) als erster die Behauptung aufgestellt, daß nicht die Erde, sondern die Sonne im Mittelpunkt des Weltalls stehe und sowohl von der Erde als auch von den anderen Planeten umkreist würde. Es gelang ihm damals jedoch nicht, für diese Erkenntnis zwingende Beweise aufzustellen.

Damit ruhte seine Theorie bis zum l6. Jahrhundert, bis Kopernikus auf Grund seiner Entdeckungen erneut ein heliozentrisches Weltbild beschrieb. Daß die Lehre des Aristarchos in Vergessenheit geriet, mag nach An- gaben von Plutarch nicht zuletzt seine Ursache in einer Anklage des Stoikers. Kleantos haben, der Aristarchos der Gottlosigkeit beschuldigt hatte. Verhaftet in dem philosophischen Denkgebäude des Aristoteles und aufbauend auf den astronomischen Erkenntnissen eines Hipparch sicherte Ptolemäus durch seine astronomischen Beobachtungen und Berechnungen in Alexandrien die Theorie des geozentrischen Weltbildes „mit solch zwingender Kraft und Gelehrsamkeit" ab, daß niemand mehr an ihr zu zweifeln wagte. Ptolemäus ging damit als Exponent dieser Anschauung in die Geschichte ein.

Wir sollten uns davor hüten, die gewaltige Ausweitung der Wissenschaft, die in den zweieinhalb Jahrtausenden seit den großen griechischen Denkern zu beobachten ist, gleichzusetzen mit der Entwicklung des menschlichen Geistes. Alles, was uns von dem ersten Menschen vor vielleicht einer Million Jahre unterscheidet, ist gesammeltes Wissen. Dabei dürfen wir auch nicht übersehen, daß das Wissen im Laufe der Geschichte nicht ständig

zunahm, sondern daß vieles auch verloren gegangen ist und mitunter mehrmals wieder in das Bewußtsein der Menschheit aufgenommen wurde. Hierzu gehört vor allem das viele Wissen um das Sein, das in mühseliger Kleinarbeit von philosophischen Denkern wieder in unser Bewußtsein zurückgeholt wird, das vielleicht schon oder noch den ersten Menschen präsent war und heute nur noch in Sagen und Mythen als verborgener Schatz in unserer Nähe ist. Wenn wir heute zum Mond fliegen können, erlaubt diese Fähigkeit noch lange nicht, auf das menschliche Schaffen der Vergangenheit hinabzusehen. Vielleicht war für die Entwicklung des Rades mehr Geisteskapazität vonnöten als zum Bau eines Atommeilers. Der Unterschied zwischen einem Menschen von vor 20 000 oder 200 000 Jahren und uns liegt nur darin, daß wir heute ein umfangreicheres Wissen von den Naturgesetzen besser verwerten können, was aber keinesfalls eine Abwertung des menschlichen Geistes unserer damaligen Artgenossen erlaubt.

Ursache für das nur langsame Wachstum des Wissens von den technischen Möglichkeiten in unserer Welt in den ersten Tagen der Menschheit war nicht zuletzt die dünne Besiedlung der Erde und fehlende Kontakte zwischen den einzelnen Stämmen , was einen Austausch des anfangs noch wenig vorhandenen Wissens vermutlich verhinderte und überliefertes Wissen einseitig verfärbte. Dazu kam, daß jede Gruppe oder Horde zu-

nächst genug damit zu tun hatte, für sich und ihre Familie Nahrung herbeizuschaffen. Erst die Arbeitsteilung, das Herauskristallisieren von Berufen und die mit wachsendem Güterstand sich ausbreitenden Handelsbeziehungen brachten zivilisatorischen Fortschritt. So waren die ersten
Hochkulturen verbunden mit dem Aufblühen von städtischen Gemeinwesen und Handelsverbindungen. Wer will da sagen, was zuerst war, Stadt
oder Berufsentwicklung? Vermutlich war es ein gegenseitig bedingtes
Aufschaukeln. Wo sich nun viele Menschen auf engem Raum zusammenfinden, müssen Ordnungen eingerichtet werden. Die jetzt mehr denn je
erforderlichen Ordnungssysteme basierten einmal auf einer bestimmten
Weltanschauung und bildeten zum anderen mit sozialen Gesetzen eine
Einheit, die mit dem Frage-und-Antwort-Komplex des Wie, Was und

Warum unseres menschlichen Handelns zu dem Begriff der Religion führte. Das alles schloß weder das Aufeinanderstoßen verschiedener Meinungen noch einen Kampf um Machtpositionen aus. Rechtes und unrechtes
Handeln wurde jeweils aus einer bestimmten Perspektive definiert, die
wie heute einer herrschenden Gesellschaftsschicht oder einer wirtschaftlich poli- tischen Lage zweckdienlich war. Denkweisen und Wertvorstellungen wurden dann für ethisch richtig erklärt, wenn sie zur Rechtfertigung des Handelns oder der Verhüllung der eigentlichen Interessen erforderlich waren.

Noch heute werden die Menschen in Gerechte und Ungerechte eingeteilt,
wobei eine solche Einteilung stets von den „Gefechten" " vorgenommen
wird. Was aber ist gerecht?

Mit dem Zerfall des griechischen Imperiums, der mit dem Tod Alexanders des Großen im Jahre 323 seinen Anfang nahm, setzte auch ein Verfall der Moral ein, gegen den die philosophische Richtung der Stoiker mit
einigem Erfolg anging. Ihren Namen hatten sie von der „stoa poikile", der
geschmückten Halle in Athen, die ihnen als Versammlungsort diente. Als
Idealbild galt für sie der Weise, dem ein Teil der universellen oder göttlichen Vernunft als menschliche Vernunft zu eigen war, und der nicht nur
natur- gerecht lebte, sondern auch,seine Affekte beherrschte und seinen
Leiden auf Grund seiner deterministischen Lebensauffassung, nach der
ein alles beherrschendes Weltgesetz auch das Schicksal des Menschen bestimmt, mit jener stoischen Ruhe begegnete. Dieses Weltgesetz oder diese Weltvernunft weist die Stoa als eine pantheistische Weltanschauung
aus, welche die Welt auf eine Urkraft zurückführt, aus der nicht nur Götter, Dämonen und Heroen als Sondergestalten hervorgegangen sind, son-

dern von der auch die menschliche Seele ein Teil ist. Als Teilhaber dieser einen Vernunftskraft werden alle Menschen gleich, was den Ausgangspunkt eines allgemeinen Weltbürgertums bedeutet. Dabei darf jedoch der Widerspruch zwischen dem pantheistischen Weltbild mit seiner Vorsehung oder seinem Geschick und der eine Willensfreiheit voraussetzenden Entscheidung zur Pflichterfüllung nicht übersehen werden.

In den dargestellten Betrachtungen ist zu erkennen, daß zu Anfang der wissenschaftlichen Disziplinen eine Übereinstimmung zwischen den Naturgesetzen und der Philosophie bestand. Man darf aber nicht vergessen, daß der menschliche Geist durch die Unzulänglichkeiten unserer Sinnesorgane leicht getäuscht wird. Dadurch können jedoch die aus den Naturbeobachtungen gefolgerten Hypothesen und die darauf erstellten philosophischen Denkgebäude falsch sein. So haben uns die Erkenntnisse aus der Quantenmechanik zur Aufgabe der Hypothese von einem Universum veranlaßt, das einer unendlichen Zahl von Naturgesetzen gehorcht. Im Bereich der Mikrophysik stoßen wir wegen der Wechselwirkung zwischen System und Umgebung auf Grenzen unserer Erkenntnisfähigkeit, was ein Überdenken aller bisherigen philosophischen Denkgebäude erforderlich macht und in mancher Hinsicht eine Kursänderung menschlicher Lebensauffassung zur Folge haben mag. Die Vielfalt und Unermeßlichkeit der Natur zeigt sich nicht nur in der geringen Hoffnung, jemals alle ihre Gesetze erforschen zu können, sondern auch in der Tatsache, daß sie stets vieles einsetzt, um weniges zu erreichen. Ihre Großzügigkeit und Freigiebigkeit können wir zum Beispiel an der Zahl der vielen Blüten im Frühjahr und den hierzu relativ wenigen Früchten im Herbst erkennen. Oder man denke an die Unmengen Samenkörner und die wenigen Pflanzen, die nachher heranwachsen. Hinzuweisen ist in diesem Zusammenhang auch auf die unzähligen Variationen in der Tierwelt, die sich bildeten, bis ein Körper gefunden war, der den menschlichen Geist auf- nehmen konnte. Auch die Theorie, daß die Erde als einziger Himmelskörper von Lebewesen bewohnt ist, in denen auch Geist herrscht, erhält aus dieser Perspektive eine nicht zu übersehende Rechtfertigung. Ein Zahlenbeispiel möge die aufgezeigten Gedankengänge auch noch einmal statistisch darlegen. Es soll, um ein Menschenkind zu zeugen, der Mann beim Samenerguß rund 300 Millionen Samenzellen auf die Reise schicken, obwohl doch nur eine genügt, um das weibliche Ei zu befruchten. Gegenüber diesem Überschwang muß das rationelle Handeln des Menschen kümmerlich erscheinen, wenn wir stets bemüht sind, mit wenigen, wenn auch gezielten, dafür aber unzulänglichen Mitteln den fast unendlichen Reichtum der Natur zu beeinflussen. Bis heute jedenfalls war unser Wirken gegenüber der Natur machtlos. Mit unseren geringen Erkenntnissen konnten wir gegen die Natur so gut wie nichts ausrichten, und wenn wir an Unwetterkatastrophen, Erdbeben oder Vulkanausbrüche denken, klingt das Bibelwort, das uns angeblich auffordert, die Erde uns untertan zu machen (l. Mose 1:28), wie ein Hohn. Haben wir nun schon Schwierigkeiten gegenüber unserer materiellen Umgebung, so dürfen wir uns nicht wundern, daß die Schwierigkeiten im Bereich der zwischenmenschlichen Beziehungen und der Verbindung zum absoluten Geist, Gott genannt, um ein erhebliches Maß größer sind, zumal sinnenhaft Wahrnehmbares und sinnenhafte Äußerungen hier nur als begleitende Randerscheinungen zugunsten des materiebezogenen Teiles des Menschen anzusehen sind. Denn der Glaube an Gott manifestiert sich genauso wenig in kultischen Handlungen wie eine Ehe nicht nur aus Küssen und Orgasmen besteht. Wir müssen das, was wir auf geistigem Gebiet zu geben haben, nämlich die Liebe, so überschwenglich verschenken, wie die Natur ihre Blütenpracht darbringt, um die wenigen daraus erwachsenden Früchte ernten zu können.

Man kann die Zeit von Thales bis Archimedes, also die Zeit von 600 bis 250 als das erste goldene Zeitalter der europäischen Wissenschaft betrachten. In dieser Zeit begegnen wir neben den ersten großen physikalischen Erkenntnissen den richtungsweisenden philosophischen Systemen, die mit Namen wie Platon, Aristoteles und Epikur verbunden sind, und nehmen zugleich die Gedankengänge der Stoiker und Skeptiker in unser Kulturgut auf. Während die Stoiker den Determinismus vertraten, wonach alles Geschehen durch Ursachen eindeutig bestimmt und die Willensfreiheit verneint wird, betonte Epikur gerade die Willensfreiheit und sah als Lebensziel eine individuelle Glückseligkeit, die im Hedonismus ihren Gipfelpunkt erreicht. Es ist aber die Lust, die er sucht, nicht sinnlicher Genuß, sondern jene von Schmerzen und seelischen Erschütterungen freie Ataraxia, die es ermöglicht, im Frieden und in der Stille des Gemütes durch vernünftige Einsicht ganz in sich selbst zu ruhen und durch nichts sich stören zu lassen.

Außersinnliche Kräfte wurden von den Epikureern ebenso geleugnet wie die Unsterblichkeit der Seele. Denn durch die kultisch-religiösen Abirrungen im griechischen Kulturleben bestärkt, erklärte Epikur, daß jede religiöse Geisteshaltung den Menschen in seiner Tugendhaftigkeit behindert, da nach seiner Auffassung eine Gottesfurcht den Menschen zum Schlechten verleitet. Das physikalische Weltbild der Epikureer war stark von dem griechischen Philosophen Demokrit der vorsokratischen Zeit beeinflußt. Es war ein streng materialistisches Weltbild. Als Grundbestandteil der Welt setzte Demokrit kleinste Grundelemente voraus, die er Atome nannte. Diese Atome wurden seiner Ansicht nach von einer ewigen Wirbelbewegung getrieben, deren Kraftquelle er jedoch nicht angab. Aber durch diese Wirbelbewegung ballten sich die Atome zusammen, vermischten sich und trennten sich wieder. Damit erklärte Demokrit das Werden und Vergehen in der Welt.

Die auch von ihm anerkannte Seele war nach seiner Erklärung aus feinsten Atomen zusammengebaut und somit rein materieller Art. In seiner Ethik galten materielle Güter und Sinnengenuß wenig, Gesetzeserfüllung und Maßhalten aber als die Basis einer heiteren Ruhe, die Demokrit als Ziel allen Strebens ansah.

Doch kehren wir zu den Gedankengängen der Epikureer zurück. Da sie ebenso wie Demokrit transzendente Kräfte ablehnen, und Wahrheit für sie nur im unmittelbaren sinnlichen Bereich erkannt werden kann, wird dem Denken nur eine ordnende Tätigkeit zuerkannt, bar aller Anerkennung der durch das Denken erfaßten Allgemeinvorstellungen. Solche Erkenntnisgegenstände entsprechen für den Epikureer nur dann der Wahrheit, wenn sie mit sinnlich Wahrgenommenem nicht im Widerspruch stehen.

Die latent zum Ausdruck gebrachte Skepsis eines Sokrates, die für ihn im Erfahren des Nichtwissens liegt, fand eine breite Basis im Skeptizismus des Philosophen Pyrrhon (um 376 bis 288). Nach dessen Ansicht kann der Mensch nur durch Zurückhaltung im Urteil eine Ungestörtheit der Seele erreichen. Die sich hierauf aufbauende Lehre gewann auch Raum in der Schule Platons, der ja ebenfalls aus einem bestimmten Blickwinkel heraus nicht frei von einer gewissen Skepsis war, wenn er bekannte, daß die Wahrheit erst in einem Jenseits aller Gegensätze zu finden wäre, und sie somit alleine Gott vorbehalten sei. Alleine die Schulen des Aristoteles, in denen intensiv wissenschaftliche Forschung betrieben wurde, blieben vom Skeptizismus unbeeinflußt.

Verfolgt man weiter den geschichtlichen Ablauf, so tritt bis ins christliche Mittelalter in Bezug auf den wissenschaftlichen Fortschritt eine Ruhepause ein, die auch durch die mittelalterliche Scholastik nicht gestört wurde, wenn man nicht die Einseitigkeit der scholastischen Philosophie als Anreiz zu einer Reformation des europäischen Denkens betrachten will. Denn diese Lehrweise versuchte durch strenge Wortgläubigkeit die kirchlichen Glaubenslehren mit der aristotelischen Auffassung vom Sein zu koordinieren, ohne auf eine Unterscheidung von Glauben und Wissen, Beten und Denken, beziehungsweise Philosophie und Theologie zu verzichten. Der weitestgehende Vertreter der Scholastik war der Dominikaner Thomas von Aquin (1225-1274). Er unterschied zwischen einer natürlichen und einer über- natürlichen Gotteserkenntnis. Die natürliche Gotteserkenntnis, die Philosophie, führt nach seiner Auffassung den Menschen bis an die unterste Stufe der Glaubenswahrheit, dem Erkennen der Existenz Gottes, heran. Der gesamte Glaubensgehalt, die übernatürliche Gotteserkenntnis, so sagte er aus, könne nur durch die Offenbarung gewonnen werden. Ursprung der Scholastik ist das Bildungsprogramm Karls des Großen (768-814), der das Christentum als Fundament aller kulturellen Tätigkeit betrachtete. Daher wurde die christliche Lehre in ein rationelles System der Welterklärung umgewandelt, in dem Theologie und Philosophie zunächst eine Einheit bildeten. Der eigentliche Durchbruch der scholastischen Lehre kann mit der Arbeit des französischen Theologen und Philosophen Peter Abälard (1079-1142) identifiziert werden, der durch die Betonung der Logik mit den aristotelischen Elementen, Begriff, Urteil und Schluß, die Philosophie wieder von der Theologie trennte und als deren Magd bezeichnete. Abälard verstand die Theologie als die streng logische Fassung der christlichen Lehre.

Ein neues Weltbild entstand auf dem Bode der sogenannten klassischen Physik durch die Arbeiten von Kepler, Galilei und Descartes. Es war schon ein umwälzender Gedanke in den Thesen von Galilei und Descartes, wenn sie behaupteten, daß ein Körper unbeschränkt in einer gleichförmigen Bewegung verharrt, solange keine andere Kraft wie Reibung (zum Bremsen) oder Antrieb (zum Beschleunigen) auf ihn einwirkt. Galt doch bis dahin die Auffassung des Aristoteles, daß zur Aufrechterhaltung einer Bewegung stets Kraft benötigt wird. Zusammen mit der Begründung des heliozentrischen Weltsystems durch Kopernikus war somit neues, umwälzendes Gedanken- gut in die damalige Wissenschaft hineingetragen worden, das dem Verlangen eines Archimedes (um 287-212) Rechnung trug und die Welt buchstäblich aus den Angeln gehoben hat.

Kopernikus sollte eigentlich Priester werden. Deswegen studierte er mit achtzehn Jahren an der von scholastischem Denken beherrschten Universität Krakau, von wo er mit 24 Jahren nach Bologna und später nach Rom überwechselte. Mehr und mehr gab er sich in dieser Zeit dem Studium der

Mathematik, Physik und Astronomie hin. 1503 promovierte er in Ferrara zum Doktor der Rechte (Kirchenrecht) und vermutlich auch der Medizin, denn sein Onkel, der Fürstbischof von Ermland, Lukas Wenzelrode, ernannte ihn noch zum Leibarzt und Sekretär mit politischen Missionen. In dieser Zeit fand Kopernikus genügend Muße, die grundlegenden Berechnungen für seine heliozentrische Theorie zusammenzustellen.

Das physikalische Weltbild des Kopernikus zeigte keine unendlich große Welt. Die im Mittelpunkt feststehende Sonne war danach von acht Sphären umgeben, deren äußerste eine feste, in sich geschlossene Kugelschale bildete, hinter der sich ein Nichts befand. Luther, der in dem einmal abgefaßten Bibeltext die wörtliche Wiedergabe der göttlichen Wahrheit sah, mußte die Kopernikanische Theorie aus seiner Sicht als nicht bibelkonform verwerfen und argumentierte: „Es werd gedacht einer neuen Astrologie, der wollte beweisen, daß die Erde bewegt würde, nicht der Himmel oder Firmament, Sonne oder Monde. Der Narr will die ganze Astronomie umkehren. Aber wie die heilige Schrift anzeiget, so ließ Josua die Sonne stillstehen und nicht das Erdreich. "

Unter dem Titel „De revolutionibus orbium coelesticum" (Über die Umdrehung der Himmelskreise = Sphären) erschien das Werk des Kopernikus 1543 mit einem Vorwort des protestantischen Theologen Osiander, der aus Furcht vor der Reaktion seiner Zeitgenossen das neue Weltbild fälschlich als bloße Hypothese bezeichnete, die rein rechnerischen Zwecken diene. Daß man in kirchlichen Kreisen diese wissenschaftlichen Erkenntnisse nicht wahrhaben wollte, ist eigentlich gar nicht so unverständlich; denn das von der Scholastik so mühsam zusammengekittete Weltbild aus aristotelischem und christlichem Gedankengut stand nun plötzlich anderen Erkenntnissen gegenüber. Was bisher als wahr galt, sollte nun unwahr sein. Es konnte nach theologisch-scholastischer Bibelauslegung die Erde einfach nirgendwo anders sein als im Mittelpunkt der Welt. War mit der neuen Erkenntnis das Christentum gleich dem geozentrischen Weltbild überholt? Für ganz so schlimm hatte der damalige Papst Leo X. die Sache wohl gar nicht angesehen. Sonst hätte er an der neuen Welttheorie nicht so großes Interesse gezeigt und um eine Demonstration dieser Theorie gebeten.

Um aber die Aussagen der scholastischen Philosophie nicht preisgeben zu müssen, mußten die von Galilei erkannten Naturgesetze von kirchlicher Seite für unwahr erklärt werden. Es galt die Devise: Was nicht sein darf auch nicht sein kann. Das aber bedeutete die totale Vergewaltigung der

Wahrheit. Mit dem Wiederaufleben der physikalischen Welterforschung vollzog sich zugleich auch ein geistiger Umbruch, der unter dem heutigen Begriff des Humanismus den Anbruch einer neuen geistigen Epoche signalisierte. Man begann, frei von kirchlichem Einfluß, erneut mit der Suche nach der Wahrheit. Es ist die gleiche Haltung, die wir auch bei den christlichen Reformatoren sehen, soweit sie die etablierte Kirche als Vermittler der Wahrheit ablehnten und für ein unmittelbares Verhältnis des Menschen zum Urquell des Seins eintraten. Der Humanismus ist als philosophisch-literarischer Bestandteil der Renaissance zu betrachten. Es trafen hier zusammen die ablehnende Haltung gegenüber einer überspitzt dargebrachten Scholastik des 13. und 14. Jahrhunderts und die Idealisierung der Antike, deren Geist eine Kultur zeitloser Vollkommenheit zu präsentieren schien und als Quelle des reinen Wissens und ewig gültiger Normen angesehen wurde. Zur damaligen Zeit bedeutete das ein Aufbruch aus der mittelalterlichen Enge in eine neue Gesellschaft, die eine Selbstentfaltung des Menschen ermöglichen sollte. . Als Roger Bacon nach seinem Studium in Oxford zur Pariser Universität kam, disputierte man dort über Logik und Metaphysik, ohne die Originaltexte der Schriften, über die diskutiert wurde, zu kennen. Bacon wehrte sich gegen die Vernachlässigung der Quellen. Er suchte nach den Erkenntnissen der Alten, durchforschte die Heilige Schrift und arbeitete sich durch die Schriften der islamischen Wissenschaft, deren Autoren seiner Meinung nach genauso wie die jüdischen Denker und die Gelehrten Griechenlands von Gott inspiriert worden seien. Nur die Schriften des Aristoteles nahm er aus. Diese galten für ihn als eine Quelle des Irrtums und ein Strom der Unwissenheit. Wegen seines Eintretens für ein freieres Denken gegenüber dem vorherrschenden Autoritätsglauben in der Wissenschaft, vor allem in der Philosophie, soll er zwölf Jahre inhaftiert gewesen sein.

Noch ein zweites Mal ging in England ein Bacon nicht mit der aristotelischen Lehre konform. Diesmal handelt es sich um den englischen Staatsmann Francis Bacon, der der aristotelischen Logik, der sogenannten Deduktion, also dem vom Allgemeinen auf das Besondere hinschreitenden Schlußverfahren, eine neue Denkweise, die Induktion, entgegenstellt, die von der Beobachtung aus ging und das Erkannte verallgemeinerte. Mit dieser empirischen Erkenntnislehre beschritt Francis Bacon einen Weg, der für die englische Philosophie charakteristisch wurde. Mit dem Bacon zugeschriebenen Ausspruch „Wissen ist Macht' ' erklärt sich am besten der Wandel in der Philosophie von der kontemplativen Haltung zur Machtgewinnung über die Außenwelt.

Diese geistige Strömung verlief parallel zur Entwicklung des englischen Staatswesens. Heinrich VIII. (1491-1547) hatte die Bindung Englands zur katholischen Kirche gelöst und galt seit 1534 als Souverän der anglikanischen Staatskirche. Die englische Wirtschaft errang ihre Unabhängigkeit gegenüber dem kontinentalen Geldmarkt. Mit der Besiegung der spanischen Armada im Jahre 1588 war der Grundstein zum britischen Weltreich gelegt. Die englische Literatur errang mit Shakespeare (1564-1616) ihren Höhepunkt.

In diesem Klima gedieh der Geist des Empirismus, der nur die Erfahrung als Quelle des Wissens gelten läßt. Doch während Bacon wie Descartes an der richtigen Erkenntnisfähigkeit des Menschen zweifelte und deswegen das Erkannte stets kritisch zu prüfen verlangte, stellte sein Landsmann Locke die Frage nach der Grenze des Erkennens, wobei auch er die Lehre von angeborenen Ideen ablehnte und zwischen dem die Außenwelt wahrnehmenden „äußeren Sinn" (sensation) und einem die Tätigkeit unseres Geistes beobachtenden „inneren Sinn" (reflection) unterschied.

Bacon hatte den Anfang des Kolonialreiches erlebt und war von der amoralischen Einstellung in Bezug auf die Kraft und den Eroberungsgeist des Menschen angetan. Locke hingegen schöpfte seine geistige Kraft aus dem fanatischen calvinistischen Geist. In seiner Zeit fühlte sich das Bürgertum als Träger staatlicher Ordnung in der Mitte zwischen dem grundbesitzenden Adel und dem eigentumslosen Proletariat. Wirft man dem Adel in jener Zeit, wie später es Marx noch einmal wiederholte, vor, er würde sein Eigentum brach liegen lassen, anstatt zum Nutzen der Nation sein Land zu bestellen und sein Vermögen arbeiten zu lassen, um Zinsen zu erzielen, so begründete man die Armut des Proletariates mit Mangel an Begabung und Fleiß. Locke führte alle Erkenntnis auf die ins Bewußtsein gelangte Erfahrung zurück. Doch er wendet sich gegen die von Descartes vorausgesetzten angeborenen Begriffe und Erkenntnisse und behauptet, daß diese Begriffe erst durch Einzelerfahrung induktiv gewonnen werden. Mit dieser Behauptung wird es jedoch schwer, die Frage in bezug auf die Existenz Gottes zu beantworten. Hier spricht Locke von einer Übereinstimmung unserer Ideen mit der Wirklichkeit in einer Außenwelt außerhalb unserer Ideen. Das aber widerspricht der Erkenntnistheorie des Empirismus, denn, wie können wir von einer Welt außerhalb unseres Bewußtseins etwas wissen, wenn Erkenntnis nur an das Material der Bewußtseinsinhalte gebunden ist?

Die Lösung dieses Problems wird uns durch den ersten großen Philosophen Deutschlands, Gottfried Wilhelm Leibniz, nähergebracht. Er hing der von Descartes vertretenen kontinentalen rationalistischen Richtung an. Durch Zugeständnisse gegenüber dem Empirismus gelang ihm in seinem Denkgebäude in gewissem Sinne ein Zusammenführen dieser verschiedenen Geisteshaltungen. Er erkannte die Behauptung Lockes an, daß Erfahrung aller Begriffsbildung und Erkenntnis zeitlich vorausgeht. Doch er unter- schied immer noch zwischen Begriffen und Erkenntnissen allgemeiner Art, wie beispielsweise die Eigenschaften von Gegenstände gegenüber Begriffen, die nur auf die schöpferische Tätigkeit des Verstandes zurückzuführen sind, wie sie uns zum Beispiel im Reich der Zahlen begegnen, sowie Erkenntnisse, die wir ohne Rücksicht auf Erfahrung als Wahrheit betrachten, wozu Logik und Mathematik gehören. Für ihn war die Mathematik eine Art Symbolsprache, mit der er Probleme rechnerisch zu lösen versuchte. Erfahrung und Beobachtung begründeten bei ihm nicht unbedingt wahres Erkennen, sondern erweckten lediglich die Einsicht hierzu. Genauso, wie er Bestandteile des Empirismus in sein Denkgebäude verwob, versuchte er auch Gedankengänge anderer Philosophen zu berücksichtigen und zu einer Einheit zu verschmelzen. Hierzu schrieb er folgendes: „Die Wahrheit ist weiter verbreitet als man gemeinhin annimmt, doch tritt sie uns sehr häufig geschminkt entgegen oder stellt sich uns verhüllt dar."

Gegenüber der philosophischen Entwicklung in England war auf dem Kontinent eine andere geistige Haltung erkennbar. Während auf der Insel der politische Werdegang den Menschen in das Tagesgeschehen verwickelte, empfand der Festlandeuropäer die Tagespolitik als Störung in der Freiheit seiner eigenen Gedankenwelt. Ganz ausgeprägt zeigte sich diese Haltung im deutschen Protestantismus, der zwischen religiöser und weltlicher Sphäre unterschied. Berufsethos und Pflichterfüllung wurden zum Kennzeichen der lutherischen Lehre, die vor allem in Preußen das Leben bestimmte. Danach weist Gott dem Menschen seine Stelle im Staat zu, wobei er (Gott) sich der Obrigkeit bedient. Es war die Einheit zwischen Berufsethos und dem Gebot „Seid Untertan der Obrigkeit! " hergestellt, die sich letztlich in dem System des „cuius regio, eius religio" manifestierte, wonach die Konfession des Herrschers die Konfession der Untertanen bestimmte.

Diesen „Untertan der Obrigkeit" sieht Calvin in seinem in Genf bestehenden Staatswesen anders. Er war durch seine unumschränkte Machtfülle nicht auf den Schutz irgendeines Landesfürsten angewiesen. Für ihn war das Untertansein nicht wie im Luthertum das Beugen unter ein Schicksal, sondern lediglich ein Gehorchen gegenüber denen, welchen Gott Amt, Beruf und Willen zur Regentschaft eines christlich-politischen Gemeinwesens verliehen hat. Denn für den Fall, daß die Obrigkeit nicht den rechten Glauben habe, gilt für den Calvinisten der Satz, daß man Gott mehr gehorchen müsse als den Menschen. Der Unterschied zwischen der lutherischen Lehre und dem Calvinismus zeigt, wie stark eine Religion, oder wie hier die verschiedenartigen Konfessionen letztlich von einer ganz bestimmten Weltanschauung beeinflußt sein können. Im Calvinismus tritt ganz deutlich die Lehre von der Souveränität des Volkes zu Tage, die das Recht einschließt, auch Könige zu richten. Auf dieser Basis beruht die presbyteriale Gemeindeverfassung, die von dem Schotten John Knox (um 1505 bis 1572) nach England übertragen wurde und dort Leitbild des Puritanismus wurde.

Was Galilei begann, vollendete Newton mit seinen heute noch gültigen Gesetzen der Mechanik. Auf Grund des damaligen Wissens gelangte Newton zu der Auffassung, daß die Materie aus Massenpunkten zusammengesetzt sei. Eine Annahme, die auch heute noch zum Beispiel bei statischen Berechnungen zugrunde gelegt wird, da die von Newton aufgestellten Gesetze der Mechanik in diesem Bereich der Physik ihre Gültigkeit nicht verlieren. Mit ihnen werden die Flugbahnen der Weltraumraketen berechnet, die zum Mond oder anderen Himmelskörpern geschossen werden. Wenn diese Flugkörper einmal nicht ihr Ziel erreichen, so ist das kein Versagen Newtonscher Gesetze, sondern ein Rechen- oder Konstruktionsfehler. Bei der mathematischen Bestimmung seines mechanischen Weltbildes nahm Newton weder die Erde noch die Sonne oder einen anderen Stern als Träger eines Bezugssystems, sondern stellte die uns sichtbare Welt in einen absoluten Raum. Dabei schloß er die Möglichkeit nicht aus, daß es keinen unbeweglichen Körper im Weltraum gibt, auf den Ort und Bewegung sich beziehen könnten. Auch ihm fehlte, wie schon Archimedes, jener feste Punkt, der erforderlich wäre, die Welt aus den Angeln zu heben oder aber festzulegen.

Was für den absoluten Raum erforderlich war, galt auch für die Zeit. So setzte Newton gleichfalls eine wahre, mathematische Zeit voraus, die das notwendige Gleichmaß ohne Beziehung zu einem materiellen Objekt besitzt. Es wird aber die klassische Physik nicht nur von der Mechanik getragen, sondern gleichgewichtig von der Wellenlehre und der Wärmelehre. Bald nach der Entdeckung der elektromagnetischen Wellen forschte man nach einem Träger des Feldes von nachweisbaren Kraftlinien. Man nannte diesen Träger Äther. Dieser, zunächst von Michael Faraday (1791-1867) angenommene elektrische Äther füllt nun den absoluten Newtonschen Raum aus. James Clerk Maxwell (1831-1879) übertrug die Faradaysche Feldtheorie in mathematische Gleichungen und stellte fest, daß ein Feld sich genau wie das Licht mit einer Geschwindigkeit von ca. 300 000 Kilometern in der Sekunde fortpflanzt, und schloß auf die elektromagnetische Eigenschaft des Lichtes . Nun war der Weg frei zur Erkenntnis der Röntgenstrahlen und der Radioaktivität.

Die Erfolge auf dem Gebiet der klassischen Physik waren die Ursache eines ungeheuerlichen Selbstbewußtseins, von dem die zivilisierte Menschheit befallen wurde. Man bildete sich ein, die Fähigkeit zu besitzen, eines Tages alle Naturerscheinungen wissenschaftlich erklären zu können. Nicht zuletzt basierte auf dieser Einstellung eine Naturfrömmigkeit, die uns vor allem in den Werken Goethes begegnet und die auf der für untrüglich gehaltenen Sinneswahrnehmung beruht. Die Rivalität zwischen den Verfechtern der These, daß alleine die sinnenhafte Erfahrung als Erkenntnisgrundlage gilt, und dem Lager derjenigen, die die Ergründung wahrer Zusammenhänge auf dem Wege abstrakten mathematischen Denkens für richtig hielten, gipfelte in dem erbitterten und von Beschimpfungen begleiteten Streit Goethes mit Newton um die Theorie der Farbenlehre. Goethe verteidigte dabei die Naturerkenntnis des Menschen, den Empirismus, wie man das gegenständliche Denken bezeichnet, als das allein Menschenwürdige gegen das abstrakte Denken in Zahlen und Formeln des Rationalismus.

Leibniz und Newton kann man nachsagen, daß sie durch ihre abstrakte Denkweise und den damit gewonnenen Erkenntnissen im physischen und im metaphysischen Bereich die Weichen für die Fahrt in unser Maschinenzeit- alter gestellt haben. Doch bei allen großen Leistungen auf dem Gebiete der Physik blieb Newton ein Mann großer Bescheidenheit, wie wir es in seinem Bekenntnis zur Wahrheit nachlesen können:

„Ich selbst komme mir vor wie ein am Meeresstrand spielender Knabe, der hin und wieder einen glatteren Kiesel oder eine schönere Muschel findet als gewöhnlich, während der große Ozean der Wahrheit ganz unentdeckt vor seinen Blicken liegt. "

Das menschliche Selbstbewußtsein hatte gegen Ende des 19. Jahrhunderts seinen Höhepunkt erreicht, als man glaubte, im Besitz der Grundgesetze des Universums zu sein. Viele glauben das auch heute noch, weil sie über die wissenschaftlichen Erkenntnisse der letzten achtzig Jahre nicht hinreichend informiert sind. Denn unsere Wissenschaftler haben sich schon längst von jener Newtonschen Auffassung distanziert, daß die Welt das Resultat mechanischer Kräfte sei. Nur wer es anders sehen will, sieht es auch anders. Einstein soll einmal zu Heisenberg gesagt haben: „Die Theorie bestimmt, was wir beobachten können." Während Einstein die Gegensätzlichkeiten der Newtonschen, an Raum und Zeit gebundenen, Mechanik und der elektrischen Feld-Theorie überbrückte, ebnete Planck mit seiner Quantentheorie den Weg in eine neue Physik und zu einem neuen Weltbild. Galilei soll gesagt haben, daß das Buch der Natur in mathematischen Zeichen geschrieben ist. In diesem Sinne war bis zu Beginn dieses Jahrhunderts die Physik das Instrument, die scheinbar auf der Grundlage der Mechanik aufgebaute Welt zu erklären. Sie war gleichzeitig das Fundament der materialistischen Philosophen des 18. Jahrhunderts. Für sie war an dem festgefügten Weltbild der klassischen Physik nicht mehr zu rütteln. Noch heute sehen gewisse Spätromantiker in diesem Welbild ein in sich festgefügtes und abgerundetes Gebäude. Da die Wissenschaft für (fast) alles mit einer Erklärung aufwarten konnte, war Gott für die Menschheit nicht mehr vonnöten. Der kretische Schriftsteller Nikos Kazantzakis (1883-1957) schilderte diese Situation treffend in seinem Roman , ‚Freiheit oder Tod' '_ Darin kehrt ein Kreter, der jahrelang im Frankenland gelebt hatte, nach Kreta zurück, um am Freiheitskampfe gegen die Türken teilzunehmen. Zu seinem Bischof, dem Metropoliten, sagte er in einem Zwiegespräch: „Sie (die Franken, Anm. d. Verf.) glauben an eine neue Gottheit, eine grausame und großmächtige, die eines Tages allmächtig werden kann."

Und als der Bischof fragte, welche Gottheit das sei, erwiderte er: „Die Wissenschaft." Dieses scheinbar so fest gefügte Weltbild unserer Zivilisation mit der neuen Gottheit „Wissenschaft", die noch heute von vielen als allmächtig angebetet und verherrlicht wird, erfuhr ein jähes Ende durch die Quanten- hypothese Plancks und durch die Einsteinsche Relativitätstheorie. Dadurch sind wir heute zu einer veränderten Auffassung der Wirklichkeit gekommen. Denn hinter der „natürlichen" Welt mit ihren klassischen Gesetzen ist eine irrationale Wirklichkeit entdeckt worden, die den bisher erkannten Gesetzmäßigkeiten nicht mehr entspricht. Diese Erfahrung spiegelt sich in der „modernen Kunst" genauso wieder wie in dem Abweichen der Menschen von einer sinnenhaften Gottesvorstellung. Der Schweizer Psychologe Carl Gustav Jung (1875-1961) konnte auf Grund von Traumanalysen seiner Patienten feststellen, daß das christliche Gottesbild am erblassen ist, und bezeichnete unsere Zeit als die Zeit des Gottestodes.

Soweit wissenschaftliche Erkenntnisse als absolute Grundlage einer Weltanschauung gelten, besteht die Gefahr, nur sinnenhafte Eindrücke für ein Weltbild heranzuziehen, ohne daran zu denken, daß die Welt in Wahrheit anders ist, als wir sie sehen. Wäre es nicht eine kleine und arme Welt, wenn sie nur so groß wäre, wie wir sie sinnenhaft erkennen können? Auch Einstein war von dem Bestehen einer objektiven Wirklichkeit überzeugt, von deren Existenz wir Menschen nicht unbedingt Kenntnis haben müßten. Galilei sah die Welt anders als Aristoteles, und Heisenberg hatte auch wiederum ein von Galilei verschiedenes Weltbild. Nach den Erkenntnissen der Kopenhagener Schule (Bohr/ Heisenberg) müssen wir seitens der Physik die Hoffnung begraben, daß wir die Welt durch Figuren und Bewegungen zu beschreiben in der Lage sind, weil es nicht möglich ist, auf Grund der Erkenntnisse aus der Quantenmechanik von einem Teilchen gleichzeitig Ort und Geschwindigkeit zu kennen. Das bedeutet aber die Aufgabe unserer bisherigen korpuskularen Vorstellung von der Materie. Der körperhafte Grundbaustein ist damit entgültig aus der Diskussion verschwunden. Es gibt nach der Kopenhagener Schule kein lokalisierbares Materie- oder Energiekorn.

Wenn auch die erste Landung des Menschen auf dem Mond am 21. Juli 1969 bei vielen den Glauben an die Existenz eines Gottes ins Wanken brachte, weil hiermit noch einmal eine materialistische Gedankeneinstellung menschlicher Überheblichkeit Raum bot, müssen wir uns aus den bisher gemachten Erfahrungen mit der Einsicht bescheiden, daß wir nicht mit Hilfe der Vernunft bis zur vollen Erkenntnis des Seins vordringen können. Damit sind wir am Ende des einen Weges, von dem ich anfangs sprach, der uns allein durch die Ratio zur vollen Welterkenntnis führen könnte. Denn wir haben nicht nur einsehen müssen, daß die Euklidische Geometrie nur ein Spezialfall in unserer mehrdimensionalen Raum-Zeit-Welt ist, sondern daß auch die aristotelische Logik mit dem Überschreiten der Grenze zur Metaphysik ihre Allgültigkeit verliert.

Nicht, daß die Euklidische Geometrie falsch ist, oder etwa die klassische Mechanik Newtons, nein, wir sind mit unseren wissenschaftlichen Erkenntnissen nur in neue Bereiche der Wirklichkeit vorgestoßen, wo die alten klassischen Naturgesetze nicht außer Kraft gesetzt, sondern in umfangreichere Erkenntnisse eingeschlossen sind. Aber gerade in dem Augenblick, in dem die Wissenschaft an die Nahtstelle der klassischen Physik gestoßen ist und mit der Quanten- und Relativitätstheorie Materie, Raum und Zeit von dem Thron ihrer absoluten Existenz gestoßen hat, mußten sich auch die Vertreter materialistischer Weltanschauungen über die relative Gültigkeit ihrer Theorien im klaren sein und als Realität anerkennen, was für unsere Sinne nicht mehr erkennbar ist. Dieser Umdenkungsprozeß schreitet nur sehr langsam voran und wird vermutlich auch innerhalb einer weiteren Generation noch nicht beendet sein, zumal bestimmte Denkbequemlichkeiten hier bremsend wirken. Wir kommen aber heute nicht mehr an der Erkenntnis des totalen Andersseins des uns über- lieferten Weltbildes vorbei und können sinngemäß nur noch Sokrates beipflichten, daß wir von der Realität außerhalb des Materiellen nur soviel wissen, als daß sie uns unbekannt ist. Scio, me nihil scire.

Um 1800 freilich herrschte in Europa noch eine andere Auffassung. Das aufkommende Bürgertum wandte sich damals gegen die überkommenen feudalen Institutionen, gegen den Despotismus der herrschenden Fürsten und gegen religiöse Intoleranz. Seine wissenschaftlichen Erkenntnisse, vor allem die scheinbar kurz vor dem Abschluß stehenden Forschungsarbeiten auf dem Gebiet der klassischen Physik, bestärkten den Menschen im mitteleuropäischen Raum in der Auffassung, daß die Fähigkeit des Denkens Grundlage der Freiheit sei. Das Resultat solchen Denkens waren nicht nur die jetzt einsetzenden politischen Unruhen, sondern gleichzeitig auch das Lösen der Bindung an eine göttliche Offenbarung. Man kann die Wurzeln dieses Strebens bis in das 14. Jahrhundert zurückverfolgen. Damals trat an vielen Universitäten neben die Scholastik das Studium der theoretischen Wissenschaften, der „artes liberales". Die bis dahin gepflegte Auslegung der Bibel als Inhalt wissenschaftlichen Arbeitens, eine Methode, die wir analog noch heute in den buddhistischen Klöstern Asiens vorfinden, wurde mehr und mehr durch eine auf Experimente basierenden Forschung verdrängt. Schon gegen Ende des 15. Jahrhunderts sahen einige Mitbürger im Menschen einen zur Herrschaft berufenen Gott.

Schließlich konnte man diesen Herrschaftsanspruch sogar aus dem sogenannten ersten Schôpfungsbericht der Bibel in den dargebotenen Übersetzungen ablesen. Die bis dahin vorherrschende Macht der „Una Sancta", der damals einheitlichen abendländischen Kirche, war durch das Auftreten konkurrierender Bekenntnisse der Reformationszeit gebrochen. Die Lehre von der Freiheit des Gewissens und die Auffassung, daß der Glaube in der persönlichen Überzeugung des einzelnen begründet sei, führte den mitteleuropäischen Menschen zu einem Freiheitsbegriff, der kapitalistische Wirtschaftsmoral nicht mehr im Gegensatz zur Religion sah. Auf dem Höhepunkt dieser Geistesströmung, die uns als Aufklärung bekannt ist, begegnen wir dem großen ostpreußischen Philosophen Immanuel Kant, dessen Arbeiten von der Newtonschen Physik, vor allem von ihrer Lehre vom leeren Raum und der leeren Zeit stark beeinflußt waren. Man geht nicht fehl in der Behauptung, daß Kant in der mathematischen Interpretation der Naturforschung den Inhalt der Wissenschaft sah. Während Leibniz als Anhänger der rationalistischen Richtung den Empiristen, die nur aus der sinnenhaften Erfahrung heraus ihre Wahrheitserkenntnisse ableiten wollten, lediglich einige Zugeständnisse machte, hatte für Kant die menschliche Erkenntnis zwei Wurzeln, die untrennbar miteinander verbunden waren: Die Sinnenhaftigkeit und der Verstand.

Es läßt sich auch der Kantsche Begriff für den Wesensinhalt des Menschen, das geistige „Ich", nicht mit den Begriffen aus der Naturforschung beschreiben. Im Gegensatz zu Descartes, der mit seinem rationalistischen „cogito, ergo sum" (ich denke, deswegen bin ich) den Wesensinhalt des Menschen als denkende Substanz auffaßt, ist für Kant dieses Ich das sittliche Bewußtsein selbst. Diese Auffassung spiegelt sich wider in seinem kategorischen Imperativ: „Handle so, daß die Maxime deines Willens jederzeit zugleich als Prinzip einer allgemeinen Gesetzgebung gelten könne." Dabei setzt er die Freiheit des Menschen als oberstes Prinzip voraus. Doch auch diese Freiheit besteht für Kant nicht innerhalb der wissenschaftlich erkennbaren Dingwelt, also nicht innerhalb der Raum-Zeit-Dimensionen. Es existiert somit für Kant neben der Welt der Gegenstände, also neben der Materie, ebenfalls eine reale Welt des Ichs, oder besser der Iche, wodurch erst sein Gebot der praktischen Vernunft, sein kategorischer Imperativ, Bestand haben kann. In gleicher Weise sind für ihn eine letztgültige Weltordnung, Gott, und die fortwährend existierende freie Persönlichkeit, nach christlicher Begriffsdarstellung die unsterbliche Seele, Wahrheiten.

In der Anerkennung dieser Wahrheiten sieht Kant die Grundlage aller Religionen, soweit sie nicht zu einem Aberglauben degeneriert sind. Damit hat Kant Wissenschaft und Religion klar voneinander getrennt. Entthront

wurde von ihm zugleich jene, im Zeitalter der Aufklärung zusammengebastelte Vernunftreligion, die als beweisbare Metaphysik das von den Griechen gesteckte Ziel ihrer wissenschaftlichen Arbeiten sein soll. Dafür aber hat Kant ein Bekenntnis abgelegt zu unserem eigentlichen, übersinn-

116

lichen Wesen und zugleich das Tor zur Sphäre des Religiösen wieder ge-öffnet.

Den Unterschied zwischen der durch menschliche Vernunft erarbeiteten Wissenschaft und der im Weltgrund verborgenen geistigen Realität zeigt uns der Apostel Paulus im zweiten Kapitel des ersten Korintherbriefes auf. Hier legte er wert auf die Feststellung, daß seine Rede nicht in über-redenden Worten der Weisheit, sondern im Erweis von Geist und Kraft bestand. Er unterschied zwischen der Weisheit dieser Welt und der Weis-heit Gottes, die sich allen wissenschaftlichen Nachprüfungen entziehen muß, weil sie dem wissenschaftlichen Forschen verborgen bleibt. Denn die Weisheit Gottes - und damit bezog sich Paulus auf Isaias 64:3 - sah kein Auge und vernahm kein Ohi und kam keinem Menschen in den Sinn, sondern wurde durch den Geist Gottes offenbart, der alle Tiefen, auch die Tiefe Gottes erforscht.

Denn, so fragt der Autor des Korintherbriefes, wer unter den Menschen weiß, was im Menschen ist, außer der Geist des Menschen, der in ihm selbst ist? Genauso aber, erläutert er weiter, hat auch keiner erkannt, was Gott ist, als der Geist Gottes. Dann heißt es im zweiten Kapitel (12-15):

„ Wir aber haben nicht den Geist der Welt empfangen, sondern
den Geist, der aus Gott ist, damit wir erkennen, was uns von
Gott geschenkt worden ist. Und davon reden wir auch, aber
nicht in Worten, wie menschliche Weisheit sie lehrt, sondern
wie der Geist sie lehrt, und erklären damit Geistiges denen, die
geistig sind. Der bloß natürliche Mensch erfaßt nicht, was vom
Geiste Gottes kommt; es gilt ihm als Torheit, und er kann es
nicht verstehen, weil es geistig verstanden sein will.
Der Geistesmensch dagegen ergründet alles, während er selbst von
niemand ergründet wird. "

Ich habe diese Stelle des Neuen Testamentes zitiert, um den möglichen Ausweg aus der Sackgasse anzuzeigen, in die unsere wissenschaftliche Ar-beit auf der Suche nach der absoluten, ewigen Wahrheit geraten ist. Die-ser Ausweg ist heute jedoch nicht nur aus der Bibel erkennbar, sondern auch aus den Erkenntnissen der jüngsten Naturforschung. Wenn sich heu-te gewisse Ideologien vor solchen Erkenntnissen verschließen, muß man den Begründern und Vertretern dieser Ideologien den Willen und die Bereitschaft zu einem ernsthaften Erforschen der Wahrheit absprechen. Bei der gegenseitigen Abwägung zwischen philosophischen Erkenntnissen und den Aussagen einer Religion sollten wir uns hüten, die auf wissenschaftlichen Erkenntnissen aufgebauten Philosophien als Maß und Prüffeld anzusehen und die Religion als die zu untersuchende Problematik. Schon Martin Luther hatte es als Irrweg bezeichnet, göttliche Offenbarung auf die Basis rein philosophischer Überlegungen zu stellen. Doch leider hatte er diese Meinung nicht so deutlich vertreten, daß die lutherisch-orthodoxe Theologie sich aus der Abhängigkeit der mittelalterlichen Religionsphilosophie befreien konnte.

Die Wissenschaft, die Philosophie und Physik mit den anderen Disziplinen in sich vereinigt und den großen profanen Glauben des vorigen Jahrhunderts darstellt, der bis in unsere Zeit nachwirkt, hat sich als unfähig erwiesen, uns den Himmel auf die Erde herunterzuholen. Der Zusammenbruch der großen Weltanschauungen, Ideologien und Religionen erweckt in uns das große Interesse der mythologischen Schau, die jedoch die Gefahr einer einseitigen Lebensausrichtung in sich birgt, wenn wir vergessen, daß wir als Menschen sinnenhafte und geistige Wesen sind, in deren Existenz das „ora et labora", das „bete und arbeite" gleichwertig verteilt sein sollte.

BEDEUDENTEDE WISSENSCHAFTLER

(Zeittafel)

um 640 oder
um 624 bis 545 Thales von Milet   erster abendländischer Philosoph,
nahm als Urstoff Wasser an

um 580 bis
um 500   Phytagoras   Lehre von der allgemeinen Seelen-
(von Samos)   wanderung. Die Zahl ist das Wesen
der Welt und das Maß aller Dinge

Um 540
um 480 (460)   Parmendides   Seine Gedichte über die Natur beeinflussen bis heute das metahphysische
Denken

Um 500 bis
um 480   Heraklit   Das Wesen der Welt ist ein Spannungsfeld von Gegensätzen. Einfluss auf Hegel

470 oder 469
bis 399   Sokrates   Scrio, me nihil sccire

470 bis 380   Demokrit   materialistische Weltanschauung

427-347   Platon   Unterscheidet in seiner Ideenlehre zwichen
Sinnlichem und Geistigem. Er gilt mit Sokrtes
als Begründer der abendländischen Metaphisyk

384 -322   Aristoteles   Schüler von Platon, wirkt ein auf das scho-
lastische Denken des Mittelalters

341- 270	Epikur	Hedonismus
310 bis um 230	Aristarchos von Samos	Nicht die Erde, sondern die Sonne ist im Mittelpunkt der Welt
um 287 bis 212	Archimedes	Man gebe mir einen festen Punkt, und ich werde die Welt aus den Angeln heben

B) In unserer Zeitrechnung

um 100 bis 180	Ptolemäus	geozentrisches Weltsystems
1079 -1142	Abälard, Peter	Durchbruch des scholastischen Denkens
1225 – 1274	Thomas von Aquin	Vater der Scholastik
1473 – 1543	Kopernikus (Co-pernicus, Nikolaus	Neues Weltsystems
1483 -1546	Martin Luther	Reformatoren
1561 – 1626	Bacon, Francis B., Baron Nerulam	Wissen ist Macht (Empirismus)
1546 – 1642	Galilei, Galileo	Gesetze des freien Falles, Verteidiger des Koperinikanischen Weltsystems
1571 – 1630	Kepler, Johannes	Gesetze der Planetenbewegung
1596 – 1650	Descartes, Rene'	Cogito, ergo sumerische
1632 – 1704	Locke, John	Alle Erkenntnis ist ins Bewusstsein gelangte

Erfahrung

1643 – 1727	Newton, Sir Isaac	Bewegungsgesetze der Mechanik, ab-soluter Raum und absolute Zeit
1646 – 1716	Leibniz, Gottfried Wilhelm, Frh. Von	Monadologie
1688 -1772	Swedenborg, Emanuel	Bergassessor, „Geistersehehr des Nor-dens"
1694 – 1778	Voltaire, eigtl. Francois Marie Arouet	Bedeutendster Vertreter der Aufklärung
1724 – 1804	Kant, Immanuel	Kategorischer Imperativ
1749 – 1832	Goethe, Johann Wolfgang von	Verfechter der Naturerkenntnis durch sinnenhafte Wahrnehmung und gegen-ständliches Denken
1759 – 1805	Schiller, (Johann Christoph) Fried-rich von	Auseinandersetzung mit den mensch-lichen Urkonflikten: Trieb – Geist, Natur – Freiheit, Sinnlichkeit – Vernunft
1762 – 1814	Fichte, Johann Gottlieb	Das dialektische Ich
1770 – 1831	Hegel, Georg Wil-helm Friedrich	In der letzten Stufe der Geschichte kommt der menschliche Geist, sich selbst begreifend, zur Weltvernunft
1791 – 1867	Faraday, Michael	Entdecker der galvanischen und magnetischen Induktion

1804 – 1872	Feuerbach, Ludwig	Atheistisch-historischer Materialis-mus
1818 – 1883	Marx, Karl (Heinrich)	Schöpfer des wissenschaftlichen Sozialismus
1831 – 1879	Maxwell, James	Theorie der Elektrizität, des Magnetismus und des Lichtes
1844 – 1900	Nietzsche, Friedrich	War er ein Atheist?
1858 – 1947	Planck, Max	Quantentheorie
1879 – 1955	Einstein, Albert	Relativitätstheorie
1901 – 1976	Heisenberg, Werner	Quantenmechanik

MENSCH UND KOSMOS

Der Anblick des leuchtenden Sternenhimmels in klarer Nacht pflegt unzweifelhaft bei vielen Menschen romantische Gefühle zu wecken , aber er läßt auch unsere Gedanken in die Tiefe des Weltalls schweifen, in den unendlichen Raum über uns und läßt in uns die Frage nach dem Woher und Wohin der Welt aufkommen. Außerdem möchten wir gerne wissen, ob wir Menschen hier auf Erden die einzigen Lebewesen unserer Entwicklungsstufe sind, was beim Anblick der unzähligen Sterne zumindest zweifelhaft sein mag. Zuletzt gehen dann unsere Gedanken zu jener Macht, die der Ursprung allen Seins ist, und wir fragen uns nach dem betreffenden Aufenthaltsort, nach dem Quellpunkt, der nach Aussagen der Religionen teils im Raume erfaßbar, teils physikalisch überhaupt nicht bestimmbar ist. Es sind Fragen, deren Antworten uns ein eigenes Weltbild zeichnen. Aber wer beantwortet uns diese Fragen? Auf der Suche nach einer Antwort sind wir angewiesen auf die Aussagen der mythologischen und religiösen Schöpfungsgeschichten, auf wissenschaftliche Erklärungen und nicht zuletzt auf unsere eigene Erfahrung.

Wollen wir die Welt erfassen, sie mit unseren Sinnen ergreifen, um sie zu begreifen, müssen wir uns zunächst einen Überblick verschaffen, einen Überblick über Größe und Dauer dieser Welt. Wir müssen also versuchen, zum Ende der Welt vorzudringen. In unserem Sprachgebrauch gibt es da zwei Möglichkeiten, dieses Weltende zu erreichen. Entweder müssen wir eine sehr weite Strecke zurücklegen oder viele Jahre verstreichen lassen, bis wir das Ende der Welt erreichen. Oder ist es dasselbe, und wer das Ende erreichen will, muß laufen, bis sich das räumliche und zeitliche Ende zugleich präsentieren? Schließlich müssen wir uns mit dem Gedanken vertraut machen, daß das Außerhalb unserer Welt vermutlich das gleiche ist wie das, was vor der Welt war und nach ihr sein wird. Ist es das Nichts? Was ist das Nichts? Für Kopernikus war die räumliche Welt mit der achten Sphäre, hinter der sich seiner Meinung nach eine feste Kugelschale befindet, voll abgeschlossen, wobei die Sonne eben der Mittelpunkt dieses Systems war. Hinter der achten Schale war wieder das Nichts. Es ist aber meines Erachtens sinnlos, von einem Raum zu sprechen, in dem nichts (Materielles) ist. Ein Raum ohne Materie ist genauso unvorstellbar wie eine Zeit ohne Geschehen und eine Religion ohne Menschen.

Leibniz geht in seiner Weltanschauung von der Überlegung aus, daß Ur-wirkliches ohne räumliche Ausdehnung sein muß, weil alles Ausgedehnt immer wieder teilbar sei und daher nichts „Letztes" sein könne. Seine Vor-stellung von der Wirklichkeit bestand aus einem Gefüge ausdehnungslo-ser Einheiten, die er Monaden nannte und denen er eine rein immateriel-le, also rein seelisch-geistige, Existenz zuordnete. Die Wesensäußerung einer Monade faßte er als eine strebende Kraft auf, deren Streben ein Vorstellen sei. Mit dieser als Kraftzentrum anzusehenden Monade gelingt es Leibniz, alles Körperliche in Energie umzusetzen. In dieser Auffassung finden wir eine Parallele zum physikalischen Massebegriff, der heute als instabil erkannt ist. Denn die Mikrophysik hat uns gezeigt, daß auch die Atome teilbar sind und aus Elementarteilchen bestehen, womit die den Atomkern umgebenden Elektronen und die den Kern bildenden Protonen und Neutronen, zusammen als Nukleonen bezeichnet, gemeint sind. Seit 1958 weiß man, daß diese Nukleonen nicht einfache, kompakte Materie-brocken sind, sondern sich wiederum aus kleineren Bausteinen mit der Be-zeichnung Rho-Meson und Omega-Meson zusammensetzen. Es ist hier nun fraglich geworden, ob man die Mesonen noch als Elementarteilchen bezeichnen darf. Offenbar sind sie nur Resonanzzustände mit einer Le-bensdauer von l0`22 Sekunden. Das ist der zehntausendste Teil einer tril-lionstel Sekunde. In dieser Zeit schlüpft die Substanz in die verschiedens-ten Mesonenzustände.

Für die Unbeständigkeit der Elementarteilchen, die uns bald als Korpus-kel, bald als Welle begegnen, prägte Niels Bohr (1885--1962) den Begriff der Komplementarität. Für ihn sind Wellenbild und Korpuskelbild einan-der ergänzende, aber nicht gleichzeitig verwendbare Beschreibungen ein und derselben Realität, die für uns unerkennbar auf dem Boden des Seins verborgen liegt. Ob zwischen den Mesonen und dem Kraftfeld der Mona-de eine Beziehung besteht, kann wissenschaftlich nicht gedeutet werden. Auch möchte ich hier vor einem allzu schnellen Trugschluß warnen. Schließlich hatte Leibniz mit seinen Monaden eine lebendige Kraft den starren Atomen des Materialismus entgegensetzen wollen. Für Leibniz ist jede Monade ein in sich abgeschlossener Kosmos. Da keine Monade von der anderen weiß, können sie auch nicht aufeinander ein- wirken. Was mit ihnen geschieht, kommt aus ihnen selbst, weil ihnen ihr Wesen durch ei-nen göttlichen Schöpfungsakt eingegeben wurde. Die Harmonie der Welt hat ihre Ursache darin, daß Gott, die Urmonade, die alles Seiende aus sich hervorgebracht, das Wesen der einzelnen Monaden aufeinander abge-stimmt hat.

Nach dieser Theorie ist die Körperwelt der Inbegriff von Vorstellungen, die nur durch das denkende Bewußtsein existiert. Dabei entsprechen einander die Vorstellungswelten aller Seelen. Nur die Klarheit des Sehens ist verschieden vom räumlichen und zeitlichen Standpunkt. Alles Ferne ist verschwommen. Auch für die Urmonade Gott ist die Welt eine Vorstellung, jedoch nicht auf einem Raum;Zeit-Punkt bezogen, sondern allgegenwärtig und ewig. Daher sieht Gott alles stets klar und deutlich. Ist nicht nach der indischen Mythologie die Welt durch das Denken Brahmans entstanden? Hat nicht nach dem Alten Testament die Welt ihren Ursprung im Wort Gottes? Nun sind wir neben der ersten Vorstellung eines Weltendes an einem äußeren Rand des Kosmos oder einem zeitlichen Weltende auch noch zu einem Grenzbereich der Materie vorgedrungen: Zu dem Gedanken. Eine beachtenswerte Betrachtungsweise des Gedankens enthält die germanische Mythologie. Dort existiert eine Gottheit, genannt Asa-Thor, der Gott des Donners und des Blitzes, der Wahrheit und der Wirklichkeit. Als Thor einmal den Todesgott Utgardloki zu einem Kampfe herausforderte, fuhr er zu diesem Zweck mit zwei Begleitern in die Unterwelt. Thors Diener Thialfi, der personifizierte Blitz, trat zum Wettkampf an gegen Hugi, den Läufer der Unterwelt. Thialfi verlor das Rennen. Der Grund war, daß gegen den Blitz Thialfi Hugi, die Personifizierung des Gedankens, kämpfte. Hier kommt zum Ausdruck, daß der Gedanke schneller als das Licht ist und, da die Lichtgeschwindigkeit als die nicht zu übertreffende im materiellen Kosmos gilt, unsere Gedanken nicht an Raum und Zeit gebunden sind.

Im 18. und 19. Jahrhundert glaubten unsere Wissenschaftler noch, daß unsere Milchstraße, was im Griechischen Galaxie oder Galaxis heißt, mit dem gesamten Universum identisch sei. Erst in unserem Jahrhundert erkannte man, daß einige Sterne in Wahrheit selbst Milchstraßen sind und sich mit hoher Geschwindigkeit von uns entfernen, wobei die Geschwindigkeit in Abhängigkeit der Entfernung zu uns zunimmt. Eine solche Feststellung besagt jedoch nicht, daß unsere Milchstraße das Zentrum der Welt ist. Bei den sich entfernenden Galaxien wurden Geschwindigkeiten von über 50 °7o der Lichtgeschwindigkeit gemessen. Auf Grund dieser Beobachtung scheint sich das Universum auszudehnen, wobei die Galaxien sich gleichmäßig im Weltenraum verteilen. In einer Entfernung von zwölf Milliarden Lichtjahren haben die Galaxien theoretisch Lichtgeschwindigkeit erreicht, sodaß uns von da ab ihre Lichtstrahlen nicht mehr erreichen können. Diese Expansionstheorie erlaubt uns aber auch, gedanklich rückwärts zu gehen. Nach der Idee des belgischen Kosmologen Abbé Le

Maitre kommen wir dann an einen Zeitpunkt, wo das Universum etwa das Volumen unserer Sonne gehabt haben soll. Le Maitre nannte dieses gewaltige Superatom das kosmische Ei. Dieses Ei soll dann vor dreizehn Milliarden Jahren mit einem großen Knall, dem Urknall, explodiert sein. Die in alle Richtungen auseinanderstrebenden Materieteilchen hätten sich dann zu den heutigen Galaxien formiert. Doch diese Theorie bleibt uns die Antwort auf zwei Fragen schuldig: Nach bisherigen Feststellungen ist außerhalb unserer materiellen Welt das Nichts, also auch kein Raum, der ja ohne Materie nicht existent sein kann. Wie soll sich also etwas ausdehnen können, für das kein Raum vorhanden ist? Als zweite Frage bleibt die Ursache der Explosion zu ergründen. Nach dem physikalischen Gesetz, daß keine Wirkung ohne Ursache möglich ist, können wir uns nur das denkende Wirken eines Urseins als Auslöser der Weltwerdung vorstellen. Das wäre fast ein physikalischer Gottesbeweis.

Während nach vorgenannter Theorie alle Materie zu gleicher Zeit entstanden ist, was der Zerstreuung der Materie und damit einem Aussterben des Universums gleichkommt, präsentierte 1948 F. Hoyle mit H Bondi und T. Gold eine andere kosmologische Theorie, die unter dem Namen „Steady State" (stationärer Zustand) bekannt wurde. Danach besteht ein ständiges Gleichgewicht zwischen Raum und Masse. In dem von fliehenden Galaxien freiwerdenden Raum sollen neue Wasserstoffatome aus dem Nichts entstehen, wobei das Nichts mit der Geistfeldenergie gleichzusetzen ist. Das heißt aber, daß ständig eine metaphysische Schöpfungskraft tätig ist. Beobachtungen stärken die Theorie, daß die Galaxien sich voneinander entfernen. Doch man sollte sich auch einmal mit dem Gedanken vertraut machen, daß die Materie im Weltenraum, wenn man von den Rotationsbewegungen absieht, in festen Bereichen verharrt und die Zeit längs des auf uns zukommenden Lichtstrahles sich verlangsamt. Dabei würden selbst die Dopplermessungen ihre Gültigkeit behalten können. Denn bei Geschwindigkeitsänderungen ist entweder Raum oder Zeit oder beides, variabel. Schließlich geben wir in wechselseitiger Aussage auch heute noch Entfernungen im Zeitmaß an. Für die Raumdistanz im Kosmos haben wir als Maß das Lichtjahr. An Landstraßen lesen wir Schilder, die das nächste Waldrestaurant mit einer Entfernung von zehn Autominuten ankünden. Oder sagen wir nicht, daß wir nur einen Fünf-Minuten-Fußweg zur Arbeitsstelle haben? An historischen Straßen finden wir hier und da noch die alten Stundensteine, die die Entfernung von A-Stadt nach B-Stadt in Stunden angeben. Der Abstand dieser Steine von fünf Kilometer zeigt uns, daß die Entfernung an der Wegstrecke gemessen wurde, die ein Fuhrwerk oder ein Fußgänger in einer Stunde zurücklegte. Diese Gleichschaltung von Zeit und Entfernung ist möglich durch die physikalische Gleichung

Weg = Zeit mal Geschwindigkeit.

Dabei erkennen wir, daß der Weg eine Funktion von Zeit und Geschwindigkeit ist. Das läßt die Feststellung zu, daß ohne die Bewegung im Weltraum, die uns relative Geschwindigkeiten erkennen läßt, und ohne die Zeit es keine Strecke und keinen daraus abgeleiteten Raum geben würde. In seiner „speziellen Relativitätstheorie" hat Einstein gezeigt, daß die Zeit in relativer Bewegung langsamer verstreicht als in der Ruhelage und ein Maßstab mit zunehmender Geschwindigkeit immer kleiner wird. Hierfür gelten die Begriffe der Zeit- und Wegdilatation. Auf Grund dieser Theorie errechnete der Raumfahrtexperte Professor Eugen Sänger, daß ein Raumfahrzeug mit annähernder Lichtgeschwindigkeit den Weg zu einem 1000 Lichtjahre entfernten Stern in 7,6 Jahren Bordzeit erreicht. Es können somit alle Zeitbestimmungen in unserem Kosmos nur relative Aussagen sein. Zeit ist also abhängig von dem Ort, an dem man sich aufhält. Ausgeführte Messungen auf Grund der Einsteinschen Theorie haben gezeigt, daß Uhren am Erdboden langsamer gehen als in einem hochfliegenden Flugzeug. Je größer der Abstand von der Erde, desto schwächer sind die Einwirkungen der Gravitation, die mit dem Quadrat der Entfernung abnimmt. Der geringste Wert der Zeit ist nach Ansicht der Astronomen am Rande von „Schwarzen Löchern" zu verzeichnen, wo die Zeit quasi still- stehen soll. Schwarze Löcher, das sind Sterne, die nach Aufzehrung ihrer atomaren Kräfte in sich zusammengefallen sind. Es soll ihre Masse von mehr als 2,5 Sonnenmassen sich zu einem Stern von zwei bis drei Kilometer Durchmesser verdichtet haben. Die Gravitation oder Schwerebeschleunigung an ihrer Oberfläche ist so groß, daß die Zeit zum Stillstand kommt und keine Strahlung mehr (daher Schwarzes Loch) nach außen dringen kann.

Es fällt zugegebenermaßen schwer, aus dem gewohnten Denkschema einer konstanten Zeit und einem konstanten Längenmaß auszubrechen, weil solche Veränderungen ein Umdenken erfordern. Einstein hat einmal gesagt, daß es das „Unverständlichste an unserem Universum ist, daß es verständlich sein soll". In der Tat besitzen wir auf Grund der Erfolge der klassischen Physik die Auffassung, daß alle Naturerscheinungen wissenschaftlich zu erklären seien. Diese Auffassung gelangte eben gegen Ende des neunzehnten Jahrhunderts zu ihrem Höhepunkt. Selbst die Gelehrten waren hiervon so fest überzeugt, daß niemand von ihnen an der allumfassenden Gültigkeit der klassischen Physik und an ihrer Unvergänglichkeit zweifelte. Man glaubte sich schon im Besitz des Grundgesetzes des Universums und sah die künftige Arbeit darin, bereits bekannten Ergebnissen nur ein paar weitere Dezimalstellen anzufügen.

Kelvin William Thomson, Lord K. of Largs, (1824-1907) erklärte damals, das Gebäude der Physik erscheine ihm vollkommen harmoriisch und im wesentlichen vollendet. Nur am Horizont sehe er noch zwei dunkle Wolken. Die erste Wolke war das negative Versuchsergebnis von Michelson und Morley, die nach einem Medium suchten, in dem die Ausbreitung der elektromagnetischen Wellen stattfinden soll, ähnlich wie der Schall sich nur in der Materie ausbreiten kann. Man schickte hierzu zwei Lichtstrahlen auf gleich lange, aber in verschiedene Richtungen relativ zur Erdbewegung verlaufende Wege und brachte sie zur Interferrenz. Wenn es einen ruhenden Äther gab, also ein Medium, durch das sich die Erde auf ihrer Bahn um die Sonne hindurchbewegt, dann müßte sich das auf die beiden verschiedenen Wege der Lichtstrahlen auswirken. Die Auswirkung müßte am Interferrenzbild zu sehen sein. Aber keiner der in dieser Richtung angestellten Versuche zeigte irgendein brauchbares Ergebnis.

Die zweite von Kelvin „gesichtete" Wolke, man nennt sie die Ultraviolettkatastrophe des Rayleigh-Jeanschen Strahlungsgesetzes, wies auf Grund der Strahlung des sogenannten „schwarzen Körpers" den Weg zur Quantentheorie. Bei dieser Theorie geht man von der Vorstellung aus, daß in mikroskopischen Systemen alle physikalischen Prozesse sprunghaft vor sich gehen. Die Energie kann dabei nicht in beliebig kleinen Mengen aufgenommen oder abgegeben werden, sondern es werden stets kleinste Energieportionen ausgetauscht. Diese kleinsten Energieeinheiten bezeichnet man als Energiequanten.

Im Gegensatz zu der Auffassung der Wissenschaftler des 19. Jahr- hunderts können wir heute aus den Erkenntnissen der modernen Physik ableiten, daß eine physikalische Theorie immer offener ist, als man denkt. Denn es ist schwierig, sich aller physikalischer und mathematischer Hypothesen, die in einer Theorie enthalten sind, bewußt zu werden und den Grad des Vertrauens abzuschätzen, das man zu ihr haben kann. Vermutlich wird kein physikalisches Gesetz je das Anwachsen unserer Kenntnis von der Natur stoppen. Diesen Satz finden wir in allegorischer Form auch in einem Satz Einsteins wieder, der in den Kamin eines Empfangssaales von Fine Hall, dem berühmten mathematischen Institut der Universität Princeton, eingemeißelt ist:

„Gott ist raffiniert, aber nicht boshaft."

Physiker diskutieren in jüngster Zeit die mögliche Existenz von Tachyonen. Das sollen Elementarteilchen sein, die die Lichtgeschwindigkeit überschreiten. Ein eindeutiger Nachweis fehlt jedoch. Bei der Messung kosmischer Strahlen wurden Ereignisse festgehalten, die sich nur mit der Existenz von Tachyonen erklären lassen. Damit gäbe es aber einen Widerspruch zur speziellen Relativitätstheorie Albert Einsteins. In bezug auf die Tachyonentheorie wollen wir noch zwei Gedankengänge verfolgen:

Der Größe nach muß es sich bei den Tachyonen um eine Art Quanten oder Subquanten handeln. Nach dem Physiker Max Born (1882--1970) soll man aber Quanten so hinnehmen, wie sie sind. Für Born besteht das Problem nicht darin, sie zu erklären, sondern zu lernen, mit ihnen umzugehen. Begriffe wie Raum, Zeit und Geschwindigkeit, die der klassischen Physik entlehnt sind, gibt es im Atom nicht mehr. Dort gibt es keine Maßstäbe für eine Längenmessung und keine Uhr, um eine Zeit zu erfassen. Für Born hat es keinen Sinn, von Dingen zu reden, die man nicht messen kann. Damit nähern wir uns der Aussage des Hebräerbriefes (1 1:3), wo es heißt: „Im Glauben erkennen wir, daß die Welten durch Gottes Wort geschaffen wurden, so daß nicht aus sinnlich Wahrnehmbarem das Sichtbare geworden ist" ", oder nach der Vulgataübersetzung: „ ... so daß aus Unsichtbarem das Sichtbare wurde. "

Zu einem zweiten Gedankengang führt die Überlegung, daß bei der Vorstellung von Trägern höherer Geschwindigkeiten _ wie hier bei den Tachyonen - diese nicht in neue Dimensionen vordringen, sondern ins Metaphysische, ins Jenseits also. Wir erinnern uns an die Geschichte von Asa Thor und den Wettkampf mit dem personifizierten Gedanken. Der Arzt, Biologe und Naturphilosoph Carl Gustav Carus (1789-1869) schrieb dazu in seinem Buche ‚ ‚Psyche' ': ‚ ‚Das einfachste Nachdenken zeigt uns, daß auf eine Idee - sei sie nun eine der höchsten oder eine der geringsten — der Begriff der Zeit keine Anwendung findet."

Oder sollten Gedanken doch materiellen Ursprungs sein? - Können Gedanken Energie transportieren, wobei wir an Telepathie und Telekinese erinnert werden? - Oder ist Zeit und Raum ein Sonderfall der Ewigkeit? Man kann zwar Gehirnströme messen, also feststellen, daß der Mensch denkt; aber weder ist die Energie des Gedankens meßbar noch der Gedankeninhalt für Meßgeräte erkennbar. Trotzdem sind aber telepathische Fähigkeiten im Rahmen parapsychologischer Forschungen durch verschiedene Experimente wissenschaftlich gesichert. Dabei handelt es sich nicht um spiritistisches Können, sondern um Potenzen des menschlichen Gehirns.

Neben dem Gedanken ist noch ein weiterer Begriff, der Wille, zu beachten. Wenn man den Menschen als ein Wesen definiert, das zur Natur , ‚nein' ' sagen kann, so ist der Wille, der hierzu notwendig ist, eine Wesenskraft, die außerhalb der Natur, also im Bereich der transzendenten Kräfte angesiedelt ist. Die moderne Physik zeigt uns mit den Quanten den Grenzfall der Materie auf. Sie lehrt uns den Satz: „Messen bedeutet stören! " Heisenberg hat uns gezeigt, daß es unmöglich ist, hier eine physikalische Größe zu messen, ohne das beobachtete System zu stören. Damit ist der Mensch an der Grenze seiner empirischen Erkenntnismöglichkeit angelangt; und doch fühlt man, daß es noch weiter geht hinter dem Erkenntnisschleier, der an Schillers , ‚Verschleiertes Bild zu Sais" erinnert. Auch dort ist die Wahrheit dem menschlichen Blick durch einen leichten Schleier entzogen.

Mit den Quanten und Subquanten sind wir Menschen zu dem Weltende in der Materie so weit vorgestoßen, wie es unsere augenblickliche Erkenntnisfähigkeit zuläßt. Was aber hinter diesen Grenzen ist, bleibt uns verborgen. So können wir unsere Existenz vergleichen mit einer Bootsmannschaft auf offenem Meer inmitten einer undurchdringlichen Nebelwolke und ohne Navigationsgerät. Wir können nur die relative Geschwindigkeit unseres Bootes in bezug auf das Wasser feststellen, wissen jedoch weder die Richtung, noch kennen wir die Strömung und wissen nicht, wohin wir treiben.

Ob das Ziel unserer Bootsfahrt auf Grund eines materiefreien, schöpferischen Ordnungsprinzips erreichbar ist oder durch eine anonyme Gesetzmäßigkeit festliegt, läßt sich wissenschaftlich nicht klären. Doch wir Menschen haben uns zu entscheiden, ob wir zu dem göttlichen Ordnungsprinzip ja sagen oder den Kosmos als ein zielos stumpfsinniges Etwas hinnehmen.

Die Erkenntnis einer solchen relativen Existenz ließ Archimedes die Forderung nach einem festen und absoluten Punkt aussprechen, der notwendig sei, um die Erde aus den Angeln heben oder aber Ort und Bewegungsrichtung unserer Welt bestimmen zu können.

Unserem Jahrhundert ist es vergönnt, einen uralten Wunschtraum der Menschheit Wahrheit werden zu lassen: nämlich mit Fahrzeugen in den Weltraum vorzudringen. Den sichtbaren Anfang machten russische Forscher, als sie am 4.10.1952 „Sputnik 1" in die Umlaufbahn der Erde schossen. Damals sprachen die Zeitungen von dem Beginn des Weltraumzeitalters. Am 12. April 1961 umkreiste Gagarin als erster Mensch die Erde in einem Raumschiff. Nach der ersten weichen Mondlandung im Jahre 1966 betrat dann zum ersten Male am 21. Juli 1969 ein Mensch einen Himmelskörper, der nicht die Erde ist. Über seine Empfindungen auf dem Mond berichtete James Irwin, der als erster Mensch 1971 auf dem Mond mit einem Spezialauto fuhr: „Bis zum Erlebnis der Mondreise begriff ich mich vorwiegend als Mann der Technik, als ein mechanisch-technischer Funktionsapparat." Auf dem Mond habe er Gott plötzlich überall um sich im Weltraum gefühlt. „Er sprach zu mir, und ich betete öfters. Ich fühlte mich frei, eingehüllt in seine Existenz, und als ich die winzig kleine Erde sah, liebte ich sie wie noch nie zuvor. Die gleiche Liebe erfaßte mich auch zu den Menschen.''

Wichtig an dieser Schilderung ist die Aussage, daß Irwin Gott nicht sah, sondern ihn fühlte, und wenn er sagte, daß Gott zu ihm sprach, waren es keine akustischen Worte, sondern es handelte sich hier um die Übermittlung von Erkenntnissen unabhängig von einer Sprache im herkömmlichen Sinne. Ich glaube nicht, daß sich Männer wie die Astronauten in solchen Situationen, wie hier das immerhin lebensgefährliche Unternehmen auf dem Mond, oberflächlichen Gefühlsduseleien hingeben.

Gleichzeitig mit dem Start zur Eroberung des Weltraumes entbrannte erneut die Diskussion um die Frage, ob nur auf der Erde Lebewesen existieren, und ob eventuelle andere Lebewesen in ihrer geistigen Kapazität dem Menschen vergleichbar seien. Eine konkrete Antwort auf diese Frage seitens der Wissenschaft ist nicht möglich. Abgesehen davon, daß wir noch keinen Planeten kennen, dessen Struktur auch in seiner Entwicklung der unserer Erde ähnelt, dürfen wir nicht übersehen, daß etliche physikalische Faktoren wie Erdbeschleunigung (Anziehungskraft), Temperatur und Licht eine Rolle spielen. Man muß einmal daran denken, wie empfindlich unser Körper auf die geringen Schwankungen des Luftdruckes und des Feuchtigkeitsgehaltes der Luft reagiert. Wir wissen, wie der Unterschied zwischen dem Flachland und dem Gebirge unser Wohlbefinden beeinflußt, und wie unangenehm Temperaturänderungen schon um wenige Grade uns erscheinen.

Wir haben uns heute das Wissen zu eigen gemacht, daß sich auf unserem Planeten die Kontinente verschieben. Mit dieser Theorie war Alfred (Lothar) Wegener (l880_l930) am 6. Januar 1912 an die Öffentlichkeit getreten. Seine Theorie wurde abgewandelt. Aber sie läßt noch heute viele Fragen offen. Anders ist es mit der Theorie von Carl Friedrich, Frhr. Von Weizsäcker (geb. 1912) und Pascual Jordan (1902-1980). Sie erklären die Entstehung des Lebens auf unserem Planeten im Wasser damit, daß unsere Erde vor 3,5 Milliarden Jahren nur so groß war, daß die heutigen Kontinente den Globus als eine Schale eingehüllt hatten, und das Wasser über dieser Kruste lagerte. Erst das Ausdehnen unserer Erde ließ diese Schale platzen. Das Wasser sammelte sich in den Spalten der auseinanderbrechenden Erdkruste. Diese Theorie beantwortet nicht nur die Fragen, warum das Leben im Was ser entstanden ist und wie sich die Kontinente gebildet haben, sondern sie entspricht auch den Ausführungen der Schöpfungsgeschichte des Alten Testamentes (l. Mose, 1:9 u. 10): Sodann sprach Gott: „Es werde das Wasser unterhalb des Himmels an einen Ort gesammelt und das Trockene werde sichtbar!" Und es geschah so. Gott nannte das Trockene Erde und das zusammengeflossene Wasser nannte er Meer . ...

Die unbewiesene Behauptung, daß außer uns Menschen noch andere Wesen unserer Struktur irgendwo im Weltraum existieren, wird vielfach von solchen Menschen vertreten , die alle möglichen Existenzformen akzeptieren außer der materiefreien Seinsform des Geistes. Bringt man diese Möglichkeit in die Diskussion, so passiert es, daß man wie ein Spieler betrachtet wird, der plötzlich die Spielregeln geändert hat oder, einfacher ausgedrückt, der mogelt. Wer aber will beweisen, daß die Spielregeln rein materialistischer Denkweise der Realität entsprechen? Viele Mythen, Sagen und Religionen befassen sich mit Lebewesen, die außerhalb unseres Erdenkreises gedacht werden, sei es, daß sie in einem Himmel oberhalb unseres Firmamentes oder in einer Hölle unterhalb der Erdoberfläche ihre Heimstätte haben sollen. Allen gleich ist dabei, daß diese Lebensräume mehr oder weniger die materiellen Strukturen unseres Lebensraumes aufweisen, schon alleine, um etwas beschreiben zu können. Die dort lebenden Götter oder Geistwesen führen dabei eine unserem Leben ähnliche Existenz, nur daß sie meist durch dem Menschen unbekannte Kräfte ein besseres Handlungsvermögen besitzen. Der Unterschied zwischen diesen Berichten und unseren modernen Science-Fiction Romanen liegt nur darin, daß den beschriebenen Ereignissen der Neuzeit entweder pseudowissenschaftliche Vorstellungen zu Grunde liegen oder unbewiesene Theorien als unabdingbar existent dargestellt werden. Früher waren es nahezu allmächtige Geister, die des Menschen Werk beeinflußten, heute sind es Intelligenzen mit einem unseren Wunschvorstellungen entsprechenden Know-how. Wenn auch nach der Einsteinschen Theorie die höchste Geschwindigkeit im materiellen Bereich nur von den elektromagnetischen Wellen erreicht .wird, bewegt man sich in diesen Romanen munter mit einem Vielfachen der Lichtgeschwindigkeit und wandelt sowohl Lebewesen als auch lebloses Material ohne Komplikationen zum Transport in Energiewellen um und wieder zurück.

Zum besseren Verständnis der Möglichkeiten oder Unmöglichkeiten einer interstellaren Verkehrsverbindung seien hier einige Daten über die Entfernungen zwischen uns und den nächstgelegenen Sonnensystemen unserer Milchstraße genannt:

Stern Entfernung von der Erde in Lichtjahren

Stern	Entfernung von der Erde in Lichtjahren
Bernards Stern	6,1
Laiande 21185 e	7,9
61 Cygni	11,1
Ba + 5° 1668	12,4
C12354	15,1
Bd + 20° 2465	15,5
Bd + 43° 4305	15,7
cm 2347	25,5

Ein Lichtjahr sind etwa 9,5 Billionen Kilometer, also 9 500 000 000 000 km. Schon ab dem dritten aufgeführten Sonnenstern kann die Existenz von Planeten nur noch vermutet, aber nicht mehr mit Sicherheit nachgewiesen werden. Trotzdem hoffen oder glauben sogar viele Menschen, daß wir eines Tages irgendwo auf einem fremden Planeten Leben entdecken. Zur Untermauerung ihrer Hoffnungen verweisen sie auf die sogenannten , ‚Fliegenden Untertassen", die so oft Schlagzeilen in der Presse machen.

Erich von Däniken hat sich über das Thema der „Fliegenden Untertassen" hinreichend ausgelassen und mit viel Fantasie seine Bücher zusammengeschrieben. Wenn er auch hie und da Denkanstöße gegeben haben mag, so hat er doch den Fehler gemacht, daß er seine oft logisch konstruierten Gedankengebäude auf den sandigen Boden unbegründeter Annahmen stellte. Nehmen wir einmal an, daß wirklich menschenähnliche Wesen von anderen Planeten uns in den letzten 40 000 Jahren besucht und in unsere genetische Entwicklung eingegriffen haben. Dieser Besuch müßte dann mit einer Genauigkeit von 1 : 100 000 geplant und durchgeführt worden sein, um einen Planeten in einem bestimmten Entwicklungsstadium zu beeinflussen. Der Ursprung solcher Gedankengänge, die eine derartige Beeinflussung unserer Entwicklung zum Inhalt haben, wird aber durch das Bewußtsein erzeugt, daß im Sein etwas Größeres und Mächtigeres existiert als der Mensch. Das aber ist gerade mit Inhalt unserer Religionen und Grundlage unseres Glaubens. Es ist eigenartig, daß in unserer angeblich so nüchternen Zeit noch eine spürbare Heilserwartung zu verzeichnen ist. Im Buche Genesis, 28:12 wird uns ein Traum Jakobs geschildert, in dem Engel zu ihm auf einer den Himmel

berührenden Leiter herabstiegen. Heute kennen wir Raketentriebwerke und ersetzen, diesmal in unseren Wachträumen, jene Himmelsleiter durch die „Fliegenden Untertassen", die vom Himmel, also aus dem Sternenraum zu unserer Erde mit Wesen herabkommen, die wie die Engel aus Jakobs Traum ein größeres Wissen als wir haben. Es unterscheidet sich bei diesem Vergleich weniger der außerirdische Astronaut von den Engeln, als das aus dem Unterbewußtsein hervorquellende Wissen von einer modernen Möchtegernerscheinung.

Für eine Aussage über die biologischen Entwicklungsmöglichkeiten auf fremden Sternen fehlt der Wissenschaft die Möglichkeit, ein entsprechendes Entwicklungsgesetz aufzustellen. Denn ein solches Gesetz kann nur abgeleitet werden, wenn mindestens zwei Entwicklungswege des Lebens bekannt sind. Wir kennen aber nur die Entwicklung des Lebens auf unserem Planeten Erde. Hier können wir aber noch nicht einmal die Notwendigkeit einer Weiterentwicklung erkennen. Denn noch heute leben mit uns die einzelligen Amöben, die am Ausgangspunkt aller organischen Entwicklung stehen. Diese Einzeller haben sich allen Anforderungen der Umwelt angepaßt und Lebensformen überdauert, die wir wegen ihrer diffe-

134

renzierten Lebensart als höherentwickelt ansehen. Daraus ist zu schließen, daß für das Leben hier auf der Erde kein Zwang besteht, neue Formen , also auch keine höher entwickelten, zu bilden.

Die Möglichkeit der Existenz menschenähnlicher Lebewesen im Weltenraum wurde von dem englischen Zoologen Sandon auf 1 : einer Quintillion
berechnet. Das ist eine Eins mit 30 Nullen. Würde diese Berechnung stimmen, reichte der gesamte uns bekannte Kosmos nicht aus, irgendwo noch
einmal menschenähnliche Wesen zu finden. Die andere Denkart wird von
der Green-Bank-Gleichung unterstützt, die einige Dutzend bis eine Million
menschenähnlicher Zivilisationen pro Milchstraße vermuten läßt. Doch
wenn die letzte Gleichung stimmen würde, hätten wir hier auf Erden mit
einem entsprechenden Beispiel aufwarten können. Vor 100 Millionen Jahren hat sich Australien von den übrigen Kontinenten als erste Landmasse
getrennt. Zu diesem Zeitpunkt der Abspaltung hatten die Beuteltiere sich
über die ganze Erde verbreitet. Aber eine Weiterentwicklung hat in Australien nicht stattgefunden, während sich in dem übrigen Teil eine weitere Differenzierung zeigte, die schließlich den Menschen hervorbrachte.
Wir dürfen auch nicht übersehen, daß, wenn wirklich irgendwo im Kosmos
ein erdähnlicher Planet eine der Erde ähnliche Entwicklung durchgemacht
und Lebensformen hervorgebracht haben sollte, die über die Einzeller
hinaus Tiere wie Echsen, Pferde, Fische und Vögel aufzuzeigen hätten, es
immer noch eines großen Schrittes bedarf, die Entwicklung bis zu den Pri-
maten und dem aus dieser Reihe hervorgegangenen Menschen weiterzu-
treiben. Diese Menschen müßten aber dann noch eine umfangreichere
Technik entwickelt haben als wir, um mit Raumschiffen in unser Planeten-
system eindringen zu können.

Der für solche Raumschiffe gängige Ausdruck „Fliegende Untertasse"
stammt aus einer Meldung des amerikanischen Zivilpiloten Kennth Ar-
nold, der am 26. Juli 1947 hoch über dem Mount Rainier im US-Staat Wa-
shington leuchtende Scheiben sichtete, die wie in einem Formationsflug
an ihm vorbeischossen. Er verglich ihr Aussehen mit flying saucers, mit
fliegenden Untertassen.

Es ist unbestritten, daß täglich mehrere dieser Erscheinungen gesichtet
werden. Doch handelt es sich dabei nicht um jene außerirdischen Flugkörper mit kleinen grünen Männern an Bord aus einem anderen Sonnensystem oder gar aus einer anderen Galaxie, sondern, wie es in der Fachspra-
che heißt, um unidentifizierte Flugobjekte, kurz Ufo genannt. Wenn auch
in unserer wundergläubigen Zeit Tausende davon überzeugt scheinen,

daß mit diesen Ufos Besucher fremder Welten zu uns kommen, fehlt auch hierfür jeder Beweis. Hier steht die subjektive Meinung der wissenschaftlichen Erkenntnis gegenüber. Nach Auffassung der mit diesem Erscheinungsbild befaßten amerikanischen Dienststellen beruhen 98% dieser Sichtungen auf Sinnestäuschung. Bei den restlichen 2% sollte man aber nicht sofort von fremden Raumschiffen und ihren Besatzungen sprechen, sondern man sollte sich viel- mehr um die Identifikation dieser Erscheinungsbilder bemühen, deren Ursprung es noch zu erforschen gilt.

Würde, so muß man fragen, die Entdeckung von Lebewesen auf anderen Planeten das Ende aller Religionen bedeuten? Bei einer Beantwortung sind drei Gesichtspunkte zu bedenken. Erstens ist Religion neben anderem auch Ausdruck der menschlichen Beziehung zur Metaphysik, die durch Lebewesen auf fremden Sternen nicht nichtexistent wird. Zweitens gibt es auch für Lebewesen auf fremden Sternen naturbedingte Gesetzmäßigkeiten, die sowohl dort als auch bei uns Gültigkeit haben. Für den glaubenden Menschen heißt das: Gott ist überall und für alle da. Lebewesen auf fremden Sternen schließen eine Existenz des Urgrundes allen Seins, Gott genannt, nicht aus. Als letztes ist anzumerken, daß menschenähnliche Wesen auf anderen Planeten sich vermutlich nicht nur im Aussehen von uns unterscheiden würden, sondern vielleicht sogar auch im seelisch-geistigen Bereich. Das aber hieße, daß jene dann vielleicht auch nicht die gleichen Konfliktsituationen zu bestehen hätten wie wir, die wir ständig zwischen unserer materiellen Sinnlichkeit und der Erfüllung unseres Glaubens uns entscheiden müssen. Jene Lebewesen, wenn sie überhaupt existieren, könnten mehr oder weniger näher der Wahrheitserkenntnis sein und somit einen gänzlich anderen Lebensinhalt haben als wir.

Für uns Menschen bleibt zur Zeit jedoch nur die Feststellung, daß von Seiten der Wissenschaft der Kosmos nicht vollständig erfaßt ist. Weder das räumliche noch das zeitliche Ende der Welt ist uns bekannt. Über den Ursprung der Materie bestehen genauso widersprüchliche Theorien wie über ihr Alter. Die Begriffe Ewigkeit und Unendlichkeit liegen außerhalb unseres Vorstellungsvermögens. In der Komplementarität begegnet uns der ständige Wechsel von Korpuskel und Welle, der Wechsel zwischen Energie und Materie. Auch hier ist eine Grenze der materiellen Welt erreicht. Über das hinaus, was jenseits dieser sinnenhaft erfaßbaren Realität liegt, gibt es außer den unterschiedlichen Lehrmeinungen und philosophischen Theorien jedoch noch einen Erfahrungsbereich, für den menschliche Sinnesorgane nicht nachgewiesen sind, dessen Wahrnehmung aber auch nicht abgestritten werden kann. Es sind

jene Gebiete der Psychologie und Parapsychologie, die an magisches Handeln und mystische Erkenntnisse angrenzen und Möglichkeiten aufzuzeigen scheinen, die uns Menschen einen Einblick in die Sphäre des Metaphysischen geben.

Das Verhältnis der unbewußten Psyche zur Materie ist ein Problem, mit dem sich auch die psychosomatische Medizin auseinandersetzt. Vielleicht ist Psyche und Materie dieselbe unerklärbare Wirklichkeit, die einmal von innen heraus oder von außen betrachtet auf uns einwirkt. G. C. Jung nannte diesen Komplex Synchronizität, womit er ein sinnvolles zeitliches Zusammentreffen eines inneren mit einem äußeren Ereignis bezeichnet, die ohne kausale Verbindung zueinander stehen. Wichtig ist hier die Bedeutung des Wortes „sinnvoll". Wenn man gerade ein Buch zuschlägt, während an der nächsten Straßenkreuzung zwei Autos zusammenstoßen, kann man nicht von einem sinnvollen Zusammenhang sprechen. Es mag aber ein Zusammenhang bestanden haben zwischen dem Stehenbleiben der Pendeluhr im Schlosse Friedrichs des Großen und dem zur gleichen Zeit eingetretenen Tod des Herrschers.

Wir sind durch die Entwicklung des griechischen Denkschemas gewöhnt, stets nach Wirkung und Ursache zu fragen. Anders sieht es im Reich der Mitte aus. Die chinesische Medizin, Philosophie, Architektur und Staatslehre basiert auf einer Wissenschaft der Koinzidenz. Die Häufung gewisser Ereignisarten zu bestimmten Zeiten geben hier Auskunft, was womit zusammenzutreffen beliebt. Der Synchronizitätsbegriff mag einen Weg andeuten, der das Wort Zufall endgültig aus dem Bereich der Wissenschaft verbannt. In der Evolutionstheorie beispielsweise spricht man gerne von zufälligen Erbmutationen. Doch haben Wissenschaftler nachgewiesen, daß aus zeitlichen Gründen (unter der Voraussetzung einer konstanten Zeit) ein solches zielloses Naturspiel nicht hat stattfinden können. Doch das von Jung angedeutete Phänomen der Synchronizität ermöglicht sinnvolle Mutationen durch aktivierte Urbilder.

Neben echten Synchronizitäten existieren aber auch Scheinsynchronizitäten, die uns Menschen auf Irrwege geleitet haben. Sie begegnen uns im Aberglauben auf einer Bandbreite, die von der Astrologie bis zum Weissagen durch Kartenlegen reicht.

Es wird dem Menschen immer schwer fallen, sich gedanklich dort zu bewegen, wo Begriffe wie Unendlichkeit und Ewigkeit angesiedelt sind. Denn solange wir uns in unserer materiellen Umwelt zwischen Raum und Zeit bewegen, sind auch unsere Begriffe im wahrsten Sinne des Wortes begreiflich. Verlassen wir aber den dinglichen Raum-Zeit-Bereich, wird es schwer, für das neu zu Beschreibende neue Wörter zu finden, wenn wir nicht vorhandene Begriffe mit neuem Inhalt ausstatten wollen. Aber schon unsere Vorfahren hatten diese Schwierigkeiten, wenn sie ihr Wissen der Nachwelt weitergeben wollten. So wurde vieles nur in Gleichnissen dargestellt, wie wir es aus dem Neuen Testament her zur Genüge kennen. Aus diesen mündlich weitergegebenen Berichten wurden dann schließlich unsere Sagen und Mythen, die auch ihren Eingang in die heiligen Bücher der verschiedenen Religionen gefunden haben, deren eigentlicher Inhalt uns heute jedoch verborgen ist.

Um dieses verborgene Wissen für sich und ihre Mitmenschen erneut zu erfahren, versuchten weise Männer aus Griechenland vor rund zweieinhalbtausend Jahren, Antworten auf jene kreativ bedingten Fragen des Menschen zu finden, die ihn vermutlich schon seit seiner Existenz bewegen.

Als Andronikos von Rhodos im letzten Jahrhundert vor unserer Zeitrechnung die Schriften des Aristoteles ordnete, fanden dessen Abhandlungen über die Fragen nach dem Seienden, soweit es seiend ist, und die notwendig damit verbundene Frage nach dem höchsten Seienden, dem Theion, dem Göttlichen, ihren Platz hinter den Aufzeichnungen über die Natur, dem Physischen. Damit war der Begriff , ‚Metaphysik' ' für das hinter der Physik stehende ("meta physika'") geprägt. Heute gilt dieser Begriff für die Philosophie des Außersinnlichen, des Transzendenten. Wesentlich für die Metaphysik ist, daß in ihr das Streben nach Wahrheit in der Welt stets ein Streben über die Welt hinaus in den Bereich, der hinter der materiellen „Weltkulisse" und damit „meta physika" ist.

Kann es aber überhaupt eine Realität, eine Wirklichkeit geben, in der die uns zur Gewohnheit gewordenen Regeln von Ursache und Wirkung aus dem physikalischen Bereich nicht gelten? Die Richtigkeit für ein Ja als Antwort ist erkennbar an den Reaktionen unserer durch die rationale Denkweise unterdrückten Gemütswelt. Wir wissen von den aus dem Unbewußten hervorquellenden psychischen Krankheiten und kennen das willentliche Streben, aus „der uns immer stärker bewußt werdenden Leere und Angst unseres Daseins auszubrechen. Dieses Streben wird sichtbar sowohl in dem anwachsenden Drogenkonsum und den ansteigenden Selbstmordziffern als auch in der großen Zahl von Buchtiteln und gern gelesenen Zeitungsberichten, die sich mit Themen aus dem Bereich der Magie und Mystik beschäftigen. Selbst in der Krankenbehandlung erleben wir einen Umbruch durch ein Fort von der Schulmedizin und ein Hin zu einer teils magisch-mystischen Heilmethode. Das beginnt bei der Anwendung des autogenen Trainings und reicht hin bis zu der Konsultation von Wunderheilern. Tatsächlich führen diese Methoden zu Heilerfolgen, wenn auch teilweise nur vorübergehend. Der Hintergrund dieser Tatsache weist auf etwas hin, daß nicht der uns so vertrauten Gesetzmäßigkeit von Ursache und Wirkung entspricht.

Zwar ist es für uns nicht ganz einfach, in die Metaphysik und die dort beheimatete Wahrheit vorzustoßen. Zumeist bleiben wir bei diesem Unterfangen in einem mit Halbwahrheiten ausgestatteten Vorraum stecken, indem wir Orakel befragen und uns Horoskope stellen lassen. Für alle solche zweifelhaften Bemühungen werden dann mitunter auch noch hohe Geldbeträge aufgebracht. Die dann in der Folge erlebten Enttäuschungen geben Veranlassung, alles physikalisch nicht erklärbare einschließlich der universellen göttlichen Geisteskraft als nicht funktionierend und damit als nicht existent von uns zu weisen. Diese Haltung bleibt dann bestehen, bis uns wieder das Gefühl der Leere und der Angst umgibt. Dann beginnt erneut der Versuch, in das Außermaterielle vorzustoßen. Die Häufigkeit dieses Wechsels ist abhängig von unserem Temperament, von Schicksalsschlägen und unserer geistigen Beweglichkeit.

Shakespeare läßt Hamlet im l. Akt, 5. Szene, des gleichnamigen Dramas zu seinen Freunden Horatio und Marcellus die Worte sprechen: „There are more things in heaven and earth, Horatio, than are dreamed in your philosophy." Wenn wir im Deutschen „philosophy" treffend mit Schulweisheit wiedergeben, dann sagt dieser Satz nichts anderes aus, als daß es Existieren- des gibt, das außerhalb unserer wissenschaftlichen Erkenntnis liegt. Wie diese, vom denkenden Subjekt (Mensch) unabhängige Wirklichkeit zu erweisen ist, das ist das Problem der Erkenntnistheorie. Wollte man aber als Mensch die Existenz solcher wissenschaftlich unerklärbaren Erscheinungen bestreiten, und wären wir überzeugt, daß es außerhalb unseres Schulwissens nichts gibt, müßten wir konsequenterweise alle wissenschaftliche Forschung einstellen. Denn die Forschung soll ja unser Wissen um Erkenntnisse erweitern, die zur Zeit noch außerhalb unseres Wissens liegen, aber realiter existieren. Offen bleibt dabei, ob und wie dieser Bereich vom menschlichen Geist erfahren werden kann. Die künftige Erforschung aller heute noch unerklärbaren Phänomene halte ich jedoch nicht für möglich, da der menschliche Geist im materiellen Körper verhaftet ist und den Einwirkungen und Täuschungen seiner Sinne unterliegt. Durch die Körpergebundenheit stehen wir Menschen mindestens eine Stufe unterhalb der letzten Erkenntnisfähigkeit. Im 19. Jahrhundert hat man einmal geglaubt, nahezu im Besitz der Grundgesetze des Universums zu sein. Doch heute können wir immer noch nicht die Frage beantworten, was eigentlich das Leben ist. Auch die Frage, warum und wieso es ein Sein gibt, ist offen. Aber auch kleinere Probleme harren noch ihrer Erklärung. Welche Eigenschaft haben beispielsweise die Schwarzen Löcher im Weltall? Nach welchen Gesetzen verhalten sich die Quanten? Was hat es mit den bezeugten Geistererscheinungen auf sich, was mit dem Zweiten Gesicht? Wieso funktioniert manchmal die Übertragung von Vorstellungen und Willensakten auf andere durch bloßes Wollen (Telepathie)? Welche Kräfte bewirken die Telekinese, das Bewegen von Gegenständen ohne erkennbare Kraftübertragung? Wie kann man die sogenannte Schwerkraft bei materiellen Körpern aufheben und diese somit zum freien Schweben bringen, und wie vollzieht sich die Stoffbildung und das Wahrnehmen von Schallwellen aus nicht materiellen Quellen (Materialisation)? Eine Ahnung, wie wir die Schwierigkeiten überwinden können, die sich vor uns auftürmen, wenn wir nicht nur über die Welt reden wollen, wie wir sie sehen, sondern wie sie wirklich ist, vermittelt uns das chinesische Sprichwort:

Wer hören will, verschließe seine Ohren,
Wer Farben sehen will, verschließe seine Augen,
Wer riechen will, verschließe seine Nase;
Denn nur so kann er, ohne von seinen Sinnen getäuscht
zu werden, alles erfassen.

Hier wird es schwer, die Ratio von Intuitionen zu trennen, und es darf niemanden verwundern, daß in dieser Grauzone des Erkennens die verschiedensten Theorien und Denksysteme entstehen und auch immer wieder bestritten werden. Die Existenzberechtigung der Metaphysik basiert auf der Behauptung, daß mit Hilfe von mystischen Versenkungen die Möglichkeit eröffnet wird, bis in die tiefsten Gründe des Seins vorzudringen, denn in der Mystik geht der Mensch auf im Göttlichen oder - je nach Geistesströmung – im Nirwana. Dieses Aufgehen wird dann als die Schließung eines Kreislaufs betrachtet, als Rückkehr zum eigenen Ausgangspunkt.

Etymologisch geht das Wort Mystik zurück auf das griechische myein, was so viel heißt wie „Augen (und Lippen) schließen". Mit diesem Schließen befreien wir uns aus der Knechtschaft der Sinnesorgane und deren falschen Eindrücke, ganz im Sinne des oben zitierten chinesischen Sprichworts. Dadurch wird Mystik jene Erlebnisform des Seins, deren Erfahrungen kaum mitteilbar sind, da der Inhalt der Erfahrungen sich dem sprachlichen Aus-druck entzieht.

Durch das Schließen der Augen wird der in uns eindringende Bilderstrom unserer materiellen Welt gestoppt. In dieser so entstandenen Abgeschiedenheit erst wird es möglich, das ursprüngliche und unverfälschte Sein zu schauen und zu erkennen. Wie in allen großen Weltreligionen und zahlreichen Denksystemen sich mystische Erkenntnisse niederschlagen, begegnen wir der Mystik auch im abendländischen Kulturkreis, wo sie im Mittelalter einen besonderen Höhepunkt erreichte. Ausgangspunkt war das gewaltige Ringen der verschiedenen Geistesströmungen, nicht zuletzt das Eindringen der arabischen Geisteswelt mit der ihr eigenen Interpretation der griechischen Philosophie. In diesem Stadium der Konfrontationen begann der Mensch, in sich hineinzuhorchen und durch meditative Versenkung die Hintergründe des Daseins zu erforschen.

Im Gegensatz zur indischen Auffassung, nach der das Verhältnis des Ur-Einen zur Vielfalt gleich dem Verhältnis eines Stromes zu den einzelnen Wellen ist, die immer wieder in ihn zurückkehren, begreift die christliche Mystik das Erlebnis des Eingehens in das große Ganze als das Einswerden mit Gott.

Läßt sich bei der Mystik noch die Zielsetzung ihrer Bedeutung erkennen, wird es nahezu unmöglich, den Begriff Realität eindeutig zu bestimmen. Für Platon ist die Idee Realität, die mit unseren Sinnen erfaßbare Welt aber irreal. Der Materialistàhingegen versteht unter Realität die mit seinen Sinnen erfaßbare Welt. Die Preisfrage lautet somit: Wer hat recht? Der materialistischen Auffassung kann entgegengehalten werden, daß unser sinnliches Wahrnehmungsvermögen ständig Täuschungen unterliegt. Wir lassen uns durch Worte täuschen und können das Echte nicht von der Imitation unterscheiden. Am treffendsten erleben wir die Täuschung im Varieté, wenn der Illusionist uns mit Scheinwahrheiten unterhält. Vor allem durch Assoziationen ist Täuschung möglich, wenn wir Eindrücke mit bestehenden, aber nicht immer zutreffenden Vorstellungen verknüpfen. Wo aber liegt die Grenze zwischen Täuschung und realistischem Erkennen? Selbst die Wissenschaft ist nicht gefeit vor einer irrealen Erkenntnis, wie uns das Beispiel des geozentrischen Weltbildes gezeigt hat.

Wenn wir im deutschen Sprachbereich von Mystik sprechen, dann denken wir in erster Linie an den aus einem ritterlichen Geschlecht stammenden Dominikaner Eckart (um 1260 bis 1328). Nach seiner Auffassung soll der Mensch nicht nach außen schweifen, sondern im eigenen Innern die Wahrheit suchen. Nur in der dabei erreichten Abgeschiedenheit, die durch das Auflösen der Bindung an die Welt erreicht werden kann, wird die Geburt Gottes in uns ermöglicht. Im „Seelengrunde des Menschen", so lehrte er, „gibt es eine Kraft (ein Fünklein), die weder Zeit noch Fleisch berührt. " Der Mensch aber verdeckt und verschüttet ständig diese Kraft, indem er ichbezogen denkt, wirkt und sieht. Damit ist ein Teil der von Gott geschaffenen menschlichen Seele der Sinnlichkeit unterworfen. Weil aber der Ursprung der Seele göttliches Wesen ist, öffnet sich der Weg zu Gott, wenn der Mensch Genußsucht, Habgier und seine sinnliche Befangenheit überwindet, jedoch ohne der Welt zu entsagen. Durch diese unmittelbare Hingabe an Gott gewinnt der Mensch seine eigene innere Freiheit, die eben nur dann verwirklicht werden kann, wenn wir die Entlassung von allem, was uns umgibt, betreiben, um uns von selbstsüchtigem Wunschdenken zu lösen. In der Mystik wird uns die Erkenntnis zuteil, daß das letzte Geheimnis der Wirklichkeit dem begrifflichen Verstehen verschlossen bleibt. Diese Auffassung führte im Mittelalter zu der Trennung von Theologie und Philosophie.

Als Gegenpol zur mittelalterlichen Mystik präsentiert sich die Scholastik, die mit wissenschaftlichen Argumenten und Formalismen die Glaubenslehren dem Verstande näher zu bringen versucht, während der Mystiker hingegen Gott durch innere Erfahrung begreift. Metaphysische Erkenntnisse begegnen uns nicht nur im Christentum, sondern auch im chinesischen Taoismus, im Brahmanismus, im Buddhismus und im tibetanischen Lamaismus. Ebenfalls auf einer mystischen Basis steht der islamische Sufismus. Bei ihm handelt es sich um eine Art mystischen Pantheismus, der sich aus neuplatonischem und speziell buddhistischem Gedankengut entwickelt hat. Der Sufismus kann als Ausgangsbasis der Derwisch-Orden angesehen werden. Ähnliche Gedankengänge sind auch im jüdischen Chassidismus enthalten, der sich als Gegenbewegung gegen die Nüchternheit des Talmudismus versteht und seine Wurzeln in der Kabbala hat. Polen, Ungarn, Rumänien und Rußland sind die Länder, wo der Chassidismus hauptsächlich beheimatet ist.

Es kann nicht bestritten werden, daß die Mystik in dem Bestreben, Gott, Mensch und Natur zu erfassen, sich stark dem Pantheismus nähert, in einigen Religionen, wie dem indischen Brahmanismus, sogar in den Pantheismus übergeht. Eine starke Annäherung sehen wir bei Jakob Böhme (1575-1624), wenn er sagt, Gott ist die Natur: „Er ist die ewig unwandelbare Einheit, welches ist das einige Gute, das nichts hinter ihm oder vor ihm hat, das ihm etwas gebe oder nehme, oder davon diese Einheit urstände. Es ist allda kein Grund, Ziel oder Stätte, und ist der einige Gott oder das ewige Gute, das man nicht aussprechen kann."

Mystische Handlungen begleiten uns das ganze Leben. Und soweit wir Menschen zurückdenken können, waren sie Wesensinhalt unseres menschlichen Seins. Heute streuben wir uns gerne gegen diese Tatsache. Ist aber eine Fahnenweihe oder die Vereidigung von Soldaten keine mystische Handlung?s

Auch Taufe, Kommunion, Konfirmation, die in den Ostblockländern verbreitete Jugendweihe und die Pubertätsfeste der von unserer Zivilisation weniger berührten Volksstämme gehören in die Reihe der für unser Leben bedeutungsvollen mystischen Handlungen. Bei allen diesen Ereignissen gibt es keine materiellen Veränderungen. Hier sind Chemie und Physik ausgeschlossen. Das einzige, was sich gegebenenfalls bei solchen Aktionen ändert, sind gewisse Rechtsverhältnisse. Es ist festzustellen, daß diese Akte den Menschen nicht im biologisch-materiellen Bereich berühren, sondern auf den immateriellen Geist Einfluß nehmen.

Aus meiner Jugendzeit erinnere ich mich noch an eine Geschichte, die unser Kaplan bei der Vorbereitung auf die Erste Heilige Kommunion erzählte. Da war ein Junge, dessen Eltern es nicht zulassen wollten, daß er ebenfalls die Heilige Kommunion empfange. Doch der Knabe war in seiner inneren Haltung so auf den Empfang des Sakramentes eingestellt, daß, so die Geschichte, am Tage der Kommunionfeier sich eine Hostie aus dem Kelch erhob und zu dem Jungen flog, der sich in den hinteren Kirchenbänken aufhielt. Es ist zu vermuten, daß in Wirklichkeit keine Hostie zu dem Jungen geflogen ist. Aber ich halte es für gegeben, daß er kommuniziert hat, denn er hatte sich geistig - oder sollte man sagen auf mystische Art - mit Gottvereinigt. Diese Geschichte will uns darlegen, daß das geistige Ereignis das Wesentliche und die sinnenhaft erkennbare Kulthandlung nur Begleitmusik ist

Mystik ist weder lehrbar noch erlernbar, weil mystische Erfahrung nicht mit Worten geschildert werden kann. Wer sich mit Mystik beschäftigt, kann dabei auch nicht auf halbem Wege stehen bleiben, weil Mystik den Menschen ganz oder gar nicht umfaßt. Dieses Umfaßtwerden ist abhängig von der subjektiven Entscheidung des einzelnen in seinem Verhalten gegenüber dem mit Gott bezeichneten Seinszustand. Erst in seinem tiefen Inneren findet der Mensch das, was mehr ist als das intellektuelle Für-wahr-Halten. Dieses Für-wahr-Halten ist nämlich nicht mit dem Begriff des Glaubens identisch.

Die mystische Erfahrung des Göttlichen in seinem Inneren bereitet dem Menschen ein größeres Erlebnis, als man es von einer kultischen Handlung erwarten kann, weil erst in der mystischen Versenkung eine Vereinigung mit dem Ursein erfolgt. In dem wechselseitigen Eindringen, dem gegenseitigen Durchdringen des Göttlichen und Menschlichen - ich erinnere hier an meine versuchte Definition des Begriffes „Ebenbild" im ersten Kapitel -, wird die innere Schau zur Tat und die Gottesliebe wandelt sich zur Nächstenliebe.

In Richtung Mystik bewegen sich auch die Gedankengänge der Theosophie, die mit spiritistischen Experimenten religiöse Überzeugungen mit höheren Erkenntnissen verbinden will. Doch erst in ihrer Sonderform, wie sie sich in der von Rudolf Steiner begründeten deutschen Version, der anthroposophischen Gesellschaft, präsentiert, wird die Mystik in die Theosophie integriert. Neben dem Eindringen des Menschen in den metaphysischen Bereich durch die Mystik versucht die Wissenschaft diesen Vorstoß mit Hilfe der Parapsychologie, wobei materiell-kausal vorläufig nicht erklärbare Phänomene, die auch den religiösen Bereich berühren können, untersucht werden.

Ziel der Parapsychologie ist es, die im Menschen vermuteten metaphysischen Kräfte wissenschaftlich zu erforschen und, wenn nachgewiesen, auch zu beherrschen. Es ist bemerkenswert, daß auch in der Sowjetunion, dem Hort des bolschewistischen Materialismus, das Vorhandensein parapsychologischer Kräfte nicht mehr in Abrede gestellt wird. Für Forschungszwecke auf diesem Gebiet weist der russische Haushaltsplan jährlich einige

Millionen Rubel aus. Schon unter Lenin, vor allem aber unter Stalin herrschte die Doktrin vor, daß es nichts gäbe, was man als Seele bezeichnen könne. Durch diese Auffassung konnte sich anfangs in der Sowjetunion und nach dem Kriege in dem von ihr beherrschten Osteuropa weder eine Psychologie noch eine Parapsychologie entwickeln. Denn die Beschäftigung mit Phänomenen wie Hellsehen, Wahrsagen und Geistererscheinungen gilt unter dem Begriff des Okkultismus noch heute offiziell als eine dekadente Erscheinung der westlich-kapitalistischen Lebensweise. Um so überraschender war die Tatsache, daß im Herbst 1976 der erste Kongreß für Suggestologie in Sofia stattfand. Suggestologie kann als das Gegenteil der Hypnose aufgefaßt werden. Während die Hypnose die Grenzen des menschlichen Geistes einengt, versucht der bulgarische Wissenschaftler Dr. Georgiy Losanof f , diese Grenzen mit Hilfe der Suggestologie systematisch zu erweitern. Seine Methode fand er vor 40 Jahren bei den indischen Yogis. Abgesehen von der Möglichkeit der Gedankenübermittlung gelang es Losanoff, mit Hilfe der Suggestologie psychische Barrieren gegen Schmerzempfindung aufzubauen und sie nicht nur bei harmlosen Zahnbehandlungen, sondern sogar bei komplizierten Magenoperationen mit Erfolg anzuwenden. Ähnlich wie bei der chinesischen Akupunktur erlebten die Patienten chirurgische Eingriffe bei vollem Bewußtsein.

Auf der Suche nach einer plausiblen Erklärung für Gedankenüber- tragung, Hellsehen und Vorauswissen sowie für Klopf- und Poltergeister ist seit rund 30 Jahren eine Forschergruppe in Freiburg im Breisgau tätig. Ihr Arbeitsmaterial über wunderliche Traum-, Gedanken- und Spukerlebnisse füllt mittlerweile eine ganze Bibliothek. In der Forschung geht man davon aus, daß diese Erscheinungen Naturgesetzen unterliegen.

Umgekehrt registrieren im Traum unsere Sinne Erscheinungsbilder, die wir nicht so ohne weiteres einordnen können. Begriffe wie Ängste, Sehnsüchte oder Begierden erscheinen in bestimmten Traumsymbolen. Darüberhinaus treten im Traum aufgestaute Probleme wieder „zu Tage". Es wird auch behauptet, daß im Traume sich Vorahnungen präsentieren, die sich später, zwar anders in der Form, vom Inhalt her erfüllen. Wie weit der Mensch im Traume tatsächlich in andere Sphären des Seins vordringen kann, oder ob er nur im Bereich seines Unterbewußtseins bleibt, ist uns nicht bekannt. C. G. Jung vertritt in seiner Abhandlung „Zugang zum Unbewußten" die Auffassung, daß der rational denkende Intellektuelle noch nicht weiß, daß sein Bewußtsein nicht die ganze Psyche ist. Ein solcher Mensch ähnelt in seiner Einstellung dem Buddhisten, der die Welt der unbewußten Phantasien als nutzlose Illusion abtut, während der Christ Kirche und Bibel zwischen sich und sein Unbewußtes stellt. Gerade aber die Bibel erinnert uns doch daran, daß Gott zu uns in erster Linie in Träumen und Visionen gesprochen hat und auch heute noch spricht.

Das klassische Beispiel einer Traumdeutung finden wir im zweiten Buche Daniels im Alten Testament. Hier wird geschildert, wie Daniel dem Caldäerkönig Nebukadnezar, genannt Belsazar, einen Traum richtig deutete, nachdem der König vorher vergeblich alle Weisen und Zauberer, Wahrsagepriester und Sterndeuter zur Erläuterung herangezogen hatte. Eine andere Traumdeutung finden wir in der Jossefslegende. Josef war damals in der Lage, seinen beiden Mitgefangenen im Kerker des Ägypterkönigs ihre orakelhaften Träume richtig zu deuten. Aber die Sprache des Traumes zu verstehen, hat der hochzivilisierte Mensch fast gänzlich verlernt. Für die Psychologie sind Träume Mitteilungen einer unbewußten Psyche. Da dies aber bedeutet, daß zwei Persönlichkeiten, also zwei Subjekte, in einem Individuum existieren, wird diese These von vielen Philosophen abgelehnt. Jung stellte hingegen die Theorie auf, daß Träume aus menschlichen Urbildern, sogenannten Archetypen, erwachsen, die in einem „kollektiven Unterbewußtsein" angelegt sind. In diesem kollektiven Unterbewußtsein seien alle Stufen des menschlichen Werdens auf rational nicht erfaßbare Weise gespeichert. Jung vertrat die Auffassung, daß solche Archetypen unsere Mythen, Religionen und Philosophien schaffen und ganze Nationen und geschichtliche Epochen in ihrem Charakter prägen.

Wir Menschen müssen immer wieder feststellen, daß wir nicht ohne weiteres Herr in uns selbst sind, sondern auf unerklärbaren Wegen unbekannte Kraftelemente unsere Entscheidungen beeinflussen können und uns

sogar unfähig machen, Stimmungen und Emotionen zu beherrschen. Hier treten nach Jung die Auswirkungen der Archetypen zu Tage. Um uns vor dem Einfluß dieser Kräfte zu schützen, versuchen wir, das Streben der zwei Seelen, die nach Goethe in unserer Brust sind, zu koordinieren.

Im Talmud heißt es, daß der Traum seine eigene Deutung ist, was soviel heißt, daß wir mit dem bewußten Verstand nicht alles erfassen können, weil Trauminhalte symbolisch sind und deshalb mehr als nur eine Bedeutung haben können. Ob wir hier mit der Psychologie ebenfalls an eine Grenze unserer sinnenhaften Welt angekommen sind, oder ob zu Forschungszwecken ein neues Tor sich auftut, wird uns erst die Zukunft sagen können. Es gibt Träume, die Situationen ankündigen, bevor sie wirklich eintreten. Solange es sich dabei um eigene körperliche oder seelische Entwicklungen handelt, die uns zwar nicht bewußt sind, aber vom Unterbewußtsein schon erkannt werden, ist dies psychologisch erklärbar. Die Enthüllung im Traume erfolgt nicht durch einen rationalen Gedanken, sondern in einem symbolischen Bild. Unerklärbar sind jedoch Traummitteilungen über Ereignisse, die nicht dem eigenen Bewußtsein oder Unbewußten entspringen können, sondern von außen her an das Individuum herangetragen werden. Doch damit bewegen wir uns schon auf das Gebiet der Visionen zu. Man hat die Träume stets als Schlüssel zu Ereignissen in Vergangenheit, Gegenwart und Zukunft angesehen. Schon im Altertum wurden zur bequemen Deutung des Inhaltes Traumlexika verfaßt. Von solcher eindeutigen Entsprechung distanziert sich heute die moderne Traumdeutung. Für Freud war der Traum die Erfüllung eines unterdrückten und ins Unbewußte abgesunkenen Bedürfnisses. Es ist zu vermuten, daß Träume verschiedene Ursachen haben können.

Alle Träume aber kommen aus einem Bereich außerhalb unseres Bewußtseins, und wir können sie in verschiedene Gruppen aufteilen. Als erstes möchte ich die Träume nennen, die durch Meldungen über unsere Nervenbahnen auf Grund von Geräuschen, Temperatureinflüssen oder Schmerzen ausgelöst werden. Weiterhin existiert die Gruppe der problemlösenden

Träume, die im Tagesbewußtsein durch äußere Ereignisse, fremde Überredungskunst oder durch ein Nicht-wahr-haben-Wollen überdeckt sind und nur im Traum vom unwahren Ballast befreit dem Träumer die Realität vor Augen führen. Als letzte Gruppe sind jene Träume zu nennen, die für uns Mitteilungen aus verschiedenen Quellen enthalten können. Als Absender können andere Menschen fungieren, gegebenenfalls auch Geistwesen oder das große Unbewußte. Vergessen werden darf in dieser Aufzählung auch nicht die Möglichkeit einer göttlichen Offenbarung: „Somnia a deo missa", die von Gott geschickten Träume, wie die katholische Kirche es ausdrückt.

Schwierigkeiten bereitet uns jedoch die Traumdeutung, weil die Träume für unser Bewußtsein verschlüsselt sind. Im Traum werden die Meldungen aus der Unendlichkeit in unser durch die drei Raum- und die eine Zeitdimension eingeschränktes Bewußtsein hineingezwängt. Viele Berichte sprechen dafür, daß unbewußt, gewollt oder von fremder Kraft ermöglicht eine Verbindung zu jener außerhalb unserer sinnenhaften Wahrnehmungsfähigkeit sich befindenden Sphäre geschaffen werden kann. Dabei spielt es zunächst keine Rolle, ob wir diese Verbindung sehen als Fenster oder Brücke zur Unendlichkeit, ob wir sie empfinden als ein .Einswerden mit einem zweiten, ein Überbewußtsein habendes Ich oder als ein Aufgehen des Atman im Brahman, wie der Inder es sieht. Welcher in Raum und Zeit verhaftete Mensch will es beschreiben? Selbst wenn er das Wissen hätte, fehlte ihm die Möglichkeit des Ausdruckes, da seine Gesprächspartner keine korrespondierenden Begriffe kennen. Unterstellt man die Existenz eines Wesens außerhalb der Materie, welches mit uns in Verbindung tritt, so müßte es sagen:

„Ein Bericht aus meiner Welt an euch ist schwer abzufassen, denn euch fehlen die Begriffe dafür und mir die Worte."

Jung behauptet, daß zwischen dem Unbewußten und dem Bewußten ebenso ein komplementäres Verhältnis besteht wie nach der Idee von Niels Bohr in der Physik. So betrachtet Jung Traumbilder als halbbewußte Inhalte, die durch das Verstehen eines Traumes dem Träumer eine Rückkoppelung auf das Unbewußte gewähren. Der Mathematiker Carl Friedrich Gauß (1777-1855) schilderte in diesem Zusammenhang, wie er ein Gesetz der Zahlentheorie fand. Er behauptete, daß dies nur durch die Gnade Gottes möglich gewesen sei. Er selber erklärte sich außerstande, den leitenden Faden nachzuweisen zwischen dem , was er vorher wußte, und dem, wodurch es gelang. Der französische Mathematiker Henri Poincaré (1854-1912) konnte in einer schlaflosen Nacht direkt beobachten, wie mathematische Kombinationen in seinem Inneren herumwirbelten, bis sie eine stabile Form annahmen. Ihm kam es vor, als ob er bei seiner eigenen unbewußten Arbeit anwesend gewesen wäre, die sich dem übererregten Bewußtsein teilweise bemerkbar machte, ohne jedoch ihren Charakter zu verlieren. „Bei solchen Gelegenheiten", so schrieb er, „ahnt man den Unterschied in der Arbeitsweise der beiden Subjekte' ', womit er das Ich und das Unbewußte ansprach. Es ist eine merkwürdige Sache, daß im 18. Jahrhundert, dem großen Jahrhundert der Aufklärung und der Erhebung der Ratio zu einer Gottheit neben Namen wie Newton, Kant und Voltaire auch ein Emanuel von Swedenborg zu nennen ist, dessen Wirken außerhalb der Ratio im metaphysischenBereich Beachtung fand. Versuchte Voltaire mit Verstandesschärfe, Witz und Ironie den Geisterglauben des mittelalterlichen Christentums durch die Vernunftreligion des aus England stammenden Deismus zu ersetzen, gründete der Bergassessor Swedenborg, der neben seiner Muttersprache Latein, Englisch, Französisch, Holländisch, Italienisch und Deutsch sprach, in Stockholm die ‚Kirche des neuen Jerusalem'. Dieser Gelehrte hatte neben seinen hohen geistigen Fähigkeiten auf technischem und sprachlichem Gebiet die Gabe der außersinnlichen Wahrnehmung, die ihm bald den Titel „Geisterseher des Nordens" einbrachte. Neben anderen Geschichten ist wohl sein seherischer Bericht über den Brand von Stockholm als bedeutendster in die Weltgeschichte eingegangen. Als Swedenborg Ende September 1756 von einer Englandreise in dem 50 Meilen von Stockholm gelegenen Gothenburg an Land ging, hatte er eine Vision von der Brandkatastrophe in Stockholm und berichtete viele Einzelheiten abends um 18.00 Uhr in einer Gesellschaft. Dies war an einem Samstag. Die ersten Meldungen über den Brand, seine Ursache und Auswirkung erhielt man in Gothenburg aber erst am Montag. Swedenborgs Bericht und spätere Schilderungen unterschieden sich nicht. Der seines kritischen Verhaltens wegen bekannte Philosoph Immanuel Kant hat diese Angelegenheit in einem Brief an Charlotte von

Knoblauch beschrieben und bezieht sich dabei auf die Schilderung eines Freundes. In der Einleitung seines Berichtes schrieb Kant: „Die folgende Begebenheit aber scheint mir unter allem die größte Beweiskraft zu haben und benimmt wirklich allem erdenklichen Zweifel die Ausflucht."

Swedenborgs hellseherische Fähigkeiten, von denen hier nur ein Beispiel aufgeführt ist, viele andere aber von angesehenen Zeitgenossen bestätigt wurden, stehen nicht alleine in der Welt. Aber trotz vorliegenden glaubwürdigen Berichten über das Hellsehen bejahen nach einer demoskopischen Umfrage in der Bundesrepublik nur 53 Prozent der Bürger die Existenz des „Zweiten Gesichtes", während 36 Prozent sogar eine ablehnende Haltung einnehmen. Wenn es auch jedem Menschen im einzelnen überlassen bleiben muß, sich sein eigenes Weltbild zu schaffen, und es ihm freigestellt ist, metaphysische Erscheinungen zu akzeptieren, sollte man sich davor hüten, nur anzuerkennen, was einem genehm ist. Um zur Wahrheit vorzudringen, müssen wir uns mit allen uns bekannt werdenden Erscheinungen auseinandersetzen.

Trotz vieler hellseherischer Phänomene scheint jedoch ein konstantes, berufsmäßiges Hellsehen nicht möglich. Der Hellseher selbst weiß nicht, wie seine Aussagen zustande kommen, und er ist sich auch nicht im klaren darüber, ob seine Aussagen zutreffend sind. Fest steht nur, daß die Fähigkeit des Hellsehens großer Willenskraft bedarf, die nicht immer zur Verfügung steht. Hier liegt eine Parallele zur schöpferischen Leistung vor, die genau wie eine außersinnliche Wahrnehmung nicht erzwungen werden kann. Von seinen Klienten bedrängt, mag ein berufsmäßiger Hellseher oft zu Fehldiagnosen kommen.

Auch im 20. Jahrhundert sind wir Menschen noch genauso begierig wie in früheren Zeiten, etwas aus der Zukunft zu erfahren. Es kann sich niemand von einem starken Interesse an seiner und auch anderer Zukunft freisprechen. Denn die großen technischen Fortschritte und wissenschaftlichen Erkenntnisse haben das tiefe Bedürfnis des Menschen nach Glück und Sicherheit nicht erfüllen können, und so flieht gerade der Mensch in unserer Zivilisation in den Bereich des Magischen und Mystischen. So waren es nicht nur die Könige und Feldherren früherer Epochen, sondern es sind auch Geschäftsleute und Politiker der Neuzeit, die für ihre Entscheidungen Astrologen, Hellseher oder Wahrsager zu Hilfe nehmen, beziehungsweise damals genommen haben. Ein typisches Beispiel ist die Tätigkeit der Wahrsagerin Buchela in Bonn. Ihre Kunden sind auch in den Gremien unserer Bonner Regierung zu finden. In diesem Zusammenhang ist interessant festzustellen, daß das Wahrsagen als Gewerbe gilt und in den Richtlinien des Rates der europäischen Wirtschaftsgemeinschaft über „Maßnahmen zur Erleichterung der tatsächlichen Ausübung der Niederlassungsfreiheit und des freien Dienstleistungsverkehrs"‘ vom 16. Juni 1975 seine Anerkennung gefunden hat. Somit dürften nicht nur die Offenbarung des heiligen Johannes, sondern auch die Sybillischen Dichtungen und das Orakel von Delphi auch noch heute salonfähig sein.

Meist sind Prophezeiungen in verschlüsselten Aussagen widergegeben, und für ihre rechtzeitige Enträtselung stehen nur selten die richtigen Interpreten zur Verfügung. Umgekehrt muß man sich vor Orakelsprüchen hüten, die nur dem Ansehen des Erklärers dienen, sonst aber wegen ihrer Doppeldeutigkeit keinem nützen. Das klassische Beispiel hierfür ist der Orakelspruch der Pythia zu Delphi, die dem reichen König Krösus auf die Frage über den Ausgang eines von ihm geplanten Kriegszuges die Auskunft gab:

„Wenn du den Halgs überschreitest, wirst du ein großes Reich zerstören. " Krösus dachte bei diesen Worten an das zu zerstörende Reich seines Gegners und erkannte zu spät die Doppeldeutigkeit des Orakelspruches, der im Klartext aussagte: Einer wird gewinnen, entweder du, König Krösus, oder dein Gegner.

Man sieht, daß Orakelsprüche und andere Weissagungen dem um Rat Fragenden nicht immer zum Vorteil gereichen. Denn derjenige, der aus innerer Unsicherheit bei Hellsehern, in der Astrologie oder im Orakel Rat sucht, beraubt sich seiner eigenen Entscheidungsfähigkeit und engt seine eigentliche Entscheidungsfreiheit ein. Er wird ein Spielball nebensächlicher und unzusammenhängender Ereignisse, weil seine Psyche sich von dem Lebenskampf zurückzieht. Gegen solches Ausweichen wendet sich das von dem Evangelisten Matthäus aufgezeichnete Zitat Jesu: „Ich bin nicht gekommen, Frieden zu bringen, sondern das Schwert." Mit Frieden ist hier die Unterwerfung unter Sachzwänge gemeint, mit dem Schwerte die geistige Tatkraft. Aber nicht nur der Sinn des Neuen Testamentes richtet sich gegen heidnische Zauberei und Zeichendeuter. Im Deuteronomium, dem fünften Mosesbuch, lesen wir die Zeilen: „Denn diese Völker, die du vertreibst, hören auf Zeichendeuter und Wahrsager, dir aber erlaubt der Herr, Dein Gott, solches nicht."

Die Ereignisse um Swedenborg und andere zeigen, daß Hellsehen nicht in Abrede gestellt werden kann. Mit dem Hellsehen, also dem unmittelbaren Schauen von örtlich oder zeitlich nicht Gegenwärtigem, was uns wieder auf die Relativität von Ort und Zeit hinweist, befinden wir uns auf einem Gebiet, wo die wissenschaftliche Beweisfähigkeit in Frage gestellt ist.

Aber nicht nur aus dem Unterbewußten vermag der Mensch Informationen aufzunehmen, sondern auch auf bisher noch nicht exakt beschreibbaren Wegen von anderen Menschen durch körperliche Ausstrahlung. Nach alten esoterischen (geheimen) Lehren soll es Menschen mit der Fähigkeit geben, bei ihren Mitmenschen eine Aura, eine leuchtende Materie zu erkennen. Diese „Scheinmaterie' " nennt man Od. Sie mag der Grund sein für die Darstellung des Heiligenscheines und, noch weitergehend, für die Leuchtkraft himmlischer Wesen, die nach den Worten der Bibel uns als Engel dargestellt werden.

Es ist heute eine bekannte Tatsache, daß Körper Strahlen absorbieren und emittieren. Eine plausible physikalische Erklärung dieser Vorgänge wurde aber erst durch die Quantentheorie möglich. Die „geheimnisvollen" menschlichen Ausstrahlungen, das Od der Okkultisten, läßt sich heute als ein Emittieren elektromagnetischer Strahlen erklären. So schildert Dr. Rolf Reismann in einem Aufsatz der Zeitschrift ‚Weltbild' (München, Januarheft 1952, Seite 16), daß die menschliche Aura, jener, nach den Vorstellungen von Okkultisten und Anthroposophen den menschlichen Körper umgebende Lichtkranz, photographiert werden kann. Es handelt sich bei diesen Ausstrahlungen angeblich um Ultrakurzwellen bis zu 150 cm Länge. Damit liegen diese Wellen in einem Bereich zwischen den Radiowellen und dem Licht. Für diese Aufnahmeverfahren hat der sowjetische Ingenieur Semjon Kirlian eine besondere Kamera entwickelt, mit der angeblich sogar Bilder von organischen Körperteilen, die nicht mehr vorhanden sind, wie beispielsweise das Energiebild eines amputierten Beines oder die vollständige Form eines Blattes, von dem bereits ein Teil abgeschnitten ist, gemacht werden können. Ob nun mit diesen Wellen auch Informationen von Mensch zu Mensch übermittelt werden können, ist wissenschaftlich weder bewiesen noch widerlegt. Nach den Ausführungen von Ju. Cholodow in dem Buche „Die 17 Welträtsel" schrieb der Theaterfachmann Konstantin Stanilawski in der Hoffnung, daß die Wissenschaft eines Tages seine intuitiven Gedanken beweisen könne, von der Vermutung, daß die Menschen nicht nur in Worten und Gebärden, sondern auch durch eine Art von gegenseitiger Strahlung untereinander Kontakt hätten. Wir nennen landläufig fünf Sinne unser eigen. Darüber hinaus sprechen wir noch dem einen sechsten Sinn zu, der für irgend etwas ein bestimmtes Gespür hat.

Die Methode elektrographischer Aufzeichnungen bedingter Reflexe, wie sie zu Beginn dieses Jahrhunderts von Pawlow erkannt und entwickelt worden sind, hat uns seit den 30er Jahren ein Forschungsinstrument in die Hand gegeben, dessen Anwendungsmöglichkeiten bis heute noch nicht ausgeschöpft sind.

So entdeckte zum Beispiel Gershuni, korrespondierendes Mitglied der Akademie der Wissenschaften der UdSSR, an verwundeten Soldaten, die infolge von Hirnverletzungen taub waren, daß Geräusche außer der Gehörempfindung noch andere physiologische Reaktionen hervorrufen können, und der französische Professor Benoit hat festgestellt, daß Vögel durch Haut und Schädel hindurch Lichtempfindungen haben. Diese Lichtempfindungen dürfen aber nicht als Sehen gewertet werden, sondern lediglich als das Erkennen, ob Licht vorhanden ist oder nicht.

Aus diesen und ähnlichen Experimenten läßt sich ableiten, daß ständig äußere Reize auf uns einwirken, ohne in unser Bewußtsein einzudringen. Die hierfür erforderlichen Reizempfänger leiten nun ihre Meldungen nicht in unser Bewußtsein, sondern gewissermaßen in ein Unbewußtsein, wo sie registriert und verarbeitet werden.

Es können aber auch über unsere Sinnesorgane Reize zu uns gelangen, die mehr oder weniger intensiv von unserem Bewußtsein erfaßt werden und Reaktionen hervorrufen, *lie nur durch den Katalysator einer sensiblen Psyche möglich sind. Jedem sind die Schocks bei schwangeren Frauen bekannt, die nicht ohne Nachwirkungen geblieben sind. So soll es vorgekommen sein, daß eine Schwangere in einer Schocksekunde ihre Hände an die Brust schlug oder vors Gesicht preßte, was Hautflecke beim Säugling verursachte. Nicht selten resultieren aus solchen Schockreaktionen auch weiße Haarsträhnen oder gar körperliche Mißbildungen.

Carl Zuckmayer beschreibt diese Erscheinung in seinem Roman „Die Fastnachtsbeichte' ' . Da wurde eine Magd, die wegen ihrer Schwangerschaft Forderungen an ihren Gutsherren geltend machen wollte, mit großen und wilden Hunden vom Hofe gehetzt. Zuckmayer schreibt dann: „Sie war damals schon schweren Leibes, und die Hunde rissen ihr das Kleid vom Leib und die Haut in Fetzen. Sie gebar dann in einer Höhle und starb dabei. Das Kind fand man lebend, es hatte die Gestalt eines kleinen Hundes." Weiter heißt es dann über den heranwachsenden Knaben: „Er hatte nicht nur eine ähnliche Gestalt, sondern auch den Spürsinn eines Hundes, er konnte verlorene Dinge auffinden, die dem sorgsamsten Suchen eines anderen entgangen wären . . "

Aber nicht nur ein Schock, wie hier in Zuckmayers Roman beschrieben, sondern auch das ständige Umgehen und Betrachten von Gegenständen und Lebewesen kann solche Reaktionen hervorrufen. Ein Paradebeispiel hierfür zeigt uns das Alte Testament im 30. Kapitel der Genesis. Danach diente Jakob, der Sohn Isaaks und Bruder Esaus, lange im Hause des Laban, um dessen Töchter Lea und Rachel heiraten zu können. Als Lohn für seine Arbeit – er hatte den Viehbestand seines Schwiegervaters um ein Vielfaches vermehrt - bat er sich aus, von dem Kleinvieh jegliches brünstige Tier unter den Jungwiddern und jede gefleckte und gesprenkelte Ziege für sich aussondern zu dürfen. Laban stimmte dem zu, sonderte aber vorher für sich alle buntgefleckten und gesprenkelten Tiere aus und gab sie seinen Söhnen, um so Jakob zuvorzukommen. Daraufhin nahm Jakob frische Stäbe der Storaxstaude und Zweige von Mandelbäumen und Platanen. Er schälte an ihnen weiße Streifen heraus, indem er das Weiße an den Ruten bloßlegte. Die abgeschälten Stäbe stellte er in die Rinnen der Wasserbehälter, wohin die Tiere zur Tränke kamen, gerade vor sie hin. Die Tiere begatteten sich vor den Zweigen und warfen Junge mit gewundenem Schwanz, gesprenkelte und gefleckte. Die jungen Widder aber sonderte Jakob ab. Er schaffte sich besondere Hürden für sie an und gab sie nicht dem Kleinvieh des Laban bei. Bei seinen Aktionen achtete er darauf, daß er nur bei den kräftigen Tieren die Zweige vor sie in die Tränkrinnen legte. So kam Jakob zu einer guten, gesunden und starken Herde.

Vermutlich spielt bei den hier erwähnten Reaktionen auf Sinneseindrücke von Mensch und Tier das assoziative Gedächtnis eine große Rolle. Diese Sensibilität mag auf einer Lähmung der Willenskraft oder auf eine aktive Bereitschaft zur Auf- beziehungsweise Übernahme bestimmter Reize beruhen. Ich erinnere an durch Einbildung verursachte Scheinschwangerschaften und nicht zuletzt an die Stigmata, wie sie der heilige Franz von Assisi (1 182-1226) trug und womit Therese Neumann, bekannt unter dem Namen Therese von Konnersreuth, viele Jahre gelebt hat. Diese beiden Namen mögen für die vielen anderen stehen, die an ihrem Körper die Wundmale Christi trugen oder auch heute noch tragen. Die seelische Hingabe dieser Menschen an Christus mit besonderer Betonung des Karfreitagleidens hat zumindest im Außerbewußtsein den Körper auf die Stigmata programmiert. Als Beweis für die subjektive Einstellung, sich mit dem leidenden Christus zu identifizieren, läßt sich sowohl beim heiligen Franz als auch beider heiligen Therese die Lage der Wundmale zitieren; denn diese entsprachen den bildhaften Darstellungen des Gekreuzigten. Sie befanden sich nämlich in den Handflächen, wo nach medizinischer Auffassung ein Ausreißen des Fleisches durch die Nägel die unvermeidbare Folge wäre, und nicht zwischen den Unterarmknochen, wie es anatomisch zweckmäßiger und an den Abdrücken auf dem legendären Leichentuch von Turin zu erkennen ist.

Im Gegensatz zu den geschilderten Beeinträchtigungen des Körpers begegnen wir andererseits der Abwehr materieller Einflüsse durch die geistige Willenskraft. Die Beispiele reichen vom indischen Yogi auf dem Nagelbrett bis zum Gesang der Jünglinge im Feuerofen. Ich verwende hier das richtige Wort Yogi anstatt Fakir. Denn Fakir bedeutet wörtlich übersetzt ‚der Arme", während Yogi der Anhänger der Yogalehre ist.

 Aus der Geschichte sind uns alle die sogenannten Gottesurteile bekannt. Dabei mußte der Beschuldigte sich von den gegen ihn vorgebrachten Beschuldigungen befreien, wenn andere Beweismittel nicht gegeben waren. Nach dem Sachsenspiegel, der zwischen 1215 und 1235 entstanden ist, waren sogenannte Proben als Beweismittel für die Unschuld des Angeklagten vorgesehen, die nach menschlichem Ermessen aber nicht zu erbringen waren. Häufig wurde der Griff in einen Kessel mit kochendem Wasser oder der Gang über glühende Pflugscharen verlangt. Einige Menschen sollen diese Proben überstanden haben und somit freigesprochen worden sein. Das bekannteste Beispiel ist wohl der Bericht aus dem Alten Testament über die drei Männer im Feuerofen. König Nebukadnezar hatte einst ein Standbild errichten lassen, das bei der Einweihung von allen Würdenträgern seines Landes angebetet werden sollte. Unter den Geladenen waren auch drei Juden - Sadrach, Mesach und Abed-Nego -, die sich auf Grund ihrer jüdischen Religion weigerten, dieses Standbild anzubeten. Zur Strafe wurden sie in einen glühenden Feuerofen geworfen, wobei sie aber keinen Schaden erlitten. Daraufhin wurden sie vom König rehabilitiert. (Daniel, Kap. 3)

Es wäre nicht richtig, diese Darstellung ganz einfach nur als eine bildhafte Beschreibung der Gottestreue abzutun. Denn, daß so etwas möglich ist, zeigte im vergangenen Jahrhundert der Artist Iwan Iwanitz Chabert, der sich auf der Bühne in einem riesigen Ofen einheizen ließ. Die Temperatur belief sich nach zeitgenössischen Berichten auf 195 Grad Celsius. Chabert hielt es in dem Ofen solange aus, bis eine gleichfalls im Ofen befindliche Hammelkeule gekocht war. Professor Dr. Grzimek zitiert in einem Aufsatz in der von ihm mit herausgegebenen Illustrierten ‚Das Tier' , Ausgabe März 1966, einen Dr. Charles Blayden, der wegen seiner Verdienste in der Medizin und Ozeanographie später geadelt wurde. Dieser erläuterte, daß er bei Selbstversuchen sich in einem Ofen bei einer Temperatur von 120 Grad aufgehalten habe. Dabei stieg seine eigene Körpertemperatur, unter der Zunge gemessen, nicht über 37° C. Seine Kleidung habe ihn ebenso vor der Hitze geschützt wie sonst vor der Kälte. Daß die Kleidung kein Feuer fing, lag daran, daß sie durch den Körper unter der Entzündungstemperatur gehalten wurde. Man kann sich diesen Vorgang an einem einfachen Experiment verdeutlichen. In einen glatten Plastikbecher schütte man kaltes Wasser, bis der Becher randvoll ist. Dann stelle oder hänge man den Becher in eine Flamme. Am Lagerfeuer oder beim Grillen läßt sich dies am besten durchführen. Das Wasser kommt bald zum Sieden. Aber durch seine Kühlwirkung bleibt der Becher unversehrt. Übrigens hat Dr. Blayden das Hitzeexperiment auch mit nacktem Oberkörper durchgeführt. Der nach ca. fünf bis sechs Minuten ausbrechende Schweiß brachte ihm die erforderliche Kühlung, während von derselben Lufthitze in dreizehn bis siebenundvierzig Minuten Eier und Fleischstücke gekocht wurden . Ein Zeichen dafür , daß nur der lebende Organismus sich gegen diese Hitze wehren kann. Feurige Kohlen oder glühendes Eisen in die Hand zu nehmen, ohne sich daran zu verletzen, kann mit unseren Kenntnissen der Natur nicht erklärt werden. Das gleiche gilt, wenn ein Mensch sich mit Messern, Säbeln oder ähnlichen Gegenständen lebenswichtige Organe durchsticht, ohne dabei Schaden zu erleiden und ohne daß erkennbare Narben zurückbleiben. Bekanntlich besitzen Yogis solche Fähigkeiten. Es sind keine Zauberkunststückchen mit Netz und doppeltem Boden, sondern kommen dadurch zustande, daß durch ständiges Training der Geist den Körper total beherrscht und ein Zustand erreicht wird, in dem ein Kontakt zum Übersinnlichen besteht und eine mehr oder weniger gelungene Vereinigung mit dem Göttlichen nicht mehr anzuzweifeln ist, wobei der Yogi sich selbst aus der materiellen Welt löst. Damit ist zu erkennen, daß der Yogi die Realität in der metaphysischen Welt erfährt. Shakespeare drückt es in seinem „Hamlet", 1. Akt, 3. Szene, Zeile 141, mit den Worten aus: „Nothing is, but what is not."

Das Neue Testament schildert in der Apostelgeschichte (Kapitel 8) die Begegnung der Apostel mit dem Zauberer Simon dem Großen in Samaria. Dieser hatte durch allerhand magische Künste das Volk von Samaria „außer Fassung" gebracht. An anderer Stelle steht geschrieben, daß er die Kraft besessen habe, sich in die Luft zu erheben. Als der Apostel Philippus in der Stadt predigte, ließ auch Simon sich taufen, denn er war erstaunt über die Zeichen und Wunder, die er geschehen sah. Als daraufhin Petrus und Johannes nach Samaria kamen, um den Gläubigen durch Handauflegung die Kraft des Heiligen Geistes zu vermitteln, bot Simon ihnen Geld an, auf daß auch er die Macht erhielte, den Heiligen Geist anderen zu vermitteln. Damit wollte er seine Machtposition stärken. Noch heute bezeichnet man nach jenem Zauberer Simon den mißbräuchlichen Handel mit geistlichen Sachen und Ämtern als Simonie.

Zweierlei Arten von Kräften sind es, denen wir hier begegnen. Einmal ist es die magische Kraft des Zauberers , zum anderen ist es jene Kraft aus dem göttlichen Glauben, zu der wir Menschen uns freiwillig bekennen oder von der wir uns aus eigener, freier Entscheidung distanzieren können.

Die schwebende Jungfrau, eine oft gezeigte Varieté-Nummer, mag von den Illusionisten mit irgendwelchen Tricks demonstriert werden. Einem Illusionisten darf man aber ein Arbeiten mit Tricks zugestehen, ohne seine Leistungen zu disqualifizieren. Zu trennen von solcher Art Darbietung ist das echte Ausschalten der Schwerkraft, wodurch die Levitation eines physikalischen Körpers ermöglicht wird. Wenn man in dieser Beziehung Berichten aus der UdSSR Glauben schenken darf, soll das Leningrader physikalische Medium Nina Kalagina Streichhölzer, Zigaretten und Plastikobjekte aus geringer Entfernung ohne Berührung zu sich hin bewegen können. Es soll ihr sogar gelungen sein, eine Metallkugel schwebend zwischen den Händen zu halten. '

Mit etwas Zweckoptimismus können sogar aus der Bibel Beispiele herangezogen werden, wo jeweils ein Mensch entgegen der Schwerkraftwirkung an einen anderen Ort entrückt worden ist. Da ist zunächst im Neuen Testament, Apostelgeschichte 8:39, davon die Rede, daß der Geist des Herrn den Phílippus entrückte, nachdem der Apostel einem Würdenträger der äthiopischen Königin auf seiner Tempelwallfahrt die Bibel aus- gelegt und ihn getauft hatte. „Als sie (nach der Taufe) aus dem Wasser heraufstiegen", so heißt es in der Schrift, „entrückte der Geist des Herrn den Phílippus, und der Kämmerer sah ihn nicht mehr." Zu dieser Meldung gibt es zwei Betrachtungsmöglichkeiten. Nimmt man den Bericht wörtlich, entschwebte Phílippus unter Ausschaltung der Schwerkraft den Augen des Äthiopiers. Eine andere Betrachtungsweise erscheint uns plausibler. Die Begegnung der beiden Männer fand statt auf dem Wege, der von Jerusalem nach Gaza führt. Gaza liegt cirka 90 km südwestlich von Jerusalem. In Kapitel 8:40 der Apostelgeschichte heißt es, daß nach der Begegnung mit dem Äthiopier Phílippus sich in Azot einfand. Azot liegt etwa sechzig Kilometer westlich von Jerusalem, vierzig Kilometer nördlich von Gaza und nur zwanzig Kilometer außerhalb der gradlinigen Verbindung Jerusalem-Gaza. Es ist nicht schwierig, den Bibeltext so zu lesen, daß Phílippus nach der Taufe - unter Einwirkung des Geistes - den Äthiopier alleine ließ und sich zu Fuß nach Azot begab.

Mit gleicher Skepsis sollte man auch dem Bericht des Ezechiel (Hesekiel) über seine Berufung als Prophet begegnen; ein Kapitel, das Erich von Däniken gerne für seine Theorie von der Existenz kosmischer Intelligenzen zitiert. Im ersten Kapitel versucht Ezechiel nur, die Eindrücke seiner Vision den Mitmenschen klarzumachen. Dabei tritt seine Vorliebe für die Technik hervor, die er auch erkennen läßt, als er die Belagerung der Stadt Jerusalem im vierten Kapitel sinnbildlich beschreibt und durch die Aufzeichnung eines Stadtplanes und der Darstellung von Sturmböcken und Erdwällen auf einem Lehmziegel erklärt. Wenn man dann im dritten Kapitel, Vers vierzehn, liest, daß ein Geist ihn in die Höhe gehoben und entrückt hat, so muß dies nicht unbedingt mit einem außerirdischen Raumschiff oder Hubschrauber erfolgt sein, denn, so heißt es im gleichen Vers, „schwebte er dahin in der Erregtheit seines geistigen Wesens". Dieser Zustand dauerte gemäß Vers 15 sieben Tage. Nun war er nach der Darstellung in Kapitel 1 schon vor dieser Vision bei der Judengemeinde im babylonischen Exil, sodaß man davon ausgehen kann, daß eine körperliche Entrückung gar nicht stattgefunden hat.

Anders sieht es aus in den gleichlautenden Evangelienberichten der Apostel Matthäus, Markus, Lukas und Johannes. Nach der aus dem Neuen Testament hinreichend bekannten Brotvermehrung am Nordrand des Sees Genezareth drängte nach den vorliegenden und gleichlautenden Berichten Jesus seine Jünger wegen der bevorstehenden Abenddämmerung, sie sollten schon an das andere Ufer nach Bethsaida Julias vorausfahren, während er noch das Volk entlassen wolle. Bei Einbruch der Dunkelheit, als die Jünger bereits 25 bis 30 Stadien, das sind cirka fünf Kilometer, gefahren waren, kam Jesus über das Meer geschritten. Die Jünger glaubten zunächst an Geisterspuk und reagierten in ihrer Angst ganz natürlich, indem sie vor lauter Schreck schrien. So steht es in den Evangelien. Denn für die Jünger galt es genauso wie für uns Menschen von heute als unmöglich, das Naturgesetz der Schwerkraft aufzuheben und über dem Wasser zu schweben. Dieses Ereignis als Gleichnis abzutun, halte ich für nicht angebracht, da es in drei, voneinander getrennt abgefaßten Evangelienberichten fast übereinstimmend beschrieben wird und für die Jünger ein Zeugnis der Macht Jesu über die Naturgesetze war. Doch soll die Entscheidung der Anerkennung dem Leser nach gründlichem Nachdenken freigestellt sein. Jedenfalls halte ich diesen Bericht für einen Fall echter Levitation durch Geisteskraft.

Von der Levitation zur Telekinese führt uns eine Versuchsreihe im Laboratorium für Psychologie an der Universität Pittsburgh, USA, wo untersucht wurde, inwieweit der Mensch durch seinen Willen das Ergebnis beim Würfeln beeinflussen kann. In einer Testreihe von 31 104 Würfen hatte jede Würfelseite die Chance, 31 104 : 6 = 5 184 mal oben zu liegen. Es ergab sich aber eine Abweichung von + 171 zu Gunsten der von den Würfelspielern „gewünschten" Zahl. Es kann hierbei, den Berichten zufolge, auch nicht von zufälligen Abweichungen gesprochen werden, da solche in beiden Richtungen, nach Plus oder Minus vorliegen müßten, während hier die Abweichungen nur in einer Richtung vorlagen. Es zeigte sich auch bei weiteren Experimenten, daß die Abweichungen vom wahrscheinlichen Mittelwert in Richtung der jeweils gewünschten Zahl lagen. Nach Ansicht der Psychologen, die jene Testreihen auswerteten, wird der das Ergebnis beeinflussende Faktor im Willen gesehen. Interessant ist auch die Feststellung, daß bei drei hintereinander ausgeführten Reihenexperimenten die Abweichungen der wahrscheinlichen Ergebnisse zu Gunsten der jeweils gewünschten Zahl in der zweiten Versuchsreihe nur noch ein Achtel, in der dritten Reihe nur noch ein Vierundzwanzigstel gegenüber dem ersten Durchgang aufweisen. Der sowjetische Wissenschaftler Alexander Gorbowsky sieht darin ein entscheidendes Argument, warum viele Forscher - bei aller Skepsis, die sie diesen Experimenten entgegenbringen - hier die Existenz telekinetischer Vorgänge anerkennen. Mir selbst hat ein äthiopischer Vermessungsingenieur bestätigt, daß in seiner Heimat Derwische es fertig bringen , ohne körperliche Berührung Steine auf das Dach eines Hauses zu werfen. Wenn dem so ist, kann man dies als eine beachtliche Leistung auf dem Gebiet der Telekinese anerkennen.

Weiterhin sind unter die Gruppe parapsychologischer Erscheinungen die Berichte über akustische Wahrnehmungen einzuordnen, wie es bei sogenannten Klopfgeistern zu vermerken sein soll. Wenn ich auch nicht behaupten kann, daß es so etwas nicht gibt, bleibt mir die Möglichkeit verwehrt, die Existenz von Klopfgeistern nachzuweisen. Hier wird es schwer, zwischen Wahrheit und Sinnestäuschung zu unterscheiden. Doch nicht nur akustische Wahrnehmungen geben uns Rätsel auf, sondern auch die von Menschen in bestimmter seelischer Verfassung ausgestoßenen Lautgruppen oder Wortfetzen, die meist noch der Auslegung bedürfen, um logisch verständlich zu werden. Eines der typischen Beispiele jenes sogenannten Zungenredens ist das aus dem Neuen Testament bekannte Pfingstwunder, wie es im 2.Kapitel der Apostelgeschichte beschrieben ist. Man definiert dieses Zungenreden als eine ekstatische Äußerung religiöser Ergriffenheit. Zur Ergänzung dieser Definition sollte man aber die Möglichkeit von Äußerungen außerhalb der Bewußtseinssphäre nicht ausschließen.

Ein letztes Beispiel aus dem Gebiet der Parapsychologie ist die Methode der ‚automatischen Schrift". Nach Aussage medial begabter Personen wird bei solcher Schrift ihre Hand von einer außerhalb ihres Willens stehenden Geisteskraft geführt. Dabei wird über Themen geschrieben, die den schreibenden Personen oft unbekannt sind, und es liegen auch Berichte vor, daß in fremden Sprachen geschrieben wurde, von denen die Medien kein Wissen hatten. Nach Jungs Aufffassung handelt es sich bei der automatischen Schrift um Mitteilungen aus dem Unbewußten in Form einzelner Worte oder ganzer Sätze, die ohne Kontrolle des Bewußtseins niedergeschrieben werden. Ferner weist er bei der Behandlung dieses Komplexes auf die gefährliche Doppelnatur des Unbewußten hin und fordert mehr Bewußtsein als Gegengewicht. Das heißt aber doch im Klartext, daß der Mensch die in seinem Bewußtsein verankerte Willensfreiheit gegen Unterdrückungen von außen, worunter sowohl das Außen unserer materiellen Umwelt als auch die Geistwelt zu verstehen ist, zu verteidigen hat. Jung ordnet dem Unbewußten eine Doppelgesichtigkeit zu, indem er zwischen dem „Geist der Natur", der den Menschen schöpferisch belebt, und dem „Geist des Bösen", der sich als Trieb zur Macht und Destruktion ausweist, unterscheidet. Mit Hilfe der hier angesprochenen automatischen Schrift hat der Begründer des Bahaismus, Baha Ullah, seine Offenbarungen niedergeschrieben. Hier zeigten sich offenbar die Einwirkungen eines fremden Geistes. Die Anhänger dieser Religion halten diese Schriften für die Offenbarungen Gottes. Wer will das Gegenteil beweisen?

Parapsychologische Forschung wird, obwohl diese Erscheinungen von den unbekannten Kräften der Seele heute noch vielfach in das Gebiet des Aberglaubens oder der Phantasie verwiesen werden, sowohl in der amerikanischen Privatwirtschaft als in der sowjetischen Forschung betrieben. So schreibt das „Parapsychologische Bulletin" an der amerikanischen Duke-Universität in Durham zu der Tatsache, daß die Sowjets dabei sind, die Seele wieder zu entdecken. Während die meisten Astrophysiker zweifellos damit gerechnet haben, daß Rußland zuerst einen Menschen in den Weltraum schicken würde, gibt es keinen westlichen Parapsychologen, der geahnt hätte, daß die Sowjets als erste in der Welt ein staatlich finanziertes Forschungsinstitut für Parapsychologie errichten würden." Dies zeigt, daß der bolschewistische Materialismus weitaus weniger ablehnend den mystischen Kräften gegenübersteht als der Kulturkreis des christlichen Abendlandes, in dem der Glaube an die Existenz des Geistes Lebensinhalt sein sollte.

Die Schilderung der metaphysischen Erscheinungen soll aufzeigen, daß es noch mindestens eine in uns Menschen verborgene Machtquelle geistiger Art gibt, mit der wir uns auseinandersetzen müssen. Die uns umgebende Materie ist nur eine mögliche Erscheinungsform in der Welt. Vielleicht sollte man mit noch bis zu unendlich vielen Erscheinungsformen rechnen und nicht übersehen, daß der menschliche Körper mit seinen Sinnesorganen nur den materiellen Erscheinungsformen entspricht und unsere Wissenschaft nur das Wissen um diese Materie darstellen kann. Wissenschaftliche Beweise sind ausschließlich innerhalb dieses Wissenschaftssystems möglich, das letztlich auch Erfinder und Konstrukteur der ihm eigenen Beweismethode ist. Außerhalb des materiellen Bereiches müssen wir uns mit Theorien und unwissenschaftlichen Erfahrungen begnügen, deren Wert materiell nicht gemessen werden kann. So gibt es auch kein wissenschaftliches Wissen um Gott. Damit ist aber auch ein Gottesbeweis nach sogenannter wissenschaftlicher Methode genauso unmöglich wie der Beweis des Gegenteils.

Die Existenz Gottes zu leugnen ist in einigen Gesellschaftskreisen Mode. Dieser Erscheinung begegnen wir aber nicht nur im abendländischen Kulturkreis, sondern überall dort, wo der menschliche Geist sich dem Pseudogott des Materialismus untergeordnet hat. Wir finden diese Einstellung auch in islamischen und jüdischen Bevölkerungskreisen und letztlich auch in den Bereichen, wo asiatische Religionen vorherrschend sind. Anstatt sich zu bemühen, im Glauben an Gott zu leben, stürzen sich die Scheinmaterialisten auf die in Zeitungen abgedruckten Horoskope und astrologischen Bücher, konsultieren Wahrsager und lassen sich ihre Zukunft aus Skatkarten deuten.

Das aber machen nicht nur die sogenannten kleinen Leute, sondern auch Regierungschefs und Industriekapitäne. Fragt man aber seinen Mitmenschen, ob er abergläubig sei, lautet mitunter seine Antwort: „Nicht im Geringsten, toi, toi, toi!" Die interessanteste Argumentation eines Mitmenschen, der ein Amulett trägt oder ein Maskottchen besitzt und sich damit praktisch Zauberkräften unterwirft, das aber nicht eingestehen will, lautet, er habe gehört, daß so etwas auch bei den Menschen wirken soll, die nicht an solche magischen Kräfte glauben.

Mit dem Hinweis auf fremde, unbekannte und damit unheimliche Mächte versuchen oft Erwachsene, vor allem die Eltern, Kindern den Respekt einzuflößen, den sie selbst durch ihr Verhalten verspielt haben. Denn genau dann, wenn sie mit ihren erzieherischen Fähigkeiten versagen, drohen sie mit dem „Schwarzen Mann", dem Nikolaus, dem Bellzebub oder sonst einer skurrilen Erfindung, um im Kampfe um die Macht gegen ihre Kinder obsiegen zu können. Interessant ist, daß dieses Spiel bei den Erwachsenen weitergeht. Nur heißen dann die Gestalten etwas anders. Dann wird mit Begriffen wie Ehre, Fluch, Schande, Unheil, Gottesgericht, Sünde oder Verrat am Volke operiert. Interessant ist, daß auch der nur an eine materielle Welt Glaubende sich solcher immateriellen Begriffe bedient. Es sind jene Begriffe, mit denen nicht nur einzelne Menschen, sondern ganze Völker zu Handlungen veranlaßt wurden, die eigentlich nie hätten geschehen dürfen.

Es wurde ein Glauben vermittelt, den es gar nicht gibt. Man nennt diesen falschen Glauben Aberglauben. Aberglaube bedeutet soviel wie verkehrter Glaube und bezeichnet nach heutiger Auffassung im Gegensatz zum Glauben auf dem Fundament einer Religion das Akzeptieren des Waltens geheimnisvoller Mächte und magischer Kräfte, die auch wissenschaftlich nicht beschrieben werden können. Diese Definition verliert jedoch ihre Gültigkeit, wenn das ursprüngliche Wissen um jene magischen Kräfte und Gesetze durch die Tat berufener Menschen zur Anwendung kommt. Doch gegen die Anwendung magischer Praktiken durch Menschen außerhalb der christlichen Religionsgemeinschaft stellte sich die abendländische Kirche, weil so aus heidnischen Glaubensvorstellungen und Bräuchen, also religiösen Handlungen außerhalb des römischen Kanons, dem Una-sancta-catholika-Gedanken hätte Schaden erwachsen können. Zum Aberglauben zählt auch die Verwendung christlicher Symbole als magische Mittel zur Abwehr dämonischer Kräfte, wie zum Beispiel das Kreuzzeichen, das Rückwärtsbeten des Vaterunsers, um Krankheiten zurückzudrängen, oder das Aufbewahren einer Hostie im Stalle zum Schutz vor Seuchen. Es ist doch eigentlich sonderbar, wenn Christen Amulette und Talismane verwerfen, aber Weihwasser, Heiligenbilder und das eucharistische Mahl verehren.

Rufen wir uns doch einmal die jüdischen Zehn Gebote vom Berge Sinai ins Gedächtnis zurück. Da ist keine Rede von irgendwelchen materiellen Gegenständen, die uns helfen sollen oder gar von uns zu verehren sind, sondern da heißt es ganz einfach: Ich bin der Herr, Dein Gott, _ _ . Du sollst keine fremden Götter haben neben mir" (2. Mose 20:2-3).

Hat der sogenannte heidnische Aberglaube im Christentum einen starken Gegner, so tat sich, wenn auch aus ganz anderen Gründen, gegen jede Art mystischer Glaubensvorstellungen durch die Bestrebungen der Aufklärung im 18. Jahrhundert eine neue Front auf . Die Rationalisten definierten den Begriff des Aberglaubens neu als den Glauben an Geschehnisse, die nicht mit den bereits bekannten Naturgesetzen erklärt werden können. Das betrifft jede metaphysische Aussage. Dieser von den Rationalisten geprägten Definition fehlt es jedoch an Eindeutigkeit, da sich mit dem Fortschreiten wissenschaftlicher Erkenntnisse auch der Inhalt des Aberglaubens ändert.

Somit halte ich es für einen großen Irrtum, alles nicht wissenschaftlich Beweisbare als Aberglaube abzutun. Aus dem südostasiatischen Raum sind beispielsweise Ereignisse bekannt, bei denen Kräfte sowohl auf Gegenstände als auch auf Menschen übertragen werden, wenngleich sich Zusammen- hänge wissenschaftlich nicht nachweisen lassen. Das gleiche gilt für gewisse Symbole und symbolhafte Handlungen, durch die Kräfte freigesetzt werden, mit deren Ursachen sich heute die Parapsychologie beschäftigt. Als das wohl am häufigsten vorhandene Symbol auf der Welt gilt der Stein. Gerade im Stein wird in vielen Religionen das Gottesbild erkannt oder wenigstens mit ihm der Ort irdischer Verehrung Gottes markiert. Im Christentum kennen wir den Altarstein, wie er aus frühjüdischer Gottesverehrung übernommen wurde. Das wohl bedeutendste Beispiel scheint mir aber der schwarze Stein in der Kaaba zu Mekka zu sein , dem islamischen und vorislamischen Wallfahrtsziel. Im 118. Psalm, Vers 22, des Alten Testamentes lesen wir von dem Baustein, den die Bauleute verwarfen und der zum Eckstein geworden ist. Auf diese Stelle bezieht sich nach dem Lukasevangelium (20:12) Christus bei einer Selbstdarstellung.

Für die Alchemisten des Mittelalters, die nach dem Geheimnis der Materie suchten, um darin Gott oder das Wirken Gottes zu finden, galt der , ‚Stein der Weisen' ' als das entsprechende Symbol. Daß der wahre Stein im Grunde aber nur im Menschen selbst zu finden ist, drückt der arabische Alchemist Morienus so aus: „Dieses Ding", womit er den Stein der Weisen meint, „wird aus dir extrahiert, du bist sein Mineral und du kannst es in dir finden, oder - um es klarer zu sagen - sie, die Alchemisten, nehmen es aus dir. Wenn du dies erkennst, wird deine Liebe und Verehrung des Steines noch in dir zunehmen. Wisse, das ist ohne Zweifel wahr." So gesehen ist der Stein das Zeichen des Ewigen und Dauerhaften, es ist Gott im Inneren der eigenen Seele. Den gleichen Sinn finden wir in dem Kirchenlied:

Ein Haus voll Glorie schauet
weit über alle Land,
aus ewigem Stein erbauet
von Gottes Meisterhand. . .

Aus dem Stein als symbolhaften Ausdruck der göttlichen Wahrheit im Inneren des Menschen" ist dann aber ein Fetischglaube erwachsen, der heute nicht mehr den Träger eines Steines, sondern den Händler bereichert. Als Beispiel sei auf die „Wundersteine von Lourdes" verwiesen, die per Zeitungsanzeige angeboten werden. Sie sollen ihrem Besitzer unter anderem Pferdewetten gewinnen helfen und Glatzköpfigen Haare wachsen lassen. Pater Bodes, der Rektor des französischen Marienheiligtumes in Lourdes, warnt vor diesen im Postversand im In- und Ausland angebotenen Steinen und weist darauf hin, daß es sich hierbei um nichts anderes als um ganz gewöhnliche Kieselsteine handelt.

Abergläubiger Verehrung erfreut sich auch das Hufeisen, als Zeichen für Fruchtbarkeit und Vermehrung alles Guten. Wie es zu dieser Ansicht kam, schildert uns eine Legende, nach der der heilige Dunstan, damals Bischof von Canterbury, sich auch als Hobby-Hufschmied betätigte. Ihn soll einstmals der Teufel selbst in einer Verkleidung aufgesucht haben, um sich einen Huf beschlagen zu lassen. Doch Dunstan hatte den Satan erkannt und an eine Mauer gebunden. Er traktierte den Teufel derart, daß diesem nichts anderes übrig blieb, als das Versprechen abzugeben, kein Haus mehr zu betreten, an dem ein Hufeisen befestigt ist.

Die Aufzählung abergläubiger Vorstellungen und der damit verbundenen Gebräuche kann fortgesetzt werden mit dem verschütteten Salz, das genauso Unglück bringen soll wie der über den Weg laufende schwarze Kater. Glück hingegen soll das Auffinden eines vierblättrigen Kleeblattes verheißen.

Dem Aberglauben ist auch die Astrologie hinzuzurechnen. Aus der Konstellation der Planeten unseres Sonnensystems - wozu in der Astrologie seit alters her fälschlicherweise auch Sonne und Mond gerechnet werden – zu beliebig ausgewählten Sternbildern, deren Standort stets vorausberechenbar ist, will die Astrologie auch die Zukunft des Menschen vorausberechnen. Soweit aber ein Astrologe nicht auch ein geübter Psychologe ist, der durch das logische Verknüpfen von gegebenen Fakten eine künftige Entwicklung kombinieren kann oder nicht über die Fähigkeit des Vorhersehens verfügt, wird sein Horoskop keinen brauchbaren Wert haben. Das einzige, was ihm dann noch zu einem Erfolg verhelfen kann, ist die Gläubigkeit seines Klienten, dessen Unterbewußtsein die Voraussage wie einen Befehl aufnimmt und dann durch entsprechendes Verhalten zur Erfüllung bringt.

Der Ursprung der Astrologie ist vermutlich auf die Tatsache zurückzuführen, daß gewisse Ereignisse auf unserem Planeten Erde abhängig sind von der jeweiligen Sonnen- und Mondkonstellation. Die hierdurch bedingten Großwetterlagen wurden schon früh kalendermäßig erfaßt, weil diese oft Voraussetzung für den Erfolg oder Mißerfolg eines Unternehmens waren. Dies war beispielsweise eine wesentliche Voraussetzung für die Bestimmung der Überschwemmungsperioden bei den Ackerbaukulturen an Nil, Euphrat und Tigris. Es kann auch nicht bestritten werden, daß die Gemüter der Menschen den durch Sonne und Mond bedingten Wetter- und Klimaverhältnissen unterliegen, was in bestimmten Situationen über Erfolg oder Mißerfolg einer Handlung entscheiden kann.

Die Beschreibung des Einflusses der Sterne auf unseren Planeten wäre unvollständig, würde ich verschweigen, daß klimatische Veränderungen wie der Wechsel von Eiszeiten und Zwischeneiszeiten auch abhängig sind von der Stellung der Erdachse. Diese führt in der Tat durch den Einfluß der übrigen Planeten in unserem Sonnensystem eine - wenn auch geringfügige - Kreisbewegung um den Polarstern aus. Die weitverbreitete Annahme, daß alles, was auf der Welt eine Bedeutung hat, in irgendeiner Weise mit anderen Ereignissen in Beziehung steht (Koinzidenz), auch wenn kein ursächlicher Zusammenhang erkennbar ist, gab dem Forschen nach Zusammenhängen mit dem Schicksal in Abhängigkeit von Sternkonstellationen Auftrieb. Man fragte sich, warum die Sterne, die uns auf dem Meere und in der Wüste den Weg weisen, nicht auch in die Zukunft führen können. Wissen wir doch, daß bereits Sonne und Mond spürbar die Lebensbedingungen hier auf der Erde beeinflussen. Denn schon der Wechsel zwischen Tag und Nacht bestimmt unseren engsten Lebensrhythmus im Turnus von Schlaf und Wachsein. Genauso erkennen wir die rhythmische Lebensgestaltung durch die Wandlung der Mondphasen und Jahreszeiten bei Mensch, Tier und Pflanze. Die Wissenschaft kennt hierfür den Ausdruck Biorhythmus. Durch bestimmte, vermutlich im Zellstoffwechsel ablaufende Vorgänge besitzen wir eine innere oder physiologische Uhr, die innerhalb gewisser Grenzen mit äußeren zyklischen Vorgängen gleichgeschaltet ist. Störungen dieses Gleichtaktes kennen wir bei Flugreisen über große Entfernungen oder bei Wechselschichten mit Tag- und Nachtarbeit. Dieser Biorhythmus ist auch der Schlüssel für die Erklärung, daß Heilkräuter zu bestimmten Tageszeiten und gar bei bestimmten Mondphasen ihrer Heilwirkung wegen am zweckmäßigsten gesammelt werden.

Der schon in der babylonischen Philosophie vorherrschende Gedanke, daß Erscheinungen am Himmel und irdische Ereignisse einander entsprechen, ist aus diesem Betrachtungswinkel heraus gar nicht mehr so abwegig und macht die Begründung der Astrologie erklärbar; denn die Babylonier vermuteten in den Sternbildern und den Konstellationen der Planeten eine Geheimschrift der Götter. Entsprechend dem nach damaliger Auffassung vorhandenen geozentrischen Weltbild wurden den „Planeten" Sonne, Mond, Mars, Merkur, Jupiter, Venus und Saturn je ein Wochentag zugeordnet.

Aus der Zuordnung dieser Himmelskörper zu den Gottheiten und ihren aus den Mythen sprechenden Charakterzügen hat sich dann eine Astralmythologie entwickelt, die von den Griechen und Römern übernommen wurde. Was die Babylonier im Grundsatz behaupteten, versuchten die

Griechen mit ihrer abstrakten Denkweise zu untermauern. So sah Pythagoras eine Übereinstimmung zwischen den damals als Planeten angesehenen sieben Himmelskörpern und den sieben Noten einer Himmelslyra. Auch für Platon galt eine Harmonie zwischen den Seelen hier auf Erden und den Ereignissen im Himmel, woher die Seelen kamen. Wenn man aber die Sterne im Himmel auf Grund des damals vorherrschenden Weltbildes jener Stelle zuordnet, aus der die Seelen kommen, begeht man den Fehler, den physischen Weltenraum mit der Welt des Geistes gleichzusetzen. Wir dürfen daher nicht überrascht sein bei der Feststellung, daß das heute praktizierte System der Astrologie erst zweieinhalbtausend Jahre alt und eine Erfindung der Griechen ist. Heute sind zwar die Götterwelten der Babylonier, Griechen und Römer vergangen, doch das Spiel der Astrologen mit ihren Horoskopen hat das Leben jener Götter überdauert. Aus Vereinfachungsgründen wurde damals aber nicht der ganze Orbit in das astrologische System einbezogen, sondern nur die zwölf Tierkreiszeichen, die in jedem Massenhoroskop unserer Zeitungen aufgeführt sind.

Es muß den kritischen Beobachter nachdenklich stimmen, daß gerade die Stunde der Geburt maßgebend sein soll für das Schicksal des einzelnen Menschen. Treffender wäre doch eigentlich der Zeitpunkt der Zeugung. Da diese Zeitangabe jedoch in den seltensten Fällen festzulegen ist, begnügt man sich mit der bequemeren Ausdeutung der Geburtsstunde. Mit der Frage, ob der Zeitpunkt von Zeugung oder Geburt maßgebend für astrologische Berechnungen anzuhalten ist, setzte sich bereits Ptolemäus auseinander, der die Astrologie deswegen befürwortete, weil seiner Meinung nach das Wissen über die Zukunft dem Menschen helfen könnte, sein Schicksal zu akzeptieren und bestimmten Situationen aus dem Weg zu gehen.

Ein Faktor, der die Astrologie zum Aberglauben abstempelt, ist die Tatsache, daß die Astrologen in ihren Berechnungen nicht die Präzession berücksichtigen. Unter Präzession versteht man das Wandern des Frühlingspunktes. Das ist die Stelle am Himmel, wo die Sonne jedes Jahr den Himmelsäquator nach Norden hin überquert und im Laufe von 25 920 Sonnenjahren - auch das große Jahr oder Äon genannt - die zwölf Tierkreiszeichen durchwandert. Der zwölfte Teil dieser Zeitspanne ist ein Weltenmonat und entspricht 2160 Sonnenjahren. In einem Weltenmonat durchwandert der Frühlingspunkt den Bereich eines Sternzeichens, wie die Astrologen es in ihren Horoskopen berücksichtigen. Durch die Präzession haben sich heute aber die Kalenderdaten in bezug auf die Sternzeichen um rund vier Wochen verschoben, ohne daß es in den astrologischen Berechnungen berücksichtigt wird. Wir müssen dazu wissen, daß die heute praktizierte Astrologie in den Jahrzehnten vor Christi Geburt im alten Griechenland fixiert wurde.

In diesem Zusammenhang sei noch auf eine Besonderheit hingewiesen: Bekanntermaßen ist seit 2000 Jahren der Fisch das Symbol des Christentums. In der davor liegenden Epoche von rund 2000 Jahren (wieder ein Weltenmonat) begegnet uns der Widder als jüdisches Opferlamm. In dieser Zeit durchwanderte der Frühlingspunkt das Sternzeichen des Widders. Weiter zurück, als der Frühlingspunkt im Sternzeichen des Stieres einen Weltenmonat lang zu sehen war, war der Stier Kultobjekt für Ägypter und Minoer. In unseren Jahren wechselt der Frühlingspunkt in das Sternzeichen des Wassermannes über.

Die heutige Astrologie gesteht ein, daß nicht nur alleine das Horoskop, sondern' auch die Psyche des Menschen bei der Charakter- und Schicksalsbestimmung eine Rolle spielt. Diese Auffassung entspricht einem astrologischen Urtext aus dem Altertum, in dem es heißt:

Die Sterne regieren das Schicksal,
aber der Weise beherrscht die Sterne.

Doch gibt es noch einen anderen tönernen Fuß der Astrologie. Noch heute nämlich ist das Grundkonzept der Astrologie jenes von Ptolemäus beschriebene geozentrische Weltbild. Doch auch schon im Altertum war die Astrologie nicht unumstritten. So fragt Marcus Tullins Cicero (106--43) die Astrologen in seinem Buche „De Divinatione" (Über das Göttliche), ob alle die, die in der Schlacht von Cannae umgekommen waren, unter dem gleichen Stern geboren seien.

Die Astrologie gleicht in ihrem System ohne Zweifel jener kabbalistischen Zahlenlehre, die als Numerologie das Dasein einer Pseudowissenschaft fristet. Was in der Astrologie die Sterne sind, die in Beziehung zu Menschenschicksalen stehen, sind in der Numerologie Zahlenwerte, die

einzelnen Namensbuchstaben zugeordnet sind. Diese Zahlen sollen Auskunft geben können über bestimmte Eigenschaften des Namensträgers und über sein Schicksal. Alle diese Spekulationen setzen eine deterministische Weltanschauung voraus, die jeden Menschen vor ein unausweichbares Schicksal stellt und einen freien Willen ablehnt. Hierzu äußerte sich der heilige Ephraim im vierten Jahrhundert: „Wenn Gott gerecht ist, kann er nicht geburtsbezogene Sterne geschaffen haben, wodurch der Mensch notwendigerweise zum Sünder wird." Im gleichen Sinne äußerte sich der heilige Aurelius Augustinus (354-430), wenn er den Glauben an den Einfluß der Sterne als einen Ausschluß Gottes bezeichnet.

Während in anderen Religionen die Astrologie einen mehr oder weniger guten Platz einnimmt, wehrt sich vor allem die römisch-katholische Kirche gegen jegliche astrologische Praktiken. Damit stellt aber die Legende um den Stern von Bethlehem ein besonderes Problem dar. Einerseits wird die Astrologie verneint, andererseits aber soll die Konjunktion von Jupiter und Saturn im Sternzeichen der Fische ein Signal für die „Weisen aus dem Morgenland" gewesen sein, daß nun der Erlöser der Menschheit geboren wurde. Nach astronomischen Berechnungen fand tatsächlich im Jahre 7 vor unserer Zeitrechnung dreimal diese Konjunktion statt. Es handelt sich dabei um eine Konstellation, die sich alle 794 Jahre wiederholt. Für die der Astrologie zugeneigten Juden, die ihre diesbezüglichen Kenntnisse aus der Babylonischen Gefangenschaft mitgebracht hatten, galt der Jupiter als der Stern des Weltenherrschers und der Saturn als der Beschützer Israels. Da das Sternbild der Fische am Ende eines alten und am Anfang eines neuen Sonnenlaufes steht, lag es nahe, in dieser Konstellation für das Volk Israel die Ankündigung des Königs einer neuen Epoche zum Heile und Glück des eigenen Landes zu sehen. Wenn auch nicht unbedingt als der verheißene Messias, so doch als der irdische Herrscher, der das Volk aus dem römischen Joche befreit.

Die Vieldeutigkeit einer solchen Konstellation zeigt uns die astrologische Interpretation des gleichen Ereignisses aus römischer Sicht. In jenen Jahren regierte in der Ewigen Stadt der gottgleiche Kaiser Augustus als Jupiter in Menschengestalt und Herrscher des Endzeitalters. Da für die Römer der Saturn als das Symbol des goldenen Zeitalters galt, wurde das Jahr sieben vor unserer Zeitrechnung als glanzvoller Höhepunkt der triumphalen Laufbahn des Kaisers bewertet.

Ich halte es für einen recht zweifelhaften Versuch, nachträglich den Zeitpunkt der Geburt Jesu auf der Basis jener Sternkonstellation festzulegen. Nur wer das historische Auftreten Jesu als eine kulturpolitische Notwendigkeit oder das Christentum als einen unumgänglichen Entwicklungsprozeß der Menschheitsgeschichte betrachten will, mag sich um solche Faktoren wie die Konstellation von Sternen kümmern. Denn selbst die Interpretation, daß der Stern von Bethlehem nur Zeichen und nicht Ursache für das Auftreten Jesu war, kann den wahren Christen nicht befriedigen.

Den Verfassern der Evangelien möchte ich zugute halten, daß sie bestrebt waren, die Aussagen ihrer Lehre auch unter Beweis zu stellen. Aus dieser Perspektive wird es verständlich, wenn einige Bibelstellen bezüglich ihrer Aussage kritisch zu behandeln sind.

Unabhängig von astrologischen Praktiken im Bereich der babylonischen, griechischen und ägyptischen Kulturen entwickelten die Chinesen ein eigenes astrologisches Schema mit den Sternbildern rund um den Polarstern. In Südamerika hatten die Azteken ihrerseits einen Wahrsagekalender entwickelt, der auf Grund ihres Glaubens entstanden war, daß das Schicksal jedes Menschen einschließlich seiner Todesart und sein Leben nach dem Tode durch das Zeichen, unter dem er geboren wurde, festgelegt sei.

Aber genauso wenig, wie das Schicksal der Menschheit von fremden Sternen, die vielleicht heute schon erloschen sind, abhängt, oder von Wesen beeinflußt ist, die mit „F liegenden Untertassen'' zu uns gelangt sein sollen, um uns biologisch zu formen, ist die Theorie Hegels zutreffend, wonach das durch die Geschichte bedingte Schicksal dem Menschen seine Lebensaufgabe aufzwingt. Denn nach solchen Auffassungen ist der Mensch nur noch ein auf fremde Einflüsse reagierendes Individuum. Wer solche Theorien bejaht, braucht über Religion, Moral und auch Freiheit keine Betrachtung mehr anzustellen. Wir Menschen wären von unserer Sinnenhaftigkeit gefesselt und in den Käfig der materiellen Natur eingesperrt. Jede Initiative gegen das vorprogrammierte Schicksal wäre ein Auflehnen gegen die Weltordnung. Revolutionen würden nicht kraft des menschlichen Geistes geboren, sondern wären in unseren Genen bereits vorprogrammiert. Der Mensch würde sich nur noch Sachzwängen beugen und für sein Tun nicht mehr zur Verantwortung gezogen werden können, da die festen Geleise seines Handelns keinen menschlichen Freiheitsgrad mehr zulassen.

Als Konsequenz gibt es für den Menschen keine Schuld mehr und kein Verbrechen. Alle Strafanstalten müßten geräumt werden. Das für alle Taten und Untaten verantwortliche Naturgesetz wäre mitunter grausam und ungerecht. Beten wäre unsinnig. Das aber ist totaler Materialismus, der Geister und Dämonen in den Bereich der Fantasie verbannt und den Ursprung eines Geisterglaubens einer geistig und wirtschaftlich ungeschulten Gesellschaft zuschreibt. Eigenartig ist, daß in den Regionen, wo der wirtschaftliche Materialismus heute vorherrscht, metaphysische

Handlungen wie Gelöbnisse, Vereidigungen, Fahnen- und Jugendweihen ihren Platz in der Gesellschaftsordnung nicht verloren haben.

Nach statistischen Angaben liest jeder zweite Deutsche in Illustrierten und Zeitungen sein Horoskop, und Konzerne wählen neue Mitarbeiter mit Hilfe psychologischer Tests und graphologischer Gutachten aus. Gibt es hier eine definierbare Grenzlinie zwischen Scharlatanerie und wahrer Erkenntnis? Freilich will sich in unserer Zivilisation grundsätzlich niemand mehr zu Magie, Geisterbeschwörungen, Regenzauber oder Horoskopen offen bekennen. Doch die sensationellen Kassenerfolge von Filmen wie „Der Exorzist", „Rosemaries Baby" oder „Dracula" und die hohen Auflagen von Traumdeutungs- und Astrologiebüchern sagen das Gegenteil aus. Hiernach zu urteilen, ist auch in unserer Zeit trotz der überall betonten und gespielten nüchternen Denkweise der Glaube oder zumindest das Interesse an Mystik und Magie nicht weniger stark als in den vergangenen Jahrhunderten vorhanden. Militäreinheiten, Fußballvereine und Musikkapellen pflegen sich ein Maskottchen als Glücksbringer zuzulegen. Maskottchen ist eine Verkleinerungsform von ‚masko', was im Provencalischen soviel wie Hexe bedeutet. Stärkere Zauberkräfte als dem Maskottchen werden dem Amulett und dem Talisman zugeschrieben. Selbstverständlich gehören in diese Reihe auch die geweihten religiösen Gegenstände wie Votivfiguren, Rosenkränze und gesegnete Heiligenbildchen.

Trotz der nüchternen Erkenntnis, daß solche Art Aberglaube keine Existenzberechtigung hat, müssen wir der Frage nachgehen, ob es nicht doch geheimnisvolle, aber uns immer noch verborgene Kräfte gibt, die unser Leben beeinflussen können. Schließlich versperrt uns noch immer ein Schleier des Unerklärbaren und Unerklärten den Zugang zu den eigentlichen Wirklichkeiten.

Der Ursprung des Aberglaubens liegt vermutlich in dem oberflächlichen Bestreben, es jenen Menschen gleich zu tun, die mit außermateriellen Kräften und geheimgehaltenem Wissen überdurchschnittliche Fähigkeiten besaßen. Gerade das Bewahren physischer Gesetzmäßigkeiten und metaphysischer Erkenntnisse vor der Allgemeinheit und die Weitergabe dieses Wissens an wenige Auserwählte entspricht dem Erscheinungsbild des Schamanismus, jener aus der Urzeit gepflegten Magie der Naturvölker. Der

Schamane ist das, was wir im Hebräischen mit Elohe bezeichnen und in unserer Sprache als Medizinmann oder Priester kennen. Noch heute finden wir beispielsweise bei den Eskimos, den Lappen und Kirgisen Schamanen bei der Ausübung eines magischen Kultes. Tradition sowie körperliche und geistige Schulung sind die wichtigsten Voraussetzungen, den Umgang mit den magischen Kräften zu erlernen. Dabei unterscheiden wir zwischen weißer und schwarzer Magie. Erstere bezieht sich auf Fruchtbarkeits-, Regen-, Jagd-, Krankheits- und Liebeszauber, während in der schwarzen Magie Kriegs-, Rache-, Schädigungs- und Tötungszauber enthalten sind. In beiden Fällen versucht der Schamane, metaphysische Kräfte in seine Gewalt zu zwingen. Hierbei gelangt er oftmals durch wilde Tänze in eine Ekstase, die Ähnlichkeiten mit epileptischen Erscheinungsformen aufweist. Als Vorbedingungen, die einen solchen Zustand ermöglichen, werden Erbanlagen, ständige Übung und Narkotika genannt.

Seine Sonderstellung in der menschlichen Gemeinschaft sichert der Schamane noch durch ein gutes Wissen über die Wirkung von Heilpflanzen und andere naturkundliche Erkenntnisse ab. Daneben besitzt er zweifellos ein großes Repertoire an Tricks, die sein Ansehen zusätzlich untermauern. Die oft anzutreffende Verkleidung des Schamanen als Vogel versinnbildlicht, daß der Schamane mit seinem Geist außerhalb des materiellen Körpers wie ein Vogel im Universum herumfliegen kann. Diese Vorstellung läßt sich bis in die paläolithische Periode zurückverfolgen, wie es eine Höhlenzeichnung in Lascaux beweist. Durch seinen tranceartigen Zustand erhält der Schamane angeblich Kenntnisse von entfernten Ereignissen. Man kann vielleicht eine Parallele ziehen zwischen seinen Erkenntnissen und seinem Handeln mit den Erfahrungen und dem Agieren der Yogis. Jedenfalls wäre es falsch, das magische Handeln eines Schamanen nur als ein trickreiches Agieren anzusehen.

Wir sollten uns im klaren darüber sein, daß wir Menschen ohne die Beschäftigung mit der Magie vielleicht nie zu unserer heutigen Wissenschaft hätten vordringen können. Wir hätten uns vielleicht auch niemals gefragt, was jenseits der von uns erfaßbaren physischen Wirklichkeit liegt. In vielen Dingen ist die Magie unserer heutigen Wissenschaft - vor allem auf dem Gebiet der Medizin - noch einen guten Teil voraus. Denn in der Magie ist Wissen enthalten, das unter Anwendung verschiedener Techniken, Symbole, Zeichen und Riten unbekannte Kräfte mobilisiert, um bestimmte Ziele zu erreichen. Während die Mystik im Aufgehen der menschlichen Seele in Gott ihr höchstes Ziel hat, versucht der Mensch mit der Magie durch Gesetze, Wort oder Symbol eine materielle Macht auszuüben. Dabei findet oft eine Überschneidung des Magischen mit dem rationalen Denken und dem religiösen Verhalten statt.

Unerklärbare Ereignisse, die einem Menschen begegnen, pflegen wir als Wunder zu bezeichnen. Gerade im Christentum sind Wunder am häufigsten herausgestellt worden als das Zeichen des persönlichen, ständig in das Leben des einzelnen Menschen eingreifenden Gottes, wobei die außergewöhnlichen Taten des Jesus von Nazareth am bekanntesten sind. Für den katholischen Christen ist die Möglichkeit eines Wunders besonders dann am augenscheinlichsten, wenn es sich um die Heilung einer Krankheit handelt, wenngleich weder ein Katholik noch sonst jemand dogmatisch verpflichtet ist, an ein solches Wunder zu glauben. Es ist auch verständlich, wenn die Kirche ihrerseits sich sehr stark zurückhält, unerklärbare Ereignisse als Wunder anzuerkennen, da bei solchen Erscheinungen Täuschung und Betrug nicht von vornherein auszuschließen sind.

Zu den wirkungsvollsten Ereignissen zählen in diesem Zusammenhang die des Abbés Vachère, der erstmals am 8. September 1911 Blutstropfen an einem aufgestellten Herz-Jesu-Bild bemerkte. Es ist hierzu anzumerken , daß seit 1670 eine Herz-Jesu-Verehrung aufgekommen ist, die selbst in kirchlichen Kreisen nicht ohne negative Kritik geblieben ist, weil damit wegen des stark hervortretenden magischen Elementes eine Loslösung von der reinen Lehre Christi befürchtet wird. Abbé Vachère jedenfalls berichtete selbst dem Offizium zu Rom und teilte eine ihm durch das Bild gemachte Aussage Jesu mit, der gesagt haben soll, daß er über seine Priester weine, die nicht das sind, was sie sein sollten. Die Kirche reagierte mit der Exkommunikation. War es ein Wunder? War es keins? Jedenfalls konnten kritische Untersuchungen des Bildes bestätigen, daß wahrhaftig menschliches Blut aus dem Bilde hervortrat. Nur die Quelle konnte nicht bestimmt werden. Doch genauso, wie wunderbare Ereignisse mit Gegenständen in Verbindung gebracht werden, gibt es auch bestimmte Orte in der Welt, an denen Menschen wunderbaren Ereignissen zum wiederholten Male begegnet sind. Ich meine damit die Wallfahrtsorte. An solchen Plätzen wechseln sich reiner Aberglaube, psychologischer Einfluß und naturbedingte Eigenheiten mit wahren Wundern ab. Als Beispiel für den psychologischen Einfluß sei der Isenheimer Altar genannt, jener farbenprächtige Flügelaltar von Matthias Grünewald (um 1480- 1 528), den er für den Hochaltar der Antoniter Klosterkirche im elsässischen Isenheim gemalt hat. Dieser Altar besteht aus einem geschnitzten Schrein und elf Tafelgemälden, die untereinander durch Scharniere so verbunden sind, daß sie nacheinander in drei verschiedenen Zusammenstellungen betrachtet werden können. Dieser Altar spielte bei den Heilungsbemühungen der Antoniterbrüder eine wichtige Rolle. Es gehörte zu ihrer Behandlungsmethode, die Kranken und Krüppel aus dem Klosterhospital vor den Altar zu führen und ihnen, je nach Anlaß die äußeren Tafeln der „Kreuzigung" ", die mittlere der , ,Menschwerdung' " oder die innerste, dem Patronatsheiligen des Klosters gewidmete Darstellungsgruppe zu zeigen.

Hier ist der reale Hintergrund genauso leicht erkennbar wie die Leistungsfähigkeit naturbedingter Eigenheiten von Orten, denen nachträglich eine religiöse Bedeutung, wenn auch nur mit der Auffindung dieses Ortes in Zusammenhang stehend, zugesprochen worden ist. Eine Herausforderung an die allgemeine menschliche Erkenntnisfähigkeit sind Wallfahrtsorte, an welchen Aberglaube und göttliche Wunderkraft nicht unterscheidbar sind. Hierzu ist beispielsweise der südfranzösische Ort Lourdes zu zählen. Täglich suchen dort Kranke in teils fortgeschrittenen Stadien von multipler Sklerose, Karzinomkranke, Blinde und andere körperlich Leidende Heilung in dem Quellwasser, das keinerlei erkennbare heilungsfördernde Substanzen enthält. Trotzdem werden jährlich cirka 30 Heilungen im Ärztebüro gemeldet. Bei näherer Untersuchung sind es aber fast immer Heilungen, wie sie jederzeit und an allen Orten vorkommen können. Doch wird im Durchschnitt fast

jedes Jahr eine Heilung von einer Ärztekommission bestätigt, die ohne Heilmittel und plötzlich, also ohne Genesungsprozeß, auf unerklärliche Weise erfolgt ist. Bei diesen Spontanheilungen, wie sie im Bureau médical aufgezeichnet sind, handelt es sich um Heilung von Karzinomen mit Metastasen, multipler Sklerose, fortgeschrittener Tuberkulose oder gar Gehirntumoren. Doch auch die vielen Pilger, die keine Heilung erfahren, fühlen sich nicht enttäuscht, sondern zeigen sich in vielen Fällen gestärkt im Ertragen ihrer Leiden, in denen sie einen tieferen Sinn gefunden haben. Diese Haltung der jeweils aus Lourdes zurückkehrenden Pilger läßt sich allenthalben in den heimwärtsfahrenden Pilgerzügen feststellen. Auch diese Haltung ist medizinisch nicht erklärbar und zeigt, vorsichtig ausgedrückt, zumindest die Nähe eines Wunders. Erinnern wir uns noch einmal an Shakespeares Worte: „Nothing is, but what is not."

Es gibt freilich immer wieder Menschen, die auch beim Miterleben einer wissenschaftlich nicht erklärbaren Spontanheilung nicht gewillt sind, an ein Wunder zu glauben. Hierzu gehört beispielsweise Emile Zola (1840-1902), der dem Präsidenten des Ärztebüros in Lourdes, Dr. Boissorie, in einem Briefe mitteilte, daß er auch nicht an ein Wunder glauben könne, selbst wenn er sämtliche Kranken in einem Augenblick geheilt sähe. Eine solche Einstellung spricht zwar nicht für den betreffenden Menschen, aber die freie Willensentscheidung bleibt zu respektieren. Fragt sich nur, wie solcher Starrsinn von ihm selbst verantwortet werden kann.

Gerne rücken „aufgeklärte" " Menschen alles, was mit Mystik und Magie in Zusammenhang steht, in das Reich der Phantasie und haben für unerklärbare Ereignisse die nicht beweisbare Behauptung parat, daß dieses Geschehen stets ausgelöst wird von noch nicht entdeckten Wellen, Strahlen oder sonstigen Kraftfeldern des materiellen Bereiches. Doch weder solche Behauptungen, noch Leugnen oder gar Spotten hilft, die Erkenntnis zur Seite zu schaffen, daß der Mensch, der gerne über sein Schicksal selbst entscheiden möchte, eben doch einer ihm unbekannten Macht untergeordnet bleibt. Wer dennoch meiner Auffassung, daß es eine außermaterielle, göttlich genannte, Kraft gibt, nicht folgen kann, der möge, bevor er sich ein Urteil bildet, die Arbeiten und Aussagen von Albert Einstein, dem Ehepaar Curie, Pascual Jordan, Niels Bohr und Werner Heisenberg studieren. Freilich soll jeder selbständig zu einem eigenen Weltbild gelangen. Doch sollte man sich dabei überlegen, ob man auch Erkenntnisse anderer Menschen nach eigener Prüfung mit in sein Gedankengebäude einbezieht oder sein Urteil nach dem Slogan fällt, daß nicht sein kann , was nicht sein darf. Wenn man bedenkt, daß heute zum Beispiel die Armeen der Sowjetunion und der USA sich unter Einsatz erheblicher Geldmittel mit Phänomenen wie Hellsehen, Telepathie, Telekinese oder Psychokinese befassen, was eine Auseinandersetzung mit Mystik, Magie und letztlich auch der Metaphysik bedeutet, so kann man die auf diesem Gebiet arbeitenden Wissenschaftler und die Menschen, die diesen Problemen positiv gegenüberstehen, schlecht als Spinner bezeichnen.

VON ENGELN, DEM TEUFEL UND ANDEREN GEISTERN

In der Literatur finden wir viele Berichte über das Wirken von Wesen, deren Erscheinungsform und Funktion wissenschaftlich nicht erklärt werden kann. Solange es sich um Märchen, Spuk- oder Geistergeschichten oder um irgendwelche Abenteuerromane handelt, könnte man wegen der reichlichen Phantasie dem Autor Bewunderung zollen und zur allgemeinen Tagesordnung übergehen, wenn nicht von ähnlichen Ereignissen auch in den heiligen Schriften der verschiedenen Religionen berichtet würde. Dort nämlich finden wir Darstellungen von Begegnungen mit Engeln und Teufeln, Aussagen von Menschen , die aus dem Totenreich zurückgekommen sind, und wir lesen von Zusammentreffen mit Göttern, die in Gestalt irdischer Wesen mit uns in Verbindung getreten sein sollen.

Bevor wir aber versuchen, uns direkt mit der Theorie einer Geisterwelt auseinanderzusetzen, wollen wir uns zunächst mit der Übermittlung von Nachrichten befassen, die auf unerkennbaren Wegen zu uns gelangen. Ich spreche damit jenes Wissen an, das plötzlich in dem Bewußtsein eines Menschen vorhanden ist, ohne daß die Quelle der Information und der Übermittlungsweg erkennbar sind. Die Wissenschaft spricht hier von Telepathie. Forscher, die sich mit diesen Erscheinungen beschäftigt haben, mußten fest- stellen, daß unter bestimmten Bedingungen eine Person irgendein Bild von sich selbst auf andere projizieren kann. Es gibt Berichte darüber, wie Menschen bei einem traumatischen Erlebnis, beispielsweise bei einer schweren Krankheit, einer gefährlichen Verletzung oder gar bei ihrem Tode, auf telepathischem Wege ein Bild von sich an eine ihnen nahestehende Person gesendet haben, die für den Empfang des Bildes hinreichend sensibel war. Ob dabei der Absender die jeweilige Nachricht bewußt oder unbewußt ausstrahlte, ist nicht bekannt.

Ist die Übertragung solcher Mitteilungen schon rätselhaft, so vergrößert sich das Problem noch, wenn beispielsweise bei einem Todesfall die entsprechende Nachricht verspätet übermittelt wird, solange man nicht die Existenz des Menschen über den Tod hinaus anerkennen will. Tatsächlich gibt es hinreichend viele Berichte über solche Fälle.

Vor dem Hintergrund solcher Berichte muß man sich die Frage stellen, ob ein Mensch mit viel Willenskraft und Konzentrationsfähigkeit überhaupt bewußt auf telepathischem Wege Mitteilungen übertragen kann. Eine solche Möglichkeit wird in Berichten der Gesellschaft für parapsychologische Forschung bestätigt. Doch sind es nicht nur telepathische Mitteilungen, die den Rahmen unserer sinnenhaften Erkenntnisfähigkeiten sprengen. Es werden auch Bilder in unserem Bewußtsein erzeugt, die uns so natürlich vorkommen, daß wir kaum zu unterscheiden vermögen, ob wir sie mit unseren natürlichen Augen oder dem sogenannten geistigen Auge erfaßt haben.

Von solch einem Erlebnis hat uns Goethe berichtet. Es geschah, als er mit zweiundzwanzig Jahren sein Studium in Straßburg beendet und von Friederike Abschied genommen hatte. Über die Vision, die er dann hatte, berichtete Goethe folgendes:

„Ich sah, nicht mit den Augen des Körpers, sondern mit denen des Geistes, meine eigene Gestalt mir entgegen reiten und auf der gleichen Straße, angetan mit einem Anzug, den ich nie getragen hatte. Acht Jahre später fand ich mich auf der gleichen Straße, um Friederike noch einmal zu besuchen, und ich trug den Anzug, den ich im Traum gesehen hatte ..."

Soweit Goethe. Man würde es sich zu einfach machen, wollte man solche Erscheinungen als bloße Aktion eines überreizten Gehirns abtun. Denn wir haben ja auch Kunde von Erscheinungen, die nicht nur einer Person widerfahren sind, sondern mehreren und zum wiederholten Male und an ganz bestimmten Orten. Schlechthin bezeichnen wir so etwas als Spuk . Aber was ist denn eigentlich Spuk?

Nicht unbekannt dürften Spukerscheinungen sein, die von ehemaligen Schlachtfeldern berichtet werden. Da hatten beispielsweise die Angehörigen einer kleinen Einheit der schottischen 51. Highland-Division kurz vor der Kapitulation der englischen Streitkräfte in Dünkirchen in einem Dickicht die Überzeugung gewonnen, daß es spuke. Ihre Kampfkraft war gelähmt, bis sie sich aus dem Gehölz zurückgezogen hatten. War es eine reine Angstpsychose, oder waren die Geister der am gleichen Ort im Sommer 1415 gegeneinander kämpfenden Engländer und Franzosen, deren Leichname im Unterholz gelegen hatten, an diesen Ort zurückgekehrt? Ähnliche Berichte von Geisterschlachten sind überliefert von dem Schlachtfeld bei Marathon, wo 490 die Griechen über die Perser siegten, von der ersten Schlacht des englischen Bürgerkrieges am 23. Oktober 1642 und von dem Kampf bei Shilo, einem Ort in Tennessee, wo am 6. April 1862 amerikanische Bürgerarmeen aufeinandergestoßen waren. Gerade die mehr oder weniger glaubhaften Erscheinungen des zuletzt genannten Ereignisses führten zu der Ku-Klux-Klan-Bewegung, deren Ziel es ist, die durch die Niederlage von 1865 eingeleitete Veränderung der Lebensweise in den Südstaaten zu bremsen. Als Geister verkleidet wurden die Anhänger dieser Bewegung von vielen freigelassenen Negersklaven für die Toten von Shilo gehalten und damit in die Lage versetzt, die schwarze Bevölkerung bis zum heutigen Tage mit Angst und Schrecken zu terrorisieren.

Wenn auch viele Spukgeschichten reine Erfindungen oder Produkte des Wunschdenkens sind, lehnt die Parapsychologie die Möglichkeit solcher Phänomene nicht grundsätzlich ab, sondern erklärt sie mit der Konzentration starker Emotionen an bestimmten Orten. Es wäre nun sehr einfach, Geistererscheinungen als Beweis für das Vorhandensein einer Seele anzuführen, die nach dem Tode als eine Art Astralleib weiterexistiert und mitunter für den noch auf Erden lebenden Mitmenschen sichtbar wird. Gleichermaßen ließen sich auch noch die Erscheinungen von Geisterpferden, Geisterhunden oder anderer Geistertiere mit dem Vorhandensein einer Tierseele erklären. Doch bei Gegenständen wie Kleidung der Geistermenschen, Geisterschiffen, Geisterautos oder Geisterflugzeugen hilft eine solche Erklärung nicht mehr weiter.

Schließen wir bei unseren Betrachtungen Sinnestäuschungen und die beisogenannten Geisteskranken durch falsche Assoziation hervorgerufenen Wahnvorstellungen aus, so kommen wir nicht umhin, solche Erscheinungen als telepathische Meldungen aus einer amateriellen Welt zu akzeptieren. Nach der Theorie von C. G. Jung kommen diese Geisterbilder zustande, wenn eine Meldung aus dem Außerzeitlichen mit den aus dem kollektiven Unterbewußtsein erwachsenden Urbildern kombiniert wird. Neben dem geistigen Sehen von Bildern können solche Nachrichten auch mit Assoziationen des Gehörs verbunden sein. Das erklärt das Auftreten von Poltergeistern. Soweit man diesbezüglichen Berichten Glauben schenken kann, muß es sich hierbei um eine nicht-menschliche Macht handeln, die aber auf das Eingreifen von Menschen reagiert. Durch Aufforderung, ihr Treiben zu verstärken, soll eine Aktivierung dieser Erscheinungen möglich sein. Andererseits soll durch eine Geisterbeschwörung aber auch ein an einen bestimmten Ort gebundener Spuk ausgeschaltet werden können. So kommt es, daß der Exorzismus nicht nur Anwendung findet bei der , ‚Teufelsaustreibung" bei einem besessenen Menschen, sondern auch, um Orte von einem Spuk zu befreien. Eines der eindrucksvollsten Dokumente in der Geschichte der parapsychologischen Forschung stellt der Bericht des Priors eines Benediktinerklosters, des Bruders John Goby, dar. Ihm wurde nachgesagt, er könne mit übersinnlichen Erscheinungen umgehen. So wurde er während des großen Schismas von dem in Avignon residierenden Papst Johannes XXII. beauftragt, über eine Spukerscheinung im Gebiet der Stadt Arles zu recherchieren. Dort sollte der verstorbene Händler Guy de Torno mit einer geisterhaften Stimme bei seiner Witwe spuken. Bruder John hielt mit drei Fratres Nachtwache am Bette der Witwe, und es gelang ihm mit seinen drei Helfern unter dem Zeugnis von einhundert angesehenen Bürgern der Stadt, die teils um das Haus postiert, teils ebenfalls im Schlafzimmer anwesend waren, den sich zunächst mit einem Geräusch wie das Fegen mit einem Besen bemerkbar machenden Geist anzusprechen. Dieser versicherte zunächst, daß er nicht ein Abgesandter des Teufels - was damals wegen des allgemeinen Hexenwahns von Bedeutung war -, sondern daß er wirklich der Geist des verstorbenen Ehemannes sei und wegen der Schuld eines Ehebruches die Zeit des Fegefeuers in Form eines Spukzwanges durchstehen müsse.

Bemerkenswert ist an dieser Geschichte, daß auch hier das Fegefeuer letztlich nichts anderes ist als die sinnliche Sehnsucht der menschlichen Seele zu irdischen Gelüsten, unter denen der überlebende Geist leidet, wenn er sich nicht schon während des Erdenlebens hiervon hat befreien können.

Halten wir zunächst einmal fest, daß nach parapsychologischer Auffassung eine Person, die sich in einer Krise befindet, unbewußt durch das Denken an einen Mitmenschen in diesem das Bild von sich entstehen lassen kann. Wie dies geschieht, ist uns Menschen ein Geheimnis. Mag der Skeptiker an der Möglichkeit solcher telepathischer Erscheinungen zweifeln, so kann er doch nicht leugnen, daß man durch Hypnose einer leicht beeinflußbaren Person ein Bild suggerieren kann, das beim Erwachen solange vorhält, bis der Hypnotiseur dieses Bild zurücknimmt. Was hier durch die Hypnose ermöglicht wird, geschieht in den Fällen der Telepathie über große Entfernungen hinweg, mitunter sogar zeitlich versetzt. Wie dieses Phänomen zustande kommt, wissen wir nicht. Doch spricht vieles dafür, daß der Absender lediglich einen Gedanken auf die Reise schickt, während der Empfänger in der Wahrnehmung jenes Gedankens erst dazu ein eigenes Bild produziert, das mehr oder weniger gut in die augenblickliche physische Umwelt paßt.

Der Glaube, daß es möglich ist, mit Seelen Verstorbener in Verbindung treten zu können, fand im Jahre 1848 durch die Erlebnisse der Familie Fox in Hydesville, einem Städtchen im Bundesstaat New York, eine so glaubhafte Demonstration, daß man den 31. März jenes Jahres als die Geburts-

stunde des neuzeitlichen Spiritismus ansehen kann. An diesem Tage nämlich fand der erste Kontakt der genannten Familie mit einem Geistwesen
statt. Daß die Zahl der Anhänger dieser neuen Anschauung rasch wuchs,
kann nicht zuletzt mit den Geschehnissen um Emanuel Swedenborg begründet werden, die hundert Jahre zuvor die Welt in Erstaunen gesetzt
hatten. Außerdem kann man den Zulauf zum Spiritismus als Antwort auf
die Frage gelten lassen, ob das Leben mit dem irdischen Tode endet oder
nicht. Denn gerade in jenen Tagen wurde vor allem von der Aufklärung
die Auffassung eines Endes der menschlichen Existenz mit dem irdischen
Tode gleichgesetzt.

Paulus schreibt im ersten Korintherbrief 15:44: „Gibt es einen sinnenhaften Leib, so gibt es auch einen geistigen Leib. " Doch wie dieser Leib aussieht, vermag uns kein christlicher Theologe zu sagen. Nach allgemeiner
Auffassung soll er dem irdischen Körper nicht unähnlich sein, weil ja seine
Individualität weiter bestehen soll, aber weder über Alter noch Geschlecht verfügen. Dies sind aber meines Erachtens doch sehr vage Vermutungen, die jeder Grundlage entbehren. Jedoch ist die Auffassung, daß
der geistige Leib auch materiell vorhanden sei, schon in den ersten Jahrhunderten des zweiten Jahrtausends vor Christi Geburt fester Bestandteil der in Ägypten vorherrschenden Weltanschauung. Man faßte Seele
und Geist als eine mit den Sinnen der Menschen nicht wahrnehmbare Materie auf.

Zu einer absolut richtigen Aussage ist aber auch der Spiritismus nicht in
der Lage, obwohl in 125 Jahren sehr viel Material zusammengetragen
worden ist. Angeblich hat die spiritistische Bewegung sogar in das Schicksal der amerikanischen Nation eingegriffen. Denn anläßlich einer Seance,
an der auch Präsident Lincoln teilgenommen hatte, forderte das Medium
Nettie Colburn in Trance von dem Präsidenten die Befreiung der amerikanischen Negersklaven. Auf Befragen soll der amerikanische Präsident den
Einfluß des Spiritismus in dieser Frage zugegeben haben. Auch die unglü-
ckliche Politik von Arthur Neville Chamberlain (1869-1940) gegenüber
Hitler soll durch Geisterbotschaften beeinflußt worden sein und erst eine
Wende erfahren haben, als Churchill die englische Führungsschicht aus
diesem Banne löste.

Nach allem, was in der Literatur über Geistererscheinungen zu lesen ist,
bleibt zu fragen, ob seitens der Wissenschaften bisher eine Existenzbe-
stätigung hat herbeigeführt werden können. Verstehen wir unter Wissenschaft wiederum nur den auf die griechische Denkweise abgestimmten

Begriffsinhalt, muß mit einem Nein geantwortet werden. Fest steht aber, daß viele Geschehnisse nicht mit den uns bekannten Naturgesetzen zu erklären sind und aus diesem Grunde Erscheinungen von Geistwesen nicht geleugnet werden können. Andererseits steht aber auch fest, daß mit Geistererscheinungen schon viel getrickst worden ist. Hierzu verleiten unsere Kenntnisse auf dem Gebiet der Physik und Chemie.

Man darf nicht übersehen, daß alle Religionen, auch die christlichen, Geistwesen als selbstverständlich in ihre Weltanschauungen einbezogen haben. Nur der Mensch, der sein Wahrnehmungsvermögen allein auf seine fünf Sinne beschränkt hat, und dies bald auch nur noch mit den Krücken moderner technischer Apparate kann, hat die Fähigkeit verloren, Lebensäußerungen der universellen Welt wahrzunehmen. An dieser Stelle sollten wir uns erinnern, daß die Epoche der Aufklärung mit ihrer Vernunftidee auf Grund ihrer naturkundlichen Erkenntnisse alles auf das Rationale abstellen wollte. Doch die Irrationalität ließ gerade in jenen J ahren einen Dschungel aus Aberglauben und Mystizismus, Zahlenmystik und Wahrsagerei emporwachsen, was den Glauben an Dämonen, Kobolde, Hexen und Vampire erneut anheizte. Dies geschah nicht nur in den Köpfen des einfachen Volkes, sondern auch in Adelskreisen und - nach der französischen Revolution - in den Führungsschichten von Staat, Wirtschaft und Militär.

lm Gegensatz zu der Skepsis des zwanzigsten Jahrhunderts hat es zu allen Zeiten Erklärungen und Theorien gegeben, daß die Geister der Toten, deren Leichnam zerfällt und verschwindet, weiter existieren und unser weltliches Leben noch einmal auf einer zweiten Ebene abläuft. Diese Wesen nun, die ein Beweis für außermaterielles Leben sein können, sollen vielen Menschen als Geister oder Gespenster erschienen sein. Auch die christlichen Kirchen haben sich mit diesen Erscheinungen befassen müssen. War doch das vorchristliche Europa dicht mit Geistern, Feen, Göttern und Gespenstern bevölkert, so versuchten eifrige Missionare, diesem Glauben entgegenzutreten. Doch die grotesken Wasserspeier an unseren mittelalterlichen Kirchen beispielsweise künden von der Überlebensfähigkeit jenes Geisterglaubens. Wenn auch Skeptiker nicht von Geistern, sondern von Erscheinungen sprechen, meinen sie doch das gleiche Geheimnis menschlichen Lebens.

Bis zum Jahre 1951 konnten in England Spiritisten nach den Hexengesetzen von 1735 verfolgt werden. Dadurch war das Praktizieren von Medien grundsätzlich verboten. Unter der Voraussetzung, daß die Medien nicht mehr von vornherein auf Betrug aus sind und keine betrügerischen Hilfsmittel verwenden, können sie heute in England frei praktizieren.

Die Einstellung des Judentums zu Geistwesen können wir aus dem fünften Mosesbuch im 18. Kapitel entnehmen. Hier wird zwar die Existenz von Geistwesen nicht bestritten, ja sogar als gegeben hingenommen, aber es war den Juden verboten, einen Toten oder Wahrsagegeist zu befragen.

„... Denn ein Greuel für den Herren ist jeder, der solches tut ... denn ungeteilt sollst Du dem Herren anhangen . . .“ Vermutlich spielt in diesen Äußerungen die Erkenntnis mit, daß Aussagen von beschworenen Geistern nicht in jedem Falle der göttlichen Wahrheit entsprechen.

Aus unserer Jugend kennen wir für Geistwesen die Begriffe Engel und Teufel. Die noch in unserer Erinnerung haftenden Jugendstilbilder aus den Kinderzimmern sind heute fast gänzlich verschwunden. Damit ist aber auch der Glaube an diese lieblich aussehenden Wesen in Frauengestalt mit langen , wallenden Gewändern und großen, die menschliche Gestalt überragenden Flügeln untergegangen_ Nur zum Weihnachtsfest begegnen wir noch den Abbildern jener die Herrlichkeit Gottes versinnbildlichenden Wesen. Noch in der Zeit zwischen den Gründerjahren und den „goldenen Twenties“ sah man in den guten Stuben, über dem Ehebett und im Kinderzimmer neben Elfenreigen und röhrenden Hirschen, neben Herz-Jesu-Bildern und der Darstellung „Christus am Ölberg“, eine Unzahl von Schutzengelbildern, die Dank der aufkommenden rationalen Druckverfahren leicht zu vervielfältigen waren. Man kann diese Abbildungen fast als den Inbegriff jenes kleinbürgerlichen religiösen Lebensstils bezeichnen. Das Thema war dabei fast stets dasselbe: Ein schwebender Engel bewacht Kinder vor dem Sturz in einen Abgrund oder er führt die Kinder sicher über eine schmale Brücke. Diese symbolhafte Darstellung beschrieb die Existenz jener Wesen, die den Menschen vor dem Sturz in den Höllenschlund bewahren sollten.

In vielen Religionen gehören die Erschaffung und die Geistigkeit guter und böser Engel oder wie sie sonst noch heißen mögen, zum allgemeinen Glaubensgut. In der katholischen Kirche gilt ‚ wenn es auch kein Dogma ist, die Annahme, jeder habe einen Schutzengel, als sichere theologische Meinung. Dieser Schutzengel weicht Tag und Nacht nicht von seinem Schützling, selbst dann nicht, wenn wir gar nicht an ihn denken oder seine Fürsorge gar mit Undank und sündhaftem Verhalten vergelten.

Wenn im Neuen Testament von Engeln die Rede ist, so sollte man dabei nicht so sehr an ein beflügeltes, menschlich aussehendes Wesen denken, sondern an eine Macht, die von einer außermateriellen Sphäre zu uns dringt. So hatte ein Engel Maria darüber informiert, daß sie einen Sohn empfangen werde. Als Maria wenige Zeit später ihrem Verlobten darlegte, daß sie gesegneten Leibes sei, wollte Josef sie verlassen. Er zweifelte an der Treue seiner Braut. Doch im Traume erschien ihm ein Engel, der den wahren Sachverhalt erklärte. Dabei spricht das Traumbild nicht für die materielle Existenz des Engels, was aber den Aussagewert seiner Botschaft nicht mindert.

Engel kamen zu Jesus und dienten ihm, nachdem er der Versuchung des Teufels standgehalten hatte (Mt. 4:11). Den Begriff des Schutzengels finden wir in Matthäus 18:10. Dort warnt Christus davor, Kinder zu verachten. „Denn", so steht geschrieben, „ihre Engel schauen im Himmel immerfort in das Angesicht meines Vaters".

Die Ungeschlechtlichkeit der Engel bestätigt Christus in der Erläuterung des Lebens nach der Auferstehung. In Bezug auf eine eheliche Bindung von Mann und Frau zitiert Matthäus (22:30), daß dann weder geheiratet noch verheiratet wird, weil die Menschen wie die Engel Gottes im Himmel sind. Am Ende der Zeit wird nach Matthäus Christus seine Engel aussenden, die die Auserwählten zusammenführen. Einen weiteren Hinweis auf Engel finden wir in der Schilderung von der Verhaftung Jesu. Denn dort sagte er zu seinen Jüngern, daß der Vater im Himmel auf seine Bitten hin ihm zwölf Legionen Engel zu Hilfe schicken würde, wenn er ihn darum bäte.

Berichte der Bibel über Engel schildern diese Wesen in ihrem Erscheinungsbild nicht so lieblich wie chromolithische Durckpressenerzeugnisse der Jahrhundertwende, sondern lassen die Menschen bei einer Begegnung mit ihnen eher vor Furcht erzittern, wie zum Beispiel Zacharias im Lukasevangelium (l 112). Die Stärke der Engel zeigt sich auch im Bild der Genesis, wo solche Geistwesen den Eingang zum Paradies bewachen und die Rückkehr des Menschen dorthin verhindern. So berichtet uns die Bibel über das Wirken von Engeln als Beauftragte Gottes. Daneben aber begegnen wir auch dem Engel Gottes als Begriff in der Einzahl. Dann ist er Mittler und Stellvertreter Gottes oder sogar seine eigene Erscheinungsform.

Bei dem Versuch einer bildhaften Darstellung solcher Wesen wurde ihre Unabhänigkeit von der Erdenschwere mit der Darstellung von Flügeln versinnbildlicht. Dies hat eine Ähnlichkeit mit der Verkleidung des Schamanen als Vogel, denn auch ihm wurde nachgesagt, daß er durch das Universum fliegen könne. Bezieht man dies nur auf den geistigen Gehalt seiner Existenz, so haben wir eine Parallele zu unserer Vorstellung von Engeln und deren Verbindung zu einer transzendenten Wirklichkeit. Von dem Bild eines Engels mit Menschenkörper und Vogelflügeln, wallendem Gewand und weiblichem Charme aber müssen wir Abstand nehmen. Die Realität ist eine andere. Wenn wir schon geneigt sind, an die Existenz von Lebewesen in anderen Galaxien zu glauben, denen, um deren hypothetische Existenz glaubhaft machen zu können, sogar eine andere chemische Grundlage als bei uns zugesprochen wird, warum sollten dann nicht auch Wesen existieren können, ohne jegliche materielle Basis in völliger Unabhängigkeit von physikalischen Gesetzen?

Es ist nicht zu leugnen, daß sich einige ‚moderne' Theologen von einem Weltbild, das auch mit Engeln durchsetzt ist, getrennt haben. Aber selbst die netten Bildchen, vor allem aus der Jahrhundertwende, zeigen uns doch ganz deutlich, daß wir zu gerne zu Bildern greifen, um unsere Vorstellungen abzurunden. So zeigt uns der Psalm 148, daß alle Kräfte der Schöpfung als Diener Gottes und dessen Boten anzusehen sind. Ein Beispiel ist die Übersetzung der Namen jener beiden Erzengel: Gabriel bedeutet ‚Kraft', und Michael ist zu übersetzen mit ‚Wer-ist-wie-Gott". Gott setzt sich mit uns auf tausenderlei Art in Verbindung. Auch mit denen, die ihn nicht glauben.

Was nun von den Engeln gesagt wurde, gilt auch für jene Geschöpfe, die wir heute als deren Gegenpol ansehen, nämlich für den oder die Teufel. Um den Begriff des Teufels erläutern zu können, ist es erforderlich, etwas in die Kulturgeschichte der Menschheit zurückzuschauen, und zwar im Hinblick auf die religiösen Vorstellungen. In den Religionen der frühen europäischen Kulturkreise begegnen wir dem Wirken unheilvoller Mächte, die stets in das Wirken der kosmischen Ordnung eingebunden und dem Göttlichen untergeordnet sind. Erst die Verbindung zu den orientalischen Kulturen läßt eine Wandlung erkennen. In diesem Zusammenhang spielt vor allem der iranische Dualismus eine tragende Rolle, der besonders in der vorchristlichen Gnosis seinen Niederschlag gefunden hatte.

Der Dualísmus sieht die Wirklichkeit in der polaren Spannung von zwei gegensätzlichen Seinsbereichen wie beispielsweise Geist und Materie, Freiheit und Naturnotwendigkeit oder Böses und Gutes. Konsequenterweise bestimmt dieses Dualitätsprinzip dann auch den Ursprung der Realität aus zwei völlig verschiedenen Seinsgründen. Das bedingt für die mono-theistische Gottesidee einen gleichrangigen Widersacher. Man mag ihn Teufel, Satan oder, wie im Parsismus, Ahriman nennen.

Der Dualísmus kommt, wie gesagt, aus Persien und geht zurück auf die Lehre Zarathustras, jenes persischen Religionsstifters, der die Welt in ei-nem Kraftfeld zwischen zwei Polen, dem Licht und der Finsternis, dem Gu-ten und dem Bösen, sieht. Diese Einstellung hat im Parsismus eine nicht zu übersehende Auswirkung auf das praktische Leben. Zarathustra lebte in einer Zeit, als vor rund 3000 Jahren die Menschheit den Wechsel vom Nomadenleben zur bäuerlichen Seßhaftigkeit vollzog. Der Parsismus, wie man Zarathustras Lehre nennt, ist stärker kulturbejahend als alle anderen Religionen. Nach dieser Lehre zählt alles zum Bösen, was dem Gedeihen einer geregelten Landwirtschaft schadet. Auf der Seite des Guten stehen die nützlichen Haustiere neben dem erfolgreichen Ackerbau. So heißt es: „Wer Korn sät, der sät Heiligkeit", und , „die Kuh gewinnen" ist Ausdruck für das Erreichen himmlischer Seligkeit. Man kann nun weiter folgern, daß das Gute im Streben nach kulturellem Fortschritt begründet ist, während ein Stillstand in der Entwicklung zu Elend und Leid führt.

Mit dem wachsenden Kulturaustausch unter den Völkern drangen auch dualistische Gedanken in die Bibel ein, wobei der Teufel als Widersacher der göttlichen Ordnung dieser letztlich aber doch untergeordnet bleibt. Hier sei an die Bileamerzählung im vierten Mosesbuch, Kapitel 22, Vers 22, erinnert, in der ein Engel des Widerspruchs den Handlungsablauf ver-kompliziert. Bei dem Ansturm der Israeliten auf das Reich der Moabiter sandten diese eine Botschaft zu Bileam am Euphrat (4. Mose 22:5), damit dieser Eloha oder Zauberer, der sich auf übernatürliche Kräfte berief, das Volk der Israeliten verfluchen solle. In einer Zwiesprache mit Gott erhielt Bileam die Reiseerlaubnis unter der Bedingung, daß er nur das tue, was Gott ihm befehle. Aber schon auf dem Wege zu den Moabitern versperrte ein Engel des Herrn ihm den Weg.

Aus dem Engel des Widerspruchs, der vielleicht auch den inneren Kampf des verantwortungsbewußten Zauberers Bileam versinnbildlicht, wird in der Hioberzählung der Teufel, der als Gefolgsmann Gottes die Aufrichtig-keit und Gottestreue Hiobs prüft. In einer Konferenz mit anderen Gottes-söhnen hatte der Teufel Gott um die Macht über Besitz, Familie und Kör-per des armen Hiob gebeten und diese erhalten. Doch die von Hiob ge-zeigte Nächstenliebe überwand schließlich die Macht des Satans.

Es führt das Judentum zunächst alles Seiende, auch das in unseren Augen Böse, auf Gott zurück. So kann im Sinne des strengen judaischen Monotheismus Jesaja die Worte des Herren an Cyrus zitieren: „Ich bin der Herr, und sonst gibt es niemand; einen Gott außer mir gibt es nicht! (45:5) Das Licht bilde ich und erschaffe die Finsternis, bewirke das Heil und schaffe das Unheil! Ich, der Herr, bin es, der all dieses wirkt." (45:7). Damit wird das, was wir Satan nennen, Teil Gottes. Bei dieser Betrachtungsweise ist der Satan dann nichts anderes als die Personifikation des göttlichen Zweifels am Menschen.

Den geschichtlichen Übergang zum Teufelsbegriff erfahren wir beim Vergleichen der beiden Bibelstellen im Alten Testament, 2. Samuel 24 und 1. Chronik 21. An beiden Stellen wird die von David angeordnete Volkszählung beschrieben. Im ersten Falle „entbrannte aufs neue der Zorn des Herrn wider Israel. Er reizte David gegen es (das Volk, Anm. d. Verf.) auf, indem er David zu einer Volkszählung überredete. In der Chronik ist es Satan, der wider Israel auftrat und David zu dieser Tat anstachelte. Im christlichen Kulturkreis wandelt sich der Satansbegriff zu jener Kraft, die den Menschen hindert, sich selbst zu überwinden, und die auf die Unterordnung des menschlichen Geistes unter die Sinnlichkeit abzielt. In diesem Sinne schreibt Paulus in seinem Epheserbrief: „Wir haben ja nicht zu kämpfen gegen Fleisch und Blut, sondern gegen die Mächte, gegen die Gewalten, gegen die Weltherrschaft der Finsternis, gegen die Geister des Bösen im Reich der Himmel." Diese Gewalten sind Gier, Mißgunst, Neid, Eifersucht und Angst, um nur einige zu nennen.

Vielen mag die Legende bekannt sein, wie sich einst der Erzengel Luzifer, was Lichtbringer heißt, gegen Gott auflehnte und in die Hölle verbannt wurde. Es muß jedoch darauf hingewiesen werden, daß von dieser Begebenheit in der Bibel nichts erwähnt ist, sondern diese Geschichte in dem Buche Henoch, einem nicht zur Bibel gehörendem Text, verzeichnet ist. Lediglich in der Offenbarung des heiligen Johannes (l2:7-19) lesen wir von dem Kampfe Michaels gegen den Drachen, der auf die Erde hinabgestürzt wurde und den Namen Teufel oder Satan trägt. Lukas schildert uns in seinem Evangelium (l0: 18), wie Jesus den Satan gleich einem Blitz aus dem Himmel stürzen sah, als die Jünger berichteten, daß selbst die Dämonen im Namen Christi den Jüngern untertan waren. Daß selbst Jesus vor den Versuchungen des Teufels nicht bewahrt worden ist, schildert uns Matthäus im vierten Kapitel seines Evangeliums. Hier fiel die Entscheidung zwischen dem Messiasideal und den von den Juden gehegten irdisch-politischen Erwartungen.

Das Vertreiben von Dämonen aus von ihnen besessenen Menschen wird im Neuen Testament in rund fünfzig Fällen beschrieben. Der vermutlich bekannteste Fall ist in Matthäus 8:28 festgehalten. Hier verbannte Jesus Dämonen zweier besessener in eine Schweineherde. Während dieser Bericht etwas spektakulär erscheint, ist in Lukas 9:37-43 die Dämonenaustreibung kurz und ohne Umschweife geschildert.

Der kulturelle Verfall des Römerreiches mit seiner destruktiven Triebhaftigkeit stärkte nicht nur die Anhängerschaft des indoiranischen Mithrakultes, von dem noch „später zu berichten ist, sondern löste auch in der Christenheit eine Bewegung aus, die zur Entgöttlichung und Dämonisierung der „dunklen" göttlichen Mächte führte. Unterstützung fand diese Bewegung in dem mittlerweile ins Spätjudentum eingedrungenen persischen Dualismus und in der Gnosis. Das Ergebnis war eine Gegenüberstellung des in Christus menschgewordenen Gottes als Prinzip des Hellen und Guten in apollinischer Form gegen den über die Finsternis herrschenden dionysischen Satan als widergöttlicher Macht.

Der nun vor allem im christlichen Abendland eingeschlagene Weg führte im Mittelalter zu den Auswüchsen des Hexenwahns und gipfelt in dem heute noch verbreiteten Satanskult einschließlich den damit verbundenen Schwarzen Messen. Wir müssen uns eingestehen, daß in der Polarisation des Göttlichen gegenüber dem Satanischen das Kraftfeld entstanden ist, in dem sich unsere Kultur entwickelt. Die Ausbildung des Satanskultes in moderner Zeit läßt sich einmal soziologisch erklären, wenn man bedenkt, daß sich hier Menschen zusammenschließen, die von der herrschenden Gesellschaftsordnung frustriert sind; zum anderen darf aber auch eine psychopathologische Seite nicht unerwähnt bleiben. Denn dieser Kult eröffnet die Möglichkeiten, jene von der Normgesellschaft verleugnete Triebbefriedigung zu finden, was besonders auf seelisch Kranke sehr anziehend wirkt.

Die Ausmalung der Teufelsvorstellung besorgten vor allem Aberglauben und Phantasie. Im Volksglauben, vorwiegend im Märchen, finden wir eine starke Vermenschlichung des Teufels, wie wir es auch in Legenden vom „Lieben Gott' ' und in Tierfabeln von Tieren her kennen. Selbstverständlich wurde für den Teufel auch ein Aufenthaltsort bestimmt und als Hölle be- zeichnet. Die Lokalisierung der Hölle unter der Erde als Gegenpol des Himmels entspricht voll der dualistischen Philosophie. Die wissenschaftliche Erkenntnis, daß in der Erde aber nun keine Teufelchen stecken, enthebt uns nicht des Glaubens an eine Hölle, wenngleich damit kein Ort in der materiellen Welt angesprochen ist, sondern ein seelischer Zustand. Ursprünglich galt die Hölle, im Germanischen als „Hel", im Griechischen als „Hades' ' und im Hebräischen als „Sched" bezeichnet, als Ort, wo sich alle Verstorbenen nach ihrem irdischen Leben einfanden, ganz gleich, ob es sich um gute oder böse Menschen handelte. Für lebende Menschen war der Zutritt zu dieser Hölle nicht möglich, wenn man von Ausnahmen weniger Auserwählter absieht. Hier möchte ich an Herakles und Orpheus erinnern. Auch ein Entkommen aus dem Hades war Menschen, ganz gleich, ob lebendig oder tot, versagt. Wie es Jesus gelang, aus dem Hades zurückzukehren, schildert das apokryphe Nikodemus-Evangelium in den Kapiteln 20 bis 22. Der Teufel 'hatte Hades beschworen, alles daran zu setzen, Christus festzuhalten, wenn er nach seinem Kreuzestod hier erschiene. Doch Christus brach alle Tore der Hölle auf, und alle Finsternis erstrahlte im Licht. Hades gibt sich besiegt, und Christus läßt den Teufel fesseln und übergibt ihn dem Hades mit der Weisung, den Satan bis zu seiner Wiederkehr am Weltende (Parusie) festzuhalten.

Es muß immer wieder darauf hingewiesen werden, daß solche mystischen Berichte sich nicht in den Dimensionen von Raum und Zeit abspielen, in denen wir mit unserem Denken und Empfinden verwurzelt sind. Aussagen aus der Welt außerhalb unseres materiellen Bereiches können nur in bildhafter Form erfolgen. Sie zu entschlüsseln ist die Aufgabe eines jeden einzelnen für sich.

Die Vorstellung von verschiedenen Aufenthaltsorten für die Toten findet sich im jüdischen Gedankengut seit der Zeit des Exils. Die Vorstellung von einer überzeitlichen Gerechtigkeit und von der Auferstehung ließ für die Gottlosen eine ewige Feuerhölle, die „Gehenna" entstehen. Diese Auffassung setzt sich fort im Lukasevangelium (16: 19-24) beim Gleichnis von dem Reichen und dem armen Lazarus. Der Reiche, der Lazarus in dieser Welt verstoßen hatte, flehte nach seinem Tode aus der Gehenna zu Abraham hinüber, daß er ihm den Lazarus sende, damit jener ihm mit einigen Tropfen Wasser die Zunge benetzen könne. Doch Abraham antwortete: , , . . . Zu alledem ist zwischen uns und euch eine große Kluft gesetzt, damit jene, die von uns zu euch hinüberkommen möchten, es nicht können, und ebensowenig können die eurigen zu uns herüber gelangen."

Im Neuen Testament wird dann die Hölle zum Aufenthaltsort des Teufels und der von Gott abgefallenen Engel sowie der Verdammten, die das von Gott angebotene Heil ausgeschlagen haben und nun Gott nicht mehr schauen können, wodurch ihre Existenz ohne Hoffnung ist. Damit stehen wir in der Theologie jedoch vor der Schwierigkeit, diese Lehrmeinung der Kirche mit der Liebe und Gnade Gottes in Einklang zu bringen. In der modernen Theologie weicht man gerne aus und bezeichnet die Lieblosigkeit und Grausamkeit, die sich die Menschen gegenseitig bereiten, als Hölle. Ein solcher Kunstgriff ist meiner Auffassung nach nicht erforderlich, wenn diese Theologen sich von der Geschichtlichkeit des Alls lossagen könnten, indem sie dem Ausspruch Jesu folgen würden, wenn er sagt, daß sein Reich nicht von dieser Welt sei. Sein Reich kennt also weder Zeit noch Raum. Was in der Ewigkeit sich abspielt , können wir nicht wissen. Wir Menschen müssen langsam begreifen lernen, daß wir mit unseren Sinnen die Allmacht Gottes nie erfassen können.

Vermutlich ist über die persische Religion, den Parsismus, auch der Begriff der Vorhölle in andere Religionen gekommen. Diese Vorhölle ist ein Läuterungs- und Reinigungsort, der in der christlichen Religion die Bezeichnung Fegefeuer trägt. Eine dogmatische Festlegung in der katholischen Kirche erfolgte 1439 auf dem Konzil zu Florenz. Die orientalischen Kirchen haben eine dogmatische Definition abgelehnt, wenngleich sie den Begriff des Läuterungszustandes anerkennen. Man stellte sich auch hier wieder einen festen Ort vor, und zwar in der Nähe der Hölle im Inneren der Erde. (Vermutlich wollte man aus energiepolitischen Gründen die kolossale Hitze der Hölle für die Funktion des Fegefeuers mit ausnutzen.)

Für den Teufel gilt auch die Bezeichnung Beelzebub. Dieses Wort geht vermutlich zurück auf die ugaritische Sprache, die durch Ausgrabungen im Jahre 1928 in der alten hebräischen Stadt Ugarit nahe beim heutigen Ras Schamra im nördlichen Syrien bekannt wurde. Danach ist der zweite Teil des Begriffes Beelzebub identisch mit dem Wort zebul, was soviel wie Fürst bedeutet. Die Dämonisierung des heidnischen Gottes Baal und seine Beförderung zum Fürsten läßt eine Erklärung des Wortwandels von Baalzebul oder Beelzebul zu Beelzebub zu. (Nach 2. Kön. 1:2 war Beelzebub ein heilungsorakelspendender Gott in Ekron im Philisterland.)

 Luzifer ist die lateinische Bezeichnung für Lichtbringer und findet sich in der Astronomie wieder für die Benennung des Morgensternes. In der Bezeichnung für den Teufel spiegelt sich die christliche Auffassung wider, daß der Teufel ein Geschöpf Gottes ist, sich aber kraft seines freien Willens gegen Gott entschieden hat. Seine Handlungsfreiheit ist danach auf den Bereich dieser Welt, wir können heute treffender hierzu sagen, den Bereich der Materie, eingeschränkt.

Das Wort Satan führt über das griechische „satanas" auf das hebräische „satan" und bedeutet Widersacher oder Feind. Damit hat diese Bezeichnung die gleiche Bedeutung wie das Wort Teufel, das über das mittelhochdeutsche Tiuvel und das althochdeutsche Tiuful auf das griechische diabolos zurückgeht und dort die Bedeutung verleumdend und schmähend hat. Im Alten Testament steht es für Widersacher und Feind.

In Johannes 12:31 wird der Teufel als Fürst dieser Welt bezeichnet, der durch den Opfertod Jesu aus dieser Welt hinausgeworfen wird und gegen Jesus nichts ausrichten kann (Joh. 14:30). Wie aber kann der Teufel für uns Menschen begreifbar werden? Schließlich ist' er ja keine Erscheinung mit Bocksschwanz, Pferdefuß und Hörnern. Da wir ihn aber auch mit unseren Instrumenten nicht messen oder orten können, sind wir versucht, die Existenz des Teufels als Aberglauben abzutun. Doch wie läßt Goethe seinen Mephisto in Faust sprechen? „Den Teufel spürt das Völkchen nie, und wenn er sie beim Kragen hätte."

Man stelle sich das Bild vor: Ein Wesen mit gräßlicher Fratze, Hörnern, einemm Pferdefuß und Bocksschwanz. In der linken Hand einen Dreizack schwingend und mit der rechten einen Menschen im Genick am Kragen fassend. Ein Bild, das sich jeder vorstellen kann. Doch es ist nur ein Bild, wie unser Atommodell, das in der Realität so nicht ist. Daß es Atome gibt, bezweifeln wir nicht. Wir können sie nicht sehen, kennen aber ihre Wirkung. So wie oben beschrieben gibt es den Teufel auch nicht. Aber es gibt eine geistige Kraft, die wir erfahren können.

Trotz aller Dementis aus den Reihen der katholischen Kirche zur Existenzfrage des Teufels, möchte ich hier erinnern, daß Papst Paul VI. Die Existenz des Teufels 1972 explizit bestätigt hat und nach einer Erklärung der vatikanischen Glaubenskongregation im Jahre 1975 die Existenz des Teufels ein Dogma ist.

Stets wird eine Diskussion über die Frage der Existenz oder Nichtexistenz des Teufels unfruchtbar bleiben, solange aus beiden Lagern verkrampft mit mutmaßlichen Argumenten operiert wird. Rufen wir uns doch noch einmal das 3. Kapitel der Genesis ins Gedächtnis zurück. Hier wird geschildert, wie die ersten Menschen, wir nennen sie gewöhnlich Adam und Eva, den Beginn einer neuen Denkepoche erleben. Sie erfahren die später als Erbsünde deklarierte Erkenntnis von Gut und Böse. Die zuvor völlig in die Ordnung der Natur eingebetteten Menschenvorfahren begannen in ihrer geistigen Tätigkeit zu unterscheiden zwischen Vor- und Nachteilen. Doch ihre Beurteilung war einzig abhängig von den Erfolgserlebnissen. Positive waren eben gut, negative böse. Erkannte der Mensch anfangs nur eine Macht, eben Gott, als über ihm herrschend an, so erklärt es sich, daß der Mensch durch Opfer bemüht war, sich gegenüber dieser Macht in ein gutes Licht zu setzen. Mißerfolg und Unheil konnten somit leicht als Strafe jenes Gottes angesehen werden. Erst die Personifizierung der scheinbar auf den Menschen wirkenden äußeren, nicht sichtbaren außermateriellen Kräfte führte für die negativen Erscheinungen zu Begriffen wie Teufel oder Satan.

Ich möchte die menschliche Überheblichkeit, zu entscheiden, was Gut und Böse sei, als die Erbsünde deklarieren. Streitet sich die Menschheit nicht seit ihrer vorgeschichtlichen Existenz stets um Gut und Böse, wobei immer der Gegner das Böse repräsentiert? Die Beispiele aus der Geschichte sind unzählig, ja, sie machen eigentlich erst die Geschichte aus.

Dieser Zwiespalt besteht meines Erachtens nicht nur in den zwischenmenschlichen Beziehungen, sondern kann sich auch im Menschen selbst bemerkbar machen, wenn er sich die Frage nicht mehr beantworten kann, ob seine Handlungen gut oder böse sind. Die Furcht, bei all seinem Bestreben doch nur Böses hervorbringen zu können, führt dann zu der Erkenntnis.

man sei vom Teufel besessen. Daß eine solche Erkenntnis zu seelischen Depressionen führt und in der Steigerung körperliche und geistige Krankheiten auslöst, sollte uns verständlich sein. Erklärbar wird aber dann auch die geistige Macht der Teufelsaustreibung, wie sie nach dem ‚ ‚Rituale Romanum' ' als kultische Handlung vollzogen wird. Es wird hier tatsächlich der Teufel, der Ungeist, ausgetrieben. In dem Bemühen eines Menschen, der über überdurchschnittliche geistige Kräfte verfügt, sei es ein Priester, Zauberer oder Schamane, erfährt der leidende Mensch Hilfe und kann geheilt werden. Diese unbedingt selbstlos gespendete Hilfe ist ein konzentrierter Akt der Nächstenliebe, jener Liebe, von der das Evangelium berichtet als der einzigen Waffe, mit der erfolgreich gegen alles Böse in jeglicher Erscheinungsform angegangen werden kann. Vielleicht läßt sich so die christliche Lehre von jenem durch Christus vollzogenen Erlösungswerk verstehen, in dem durch das Vorleben der Liebe zu Gott und den Menschen das Böse aus der Welt geräumt wird. So wird aus der These der menschlichen Körper-Geist-Einheit über die Antithese des Dualismus der Mensch zu der Synthese der Einheit mit Gott geführt.

Doch das Böse beherrscht uns Menschen stärker, als wir es wahrhaben wollen. Goethes „Schatzgräber" ist hierfür ein wunderbares Beispiel. Für einen irdischen Schatz opfert jener Suchende sogar seine Seele. Wir wollen Macht, wollen sein wie Gott. Wir wollen die Welt beherrschen, wir wollen unsere Mitmenschen beherrschen. Für diese Ziele ist dann alles recht, sei es Krieg, seien es Gesetzesmanipulationen. Das aber ist das Teuflische im Menschen. Aber heißt es in der Bibel nicht, daß wir uns die Erde untertan machen sollen? Wo aber haben wir die Natur fest in der Hand? Wo bestimmen wir Menschen endgültig? Nach jeder wissenschaftlichen Neuentdeckung entsteht vor uns ein Vielfaches an neuen Problemen. Nach jedem Biß in den Apfel vom Baume der Erkenntnis gehen uns erneut die Augen auf, und wir erkennen, daß wir nackt sind wie Adam und Eva. Jene verdeckten damals ihre Blöße der Schrift nach mit Feigenlaub. Wir verdecken unsere Blöße heute mit Alkohol und anderen Narkotika. Lösen wir uns geistig von Gott, so erkennen wir unsere Nacktheit. Wir erkennen, daß wir der Natur, der gesamten materiellen Umwelt schutzlos ausgeliefert sind, und müssen kämpfen, um unser bißchen irdisches Leben zu erhalten, zu verlängern und wenn möglich einigermaßen angenehm zu gestalten. Aus dieser Perspektive ist alles feindlich, der Einfluß der Sterne, böse Mitmenschen, die uns verwirren und behexen und auch Kosmonauten fremder Sterne, die uns angreifen können.

Der Tod der 23 jährigen Pädagogikstudentin Anneliese Michel aus Klingenberg im Landkreis Miltenberg am 1. Juli 1976 während einer Teufelsaustreibung nach dem „Rituale Romanum" der katholischen Kirche hat erneut in besonderem Maße die Diskussion um die Existenz des Teufels aufgeworfen. Fest steht, daß mit wissenschaftlichen Methoden, auch nicht mit denen der Parapsychologie, der Teufel nicht begriffen oder nachgewiesen werden kann. Aber es schließen einander die Erkenntnisse der Wissenschaft und der Theologie nicht aus. So stellten die Professoren Karl Rahner und Herbert Vorgrimler, beide aus München, in einer gemeinsamen Arbeit fest, daß es keine genaue Grenze zwischen Besessenheit und natürlicher Krankheit gebe. Auch eine von Ärzten bekämpfte Krankheit mit natürlicher Ursache kann ihrer Meinung nach Ausdruck des Waltens dämonischer Kräfte sein. Die Besessenheit ähnelt Krankheitsbildern wie Schizophrenie, Hysterie oder auch Epilepsie. Nach dem Dictionnaire apologétique, Paris 1928, muß bei einer Besessenheit der Teufel im Körper des Besessenen anwesend sein und von ihm Besitz ergriffen haben und über den Körper und damit über die Seele herrschen. Dabei bildet der Teufel mit dem Körper keine Einheit, wie es bei Geist und Seele der Fall ist. Übrigens gibt es in der englischen Sprache keinen vokabularen Unterschied zwischen Besessenheit und Zwangsneurose. Für beides gilt das Wort ,obsession' . Im Falle der Pädagogikstudentin aus Klingenberg sollten wir uns jeden Urteils enthalten, weil wir Menschen nicht in der Lage sind, den wissenschaftlichen Beweis um den wahren Sach- verhalt des Teuflischen zu erbringen.

Genauso, wie wir uns durch Willensakt zu Gott bekennen, läßt Unfestigkeit im Glauben Raum für den Zweifel an der Richtigkeit unseres Ja zu

Gott aufkommen. Dadurch greift das Unstete Platz in unserer Seele, was durch immer stärker werdende Ich-Bezogenheit und Unsicherheit in unserem Gottesglauben zu einer agöttlichen Haltung führt. Bei dem Versuch einer dualistischen Klärung tritt dann dieses Agöttliche als Satan auf, ist aber im Grunde nur ein auf menschlicher Ebene vollzogener Denkprozeß, wie wir ihn vor allem deutlich bei Nietzsche erkennen können. Der Mensch sagt nein zu Gott, weil es dem Menschen in seinem Machtstreben nicht mehr einsichtig ist, daß es über ihm noch eine Macht gibt. So ist die Taufe in vielen Religionen als ein Bollwerk gegen den Einfluß des Bösen oder des Teufels anzusehen. Im katholischen Taufritus wird gleich zweimal eine Teufelsaustreibung voll- zogen. Exorcizo: Ich besch wöre Dich, böser Geist, im Namen Gottes . . . weiche von diesem Geschöpf Gottes. Mit der Taufe soll der Mensch frei werden vom Zauber der Materie, dem Banne des Ungeistes und sich so der Freiheit in Gott bewußt werden.

Wie stark heute der Teufel, also der Ungeist, ignoriert wird, zeigt das Ergebnis einer von den Wickert-Instituten in der Bundesrepublik Deutschland im Jahre 1976 durchgeführten Umfrage über die Einstellung zum Teufelsglauben. 11% haben die Existenz des Teufels bejaht, 89% lehnten ihn ab. In diesen Zahlen spiegelt sich eine Meinung, nicht aber die Realität wider. Denn Existenzformen des Seins können nicht nach den uns geläufigen Regeln der Demokratie eingerichtet werden. Mit einem solchen Meinungsergebnis kann kein Geistwesen abgewählt werden. Ja nicht einmal über physikalische Gesetzmäßigkeiten kann auf diese Art entschieden werden. Denn sonst hätte beispielsweise eine Abstimmung über das heliozentrische Weltbild zur Zeit Galileis die Erde in den Mittelpunkt der Welt rücken lassen müssen. Das Abstimmungsergebnis wäre noch viel stärker zu Ungunsten Galileis ausgefallen.

In den Evangelienberichten von Matthäus und Lukas (jeweils im vierten Kapitel) ist zu lesen, wie der Teufel Jesus versuchte, indem er ihn auf einen Berg führte und ihm die Herrlichkeit der Welt zeigte. Es war die Versuchung für einen Menschen mit einer Konstitution, die aus ihm einen zweiten Alexander den Großen, einen noch erfolgreicheren Napoleon oder einen noch brutaleren Adolf Hitler hätte machen können. Doch in dieser Stunde der Versuchung entschied sich Jesus gegen den Weltgeist, gegen die verlockende Möglichkeit, sein jüdisches Volk von der Weltherrschaft der Römer zu befreien, und für sein Messiasamt, die Menschheit von dem Zweifel an Gott zu befreien. Die Absage Jesu an den Ungeist ist knapp und eindeutig: „Den Herrn, Deinen Gott, sollst Du anbeten und ihm alleine dienen." Dieses Wörtchen „Alleine" ist wichtig. Denn man kann nicht zwei Herren dienen. In der Anbetung Gottes aber liegt die Freiheit, die es dem Menschen ermöglicht, sich die Erde untertan zu machen, ohne Untertan der Erde und ihres Geistes zu sein. Gibt es einen Teufel? - Wenn wir unter Teufel oder dem Teuflischen die Versklavung des Menschen unter die sinnenhafte Materie verstehen, gilt hier ein klares Ja. Wie weit sich ein Mensch von der Materie lösen kann und lösen soll, um frei in ihr zu bestehen, zeigt uns das Neue Testament in Matthäus 16:23 und Markus 8:33. Bei der ersten Ankündigung seines Leidensweges will bekanntlich Petrus Jesus davon abhalten. Da nennt Jesus den Petrus Satan. Ein hartes Wort gegen einen Menschen, dem Jesus doch die Führung seiner Kirche und den Inhalt seiner Idee für die Zeit nach seinem Tode zur Weiterverbreitung anvertraut hatte. Jesus aber hatte aus dem Mund seines Jüngers den Geist der Welt vernommen, eben das Teuflische, und aus dieser Erkenntnis lautete seine Antwort an Petrus: „Hinweg von mir, Satan, du denkst nicht das, was Gottes ist, sondern das, was der Menschen ist." Jesus bezeichnet also die Kraft, die den Menschen in die Abhängigkeit der Materie bringt, mit Satan. Bei Matthäus (10:28) heißt es:

„Fürchtet Euch nicht vor denen, die den Leib töten, die Seele
aber nicht zu töten vermögen;
Fürchtet vielmehr den, der Leib und Seele ins Verderben der
Hölle zu stürzen vermag. "

89% der in der Bundesrepublik lebenden Menschen glauben nicht an den Teufel. Und doch sprechen bestimmt mehr als 11%, möglicherweise gedankenlos, im Vaterunser nach Matthäus 6:13:

„ ... und führe uns nicht in Versuchung, sondern erlöse uns vom Bösen."

Die richtige Übersetzung lautet sogar: „ ... und führe uns aus der Versuchung ..." Das Erkennen des Bösen ist schwer. Der Teufel erscheint in den verschiedensten Masken. Wir erinnern uns, daß Maske zu griechisch persona heißt. Es kommt der Teufel wie der Wolf im Schafspelz. Denn das Böse ist mit dem Mäntelchen des scheinbar Guten umhüllt. Gerade dies zu erkennen und sich vom Einfluß des Bösen zu befreien, ist Aufgabe und Ziel des Menschen. Dies kann aber nur mit einem Ja zu Gott erreicht werden. Dieses Kapitel wäre unvollständig, wenn zwar über den Teufel gesprochen hätten, aber seine Diener, die Hexen nicht erwähnen würden. Vierhundert Jahre wurden in Europa Menschen, vor allem Frauen, als Buhlerinnen des Teufels zu Tode gequält. Wieviele es waren, wissen wir nicht. Die Angaben schwanken zwischen 500 000 und neuneinhalb Millionen. In den Geständnissen fällt vor allem die Beschreibung von Obszönitäten auf, die lustvoll und detailliert erfolgten. Unser heutiges Urteil, daß es sich hier um rein fehlgeleitete Sexualität der Inquisitoren handelte, kann nur bedingt gelten. Es darf nämlich nicht übersehen werden, daß damals beispielsweise mit einer narkotisch wirkenden Salbe, deren Wirkung mit Rauschgiften wie beispielsweise dem LSD verglichen werden kann, Träume von Luftfahrt, festlichem Gelage und sexuellen Ausschweifungen so sinnfällig produziert werden konnten, daß der Erwachende von der Wirklichkeit des Traumes überzeugt war.

Ein zweites Faktum im mittelalterlichen Teufelsglauben lag in der Not des Volkes, das durch Pest und harte Fronarbeit auf kirchlichen und weltlichen Gütern in seiner Verzweiflung, wie sonst an einen Heiligen, sich nun aber auch an den Teufel wandte, der somit zum Helfer in der Not und zum Symbol der Rebellion gegen die bestehende Gesellschaftsordnung wurde. Das Auftreten vor allem von Frauen als Hexen hat wahrscheinlich auch eine Ursache in einer angestauten oder auch übermäßigen Sexualität, die sich in dionysischen Ekstasen Luft machte. Im Altertum hätte sich die Frau viel- leicht dem Gott Bacchus geweiht und als seine Jüngerin der Wollust gefrönt.

So wuchs aus der Angst vor Pest, Hunger und Unterdrückung die Lust nach kurzfristiger Wollust und in der Verbindung mit der Denunziationsmöglichkeit von Konkurrenten jeglicher Art das Böse unter dem Deckmantel der Gerechtigkeit. Das, was wir Satan nennen, oder das Teuflische, errang einen großen Sieg auf der Basis einer Zeitepoche voller Angst, in der das Bewußtsein menschlicher Freiheit verlorengegangen war.

LEBEN UND TOD

Geblendet durch die naturkundlichen Entdeckungen in den letzten zweihundert Jahren hat sich die Aufmerksamkeit der Menschheit in beängstigend hohem Maße der materiellen Welt zugewandt. Man wird den Eindruck nicht los, daß die Menschheit in der Entscheidung zwischen Materie und Geist ersterer den Vorzug gibt. Wenn auch die Wissenschaft uns heute ein anderes Weltbild serviert, hinkt im allgemeinen Volksglauben, dem auch namhafte Politiker und Literaten, vor allem gewisse Ideologen noch anhängen, jenes unvollkommene und einseitig ausgerichtete Denken nach, wie wir es aus dem vorigen Jahrhundert kennen. Die Wissenschaft hat ihrerseits schon längst den Kurs geändert und die Notwendigkeit erkannt, in einer neuen Disziplin, der Eschatologie, nach den „letzten Dingen" zu forschen. Nach materialistischer Anschauung endet die menschliche Existenz, wenn nach dem Tode der Verwesungsprozeß einsetzt. Denn trotz der Unterschiedlichkeit des Menschen gegenüber den anderen Lebewesen hört auch bei ihm nach einer gewissen Zeitspanne, die im Normalfall mit etwas weniger als einhundert Jahre anzusetzen ist, die für uns wahrnehmbare Lebensfunktion auf. Das, was wir, dieser Funktion entsprechend, als Leben bezeichnen, ist die sich in bestimmten Eigenschaften darstellende Daseinsweise ein- oder mehrzelliger Organismen, wie wir sie eben bei Pflanze, Tier und Mensch vorfinden. Zu den wichtigsten Eigenschaften des so definierten Lebens gehören der Stoffwechsel, worunter die Nahrungsaufnahme, die Ausscheidung und die Atmung zu verstehen sind, das Wachstum und die Fortpflanzung durch Teilung oder bestimmte, geschlechtsbezogene Fortpflanzungszellen.

In der Philosophie hat der Begriff , „Leben" ' in diesem Jahrhundert die gleiche Bedeutung erlangt wie der Begriff „Natur" im vorigen und „Vernunft' ' im 18. Jahrhundert. , ‚Leben' ' steht dabei in der Rangordnung unbestritten zwischen dem Anorganischen und dem Geistigen. Es herrscht auch Einigkeit darüber, daß ein Lebewesen durch mechanische Gewalt, Krankheiten, Gifte, andere Lebewesen oder durch Beeinträchtigung der erforderlichen Lebensbedingungen wie Nahrung, Wasser, Sauerstoff, Mindest- und Höchsttemperaturen getötet werden kann. Der natürliche Tod tritt vermutlich durch eine wechselseitige Vergiftung der Gewebe und des Serums auf Grund von Stoffwechselprodukten ein.

Anders sieht es aus, wenn wir uns mit den Aussagen der verschiedenen Religionen befassen. Herbert Kühn (geb. 1895), ordentliches Mitglied der Akademie der Wissenschaften und Literatur in Mainz, zeigt in seinem Buche „Das Erwachen der Menschheit' ' auf, daß die ersten Spuren religiösen Verhaltens neben dem Kult und der Vorstellung einer über dem Menschen stehenden Macht eine Einstellung des Menschen zum Ewigen bezeugen. Bereits in der Eiszeit haben die Menschen ihre Toten bestattet und in die Gräber Waffen und andere Gerätschaften beigegeben. Soweit das Wissen über unsere Vorfahren zurückreicht, ist zu erkennen, daß schon immer die Vorstellung von einer Weiterexistenz nach dem Tode bestand.

Gegenüber diesen archäologischen Erkenntnissen ist es befremdlich, daß im Alten Testament kaum ein Anhaltspunkt zu finden ist, der auf einen Glauben des jüdischen Volkes an ein Leben nach dem irdischen Tod hinweist. Man kann vielmehr den Eindruck gewinnen, daß in dem Bündnis des Volkes zu Jahwe die Denkweise auf ein Weiterleben in den eigenen Söhnen gerichtet ist. Wenn jedoch Gott dem Abraham das Anwachsen seiner Nachkommen zu einem großen Volke verheißt und ihm die Vaterschaft vieler Völker zuspricht, so ist das meines Erachtens nach Matthäus 3:9 nur geistig zu verstehen.

Einen Hinweis auf ein Leben nach dem Tode ist im ersten Buche der Könige zu finden. Dort ruft Saul am Tage vor seinem unheilvollen Kampfe gegen die Philister mit Hilfe der Totenbeschwörerin von Endor den Geist des toten Samuel. Nach dem Bericht der Bibel erschien auch Samuel und prophezeite Sauls und seiner Söhne Tod sowie den Sieg der Philister. Es muß danach Samuel nach seinem irdischen Tod noch weiterexistiert haben.

In unserem Zivilisationsbereich bedeutet der Tod immer etwas Schreckliches, und so wurde deswegen das Thema Sterben und Tod in unserer Gesellschaft tabuisiert. Dies aber widerspricht grundsätzlich der Lehre Christi, und unsere Trauer um einen lieben Toten entspringt einem rein egoistischen Denken, weil wir von dem Toten ja nichts mehr erwarten können. Er fehlt uns. Ob wir ihm fehlen, wissen wir nicht.

In seiner Abhandlung , ,Wie die Alten den Tod gebildet' ' nimmt Lessing Anstoß an dem Skelett als Symbol des Todes, wie wir es seit den Darstellungen von Totentänzen des späten Mittelalters kennen. Nach seiner Ansicht hatten die Menschen zu früherer Zeit eine positivere Auffassung vom Tode. Zwar gibt es auch im Altertum Skelettabbildungen, doch fragt sich Lessing, ob ein Skelett schlechterdings den Tod, das personifizierte Abstraktum des Todes oder die Gottheit des Todes darstellt. Ausgangspunkt seiner Überlegungen ist die Abbildung einer antiken Sargplastik, die einen geflügelten Jüngling mit übereinandergeschlagenen Beinen, neben einem Leichnam stehend, darstellt. Der Jüngling stützt sich auf eine umgekehrte Fackel und hält in seiner Linken, auf der eine Raupe klettert, einen Kranz. Für Lessing war die erloschene Fackel das Symbol für erloschenes Leben. Kränze waren sowohl bei den Griechen als auch bei den Römern gebräuchlich, um Leichen, Scheiterhaufen, Urnen und Gräber auszuschmücken. Die Raupe kann man als Sinnbild für die aus der Hülle des Leibes sich entpuppende Seele betrachten. Nach Lessings Deutung kann der dargestellte Jüngling nicht irgendeine Gottheit sein, weil die Götter der Antike sich durch den Anblick eines Toten nicht verunreinigen durften. Somit kann es sich auch hier nicht um den in ähnlicher Weise dargestellten Gott Amor handeln. Als letzte Interpretationsmöglichkeit kommt nur noch der Tod selbst in Frage. Für Lessing war diese Interpretation von großer Bedeutung, weil aus seiner Sicht die Alten den Tod nicht als ein „ekles Ungeheuer" ansahen, sondern für einen Wohltäter hielten, der dem Schlaf verwandt ist. Nicht nur für die Heiden, folgerte Lessing, sondern vielmehr noch für uns Christen kann der Tod der Frommen nicht anders als sanft und erquickend sein.

Tatsächlich scheint der physische Tod nichts anderes zu sein als der Übergang von einem Bewußtseinszustand in den anderen. Da wir letztlich auf das Sterben zuleben, ist der eigene Tod ohne Zweifel das größte Ereignis, das jedem einzelnen Menschen wahrnehmbar begegnet. Aber dieses Sterben macht uns Angst. Angst vor dem Unbekannten, das auf unser irdisches Leben folgt. Denn schließlich fragt sich jeder mit einer gewissen Scheu, ob nach dem Tode das absolute Ende unseres Ichs folgt oder ob wir in eine neue Seinsphase treten. Eine Antwort geben wir uns schließlich aus der Perspektive unserer eigenen Weltanschauung und der damit verbundenen Einstellung zu unserem jetzigen Leben, die Furcht, Schrecken, Verzweiflung oder aber Zuversicht in unsere Herzen bringen kann.

Unsere Bemühungen, Klarheit zu erlangen über das, was nach dem Tode folgt, reicht von den praktischen Meditationsübungen bis zur wissenschaftlichen Parapsychologie, die sich ihrerseits mit Telepathie, Spiritismus und Telekinese auseinandersetzt, um so das Geheimnis des Todes entschleiern zu können. Dies kann man als den krampfhaften Versuch ansehen, die durch den zeitweise stark in den Vordergrund tretenden Materialismus abgebrochenen Verbindungen zum Metaphysischen wieder zu erneuern.

Im alten Ägypten galt das Sterben als wichtigstes Ereignis im Leben, weil jene Menschen das Leben nach dem Tode für das einzige wahre Leben hielten. So tragen auch die seit dem sechzehnten Jahrhundert vor Christi Geburt üblichen Totenbücher in wahrer Übersetzung den Titel „Das Heraustreten ins Tageslicht". Auf dieses Heraustreten mußte der Mensch nach altägyptischer Auffassung vorbereitet sein und die erforderlichen Verhaltensregeln kennen; denn nach dieser Anschauung war der Tod eine Initiation, eine Einweihung, für das Leben in der Wirklichkeit. Erst mit dem Tode begann für die Ägypter das reale Leben. Das irdische Leben dagegen war für sie nur eine Illusion.

Nach altägyptischer Anschauung existiert neben dem Leib noch eine gewisse Geistgestalt des Menschen, das Ka. Dieses Ka ist praktisch als ein zweites Ich zu verstehen, das sich erst im Tode vom menschlichen Körper löst, aber nicht als eine abstrakte Idee zu verstehen ist, sondern genauso konkret wie der materielle Leib existent ist.

Platon hat einmal gesagt, daß philosophieren nichts anderes heiße, als sterben zu lernen, und für Camus war der Selbstmord das einzig interessante philosophische Problem. Schauen wir uns aber heute in dem weiten Feld der Philosophie urn, so haben die Erkenntnisphilosophie, die Theorien über die Kultur oder die abendländische Philosophie eine weitaus größere Bedeutung erlangt. Bevor man beim heutigen Philosophieren auf das Sterben oder den Tod zu sprechen kommt, beschäftigt man sich eher mit der Geschichte der Philosophie und versucht, die vielen Theorien in sich hineinzufressen, ohne ein gültiges System auf sich wirken zu lassen wie etwa ein Musikstück oder ein Gemälde, dessen Sinneswahrnehmung Herzklopfen verursachen kann. Wir sollten uns aber bewußt sein, daß wir mit dem Geboren werden gleichzeitig anfangen zu sterben, daß wir, biologisch gesehen, sterbend leben.

Diese rein biologische Komponente des Menschen wird eben im geistigen Raum kompensiert. In Griechenland beinhaltet die pythagoreische Lehre ähnlich wie die Darstellungen in den asiatischen Philosophien die Seelenwanderung. So lebt nach der Ansicht des Pythagoras der Mensch nicht nur einmal, sondern wird nach einem bestimmten Zeitraum erneut geboren, wobei die Seele sowohl in einem menschlichen als auch in einem tierischen Körper wieder auferstehen kann. Auf die ähnlichen Ansichten im asiatischen Raum wird noch einzugehen sein.

In seinem Brief an die Galater (6:7) schreibt Paulus: „Was einer säet, das wird er auch ernten", und fährt fort: , ‚Wer auf sein Fleisch sät, wird vom Fleisch Verderben ernten, wer auf den Geist sät, wird vom Geist ewiges Leben ernten." Hier weist das Neue Testament nicht nur auf ein ewiges Leben hin, sondern legt auch dar, daß ein auf Sinnlichkeit ausgerichtetes Leben zur Sünde und damit zum Tode führt. Unter Sinnlichkeit ist die dem Materialisten eigene Ausrichtung auf das diesseitige Leben zu verstehen, wobei die Seele nur an die Erfüllung sinnenhafter Gelüste gewöhnt worden ist. Dieses Materielle wird in der Bibel mit Fleisch umschrieben.

Das gleiche Problem vor Augen läßt den zum Tode verurteilten Sokrates mit seinen Schülern diskutieren, was der Tod sei. Nach seiner Meinung ist der Tod mehr als nur die Trennung von Seele und Leib. Denn für ihn muß die Seele „für sich alleine" alles entbehren, was sie im menschlichen Leben durch den Leib haben konnte, wie beispielsweise Nahrung, Sexualität, Kleidung und Schmuck. Soweit die Seele nur auf diese sinnlichen Dinge ein- gestellt war, muß sie nach der Trennung vom Körper unter diesen Entbehrungen leiden. So muß der Mensch im Tode leiden, wenn er im irdischen Leben die Sinnlichkeit über das geistige Suchen und Erkennen gestellt hat.Das Loslösen vom Sinnenhaften war für Sokrates der einzige Weg zum ewigen Leben.

Der Frage der Wiedergeburt aus der Perspektive des Judentums spiegelt sich deutlich wider, als Jesus seine Jünger (die ja Juden waren) fragte, was die Menschen denken, wer er sei. Da antworteten sie ihm, daß einige in ihm Johannes den Täufer sähen, andere in ihm die Reinkarnation des Elias, und wiederum andere meinten, er sei einer der Propheten, wobei nach dem Matthäusevangelium (16:14) als Prophet Jeremias genannt wird. Solche Fragestellungen sind aber nur verständlich, wenn dabei der Gedanke an die Wiederverkörperung eine Rolle spielt. Nun muß, den jüdischen Schriftgelehrten zufolge, vor dem Erscheinen des Messias zuerst Elias noch einmal als Mensch wiederkommen mit der Rolle des Wegbereiters. Im Matthäusevangelium (11:13) lesen wir die Ausführungen Jesu, nach denen das jüdische Gesetz und alle Propheten bis zu Johannes hin geweissagt haben, und wer es annehmen will, dem sei gesagt, daß Johannes der wiedergeborene Elias war.

Noch deutlicher finden wir diese Aussage nach den Visionen der Jünger auf dem Berge Tabor. Beim Abstieg erläuterte Jesus ihnen auf die Frage, warum Elias vor dem Messias noch einmal wiederkehren müsse, daß Elias bereits gekommen, aber vom Volke nicht erkannt worden sei. So habe man mit ihm gemacht, was sie nur wollten, wie auch der Menschensohn vor dem Volke zu leiden habe. Darauf heißt es (Matth. 17:13): „Da merkten die Jünger, daß er von Johannes dem Täufer zu ihnen redete."

Eine weitere positive Aussage über das Leben nach dem Tode erfahren wir im Bericht des Neuen Testamentes über den Kreuzestod Jesu. Nach dem Evangelisten Lukas (23 :43) verspricht Jesus einem der mit ihm zum Kreuzestod verurteilten Mörder, der sich im letzten Augenblick seines irdischen Lebens über die eigene Situation bewußt wurde, den unmittelbaren Übergang in das geistige Reich.

Hinweise auf den geistigen Fortbestand des Menschen nach dem Tode und auf die Reinkarnation begegnen dem Forscher in allen Zeiten und an allen Orten. Die römische Kirche hat im Jahre 553 auf dem Konzil zu Konstanz unter Kaiser Justinian die Auffassung von der Wiederverkörperung aus ihrer Lehre verbannt. Wer diesem Verbot nicht entsprach, hatte mit Verfolgung und Bestrafung als Ketzer zu rechnen.

Noch ausgeprägter als dieser Beschluß beeinflußten die Erkenntnisse aus der Naturforschung in Europa jene Geisteshaltung, die im Materialismus ihren besonderen Niederschlag gefunden hat. Die Meinung, daß Kraft ohne Stoff und Stoff ohne Kraft nicht möglich seien, übertrug man auf das Leib-Seele-Verhältnis: Keine Seele ohne Leib und kein Leib ohne Seele. Damit war nach Ansicht der modernen Naturkunde die persönliche Fortdauer der menschlichen Existenz nach dem Tode nicht möglich. So äußerte sich Ludwig Büchner (1824-1899) in seinem Werk „Kraft und Stoff", Leipzig 1894. Solches Ideengut drängte sowohl die katholischen als auch die protestantischen Christen gegenüber dem Materialismus in eine Verteidigungssituation, die zu Beginn des zwanzigsten Jahrhunderts für die Totenkunde nur noch einen geringen Spielraum ließ. Doch trotz aller Anstrengungen des Materialismus und der Schwäche der christlichen Konfessionen in dieser Frage hat sich der Glaube an ein Weiterleben nach dem Tode im Menschen nicht tilgen lassen. Wir erkennen dies nicht nur an dem Einfluß der geistigen Ströme aus dem asiatischen Raume, sondern auch daran, daß Forschergeist allen materialistischen Anschauungen zum Trotz in die Geheimnisse des Lebens und Sterbens einzudringen versucht.

Viele Psychiater haben sich mit dem Problem des Sterbens eingehend befaßt und kamen durch Berichte von Menschen, die bereits klinisch tot waren und nur durch medizinische Eingriffe wieder ins Diesseits zurückgeholt werden konnten, zu dem Ergebnis, daß das Sterben weder schmerzhaft noch schrecklich sei. Die Ähnlichkeit aller Berichte besteht darin, daß der Sterbende ab einem bestimmten Augenblick das Gefühl des Sich-nach-oben-Bewegens hat und seine Sterbeszene aus der Vogelperspektive beobachten kann. Dabei spürt er weder körperliche noch seelische Schmerzen, sondern er erlebt ein Gefühl vollkommenen Gelöstseins. Dieses Ergebnis ist unabhängig von der Todesart. Nur ein einziger Bericht ist mir bekannt, demzufolge ein für kurze Zeit Toter eine Höllenfahrt erlebt haben will. Doch dieser Bericht ist mit Vorbehalt wiederzugeben, da er aus einem Boulevardblatt stammt. Die übrigen, nicht aus dergleichen Quelle stammenden Berichte sprechen stets von einer Lichtfülle oder einer erlebten unbeschreibbaren Heiterkeit. Auch wenn die „Toten" die Gewißheit hatten, daß ihr Leben beendet sei und nur noch der Geist existiere.

Solche Berichte dürfen aber nicht mit jener anderen Erscheinung verwechselt werden, die Menschen erleben, wenn sie bei einem Unfall unentrinnbar dem Tod entgegenstürmen , wie es ein abstürzender Dachdecker oder ein unausweichbar gegen ein Hindernis rasender Autofahrer erlebt. In solchen Fällen durcheilen die Gedanken noch einmal schöne Szenen des verflossenen Lebens. Man nennt dies Rückerinnerung. Das den Todgeweihten befallende Glücksgefühl ist wahrscheinlich ein Produkt des Selbsterhaltungstriebes, der dem Menschen blitzschnell zeigen soll, wie erstrebenswert das Leben ist. Durch diesen Umstand wird dem Organismus nocheinmal eine ungeheuere Kraft verliehen, um die ihn bedrohende Gefahr zu bannen. Eine solche Rückerinnerung ist aber streng von den zuvor genannten Berichten zu trennen, bei denen durch erfolgreiche Wiederbelebungsversuche klinisch Tote in unsere Welt zurückgeholt wurden. So berichtet ein pensionierter Lehrer, der seinen klinischen Tod durch Herzstillstand bereits zweimal überstanden hatte, daß er zwar am Leben hänge und es jeden Tag genieße, vor dem Sterben aber keine Angst mehr habe.

In einem Bericht des Allgemeinen Deutschen Automobilclubs (ADAC) schilderte der Architekt Stefan von Jankovich aus Zürich die Situation seines zeitweiligen Todes nach einem Frontalzusammenstoß:

„Ich beobachtete einen Mann bei dem Versuch, mich wieder zum Leben zurückzurufen. Ich konnte genau hören, was die Leute untereinander sprachen. Der Arzt kniete an meiner rechten Seite und gab mir eine Spritze, zwei andere Personen hielten mich fest und zogen mir meine Kleider aus. Ich sah, wie der Arzt meinen Mund mit irgendeinem Gegenstand auf-spreizte. Und dann hörte ich den Arzt sagen, daß ich tot sei."

Doch das Wissen vom eigenen Tode störte von Jankovich überhaupt nicht. Er fand es vielmehr eher komisch, wie die Menschen sich um seinen Körper bemühten. Er selbst hatte das Gefühl des Schwebens und meinte, wunderschöne Klänge zu hören. Er hatte das Gefühl, getragen oder geru-fen zu werden, wobei er sich immer weiter hob und in eine andere Welt gelangte. Als nach fünf Minuten und dreißig Sekunden Herzstillstand ein anderer hinzugekommener Arzt durch eine weitere Spritze sein Herz wie-der zum Schlagen brachte, habe er sich über seine Rückkehr ins irdische Leben eigentlich gar nicht gefreut. Dafür fand er den Zustand vor der Spritze als viel zu schön.

Ähnliche Fälle hat die in Amerika praktizierende Ärztin und Psychiaterin Dr. med. Elisabeth Kübler-Ross in ihrem Buche , ‚Was können wir noch tun", das im Kreuzverlag, Stuttgart/ Berlin, erschienen ist, geschildert. Der Objektivität halber sollte aber nicht unerwähnt bleiben, daß viele Men-schen in gleichem Zustand dergleichen nicht erlebt haben und Ärzte, die Menschen aus klinischem Tod erretten konnten, keine solchen Berichte von ihren Patienten erhalten haben. Aber waren diese Toten, die uns sol-che Berichte liefern, auch wirklich tot? Freilich ist der Tatbestand des To-des aus unserer Sicht nicht mehr genau zu definieren. Denn heute liefern die medizinischen Erkenntnisse alleine die Kriterien für die zeitliche Be-stimmung, wann der Tod wirklich eingetreten ist. Tatsächlich liegt heute die Bandbreite des Todes zwischen der unwiederbringlichen Bewußtlo-sigkeit, einem Zustand, der noch im Grenzbereich der Euthanasie gelegen ist, und dem Zeitpunkt, an dem die letzte menschliche Zelle abgestorben ist. Bevor die Technik der Reanimation, der Wiederbelebung, entwickelt war, galt ein Mensch als tot, wenn Atmung und Kreislauf stillstanden. Da heute aber diese beiden Funktionen durch technische Hilfsmittel ersetzt werden können , gilt der Tod erst bei endgültigem Ausfall des Zentralner-vensystems als erwiesen. Dieser Zustand ist vorhanden, wenn das EEG, das Elektroencephalogramm, über Sekunden keine elektrischen Potentia-le mehr anzeigt. Auch hier gilt das alte lateinische Sprichwort: mors certa, hora incerta. Es ist der Zeitpunkt, da der Tod eintritt, ungewiß. Der end-gültige Nachweis für den klinischen Tod ist eigentlich erst die Totenstarre oder die Anzeige durch die Totenflecke. Überzeugt von einem Leben nach dem Tode ist auch Professor Dr. Walther Hinz, ehem. Ordinarius an der Universität Göttingen. Er schildert in seinem Buche „Geborgenheit" " aus dem Arthur-Brunner-Verlag die Arbeit der „Geistigen Loge Zürich", die im

Jahre 1948 gegründet wurde. Der Begriff Loge hat hier mit Freimaurerei nichts zu tun, sondern möchte der Hinweis auf eine Stätte sein, welche eine Gemeinschaft wahrheitssuchender Menschen vereinigt. In dieser Gemeinschaft wird angeblich mit Hilfe von Medien die Verbindung zu Verstorbenen aufgenommen. Diese zusammengestellten Berichte zeichnen ein Bild von einer metaphysischen Welt. Erstaunlich ist, daß die Mitteilungen der Medien mit den Berichten der wieder- belebten klinisch Toten gut übereinstimmen. Dr. Hinz geht in seinem Buche davon aus, daß der Mensch als ehemals von Gott abgefallenes Geschöpf sich in seiner metaphysischen Welt über dreizehn Stufen zwar nicht zu einer Vollkommenheit an sich, aber zu einer Menschenvollkommenheit emporarbeiten muß. Dies geschieht, indem das Geistwesen Mensch sich mehrmals mit einem irdischen Menschenkörper vereinigt, um sich in unserer materiellen Welt zu bewähren. Angeblich soll dieses Wissen in einer Urbibel enthalten sein. Bei einer späteren Neufassung der Heiligen Schrift aber sei durch die Macht des Bösen der Zusammenhang verlorengegangen, sodaß wir heute den Erlösungsplan Gottes nicht mehr erkennen können. Den Beweis für diese Theorie glaubt Dr. Hinz im ersten Brief des Apostels Paulus (2:4) an Timotheus zu finden. Da ist zu lesen, daß nach Gottes Willen alle Menschen gerettet und zur Erkenntnis der Wahrheit gelangen werden. Zur weiteren Erläuterung wird Christi Offenbarung gegenüber Nikodemus im zweiten Kapitel des Johannesevangeliums zitiert. Nikodemus galt als ein führender Pharisäer. In einem Gespräch mit ihm zeigt Jesus die Grundzüge des wahren Wesens des Gottesreiches gegenüber den irrigen Begriffen jüdischer Heilserwartung auf. So soll Jesus ihm erklärt haben, daß nicht die stammesmäßige Zugehörigkeit zu den Nachkommen Abrahams die Teilnahme am Reiche Gottes garantiert, sondern eine geistige Wiedergeburt durch die Taufe. Dabei ist die Taufe die Entscheidung des Menschen, sich von den auf die Materie gerichteten Begierden zu trennen und sich Gott hinzuwenden. Dies setzt aber eine vom Physischen getrennte Seinsform des Menschen voraus, die wir im religiösen Bereich oft als Seele bezeichnen, womit aber die geistige Komponente des Menschen angesprochen ist, und die vermutlich auch ohne einen materiellen Körper existieren kann. Wenn wir diese Annahme wissenschaftlich auch (noch) nicht exakt beweisen können, heißt das nicht, daß es eine solche Seele nicht gibt. Denn es läßt sich zumindest die Behauptung aufstellen , daß es den Tod in der Art, wie wir ihn normalerweise verstehen, gar nicht gibt, sondern daß der Geist den Tod des physischen Körpers überdauert. Parapsychologische Experimente haben gezeigt, wie Menschen im Zustand der Hypnose aus einem vergangenen Leben berichten. Bei solchen Berichten darf nicht übersehen werden, daß die Aussagen bei angeblicher Rückführung durch Hypnose in ein früheres Leben sowohl der Phantasie entspringen als auch aus einem verborgenen Wissen der Versuchspersonen hervorquellen können, das sich irgendwann aus historischen Romanen oder anderen Berichten im Gehirn festgesetzt haben mag. Auch können Informationen durch außersinnliche Wahrnehmungen solche Aussagen ermöglichen. Können heißt aber nicht müssen. Eine exakte Aussage über die Ursache jener Berichte von einer angeblich früheren Existenz kann unsere Wissenschaft nicht machen. Bei der Bewertung der Angaben von Personen unter Hypnose oder den Berichten eines Mediums darf man nicht vergessen, daß diese Aussagen in einem Tranceschlaf gemacht werden, bei dem das Tagesbewußtsein vorher ausgeschaltet wurde. In diesem Zusammenhang möchte ich auf die Arbeiten von Dr. Morris Netherton von der Universität Los Angeles über die Reinkarnationstheorie hinweisen. Während die Psychologen Freud und Jung entdeckt haben, daß

Schmerzen, Ängste und Schäden durch Gewalteinwirkung, seien sie seelischer oder körperlicher Art (Traumata), tief in unserem Unbewußten gespeichert und nicht ohne Wirkung auf den Gesamtorganismus sind, gehen heute Psychologen noch weiter in die Vergangenheit des Einzelmenschen zurück mit der Annahme, daß die Ereignisse bei der Geburt und die Eindrücke während der neun Monate im Mutterleib, also die „pränatale Phase" ebenfalls im Unbewußten festgehalten werden. Dr. Netherton geht noch einen Schritt weiter und führt in Gesprächen ohne Anwendung der Hypnose seine Patienten in Szenen ihrer vermuteten früheren Leben zurück. Dabei versucht er traumatisierende Erfahrungen in der Vergangenheit durch das Hervorbringen aus dem Unbewußten in das Bewußte mit bestehenden physischen Schmerzen zu verbinden und damit zu lindern oder gar zu heilen. Auf Grund der Erfahrungen mit seinen Patienten sieht er es als erwiesen an, daß wir Menschen immer wieder, wenn auch in den verschiedensten Körpern, wiedergeboren werden. Gleichzeitig ist er sich aber auch bewußt, daß es kaum möglich sein wird, dieses Phänomen jemals nach einer wissenschaftlichen Methode zu beweisen. Wer mit seiner Theorie vertraut ist, wird die Reinkarnationstheorie aber auch nicht mit irgendeiner Form des Okkultismus in Verbindung bringen. Genausowenig ist eine direkte Verbindung zu den asiatischen Religionen mit ihrer Karmalehre gegeben. Denn nach dieser Lehre durchläuft der wiedergeborene Mensch sein neues Erdenleben als Lohn oder Strafe für sein vorangegangenes und hat es in der Hand, sein künftiges Leben besser oder schlechter vorzuprogrammieren. Nach der Reinkarnationstheorie sind die physischen Eigenschaften des Menschen durch die Gene der Eltern bestimmt, während die über Jahrtausende verteilten Erlebnisse wie auf einem Tonband im Unbewußten gespeichert sind und Gefühle, Charaktereigenschaften und Krankheitsursachen bestimmen. Um das Bild der Reinkarnationstheorie abzurunden, sei angemerkt, daß bei der Erforschung der frühesten Ursachen für ein bestimmtes Problem fast immer ein Leben in einem Tierkörper als früheste Existenzebene beschrieben wird, was schließlich mit der Evolutionstheorie übereinstimmt. Man liegt aber in der Bewertung der Reinkarnationstheorie falsch, würde man hier nach einem religiösen Hintergrund suchen. Mit dieser Theorie soll lediglich einem Patienten geholfen werden, sein Welt- und Selbstverständnis ins rechte Lot zu bringen und Herr der aus dem Unbewußten vordringenden Angstgefühle und Depressionen zu werden. Weiter reicht die Aufgabenstellung für den Arzt hier nicht. Eine Aussage über Herkunft und Ziel unseres Lebens soll dabei weder gesucht noch gefunden werden. Die mit dieser Methode erzielten Erfolge aber weisen darauf hin, daß unser Leben hier auf Erden als ein Intermezzo in einem länger bestehenden oder gar ewigen Sein angesehen werden kann.

Eine andere Art der Seinserkenntnis soll durch Bewußtseinserweiterung möglich sein. Für Bewußtseinserweiterung steht heute der Begriff Meditation. Gegenüber dem Tranceschlaf ist bei der Meditation das wahre Tagesbewußtsein der Ausgangspunkt einer konzentrierten Bewußtseinssteigerung, wenn alles Ablenkende der Umgebung ausgeschaltet ist. Dieser Zustand wird erreicht, indem man sich mit einem rein geistigen Thema, beispielsweise mit den ersten fünf Sätzen des Johannesevangeliums befaßt. Aber auch hier darf man nicht vergessen, daß dabei Illusionen und Selbstbetrug Tür und Tor geöffnet sind. Es ist also kritische Selbstkontrolle unbedingt erforderlich, wenn eine Entgleisung verhindert werden soll. Denn nur bei ständiger Selbstkritik kann sich nach und nach eine sinnenfreie Religion erschließen.

Begründer dieser Bewußtseinsart ist der Anthroposoph Rudolf Steiner (1861-1925). Die Resultate dieses bewußten „Hellsehertums" hat er schriftlich niedergelegt, ohne jedoch den Hinweis zu versäumen, daß statt blindem Glauben stets eine kritische Haltung erforderlich sei. Für das menschliche Sein beschreibt Steiner vier Stufen:

Aus der ersten Stufe, der mineralischen Umwelt, trennt sich der Mensch von seinem physischen Leib durch den Tod. Nur dieser Akt vollzieht sich in der Sinnenwelt.

Aus der zweiten Stufe, der vegetativen Schicht des Lebensorganismus, dem Ätherleib, löst sich der Mensch während seiner Lebensrückschau. Das sind die Erlebnisse, die wir von Menschen berichtet bekommen, die noch einmal in die mineralische Existenz, dem unseren Sinnen zugänglichen Leben, zurückkehrten.

Aus der dritten Seinsstufe erhalten wir normalerweise keine Nachricht mehr. In dieser Stufe handelt es sich um den auch in der Tierwelt vorhandenen Astralleib (Seele). Selbst der Spiritismus soll zu dieser Seinsstufe keine Verbindung mehr herstellen können. Dieser Bereich gilt für Steiner als Stufe der Läuterung oder des Fegefeuers. Für ihn ist nämlich die Seele eingegliedert zwischen Leibeswelt und Geisteswelt. Er sieht die Seele als Dienerin des Geistes an, die dem Geist alle Sinneswahrnehmungen mitteilt, wodurch der Geist zum Verständnis der physischen Welt gelangt. Umgekehrt wird ein im Geist wurzelnder Gedanke über den Katalysator Seele mit Hilfe des Werkzeuges Leib zur Tat werden. Steiner erklärt die Existenz des Fegefeuers mit der stärkeren Neigung der Seele an die körperlichen Funktionen wie Ernährung und Geschlecht. So schreibt er:

„Es folgt auf den Tod für den Mensehengeist eine Zeit, in der die Seele ihre Neigungen zum physischen Dasein abstreift, um dann wieder den bloßen Gesetzen der geistig seelischen Welt zu folgen und den Geist frei zu machen. Es ist naturgemäß, daß diese Zeit um so länger dauern wird, je mehr die Seele an das Physische gebunden war. Sie wird kurz sein bei dem einen Menschen, der wenig an dem physischen Leben gehangen hat, lang dagegen bei einem solchen, der seine Interessen ganz an dieses Leben gebunden hat, so daß beim Tode noch viele Begierden, Wünsche usw. in der Seele leben. "

In dieser Aussage muß der Zeitbegriff als eine konstante Größe angesehen werden. Jedenfalls wird sich Rudolf Steiner weder mit einer Zeitverzögerung noch mit einer Zeitbeschleunigung auseinandergesetzt haben. Es mag ja sein, daß der Sprung von der Zeit in die Ewigkeit erst die eigentliche Vollendung des irdischen Daseins eines Menschen bedeutet. Anders aber lautet Steiners Theorie, die sehr stark an die Lebensvorstellungen des Hinduismus und des Brahmanismus erinnert. Für ihn ist nach Überwindung von Hölle und Fegefeuer in der vierten Lebensstufe nicht etwa das von Christus verheißene ewige Gottesreich erreicht, sondern es wird die

Seele zur Hülle des Geistes in einer Welt, die dem christlichen Himmel entspricht. Doch gilt das alles nur mit einem gravierenden Unterschied. Der Seele-Geist-Zustand der ewigen menschlichen Individualität gilt bei Steiner nur als Restaurationszeit, um die im Erdenleben gemachten Erfahrungen zu verarbeiten und mit neuer Kraft in immerwährendem Kreislauf wieder in einen menschlichen Leib zurückzukehren und eine neue Inkarnationsphase zu durchleben.

 Man kann es als eine gewisse Tragik ansehen, daß sich in christlichen Kirchen in den letzten Jahrhunderten das Bild von einem Totenreich immer stärker verliert. Himmel und Hölle wurden nur noch als Straf- oder Belohnungsmittel nach dem Schema von Zuckerbrot und Peitsche den Gläubigen vorgesetzt, wodurch religiöser Egoismus gefördert wurde, die Lehre christ- licher Selbstlosigkeit dafür aber vielfach auf der Strecke blieb.

Mit der Beschreibung der Wesenheit unserer Seele durch Sokrates und auch durch Steiner entsteht ein anschauliches Bild von der Bedeutung der Sünde. Denn die enge Verbindung des Geistwesens Mensch mit dem physischen Leib ist die Sinnenhaftigkeit (Seele), die sich nicht nur in den physischen Begierden nach Nahrung und Sexualität erschöpft, sondern auch das einschließt, was wir mit Begriffen wie Unmoral, Vorliebe, Mißgunst und Antipathie bezeichnen.

Auch jene Charaktereigenschaften, die äußerlich den Eindruck eines Idealisten vermitteln mögen, in Wirklichkeit aber auf die Erfüllung eines sinnenhaften Lustgefühls hinarbeiten, gehören in diese Aufzählung. Ich denke hier an die Flucht in geschäftige Betriebsamkeit, Naturschwämerei, religiös getarnten Egoismus und selbstsüchtige Kinder- und Tierliebe. Aus dieser Sicht wird auch die Sündhaftigkeit eines Selbstmordes verständlich, weil in seiner nachtodlichen Zeit der Selbstmörder statt der ersehnten Ruhe neben den übrigen Seelenqualen sich mit den unbefriedigten Begierden und Wünschen auseinandersetzen muß, derentwegen er sich entleibt hat.

Viele sehen im Tod so etwas wie eine Wand, an der das Leben unwiderruflich scheitert, für andere wiederum bedeutet er jedoch einen neuen Anfang. So sagte der zum Tode verurteilte Sokrates zu seinen klagenden Schülern: „Wir müssen jetzt voneinander scheiden, ich, um in den Tod zu gehen, ihr, um am Leben zu bleiben. Was von diesen beiden das bessere Los ist, weiß nur Gott alleine."

Friedrich der Große war überzeugt davon, daß nichts, was einmal in der Natur existiert, wieder vernichtet werden kann, und soll in diesem Zusammenhang geäußert haben: „... so weiß ich gewiß, daß der edlere Teil von mir darum nicht aufhören wird zu leben. Zwar werde ich im künftigen Leben nicht König sein, aber desto besser: ich werde jedoch ein tätiges Leben führen und noch dazu ein mit weniger Undank verknüpftes."

Trotz solcher Erkenntnisse gibt es immer wieder Stimmen, die jene religiösen Begriffe wie Gott, Teufel, Himmel, Hölle und Fegefeuer als nichtsbedeutende Erfindungen menschlicher Phantasie hinstellen. Das kommt daher, weil sie das alles zu bildlich sehen oder als rein magische, rational aber nicht faßbare Begriffe ablehnen. Daß der Inhalt der metaphysischen Begriffe nicht rational, also mit dem Verstande, erfaßbar ist, kann nicht bestritten werden, da unser rationales Verstehen an der Grenzlinie zwischen Physik und Metaphysik endet. Vor allem durch die auf der Basis der griechischen Philosophie entwickelten wissenschaftlichen Denkschemata ist der Mensch des abendländischen Kulturkreises kaum noch in der Lage, durch mystisches Erkennen jene Schallmauer zu der uns zunächst verborgenen Realität zu durchbrechen.

Es muß immer wieder mit Erstaunen festgestellt werden, daß Mitmenschen zwar bereit sind, entsprechend der Phantasie von Science-fiction-Autoren, die Existenz irgendwelcher Monsterwesen auf fernen Sternen zu akzeptieren, solange sie als materielle Substanzen für unsere Sinne wahrnehmbar sind. Sie wehren sich aber entschieden gegen die Anerkennung der Existenz materiefreier Wesen. In dieser Abwehr begründet sich auch die ablehnende Haltung gegenüber Erkenntnissen, die auf eine Weiterexistenz des Menschen nach dem Tode als reines Geistwesen hindeuten.

Doch auch dem nur eine Sinnenwelt anerkennenden Mitmenschen dürfte bekannt sein, daß die Heilerfolge unserer Ärzte größer sind, wenn sie den menschlichen Körper nicht nur wie einen chemischen Reaktor behandeln, dessen einzelne Organe wie bei einer Maschine durch Ersatzteile ausgewechselt werden können. Erst die Betrachtung des Menschen als eine Einheit von Körper, Geist und Seele erschließt über die geistige Einstellung zum Leben auch ein neues Verhältnis zur Gesundheit des Körpers. Nicht von ungefähr stand über dem Heiligtum des Apoll, des griechischen Gottes der Weisheit, Wissenschaft und Heilkunst, der Satz: „Erkenne dich selbst." So auch die Römer mit ihrem „mens sana in corpore sano* ", dem Postulat, daß in einem gesunden Körper auch ein gesunder Geist herrschen möge. Falsch interpretiert führte dieser Satz im Dritten Reich zur Überbewertung des menschlichen Körpers und schließlich zur Euthanasie, denn man war der Auffassung, daß nur in einem gesunden Körper ein gesunder Geist existieren könne. Richtiger ist jedoch die Deutung, daß erst durch eine ausgeglichene geistige Haltung ein gesunder Körper möglich ist. Wir müssen in diesem Zusammenhang von der Ansicht abrücken, Religion - oder genauer: religiöses Verhalten - sei für sich ein abgeschlossener Bereich des Menschen. Der Mensch ist aber keine Montage verschiedener Einzelteile, sondern eine Ganzheit, bei der jeder Teil für das Ganze eine Aufgabe zu erfüllen hat und stets das Sein des ganzen Menschen auch seine Einzelteile durchflutet. Es erkrankt dann auch nicht nur ein Teil des Menschen, sondern der ganze Mensch. Dadurch bleibt auch die ausschließliche Behandlung eines erkrankten Organs stets Stückwerk, wenn nicht gleichzeitig die ganze Krankheit behandelt wird, die bei jedem Menschen ihre eigene Individualität hat. Der große Arzt Paracelsus soll einmal gesagt haben, es erscheine ihm, daß jeder Mensch seine eigene Krankheit habe und jeder Patient eine auf seine eigene Persönlichkeit abgestimmte Therapie benötige. In den Gedankengängen von C. G. Jung finden wir eine ähnliche Darstellung wieder, wenn er bei der Erforschung des Phänomens der Spontan- und Wunderheilungen auf die Erkrankung der Gesamtpersönlichkeit stößt, die erst im Nachhinein die erkennbaren Symptome hervorkommen läßt.

Versuchen wir doch einmal, uns die Frage zu beantworten, warum die Medizin in unserer Zeit die großen Krankheiten nicht im Griff hat. Warum gibt es seit 25 Jahren kaum einen Behandlungsfortschritt bei Krebserkrankungen? Warum nimmt die Zahl der Bronchitiserkrankungen, Rheumaerkrankungen und anderer chronischer Krankheiten ständig zu, und warum sterben immer mehr Menschen vor der Zeit an Herzinfarkt? Warum ist für einen Erwachsenen die Lebenserwartung trotz unserer Medizin heutzutage nicht nennenswert höher als zu Großvaters- und Urgroßvaters Zeiten? Ist nicht vielleicht, wenn wir von äußeren mechanischen Einflüssen wie beispielsweise einem Unfall absehen, der menschliche Körper nur krank, weil die Seele leidet?

Die Bedeutung der inneren Einstellung des Menschen zum Ganzen zeigt sich besonders deutlich in den Wunderheilungen des Jesus von Nazareth. Ich erinnere hier nur an die im Markusevangelium (10:46-52) aufgezeichnete Blindenheilung und die Worte Jesu: „Gehe hin, dein Glaube hat dir geholfen." Wir sehen, daß das Verhältnis von Geist zu Körper nicht erst seit Freud in das Wissen der Menschheit eingedrungen ist. Aber erst der,

der diese Zusammenhänge von Gesundheit und Krankheit erkannt hat, ist in der Lage, auf Grund seiner geistigen Einstellung das Auftreten von Leiden und Gebrechen weitgehend zu verhindern. Wir müssen uns im klaren darüber sein, daß zwischen Krankheit und Sünde eine Verbindung besteht. Wir sprechen heute von psychosomatischen Krankheiten. Psyche heißt aber doch Seele und bezeichnet den außermateriellen Teil des Menschen. Schon alleine durch diese Krankheitsbezeichnung erkennen wir auch von der Medizin her das Zusammenspiel von Seele und materiellem Körper an. Es zeigt sich als Voraussetzung für eine dauerhafte Gesundheit die Notwendigkeit einer positiven Einstellung zum Leben im weitesten Sinne des Wortes, zu einem Leben, das nicht nur den chemisch-biologischen Stoffwechsel beachtet, sondern auch den geistigen Gehalt der Welt. Diese Einstellung ist aber das, was sich in der Bedeutung des Wortes Glauben widerspiegelt.

Wie stark der Geist des Menschen sich auf den Körper auswirken kann, zeigt uns die 1962 in Konnersreuth verstorbene stigmatisierte Therese Neumann. An ihr konnte man die Möglichkeit der Erhaltung des Leibes ohne Speise und Trank erkennen. Bei einer 15tägigen Untersuchung und Überwachung im Juli 1927 nahm sie in diesem Zeitraum 0,39 Gramm Hostie und drei Eßlöffel Wasser zu sich. Trotz ihres Blutverlustes und dem Ausscheiden von 525 Kubikzentimeter Hungerurin wog sie am ersten Tag 55 Kilogramm, am achten Tag 54 Kilogramm, am elften Tag 52,5 Kilogramm und am 15ten Tag hatte sie wieder das Gewicht des ersten Tages erreicht. Im Dritten Reich war die Nationalsozialistische Deutsche Arbeiterpartei sehr daran interessiert, Therese Neumann als Schwindlerin zu entlarven. Sie wurde zu diesem Zwecke über einen längeren Zeitraum von Angehörigen der SS untersucht und bewacht. Doch einen Betrug konnte man nicht nachweisen.

Es wird einem rein materialistisch eingestellten Menschen schwer fallen, den Fall Neumann in sein Denksystem einzuordnen. Aber er darf ihn nicht unberücksichtigt lassen. Will er objektiv bleiben, muß er hierzu Stellung nehmen. Wenn auch die Begebenheiten um Therese Neumann eine ziemliche Ausnahmeerscheinung sind, zeigen sie aber doch deutlich, daß der Mensch nicht vom Brot alleine lebt. Diese Erkenntnis spiegelt sich in vielen Religionen wider. Vor allem Propheten und Offenbarer haben ihre Erkenntnisse meist in Zusammenhang mit einer Fastenperiode gewonnen. Auch die Leistungen der Yogis werden nicht zuletzt durch ein enthaltsames Leben und direktes Fasten erreicht. Es sind die Leistungen des Menschen also gar nicht so sehr eine Funktion seines Nahrungsgenusses. Wir sehen es im außerreligiösen Bereich an den damaligen Erziehungspro-grammen der Spartaner bestätigt. Tatsächlich werden durch Fasten zu-nächst Reserven abgebaut, die sich im Körper als Fettpolster eingelagert haben. Weggeräumt werden dabei aber auch jene abgelagerten Stoff-wechselreste, die wir allgemein als Schlacken bezeichnen. Erst wenn auch hier nichts mehr zu holen ist, geht es an die gesunde Substanz. Kontrol-liertes Fasten bewirkt nicht zuletzt die Wiederherstellung eines seeli-schen Gleichgewichtes. Es kann zwar während des Fastens die Fähigkeit des analytischen Denkens eingeschränkt sein, dafür wird aber das intuiti-ve Denken gesteigert und auch die Bereitschaft zur Meditation. Der Fas-tende wird wie eine Batterie mit einer uns noch unbekannten Kraft aufge-laden. Nur aus dieser Perspektive wird die Aussage in Matthäus 4:4 ver-ständlich: „Nicht nur von Brot lebt der Mensch, sondern von jedem Wort, das hervorgeht aus dem Munde Gottes." Den gleichen Hinweis finden wir auch im fünften Mosesbuch (8:3). So gesehen kann man das Fasten zu-gleich als ein Wiederanknüpfen des Menschen an jene schöpferische Ure-nergie, die wir Gott nennen, bezeichnen und in die Bedeutung des Wortes ,religio' mit einbeziehen.

Eine diese ,religio' ablehnende Einstellung aber wirkt negativ auf die See-le ein und bedingt Veränderungen im physischen Körper. Das aber sind die Vorbedingungen von Krankheitserscheinungen, die letztlich als Fehl-schaltungen und Fehlleitungen des Geistes anzusprechen sind. Das wohl ausgeprägteste Beispiel für solche Auswirkungen ist die eingebildete Krankheit, die sogar den körperlichen Tod herbeiführen kann.

Wie stark der Glaube, also die bewußte positive Einstellung zur universel-len Welt, mit der Gesundheit des Leibes verbunden ist, sagen uns jene Worte des zweiten Mosesbuches (15:26): , ,Wenn Du nur fleißig hörst auf die Stimme Deines Gottes und das, was recht ist in seinen Augen, tust, auf seine Gebote achtgibst und all seine Satzungen hälst, will ich Dir keine Krankheiten auferlegen, wie ich sie in Ägypten auferlegt habe. Denn Ich, der Herr, bin Dein Arzt."

In diesem Sinne sind auch die Heilungen zu verstehen, die Jesus und nach-her seine Jünger vollbracht haben. Lesen wir in der Bibel nach, so stoßen wir immer wieder auf die Worte: Dein Glaube hat Dir geholfen. Setzt man nun eine falsche geistige Einstellung mit dem Begriff der Sünde im religi-ösen Sinne gleich, so ist eine Koppelung zwischen Sünde und Krankheit gegeben. Aus dieser Erkenntnis heraus sagte Hippokrates (um 460 bis um 377), der als Begründer der griechischen Heilkunst gilt und das Zustande

kommen von Krankheiten aus fehlender Mischung der Körpersäfte erklärte: „Krankheiten entwickeln sich aus den täglichen kleinen Sünden wider
die Natur." Man könnte diese Aussage auf Genußmittel wie Kaffee, Tabak, Schokolade und Alkohol begrenzen und mit Wilhelm Busch sagen:
„Was man besonders gerne tut, ist selten ganz besonders gut." Es sollte
hier aber nicht nur an die Genußmittel gedacht werden, sondern auch an
alle Lebensarten, die dem Begriff der Liebe aus der christlichen Lehre ent-
gegenstehen. Unter dem Stichwort „Bergpredigt Jesu" (Matthäus 5-7)
kann das hier Angesprochene nachgelesen werden. Sünde ist somit nicht
einfach das Über- treten eines Verbotes, denn, wie Carl Zuckmayer in seiner „Fastnachtsbeichte' ' treffend schreibt, sind das meiste Unrecht, die
meisten Sünden und Vergehen kaum im Gesetz und nicht einmal in den
Geboten genau zu fassen. Wenn dem so ist, kann man Sünde nur als das
Abwenden von der Einheit des Seins in Gott und somit die Zerstörung dieser Einheit ansehen, was sich im menschlichen Körper als Krankheit wider-
spiegeln und den Tod bedeuten kann.

Ein vom Aussterben bedrohter Rest der südamerikanischen Indianer ist
heute noch ungefähr im Zentrum Brasiliens am Xingu-Fluß zu finden. Diese Xinguaner kennen für das Weiterleben nach dem Tode zwar das Paradies, aber keine Hölle. Für sie stirbt ein böser Mensch früh, etwa mit
zwanzig Jahren, während ein guter Mensch erst mit hundert Jahren
stirbt. , ‚Wäre der Mensch nicht böse", so äußerte sich einmal ein Medizinmann, „würde er ewig leben." Es sieht hier ganz so aus, als wenn durch ungenaue Überlieferung der geistige Tod mit dem Ende der körperlichen
Existenz beim Menschen vermischt worden wäre. Doch gleichzeitig läßt
sich hier der Einfluß eines zum Kosmos positiv eingestellten Geistes auf
die Lebensfähigkeit des materiellen Körpers erkennen.

Es beschränkt sich unser religiöses Verhalten somit nicht nur auf ein (von
vielen Mitmenschen angezweifeltes) Leben nach dem Tode, sondern betrifft auch unser soziales Verhalten, unser Gemüt und unsere Gesundheit.
Sind Gesundheit und Krankheit aber das Spiegelbild der menschlichen
Seele, erlangen auch die Begriffe von Leben und Tod eine neue Bedeutung, wenn wir den Menschen als eine Bündelung von Körper, Seele und
Geist auf- fassen. Es ist für uns Menschen nicht erkennbar und erst recht
nicht vorstellbar, wie durch unser Ja zur universellen Welt, der materiellen wie der geistigen, wie also durch den Glauben dieser Geist mit der
Schöpfungsmacht Gott verbunden ist. Im mystisch-religiösen Bereich
sprechen wir von dem Einswerden mit Gott, und in Gebeten finden wir die

Formulierung, daß wir in Gott seien und er in uns. Jedenfalls ermöglicht uns die Verbindung, in den

geistigen Bereich unserer Mitmenschen einzudringen und uns mit ihnen zu freuen oder mit ihnen zu leiden. Denn echtes Mitleid existiert aus dieser Verbindung und kann in Wahrheit erlebt werden. Mitleid kann so weit übertragen werden, daß selbst körperliche Schmerzen auf einen anderen Menschen übergehen können. Ich erinnere nur an das Stichwort Kawade, das Männerkindbett. Durch seine geistige Verbundenheit zu seiner Frau übernimmt der Mann die Geburtswehen und windet sich vor Schmerzen auf seinem Lager, während die Frau in Ruhe ihr Kind zur Welt bringt. In ähnlicher Weise müssen wir auch die Aufgabe Jesu verstehen, der Leiden und Schuld der Menschheit auf sich genommen hat. Das aber ist nur ein Teil seiner Botschaft. Denn durch dieses Mitleiden kehrt sich in der Schöpfung die Abwendung von dem, was wir Gott nennen, um, und es wird der Status der ewigen Glückseligkeit erreicht, was die Bezeichnung , ‚Frohe Botschaft' " für die Evangelien rechtfertigt.

Ein Weiterbestehen des geistigen Menschen nach dem irdischen Tod wird heute von vielen Menschen unseres Kulturkreises negiert. Die Vertreter dieser Auffassung halten den Gedanken an ein Weiterleben nach dem Tode für die Kompensation der Lebensangst. Für die andere Auffassung bedeutet die materiegebundene Existenz des Menschen eigentlich nur ein Intermezzo seines ewigen Lebens. Es ist vergleichbar mit der Teilnahme an einem Gesellschaftsspiel, bei dem andere Bedingungen und Regeln gültig sind als in der Sphäre des ewig Geistigen.

„Esset nicht davon, ja rühret sie nicht an, sonst müßt ihr sterben!" Mit diesen Worten aus der Genesis wird uns ein Tod angekündigt, der bei oberflächlicher Betrachtung dieser Bibelstelle gar nicht eintritt. Denn die dort als Einzelpersonen dargestellten Adam und Eva sind nicht sofort gestorben und leben als Menschengeschlecht noch heute. Hier ist eben nicht der biologische Tod des Menschen angesprochen, sondern sein geistiger Tod. Entsprechend lesen wir im l, Timotheus 5:6 über eine Witwe: Gibt sie sich aber der Ausschweifung hin, ist sie als Lebende tot. Dieses Sichselbst-Verlieren an sinnenhafte Gelüste, womit nicht nur der Sexus im engeren Sinne angesprochen ist, bewirkt' eine solch starke Abkehr von dem Ausgerichtetsein auf unser freies geistiges Leben, daß wir es mit geistigem Tod bezeichnen müssen. Um uns von diesem Tode zu befreien, so berichtet uns das Neue Testament, kam Christus als Gottes Wort (- und das Wort ist Fleisch geworden und hat unter uns gelebt -) zu uns Menschen.

Er lebte uns das Gesetz vor, nach dem uns eben das besagte ewige Leben beschieden ist. Er nannte uns die Regeln erneut, die seit Urzeiten von Menschen schon erkannt waren, doch unter dem Staub der Weltgeschichte mehr oder weniger tief verborgen lagen und doch den Nährboden für die verschiedenen Religionen abgegeben haben.

Nach Auffassung der katholischen Kirche, die von Papst Johannes Paul II. im Jahre 1979 noch einmal deutlich dargelegt wurde, gibt es eine Auferstehung der Toten, das heißt, der Mensch überlebt mit Bewußtsein und Willen. Ergänzend hierzu äußerte sich die römische Kongregation für die Glaubenslehre, daß derjenige, der den Glauben an Gott verleugnet, des Angesichtes Gottes beraubt sei. Damit ist er tot auch im Geiste.

Somit wandeln wir nicht nur mit unserem biologischen Körper zwischen Leben und Tod, sondern stehen für unser geistiges Sein vor der nach eigenem freien Willen zu fällenden Entscheidung zwischen einem Leben oder dem Tod des Geistes.

Das religiöse Verhalten unserer Vorfahren läßt sich nur mühsam aus archäologischen Funden rekonstruieren. Zweifellos unterliegen dabei die aufgestellten Theorien der Gefahr des Irrtums. Trotzdem sind die einzelnen Erkenntnisse zu einem Mosaik zusammengetragen worden, aus dem auch die Einstellung der Menschen aus früher Zeit zum metaphysischen Bereich erkennbar wird. Die frühesten schriftlichen Aufzeichnungen stammen erst aus der Zeit zwischen 30 000 und 20 000 vor Christi Geburt. Es handelt sich dabei um einen auf Knochen eingeritzten Mondkalender aus Europa. Ungefähr das Sechzigfache des seitdem verflossenen Zeitraumes aber haben Menschen gelebt, ohne uns ein schriftliches Dokument zu hinterlassen. Die Ergebnisse der archäologischen Forschung zeigen, daß mindestens seit 100 000 Jahren Tote in Gräbern bestattet worden sind. Das bedeutet, daß für jene Menschen bereits metaphysische Vorstellungen bestanden haben müssen. Hinweise darauf sind die Art und auch die Tatsache der Totenbestattung. Außerdem zeigen die Überreste dargebrachter Opfer, daß der Mensch der Vorgeschichte eine feste Auffassung von einer höheren Macht hatte und mit ihr zumindest über das Opfer in Verbindung stand. Darüber hinaus geben magische Bilder und Zeichen Zeugnis von einem Wissen um geheimnisvolle, sinnenhaft nicht erklärbare Kräfte, die in kultischen Zeremonien mobilisiert wurden.

Ob nun jene ersten Menschen diese höhere Macht als einen Gott oder als eine besondere, mit Göttern und Geistern bevölkerte Welt ansahen, wie es sich in den späteren Religionen der Griechen, Römer und Germanen darstellt, ist eine in der Wissenschaft noch nicht endgültig geklärte Frage. Eine Theorie lautet, daß der Mensch die unbeherrschten Naturkräfte wie Sturm, Feuer, Erdbeben, Vulkanismus oder abstrakte Begriffe wie Lüge, Zeit, Tapferkeit zu Göttern erhob und dann diese zunächst gleichrangigen Götter in eine hierarchische Struktur einordnete, wie er sie aus den eigenen Lebensumständen her kannte. So soll sich nach dieser Theorie erst im Laufe der Zeit aus der Gesellschaft der Götter ein Haupt- oder Obergott herauskristallisiert haben, woraus sich folgerichtig dann ein Wandel vom Polytheismus, dem Vielgottglauben, zum Monotheismus, dem Eingottglauben, vollzog. Noch im vorigen Jahrhundert konnten über dieses Problem nur theoretische Überlegungen angestellt werden. Erst die Ausgrabungen der letzten 150 Jahre haben zu diesem Thema auch unsere Urahnen zu Wort kommen lassen.

Um den Hintergrund der Frage, ob ursprünglich eine monotheistische oder polytheistische Vorstellung bestanden hat, zu erhellen, muß daran erinnert werden, daß im indoeuropäischen Kulturkreis der Mensch daran gewöhnt ist, den Kosmos in zwei unterschiedlichen Formen zu denken, nämlich in Geist und Körper. Das ist auch die Grundlage der platonischen und aristotelischen Philosophie. Der Asiate hingegen fühlt sich im Kosmos total eingebettet.

Auf Grund der Doppelsichtigkeit wechselten in Europa Epochen, die die Welt von der Materie her zu erklären versuchten, mit Perioden, in denen das Geistige, die Idee, im Vordergrund stand. Der vorgeschichtliche Mensch spricht zu uns aber nicht nur durch die von uns vorgefundenen Gebeine. Vielmehr läßt die Art des Fundes weitere Rückschlüsse auf die Lebensweise erkennen. Schließlich hatte man damals bestimmte Gründe, beispielsweise die Toten nicht einfach herumliegen zu lassen, sondern auf Grund eines bestimmten Wissens oder zumindest bestimmter Vorstellungen wegen mit Handwerkzeug, Waffen und Speisen in ein Grab zu legen. So hat man 1960 im nördlichen Irak, im Zagrosgebirge, das Grab eines Jägers gefunden, in dessen Erdreich ein starker Gehalt an Pollen festgestellt werden konnte. Offensichtlich war dem Toten eine große Menge Blumen mit ins Grab gegeben worden. Vermutlich war der Tote sogar auf ein aus Pinienzweigen und Blumen bereitetes Bett gelegt worden. Das war vor 60 000 Jahren geschehen. Über die Zeit davor, jenen ein bis eineinhalb Millionen Jahre, in denen der Homo errectus lebte, lassen sich keine diesbezüglichen Aussagen machen. Lediglich einige Funde von Elefantenknochen an zwei Berghängen oberhalb eines Flusses in der Sierra de Guadarrama rund 150 Kilometer nordöstlich von Madrid, in Torralba und Ambrona, lassen aus der Lage der Knochen vermuten, daß sich schon Homo-errectus-Jäger vor rund 400 000 Jahren eines Rituals bedient haben können. Vielleicht hatte eine riesenhafte Beute die Jäger voller Ehrfurcht eine rituelle Handlung vollziehen lassen. Aber direkte Beweise für Kulthandlungen unter jenen Jägern gibt es nicht, und so bleibt diese Angelegenheit nur als eine reine Vermutung in bezug auf eine eventuelle Religiosität bestehen.

Bei den Eiszeitmenschen muß jedoch der Gedanke schon fest verwurzelt gewesen sein, daß irgendein wesentlicher Teil der menschlichen Existenz nicht durch den Tod vernichtet wird, sondern in irgendeiner Form irgendwo weiterexistiert. Vielleicht hatte der Mensch in jener Zeit eine viel aus-geprägtere Verbindung zu jenen metaphysischen Lebensbereichen, die uns geschichtlichen Menschen durch die Errungenschaften der Zivilisation immer mehr verlorengegangen ist, und um deren Wiederherstellung sich heute die Parapsychologie bemüht.

Weitere Nachweise einer frühen Gottesverehrung liefern jene zwischen 1903 und 1922 entdeckten Bärenhöhlen bei St. Gallen und die 1970 in ei-ner Höhle im Libanon aufgefundene Opferdarstellung eines Hirsches. In beiden Fällen handelt es sich vermutlich um Opferstätten. Opfern setzt aber die Anerkennung einer höheren Macht voraus. Betrachtet man nun Grablegung und Opferkult zusammen, so geht man wohl nicht falsch in der Annahme, daß der Neandertaler bereits seine eigene Vorstellung über den Aufbau des Universums hatte und mit einem Gottesbegriff ver-traut war. Hieraus läßt sich die These von einem uranfänglichen Eingott-glauben ableiten, der als Urmonotheismus Eingang in die Religionsphilo-sophie gefunden hat. Die hier erkennbare Gottesverehrung war der folge-richtige Rückschluß auf ein Wesen, dem alle physischen und metaphysi-schen Kräfte gehorchen, wenn nicht auch schon zur damaligen Zeit mysti-sche Offenbarungen dem Menschen Kunde von einer jenseits der Materie befindlichen Welt gaben.

Im Unterschied zum Urmonotheismus bezeichnet man als monotheistisch jene ‚gestifteten' Religionen, die hauptsächlich auf einer prophetischen Offenbarung beruhen.

Da die gestifteten Religionen, soweit sie monotheistisch sind, polytheisti-sche Gottesvorstellungen ablösen, spricht diese Tatsache für eine Ent-wicklung von primitiven Formen des Macht- und Seelenglaubens über po-lytheistische Zwischenformen zur Verehrung nur eines einzigen Gottes. Man wirft den Verfechtern des Urmonotheismus vor, daß sie sich zu sehr von den Gedanken des Christentums leiten lassen, und bestreitet, daß der Glaube an ein höheres Wesen Bestandteil der ersten Menschheitskul-tur gewesen ist. Gerade diesen Zustand aber finden wir heute bei den Ein-geborenenstämmen, die noch auf der Stufe der Steinzeitmenschen leben. Noch heute nämlich wird in Australien, Polynesien und in der Mongolei, bei den Zulus und den Buschmännern ein Urgott verehrt. Das aber spricht eindeutig für die Theorie des Urmonotheismus.

Betrachtet man die vom Christentum in Europa verdrängten Religionen der Germanen, Römer, Griechen und Kelten, so ist man geneigt, sie als polytheistische Religionen einzuordnen. Bei näherer Betrachtung entpuppen sich die sogenannten Götter als Wesen im Sinne einer allmächtigen und absoluten Wesensart. Ganz deutlich sehen wir das bei der Betrachtung der germanischen Götterwelt. Das germanische Weltbild kannte neben dem Lebensraum des Menschen hier auf Erden, den sie Mitgard nannten, für die in ihren Vorstellungen lebenden Götter den göttlichen Bereich Asgard, während sie sich für die unholdvollen Riesen einen Bereich mit dem Namen Utgard vorstellten. In allen drei Bereichen lebten die jeweiligen Bewohner rein nach Menschenart und hatten sich auch mit rein menschlichen Problemen auseinanderzusetzen. Die Vermenschlichung der in der Vorstellung existierenden Götterwelt war so groß, daß die Germanen in ihren Göttern mehr Bundesgenossen in einer uns analogen Welt sahen als Gottheiten, die in einer totalen Unabhängigkeit schalten und walten konnten. In ihrer Jenseitsvorstellung saßen die toten Krieger zusammen mit den Göttern in deren Burg Walhalla, fröhlich zechend, und zogen mit ihnen zusammen in die Schlacht, wenn auch die Menschen in Mitgard gegen ihre Feinde zogen.

Auch den Göttern, die gegen die Mächte der Finsternis kämpften, war ein Untergang beschieden. Jedoch folgte der Götterdämmerung wieder ein neuer Anfang analog dem herbstlichen Sterben in der Natur und dem erneuten Erwachen im Frühling. Der einzige Unterschied zwischen den germanischen Göttern und den Menschen war, daß die Götter mit magischen Kräften ausgestattet waren. Aber sie unterlagen, wie alles in der Sinnenwelt, dem Werden und Vergehen, was wir zum Beispiel von den Göttern Griechenlands nicht kennen. Gerade die Ahnung dieses Vergehens, das Vorgefühl von einem unabänderlich bevorstehenden Untergang, der Götterdämmerung oder, exakter übersetzt, dem Götterverhängnis, entspricht der germanischen Mentalität. Nach germanischer Auffassung unterliegen Götter, Menschen und der Stamm der unbefriedeten, riesenhaften Unholde einem vorgezeichneten Schicksal. Dieses Schicksal ist letztlich die über alles herrschende Macht, und es bleibt allen, ob Menschen, Götter oder Riesen nur übrig, diesem Schicksal fest und ergeben entgegenzugehen. Ein solches Weltbild führte zu dem so viel gepriesenen germanischen Heldentum, das im Grunde die einzig mögliche Haltung widerspiegelt, die ein Mensch vor einem unausweichlichen, tödlichen Schicksal einnehmen kann, und das gleichzeitig als Erfüllung seines Lebens gilt:

„Das Vieh stirbt, die Freunde sterben,
Und endlich stirbst du selbst.

Doch eines weiß ich, was ewig bleibt,
Das Urteil über den Toten.

In dieser strengen Unterwerfung unter die Macht des Schicksals zeigt sich der Einfluß der Natur mit ihrem Jahresrhythmus auf die Weltanschauung. Das herbstliche Sterben findet sich wieder in der Schilderung des Endkampfes der Götter gegen die Unterwelt, in dem die Kämpfer beider Parteien auf dem Schlachtfeld den Tod erleiden, was das Ende der Welt bedeutet. Denn es erlischt die Sonne, die Sterne fallen vom Himmel, der in Flammen aufgeht und die Erde mitverbrennt. Aber wie nach jedem Herbst und Winter der Frühling wiederkommt, ist für den Germanen dieser Weltbrand nicht das endgültige Ende allen Lebens. Eine neue Erde taucht aus dem Meer auf, in dem die alte versunken war. Eine neue Sonne und ein neuer Mond ziehen

wieder ihre Bahnen am Himmel, und ein neues Menschenpaar tritt unversehrt aus dem Holz unter der Wurzel der Weltesche hervor in eine neue, friedvolle Welt ohne Haß und Kampf. Denn nach dem Weltwinter hat ein neuer Frühling seinen Einzug gehalten. Alles aber vollzieht sich nach den Gesetzen eines ewig waltenden Schicksals. Die germanischen Götter stellen nichts anderes dar als personifizierte Naturerscheinungen und Tugenden. Die Unterwerfung des Lebensweges unter das ewig waltende Schicksal ist jedoch erst die eigentliche Anerkennung des Göttlichen. Damit aber weist die germanische Weltanschauung eine monotheistische Tendenz auf.

Im südlicher gelegenen Italien ist das, was wir Religion der Römer nennen, ein Zusammenfluß aus drei verschiedenen Quellen. Die eine Quelle liegt in Italien selbst, während die anderen Zuflüsse aus Griechenland und dem Orient kommen. Aus Italien selbst stammen die Reste der etruskischen Religion mit ihrem reich entwickelten Totenkult und Jenseitsglauben sowie einem gut ausgebildeten Wahrsagersystem. Der Jupiterkult stammt aus der Landschaft Latium. Er hatte sich klar gegen die Kulte der übrigen Stämme durchsetzen können.

Zur Zeit der Gründung Roms im Jahre 753 vor Christus bestand die Gottdreiheit Jupiter, Mars und Quirinus. Letzterer war vermutlich eine sabinische Gottheit und verschmolz bald wegen seiner Ähnlichkeit mit dem Gott Mars, der uns als Kriegsgott bekannt ist, aber auch Schutzgott der Stadt, des Volkes und der Äcker war. Der erste Monat des römischen Jahres, das mit dem März begann, trägt ja seinen Namen. Von dieser Zählung her haben dann die noch heute mit römischen Zahlen bezeichneten Monate September (septem = sieben), Oktober (octo = acht), November (novem = neun) und Dezember (decem = zehn) ihre richtige Bezeichnung. Die größten Ehren wurden Jupiter, dem Gott des Lichtes, zuteil. In seinem Heiligtum, dem kapitolinischen Burgberg, befand sich auch das Auguraculum. Das war ein freier Platz, der für die aus etruskischer Zeit stammenden Wahrsager eingerichtet war. Diese Wahrsager, Auguren genannt, galten jetzt auch als Diener Jupiters. Sie lasen seinen Willen aus den Himmelserscheinungen, wobei der Vogelflug von besonderer Bedeutung für sie war.

Neben diesen Göttern existierten bei den Römern noch eine große Anzahl von Gottheiten mit bestimmten Funktionen, die als Schutzgottheiten zuständig waren für die einzelnen Objekte der Agrarwirtschaft, für das Haus, das Volk oder die Stadt. In den einzelnen Häusern wurden eine Art Ahnengötter verehrt, die Manen. Eigentlich waren dies ursprünglich Unterweltsgottheiten. Zu ihnen gesellten sich dann auch noch die Geister der Toten. Damit verschmilzt hier der Begriff der Gottheit mit dem, was man eigentlich einfach als Geistwesen bezeichnet. Aber nicht nur Geistwesen, sondern auch abstrakte Begriffe hatten den Rang von Göttern inne. Wir begegnen Gottheiten wie Fides, die Treue, oder Concordia, die Eintracht. In der Kaiserzeit wurden vor allem die Tugenden der jeweiligen Herrscher als Gottheiten verehrt. Im großen und ganzen kann man die römischen Götter mehr als Abstrakta und weniger als Mächte betrachten. Das schließt aber nicht aus, daß man für das Geld die Göttin Moneta verehrte.

Hegels Auffassung, daß die römische Religion eine Religion der Zweckmäßigkeit war, kann schlecht bestritten werden. Die Priester waren staatliche Beamte. Zur Zeit der Könige war der jeweilige Herrscher auch oberster Priester. In der Republik lebte diese Würde in der Person des Opferkönigs fort. Die Oberaufsicht über alle sakralen Dinge war einem Pontifikalkollegium übertragen, dessen Leiter den Titel Pontifex maximus trug. Diesen Titel hat die römisch-katholische Kirche für ihr Oberhaupt, den Papst, übernommen, dessen Amtszeit als Pontifikat bekannt ist. Sicherlich ist hier die Frage berechtigt, ob außer der Amtsbezeichnung des Papstes nicht noch mehr aus der römischen in die christliche Religion übernommen worden ist.

Die ständigen Eroberungskriege, die Rom zur Weltmacht führten, bescherten nicht nur eine Vergrößerung der Besitzverhältnisse, sondern brachten aus den eroberten Gebieten auch neue Götter nach Rom, die durch eine „Evocatio", durch ein Herausrufen aus den besetzten Ländern, nach Rom überwechselten. Hier in der Weltstadt erhielten diese Gottheiten eigene Tempelwohnungen. Durch diese Religionspolitik, die mehr war als eine religiöse Duldsamkeit, mischten sich die fremden Gottheiten unter die alten römischen Götter. So gelangte beispielsweise 509 vor Christi aus dem Kult des Apollo eine Orakelsammlung aus dem unteritalienischen, damals griechischen, Delphi in die Keller der Jupiterhallen in Rom. Damit begann die zweite Quelle der römischen Religion zu sprudeln. Es waren die griechischen Gottheiten. Wenn es sich dabei anfangs auch nur um Halbgötter wie Herakles, Castor und Pollux handelte, wurde doch um 217 das olympische Zwölfgöttersystem der Griechen in den Staatskult der Römer aufgenommen. War bis zu dieser Zeit für religiöse Kulthandlungen ausschließlich eine beamtete Priesterschaft zuständig, fanden jetzt auch Prozessionen statt, die rein der Schaulust dienten. Ab dem Jahre 103 vor Christus wurden die Priesterkollegen sogar durch Volkswahl bestimmt. Damit brach aber nicht nur die Politik in die religiöse Sphäre ein, sondern es zeichnete sich bald eine Vernachlässigung der Kulte ab, weil in das Pontifikalkollegium nunmehr auch unkundige Leute geschickt wurden.

Vorher aber hatte schon die dritte Götterquelle der römischen Religion zu sprudeln begonnen. Im Jahre 204 vor Christus wurde der heilige schwarze Stein der phrygischen Kybele von Pessinus nach Rom überführt, und 191 wurde dieser kleinasiatischen Göttermutter, der Magna Mater Deum Idaea - wie die Römer sie nannten -, ein Tempel errichtet. So wurden die Götter des römischen Staatskultes immer zahlreicher.

Eine solche Entwicklung widerspricht aber völlig der theoretischen Behauptung, daß sich der Eingottglaube aus einem polytheistischen System entwickelt haben soll. Aus der römischen Religionsgeschichte läßt sich vielmehr das Gegenteil ableiten. Denn mit der Übernahme fremder Götter in den eigenen Kult bewegte sich die römische Religion von dem Eingottglauben immer weiter weg, bis die in Griechenland erwachende Religionskritik sich auch auf italienischem Boden ausbreitete und den Götterglauben der Volksmassen auszuhöhlen begann.

Eine kurze Renaissance erlebte die römische Religion, als Kaiser Augustus um 12 vor Christus so wichtige Ämter wie das des Pontifex maximus selbst übernahm und verfallene Tempel wieder aufbauen ließ. Dabei wurde er selbst als Soter, als Weltheiland, verehrt und für göttlich erklärt. Die Errichtung eines eigenen Tempels nach seinem Tode wie bei seinem Vorgänger G. J . Caesar war das Startzeichen des römischen Kaiserkultes. Damit

erfuhr die geistige und politische Einheit des Römerreiches einen kaum zu übertref fenden Höhepunkt. Jupiter optimus maximus wurde zum höchsten Gott erklärt und galt als erster unter den ihm gleichgesetzten Hauptgöttern anderer Völker, als Primus inter pares.

Polytheistisch tritt uns auch die griechische Religion entgegen. Dabei haben die Griechen in ihren Göttern sowohl weltbeherrschende Mächte als auch die Personifizierung menschlicher Ideale gesehen. In ihnen zeigen sich alle erdenklichen Formen des Menschseins einschließlich der Widersprüche und des Zwiespaltes. Der Rest eines Eingottglaubens begegnet uns in der alles überragenden Göttergestalt des Zeus, der als Vater aller Götter und Menschen galt, als Wächter über Gesetz und Recht und Bürge einer sittlichen Weltordnung. Seine überragende Stellung und der Hinweis auf eine ursprünglich monotheistische Religionsform läßt sich daran erkennen, daß das Wort Theos (Gott) allein für Zeus galt. Wenn er auch als der größte unter den griechischen Göttern galt, war er aber doch nicht die oberste Macht im Weltensystem. Wie bei den Germanen Odin sich der Macht des Schicksals ausgeliefert sah, mußte nach Homer auch Zeus den unbekannten Willen des Schicksals, die Moira, erforschen.

Bei Aischylos (525/24-456/S5) ist Zeus Luft, Erde, Himmel, die Welt und was noch höher ist zugleich. An einer anderen Stelle nennt er ihn den ungenannten Gott, der mit nichts aufgewogen werden kann.

Der starke Drang zu vergöttlichen zeigt sich in der Erfindung der Heroen, jener Halbgötter, die als Menschen einmal_große Taten vollbracht haben sollen und die an ihren Grabstätten verehrt wurden. Dabei schlachtete man als kultische Handlung am Grabe einen Stier. Das Blut des Opferstieres floß durch eine Röhre in die Asche des Toten, um ihn zu befruchten. Auf die Erfüllung der kultischen Pflichten wurde mit Nachdruck geachtet. Eine Nichtbeachtung hatte die Todesstrafe zur Folge, wie wir es an dem Beispiel des Sokrates erfahren haben. Nur weil er den religiösen Kult nicht erfüllt hatte, wurde er zum Tode verurteilt, wenngleich er vor Gericht betont hatte, daß er kein Gottesleugner sei.

Das Ende der griechischen Religion und damit die Geburt der abendländischen Wissenschaft war bedingt durch die allzustarke Vermenschlichung der Götter und die üppig sich verrnehrenden Mythen. So nahm schon der Philosoph Xenophanes (um 565 bis um 470) um 500 vor Christi Geburt Stellung gegen die unsittlichen Auswüchse mancher alter Mythen. Denn die Zeus angedichteten Liebesabenteuer mit Frauen und Knaben konnten schließlich nicht als Vorbild dienen. Xenophanes nahm auch Stellung gegen den Polytheismus. Seiner Auffassung nach könne es nur eine unveränderliche Gotteskraft geben. Damit ging er konform mit den ionischen Naturphilosophen Hippokrates und Heraklit. Letzterer behauptete in seiner Schrift „Über die Natur" , daß diejenigen, die ihre Götterbilder anbeten, das wahre Wesen der Götter oder Herren gar nicht kennen. Ist diese Haltung nicht identisch mit der islamischen Bilderfeindlichkeit und der paulinischen Gottesvorstellung?

Die zerstörendste Wirkung auf die religiösen Praktiken der Griechen verursachte wohl die Lehre der Sophisten (Protagoras). Als sie den Allgemeinbegriff des Göttlichen verblassend mit Fügung oder Schicksal gleichsetzten, erhob Sokrates seine Stimme und versuchte seinen Mitmenschen das Sittliche als höchste Lebensnorm hinzustellen. Für ihn war die innere Stimme des Menschen maßgebend für das, was er zu tun und zu lassen hatte. Durch Selbstprüfung und Selbsterkenntnis sollte der Mensch zu seiner eigenen Individualität finden.

Mit dieser nun einsetzenden philosophischen Selbstkritik wurden Zeus, Athene, Apollo und wie sie sonst noch hießen, als bloße Götterstatuen entlarvt. Somit war die eigentliche Ursache der Philosophie das Suchen nach dem absoluten Weltursprung mit Hilfe des menschlichen Geistes. Für den Philosophen Euhemeros (um 300 vor unserer Zeitrechnung) waren die griechischen Götter allenfalls ausgezeichnete Menschen. Nach Hegels Auffassung spiegelten sie Kräfte und Eigenschaften des menschlichen Lebens wider, deren Vergötterung nur durch das bildhafte Denken der Griechen erfolgen konnte. Denn einzig das Sinnbild eines abstrakten Begriffes, wie zum Beispiel Aphrodite als Idealbild des Schönen, konnte als Gottheit angebetet werden. Bei dieser Betrachtungsweise läßt der Polytheismus eine geschichtliche Entwicklung erkennen, die durch menschlichen Erfindergeist aufgebaut wurde und zum Verfall kam, als sie sich selbst ad absurdum geführt hatte.

Trotz aller beachtenswerter philosophischer Betätigung des Griechentums war noch im ersten Jahrhundert nach Christus Athen, das Zentrum hellenistischer Kultur, eine Stadt voller Götzenbilder. So jedenfalls berichtet es Lukas, dem die Autorenschaft der Apostelgeschichte im Neuen Testament zugeschrieben wird. Anläßlich seiner Missionsreisen kam Paulus hier in Athen mit Philosophen der epikureischen und stoischen Schule ins Gespräch.

Im Gegensatz zu der pantheistischen Weltanschauung der Stoíker hatten die Epikureer das materialistische Weltbild des von dem Philosophen Demokrit begründeten Atomismus übernommen. Nach dieser Lehre besteht alles Sein aus einer unendlichen Anzahl kleinster, unzerstörbarer Grundelemente, den Atomen. Es wäre jedoch falsch, wollte man jene kleinsten Teile mit dem uns heute geläufigen Atombegriff gleichsetzen. Für Demokrit bestand sogar die Seele aus feinsten, beweglichen Atomen. Die „heitere Ruhe der Seele", Ataraxia, war das absolute Ziel und Glück des Weisen, was nur durch vernünftiges Abwägen der Genüsse und durch Selbstbeherrschung erreicht werden kann. Die Unsterblichkeit der Seele freilich wurde von den Epikureern geleugnet. Zu den Göttern hatten sie keine Verbindung, weil diese nach ihrer Ansicht in einem ungetrübten Selbstgenuß leben und sich weder um die Welt noch um uns Menschen kümmern.

Da jedoch weder materialistische noch pantheistische Anschauungen den Athenern ein Hindernis waren, in ihrem Stadtbereich viele Heiligtümer zu unterhalten, konnte Paulus in einer eindrucksvollen Rede vor dem Areopag, dem Ältestenrat, darauf hinweisen, daß er auf einem Altar in Athen die Inschrift gelesen habe: „Einem unbekannten Gott." Weil die Athener ihn gedrängt hatten, über seine neue Lehre auszusagen, verkündete ihnen Paulus das, was die Athener an diesem Altar verehrten , ohne es zu kennen. Dabei erklärte er sein Gottesbild-und schilderte Gott als das Wesen, das nicht in Tempeln wohne, die von Händen gemacht seien, und das sich nicht von

Menschenhänden bedienen ließe, da es nichts brauche. Paulus war sich mit den Stoikern darin einig, daß wir als Kinder Gottes mit dem Vater ein Geschlecht seien. Als er aber auf die Auferstehung der Toten zu sprechen kam, spotteten die einen, und die anderen sagten, daß sie ein anderes Mal mit ihm darüber diskutieren wollten. Damit konnte - so der Chronist - Paulus die Versammlung verlassen (Apostelgeschichte 17: 16-33). Bevor wir nun einen Sprung von Griechenland über das Mittelmeer nach Ägypten machen, müssen wir noch einen Augenblick im Ostjordanland verweilen. Hier hatte das arabische Volk der Nabatäer im ersten Jahrhundert vor und nach Christus ein Reich errichtet, das sich bis nach Damaskus erstreckte. Wenn uns auch Ausgrabungsfunde im Bergheiligtum von Chirbetet-Tannür im südlichen Ostjordanland ein ganzes Pantheon nabatäischer

Gottheiten präsentieren, ist es doch bemerkenswert, daß die Hauptgottheit Dusares stets ohne Gesicht in Form eines Obelisken dargestellt wurde. Es machten sich die Nabatäer von dem höchsten Wesen, wenn auch Gott ge- nannt (neben den anderen Gottheiten), kein Bild. Die ältesten Schriften der Ägypter geben uns einen Hinweis auf eine abstrakte Gottdreiheit:

SIA - HU -- MAAT. Diese drei Begriffe bezeichnen das göttliche Denken, das schaffende, unabänderliche Wort und die Gerechtigkeit. Dieser abstrakten Gottdreiheit waren auch die anderen Götter untergeordnet, deren Zahl so groß war, daß noch nicht einmal die Priester sie kannten. Das lag jedoch an der stark ausgeprägten konservativen Haltung des Nilvolkes, durch die nämlich ältere, primitive Kultformen in die Staatsreligion hineingewachsen waren. Die Darstellung der Götter mit Menschenleibern und Tierköpfen geht vermutlich auf alte Tierkulte zurück.

Nur bei einer Darstellung haben wir das umgekehrte Verhältnis vor uns: bei dem Sphinx von Gise. Hier ist ein Menschenantlitz auf einem Löwenleib in einem 20 Meter hohen Steinbild aus dem Felsen gehauen. Hegel sieht in dem menschlichen Kopf, der aus dem tierischen Leib hervorbricht, den Geist, wie er aus der Natur sich zu erheben versucht.

Jede Stadt und jede Religion im Ägypterland verehrten eine eigene Lokalgottheit. Daran änderte sich auch nichts, als um 3000 vor Christi Geburt das eigentliche ägyptische Reich durch den Zusammenschluß des Nildeltas und Oberägyptens entstanden war. Etwa um 2500 hatte sich dann in der polytheistischen Götterwelt der Sonnengott Re als höchster aller Götter den ersten Platz gesichert. Er galt von nun an als Urvater der Götter und Könige. Denn er verkörperte sich stets in dem jeweiligen Herrscher. Als Begründer dieser Auffassung gilt Cheops (etwa 2650-2540). Mit dieser neuen Ordnung waren die anderen Götter aber nicht abgeschafft. Trotzdem wehrten sich gegen diese Regelung die einzelnen Priesterschaften, die immer wieder versuchten, aus politischen Gründen den Gott des eigenen Lokalkultes als obersten Gott den anderen Göttern voranzustellen. Dieser Konkurrenzkampf zeigte sich vor allem in der Rivalität zwischen Memphis und Heliopolis. Denn neben den Sonnengöttern hatte sich in Memphis noch aus früherer Zeit der Schöpfergott Ptah erhalten. Es war der einzige Gott, der immer nur in menschlicher Gestalt abgebildet wurde.

Amenophis III. war mit Teje aus Mitanni verheiratet. Diese Frau war die eigentliche Herrscherin Ägyptens. Für ihren Sohn Amenophis IV. Holte sie aus ihrer von der babylonischen Kultur beeinflußten Heimat im Norden des heutigen Syrien Taduchepa, die Tochter des Königs Tuschratta. Taduchepa bezauberte mit ihrer Schönheit die Hauptstadt Ägyptens, Theben. Das brachte ihr den Namen Nofretete ein, was soviel bedeutet wie: Die Schöne ist gekommen. Dieser Schönen war der ägyptische Götterkult zu verworren. Vermutlich wurde durch ihren Einfluß ihr Gemahl Amenophis IV. (1364-1348) zu einer fast religiösen Revolution veranlaßt. Tatsächlich war eine brisante innenpolitische Situation entstanden, nachdem man den in Theben verehrten widderköpfigen Gott Amon mit dem Sonnengott Re aus Heliopolis zum Reichsgott Amon-Re verschmolzen hatte. Die Priester dieses Reichsgottes bildeten eine machtvolle Kaste mit großem sozialen und politischen Einfluß. Das sittenlose Leben dieser Priester, die unter dem Deckmantel religiöser Verzückungen wahre Orgien veranstalteten, und auch die allgemeine religiöse Zersplitterung im Lande veranlaßten den Pharao, sich von allen alten Göttern loszusagen und in einem neuen Kult nur noch die Sonne als Gott zu verehren. Aton war der Name dieses Sonnengottes, der sich nicht in Menschen- oder Tiergestalt offenbarte, sondern nur durch das lebensspendende Licht. Amenophis gab sich dabei auch einen neuen Namen. Er nannte sich von nun an Echnaton, der dem Aton Wohlgefällige.

Nun hatte Ägypten eine neue, monotheistische Religion. Die ihres Einflusses beraubten Amonpriester versuchten zu putschen. Ihr Aufstand wurde aber radikal niedergeschlagen. Bei diesen Auseinandersetzungen stand dem Pharao das Volk zur Seite, das an der so korrupten Priesterschaft Rache nahm. Denn das Volk war über Jahrhunderte von den Priestern gewaltsam unterdrückt worden. Die Tempel der alten Götter wurden zerstört, ihre Namen ausgelöscht. Innerhalb von zwei Jahren ließ Echnaton zu Ehren des Sonnengottes eine ganz neue Stadt, Achetaton, erbauen. Es war vermutlich die erste, auf einem Reißbrett geplante Stadt der Welt. Es war Ägyptens Brasilia. Nachdem der Pharao seinen Hof dorthin verlegt hatte, begann er Hymnen an Aton zu verfassen. Diese Hymnen können mit dem Sonnengesang des heiligen Franz von Assisi durchaus verglichen werden. Ihre ersten Verse lassen sich etwa so übersetzen:

„Dein Aufleuchten ist schön am Orte des Himmels,
Du lebendige Sonne, die Du lebtest zuerst.
Wenn Du Dich erhebst, im Osten, am Rande des Himmels
Erfüllst Du alle Länder mit Deinem Glanz.
Du bist schön und groß und strahlend und hoch über der Erde.

Deine Strahlen umarmen die Länder und alles durch Dich
geschaffene ..."

In diesem Aton-Kult klingt die Gleichheit aller Völker vor ihrem Schöpfer
an, wie wir sie in stärkerer Form eigentlich nur noch im echten Christentum wiederfinden. Echnaton starb schon mit 30 Jahren, und Nofretete
überlebte ihn nur um kurze Zeit. Mit ihr erlosch aber zugleich die neue Religion. Der Thronerbe Tut-ench-Aton mußte dem Druck der Priesterkaste
nachgeben und erneuerte den Amonkult. Theben wurde wieder Reichs-
hauptstadt. Sich selbst nannte er Tut-ench-Amon.

Der Staatsgott Amon-Re nahm nach der ägyptischen Theologie in jeder
Generation die Gestalt des regierenden Pharao an, der dann als göttliche
Person im Tempelkult seinem himmlischen Vater entgegentritt. Die Priester in den vielen Tempeln des Landes waren praktisch eine gut organisierte Beamtenschaft mit hierarchischer Struktur. Zu ihren kultischen Handlungen gehörte das allmorgendliche Wecken der Götter, wobei sie nach
der Öffnung der Tempel den Statuen prächtige Gewänder anlegten. Zum
leiblichen Wohl brachten sie den Göttern Speiseopfer dar. Prozessionen,
in denen die Götterbilder umhergetragen wurden, gehörten genauso zu
den weiteren Kulthandlungen wie die Darstellung der Mythen in Schau-
spielen an hohen Feiertagen.

Neben diesem kultischen Pomp, der nicht zuletzt auch mit magischen
Handlungen zum Wohlergehen des Volkes durchsetzt war, finden wir in
der Bestattungsweise die ägyptische Vorstellung von einem Jenseitsglauben praktiziert. Schon im Alten Reich war die Mumifizierung der Leichen
bekannt. Die Speise als Grabbeigabe und das spätere Darbringen von Opfern am Grabe zeugen von der Vorstellung eines Weiterlebens nach dem
irdischen Tode. Hegel interpretierte diese Handlungsweise anders. Für
ihn war gerade der Versuch, den Körper auf Dauer zu erhalten, der Beweis dafür, daß die Ägypter keine Unsterblichkeit kannten. Die ägyptischen Totenbücher, die Hegel unbekannt waren, sprechen jedoch von
dem eigentlichen Leben nach dem Tode. Lediglich für eine Seelenwanderung in Form der Wiedergeburt (Reinkarnation) liegen keine Anzeichen
vor.

Dafür hat sich im Osiriskult eine Unsterblichkeitslehre entwickelt, die von
dem Menschen ein ‚gerechtes Herz ohne Sünde" erwartet. In ägyptischen
Totenbüchern wird berichtet, wie das Herz des Toten auf einer Waage ge-

gen ein Symbol der Gerechtigkeit oder Wahrheit auf gewogen wird. Den Vorsitz bei dieser Aktion führt Osiris, der von 42 Richtern als Beisitzer umgeben ist. In einer Art Beichte muß der Verstorbene erklären, daß er kein falsches Zeugnis abgelegt, Speise und Trank den Hungernden und Durstenden nicht vorenthalten sowie die Opfer für die Götter und die Grabmahlzeiten für die Verstorbenen nicht ausgelassen habe. Bei allem Polytheismus in der ägyptischen Staatsreligion zeigt sich hier der Gedanke an einen obersten, universalen Richtergott, der von den Menschen Gerechtigkeit fordert.

Während die ägyptische Religion uns im letzten Jahrhundert durch die Entzifferung der Schriften nähergekommen ist, wissen wir von den Religionen im vorkolumbischen Amerika noch recht wenig. Die spanischen Eroberer sahen im heutigen Mexiko vordergründig, wie die Azteken in religiösen Kulthandlungen Menschen schlachteten, ihre Herzen in Kohlebecken verbrannten und das Fleisch der Geopferten für die Priester gekocht wurde.Warum dies geschah, erkannten die Spanier nicht. Die Götter nämlich, so meinten die Azteken, forderten viel und gaben viel. Als Gegengabe für ihre Opfer erwarteten sie Gesundheit, günstige Witterung, Wachstum und Sieg über ihre Feinde. Es wird behauptet, daß bei einer einzigen Kultfeier im Jahre 1486 mehr als 60 000 Menschen zu Ehren des Feuergottes in die Flammen geworfen worden seien. Wen wundert es da, wenn die Spanier bei diesen Handlungen sich einem Teufelskult gegenüber wähnten, den sie glaubten vernichten zu müssen.

Neben vielen zahlreichen anderen Göttern kannten die Azteken einen Kriegs- und Nationalgott mit Namen Huitzilopochtli, was soviel wie südlicher Kolibri heißt. Für die Art des Weiterlebens nach dem Tode waren für sie weniger Verdienst und Schuld entscheidend, als die Todesart. So kamen die kultischen Opfer, die im Kriege Gefallenen und die im Kindbett gestorbenen Frauen in das Reich des Sonnengottes. Die in den Fluten Ertrunkenen oder vom Blitz Erschlagenen kamen in das Reich des Wind- und Regengottes, während alle anderen in das Reich des Totengottes aufgenommen wurden. Denn so, wie jeden Abend die Sonne untergeht und am nächsten Tage wieder über den Horizont tritt und sich viele andere Ereignisse in der Natur immer wiederholen, glaubten die Azteken, daß weder sie selbst noch die Menschheit für immer sterbe.

Bei den Azteken läßt sich erkennen, daß die Höhe der Kulturstufe nichts zu tun hat mit der Form des religiösen Glaubens. So war 1519 die Hauptstadt der Azteken mit 300 000 Einwohner fünfmal größer als London zur

damaligen Zeit. Gärten und Felder waren mit Wasserleitungen und ausge-
mauerten Teichen ausgestattet. In alle Richtungen war die Hauptstadt
durch Straßen mit dem Hinterland verbunden. In der Stadt selbst dienten
wie in Venedig Kanäle als Straßen. Neben pyramidenförmigen Tempeln
gab es Friseurläden , Parkanlagen und sogar einen Zoo. Die guten Ver-
kehrsanlagen garantierten die Versorgung der Stadt mit allem Erforderlichen und erfüllten die Voraussetzungen für eine rege Handelstätigkeit.
Soldaten aus Cortez Mannschaft, die Konstantinopel und Rom kannten,
staunten über die Größe des Marktplatzes bei Chapotepeq mit seiner riesigen Menschenmenge und dem wohlgeordneten Verkehr. Auch rühmten
die christlichen Missionare und die spanischen Verwaltungsbeamten die
Azteken wegen ihres beachtenswerten Rechtsempfindens, ihrer Ehrlichkeit und Wahrheitsliebe. In dieser beachtenswerten Kultur und bei dem
hohen ethischen Bewußtsein nehmen sich die grausamen kultischen Mor-
de abschreckend aus. Hier zeigt sich ganz deutlich die Relativität der
Ethik. Denn wir dürfen nicht übersehen, daß die Religion der Azteken auf
Grund ihres Weltbildes unter Einbeziehung der Vorstellung von einem
Weiterleben in den verschiedenen Sphären logisch aufgebaut war. Die
hier vorgefundene Kultform läßt sich nur dadurch erklären, daß abergläu-
biges Denken eine ursprüngliche Religionsform pervertiert hat. Die Existenz einer vorangegangenen anderen Religionsform läßt sich aus den
Aussagen des Aztekenfürsten Montezuma erkennen, der in der Ankunft
der weißen Eroberer die Rückkehr eines sagenumwobenen Heilbringer-
gottes sah. Bei diesem Gott, der den Namen Quetzalcoatl trägt, was soviel heißt wie Schlange mit bunten Federn, handelt es sich vermutlich um
einen vergötterten Helden, der einst gen Osten gefahren war und oft als
Morgenstern am Firmament erblickt wurde. Die damit verbundene Erlöse-
rerwartung hatte sich dann in der Hochkultur mit jenen kannibalistischen
Handlungen im Götterkult verbunden. Über das Wie und Warum gibt es
für uns keine Erklärung mehr. Es zeigt aber auf, daß die Entwicklung der
Religionen bei den einzelnen Völkern nicht unbedingt ähnlich verlaufen
müssen. Oder sollten Hexenverfolgungen und Rassenwahn nur Varianten
der aztekischen Menschenopfer gewesen sein?

Der Polytheismus der Mayas ist vermutlich wie in Ägypten durch die Verschmelzung verschiedener Stammeskulte erwachsen. Auch hier in Guate-
mala, Südmexiko und Yukatan gab es sakrale Tötungen von Menschen,
wenngleich das Opfern von Tieren und Pflanzen überwog. Bei den Inkas
in Peru treffen wir auf einen Sonnenkult. Inka heißt soviel wie Volk der
Sonne. Der regierende Inka war der ‚Sohn der Sonne" und galt als mensch-

gewordener Gott. Er regierte mit uneingeschränkter Macht. In vielen Hymnen wurde er als Schöpfer der Welt und der Kultur verehrt. Aber nur die Führungsschicht war mit den Kulthandlungen vertraut. Im einfachen Volke herrschten Dämonenglaube, Ahnenverehrung und Mumienfetischismus vor.

In der Heimat Abrahams resultierte der Polytheismus ebenfalls aus dem Zusammenwachsen einzelner Stammesreligionen. Zunächst hatte jeder Kultort den Anspruch erhoben, Abbild des Kosmos und Sitz des höchsten Gottes zu sein. Man kann also davon ausgehen, daß in den einzelnen Regionen zunächst monotheistische Kultformen vorherrschten. Erst durch den politischen Zusammenschluß formierten sich ähnlich wie in Ägypten die ursprünglich über 600 Gottheiten der Babylonier zu einem unüberschau- baren Götterhimmel, wobei die Götter der jeweils mächtigeren Städte in den Verehrungen die hervorragenden Plätze einnahmen. Als König Hammurapi (1728-1686) Babel zur Hauptstadt des Reiches und damit zum religiösen Mittelpunkt erhob, wurde auch in Nippur die Herrschaft Eulils durch den Gott Marduk abgelöst. Eulil war bis dahin ‚Vater und König der Götter' im Gebiet der Sumerer gewesen, einem Volke unbekannter Herkunft, das aber seit Ende des vierten Jahrtausends in Mesopotamien ansässig war. Diesem Volke verdankt der vordere Orient seine erste Hochkultur.

Aber das mit dem Aufblühen eines Staates verbundene Wohlstands-Wachstum führt die Menschen früher oder später zu einer Trägheit, die nicht zuletzt ein Nachlassen des religiösen Engagements zur Folge hat. Denn ohne Zweifel fordert echte Religiosität die ganze Kraft des Menschen heraus. Die wohlstandsbedingte Sattheit und Bequemlichkeit aber stehen dem entgegen. Wörter wie Verzicht und Engagement werden zu Begriffen, die nicht mehr auf das eigene Ich bezogen werden. In einer polytheistischen Religion kommt noch hinzu, daß neben der meist aus politischen Gründen ernannten obersten Gottheit die Menschen weiterhin noch jenen Gott verehren, dessen dargestellte Charakterzüge der eigenen Mentalität am ehesten entsprechen. Diese Eigenschaften aber sind nicht immer beachtenswerte Tugenden, sondern pervertieren oft in eine dem wahren Gottesglauben entgegengesetzte Richtung. Dies erklärt auch, warum die Israeliten die Götter fremder Völker als Gegenspieler ihres Gottes bezeichneten.

Daß ursprünglich die einzelnen Stammesgötter vermutlich den gleichen monotheistischen Gottesvorstellungen entsprachen wie der Gott Abrahams, Isaaks und Jakobs, läßt sich deutlich in der Begegnung Abrahams mit Melchisedech erkennen. Melchisedech wird als König von Salem, dem späteren Jerusalem, und Priester des allerhöchsten Gottes bezeichnet. Es findet sich nirgendwo in der Bibel ein Hinweis darauf, daß Melchisedech sein Weltbild aus dem Wissen Abrahams um den einen Gott erhalten hat. Es muß der Priesterkönig sein Amt aus einer anderen Quelle hergeleitet haben. Dies aber weist wiederum auf einen Urmonotheismus hin. Die Entwicklung zu polytheistischen Religionen erfolgte dann entweder durch die Vergötterung von Naturkräften, von abstrakten Begriffen und Menschen, die sich durch besondere, wenn auch nicht immer tugendhafte Eigenschaften aus der Gesellschaft heraushoben oder durch Zusammenschluß verschiedener Gesellschaftsverbände, die jeweils ihre eigene Gottesvorstellung mit in das neue Staatsgebilde einbrachten. Die Ursache des dabei entstandenen polytheistischen Götterhimmels lag dann in den unterschiedlichen Namensbezeichnungen der jeweiligen Stammesgötter, weil die eigentliche Identität dieses verehrten Seins aus lokalpatriotischen Gründen nicht mehr erkannt wurde.

Um das Letztere zu erläutern, möchte ich auf die in der katholischen Kirche mitunter überbetonte Heiligenverehrung hinweisen, die hart an die Grenze polytheistischen Gedankengutes heranreicht. Dabei steht Maria, die Mutter des Jesus von Nazareth, an erster Stelle. Ihr sind an unzähligen Wallfahrtsorten Kultstätten eingeräumt, und es gibt viele gläubige Katholiken, die nicht zu einem beliebigen Wallfahrtsort pilgern, um dort Maria zu verehren, sondern einen bestimmten Ort auswählen, um zur Maria dieses Ortes

zu beten. Die örtliche Kultstätte differenziert die zu verehrende Persönlichkeit. So unterscheidet man, um bei dem Beispiel zu bleiben, die heilige Jungfrau zu Lourdes, die in Kevelaer zu verehrende Maria und jene zu Bornhofen. Ganz zu schweigen von den einzelnen Lokalmarien in Spanien, Italien und in anderen Ländern. Man darf nicht übersehen, daß bei Beseitigung des Sperriegels ‚Monotheismus' auch die christlichen Religionen in kürzester Zeit polytheistische Züge annehmen würden. Hiervon war schließlich auch der Islam noch zu Lebzeiten Mohammeds kurzfristig bedroht. Soweit in einer monotheistischen Religion Heilige - oder wie sie sonst noch bezeichnet werden mögen - verehrt werden, wird es stets Aufgabe der Verantwortlichen sein, deren Status klar und deutlich den Gläubigen zu erläutern.

Doch kommen wir zurück zu den Religionen der Semiten, zu denen die Babylonier als Nordsemiten zu rechnen sind, während neben den Israeliten die Kanaanäer, Phönizier und Syrer als Westsemiten zählen. Das aus dieser Region stammende Wissen über Gottesverehrungen hatte bis 1929 lediglich die Bibel bewahrt. Aber mit der Ausgrabung von Ugarit traten auch kultische und mythologische Texte aus dem 13. Jahrhundert vor Christi Geburt in alphabetischer Keilschrift zutage. Danach waren tatsächlich die auf den absoluten Gott eingestellten Israeliten unter Moses auf Siedlungsgemeinschaften mit festem Kultritual gestoßen, die genauso wie am Beispiel der Azteken gezeigt, eine eigene Ethik besaßen, die wir aus der Perspektive unserer religiösen Einstellung nicht akzeptieren können. Man hat bei den Ausgrabungen die in der Bibel beschriebenen Tempel der Kanaaniter gefunden und auf den Höhen die in Fels gehauenen Opferaltäre.

Überall in Kanaan waren heilige Steine, Massebot genannt, häufig in Phallusgestalt, errichtet und ebenso Holzpfähle, Ascherot genannt, als weibliche Symbole. Nachweislich wurden an diesen Stätten kultische Handlungen vollzogen, die mit sakraler Prostitution beider Geschlechter verbunden war. Im Buch der Richter des Alten Testamentes wird im sechsten Kapitel, Vers 25, berichtet, wie Gideon im Auftrage des Herrn den Baalaltar seines Vaters niederriß einschließlich des daneben stehenden Holzpfahles. In Vers 27 des neunten Kapitels steht zu lesen, wie die Einwohner Sichems zum Erntedankfest jubelnd in ihren Göttertempel gingen und dort aßen und tranken. Man geht nicht falsch, diese Szene als eine Orgie zu Ehren des Gottes Baal zu interpretieren. Sexualität und Blut haben in den kanaanäischen Kulten stets eine große Rolle gespielt. Nur so ist zu erklären, warum besonders die Verurteilung der geschlechtlichen Zügellosigkeit einen wesentlichen Bestandteil des Alten Testamentes ausmacht. Blutrünstigkeit sagte man vor allem den weiblichen Gottheiten Kanaans nach. Gemäß eines 1938 veröffentlichten Bruchstückes des Baalepos watete die jungfräuliche Kriegsgöttin Anath bis zum Halse in Menschenblut. Auch war es Mode, vor Beginn einer Schlacht Menschenopfer darzubringen, wie es der König von Moab mit seinem erstgeborenen Sohn getan hat (2. Könige 3). So spiegeln die ständigen Kriege zwischen dem Volke Israel und den Ureinwohnern Kanaans parallel zum Ringen um politische Positionen den Kampf wider zwischen dem Glauben an den einen, absoluten und persönlichen Gott JHWH und den verschiedensten Göttern kanaanäischer Kulte, unter denen Baal neben Melekh und El als größter Widersacher im Alten Testament genannt wird.

DER EINFLUSS PERSIENS AUF DAS MONOTHEISTISCHE GEDANKENGUT

Das Wesentliche an den monotheistischen Religionen ist ihr Bekenntnis zu einer einzelnen, aus sich existierenden Gottheit als lebendige, ständig handelnde, unabhängige. und personenhafte Macht. Hinzu kommt das Eintreten dieser Macht in das geschichtliche Bewußtsein der Menschheit durch die Erkenntnis einer Offenbarung, wie es zum Beispiel im israelischen Volke durch Abraham und Moses geschehen ist. Im Christentum geschah es durch Jesus von Nazareth und im Islam durch Mohammed. Weitaus wichtiger als die Zahl ihrer Anhänger ist der Ideengehalt einer Religion, soweit ihre Aussage in allen Epochen und an allen Orten ihre Gültigkeit unter Beweis stellt.

Heute wegen ihrer geringen Mitgliederzahl nur noch wenig beachtet, aber trotzdem wichtig in der Betrachtung der Religionsgeschichte, ist die Lehre Zarathustras oder, wie die Griechen ihn nennen, Zoroasters. Das Stammland Persien gab dieser Lehre den Namen Parsismus. Der historische Zarathustra hat aber weder mit der von Nietzsche geschaffenen Mythenfigur noch mit dem aus Kants Blickwinkel interpretierten Idealmenschen etwas gemeinsam. Der wirkliche Zarathustra wurde um 630 (?) vor unserer Zeitrechnung in der Gegend des heutigen Afghanistan geboren. Mit dreißig Jahren begann er seine Lehre zu verkünden. Er war also ein Zeitgenosse von Buddha und Konfuzius. Die Besonderheit seiner Lehre für die damalige Zeit war die Verkündung des Eingottglaubens. Damit löste der Parsismus die seit rund 1000 Jahren vorherrschende persische Götterwelt ab, die wie bei den anderen großen Religionen der Antike durch den Zusammenschluß einzelner Stammesreligionen entstanden war. Charateristisch für den Parsismus war das im persischen Weltbild vorherrschende Dualitätsprinzip, das viele philosophische Thesen und religiöse Lehren in der übrigen Welt beeinflußt hat.

Als oberstes Wesen, von dem nach Zarathustras Auffassung nicht nur die moralische, sondern auch die physische Welt abstammt, ist eine Gottheit des Willens, die er Ahura Masdah nannte, was soviel wie „weißer Herr" bedeutet, und dessen Name später die Form Ormuzd annahm. Ahura Masdah ist der Gott der Wahrheit und der Reinheit, der die Lüge und Unreinheit bekämpft. Die Lüge ist damit der Gegenpol der Wahrheit, und in dem obersten aller Teufel, Ahriman, personifiziert.

In diesem Spannungsfeld lebt die Menschheit. Der einzelne Mensch muß sich entscheiden zwischen Ahura Masdah und Ahriman. Ahriman zugeordnet ist auch die Schar von Teufelchen und Dämonen, Devas oder Druj genannt, welche die ganze Welt bevölkern und in allem sind, was dem Perser feindlich gegenübersteht. Deswegen wurden in den späteren Schriften die Griechen und Römer, die Türken und die Araber als Streitkräfte Ahrimans bezeichnet. Den bösen Geistern zugeordnet sind auch alle ehemaligen arischen Gottheiten der ursprünglichen persischen Religion, deren Verehrung mit einem Tieropferkult verbunden war. Zarathustra verurteilte das Töten von Tieren zu kultischen Zwecken, denn er erkannte darin die altarischen und altsemitischen Vorstellungen, wonach die Menschen den Dämonengöttern Speise- und Trankopfer darbrachten.

So kam es, daß in der Zarathustrareligion das Essen von Rindfleisch strenger untersagt war als das Essen von Schweinefleisch bei den Juden. Denn gerade die Kuh hatte in erster Linie als Opfertier herhalten müssen. Eine Parallelerscheinung haben wir in Deutschland in bezug auf das Pferdefleisch. In Germanien galt besonders das Pferdefleisch als Opfergabe. Bei der Christianisierung der Germanen durch Karl den Großen wurde den Germanen der Genuß von Pferdefleisch verboten, um so den heidnischen Kult total auszumerzen. Das Ergebnis sehen wir noch heute in der ablehnenden Haltung der Deutschen gegen Pferdefleisch, während in Frankreich Pferdemetzgereien nicht minder häufig zu finden sind als andere Metzgereien.

Zarathustras Aversion gegen Tieropfer fällt zusammen mit dem Übergang vom Nomadenleben zur bäuerlichen Seßhaftigkeit. So sieht Zarathustra alles, was der Landwirtschaft dient, auch vom Religiösen her als gut an. Daher werden die Tiere, vor allem die Kuh, von der Religion geschützt.

Von Ahura Masdah gibt es kein Abbild. Damit steht die Lehre Zarathustras gegenüber einer Gottesvorstellung besser da als das Christentum, das mit seinen vielen „künstlerischen Darstellungen" Gott stets als menschliches Wesen ins Bild gesetzt hat.

AhuraMasdah existiert in der Vorstellung der Parsen als Flamme. Diese Vorstellung dürfen wir nicht mit den Augen sehen, die durch unsere Wissenschaft eine andere Schärfe gewonnen haben. In früherer Zeit hatte die Flamme des Feuers keinen Ursprung. Sie war also göttlich. Ich erinnere hier nur an die alte Vorstellung, wonach der Kosmos aus den vier Elementen Feuer, Wasser , Luft und Erde besteht. In vielen Kulten ist mit dem

Feuer ein Machterlebnis verbunden. Die reinigende Bedeutung des Feuers findet sich wieder in den Vorstellungen des Fegefeuers. Im Parsismus steht das Feuer im Mittelpunkt des kultischen Lebens. Das im Innern der Feuertempel brennende heilige Feuer durfte noch nicht einmal von menschlichem Odem verunreinigt werden. Deswegen trugen die parsischen Priester beim Feuerdienst neben Handschuhen sogar einen Atemschutz. Diese Handlungsweise wurde von den nach Persien vordringenden Mohammedanern falsch interpretiert, und so brachte diese Kulthandlung den Parsen die Bezeichnung „Feueranbeter" ein.

Das Feuer ist für den Parsen das Schicksal der dualistischen Welt. Am Ende aller Zeiten nämlich wird alles in einem Weltbrand zusammengeschmolzen und, was das Böse anbetrifft, gereinigt. Das „Land der Hölle" wird der Glückseligkeit der Welt zurückgegeben. Denn mit dem Verschwinden des Bösen an sich, das durch die Lüge getragen und durch die Wahrheit besiegt wird, ist das eigentliche Weltziel erreicht, weil von da an Ahura Masdah alleine herrschen wird. Es ist der eine Gott, der zuvor das Weltall geschaffen und der Natur ihre Gesetze gegeben hat. In jüngeren Schriften wird Ahura Masdah jedoch nur die Schöpfung des Reinen und Guten zugeschrieben, während für das Böse in der Natur sein Gegner Ahriman verantwortlich gemacht wird.

Als Ausdruck seiner verschiedenen Funktionen stehen Ahura Masdah eine Art Engelwesen zur Seite, jene sechs Amesha Spentas, die als die Personifikation abstrakter Moralbegriffe wie die gute Gesinnung, die Gerechtigkeit, der göttliche Wille, die Demut, die Vollkommenheit sowie die Unsterblichkeit gelten. Später kam noch der Gehorsamsbegriff als siebenter Engel hinzu. Zarathustra kündigte ein Weltgericht an. Nach neuntausendjähriger Herrschaft Ahrimans wird Sraosha, der Geist des Gehorsams, der ursprünglich nur die Forderung nach Gehorsam zur Geltung brachte, als Person den Teufel besiegen. Hier tritt wieder der persische Dualismus zutage, der nicht nur ethisch zwischen Gut und Böse unterscheidet, sondern auch eine positive, schaffende von einer negativen, zerstörenden Macht trennt. Dieser Dualismus stellt auch jene Begriffe wie Männliches und Weibliches, Welt und Gott sowie Licht und Finsternis gegenüber. Als Gegenstück dieses Dualismus' begegnet uns der Monismus als Lehre der Einheit wie beispielsweise in der indischen Brahman-Atman-Philosophie und auch in der Mystik, in der das Ich-Du-Verhältnis aufgehoben ist. Monistisch ist aber auch der Pantheismus. Zum Gegner allen religiösen Denkens kann der Monismus werden, wenn nur noch der Glaube an die Materie alleine besteht.

Wille und Tat weisen den Parsismus als eine Religion aus, die vom Menschen eine bejahende Aktivität in dem in Gut und Böse gespaltenen Dasein verlangt. Hier steht die Lehre Zarathustras der das Leben verneinenden Auffassung des Inders gegenüber, für den die Abtötung des Ichs und das Eingehen ins Nirwana als Lebensziel gilt. Der Parse wird durch freie Entscheidung zum Mitarbeiter Gottes; denn es gilt, das Weltgericht vorzubereiten. Dabei ist das Böse in jedem Augenblick zu bekämpfen. Mit seinem dualistischen Monotheismus steht Zarathustra den aus der Bibel erwachsenen Religionen im Vergleich zu den übrigen am nächsten. Zarathustra hat mit seiner Lehre nicht nur Persien von den polytheistischen Anschauungen weggeführt, sondern gleichzeitig, obwohl nicht missionierend, Denkimpulse an andere Religionen abgegeben. Es ist überall festzustellen, daß Religio nen durch das Eindringen von anderem Gedankengut stets einem Wandel unterliegen. Von einem solchen Wandel ist weder eine christliche Konfession noch eine regional begrenzte Religion in irgendeinem Urwald ausgenommen. Solange Menschenleben, werden immer wieder Reformen das religiöse Gedankengut verändern. Doch was sich verändert, entbehrt der absoluten

Wahrheit. Die Wahrheit aber ist es, die alleine uns die Antwort auf die Frage nach dem Sinn unseres Lebens geben kann.

Um die Mitte des dritten Jahrhunderts vor Christus versuchte man, den Dualismus der persischen Religion abzuschwächen, indem man den Gott Masdah als Zwillingsbruder Ahrimans darstellte. Beide sollten von einer Urgottheit Zervan (von zrvan = Zeit) abstammen. Der daraus erwachsene Zervanismus ist fast als eine rein philosophische Richtung des ursprünglichen Parsismus anzusehen. Zervans eigener innerer Zwiespalt hat dann Ahura Masdah und Ahriman als Zwillingsbrüder entstehen lassen. Für eine festgelegte Zeitspanne von 9000 Jahren darf nun Ahriman als Fürst dieser Welt herrschen. Danach aber soll er in einem 3000jährigen Kampfe von Ahura Masdah besiegt werden. Da mit dieser Darstellung die freie Willensentscheidung des Menschen erheblich eingeschränkt wird, wurde diese Lehre von den Anhängern Zarathustras entschieden abgelehnt. Damit war aber das Schicksal des Zervanismus besiegelt. Eine weltweite Bedeutung hat er nie erlangen können.

Anders verhält es sich mit dem durch Zarathustras Lehre zunächst verdrängten Mithrakult. Mithra war in der Frühzeit des Iran eine Sonnengottheit. Seine Verehrung erlebte unter der persischen Dynastie der Sassaniden (224-651) in einem neuen Mysterienkult eine Renaissance. Die auf Aktivität und Willensübung ausgerichtete Religion fand besonders bei den römischen Legionären starken Anklang. Das hatte eine Ausbreitung dieses Kultes im römischen Imperium zur Folge. Kultstätten am Limes in Germanien, in Gallien, Britannien und Afrika beweisen dies. Frauen waren in dieser ursprünglich von Männerbünden getragenen Religion von allen Kulthandlungen ausgeschlossen. Der Mithrakult war aber nicht nur eine Konkurrenz zum Parsismus, sondern bedrohte auch die Existenz des Christentums bis zur Regierungszeit Kaiser Konstantins. Dann begann sein Niedergang. Die Entscheidung in der Konkurrenz zum Christentum fiel endgültig unter Kaiser Theodosius dem Großen 395 mit dem Ende der kaiserlichen Protektion des Mithrakultes.

Um das vierte Jahrhundert wurden die Grundgedanken des Parsismus abermals durch neue, mit zervanistischem Gedankengut durchsetzte Kommentare in Frage gestellt. Polytheistische Tendenzen versuchten sich in der monotheistischen Lehre festzusetzen. Der Gott Zarathustras fand sich in einem Kreis weiterer Götter wieder , wenn er auch Erster unter Gleichen blieb (Primus inter pares). Seine Stellung ähnelte nun aber viel mehr dem griechischen Zeus oder dem germanischen Odin als der jüdisch-christlich-islamischen Gottesvorstellung. Fast ausgelöscht wurde der Parsismus bis auf kleine, heute noch existierende Restbestände durch die arabische Invasion im Jahre 642. Heute gibt es noch etwa 9000 Anhänger Zarathustras in Persien. Viele waren unter dem Druck der Mohammedaner nach Indien ausgewandert. Ihre Nachkommen präsentieren sich heute mit ca. 100 000 Gläubigen, von denen 90 "70 in Vorderindien leben. Zu dieser Bevölkerungsgruppe zählen wirtschaftlich sehr einflußreiche Kaufleute und Industrielle. Von hier aus erhielt auch der Deutschamerikaner Otto Hanisch (1844- 1 936) die Impulse für seine neue Mazdaznan-Bewegung, die, stark missionierend, als allumfassende Lehre der Körper- und Seelenpflege mit christlichen Glaubens Vorstellungen auf der Lehre Zarathustras aufbaut und nicht ohne wissenschaftliche Ansprüche ist. Mag auch der Wahrheitsgehalt in Bezug auf die Interpretation einer transzendenten Welt in der Lehre Zarathustras angezweifelt werden können, so ist dieser Lehre doch eine hohe kulturgeschicht- liche Bedeutung nicht abzusprechen.

Während die polytheistischen Religionen entweder durch die Vereinigung von Stammesreligionen bei gewaltsamer oder manchmal vielleicht auch gewaltfreier Bildung großer Reiche entstanden oder sich in solchen Religionen abstrakte Begriffe als Götter etablierten, lassen die heute bestehenden monotheistischen Religionen sich auf das Wirken einzelner Personen zurückführen. Wir sprechen in diesem Zusammenhang von Stifterreligionen. Hierzu rechnet man beispielsweise das Judentum, das Christentum, den Islam, aber auch den Buddhismus und Konfuzianismus. Die gestiftete Religion hat meist einen hierarchischen Aufbau und stellt den Stifter als Zeuge einer Offenbarung an die oberste Stelle. Der Stifter erhält die Weisungen direkt von Gott oder gewinnt aus eigener Einsicht Einblick in das Sein. Das so erworbene Wissen gibt er dann an die um seine Person gescharte Gruppe weiter. Die Anhänger nennen sich ihrerseits Jünger, Schüler, Apostel oder Gefolgsleute.

Wie ein Religionsstifter zu seinem Auftrag kommen kann, zeigt uns einmal die geschilderte Begegnung Mose mit dem Gott Israels in Ägypten. Es erschien Gott in einem brennenden Dornbusch. (Auch hier haben wir wieder die göttliche Flamme, wie sie uns in den Kulthandlungen des Parsismus begegnet.) Im zweiten Mosesbuch können wir im dritten Kapitel lesen, wie Moses aus sich heraus gar nicht die Möglichkeit sieht, den Auftrag seines Gottes zu erfüllen. „Wer bin ich denn' ", fragt nach der Schrift Moses, „daß ich zum Pharao hingehe?' " Auch im nachfolgenden Kapitel spiegelt sich seine Unsicherheit wider, wenn er zu Gott sagt: „Wenn sie (die Israeliten, Anm. d. Verf.) mir nun doch nicht glauben und auf meine Stimme hören. ...?" Hier zeigt sich ganz deutlich, daß nicht der Mensch aus sich heraus handelt, sondern auf Anweisung einer außer ihm befindlichen Macht aktiviert wird. Leider läßt sich das Zustandekommen solcher Anweisungen nicht wissenschaftlich definieren. Hier stehen wir Menschen vor unbekannten Phänomenen, die nur aus einem Glauben heraus verstanden werden können. Im zweiten Satz des vorgenannten Kapitels ist von einem Engel des Herrn in einer Feuerflamme die Rede. Es ist dann kein stilistisch begründeter Wechsel im Ausdruck anzunehmen, wenn im vierten Satz der Herr sah, wie Moses an den Dornbusch herankam und Gott dann rief. Man kann hier durchaus annehmen, daß Gott der Herr, das ‚lebende Wort' , durch einen Mittler, einen Engel oder Gottesmann, also durch einen Weisen , der seine Erkenntnisse aus der Schöpfung gewonnen hat, mit Moses sprach und ihn veranlaßte, sein Volk in die Freiheit zu führen. Eine solche Interpretation dieser Schriftstelle ist durchaus möglich, wenn man sich an den Satz des Rundschreibens Papst Pius XII. vom 30. September 1943 erinnert, in dem er darauf hinweist, daß den Erklärern (und Übersetzern) von geschichtlichen Ereignissen der vergangenen Jahrhunderte mitunter die notwendigen Kenntnisse zu einer genaueren Behandlung solcher Dinge fehlten. Die Begegnung mit Gott unter der Vorstellung, daß Gott Menschengestalt annimmt, um so mit uns zu sprechen, sollten wir in das Reich der Fabel verweisen. Die Zwiesprache mit Gott durch die Erkenntnisse der Schöpfung oder durch eine reine Intuition aber sollte man als gegebene Tatsache akzeptieren. Als ein Kennzeichen der rechten Geistesoffenbarung gilt die Übereinstimmung mit der unverfälschten Glaubenswahrheit. In diesem Sinne ist auch der erste Johannesbrief verfaßt, der vermutlich an einen größeren Leserkreis in Kleinasien gegen Ende des ersten nachchristlichen Jahrhunderts gerichtet ist. Im vierten Kapitel heißt es da: „Traut nicht jedem Geist, sondern prüft die Geister, ob sie aus Gott sind; denn viele falsche Propheten sind in die Welt ausgezogen." In den Schriften des Parsismus heißt es ähnlich: „Und zur Wahl, o Weiser, ist hingestellt die Wahrheit zum Heil, dem Irrlehrer aber zum Verderben die Lüge."

Während Moses noch nach dem Namen, freilich nicht nach einem Rufnamen zwecks Anrede, sondern nach dem Seinsbegriff Gottes fragt, um den Geist zu prüfen, läßt sich bei Jesus sein „Alleinanspruch" für die Vermittlung der göttlichen Offenbarung in Matth. 11:27 erkennen: „Alles ist mir übergeben von meinem Vater. Niemand kennt den Sohn als der Vater und auch den Vater kennt niemand als der Sohn und jeder, dem der Sohn offen- baren will. " Akzeptieren wir die Richtigkeit dieses Satzes, so stehen wir hier dem ‚lebendigen Wort' der Schöpfungsmacht gegenüber, das alleine uns Menschen leiten kann. Die enge Verbindung des sich Kennens ist eben nur aus der Einheit des göttlichen Wesens von Logos (Wort Gottes) und Schöpfungsmacht zu begreifen. Auch nur so sind die Sätze 16 und 17 im 16. Kapitel des Markusevangeliums zu verstehen. Hier hatte Jesus seine Jünger gefragt, für wen sie ihn hielten. Als Petrus ihm antwortete, daß er der Messias sei, der Sohn des lebendigen Gottes, entgegnete Jesus ihm, daß ihm dies nur der Vater im Himmel habe offenbaren können. Jesus hatte damit die Richtigkeit jener geistigen Erfahrung des Petrus bestätigt. Spricht man von Weltreligionen, dann ist auch ein Blick zu werfen auf jene religiösen Elemente, die in die Glaubensvorstellungen bestehender Religionen eindringen und diese entweder umfunktionieren oder aber aus ihnen Sekten entstehen lassen, die mitunter weltweite Bedeutung erlangen. Eine solche Erscheinungsform war die Gnosis, was im Griechischen soviel wie Erkenntnis bedeutet. Sie resultiert aus der Sondierung des Gehaltes verschiedener Religionen im Vergleich mit den jeweils vorhandenen philosophischen und naturkundlichen Erkenntnissen. Sie stellt somit ein Produkt aus der Verschmelzung verschiedener Religionen dar, was im allgemeinen mit Synkretismus bezeichnet wird. Die Gnosis wurde nicht nur vom Christentum verschieden stark beeinflußt, sondern wirkte ihrerseits ein auf die Interpretation des Alten und Neuen Testamentes. Man kann sagen, daß der Einfluß der Gnosis auf die Bibelinterpretationen mit dem Erstarken des Perserreiches um 600 vor Christus seinen Anfang genommen hatte. Denn aus dem persischen Kulturkreis kommt das dualistische Weltbild, während der in der Gnosis vertretene Fatalismus auf die babylonische Vorstellung zurückgeht, daß sieben Planetenmächte die Welt beherrschen. Wir begegnen dieser Vorstellung noch heute in der Astrologie. Vorderasien, vielleicht auch Ägypten, lieferte die Verehrung des Sonnengottes als höchstes Wesen. Besonders stark aber war der Einfluß der griechischen Philosophie auf das gnostische Gedankengut. Hier waren es die platonischen Überlegungen mit ihrer dualistischen Differenzierung von Stoff und Geist, die Stoa mit der alles beherrschenden Kraft des göttlichen Prinzips und die Pythagoreer mit ihrer Zahlenmystik und Askese.

Bezüglich der christlichen Lehre unterscheiden die Gnostiker deutlich zwischen dem irdischen Jesus und dem himmlichen Christus. Für sie bewirkt die Taufe Nachlassung der Sünden, doch die Erlösung durch Christus ist notwendig für jeden, der die volle Gnosis erlangt hat. Denn nur durch die Erlösung können diese für die allerhöchste Kraft wiedergeboren werden. Wie stark selbst Jesus sich nach der Erlösung, nach der Vollendung seiner Sendung sehnte, zeigt das Lukasevangelium (12:50): „Mit einer Taufe muß ich getauft werden, und wie bedrängt es mich, bis sie (die Sendung) vollbracht ist."

Angesichts des durch die religiöse Auseinandersetzung zwischen Orient und Okzident im ausgehenden Altertum geprägten geistigen Klimas (Synkretismus), faßten viele das Christentum als eine neue Variante des bekannten gnostischen Themas auf. So wird auch die Haltung des Zauberers Simon verständlich, der nach der Apostelgeschichte (8: 18-24) mit Geld die Kraft des Heiligen Geistes von den Aposteln kaufen wollte. Weil sich sowohl christliche Gnostiker als auch rein im christlichen Glauben Stehende kaum voneinander unterscheiden, ist die Gefahr der Irreführung sehr groß. Eine diesbezügliche Warnung spricht Matthäus in seinem Evangelium (7: 15) aus, wenn er vor den falschen Propheten warnt, die in Schafskleidern kommen, inwendig aber reißende Wölfe sind. Der Gnostiker ordnet die gesamte Sinnenwelt und Sinnlichkeit unter den Begriff der Unreinheit ein. Sein Ziel ist die Selbsterlösung von seinem an die Materie gebundenen Leib durch die Kräfte der Askese.

Aufbauend auf frühchristlichen Gnostizismus entwickelte der Perser Mani (215-276) den Manichäismus, der gleichzeitig eine starke Wurzel im Parsismus hat. In diesem Konglomerat verschiedenster Glaubensrichtungen waren darüber hinaus babylonische Mythologie sowie jüdische Glaubensvorstellungen verwoben. Als prominentester Anhänger dieser Religionsform ist der spätere lateinische Kirchenvater des Christentums, Augustinus, bis zu seiner christlichen Taufe im Jahre 387 in Mailand zu nennen. Mani ordnete sich selbst in die Reihe der Gottesoffenbarer ein, zu denen er Adam, Seth, Noah, Buddha, Zarathustra und Jesus rechnete. Er fühlte sich als die letzte Reinkarnation Jesu und behauptete, der erwartete Paraklet (= Fürsprecher) zu sein, gemäß Kapitel 2:1 des ersten Johannesbriefes: „... Und wenn einer sündigte, so haben wir einen Fürsprecher vor dem Vater, Jesus Christus, den Gefechten."

Askese, Zölibat und Fastenübungen waren die Forderungen Manis an seine Anhänger. Damit sollten sie aus der verdorbenen Körperlichkeit herausgelöst werden. Auch im Manichäismus finden wir die Qualität zwischen Schönem und Erhabenem gegenüber Unvollkommenem und Unerfreulichem. Nach Mani gehört das Licht beziehungsweise das Göttliche seinem Wesen nach nicht in die irdische Sphäre. Für ihn ist die Verbindung des Geistes mit der Materie mit einer Gefangenschaft des Geistes zu vergleichen, womit er eine Antwort auf die seit je die Menschheit bewegende Frage gibt. Auf dieser Aussage haben manche Sekten bis ins Mittelalter hinein ihre Lehren aufgebaut, wobei der heilige Gral als Kultgegenstand der Albigenser im 13. Jahrhundert als die stärkste Ausbildung des Manichäismus' in der europäischen Kultur anzusehen ist.

Vergleicht man nun die Lehre Manis mit der jüdischen Religion, lassen sich einige Gemeinsamkeiten aufzeigen. Neben dem monotheistischen Charakter beider Religionen besteht in beiden Fällen die Vorstellung eines universalen Endgerichtes und einer individuellen Vergeltungslehre. Erst die Funde in Turfan in den letzten Jahrzehnten und die Papyri aus den Ruinengräbern der Stadt Medinet Mâdi im Fayum mit der koptischen Übersetzung manichäischer Originalschriften haben neues Licht in die bisher nur aus sekundären Quellen bekannte Religionsanschauung gebracht. Zur Erlösung des einzelnen aus der Finsternis zum Licht tobt ein gewaltiger Kampf, seit der „König der Finsternis" in das „Reich des Königs der Lichtparadiese" eingedrungen und die Lichtelemente geraubt hat. Unwillkürlich werden wir dabei an den Kampf der biblischen Schlange erinnert, die die Menschen im Paradiese bewegte, den Baum (oder Tempel) des Erkennens zu plündern. Für den Manichäer ist Christus nicht Gottes Sohn, aber von Gott gesandt, um den Menschen über seine wahre Natur aufzuklären. Der bilderlose Kult fordert hauptsächlich Gebete und Fasten.

Mit den auf der Grundform des Parsismus aufbauenden verschiedenen Religionsformen war der Einfluß Persiens auf das monotheistische Gedankengut noch nicht erschöpft. Denn im vorigen Jahrhundert spaltete sich aus dem Islam in Persien eine neue Religionsgruppe ab, die sich mit dem Islam in Widerspruch setzte, weil sie den Gedanken einer fortschreitenden Offenbarung der Lehre Mohammeds entgegensetzte. Bekanntlich bezeichnete sich. Mohammed als das Siegel der Propheten, also als den endgültigen Propheten. Diese neue Religionsgemeinschaft, der Bahaismus, weist - wie nahezu alle großen Religionen - auf einen Weltenlenker hin, der ‚in der Fülle der Zeiten' erscheinen und ein Reich des Friedens und der Gerechtigkeit auf Erden errichten wird. Als der Erwartete gilt der Perser Baha Ullah, der 1817 geboren und 1892 im heiligen Land gestorben ist. Als Ziel seiner Lehre nennt Baha Ullah die Suche nach Wahrheit, die Einheit der Menschheit, die Einheit der Religionen, die Aussöhnung von Religion und Wissenschaft, das Ablegen von Vorurteilen und Aberglauben, die Gleichberechtigung von Mann und Frau, das Einsetzen eines übernationalen Gerichtshofes, die Einführung einer Welthilfssprache und der verbindliche Erwerb von Wissen.

Die genannten Ziele bezeugen eine pragmatische Lebensauffassung. Die Bahai messen dem diesseitigen Leben vielleicht eine höhere Bedeutung zu, als wir es von anderen Religionen her kennen. Darin und in ihrer ethisch vorbildlichen Lebensweise liegt vielleicht der Erfolg ihrer missionierenden Tätigkeit.

Über die Entstehung der Welt sagt die Lehre des Bahaismus, daß es für das Weltall, also für den materiellen Bereich des Seins, keinen zeitlichen Anfang gebe, wenngleich Welten und Weltensysteme kommen und vergehen mögen. Eine Erschaffung der Welt aus dem Nichts verneinen sie. Überhaupt läßt sich feststellen, daß sich der Bahaismus sehr stark mit den Ergebnissen der Wissenschaft identifiziert und damit in seinem Weltbild analog wissenschaftlicher Erkenntnisse variabel ist.

Die Einstellung der Bahai zum Christentum beschreibt Abdul-Baha in dem Buche von J. E. Esslemont „Baha Ullah und das Neue Zeitalter" wie folgt: „Die Bahai sagen, daß die Herrschaft Christi eine himmlische, göttliche, ewige Herrschaft sei _ . . und für alle Ewigkeit wird dieses heilige Wesen erhöht sein auf einem ewigen Throne . . . aber die Juden verstanden es nicht. ..."

Um das richtige Verstehen geht es Baha Ullah, wenn er die seiner Lehre begegnenden Menschen verpflichtet, von der eigenen Urteilskraft Gebrauch zu machen und die empfangenen Offenbarungen zu prüfen. Dabei beruft er sich auf das fünfte Buch Mose 18:22,

So wisse: was der Prophet im Namen des Herrn ankündigt,

ohne daß das Wort sich erfüllt und eintrifft, das ist ein Wort,

das der Herr nicht gesprochen hat. Vermessentlich hat er (der

Prophet) es gesprochen, du brauchst nicht davor zu bangen.

sowie auf die Ausführungen im Matthäusevangelium 7:15-20,

(15) Hütet euch vor den falschen Propheten, die in Schafskleidern zu euch kommen, in wendig sind sie reißende Wölfe.

(16) An ihren Früchten werdet ihr sie erkennen. Sammelt man denn Trauben von Dornen oder Feigen von Disteln?

(I 7) So bringt jeder gute Baum gute Früchte, der schlechte Baum aber bringt schlechte Früchte.

(I8) Ein guter Baum kann nicht schlechte Früchte bringen, und ein schlechter Baum kann nicht gute Früchte bringen.

(I9) Jeder Baum, der nicht gute Früchte bringt, wird herausgehauen und ins Feuer geworfen.

(20) An ihren Früchten also werdet ihr sie erkennen.

Doch gilt das Suchen nach der Wahrheit nicht als Endziel. In der Bahai-Religion ist Wahrheit kein totes Abstraktum, sondern bedeutet schlechthin das Leben, das nur Frucht tragen kann, wenn die Wahrheit im Herzen des einzelnen Menschen Wurzeln geschlagen hat.

Der Beginn der Bahai-Religion läßt sich mit dem Beginn der Anfänge des geschichtlichen Christentums vergleichen. Ähnlich wie im Neuen Testament Johannes als Vorläufer Jesu beschrieben wird, trat in Persien Mirza Ali, ein Kaufmannssohn, auf und legte sich den Titel Bab zu. Bab heißt das Tor. Damit wollte er zum Ausdruck bringen, daß er das Tor der Gnade für eine große Persönlichkeit sei, die nach ihm kommen werde. Er lehrte, daß die Auferstehung vom Tode die Erweckung derer bedeute, die in den Gräbern der Unwissenheit und Sinneslust schlafen. Hölle bedeutete für ihn das Nichterkennen Gottes und der Verlust der ewigen Gnade. Die Auferstehung des materiellen Körpers sowie Himmel und Hölle als Bereiche der materiellen Welt waren für ihn nur Hirngespinste, wenngleich er für den Menschen nach seinem irdischen Tode ein neues, transzendentes Leben für wahrhaftig hielt. Seine Auffassungen entfachte bei den strenggläubigen Moslems einen Sturm der Entrüstung. Schiitische Gelehrte klagten ihn an, und nach Einkerkerung, Deportation und Verhören starb er durch eine Salve armenischer Soldaten.

Ein eifriger Vertreter der Lehre des Bab war Baha Ullah. Als Folge eines Mordanschlages auf den Schah im Jahre 1852 wurden etliche Babi, so nannte man die Anhänger der neuen Sekte, verhaftet und eingekerkert. Auch Baha Ullah befand sich unter den Verhafteten. Obwohl seine Anhänger bestätigten, daß Baha Ullah mit diesem Anschlag nichts zu tun hatte, wurde er nach Bagdad verbannt. Wegen aufkommender Zwistigkeiten unter den Verbannten ging er in die Wüste, wo er nach zwei Jahren den Befehl von Gott erhielt, wieder in die menschliche Gemeinschaft zurückzukehren. Die nun von ihm verkündete Botschaft zog Juden, Christen, Parsen und Mohammedaner an. Als er auf Betreiben der persischen Regierung zu einer Diskussion über seine Lehre nach Konstantinopel eingeladen wurde, erklärte er bei dem Aufbruch seiner Karawane, daß er derjenige sei, dessen Kommen der Bab vorausgesagt habe. Er hielt sich für den, der von allen früheren Offfenbarungen als die göttliche Manifestation prophezeit worden sei für das Zeitalter, in dem das Reich des Friedens hier auf Erden aufgerichtet würde. Um nach seinem Tode ein Aufspalten seiner Religionsgemeinschaft zu vermeiden, setzte er seinen Sohn Abdul-Baha als seinen Bevollmächtigten ein.

Der Bahaismus geht von der richtigen Auffassung aus, daß die Welt nicht durch noch so schöne Programme verändert werden kann, sondern nur, wenn der Frieden aus den Herzen der Menschen erwächst. Anläßlich einer Festrede in London sagte Abdul-Baha: , ,Ein Mensch könne Bahai sein, selbst wenn er den Namen Baha Ullah noch nie gehört hat; doch eine bewußte und unmittelbare Beziehung zu Baha Ullah ist notwendig wie Sonnenschein für die Entfaltung der Lilie oder Rose." In seinem Buche führt J. E. Esslemont weiter aus, daß jeder Mensch die Herrschaft Gottes, geoffenbart in dem menschlichen Tempel Baha Ullah, sieht und sich gegenwärtig macht, andernfalls wäre der Bahai-Glaube nichts als ein Name ohne Bedeutung. Mit dieser Interpretation jedoch öffnet sich eine große Kluft zwischen dem christlichen Glauben und dem Bahaismus. Während im Bahaismus die Religion unbedingt auf den Menschen Baha Ullah bezogen ist, hatte Paulus für das Christentum die absolute Transzendenz des Seinsgehaltes Christi erklärt und von dem Menschen Jesu getrennt. Auf eine ähnliche Auffassung der Gnosis habe ich bereits hingewiesen.

Ein gutes und großes Gebot setzte Baha Ullah mit den Worten: „Über die Fehler anderer zu schweigen, für sie zu beten und ihnen durch Güte zu helfen, ihre Fehler zu bessern. Immer nur auf das Gute zu blicken und nicht auf das Schlechte. Wenn der Mensch zehn gute und eine schlechte Eigenschaft habe, auf die zehn guten zu blicken und die eine schlechte zu übersehen. Und wenn ein Mensch zehn schlechte und nur eine gute Eigenschaft hat, auf diese eine gute zu blicken und die zehn schlechten Eigenschaften zu übersehen."

Er prangerte als die schlimmste Sünde die Verleumdung an, ganz besonders, wenn sie vom Munde der Gläubigen Gottes ausgeht. Aber mit sich selbst unzufrieden zu sein, wertete er als ein Zeichen des Fortschrittes. „Die Seele' ", so führte er gemäß den Tagebuchnotizen von Mirze Ahmad Sohrab, Januar 1914, aus, „die mit sich selbst zufrieden ist, ist die Offenbarung des Satanischen, und wer mit sich selbst unzufrieden ist, ist die Offenbarung des Barmherzigen. Wenn ein Mensch tausend gute Eigenschaften hat, so darf er nicht auf diese blicken; nein, er soll vielmehr danach streben, seine eigenen Mängel und Unvollkommenheiten herauszufinden . . . Wie sehr ein Mensch auch Fortschritte machen mag, er ist dennoch unvollkommen, weil es immer noch eine Stufe über ihm gibt. Zu dieser Stufe blickt er aber nicht eher empor und trachtet nicht eher danach, sie zu erlangen, bis er mit seinem eigenen Zustand unzufrieden ist. Wenn sich jemand selbst lobt, so ist das ein Zeichen von Selbstsucht."

Die Zwiesprache zwischen Gott und Mensch, das Gebet, von dem Mohammed sagte, daß es eine Leiter sei, auf der jedermann zum Himmel emporsteigen könne, vollzieht sich nach Auffassung der Bahai in zwei verschiedenen Sprachen. Das ist einmal die Sprache der wörtlichen Verständigung durch den Mund von Offenbarungen, zum anderen durch die Sprache des Geistes, durch die Gott direkt zu den Menschen spricht. Die wahre Sprache des Geistes aber kann man erst richtig sprechen, wenn man sich von allen Dingen und den Menschen frei macht und zu Gott alleine wendet. Baha Ullah räumt ein, daß dies Anstrengung erfordert. Doch je weiter der Mensch sich vom Materiellen entfernt, desto besser könne er sein geistiges Wahrnehmungsvermögen mobilisieren. Mit dieser Erkenntnis freilich steht der Bahaismus nicht alleine in der Welt. Seine Lehre findet sich in fast allen großen Religionen mehr oder minder stark ausgeprägt wieder.

Konform mit anderen Religionen vertritt auch der Bahaismus die Auffassung, daß Krankheit und alle anderen Arten von Trübsal aus einem Ungehorsam gegenüber den Geboten Gottes resultieren. Interessant hierzu ist die Auffassung, daß hier die ganze Menschheit als ein Organismus aufgefaßt wird und das Unrecht des einzelnen sich genauso negativ auf die Gesamtheit auswirkt wie eine gute Tat allen Nutzen bringt.

Mit dieser Auffassung steht die Bahai-Lehre im Gegensatz zu der Lehre Zarathustras, die von fanatischer Unduldsamkeit geprägt war. In dem neuen, aus Persien kommenden Gedankengut der Bahai ist von Intoleranz und Dualismus nichts mehr zu spüren. Insofern hat sich hier in den verflossenen 2000 Jahren ein Wandel vollzogen. Dies wird in dem Glauben der Bahais an eine einzige Gottheit bestätigt. Die Finsternis ist für sie nicht das Reich eines Satans, sondern der Bereich, der von Gottes Glanz noch nicht erreicht ist.

Nach Auffassung der Bahai macht die Menschheit verschiedene Entwicklungsstufen durch. So kommt es dabei zu der Auffassung, daß die Lehre Moses mit einer Knospe, die Aussage Christi mit einer Blüte und erst die Worte Baha Ullahs mit der Frucht verglichen werden. Aber finden wir nicht schon im Alten Testament die Verkündung des göttlichen obersten Gebotes, in dem alle menschliche Freiheit verankert ist? Dort heißt es, daß nichts über dem Menschen steht als Gott alleine, dem wir, genau wie unserem Nächsten in Liebe begegnen sollen. Jesus wiederholte diese Aussage und setzte sie mit seinem Leben in die Tat um. Genauso wie Jesus wies Mohammed auf das Unverständnis der Menschen in bezug auf die göttliche Aussage hin, und schließlich hatte Baha Ullah sich ebenfalls der Aufgabe unterzogen, seinen Mitmenschen das Wesen der göttlichen Wahrheit erneut zu erklären. Denn die Tatsachen bestehen genau so wie die Erkenntnisfähigkeit des Menschen seit seiner Existenz. Dies hat aber auch Baha Ullah erkannt, wenn er schreibt: „Wisse, daß in jedem Zeitalter und in jeder Sendung alle göttlichen Verordnungen geändert und dem Erfordernis der Zeit entsprechend gewandelt wurden, das Gesetz der Liebe ausgenommen, das, einer Quelle gleich, immer fließt und nie einem Wandel unterliegt. ' ' Somit bestätigt auch er die alte Erkenntnis der Menschheit. Die anderen göttlichen Verordnungen, die er anspricht, sind menschliche Interpretationen, die sich in den verschiedenen Religionen und ihren

Kulthandlungen niederschlagen und meist den Grundsatz der Gotteserkenntnis und seines Urgebotes verdecken.

Insofern muß der Auffassung Baha Ullahs widersprochen werden, daß jeder, der göttliche Offenbarung erfahren hat, die Macht habe, die Lehren seines Vorgängers abzuschaffen, abzuändern oder zu ergänzen. Diese seine Auffassung resultiert nämlich aus der Meinung, daß der Mensch bezüglich seiner Erkenntnisfähigkeit eine Entwicklung durchmacht. Hält man an der dreiteiligen Gliederung des Menschen mit Körper, Geist und Seele fest, so unterscheidet sich der Steinzeitmensch nicht von dem Menschen des 20. Jahrhunderts. Die einzige Veränderung liegt in dem Machtverhältnis dieser drei Komponenten, daß sich unabhängig von einem historischen Zeitablauf sowohl bei dem einzelnen Menschen als auch in der gesamten Völkerschaft verlagern kann.

Als einen Hinderungsgrund für die Einheit aller Menschen in einem Glauben sieht Baha Ullah das Fehlen einer einheitlichen Weltsprache an. Zur Überwindung dieses Hindernisses fördert der Bahaismus die Ausbreitung der im vorigen Jahrhundert von dem Polen Ludwik Zamenhof (1859-1917) entwickelten Welthilfssprache Esperanto. Man mag einer solchen Sprache gegenüber positiv oder negativ eingestellt sein, doch man sollte bei der Beurteilung nicht übersehen, daß Sprachen leben und, indem sie sich ständig den veränderten Gegebenheiten des täglichen Lebens anpassen, einer steten Entwicklung unterliegen. Mag die Lösung des Sprachenwirrwars im Jahrhundert der Nationalstaatlichkeit mit Hilfe einer künstlichen Sprache eine zeitgemäße Idee gewesen sein, zeigt sich heute doch der natürlichere Weg ab, der sich aus dem zivilisatorisch bedingten Zusammenwachsen der Völker ergibt. Früher oder später wird durch das Überwechseln fremder Sprachteile in andere Sprachen hinein eine Einheitssprache erwachsen, die letztlich auf der Notwendigkeit und dem Willen zu einer Gemeinschaft aller Völker basiert. Gilt bisher die Sprache allgemein als Ausdruck der Geisteshaltung, so wird sich folgerichtig und ohne Zwang auch wie von selbst eine internationale Sprache entwickeln, sofern der menschliche Geist hierzu willens ist. Dann hat aber die Menschheit auch ein Gut, das nicht retortengezüchtet und auf Computerleistung abgestimmt ist, sondern eine Kraft in sich birgt, die wir doch so sehr in den Werken unserer großen Dichter und Denker bewundern und nacherleben.

Mit dem Begriff des Fernen Ostens quellen in uns Assoziationen hervor, die uns in das Land des Lächelns zaubern oder die geheimnisvollen Kräfte indischer Yogis vor Augen führen. Betäubt und fasziniert treten wir an begriffliches Denken und Definieren gewohnten Europäer zunächst einer Welt entgegen, in der Denkprozesse anders laufen und dementsprechend ein anderes Handeln bedingen. Dabei dürfen wir nicht übersehen, daß der asiatische Kontinent der Menschheit alle heute bestehenden großen Religionen hervorgebracht hat. Eine Tatsache, an die wir eigentlich kaum denken. Aus Vorderasien stammt der Monotheismus des jüdischen Volkes mit den aus seiner Wurzel entsprungenen Zweigen des Christentums und des Islams. Aus dem Fernen Osten stammen der Hinduismus, die Lehre Buddhas und der Shintoismus. Rechnet man den mehr philosophisch ausgerichteten Buddhismus zu den Religionen metaphysischen Inhaltes, so darf man in der Aufzählung auch den Konfuzianismus und den Taoismus nicht vergessen.

Was können wir Menschen des europäischen Kulturkreises dem entgegengesetzten außer einigen parteiideologischen Weltanschauungen und dem Erbe des antiken Griechenlands, auf deren Fundamente unser Materialismus mit seinen verschiedenen Ideologien aufbaut? Selbst das bei uns ver- breitete Christentum ist - zumindest in der täglichen Praxis - durch materialistisches Denken und dem damit verbundenen Egoismus vielfach bis zur Unkenntlichkeit verfärbt.

Wenn auch dank unserer hochentwickelten Technik die räumliche Entfernung nach Asien geschrumpft ist, haben wir uns dem Geist der dort lebenden Menschen noch nicht nähern können. In Asien begegnen wir einer gänzlich anderen Mentalität. Die aus der Naturforschung entstandene Wissenschaft, die von den griechischen Denkern richtungsweisend geprägt worden ist, läßt sich mit ihren Gedankengängen nicht ohne weiteres in die asiatische Denkweise übertragen, was auch in umgekehrter Richtung auf Schwierigkeiten stößt.

Unser Denken ist von der Vorstellung geprägt, daß wissenschaftliche Erkenntnis nur dann Gültigkeit erlangt, wenn sie beweisbar ist. Solche „Beweissucht" ist aber nicht das Non-plus-ultra in der Geistesentwicklung der Menschheit. Dieses Erbe aus dem griechischen Altertum ist vielmehr als eine geistesgeschichtliche Entwicklung zu betrachten, die im sechsten vorchrístlichen Jahrhundert als Antithesis des ausufernden griechischen Götterhimmels einsetzte. Durch die allzu starke Vermenschlichung der griechischen Götter verloren diese ihre Glaubwürdigkeit als machtvolle Himmelswesen. Nicht von ungefähr ging gleichzeitig parallel zu dieser Entgötterung das Ansehen des Königtums zurück. Daß mit dem Verschwinden der alten Götter auf die Frage nach dem Sein eine Antwort gesucht wurde, war der Anstoß, im Geist der griechischen Sprache und der herrschenden Gesellschaftsordnung das zu entwickeln, was wir heute mit Wissenschaft bezeichnen.

Aus dieser Wissenschaft und einigen Extrakten der christlichen Lehre wurde die sogenannte westliche Zivilisation geboren, die wir heute genießen - und vor deren Auswüchsen wir uns fürchten. Dabei dürfen wir nicht dem Irrglauben unterliegen, daß gerade unsere Zivilisation die zur Zeit höchsterreichbare Entwicklungsform der Menschheit darstellt. Wenn auch andere Kulturen keinen Benzinmotor und kein Funkgerät entwickelt haben, zeigt uns doch der geistige Reichtum der Völker Asiens, der arabischen Welt, der Nilkultur und der Kulturräume Amerikas - auch wenn diese teilweise heute nicht mehr in ihrer alten Form existieren -, daß auch andere Wege zum Heil der Menschheit führen als der von uns Abendländern eingeschlagene, der eher, wie es heute aussieht, zu ihrem Untergang beiträgt.

Lebt in den aus dem Judentum entsprossenen Religionen die Vorstellung von der Macht und Erhabenheit eines persönlichen Gottes, vor dem der Mensch zu einer an ein Nichts sich nähernden Kleinheit zusammenschrumpft, wird im ostasiatischen Raum dem Menschen eine Kraft zugeordnet, die ihn über die Mächte der Natur stellt und die Fähigkeit gibt, sich selbst aus dem Kreislauf unserer materiellen Welt hinauszukatapultieren.

Vom Brahmanismus zum Hinduismus

In kaum einer anderen Religion wird die Frage nach dem absoluten Sein in so vielfältiger Art beantwortet wie im Brahmanismus. Nicht zuletzt spiegelt sich diese Vielfalt wider in der kaum überschaubaren Anzahl indischer Götter. In einer Dreieinigkeit, Trimurti genannt, präsentieren sich uns die bekanntesten Gottheiten: Brahma als Schöpfer, Wischnu als Erhalter und Schiwa als Vernichter des Alls. Die Bedeutung des vierköpfigen Brahma ist heute gering. Hingegen gilt Wischnu als Gott der Liebe, der das Recht und die Wahrheit schützt. In seinen vier Armen hält er Keule, Wurfscheibe, Muschel und Lotosblume. Seine Verehrer erstreben eine Erlösung aus dieser Welt durch die liebende Hingabe zu Gott. Der Lehre nach hat er wie Christus körperliche Formen angenommen. Bisher soll er neunmal Fleisch geworden sein. Die bekanntesten Inkarnationen waren Rama und Krischna. Die zehnte Inkarnation soll in 425 000 Jahren in Gestalt Kalkis auf einem Schimmel erfolgen. Diese Ankündigung läßt einen Vergleich zur Geheimen Offenbarung des Johannes (19:11) zu, wo es heißt:

„Und ich sah den Himmel offen stehen, und siehe, ein weißes Pferd, und der auf ihm sitzt heißt ‚Treu und Wahr", und in Gerechtigkeit richtet und kämpft er. "

Schiwa, der Fruchtbarkeits- und Zerstörergott wird oft als verzückter Tänzer dargestellt. Zerstörung und Fruchtbarkeit sind hier keine Gegensätze. Denn für den frommen Hindu ist der Tod identisch mit der Wiedergeburt, und so sieht er in Schiwa nicht nur den vernichtenden, sondern auch einen schöpferischen Gott. Schiwas Tanz ist das Symbol für eine Welt, die sich ständig bildet und wieder auflöst, um sich einem neuen Werden zu unterziehen.

Wenn auch hier nicht der Platz ist, alle Götter Indiens aufzuzählen und zu charakterisieren, gilt doch festzuhalten, daß zwischen allen diesen vielen Gottheiten und ihren Kulten keine Konkurrenz besteht, wenn auch ihre Wertigkeit regional verschieden ist. Das liegt daran, daß der Hindu in den einzel-

nen Gottheiten jeweils Erscheinungen der letzten, über allen Gegensätzen existierenden Wirklichkeit sieht. Diese Einsicht verleiht dem Inder auch seine ‚Toleranz gegenüber fremden Religionen. Er ist davon überzeugt, daß nur er die wahre, ewige Religion besitzt, der ursprünglich alle Menschen angehangen haben. So lehren die indischen Priester, die Brahmanen, daß ihre Religion seit Ewigkeit besteht und keinen Stifter kennt. Tatsächlich stammt ihr religiöses Wissen aus Erkenntnissen, die von Priestergeneration zu Priestergeneration mündlich weitergegeben und nach den Ergebnissen der Geschichtsforschung erst in der Zeit zwischen 1500 und 800 vor Christus in den Vedatexten niedergeschrieben wurden. Zum Vergleich sei erwähnt, daß das der älteste Teil des Alten Testamentes, die

Thora der Juden, vermutlich unter Esra, der einen Teil der Juden aus der babylonischen Gefangenschaft zurückführte, im 4. Jahrhundert vor Christus niedergeschrieben wurde.

In dem für europäische Denkart verwirrenden Charakteristikum des indischen Geistes zeigt sich beispielsweise folgender großer Unterschied zum abendländischen Denken: Im Indischen wird die Aussage der Religion nicht definiert und nicht beschrieben, sondern es wird mit phantastischen Gleichnissen der Wahrheitsgehalt dieser Religion umschrieben. Diese Gleichnisse enthalten immer wieder die Antwort auf die Frage, wie die Vielfalt der Dinge aus dem einen Urprinzip des Geistes hervorgegangen sein mag und wie dieses Urprinzip im einzelnen vom Menschen vergegenwärtigt und erfahren werden kann. In den Vedatexten wird die Entstehung der Welt durch das Sich-Zerteilen eines Urseins geschildert und dieses Zerteilen als ein Opfer aufgefaßt. So war primär das Opfer aus indischer Sicht kein Geschenk an irgendwelche Götter oder an einen einzelnen Gott, sondern eine Handlung, die sich aus der Wesenskraft des Kosmos, aus dessen So-Sein ergibt und keine andere Ursache hat. Dieses Prinzip, das uns in der Liebe wieder begegnet, ist das Brahman, ist die aus sich selbst seiende Urkraft der Welt.

Doch die Bedeutung des Wortes Brahman ist in der Geschichte wechselnd. Mal ist es der oder das unvergänglich Seiende, mal ist es die letzte

Wahrheit, dann ist es wieder der Gebieter aller Wesen oder der Herr dieser und aller anderen Welten, der die Lebewesen nach seinem Willen Gutes oder Böses tun läßt. Die Frage nach dem für den Menschen unbegreiflichen Wesen, dem unbekannten, obersten Gott, der jenseits aller Götter und Traditionen steht, finden wir in einer der vier Textsammlungen des Veda, in den Hymnen des Rigveda, so formuliert:

„Wer ist der Gott, daß wir ihm opfernd dienen?"

Dieses opfernde Dienen hat sich aber schon sehr früh gewandelt. Nimmt man heute an einer religiösen Zeremonie in einem hinduistischen Tempel teil, so kann man sich nicht des Eindruckes erwehren, daß der gläubige Hindu seine Opfergabe einer bestimmten, für sein Anliegen zuständigen Gottheit darbringt, um den angerufenen Gott zu einer Gegenleistung zu verpflichten. Do ut des. Ich gebe dir, damit du mir gibst, beziehungsweise geben mußt. Diese Haltung wird auch in den vedischen Texten bestätigt. In dem Veda wird als oberste Gottheit, als Vater der Welt, Prajapati genannt. Ursprünglich personifiziert, verblaßt diese Gottheit bald zu einer rein begrifflichen Wesenheit, die mit Jahr oder Zeit zu identifizieren ist. Es ist das Brahman, das zunächst Gebet, heiliger Spruch oder magisches Wort bedeutete. Daraus wurde dann der Begriff Urwesen. Das Brahman steht im Gegensatz zur Summe der Einzeldinge, die sich durch Namen und Gestalt unterscheiden. Durch das sächliche Geschlecht wird ihm jede Persönlichkeit und Gestalt abgesprochen, was dem einzelnen zum Unterscheiden vom anderen zukommt.

Mit dem Brahman verbindet sich ein zweiter Begriff, das Atman. Das ist das Ich, das Selbst. Das Brahman ist überall, auch in mir. Dieses Brahman findet man nicht durch den Blick nach außen im Wahrnehmen und Unterscheiden der Dinge, sondern durch das Versenken in sich selbst bis hinab zur Wurzel, wo das Selbst jedes Menschen mit dem Urgrund der Welt zusammenhängt. Eine solche Versenkung ist tiefer als waches Bewußtsein und tiefer als der Traum. Hier sind wir von einer dialektischen Erkenntnis weit entfernt.

In den Offenbarungsreligionen führt der Weg zu Gott über das Zwiegespräch Ich-Du. Nach der Lehre der Brahmanen geht durch die Versenkung des Ichs bis zur Wurzel des Seins das Atman im Brahman auf.

Die in den Upanischaden angesprochene Mystik geht über das Wissen um die Opfertechnik hinaus und erläutert den Weg zur Erlösung vom ewigen Kreislauf des Wiedergeborenwerdens durch das Wissen des befreienden Schauens. In der hier angesprochenen Karmalehre, der Lehre von der Wiedergeburt der Seele, tritt die polytheistische Götterwelt und das kultische Opfer zugunsten des Glaubens an den Kreislauf der Wiedergeburten zurück.

Die angedeutete Vielfalt der brahmanischen Lehren entspringt der Tatsache, daß das ganze Lehrgebäude keinen Religionsstifter verzeichnet und die textlich fixierten Offenbarungen über einen Zeitraum von 3000 Jahren entstanden sind. Dieser lange Zeitraum des Zustandekommens dieser Schriften erklärt das fehlende Übereinstimmen der Texte und eines einheitlichen Glaubensbekenntnisses. Dadurch konnten sich aber auch die verschiedensten Formen religiösen Lebens entwickeln, wie sie sich schließlich im Fetischismus, Polytheismus oder in einem Tierkult präsentieren. Der eine glaubt als Theist an den allbeherrschenden Gott Schiwa, ein anderer verehrt Wischnu, ein dritter ist Pantheist und spürt Gottes Atem in der Natur und ein vierter erkennt als Anhänger einer atheistischen Schule nur das ewige Weltgesetz an. Wir finden Hindus, die Fleisch essen, andere, die vegetarisch leben, solche, die ihr Leben in strenger Askese verbringen, und letztlich auch solche, die Sexualorgien als Ausdruck religiösen Lebens ansehen. Die monistische Auffassung vom All-Eins-Sein aller Götter, Lebewesen und Dinge machen das Anbeten einer oder mehrerer Gottheiten problemlos, denn für den Gläubigen ist das Brahman in allem, auch im eigenen Ich. Nach hinduistischer Auffassung ist derjenige, der dies nicht erkennt, ein Opfer von Unwissenheit und Selbsttäuschung. Denn für den Hindu ist dem Menschen erst dann eine Erlösung beschieden, wenn der betreffende erkennt, daß das Ich und das Du Illusionen und wir alle nur ein Teil des Brahman sind. Versucht man die Bedeutung des Wortes Hinduismus zu erforschen, so kommt man über das persische Hindu, das indische Sindhu und griechische Indos zu der Bedeutung: indisches Wesen, Glaubens- und Lebensform der Inder. Angeblich nannten die Mohammedaner die Bewohner des Industales Hindus. Im engeren Sinne, speziell auf die Religion ausgerichtet, bedeutet der Hinduismus die Weiterentwicklung des Brahmanismus, der mit der Verdrängung des Buddhismus im ersten nachchristlichen Jahrhundert eine Restauration erfahren hatte.

Bei aller Vielfalt gibt es jedoch sowohl im Brahmanismus als auch im Hinduismus einige verbindliche Glaubensthesen. Dazu gehört unter anderem die Vorstellung einer festen Weltordnung, in der Menschen, Tieren und Göttern ein vorbestimmter Platz in besonderen Welten eingeräumt ist. Die Zahl dieser Welten ist unendlich groß. Ihr Schicksal ist Untergang und Neuerschaffung. Nach dieser Auffassung besteht unsere Welt ein Kalpa lang. Das sind tausend große Weltalter mit je 4 320 000 Jahren und entspricht der derzeitigen Auffassung unserer Wissenschaft, die das Alter der Erde auf 4,5 Milliarden Jahre berechnet hat.

Die Auffassung, daß jeder und jedes eine bestimmte Stelle in der Welthierarchie zugewiesen bekommen hat, spiegelt sich im Kastenwesen wider, wodurch die gesellschaftliche Ordnung in Indien gesichert ist. Hier muß jeder die Arbeit aufnehmen, die ihm mit seiner Geburt zugewiesen wurde. Würde er seine Aufgabe nicht erfüllen, wäre er mit einem Stern vergleichbar, der von seiner Bahn abgekommen ist und das Gleichgewicht des Kosmos gefährdet. Wer seine Aufgabe erfüllt, begeht keine Sünde, selbst wenn die Taten mit Fehlern behaftet sind.

Die Aufgabe des Menschen liegt alleine im Handeln. Nicht die Früchte seines Handelns sind maßgebend, sondern die Tat. Denn Unheil liegt nicht im Tun selbst, sondern in der Begierde, ein bestimmtes Ergebnis zu erzie-

len. So heißt es im 3. Kapitel der Bhagawadgita, jenem Lied des Erhaben-
en, das um 300vor Christus niedergeschrieben wurde: ‚Vollbringe darum
immer die auszuführende Tat innerlich (von einem Ziele) losgelöst, denn
indem der Mensch innerlich losgelöst handelt, gelangt er zum Höchsten.“
Es soll also das Ziel nicht Triebfeder der Tat sein.

Kennzeichnend und erklärend zu dem Gesagten ist jene Stelle im indischen Nationalepos, dem Mahabharata, in dem die Situation des Prinzen
Ardschuna geschildert wird. Der Prinz erblickte vor einem Kampfe zwischen zwei miteinander verfeindeten Fürstenfamilien auf der Gegenseite
Freunde und Verwandte. Bei diesem Anblick erkennt er die Sinnlosigkeit
eines solchen Kampfes.

Dieser innere Konflikt ist nicht als ein einfaches menschliches Problem zu
betrachten, sondern.als ein tief religiöses. Denn der Prinz sieht kein Heil
in seinem Handeln, da er um den Bestand der Gemeinschaft fürchtet, damit aber auch um den Bestand der ewigen Ordnung, die diese Gemeinschaft leitet. Denn, so ist im ersten Kapitel zu lesen, wird eine Familie zerstört, so gehen auch ihre ewigen Gesetze zugrunde. Gehen aber die Gesetze unter, so verfällt die ganze Familie der Gesetzlosigkeit.

Sein Wagenlenker Krischna, der kein anderer ist als der inkarnierte Gott
Wischnu, belehrt den zaudernden Prinzen, daß es seine Pflicht sei, in den
Kampf zu ziehen. Die Bhagawadgita, in der das Epos Mahabharata enthalten ist, gilt heute als das meistgelesene Andachtsbuch Indiens und wird
vergleichenderweise als das Neue Testament der Hindus bezeichnet. Wilhelm, Freiherr von Humboldt, (1767-l 835) bezeichnete es als das schöns-
te, ja vielleicht einzige wahrhaft philosophische Buch der Weltliteratur. In
diesem Werk sind die Worte Krischnas wie folgt wiedergegeben worden:

Es bleibt der Urgrund ewiglich,
Von dem dies All ist ausgespannt;
Zunichte werden kann er nicht,
denn er hat ewigen Bestand.

Vergänglich sind die keiber nur,
Der Ew'ge Geist, der sie beseelt,
Ist ohne Ende, ohne Maß,
Drum kämpfe unverzagt als Held!

Gleich achtend Glück und Ungemach,
Gewinn, Verlust, Sieg oder Tod,
Entschlossen rüste dich zum Kampf,
Verletze nicht der Pflicht Gebot!

Das Werk zu tun sei dein Beruf,
Nicht kümmre dich's, ob es gelang,
Begehre nie der Taten Frucht,
Doch fröne nicht dem Müßiggang.

Ergebungsvoll tu jedes Werk,
Und frei von irdischer Begier,
Ob gut, ob schlecht der Ausgang sei,
Bewahre stets den Gleichmut dir.

Erhaben über alles Tun
Für immer die Erkenntnis bleibt.
In der Erkenntnis suche Schutz;
Verächtlich ist, wen Lohnsucht treibt.

Denn jenseits von Verdienst und Schuld
Steht der, der die Erkenntnis hat,
Drum Weihe ernst dem Yoga dich,
Er macht geschickt zu aller Tat.

Die Weisen, die entsagungsvoll
Sich von der Sucht nach Lohn befrein,
Die gehn, erlöst von Wiederkehr,
Zur leidentrückten Stätte ein.

Der Hindu bekennt sich ebenfalls zum brahmanischen Erbe der Seelen-
wanderungslehre und zur Erlösungslehre. Doch fügt der Hinduismus den
beiden brahmanischen Erlösungsmöglichkeiten, nämlich dem ‚Weg der
Werke' (karmamarga), der durch moralisches Handeln und Opferbereit-

schaft zur Erlösung führt, und dem ‚Weg der Erkenntnis' (jnanamarga), der durch Meditation in einem religiösen Erkenntnisakt die Einsicht in die Nichtigkeit des irdischen Daseins vermittelt, einen dritten hinzu. Dabei handelt es sich um den Weg der gläubigen Hingabe an eine erlösende Gottheit und des Vertrauens, das der Mensch in persönlicher Gottesliebe ihr entgegen bringt.

Erst durch die Idee der Seelenwanderung wird eigentlich der Glaubenssatz von der Gerechtigkeit der Weltordnung begreifbar. Denn nur die Plazierung eines Lebewesens auf der Erde nach der Art seiner Taten in der vorherigen Existenz erklärt, warum es einem guten Menschen schlecht ergehen kann. Dieses Gesetz trifft natürlich auch auf den umgekehrten Fall zu. Wesentlich an der Idee von einer absoluten und blinden Gerechtigkeit, dem Karma, ist die Anerkennung, daß der freie Wille des Menschen nicht aus- geschaltet ist. Auch nach hinduistischer Auffassung kann der Mensch sich stets für seine Handlungen frei entscheiden und so ein-günstiges oder ungünstiges Karma herbeiführen. In diesem Gedanken finden wir eine Parallele zu der christlichen Auffassung vom Jüngsten Gericht, wo jeder selbst am jüngsten Tag sich in freier Entscheidung in die Schar der Seligen oder in die der Verdammten einreiht.

Nach der Lehre von der Seelenwanderung hat der Lebensprozeß weder Anfang noch Ende. Damit sinken für den Hindu historische Ereignisse zur Bedeutungslosigkeit herab. Für ihn ist Geschichte nicht das Aufeinanderfolgen von Ereignissen, sondern der Spiegel ewiger Gegenwart. Aus diesem Blickwinkel heraus hat dann auch der Tod seinen Schrecken verloren. Aber die unablässige Wiedergeburt zu glücklichem oder leidvollem Leben läßt das Dasein ohne Sinn, Ziel und Zweck erscheinen. Es wird letztlich als Mühsal angesehen. Eine Erlösung aus diesem Kreislauf ist nur gegeben, wenn der Atman zum Brahman wird, das heißt, wenn das Ich in den Urgrund der Welt eintaucht und mit ihm identisch wird. In diesem Zustand des Nirwana ist die Seele von dem ewigen Zyklus der Wiedergeburten befreit. Sie ist dann auch keine Seele mehr im Sinne der abendländischen Auffassung, weil das Bewußtsein für das Selbst eliminiert ist. Freilich ist eine solche Auffassung dem Gedankengut des westlichen Kulturkreises fremd. Weder Christ noch Jude, weder Moslem noch Spiritist kann sich vorstellen, seine Individualität jemals zu verlieren.

Durch die gegebene Möglichkeit eines Ausbruches aus dem Kreislauf der Wiedergeburten wird die indische Religion zu einer Erlösungslehre. Während aber im Christentum die Erlösung von Sünde und Tod sich durch das

Eingreifen Gottes vollzieht, geht der Erlösungsprozeß im Hinduismus vom Menschen aus. Aber auch hier gibt es für die Erlösung keinen Beweis, außer, daß man sie selbst erlebt.

Für das einfache Volk genügt eine innige Hingabe an den Weltenherrscher, also an Gott; der dadurch mitleidig gestimmt wird. Man klammert sich an Gott fest oder wartet vertrauensvoll, bis der Allgütige die Seele nimmt und fortträgt. Eine andere philosophische Lehrmeinung, die die gebildeten Hindus anspricht, verweist auf eine Geisteskraft und den Willen des einzelnen, der aus eigenem Vermögen, durch Erkenntnis und Wissen, das Karma abbauen kann und sich selbst erlösen muß. Mit dieser Auffassung besteht eine geistige Verwandtschaft zwischen Hinduismus und dem aus ihm hervorgegangenen Buddhismus.

Wenn durch die Selbsterlösung auch noch so viele Seelen aus dem Kreislauf der Wiedergeburt ausscheiden, weil sie einen unverlierbaren Seligkeitszustand erreicht haben, kennt der Hinduismus doch keine allgemeine Welterlösung. Wir müssen davon ausgehen, daß der Hinduismus nicht im Anbieten eines Heils dem Menschen seinen Zustand der Unerlöstheit vor Augen führt, sondern daß jeder Mensch einmal an den Punkt gelangt, an dem er sich von sich aus nach einer Erfüllung sehnt, die er in der von ihm gelebten Situation nicht finden kann. Das mag erklären, warum der Hinduismus bis in unsere Zeit sich nicht missionarisch engagiert hat. Wenn auch kein religiöses Oberhaupt im Hinduismus existiert, haben doch etliche Persönlichkeiten durch ihre Aussagen richtungsweisend in das religiöse Leben eingegriffen. So wurden durch das Wirken des philosophi- schen Reformators Schankara die Vedantatexte im achten und neunten Jahrhundert nach Christus neu gedeutet. Schankara faßte die verschiedenen Kulte des Hinduismus als gleichberechtigte Wege zu Brahma auf und unter- schied zwischen zweierlei Wissen. Das niedere Wissen, das die Welt als Reali tät auffaßt, trennte er von dem höheren Wissen, das die Welt als Maya, als Illusion des Unwissenden, interpretiert.

Die Stufe des höheren Wissens erreichen wir Menschen nur mit Hilfe des Vedastudiums und durch Meditation, wodurch man jenseits von Raum, Zeit und Kausalität zum Brahman aufsteigt und in die Erlösung geht. Zwei Jahrhunderte später tritt Ramanuja mit seiner Lehre für eine persönliche Gottesvorstellung ein, indem er das Brahman in der Verkörperung des Wischnu darstellte. Dies sollte bezwecken, daß der Mensch, die Gottheit schauend, auf den Weg der Hingebung (bhaktimarga) zur persönlichen Gottesliebe geführt wird. Zwischen diesen beiden konträren Urtypen der

Heilserfahrung bewegt sich die Vielfalt des religiösen Lebens im Hinduismus.

Im vorigen Jahrhundert weitete Ramakrischna (1836-1886) die Aussage Schankaras aus, indem er nicht nur ihre verschiedenen Kulte im Hinduismus, sondern alle Religionen der Welt als gleichberechtigte Heilswege ansah.

Für ihn war es immer ein und derselbe Avatura, auch wenn sein Name einmal Krischna, dann Christus oder Buddha lautete. Dieser Auffassung folgte der Religionsphilosoph Sarvapalli Radhakrishnan, der 1962 Präsident der neuen Republik Indien wurde. Er versuchte den Vedanta zu modernisieren und dem Abendlande nahezubringen. Seine Bestrebungen wurden intensiv von der 1897 zur Verbreitung der Vedanta gegründeten Ramakrischnamission in die Tat umgesetzt. Ausgangspunkt dieser Missionstätigkeit ist die Auffassung, daß der Hinduismus die ewige Religion der Menschheit ist, von der sich die Nichtinder nur durch Unwissenheit abgekehrt haben.

Mit diesem Missionsbestreben verläßt der Hinduismus den alten Standpunkt der Brahmanenlehre, wonach man Hindu nicht durch Taufe oder Bekehrung werden kann, sondern einzig durch die Zugehörigkeit zu einer Kaste. Diese Zugehörigkeit ist aber nur durch das Vorrecht der Geburt zu erlangen. Man muß also in eine Kaste hineingeboren werden. Diese Auffassung hatte bisher den Brahmanismus davon abgehalten, zu irgendeinem Zeitpunkt der Geschichte einen Glaubenskrieg zu führen.

Der Yoga

Wir Menschen aus der westlichen Zivilisation verbinden Yoga entweder mit Scharlatanerie oder bewundern lediglich - manchmal etwas neidvoll – die Konzentrationstechniken und -fähigkeiten der Yogis. Nur vereinzelt, und dann meist nur mit wenig Erfolg, versuchen auch wir im Abendland in diese mystische Form religiöser Versenkung und Meditation einzudringen, um die dort freisetzbaren Kräfte ebenfalls zu nutzen. Die ersten Versuche in dieser Richtung machten vor mehr als einem halben Jahrhundert deutsche Psychiater. Hier ist besonders der Name des Berliner Nervenarztes Professor Dr. Johannes Heinrich Schultz(l884- 1970) zu nennen , der in einer vereinfachten, der westlichen Mentalität entsprechenden Form Yogaübungen als psychotherapeutisches System unter dem Namen „Autogenes Training" nutzte. Viele Menschen bedienen sich heute dieses Systems, um damit ihre Lebensaufgaben zu bezwingen. Doch vom eigentlichen Yoga ist dabei nicht viel übriggeblieben, weil einmal die religiöse Basis verschwunden ist und zum anderen das aktive, freie Handeln durch eine „Umschaltung" in einen hypnotischen Zustand in feste Geleise gezwungen ist.

Vertreter des Autogenen Trainings behaupten zwar, durch diese Methode Aussagen des eigenen Unbewußten zu erhalten. Entsprechende Ausführungen machte Dr. med. Hannes Lindemann. Im Gegensatz zu dieser Bindung und Ausrichtung des Willens durch Selbsthypnose schreibt James H. Leuba in seiner „Psychologie der religiösen Mystik": „Erst wenn der menschliche Wille zu streben aufhört und sich dem göttlichen Willen unterwirft, wird es möglich sein, die Mitteilungen Gottes zu empfangen."

Dieser Empfang göttlicher Mitteilungen ist nach der Yogalehre möglich, wenn der Yogi, der Yogatreibende, sich durch bestimmte Körperhaltungen und durch innere Sammlung vom Einfluß der Umwelt, der Schein-Realität, befreit und damit einen höheren Bewußtseinszustand erreicht. So schreibt der Inder A. C. Bhaktivedauta Swami, der Gründer der internationalen Gesellschaft für Krishna-Bewußtsein: „Yoga ist das verbindende Glied zwischen der Seele und der Überseele, zwischen dem höchsten Lebewesen und dem winzigsten Lebewesen." Und weiter schreibt er: „Das Ziel des Yoga, das endgültige Ziel, besteht darin, Krishna zu erkennen."

Das Wort Yoga kommt aus dem Sanskrit und bedeutet soviel wie Anschirrung oder Anjochung. Yoga und Joch entspringen dem gleichen Wortstamm. Die Anjochung des Menschen an Gott, seine völlige Unterstellung unter Gott ist das Ziel des Yoga. So heißt es in der Yogalehre, daß alle Menschen, die an ihrem Leib, ihrem Gut, ihrem Weib und allen anderen Besitztümern hängen, geboren werden und sterben, vom Nichtwissen geblendet.

Dem Christen sollte eine solche Aussage, die letztlich mit der Lehre Christi konform geht, nicht fremd sein. Für einen Yogi heißt es dann weiter, daß, wer fest in Leidenschaftslosigkeit verharrt und keinem anderen dient, die Erlösung erlangt, wenn er die acht Abschnitte seines Weges beachtet:

a) Ein einwandfrei sittliches Verhalten (Zuchteinhaltung),

b) Äußere und innere Reinheit (Beobachtung),

c) Beherrschung bestimmter Körperhaltungen (Beharrung),

d) Willkürliche Beherrschung des Atems (Atemzucht),

e) Abwenden der Aufmerksamkeit von Sinneseindrücken (Ausschaltung),

f) Hinlenken und Festhalten des Denkens auf einen bestimmten Punkt (Konzentration), .

g) Meditation und

h) Versenkung (Kontemplation).

Yoga ist so gesehen eine Anweisung zur Praxis der Versenkung. Aber erst die Praxis, nicht das Training bringt die Erlösung. Der Mensch, der im Leben nicht zu sich selbst gefunden hat, kann den Tod auch nicht gelassen hinnehmen. Nicht Passivität, sondern aktives Handeln zeichnet den Yogi aus, der sich nicht auf einer Speiche des Schicksalsrades herumwirbeln läßt, sondern sich zur Radachse aufschwingt, wo er die Aktivität der Gewaltlosigkeit erlebt. Der Yogi geht von der Voraussetzung aus, daß die Erscheinungswelt der Spiegel seines Inneren ist. Wir kennen den Spruch: dem Reinen ist alles rein. Die Yogalehre sagt: „In dir beruht das Weltall."

Im Indischen bedeutet Erkennen nicht nur zur Kenntnis nehmen, sondern ein völliges Durchdrungenwerden von der Einsicht, um deren Erkenntnis es sich handelt. Körperliche Vorgänge wie Körperstellung, Atemregulierung und Fixierung leiten die Erkenntnis der Zweiheit von Körper und Geist ein.

Mit der Anerkennung eines über allem seienden Gottes, der von dem Yogi mit der Silbe „OM" angerufen wird, befindet sich die Yogalehre im Bereich der theistischen Religionen und zeigt dem Menschen den Weg zu einem Leben in ständiger mystischer Gotteserfahrung.

Buddha und seine Lehre

Buddha bedeutet soviel wie der Erleuchtete. Der Mensch, dem diese Bezeichnung zufiel, heißt eigentlich Siddharta Gautama und stammt aus dem Königsgeschlecht Sakyas in Nepal. Er lebte etwa um die Zeit von 560 bis 480 vor Christus in Nordindien. In diesem Gebiet herrschte zur damaligen Zeit die brahmanische Religion vor. Gautama Buddha war im Prunk des elterlichen Palastes aufgewachsen. Der Überlieferung nach erkannte Gautama durch die Abstraktion dreier Begegnungen, daß keine Macht der Welt den wahren Charakter des Daseins verhüllen kann und alles im weltlichen Leben im Grunde Qual und Leid ist. Seine Erkenntnis gewann er aus den Begegnungen mit einem verrunzelten Greis, einem mit einer ekelhaften Krankheit befallenen Menschen und dem Anblick eines Toten.

Die hübschen Tänzerinnen in seinem Palast, die Gautama unterhalten und aufheitern sollten, sah er in der Nacht mit vor Müdigkeit schlafenden Gliedern. Vor Erschöpfung schnarchten sie oder knirschten mit den Zähnen, oder es floß Speichel aus dem Munde. Wiederum fand Gautama, daß nicht Glanz und Flitter, sondern Alter, Krankheit, Leiden und Tod das Bleibende, die Wahrheit in und hinter dem Letzten ist.

Nach Buddhas Auffassung führt der Hunger nach Leben und der Durst nach Freuden den Menschen in das Leid hinein. Das Leid aber kann nur überwunden werden, wenn der Mensch erlischt. Wie man diesem Leiden entgehen kann, zeigt Buddha in seiner Lehre.

Gut bezeugten Überlieferungen zufolge soll Buddha mit 29 Jahren sein Haus, seine Frau und seinen eben geborenen Sohn Rahula verlassen haben und in die ‚Hauslosigkeit" gegangen sein. Unter Anleitung verschiedener brahmanischer Lehrer, Yogi und Wanderprediger versuchte er vergeblich bei strengster Askese das Heil zu finden. Als er wieder begann, beliebige Nahrung zu sich zu nehmen, bezeichneten ihn seine Wandergefährten als Abtrünnigen. Buddha aber hatte erkannt, daß der rechte Weg zur Erkenntnis der Wahrheit in der Mitte liege zwischen dem weltlichen Treiben und gewaltsamer Askese. In Benares trat er zum ersten Male öffentlich auf und verkündete seine Lehre vom mittleren Weg, der zur Erkenntnis, zur Ruhe, zum Wissen und damit zum Nirwana führt.

In dem Zustand des Nirwana wird nach seiner Auffassung die Lebensbegierde überwunden, der Haß vernichtet und der Wahn, im Dasein eine Realität zu erkennen, beseitigt. Damit ist aber gleichzeitig der Austritt aus dem Kreislauf der leidvollen Wiedergeburten gegeben. Als nach dieser Predigt fünf Asketen Buddha um die Mönchsweihe baten, war die Keimzelle der ersten buddhistischen Gemeinde geschaffen. Solche Gemeinden - besser sollte man Gemeinschaften sagen – bestanden zunächst aus Wandermönchen. Erst später werden sie auch in Klöstern seßhaft. Auf Drängen seines Freundes Ananda gab Buddha auch seine Zustimmung zur Gründung eines Frauenklosters. Heute kennt der Buddhismus neben Mönchen und Nonnen auch Laien. Freilich unterliegen letztere nicht den strengen Geboten des Mönchtums. Buddha starb im Alter von achtzig Jahren. Er selbst nannte sich Tathagatha, das heißt Wegbereiter. Er hinterließ genau wie Jesus kein geschriebenes Wort. Seine Aussagen wurden erst zweieinhalb Jahrhunderte nach seinem Tode niedergeschrieben. Von diesen Aufzeichnungen blieb aber nur der Kanon im Palidialekt aus dem ersten vorchristlichen Jahrhundert erhalten. Der Palidialekt ist vermutlich nicht identisch mit der Sprache Buddhas. Wir haben bei den Evangelien des Neuen Testamentes eine ähnliche Situation. Diese Texte sind in griechischer Sprache abgefaßt, während die Mutter- sprache Jesu das Aramäische war.

Nach den Worten seines Lieblingsschülers Ananda soll Buddha geweissagt haben, daß die von ihm verkündete Wahrheit nur 500 Jahre bestehen werde. Dann werde ein neuer Offenbarer der Erlösung auftreten. Man muß bei solchen Zeitangaben immer etwas skeptisch sein, weil so etwas auch nachträglich in eine Lehraussage hineingeschmuggelt werden kann. Fest steht aber, daß nach diesen 500 Jahren der Buddhismus sich zu voller Blüte entfaltete. Doch kam dann nicht zu dieser Zeit weiter westlich, in Bethlehem, Jesus, der Sohn Marias, zur Welt?

Buddhas Lehre ist im Grunde nichts anderes als eine häretische Bewegung gegen das Kastenwesen des Brahmanismus und richtet sich bewußt gegen die Vedaverehrung der Brahmanen und ihren Tieropferkult. Darüberhinaus enthält sie einige von Buddha selbst erkannte Wahrheitsaussagen: Wenn das Leben mehr Leid und Elend bringt als Lust und Glück, muß der Mensch die Chance seiner Wiedergeburt verringern. Wer erkennt, daß alles Leben Leiden ist, und damit die erste seiner heiligen Wahrheiten erfahren hat, ist bereits ein Arhat, ein vollkommener Heiliger.

Die zweite heilige Wahrheit ist, den Lebensdurst nicht zu stillen, sondern von ihm abzulassen. Dieser Durst wird durch die drei Hauptfehler des Menschen, durch die Begierde, den Haß und die Verleumdung immer wieder genährt. Er hört erst auf, wenn die vier Grundübel der Welt, die Sinneslust, die Werdelust, der Irrglaube und die Unwissenheit im Menschen ausgeräumt sind.

Die dritte heilige Wahrheit sagt aus, daß das Freiwerden von dem Durst in die Wunsch- und Schmerzlosigkeit des Nirwana übergeht. Nirwana bedeutet soviel wie „verwehen" oder „auslöschen".

Es ist der Zustand vollkommener Seelenruhe gegenüber aller Lust und allen Schmerzen. Es ist das Gegenteil von Welt, ja, eigentlich sogar das Gegenteil des Seins, zumindest im subjektiven Bewußtseinsbereich. Aus diesem Blickwinkel heraus kommt der mit unseren Sinnen erfaßten Welt nur noch der Wert von Traumbildern zu. Es wird in dem Zustand der Seelenruhe, im Nirwana, nicht nur Glück und Lust, sondern sogar das eigene Leben gleichgültig. Im Nirwana erreicht der Mensch den Zustand der Erlösung. Das ist gegeben, wenn der Mensch sich von allen Sinnesempfindungen freigemacht hat. Mit dieser totalen Lösung von der Welt verläuft die Auflösung der eigenen, empirischen Person, womit eine abermalige Wiedergeburt, ein neues Karma verhindert wird.

Den Inhalt der vierten heiligen Wahrheit zeigt uns der achtteilige Pfad, auf dem Buddha selbst ins Nirwana gekommen ist. Es handelt sich hierbei um die rechte Anschauung, das rechte Wollen, das rechte Reden, das rechte Tun, das rechte Streben, das rechte Gedenken und das rechte Sich-Versenken.

Solange der Mensch nicht wissend ist, bestimmt das Wollen die Richtung auf das Leben und seine Genüsse. Erst der Wissende erstrebt nicht mehr das Leben, sondern das rechte Tun. Dabei bedeutet in diesem Falle Leben das Existieren in der Sinnenwelt. So ist es nicht mehr wesentlich, daß der Mensch lebt, sondern wie er lebt. Philosophische Grübeleien sind dabei nicht mehr gefragt, sondern das Handeln steht im Vordergrund. Dieses Handeln wiederum ist nicht mehr die Jagd nach Glücksgütern und besteht auch nicht aus asketischer Selbstquälerei, sondern erfüllt sich im Befolgen der Moral und einer sittlichen Selbstzucht. Da bei dieser Haltung alles Göttliche ausgeschlossen ist, zeigt sich hier der Buddhismus atheistisch.

Mit dem Buddhismus ist der Begriff der Meditation eng verknüpft. Nach seiner Lehre sind es vier Stufen, die der Meditierende nacheinander erklettern muß. Wenn man sich in der ersten Stufe von der Begierde befreit hat, gelingt erst in der zweiten Stufe die Konzentration des Geistes durch die Beseitigung von Denkinhalten. In der dritten Stufe wird der Meditierende frei von allen Empfindungen, sei es Freude oder Leid. Erst wenn in der vierten Stufe mit dem Bewußtsein der Körperlichkeit auch das Wohlbehagen verschwunden ist, gelangt der Buddhist zu höchster Erkenntnis in einer mystischen Intuition. Wer im Gegensatz hierzu sein Ich retten will, indem er sich an die Welt bindet, um Freude und Glück zu erheischen, und womöglich dem Tode zu entrinnen versucht, ist nach der Lehre Buddhas auf dem falschen Pfad.

Im 13. Jahrhundert ist der Buddhismus aus Indien fast ganz verschwunden. Ursache mag hier einmal die brahmanische Reaktion gewesen sein, die letztlich durch ihre Kompromisse mit volkstümlichen Kulten zur hinduistischen Religionsform gelangt war. Der zweite Grund aber lag in der Zerstörung buddhistischer Klöster und Bibliotheken durch die Invasion des Islams. Nur dank der missionarischen Aktivität in den angrenzenden Gebieten war das Überleben der buddhistischen Glaubensform möglich gewesen. Denn vor ihrem Niedergang in Indien war Buddhas Lehre nach Ceylon und Südostasien vorgedrungen. Während sich auf Ceylon die ursprünglichste Form des Buddhismus erhalten haben soll, erlangte diese Lehre mit einigen Variationen auch in Tibet und in Innerasien, in China, Korea und auch in Japan eine beachtliche Bedeutung. Auf einem Konzil im Jahre 250 vor Christi Geburt spaltete sich der Buddhismus in einen ‚südlichen", Himajana-, und einen ‚nördlichen', Mahajanabuddhismus. Der Himajanabuddhismus, der Buddhismus des ‚Kleinen Fahrzeuges", existiert heute noch auf Ceylon, Burma, Thailand, Laos und Kambodscha. Nach dieser Lehre können nur die wenigen, die den Geboten des strengen Mönchtums folgen, ins Nirwana gelangen.

Wenn auch der Buddhismus des ‚Kleinen Fahrzeuges' als das unmittelbare Erbe der ursprünglichen Lehre anzusehen ist, hat sich auch hier Buddha im Laufe der Geschichte zu einer transzendenten Gestalt überweltlicher Größe gewandelt. Die anfängliche Lehrmeinung, daß jeder Mensch auf sich selbst gestellt sich auch selbst erlösen müßte, wurde im Laufe der Zeit abgeschwächt, als die Anzahl der Laienanhänger immer größer wurde. Auch den Mönchen wurde schließlich die Fähigkeit abgesprochen, in einem einzigen Leben schon die volle Weisheit erlangen zu können. Durch diese zeitliche Verzögerung der totalen Weisheitserkenntnis erhält der Buddhismus einen eschatologischen Charakter, der in erster Linie das Schicksal der Laien berücksichtigt. Die Konsequenz dieser Entwicklung war der Buddhismus des ‚Großen Fahrzeuges", eben der Mahajanabuddhismus, dem wir heute in den Ländern Zentral- und Ostasiens begegnen. Hier ist der Einfluß des Laientums größer, weil nach dieser Glaubensform alle das Heilsziel des Buddhis-mus erreichen können.

Der Mahajanabuddhismus lehrt gegenüber der Urform die Erwartung einer himmlischen Seligkeit. Während im ursprünglichen Buddhismus die Vorstellung des Nirwana eher negativ ist - eine ausgeglichene Leere, verheißt der Buddhismus des Großen Fahrzeuges den Seligen alle erdenklichen Wonnen.

Im Mahajanabuddhismus unterscheidet man mehrere differenzierteWesenheiten des Buddha. Da gilt zunächst Buddha als ein überweltliches und absolutes Wesen, das hoch über der formenhaften Götterwelt und auch über jener darüber befindlichen immateriellen Welt steht. Hier nähert sich der Buddhismus dem Begriff des „ens absolutum", was Christen als Gott verstehen. Dieser transzendente Buddha oder das absolute Nirwana ist der explizite Gegensatz zur Scheinwelt, in der wir leben. Da der Mensch aber nicht in der Lage ist, Begriffe und Vorstellungen ohne Bezug auf unsere Sinneswelt zu bilden, und auch seine Wahrnehmungen und Denkinhalte nur in dieser Scheinwelt existieren, bildete sich ein zweiter Buddhabegriff heraus, nach dem Buddha als Genosse von Göttern - die es nach der ursprünglichen Lehre des Buddhismus nicht gibt - mit unserer Scheinwelt verbunden und Gegenstand menschlichen Begreifens und kultischer Verehrung ist. Erst der dritte Begriff identifiziert sich mit jenem irdischen Buddha, der als Mensch gelebt hat und gestorben ist, und dessen ich-leere Individualität sich aufgelöst hat.

Die Form des transzendenten Buddhas war letztlich der Verbreitung dieser Glaubenslehre sehr dienlich, da in ihr Glaubensformen und mythologische Vorstellungen missionierter Gebiete aufgehen konnten. Das aber hatte auch wieder die Entstehung weiterer buddhistischer Sonderformen zur Folge.

So entstand aus Elementen des Buddhismus, des Hinduismus und des Tantrismus (- eine indische Geistesrichtung, die wie die tibetanische Bonreligion eine Mischung mystisch-magischer Vorschriften enthält) der Lamaismus. Dieser Lehre nach ist die ganze Natur beseelt, und seine Anhänger glauben an die Wiedergeburt. Seine Fortschrittsfeindlichkeit verhinderte bis zum Einmarsch der Chinesen die Einrichtung von Schulen und Krankenhäusern. Schon die Einführung des Wagenrades wird als eine frevelhafte Verunehrung von Heiligem, als ein Sakrileg, betrachtet. Denn mit dem Rad wird Staub aufgewirbelt, was die Geister der Erde stört. So bringt nach tibetanischer Lehrmeinung das Wagenrad das Ende des Friedens.

Das Vordringen des Buddhismus in Tibet löste Brügerkriege aus, in denen meist das Königtum mit dem Buddhismus gegen die vom Adel unterstützte einheimische Religion stand. So wuchs dem Buddhismus in Tibet im Gegensatz zu seiner ursprünglichen Form der Weltabgewandtheit eine staatstragende Aufgabe zu, in der die Kontinuität der Ämter durch die Inkarnationsnachfolge des als Gottkönig zu betrachtenden Dalai-Lamas gesichert wurde. Seit dem Eindringen der Chinesen im Tibet 1959 hat der lamaitische Buddhismus vor allem Zuflucht in der indischen Provinz Ladakh gefunden, wo er in unverfälschter Form weiterbesteht.

In China beeinflußte der Buddhismus vor allem den Taoismus und bildet neben diesem und dem Konfuzianismus eine der drei großen Religionsgruppen. Der Buddhismus breitete sich auch über die Mongolei aus und erreichte im sechsten Jahrhundert nach Christus Japan, wo er und der dort herrschende Shintoglauben einander beeinflußten.

Eng mit patriotischen Zielen verband Nicherin (1222-1282), Sohn einfacher Fischersleute, den Buddhismus in Japan. Im Saddharma-pundarika, einem Mahajanatext, fand er die gesuchte autoritative Glaubensgrundlage.

Mit der in diesem Text interpretierten Wahrheit verteufelte er alle anderen buddhistischen Glaubensrichtungen wie das Zen und die Meditation. Für Nicherin konnte das japanische Volk nur durch seine Glaubensinterpretation zur Einheit und internationalen Größe geführt werden. Buddhismus und Konfuzianismus haben letztlich durch einen Verschmelzungsprozeß jene Geisteshaltung der Japaner geprägt, die es diesem Volke ermöglichte, ohne große Komplikationen den Sprung ins technische Zeitalter zu machen. Hier verschmolz die meditative Komponente des Bud dhismus mit dem Sinn für das Praktische. Die Kompromißbereitschaft des Japaners ließ die shintoistischen Götter zu Erscheinungen Buddhas werden, sodaß buddhistische Priester den Dienst an shintoistischen Schreinen übernehmen konnten.

Als eine besondere Form des Buddhismus hatte sich das Zen entwickelt, dessen Lehre in China besonders die Malerei, in Japan nahezu die ganze Kultur beeinflußt hat. Der Zen-Buddhismus fand wegen seiner strengen Selbstzucht und Todesverachtung großen Anklang beim japanischen Militär. Außerdem war in Japan für diese Religionsgruppe ein guter Nährboden vorhanden, weil sich das Zen mit den ritterlichen Idealen der Samurai verbinden konnte.

In der Meditation wird weder eine Fülle von Gedanken noch ein dogmatisches System betrachtet, sondern der Meditierende begegnet hier dem Erlebnis einer völligen inneren Leere. Dieses Erlebnis tritt plötzlich hervor. Es wird nicht durch das Studium heiliger Schriften, sondern durch eine angebliche Übermittlung von Geist zu Geist hervorgerufen. Es muß darauf hingewiesen werden, daß das Erlebnis der inneren Leere, der Blick in den Abgrund des Nichts, psychologisch nicht ungefährlich ist, wenn auch die Verneinung alles Trivialen die Kreativität des Menschen fördern kann.

Die im Zen-Buddhismus erschließbare Kreativität scheint das zukunftsträchtige Element des japanischen Buddhismus überhaupt zu sein. Fördernd für die Ausbreitung des Buddhismus in Japan ist auch der Umstand, daß der Shintoismus nicht in der Lage ist, Trost und Hilfe bei harten Schicksalsschlägen, Krankheit oder Tod zu spenden, was im Buddhismus gegeben ist.

Als 1956 die buddhistische Religion ihr 2.500jähriges Bestehen feierte, zeigte sich, daß sie nicht nur als Nahziel den indischen Subkontinent wiedergewinnen will, sondern unter Verwendung politischer Begriffe die „Diktatur Gottes" oder die „Demokratie Buddhas" zur Wahl stellt. Denn nach buddhistischer Auffassung befreit uns der Buddhismus vom Zwang religiöser Dogmen. Nach der Lehre Buddhas ist die Erlösung des Menschen aus dem Joch der sinnenhaften Materie allein durch die geistige und ethische Bemühung des einzelnen möglich. Eine göttliche Entscheidung in Form eines Gnadenaktes oder einer Fügung verneint der Buddhismus. Hier tritt ganz deutlich die atheistische Tendenz des Buddhismus zu Tage. Selbstverständlich ist es jedem Menschen freigestellt, das Dogma einer Religion als eine Zwangsjacke oder als einen Lehrsatz aufzufassen, der ihm Hilfe auf dem Weg zum vollendeten Weltverständnis sein soll. Zum Schluß der Betrachtungen über den Buddhismus bleibt zu fragen, ob hier der Mensch nicht nur immer sich selbst sieht, während im Gegensatz hierzu das Christentum auch das Heil der Mitmenschen zum Inhalt hat.

China

Bis vor etwa 2.200 Jahren waren den Chinesen Königshäuser fremd. Das Land wurde jeweils von Einzelherrschern regiert, die von allen Stämmen gemeinsam gewählt wurden. Der letzte dieser Regierungsform war Hwangti, genannt der „Gelbe Kaiser". Ihm gelingt es nach langen Kämpfen, die Hiadynastie zu begründen und ein organisiertes Staatswesen zu schaffen. In den nachfolgenden Jahrhunderten wird diese Organisation immer weiter ausgebaut, und in der zweiten, der Schangdynastie wird der Staat durch die Einrichtung eines Beamtentums gefestigt. Außerdem wurde eine zentrale Armee aufgebaut. Dieses Reich der Mitte, wie die klassischen Schriften Schang-schu und Ta-ya diese Dynastie nennen, beschreitet den Weg zum Feudalstaat. Der Hochadel wird mit unterworfenen Kleinstaaten belehnt. Grundeigentum war unverkäuflich und stand, wie auch das Recht auf Bildung, nur dem Adel zu. In dieser Gesellschaftsform erwuchs ein auf dem Recht der Erstgeburt begründetes patriarchalisches System, das, tief im Volke verwurzelt, in alle Lebensbereiche eindrang. Im Alltag zeigte es sich durch die totale Verehrung der Älteren durch die Jüngeren, im religiösen Bereich spiegelte es sich in der Ahnenverehrung wider.

Als Konfuzius, K'ung Futzu, 551 vor Christi Geburt im Staate Lu, der heutigen Provinz Schantung, geboren wurde, war die Macht dieses Zentralstaates bereits im Zerfall begriffen. Durch Gebietsverluste im Kampfe gegen die Hunnen waren die staatlichen Einkommensquellen geringer geworden, was den König veranlaßte, seine Armee zu verkleinern. Dadurch erstarkten die Lehnstaaten und führten unter Mißachtung der königlichen Autorität gegeneinander Kriege.

Man kann das China zur Zeit des Konfuzius als eine verkleinerte Ausgabe der heutigen weltpolitischen Lage sehen. Hohe Rüstungsausgaben forderten eine starke steuerliche Belastung der Menschen. Die kleineren Staaten mußten ständig damit rechnen, von den größeren integriert zu werden. Bündnisse wurden geschlossen, Verträge annuliert, und man philosophierte - wie heute - über den Unterschied zwischen Angriffs- und Verteidigungskriegen, beziehungsweise zwischen Aggressoren und Opfern.

Für Konfuzius lag die Ursache dieser Wirren in der Vernachlässigung des Zeremoniells und der Ethik. Um dies zu erfassen, müssen wir uns vergegenwärtigen, daß, im Gegensatz zur indischen Gedankenwelt, die den Weg aus dem irdischen Leben in eine andere Welt weist und die Weisheit durch Meditation erfahren läßt, die chinesische Philosophie eine pragmatische Philosophie des Lebens ist. Während der indische Weise der Welt den Rücken kehrt und in die Einsamkeit flieht, fällt dem chinesischen Denker die Aufgabe des Staatsmannes, des Volkserziehers und des Ratgebers an Fürstenhöfen zu. Das heißt aber nicht, daß die chinesische Denkweise in der Nähe des westlichen Materialismus angesiedelt ist. Denn während wir Men- schen im Westen das biblische Postulat, macht Euch die Erde un- tertan, so auslegen, daß wir uns über die Natur stellen, ist für den Chine- sen der Mensch nur ein Teil im Weltgeschehen. Aus dieser Anschauung heraus sucht er die seelische Erfüllung in einer kosmischen Harmonie. Diese Sehnsucht liegt in einem Bewußtsein der menschlichen Ohnmacht gegenüber den für ihn günstigen und ungünstigen Naturkräften begrün- det. Der Mensch der chinesischen Welt erkannte den geordneten Rhyth- mus der Jahreszeiten, die vorgeschriebenen Bahnen der Gestirne, das ge- regelte Wachsen der Pflanzen und erlebte das Chaos von Überschwem- mungen , Stürmen und Trockenzeiten. In diesen Gegensätzlichkeiten er- kannte er zwei Prinzipien, das positive oder männliche Yang und das ne- gative oder weibliche Yin. Diese für die Weltordnung erforderlichen, aber gegensätzlichen Kräfte ergänzen einander und bilden im Tao (gesprochen Dau) eine harmonische Einheit. Doch um die Definition des Begriffes Tao haben sich schon Generationen chinesischer Philosophen bemüht. Diesem Tao ist der gleiche Stellenwert zuzuordnen wie dem griechischen Logos und dem indischen Brahman, wenngleich die Be- deutung dieser Begriffe grundsätzlich verschieden ist. Tao bedeutet zu- nächst Weg oder Straße, wird aber durch Begriffserweiterung zu einem Ausdruck für ‚der rechte Weg' , ‚der Weg des Alls' und schließlich für ‚das Gesetz des Lebens". Selbst Götter müssen nach dem Tao handeln, das schon wirksam war, be- vor sich der Kosmos in die Elemente Yang und Yin teilte.

Für uns Europäer ist es besonders schwierig, den Begriff Tao zu erfassen, weil der chinesische Wortbau nicht zwischen Substantiv, Adjektiv oder Verb unterscheidet. So gilt zum Beispiel dasselbe Zeichen für Größe, groß und vergrößern. Es wird aus dem Schriftzeichen also nur der abstrakte Be- griffsinhalt herausgehoben. Genauso bewegt sich auch das chinesische Denken in Symbolen abstrakter Begriffe. Wir erkennen daraus, daß der Kulturraum von der Sprache mit geprägt wird, zumindest von der in ihr herrschenden Grammatik. So schreibt der amerikanische Sprachforscher Benjamin Lee Whorf in seinem Buche „Sprache, Denken, Wirklichkeit", daß, wenn moderne chinesische oder türkische Wissenschaftler die Welt in den gleichen Ausdrücken beschreiben wie ihre westlichen Kollegen, dies lediglich bedeute, daß sie das westliche System der Rationalisierung in vollem Maße übernommen, niemals jedoch, daß sie dieses System von ihrem eigenen muttersprachlichen Gesichtspunkt aus mit aufgebaut hätten.

Charakteristisch für das chinesische Denken ist das Buch der Wandlungen, „I Ging". Dieses Orakelbuch, wie man es auch nennt, steht am Anfang der chinesischen Philosophie. Die Anfänge dieses Buches gehen in mythische Zeiten zurück. Die heutige Fassung stammt etwa aus dem Jahre 3000 vor Christus. Dieses Buch birgt in sich keine eigentlichen Prophezeiungen, sondern erteilt dem das Orakel Befragenden Auskunft, wie er sich gemäß seiner eigenen Natur und der Konstellation der Situation, vor der er steht, zu verhalten hat. Denn die Gefahren und Probleme, denen der Mensch in seinem Leben begegnet, erwachsen aus der Art, wie seine Natur sich zu bestimmten Situationen verhält. Dieses Buch der Weisheit ist der Boden, in dem die beiden wichtigsten Zweige der chinesischen Philosophie, der Konfuzianismus und der Taoismus wurzeln.

Konfuzius setzte Politik und Ethik einander gleich. Politik machte nur der Adelige, also der Edle. Und so sagte Konfuzius: „Der Mensch braucht nichts weiter als das Zeremoniell und die Musik gründlich zu verstehen und beides dann auf die Regierung anzuwenden." Denn für Konfuzius heißt regieren nichts anderes, als Menschen und Dinge in Ordnung bringen. Für ihn konnte Frieden innerhalb der Gesellschaft nur auf einer echten Moral

durch das Erlangen wahrer Erkenntnis begründet werden. Das Ideal war eine in vollkommenem moralischem Einklang lebende Gesellschaft, die durch ihr Verhalten eine Regierung fast überflüssig macht. So sagte Konfuzius einmal: „Wenn ich den Vorsitz über einen Rechtsstreit führe, stehe ich keinem nach. Wir müßten aber darauf hinzielen, daß es überhaupt keine Rechtsstreite mehr gäbe und daß Menschen, die tatsächlich Unrecht begangen haben, sich viel zu sehr schämen würden, um Worte der Selbstverteidigung auszusprechen. Solcher Art würden die Leute von großer Achtung und Ehrfurcht (vor der Obrigkeit) erfüllt werden. Das heißt, die Wurzel der Dinge erkennen." Konfuzius wandte sich gegen die Auffassung der damaligen Legalisten, die eine politische Ordnung nur in der konsequenten Anwendung von Strafgesetzen für möglich hielten. Hierzu sein Kommentar: „Führt das Volk mit Regierungsmaßnahmen und lenkt es durch Androhung von Strafen; dann wird das Volk zwar trachten, nicht ins Gefängnis zu kommen, wird aber kein Gefühl für Ehre und Schande haben . Führt das Volk durch Tugend und lenkt es durch Li, und das Volk wird Ehrgefühl und Ehrfurcht empfinden."

Der Begriff Li läßt sich durch kein europäisches Wort exakt wiedergeben. Im gewöhnlichen Sprachgebrauch kann man es mit Anstand wiedergeben, aber auch mit Zeremoniell oder Schicklichkeit. Es bezeichnet aber auch die ideale Ordnung, wo jedes und alles auf seinem Platze steht. Diese Ordnung ist im Politischen für Konfuzius in der damaligen chinesischen Feudalordnung zu sehen, deren Zusammenbruch er gerade erlebte und für deren Restauration er sich einsetzte. Für ihn war Li eine auf Menschenliebe und Ehrfurcht vor der Obrigkeit begründete Sozialordnung, symbolisiert durch gemeinschaftliche religiöse Zeremonien und Musik. Die Li-Lehre entspricht dem lateinischen „religio", weil sie sich einmal durch das vom Kaiser darzubringende Himmelsopfer auf Gott bezieht, zum anderen durch das Gebot der Ehrfurcht vor der Autorität auf das weltliche Leben Einfluß nimmt. Man kann das Lehrgebäude des Li mit den mosaischen Gesetzen vergleichen, denn dort werden neben den Beziehungen des Menschen zu Gott auch die zur Umwelt geregelt.

Den Verhaltensmaßstab - und hierin sieht Konfuzius das Wesen der Wahrheit - findet er im (idealen) Menschen selbst. Für ihn ist der Mensch das Maß des Menschen, wenn er auch die Eigenschaft, ein wahrer Mensch zu sein, nur ganz wenigen zu gebilligt hat. So sagte er: , ‚Die Wahrheit entfernt sich nicht von der menschlichen Natur. Wenn das, was als Wahrheit angesehen wird, sich von der menschlichen Natur entfernt, darf man es nicht als Wahrheit ansehen." '

Konfuzius sieht den echten Menschen mit einer ausgeprägt harmonischen Seelenhaltung als Grundlage der Weltordnung. Wer diese Haltung erlernt hat, überträgt sie nach Konfuzius' Auffassung auch auf andere Menschen und auf die Obrigkeit. Was die einzelnen Familien gelernt haben, hat der ganze Staat gelernt. Konfuzius fordert vor allem von der gebildeten Oberschicht, daß sie zugleich eine moralische Oberschicht sein muß, wenn ihre Mitglieder nicht den Anspruch des hochstehenden, edlen und fürstlichen Menschen verlieren wollen. Denn nur so kann die Macht des sittlichen Beispiels zur Wirkung kommen. Aus dieser Auffassung heraus antwortete Konfuzius einem reichen Beamten, der über die Zunahme von Diebstahl und Raub im Lande besorgt war: „Wenn ihr selbst das Geld nicht liebt, könnt ihr das Geld den Dieben geben und sie werden es nicht nehmen."

Nach der Lehre des Konfuzius wird der kriegerische Nationalismus genauso wie der Machtkampf der einzelnen gegeneinander verurteilt. Der Staat soll grundsätzlich pazifistisch sein. In dieser Auffassung liegt der

Grund, warum die Kulturrevolution der Chinesen sich vor allem gegen die konfuzianische Lehrmeinung richtete, denn es galt ja, aus dem pazifistischen Volke ein militantes zu machen. Gleichzeitig waren die privilegierten Parteifunktionäre in das schaffende Volk einzugruppieren. Jetzt hieß es nicht mehr entsprechend der konfuzianischen Moral: Der Fürst sei Fürst, der Diener sei Diener, der Vater sei Vater und der Sohn sei Sohn, auch nicht mehr der Funktionär sei Funktionär, sondern jeder Bürger sollte gleiche Rechte und gleiche Pflichten und damit auch die gleichen Arbeiten zu verrichten haben.

Es lag Konfuzius, der das Tao mehr von der sittlich-gesellschaftlichen Seite in bezug auf eine Staatsphilosophie aufgefaßt hat, fern, eine eigene Glaubenslehre zu begründen. Er begehrte auch keine Erlösung, wenn man von der Erlösung aus der Barbarei der Unbildung absieht. Als Lohn seiner Tugend erwartet der Konfuzianer ein langes Leben, Gesundheit und Reichtum; Für die Zeit nach seinem Tode gilt für ihn nur noch die Erhaltung des guten Namens.

Im zweiten vorchristlichen Jahrhundert wurde Konfuzius zum Mittelpunkt staatlicher Kulthandlungen. Verehrte man ihn anfangs als Vorbild und Philosophen, wurde er bald vergöttlicht. So suchte der chinesische Kaiser, der „Sohn des Himmels", als Mittler zwischen Himmel und Erde zweimal im Jahre den Konfuziustempel in Peking auf und sprach dabei folgendes Gebet:

„ Groß bist Du, Gipfel der Weisheit! Deine Tugend und Deine
Lehre sind ohne Fehl. Unter den Sterblichen war nie Deines-
gleichen. Alle Könige ehren Dich. Deine Anordnungen und
Gesetze sind uns in ihrer ganzen Herrlichkeit übermittelt worden. Voller Ehrfurcht schlagen wir unsere Zimbeln und lassen
unsere Glocken klingen. "

Mit der Vergöttlichung des Konfuzius wurde seine Philosophie durch das in ihr enthaltene Sittengesetz, das im Gegensatz zur buddhistischen Lehre den Menschen bedingungslos in diese Welt mit ihrer Ordnung und Konvention eingliedert, zum Fundament des Staatsrechtes, in dem sich gleichzeitig göttliche Gesetzmäßigkeit widerspiegelt. Statt als eine Religion im eigentlichen Sinne des Wortes sollte man den Konfuzianismuslehr als eine auf das Vertrauen in die Güte des Menschen sich stützende rationalistische Ethik bezeichnen. Konfuzius selbst sah sich nie als Religionsstifter. Er achtete die Religion, hielt sich selbst von ihr fern und soll einmal gesagt haben: „. . .daß ich bete, ist lange her."

Seine Philosophie, die durch Berichte französischer Missionare nach Europa gelangte, beeinflußte im 17. Jahrhundert sehr stark die Gedanken von Leibniz, Christian Freiherr von Wolff (1679- 1754) und Voltaire. Unter der Regierung von Tschiang Kai-schek (1887-1975) wurde im Jahre 1934 der Geburtstag des Konfuzius zum Staatsfeiertag erklärt. Er wird noch heute, im Gegensatz zum chinesischen Festland, in Taiwan (Nationalehina) gefeiert.

Während der Konfuzianismus sich aus einer Philosophie zu einem religiösen Kult entwickelte, erwuchs der Taoismus aus der mystischen Schau des alten Meisters Laotse (4. oder 3. J hdt. v. Chr.). War Konfuzius Moralist und Rationalist mit besonderem ethischen Normen, so gilt Laotse zweifelsfrei als Mystiker. Konfuzius forderte gegen die Unguten Gerechtigkeit durch Bestrafung, Laotse forderte unterschiedslose Liebe zu allen Menschen. Es wäre aber eine Unterlassung, nicht darauf hinzuweisen, daß bei der geforderten Bestrafung von Schuldigen in der konfuzianischen Lehre als wichtiges Element die Belehrung vorauszugehen hat und das gute Beispiel dessen zunennen ist, der das Recht, zu strafen, hat.

Aus der mystischen Aussage: „Wer das Tao erlangt, ist ewig, er wird nicht untergehen, auch wenn der Körper zerfällt", erwächst für den Chinesen, der mehr als jeder Angehörige eines anderen Volkes im Alter die Vollendung seines Lebens sieht, die Hoffnung auf persönliche Unsterblichkeit, wenn er das Tao erlangt. Hier merkt man den Einfluß des Mahajanabuddhismus auf die taoistische Religion, die neben einigen buddhistischen Gottheiten selbst Konfuzius als Gott anerkennt. Die oberste Gottheit im Taoismus ist seit ca. 1000 Jahren der Jade- oder Edelsteinkaiser. Das höchste irdische Kirchenamt ist der Himmelsmeister. Dieses Amt ist erblich. Heute hat sich die taoistische Religion durch primitive Geisterbeschwörung, Amuletthandel, Zauberei und Wahrsagerei weit von der ursprünglich tief mystischen Erkenntnisphilosophie des Laotse entfernt.

Werfen wir zum Schluß unserer Betrachtungen über die Religionen im asiatischen Raum noch einmal einen Blick auf das japanische Inselreich. Dort begegnet uns neben dem vom Festland übernommenen religiös-philosophischen Gedankengut die einheimische Ur- und Nationalreligion, der Schintoismus. Nach den mythologischen Vorstellungen der Japaner rührte einst ein Götterpaar, der Himmelsvater Izanagi und die Erdenmutter Izanami, auf einer Himmelsbrücke stehend, mit einem Juwelenspeer in der Salzflut des Meeres, bis diese sich verdichtete. Beim Herausziehen des Speeres fiel ein Tropfen dieser Flüssigkeit wieder zurück ins Meer und wurde dort zur ersten Insel. Das Paar stieg auf diese Insel hinab und zeugte weitere Inseln und Götter. Es entstanden so die Götter des Windes, des Feuers, der Berge und des Meeres. Die Sonnengöttin Amaterasa ist die Ahnmutter des Kaiserhauses. Angeblich um 660 vor unserer Zeitrechnung soll einer ihrer Nachkommen mit dem Namen Jimmu-tenno, was soviel wie Kaiser oder göttlicher Krieger heißt, auf die Erde herabgestiegen und Kaiser geworden sein. Damit war für die Japaner der genealogische Zusammenhang zwischen dem Kaiserhaus und der Götterwelt hergestellt und von Anfang an durch den Schinto (Weg der Götter) eine enge Verbindung von Nationalismus und Religiosität gegeben.

Über die Zeit vor 660, der mythischen Vergangenheit, wird seitens der Wissenschaft nichts mit Sicherheit ausgesagt. Tatsächlich begann der Schintoismus in vorgeschichtlicher Zeit als animistische Verehrung der Natur. Nicht nur Furchterregendes wie Feuer, Donner oder Wind, sondern auch Sonne und Mond, Bäume, Berge und Flüsse wurden als höhere Wesen, als Kami, verehrt und angebetet. Dazu kamen noch die Geister der Ahnen. Doch ist Gott dabei nicht unbedingt der direkte Gegenstand, wie beispielsweise der als Gott angesprochene Berg Fudschijama, sondern vielmehr der Geist dieses Gegenstandes; eine Abstraktion, die mit Platons Ideen gleichgesetzt werden kann.

Die Zahl der Gottheiten kann wegen ihrer Menge nicht mehr erfaßt werden. Denn neben den bisher möglichen Gottheiten existieren Lokalgötter und Sondergötter der verschiedenen Berufsstände. Dazu wurden meist verdiente Menschen in den Götterstand erhoben. Vor allem durch den Einfluß festländischer Religionsformen rückte die Ahnenverehrung so sehr in den geistigen Mittelpunkt, daß heute praktisch jeder Verstorbene ein Gott werden kann.

Mit der Proklamation der Religionsfreiheit im Jahre 1889 sank der Schintoismus auf eine rein patriotisch-dynastische Bedeutung hinab. Es galt der Grundsatz: „Solange Japan die kaiserliche Familie hat, bedarf es keiner Religion." Dieser Staatsschintoismus war damit zu einem nichtreligiösen Zeremoniell erklärt worden, das auch für andere Religionsgemeinschaften vollziehbar war. Doch dieser Form des Schintoismus wurde 1945/46 unter dem Druck der Besatzungsmacht die Existenzgrundlage entzogen.

Eine Restauration des staatlichen Schintoismus gelang Kaiser Hirohito mit seiner Neujahrserklärung 1946. Darin hieß es, daß die Verbindung zum Kaiserhaus nicht abhängig ist vom Glauben an die Göttlichkeit seiner Person. Kennzeichnend hierfür war das Verhalten des christlichen Premierministers, der einen feierlichen Besuch der Regierung zum Altar von Ise organisierte, um der Sonnengöttin seinen Amtsantritt zu melden. Es war ein eindeutiges Zeugnis der engen Verbundenheit des japanischen Staates mit dem Schintoismus, die sich letztlich in der Synthese zwischen minuziöser Rationalität und der Hinwendung des ganzen Menschen zu einer tief sinnigen sakralen Geisteshaltung zeigt.

Die Auffassung, Gottes auserwähltes Volk zu sein, und die daraus resultierende religiöse Haltung hat den Juden zu einer Sonderstellung in der Welt verholfen, die ihnen zwar den völkischen Bestand über Jahrtausende gesichert, aber auch Not und Elend, Verfolgung und Tod gebracht hat. Selbstsüchtige und materialistische Denkweisen anderer Weltanschauungen forderten immer wieder zu Auseinandersetzungen mit dem Judentum heraus. Doch weder militärisch-politische Niederlagen wie beispielsweise die Babylonische Gefangenschaft oder die Zerstörung des Staates und Tempels im ersten Jahrhundert unserer Zeitrechnung, noch die ideologischen Auseinandersetzungen mit anderen Religionen wie Christentum und Islam oder mit dem materialistischen Atheismus konnten das Judentum auslöschen.

Die Tatsache, daß sich in diesem Jahrhundert trotz existenzbedrohender Ereignisse in der Zeit der Diaspora erneut ein jüdisches Staatsgebilde hat formieren können, führt den Beobachter entweder zu dem Glauben an den aus fast allen Religionen erkennbaren und von den Juden als unmittelbaren Herrscher über ihr Volk gesehenen Schöpfer und Lenker der Welt, oder er muß eine in diesem Volke lebendige Willenskraft anerkennen, deren Ursprung aber auch nicht aus der Geschichte abgeleitet werden kann. Meines Erachtens verdankt das jüdische Volk seine Existenz der Genialität eines Mose und anderer großer Männer, die aus persönlicher Gotteserfahrung heraus handeln konnten, wodurch es ihnen gelang, das erkannte lebende Wort der Schöpfung, nämlich Gott, den Herrn, oder JHWH ELOHIM, den Menschen mitzuteilen. Würde man aber den geschichtlichen Werdegang des jüdischen Volkes nur mit dem Maßstab der Schicksale anderer Völker messen, müßte man sich über die unerklärliche Willenskraft dieses kleinen Volkes wundern. Mit 0,4% wird heute der Anteil der Menschen jüdischen Glaubens an der Erdbevölkerung angegeben.

Nach den Berichten der uns überlieferten Bibeltexte stand aus einer im Ägypterland ansässigen semitischen Volksgruppe ein Mann auf, der sein Volk aus der Abhängigkeit des Nilstaates befreien wollte. Was sich vorher ereignet hatte, war schon damals nur durch mündliche Überlieferung bekannt und in der Wertung des damaligen Weltverständnisses aufgezeichnet worden. So ist aus der vormosaischen Zeit zunächst nur festzuhalten, daß eine Großfamilie, die Familie Abrahams, aus Mesopotamien in das Land Kanaan gezogen war. Dort lebten die Mitglieder dieser Sippe als sogenannte Schutzbürger. Sie waren also nicht im Besitz all der Rechte, die den alteingesessenen Stämmen zustanden. Anläßlich einer Hungersnot begab sich dann ein Teil dieser Sippe nach Ägypten. Dieses Ereignis ist in der Josefsgeschichte überliefert, einer Erzählung, die man als das Hohe Lied von der göttlichen Vorsehung bezeichnen kann. Denn diese Josefsgeschichte berichtet, wie auf wunderbare Weise alle menschlichen Absichten durchkreuzt werden, um das göttliche Ziel der Auserwählung eines Volkes zu erreichen, aus dem der Messias geboren werden sollte.

Nach den biblischen Berichten war das jüdische Volk im ägyptischen Staat ein Fremdkörper und war analog dem Schicksal anderer Minderheiten in der Welt ohne soziale Aufstiegschancen geblieben. Fronvögte verwalteten die Angelegenheiten des israelischen Volkes und verlangten hohe Arbeitsleistungen und Steuern. Doch gegenüber der späteren Situation in der Wüste mußte es den Israelis in Ägypten relativ gut gegangen sein. Sonst hätten sie nicht, wie im vierten Buch Mose, Kapitel ll, geschrieben steht, ihre Flucht bereut, als sie lange Zeit Fleisch als Nahrung hatten entbehren müssen und sich nach den Fleischtöpfen Ägyptens zurücksehnten. Die Beispiellosigkeit der wechselvollen Geschichte des jüdischen Volkes ist unbestreitbar. Es muß aber jedem einzelnen die Entscheidung überlassen bleiben, ob für ihn das jüdische Volk jeweils in der Stunde der Not mehr oder weniger „zufällig" einen Mann in seinen Reihen hatte, der aus sich heraus die jeweilige Situation meisterte, oder ob der von diesem Volke anerkannte persönliche Gott lenkend in die Geschichte eingegriffen hat.

Sicherlich mag es Menschen geben, die zu der Annahme neigen, daß Moses ein Genie war, dem es damals gelungen ist, das jüdische Volk bis zum heutigen Tage in seiner Haltung, auf sein Nationalbewußtsein zu motivieren. Schließlich war Moses im Palast des Pharao als dessen Adoptivsohn aufgezogen worden (2. Buch Mose, 2:10) und hatte dabei eine gute schulische Ausbildung genossen. Man darf nicht übersehen, daß sich damals die ägyptische Wissenschaft auf einem hohen Niveau befand. So kann unterstellt werden, daß Moses wie die anderen ägyptischen Prinzen auf einer der damaligen Militärschulen eine Art Universitätsausbildung erhalten hat, wobei die Fächer Astronomie, Mathematik und Physik im Mittelpunkt standen. Damit hatte Moses jenes Wissen erwerben können, das ihn befähigte, den Auszug seins Volkes aus Ägypten durchzuführen.

Für Moses mußte Kanaan als eines der fruchtbarsten Länder der Welt gelten, das seinem Volke die Grundlage für dauernden Reichtum bieten konnte. So heißt es im Alten Testament (5. Mose, 11:10), das Land Kanaan müsse nicht wie Ägypten nach der Aussaat mit Tretmühlen bewässert werden, sondern tränke mit seinen Bergen und Tälern den Regen des Himmels. Frühregen und Spätregen ließen eine reichliche Ernte von Getreide, Most und Öl zu. Danach mußte für Moses eine gesunde Wirtschaftsstruktur politisches Ziel Numero eins für den Aufbau seines Staates gewesen sein. Um dieses Ziel zu erreichen, forderte er sein Volk auf, allen Geboten, die er ihm gab, zu gehorchen, und nannte als Ausgangspunkt seiner Gesetze JHWH, den Gott Israels, der im Gegensatz zu allen Göttern anderer Religionen materiellen Opfern entsagte und nur Liebe entgegennahm. Eine solche Motivation des Volkes Israels durch Moses ist denkbar, weil die Verheißung des gelobten Landes in der Genesis ja erst unter Moses oder später aufgeschrieben und mit anderen Inhalten erst viel später zum alttestamentarischen Kanon zusammengetragen worden ist.

Betrachten wir unter diesem Gesichtspunkt das Alte Testament, so finden wir in der Noe-Geschichte schon den Anspruch auf das Land Kanaan eingeflochten. Dieses Land wurde Cham, einem der drei Söhne Noes zugeteilt. Seine Nachkommen sollten Diener des Bruders Sem werden , weil Cham sich über die Blöße seines Vaters unehrerbietig geäußert hatte, als Noe vom Wein berauscht gewesen war. Denn Noe sprach: „Verflucht sei Kanaan; ein Knecht der Knechte sei er seinen Brüdern." (1. Mose, 9:25)

Zu Abraham, der nach seiner Rückkehr aus Ägypten sich von seinem Neffen Lot getrennt und in Kanaan niedergelassen hatte, sprach Gott (1. Mose, 13:15): „Denn das ganze Land, das du siehst, will ich für alle Zeit dir und deinen Nachkommen schenken." ' Nach solcher Aussage kann, wer von der wahrheitsgetreuen Überlieferung des Bibeltextes überzeugt ist, die heutigen Bestrebungen des jüdischen Volkes im Nahen Osten nicht mehr verurteilen, sondern muß sie als göttlichen Willen hinnehmen. Bejaht aber Gott Kriege, in denen Völker ausgerottet werden?

Obwohl Gott gegenüber Abraham nach dessen Begegnung mit Melchisedech eine 400jährige Knechtschaft für das Volk Israel ankündigte, bestätigte er noch einmal die Schenkung des Landes zwischen Euphrat und Nil und die Unterwerfung der dort lebenden Völker (1. Mose, 15:18). Zwei Kapitel später, als Gott mit Abraham, sein Name bedeutet ‚Vater einer Völkermenge' , und seinen Nachkommen einen ewigen Bund schloß, wird abermals die Schenkung des Landes Kanaan, wo Abraham noch als Fremder weilt, als ständiger Erbbesitz bestätigt. Die Zuweisung dieses Landes wiederholt sich bei seinem Enkel Jakob, dem Sohn Isaaks, in dem Traum von der Himmelsleiter (1. Mose, 28:14). Im 4. Buch Mose, 26, lesen wir, wie die Israeliten das Gelobte Land, obwohl sie es noch nicht in Besitz hatten, bereits unter den zwölf Stämmen aufteilten. Es setzten sich aber erwartungsgemäß die in jenem Gebiet ansässigen Völkerschaften gegen die anstürmenden Juden zur Wehr. Anfangs geschah dies mit hinreichendem Erfolg, weil das aus Ägypten geflohene Sklavenvolk noch nicht kampferprobt war. Es dauerte eine ganze Generation, die Bibel spricht von 40 Jahren, bis die Israeliten zu einem kämpferischen Volke herangewachsen waren. Dann erst konnten sie mit der Eroberung Jerichos in das gelobte Land einfallen.

Es bleibt die Frage offen, ob eine von dem Menschen und Politiker Moses ausgehende Motivation trotz aller Bedrohungen und mehrmaliger Zerstörung ihres Staates alleine ausreicht, auch noch in der heutigen Zeit den Juden die moralische Kraft für den Ausbau und die Erhaltung ihres Staates zu liefern. Schließlich sind diese Geschehnisse in der Menschheitsgeschichte kein Normalfall. Der einzig mir möglich erscheinende Grund für diesen Tatbestand ist die Einwirkung einer besonderen Kraft, die mit den uns bekannten wissenschaftlichen Methoden aber nicht nachgewiesen oder erkannt werden kann. Es hat aber die Menschheit stets das, was sie im wahrsten Sinne der Wortbedeutung nicht mit ihren fünf Sinnen greifen konnte, mit Gott bezeichnet. Tun wir es auch in diesem Falle und betrachten wir das Alte Testament so, wie es von den Juden damals aufgezeichnet wurde, als das Geschichtsbuch eines Volkes, über das der Heide Bileam sich weigerte, einen Fluch auszusprechen (4, Mose, 23:8 und 9), und es ein Volk nannte, das unter allen Völkern eine Ausnahme macht. Es mag auch zu denken geben, wenn der wegen seines Freigeistes bekannte Preußenkönig Friedrich der Große über die Existenz des Judenvolkes sagt, daß dessen Dasein die einzige Möglichkeit ist, einen positiven Gottesbeweis anzuerkennen.

Das Wesen, das wir im Monotheismus als Gott bezeichnen, nennt sich oft Herr und nur in bezug auf die kultische Verehrung Gott Israels. So lesen wir im 28. Kapitel des Genesisbuches, Vers 13, daß Gott zu Jakob sprach: „Ich bin der Herr, der Gott Deines Vaters Abraham und der Gott Isaaks." Und in Vers 20 des gleichen Kapitels erfahren wir, daß Jakob gar nicht von vornherein den Gott seiner Väter auch als seinen Gott anerkennen, sondern zuvor die Richtigkeit dieses Tatbestandes selbst prüfen wollte. Er stellt die Bedingung, daß dieser Gott ihn auf seinem Wege nach Paddam Aram in das Haus seines Großvaters behütet, zu Brot und Kleidung verhilft und ihn gesund in sein Vaterhaus zurückkehren läßt. Nur unter diesen Bedingungen, so Jakobs Gelübde, will er den Herrn zum Schutzgott erwählen. Hier stellt sich uns eine Primitivform des Gottesglaubens vor, der wir jedoch auch heute noch recht oft begegnen. Man sagt sich von einer Religion, von einem Gottesglauben los, nur weil bestimmte Wunschvorstellungen, die mitunter ganz irreal sind, sich nicht verwirklichen. Bei einem solchen Gottesbild oder solcher Gottesvorstellung muß einfach ein Glaube, der in diesem Falle ja doch nur ein Aberglaube ist, zerbrechen. Das wahre Sein Gottes läßt sich dafür an einer anderen Bibelstelle besser erkennen. Im 2. Buch Mose, 33,20, zeigt sich das außermaterielle Sein Gottes, von dem wir uns, solange wir körperhaft sinnlich an die Materie gebunden sind, keine Vorstellungen machen können. Denn weder Worte noch Bilder sind in der Lage, uns das Wesen Gottes nahezubringen. Die Bestätigung hierzu finden wir in dem an Moses gerichteten Worte: „Mein Angesicht kannst Du nicht schauen und dabei am Leben bleiben." Daß soll meines Erachtens nicht heißen, daß der Mensch bei einem eventuell möglichen Anblick Gottes sterben muß, sondern daß eine Anschauung Gottes im irdischen Leben unmöglich ist. Erst das Geistwesen Mensch kann das Geistwesen Gott voll begreifen. Doch schon in dieser meiner Aussage zeigt sich die Unzulänglichkeit unserer Sprache, weil wir kein geeignetes Wort für eben das außermaterielle Begreifen eines Geistwesens besitzen. Denn man kann es weder „begreifen" noch „schauen", weil eine Verbindung zu Gott sich außerhalb unserer Sinnesorgane vollzieht. Vielleicht sind hier die Worte „erkennen" oder „innewerden" treffender.

Die Geschichte des jüdischen Volkes zeigt ganz deutlich, daß dem Menschen eine im materiellen Bereich mögliche Gottesschau mehr zusagt, und vielleicht ist gerade in dieser Tatsache der Grund zu finden, warum das jüdische Volk sich immer wieder von dem eigentlichen Gott ab- und den Götzen der von ihm unterworfenen Volksstämme zuwandte. Es will der Mensch eben seine Vorstellungskraft durch seine Sinne unterstützt sehen. Und so ist es auch nicht verwunderlich, daß die Juden, während sie am Sinai auf die Rückkehr Moses warteten, schließlich ungeduldig den Glauben an seine Rückkehr aufgaben und von Aaron die Fertigung sichtbarer Götter verlangten. Dem Drängen des Volkes nachgebend, ließ Aaron schließlich Gold sammeln und aus dem gesammelten Material das bekannte Goldene Kalb gießen. Diese Abkehr von dem Geistgott war aber schließlich kein Einzelfall. Selbst in der Familie Abrahams waren sogenannte Hausgötter noch an der Tagesordnung. Ein Brauch, der den Juden noch bekannt sein mußte, als die Bibel niedergeschrieben wurde. Denn als Jakob, der Enkel des Stammvaters, sich aus dem Haus seines Onkels absetzte, um mit seinen beiden Frauen in sein Vaterhaus zurückzukehren, ließ seine Frau Rahel die Hausgötzen ihres Vaters Laban mitgehen. Die Entdeckung des Diebstahls veranlaßte Laban, der Karawane nachzueilen und nach den Götzen zu suchen. Die Mühe Rahels, die Hausgötter vor ihrem Vater zu verstecken, zeigt, wie beide, Vater und Tochter, diesem Besitz einen großen Wert beimaßen. Nach dem Text der Bibel machte Gott bei der Rückkehr Jakobs nach Bethel mit den Götzenbildern reinen Tisch, indem er Jakob aufforderte, für ihn einen Altar zu errichten, aber vorher alle Götterbilder seiner Familie und seiner Begleiter zu entfernen.

Den Höhepunkt der Proklamation des Eingottglaubens finden wir in den zehn Geboten, die mit den Worten beginnen: „Ich bin der Herr, Dein Gott", und die Forderung enthalten: „Du sollst keine fremden Götter neben mir haben." Gleichzeitig wird gefordert, daß man sich kein Gottesbild mache und ein solches weder anbete noch ihm diene. Ich halte diese Worte für die größte Proklamation der menschlichen Freiheit, die je formuliert und ausgesprochen wurde. Denn hier wurde der Mensch freigesprochen von allen irdisch-sinnlichen Zwängen und nur verantwortlich gemacht gegenüber einem persönlichen Sein, auf das die Existenz der ganzen Welt zurückzuführen ist. Nie zuvor war der Menschheit die Wesenheit Gottes in so klarer und reiner Form, frei von Magie und bildlicher Darstellung, erklärt worden.

Wenn ich eingangs darlegte, daß zur Religion nicht nur die Beachtung des göttlichen, sondern auch menschlicher Gesetze gehören, so finden wir dies in den weiteren Geboten der mosaischen Gesetzgebung bestätigt. Denn neben dem Gebot der Verehrung des einzigen Gottes und dem Schutz seines Namens finden wir weitere Normen des menschlichen Verhaltens zur Stabilisierung des Sozialgefüges aufgestellt. Bei aller heute noch spürbaren Aversion gegen den Glauben an den sich im Judentum offenbarenden Gott muß festgestellt werden, daß die damals am Berge Sinai aufgestellten Sozialnormen bis in unsere heutigen Gesetzeswerke hineinwirken, wenngleich sie von Zeit zu Zeit, wie auch gerade in unseren Tagen, aufgeweicht werden. Schwangerschaftsabbruch, Marktübervorteilungen und Kriegsgeschrei beispielsweise sind mit den jüdischen Geboten nicht zu vereinbaren. Auch alle hierbei vorgebrachten Wenn und Aber reichen für eine Rechtfertigung vor Gott nicht aus, sondern nur vor uns Menschen und unseren selbstgestrickten Nebengöttern Bequemlichkeit, Egoismus, Erfolg, Prestige und wie sie sonst noch heißen mögen. Rufen wir uns doch noch einmal die klare Forderung vom Sinai in unser Gedächtnis zurück: „Du sollst keine fremden Götter neben mir haben! " Auch Jesus und Mohammed haben dieses Gebot nicht entschärft, sondern die Forderungen noch mehr präzisiert. Beachtenswert in der jüdischen Religion ist die Hervorhebung des Individuellen im Menschen. Schon in den Mosesbüchern wird eine Kollektivschuld des Menschen gegenüber Gott abgelehnt. Nach 2. Mose, 32:32/ 33 streicht Gott aus seinem Buche nur denjenigen, der sich persönlich gegen ihn versündigt hat, und im 5. Buche wird bestätigt, daß Väter nicht um ihrer Kinder willen und Kinder nicht um ihrer Väter willen bestraft werden; sondern jeder nur für seine eigene Schuld. Damit ist aber auch das jüdische Volk von der Kollektivschuld in bezug auf die Kreuzigung des Jesus von Nazareth freigesprochen. `

Das zweite der Zehn Gebote ist im modernen Sinne ein Copyright für den Gott der Juden. „Du sollst den Namen Gottes nicht verunehren! ' " Wenn es um den Namen Gottes geht, wird oft darüber gestritten, ob Gottes Name Jehowa oder Jahwe sei. Das aber ist im Grunde ohne Bedeutung, weil es eine Frage der dialektbedingten Aussprache ist. Im orientalischen Sprachgebiet wird mitunter den Konsonanten eine größere Bedeutung zugemessen als den Vokalen. Das äußert sich sogar in der Schreibweise. Die arabische Schrift beispielsweise kannte ursprünglich nur Konsonanten. Man kann es daran erkennen, daß die Vokale lediglich durch Akzente angedeutet sind. Damit löst sich auch die Frage, ob der Begründer des Islams Mohammed oder Muhammed hieß. Man muß sich seinen Namen einmal ohne Vokale vorstellen und aussprechen: „Mhmmd." Durch die Artikulation der Konsonanten ergibt sich eine Vokalfärbung, die etwa zwischen o und u liegt. Übertragen wir diese Erkenntnis auf die Aussprache der jüdischen Gottesbezeichnung und schreiben JHWH, so erhalten wir je nach Sprachintensität den Wortklang ‚Jahwe' oder ‚Jehowa". Denn auch der hebräische Bibeltext war zunächst nur in seinem Konsonantenbestand überliefert worden.

Aber im zweiten Gebot wird uns Menschen - und nicht den Juden allein nicht etwa die Verballhornung der Buchstabenfolge JHWH verboten, sondern der Mißbrauch des Gottesbegriffes. Denn „Namen" ist hier keine Anrufbezeichnung. Wer von James Fenimore Cooper (1789-1851) den Roman Lederstrumpf gelesen hat, weiß, daß dieses Werk verschiedene Lebensabschnitte des Nathanael Bumppo beschreibt. Nathanael Bumppo war nach unseren Begriffen der ordnungsgemäße Namen des Romanhelden. Aber in den einzelnen Lebensabschnitten wurde er von seinen Freunden Wildtöter, Falkenauge, Pfadfinder und schließlich Lederstrumpf genannt. Das waren Bezeichnungen, die er auf Grund seines Lebensstiles erhalten hatte. Das aber waren seine eigentlichen Namen. Denn wenn sich jemand einen Namen macht, spricht die Tat für ihn. Unsere heutigen Familiennamen könnten eigentlich durch Ordnungszahlen ersetzt werden, weil sie doch nur noch den Hinweis auf unsere Abstammung geben, und die Vornamen im Grunde modische Accessoires sind, und allenfalls in bezug auf eine gute Erbschaft dem Wunsche eines Erbonkels oder einer Erbtante entsprechen. Denn wer kennt noch die eigentliche Bedeutung der Vornamen? Anders ist es noch bei den blumenreichen Namen in Asien und bei den Indianern. Auch in biblischer Zeit wiesen Namen auf eine spezifische Eigenheit seines Trägers hin. So verheißt Gott dem Abram (1. Mose, 17:5), daß er Vater einer Völker- menge werden soll und nennt ihn von da an Abraham. Auch der Umwandlung des Namens Jakob in Israel liegt eine Bedeutung zu Grunde. So sprach Gott zu Jakob: „Nicht Jakob, sondern Israel soll fürderhin dein Name sein; denn mit Gott und den Menschen hast du gestritten und dabei den Sieg erfochten" (l. Mose, 32:29). Man könnte diese Beispiele noch weiter fortsetzen. Doch kehren wir zu dem Namen des im Monotheismus erkannten Gottes zurück, der von Jesus „Vater", von Mohammed „Allah" , also der Großmächtige, genannt wird. -

Gott sprach zu Moses (2. Mose, 6:2): „Ich bin der Herr! Ich bin unter dem Namen des ‚höchsten Gottes' dem Abraham, dem Isaak und dem Jakob erschienen. Aber meinen Namen ‚JHWH' habe ich ihnen nicht kundgetan." Die treffendste Aussage finden wir im gleichen Buche (3:14), wo Gott in bezug auf seinen Namen Moses gegenüber ausführt:

„Ich bin, der ich bin. "

Als Jakob Gott nach seinem Namen fragte, segnete Gott ihn. Der Name Gottes liegt also im positiven Handeln des absoluten Seins. Der Name Gottes, das So-Sein Gottes, ist in menschlicher Sprache einfach nicht ausdrückbar. Somit ist für uns der Begriff ‚Gott" die Bezeichnung für das Unsagbare, das Verborgene, das Ewige. Der Mißbrauch des Namens Gottes liegt also nicht in der Aussprache irgendeiner Bezeichnung, sondern in einem Handeln, das wir um unseres Vorteils willen als in Gottes Sinn erklären, das aber nicht in seinem Sinne ist. Den Namen Gottes heiligen hingegen heißt, unser Denken und Handeln mit dem Wesen in Einklang zu bringen, das unser aller Vater ist.

Beim dritten Gebot, der Sabbatheiligung, verlassen wir im Judentum schon die Ausrichtung auf das Göttliche. Hier wächst der Notwendigkeit einer Ruhepause im menschlichen Arbeitsrhythmus eine wichtige Bedeutung zu, und weil dieses Gebot auch für Knecht und Magd gilt, ist in ihm auch das Motiv mitmenschlicher Gerechtigkeit enthalten. Wird im zweiten Buch Mose als Begründung für den Sabbat der siebente Tag der Weltschöpfung als bestimmendes Ereignis genannt, so finden wir im fünften Buche als Begründung für die Sabbatruhe die Besinnung auf die Befreiung des Volkes Israel aus der ägyptischen Knechtschaft angegeben. Im Christentum wurde bewußt, zur Distanzierung vom jüdischen Sabbatrhythmus, der auf den Sabbat folgende Sonntag als Ruhetag bestimmt mit dem Hinweis auf die Auferstehung Christi und den Tag der Geistentsendung. Im Islam entwickelte sich der jüdische Rüsttag zum wöchentlichen Feier- und Ruhetag.

Das vierte Gebot betrifft das Verhältnis zwischen Kindern und Eltern. Die Fürsorge des Kindes gegenüber seinen Eltern fällt im eigenen Alter auf die Person selbst zurück. 'Eine Parabel erzählt von einem Juden, der in einem Bäckerladen drei Brote einkauft und auf die Frage des Bäckers, was er mit dem vielen Brot vorhabe, antwortet, daß er ein Brot Verleihe, mit dem zweiten seine Schulden bezahle und nur das dritte für sich selbst brauche. Denn das erste Brot sei für seine Kinder und das zweite für seine betagten Eltern. Aus diesem Beispiel erkennen wir die soziale Sicherheit, die in die jüdische Gesetzgebung eingebaut wurde.

Das fünfte Gebot untersagt dem Menschen das Töten. Bis heute haben wir Menschen uns sehr wenig um dieses Gebot gekümmert. Wie das Töten entschuldigt werden kann, zeigt uns ein geflügeltes Wort aus Indien: ‚Wer einen Menschen tötet, ist ein Mörder; wer tausend Menschen tötet, ist ein Held der Nation.“ Wie eng das Verbot des Tötens auszulegen ist, kommentiert der Apostel Matthäus (5:22) in einem Zitat aus der Bergpredigt Jesu: „Jeder, der seinem Bruder zürnt, wird dem Gerichte verfallen.“ Schon im 19. Kapitel des dritten Mosesbuches, Vers 15, ist zu lesen, daß Gott von den Menschen Gerechtigkeit fordert. „Hasse nicht Deinen Bruder in Deinem Herzen und stelle Deinen Nächsten freimütig zur Rede, damit Du seinetwegen keine Schuld auf Dich lädst. Sei nicht rachsüchtig und trag den Söhnen Deines Volkes nichts nach, sondern liebe Deinen Nächsten wie Dich selbst: Ich bin der Herr! ' ' Gerade das Gebot der Nächstenliebe, das hier verkündet wird, hat später Jesus von Nazareth als gleichrangig neben das höchste Gebot der Gottesliebe gestellt (Matth. 22:39). Wenn weiter im Neuen Testament betont wird, daß auf diesen beiden Geboten die ganze jüdische Gesetzgebung aufgebaut ist, so ist damit das Fundament sowohl der jüdischen als auch aller christlichen Religionen freigelegt. Tatsächlich lassen sich die folgenden Gebote der mosaíschen Gesetzgebung unter dem Stichwort der Nächstenliebe zusammenfassen. In der ehelichen Gemeinsamkeit von Mann und Frau sollte es nichts Höheres geben als eben dieses Gesetz der Liebe. Was heute unter Liebe allerdings verstanden wird, ist leider sehr unterschiedlich zu interpretieren. So reicht heute der Begriff der Liebe in einer Skala von der genannten biblischen Bedeutung bis hin zum puren Geschlechtsakt inklusive aller Perversionen. Gerade die hier angesprochene sexuelle Reizübersättigung läßt den Menschen auf diesem Gebiet nach immer neuen (und meist doch ewig alten) Sexualpraktiken suchen, wobei das Gefühl einer geistigen Erfüllung der Liebe verlorengeht. Die Folge ist eine Aushöhlung der partnerlichen Verbundenheit. Es wäre allerdings falsch, fehlgeleitete Sexualität als einzigen Grund anzusehen, der zum praktischen Ende einer Ehe führen kann. Denn die Liebe zum Mitmenschen, insbesondere zum Ehepartner, stirbt, wenn auch anderen Göttern gedient wird. Beruf, Geld, Alkohol, Egoismus oder die zu enge Bindung an irgendeine Vereinigung führen ebenfalls zur Verarmung an Liebe und zur seelischen Verkümmerung. So ist es nicht verwunderlich, wenn durch den Verlust der Fähigkeit, echte Zuwendung zu verschenken, auch das fünfte Gebot des Nicht-töten-Dürfens aufgeweicht wird, und heute kaum eine Glaubensgemeinschaft, auch keine jüdische und keine christliche oder islamische eine Lanze für Kriegsdienstverweigerer zu brechen bereit ist; andererseits sich aber auch nicht scheut, Waffen zu segnen. Die 55 Millionen Toten des Zweiten Weltkrieges sollten hier Mahnung genug sein.

Wir haben uns auch daran gewöhnt, zwischen staatlichen Rechtsnormen und der Intention göttlicher Gebote nicht mehr zu unterscheiden, weil in den vergangenen Jahrhunderten der Begriff des ‚Herrschers von Gottes Gnaden' uns eine Einheit von göttlichem und weltlichem Recht vorgegaukelt hat. Auch führen die philosophischen Betrachtungen Hegels zu einem ähnlichen Ergebnis. Gerade aber die Ereignisse des Dritten Reiches sowie die Vorkommnisse in anderen skurrilen Staatsverfassungen zeigen ganz deutlich, daß weltliche Legalität nichts mit der Erfüllung göttlicher Gebote zu tun haben muß. Wir sehen es auch an der Novellierung des Paragraphen 218 unseres Strafgesetzbuches im Jahre 1977. Es widerspricht die Neufassung dieses Paragraphen ja nicht nur der monotheistischen Weltanschauung, sondern sie steht auch dem Denken des immer wieder gelobten griechisch-humanistischen Idealbildes diametral gegenüber. Denn nach dem Postulat des griechischen Arztes Hippokrates darf kein Arzt zu solchem Tun seine Hand leihen, weil es hier um die bewußte Tötung eines Menschen geht.

In einem Sozialstaat, wie sich zum Beispiel die Bundesrepublik Deutschland nennt, sollten durch eine Regelung der Adoptionsfreigabe hinreichende Möglichkeiten bestehen, für das neue Menschenkind die bestmöglichen Chancen zu einer Entwicklung in einer anderen Familie zu ebnen. Die Tötung eines Menschen, ob im Kriege oder vor seiner Geburt, ist nach jüdischen und auch christlichen Moralvorstellungen Mord. Eine Schwangerschaft ist schließlich keine Naturkatastrophe, sondern durch das bewußte Handeln zweier Menschen zustande gekommen. Man kann zwar einer ungewollten Schwangerschaft durch Verhütungsmittel vorbeugen, doch nach jüdischer und auch nach christlicher Lehre bedeutet das Sich-treiben-Lassen in die Sexualität eine Unterwerfung unter die Triebimpulse. Das aber steht dieser religiösen Auffassung als unvereinbar mit dem göttlichen Willen entgegen und muß als Sünde abgelehnt werden. Das heißt aber nicht, daß die geschlechtliche Vereinigung von Mann und Frau im Alten Testament tabuisiert gewesen wäre. Vielmehr zeugt die Beschneidung von dem Streben nach echter Ehehygiene, und die biblische Forderung des „Wachset-und-mehret-Euch'" ist ebenfalls nicht mit sexueller Enthaltsamkeit in Einklang zu bringen. Gilt doch die Beschneidung, wie sie Abraham aufgetragen wurde (1. Mose, 17), als Zeichen des Bundes zwischen Gott und den Menschen. Es war sogar verwerflich, sich Eheverpflichtungen zu entziehen, wie es im Falle Onans berichtet wird (1. Mose, 38:9). Er hatte, sooft er zur Witwe seines Bruders ging, seinen Samen zur Erde fallen lassen, weil er wußte, daß die aus dieser Verbindung werdende Nachkommenschaft ihm nicht gehören würde. Onans Tod wird als Strafe angesehen, weil die von ihm angestrebte Empfängnisverhütung aus egoistischen Beweggründen erfolgte. Gerade aber die Vorherrschaft egoistischen Verhaltens beim Geschlechtsakt und der Tatbestand der menschlichen Unfreiheit gegenüber der animalischen Triebkraft sind im religiösen Bereich Anlaß, sich gegen eine Empfängnisverhütung auszusprechen. Andere Beweggründe zur Verhütung liegen in der Gewissensentscheidung und der Verantwortung des Menschen gegenüber der Schöpfung und ihrem Urhebers.

Die in der Bibel beschworene Liebe umschließt noch ein weiteres Erfordernis, das wesentlicher Inhalt in den nachfolgenden Geboten ist. Vielleicht sollte man auch besser von Verboten sprechen. Denn als Gebot müßte es heißen: Beherrsche Deine Sinne! Schließlich ist nur durch die Übung der Selbstbeherrschung die Gier nach fremdem Eigentum einschließlich der Übervorteilung eines Mitmenschen durch ein falsches Zeugnis auszuschalten und der Einbruch in eine andere Ehe zu verhindern.

Wer seine Sinne nicht beherrscht, sondern von ihnen beherrscht wird, muß dieser Sinnlichkeit dienen und besitzt damit nicht die Freiheit, die uns Menschen nur Gott alleine dienen läßt. Das Streben nach dieser Freiheit ist die göttliche Forderung an das Leben des Menschen.

Neben den Zehn Geboten gelten als wichtiger Bestandteil der jüdische Religion auch die Reinheits- und Speisevorschriften, wie sie vor allem im dritten Buch Mose (Leviticus), das vermutlich erst um 450 vor Christus seine jetzige Gestalt bekommen hat, beschrieben sind; denn einige dieser Vorschriften setzen nach mosaische Zustände voraus.

Ein eigentliches Glaubensbekenntnis ist der jüdischen Religion genauso fremd wie Dogmen, wenn man als solche nicht jene pharisäischen Postulate erkennen will, die die Einzigkeit Gottes, die Offenbarung der Thora und die Auferstehung der Toten zum Inhalt haben. Denn das Wesentliche des jüdischen Glaubens, die Liebe zu Gott, findet seine treffendste Formulierung im 5. Buch Mose, 6:5 : „Du sollst den Herrn, Deinen Gott, aus ganzem Herzen, aus ganzer Seele und mit all Deiner Kraft lieben." ' In dieser Liebe zu Gott ist der Jude auch zu einem Streit bereit, was Jakob den Namen Israel (Gottesstreiter) eintrug. Der hier gemeinte Streit ist die kritische, aber vertrauensvolle Auseinandersetzung mit Gott und nicht mit dem Hader zu vergleichen, der auf der Basis von Mißtrauen aufgebaut ist. Wir dürfen nämlich nicht übersehen, daß nur eine konstruktive Auseinandersetzung des Menschen mit sich selbst, mit seiner Umwelt und mit Gott die Erkenntnis des Seins und damit der Wahrheit ermöglicht. Nicht die Auseinandersetzung mit Gott und der Welt um einer Erkenntnis willen ist Sünde, sondern erst die bewußte Verneinung des Seins, um dessen Begreifen aus welchen Gründen auch immer wir uns oft nicht bemühen wollen. Die aus der jüdischen Religion zu verstehende Auseinandersetzung mit Gott verhindert jedoch das mystische Streben nach einer Einheit mit Gott. Für den Juden steht Gott auch heute noch über der Welt, aber nicht außerhalb der Welt. Die jüdische Theologie geht den spekulativen Fragen nach dem Gott vor der Schöpfung und dem Gott jenseits der Materie aus dem Wege, wenn man von den wenigen Sätzen des Schöpfungsberichtes absieht, der ja letztlich nur auf die Menschwerdung ausgerichtet ist.

Trotz der Anerkennung, daß der Mensch aus Körper und Geist besteht, betrachtet der Jude den Menschen als eine Einheit. Er beschäftigt sich nicht mit dem isolierten Geistwesen, sondern sieht erst in der Auferstehung nach einem erneuten Zusammenfluß von Körper und Geist wieder den vollständigen Menschen. Genauso ist es mit seiner Einstellung zu den

Betrachtungen des Menschen vor seiner Geburt. Das Judentum lebt streng in der Geschichte und erkennt auch aus dieser Sicht Gott, den es als absoluten Herrscher des eigenen Volkes erlebt. Wir haben es daher mit einer echten Theokratie zu tun. Daher läßt sich der Werdegang des Judentums nur aus seiner Geschichte begreifen. Deshalb ist auch die Thora mit ihrem Kern der fünf Mosesbücher nicht nur Gesetzeskodex, sondern auch gleichzeitig erlebte Geschichte und offenbarte Weisheit. Genauso, wie die Geschichte sich stets weiterentwickelt, ist für den Juden auch die Offenbarung mit der Thora noch nicht abgeschlossen, sondern wird zunächst in einer mündlichen Tradition fortgeführt und dann im Laufe der Zeit schriftlich festgehalten.

Die harte Auseinandersetzung zwischen dem monotheistischen Glauben Israels und dem Baalkult der Völker im J ordanland ist ein wesentlicher Punkt in der jüdischen Geschichte. Verbunden damit ist gleichzeitig ein Fraternisierungsverbot. Die Problematik der Sexualität, die im Judentum und dann später im Christentum wie kaum in einer anderen Religion, auch nicht im Islam, wieder anzutreffen ist, resultiert offensichtlich aus der Kontroverse mit dem Baalkult. Denn neben dem Gott Baal, dem Gott des Donners und des Blitzes, und dem obersten Gott El wurde von den Kanaanitern auch Ischtar oder Astarte, die Göttin der Fruchtbarkeit, verehrt, deren Kult mit besonderer Betonung der Sexualität verbunden gewesen sein soll. Ein weiteres Beispiel für diese Haltung ist der Streit mit den Moabitern, deren König Baluk zunächst versucht, die Macht der Israeliten durch Magie zu brechen. Hierzu ruft er den Zauberer Bileam vom Euphrat, der mit Verwünschungen des Feindes das Kriegsglück zugunsten der Moabiter wenden soll. Aber Bileam segnet das Gottesvolk. Da er auf geistige Macht verzichten muß, greift Baluk zu einer neuen Kriegslist. Er läßt von den Frauen und Töchtern seines Volkes mit den Waffen des Weibes die Söhne Israels zu den Opfermahlzeiten der Baalgötzen locken. Und die Moabiter hatten Erfolg. Die Mißachtung des Gottesgebotes aber zog eine harte Bestrafung nach sich. Wer von den Israeliten sich vergangen hatte, wurde von den Führern des Volkes liquidiert (5. Mose, 7).

Nach der Eroberung Kanaans bildeten die zwölf Stämme der Juden keineswegs eine politische Einheit. Vielmehr gingen sie ihren Sonderinteressen nach. Es entstanden in Stunden der Not den einzelnen Stämmen Männer, als Richter bezeichnet, die einbrechende Volks- oder Stammesfeinde vertrieben und so den Ihren die Unabhängigkeit bewahrten. Diese Richter fühlten sich und wurden auch vom Volke als die Vollstrecker göttlichen Willens angesehen. Einer dieser Richter war Samuel. Er lebte etwa um das

Jahr 1000 vor Christus. Als er alt geworden war, baten die Ältesten der Stämme ihn, doch einen König über Israel einzusetzen, wie es bei den Nachbarvölkern Brauch war (1. Samuel, 8:5). Dieses Begehren bedeutete eine Vergrößerung der Distanz zu ihrem Gott, der doch ihr eigentlicher König war und sie aus Ägypten geführt hatte. Samuel hielt den Juden vor, daß ein weltlicher König sein Volk mehr ausbeutet als ihm nützt. Doch die Juden setzten ihr Begehren durch. Saul, David und Salomo waren die bedeutendsten Könige auf jüdischem Thron, und der berühmte Glanz und Reichtum Salomos gab scheinbar denen recht, die sich mit einem König an der Spitze des Volkes einen besseren Platz unter den anderen Völkern erhofft hatten. Doch Salomos Reichtum stammte nur teilweise aus dem Handel mit den umliegenden Staaten oder dem Tribut unterworfener Völker. Ein nicht unbedeutender Teil seines Reichtums wurde durch Steuern von seinem eigenen Volke aufgebracht. Nach 1. Könige, 11:13, soll Salomo siebenhundert fürstliche Frauen und dreihundert Nebenfrauen gehabt haben. Ob diese Angabe auf einer unrichtigen Textüberlieferung beruht oder nur allgemein eine große Zahl bedeutet, steht offen. Jedenfalls ahmte er Haremssitten nach und errichtete auch Altäre für fremde Götter. Diese Untreue gegenüber Gott, dem Herrn, dem eigentlichen Herrscher über Israel, war nach der Bibel Ursache für die Teilung des Reiches unter seinem Sohne Rehabeam. Wegen der harten Frondienste verweigerten die Israeliten dem neuen König die Gefolgschaft und fielen von ihm ab. Rehabeam herrschte als König nur noch über diejenigen Söhne seines Volkes, die in den Städten Judas wohnten. Über das übrige Land der Israeliten herrschte ab 926 Jerobeam, der bei Salomo in Ungnade gefallene Fronaufseher (1. Könige, 11:28).

Durch die Berührung mit der kanaanäischen Kultur verfiel sowohl das nördliche Reich Israel als auch das südliche Reich J uda den heidnischen Baalkulten.

Im Jahre 719 eroberten die Assyrer Samaria, die Hauptstadt Israels und deportierten die Einwohner des Nordreiches. Menschen anderer Völker wurden angesiedelt. Damit war der Staat Israel erloschen. Die Nachfahren der neuen Siedler waren die bei den Juden nicht gerade beliebten Samariter. Juda war nun Pufferstaat zwischen den beiden großen Reichen Babylon und Ägypten. Der versuchte Balanceakt, diese beiden Reiche zum eigenen Vorteil gegeneinander auszuspielen, mißlang. Unter König Nebukadnezar ll. (605-562) von Babylon wurden die Juden besiegt, Jerusalem 586 geplündert und der Tempel zerstört. Es steht nicht fest, wie viele Juden nach Babylon deportiert wurden. Doch es war, wenn auch nicht das ganze Volk, eine große Anzahl.

Immer wieder sind es geschichtliche Ereignisse, die Veränderungen in der Struktur einer Religion bewirken. Für die jüdische Religion ist die ‚Babylonische Gefangenschaft" ein treffendes Beispiel. Die Entfernung des Volkes von seinem kultischen Heiligtum, dem Tempel, war Ausgangspunkt für die Umwandlung des jüdischen Glaubens zur reinen Gesetzesreligion. Denn für den Opferdienst im Tempel mußte Ersatz geschaffen werden. Neben der Konzentration des frommen Juden auf das tägliche Gebet, aus der eine sich verstärkende metaphysische Lebenshaltung erwuchs, wandten sich die Juden nun ganz der Thora, dem heiligen Gesetz zu. Die hier niedergelegten prophetischen Erkenntnisse bezeugen den alttestamentlichen Gott als über- mächtige, normative Willenskraft, was konsequenterweise ein autonomes Menschentum genauso wie ein absolutes Sittengesetz ausschließt.

An dieser Haltung änderte sich auch nichts, als im Jahre 538 vor Christi Geburt das Babylonische Reich von dem Perserkönig Cyrus überwältigt wurde und der neue Herrscher 536 allen Verschleppten die Heimkehr in ihr Vaterland erlaubte. Den Juden wurde sogar der Wiederaufbau ihres Tempels gestattet. Es hatten die Juden aber in der Verbannung gelernt, daß Staat und eigenes Territorium nicht das Wesentliche im menschlichen Leben ausmachen. So gab es in Judäa, wie nunmehr das neue Land der Nachkommen Israels genannt wurde, keine Restauration der davidischen Dynastie. An die Stelle eines Königs trat der oberste Priester von Jerusalem als Hoher Priester. Damit rangierte das geistliche Prinzip vor dem weltlichen. Der Priester und Schriftgelehrte Esra war mit etwa 1800 Juden aus dem Exil nach Jerusalem zurückgekehrt. Mit Sondervollmachten vom persischen König ausgestattet, proklamierte er 444 vor unserer Zeitrechnung das in der Thora nieder geschriebene mosaische Gesetz zur Verfassung. Damit war Judäa eine theokratische Republik und der Tempel in Jerusalem Mittelpunkt nicht nur für die in dieser Stadt lebende jüdische Gemeinde, sondern auch für die Juden in der Diaspora („Zerstreuung"). Esra war es, der die erste „Große Versammlung der Ältesten" einberief, das sogenannte Synedrion oder den „Hohen Rat", der bei der Verurteilung des Jesus von Nazareth noch eine wichtige Rolle spielen sollte. Anlaß der ersten Ratssitzung war die Unter- suchung des Problems der Mischehen, die Juden mit fremdstämmigen Frauen eingegangen waren. Mit Eifer vertrat Esra die These, daß die Reinheit des Blutes die Vorbedingung für die Reinheit des Kultes sei. Auf der Grundlage de 5. Buches

Mose, 7:4 wurden eheliche Verbindungen mit anderen Völkern verboten. Bestehende Ehen dieser Art waren aufzulösen und die Ehemänner mit einem Schuldopfer zu belasten.

Esra wird zugeschrieben, dreißig Jahre nach dem Untergang Jerusalems die Texte der Bibel diktiert zu haben, da frühere Schriften im Feuer des Tempels verlorengegangen waren. Die Bedeutung Esras spiegelt sich wider in der Redewendung, die besagt, daß, wenn Gott das Gesetz nicht schon durch Moses verkündet hätte, es durch Esra geschehen wäre. Es ist unbe- deutend zu wissen, wer die Texte des Alten Testamentes erneut niedergeschrieben hat; es gilt aber festzuhalten, daß, wenn auch der Ursprung der Bibel total aus dem Geiste Gottes entstanden ist, sich Unrichtigkeiten – wenn auch nicht absichtlich, so doch durch falsches Verständnis und Übereifer in die Texte eingeschlichen haben. So kommt es, daß Bibelstellen mitunter verschiedene Deutungen zulassen und der eigentliche Wahrheitsgehalt der Bibelaussage nicht mehr in jedem Falle erkannt werden kann.

Die bedeutendste Bibelübersetzung wurde in Alexandria, dem damaligen geistigen Mittelpunkt des Judentums in der hellenistischen Welt im Auftrage des ägyptischen Königs Ptolemaos II. (308-246) auf der Insel Pharos durchgeführt. Diese als Septuaginta bekannte Übersetzung wurde für das hellenistische Judentum und auch für die alte christliche Kirche zur Heiligen Schrift, wenngleich sich der Name zunächst nur auf die Übersetzung der fünf Bücher Mose (Pentateuch) bezog.

Vier Großmächte, die Assyrer, die Babylonier, die Perser und schließlich die unter griechischem Einfluß stehenden Ägypter hatten in unmittelbarer Folge die Vorherrschaft über das kleine jüdische Volk, bis schließlich 198 Judäa unter syrische Oberherrschaft geriet. Blieben bis dahin die Juden in bezug auf ihre Religion unbehelligt, so wurde unter dem syrischen König Antiochos IV. Epiphanes (der Erlauchte), zum ersten Male die jüdische Religionsausübung gewaltsam verboten. Mit einer antijüdischen Gesetzgebung sollte der Priesterstaat zerstört und das Volk hellenisiert werden. Es wurde die Anbetung griechischer Götterbilder befohlen und im Tempel von Jerusalem wurde ein Standbild des Zeus aufgestellt. Im fünften Buch Mose aber steht geschrieben: Höre Israel, der Herr, unser Gott, ist Herr allein! Durch die Maßnahmen der Syrer fühlten sich die Juden im Kern ihres Glaubens bedroht und so kam es 167 zu einer bewaffneten Revolte. Tatsächlich gelang es den Juden, in den sogenannten makkabäischen Aufständen, vor allem unter Judas Makkabäus unter blutigen

Opfern die vor Jahrhunderten verlorene staatliche Unabhängigkeit wiederherzustellen. In dieser Zeit liegen nicht nur die Wurzeln der makkabäischen oder hasmonäischen Dynastie, die mit dem Hohen Priester Simon begann, sondern- es entwickelten sich auch verschiedene Strömungen im Judentum, von denen -- zumindest dem Worte nach _ das Pharisäertum am bekanntesten ist. Es gibt einige Wissenschaftler, die den Ursprung des Wortes Pharisäer mit „Perser" gleichsetzen. Bezeichnend ist, daß erst nach dem Kontakt der Juden mit „den Persern von einer Wiederauferstehung gesprochen wird, und zwar in den Büchern Daniels, der Verwaltungsbeamter unter König Dareios war. Auch die jüdische Teufelsvorstellung erfährt eine Veränderung. War in dem Text des Alten Testamentes vor der Babylonischen Gefangenschaft der Satan noch ein Sohn Gottes (Hiob), so wurde er nachher als Verkörperung des Prinzips des Bösen zum dualistischen Gegenspieler Gottes. Man kann das Pharisäertum als eine Laienbewegung ansehen, die neben dem Priesteradel, und zeitweise auch gegen ihn, eine Art Allgemeinpriestertum darstellte, das durch Lernen und entsprechendes religiöses Handeln jedem zugänglich war. Während im Tempel die Opferdarbietung Mittelpunkt der kultischen Gottesverehrung war, setzte sich in den Synagogen mit ihrem opferlosen Dienst die Bibellesung, ihre Auslegung und das Gebet als gottesdienstliche Handlung durch.

Stärker noch als im Christentum erleben wir in der jüdischen Religion Veränderungen, die durch geschichtspolitische Ereignisse bewirkt werden. Dadurch bewahrheitet sich die These, daß eine Religion neben dem Göttlichen auch die aus den Weltanschauungen sich ergebenden Belange berücksichtigt. Gerade zum Verständnis der jüdischen Religion und der daraus emporsprießenden christlichen Auffassung von Gott und Welt ist es hier erforderlich, die geschichtliche Entwicklung des jüdischen Volkes kurz zu umreißen. Nur so lassen sich die Gründe für das Ende des jüdischen Staates im ersten Jahrhundert unserer Zeitrechnung erkennen und ein Zeitbild zeichnen, das zu einem besseren Verständnis der Auseinandersetzung zwischen Jesus von Nazareth und dem überwiegenden Teil seines Volkes führte. Denn ohne Zweifel sahen etliche Juden in Jesus den kommenden Regenten ihres theokratischen Staates. Das aber mußte das Mißfallen der römischen Besatzungsmacht hervorrufen, wobei der Parteienzwist im jüdischen Volke und der Ehrgeiz einiger Politiker ein Übriges zu den Ereignissen hinzutat.

Der Hohe Priester Aristobulus I. begnügte sich nicht mit dem ihm zugewiesenen geistlichen Amt alleine, sondern erneuerte auf Grund günstiger politischer Umstände das jüdische Königtum und regierte in den Jahren 106und 105. Sein Nachfolger,Alexander Jannaios(105-79v. Chr.), dehnte durch kriegerische Unternehmen das Herrschaftsgebiet über die Grenzen der alten Staaten Juda und Israel aus auf das Philisterland und die Verbindungsstraße nach Ägypten. Nach dem Tode des Herrschers übernahm seine Frau Salome Alexandra noch für neun Jahre (79-70) die Regentschaft. Dann aber kam erneut das Ende einer jüdischen Unabhängigkeit. Denn es brach ein offener Streit aus zwischen dem aristokratisch-konservativen Priesteradel der Sadduzäer, die alleine die Thora als das schriftlich festgelegte mosaische Gesetz betrachteten und weitere mündliche Überlieferungen sowie den Glauben an eine leibliche Auferstehung und die jüdische Engellehre ablehnten, und den Pharisäern, den sogenannten Schriftgelehrten, die neben der Thora auch die mündlich überlieferte Lehre als verbindlich ansahen, wozu auch die den Juden ursprünglich fremde Lehre von der Auferstehung der Toten gehörte. Politisch waren- die Pharisäer gegen die Dynastie der Hasmonäer. Neben diesen religiösen Differenzen tat sich durch den Streit zwischen Salomes Söhnen Hyrkanos und Aristobulos ein weiterer Spalt auf.

Mit Waffengewalt zwang Aristobulos seinen Bruder, der schon zu Lebzeiten seiner Mutter Hoher Priester gewesen und dann nach ihrem Tode auch zum König ausgerufen worden war, zum Abdanken. Zu dieser Zeit hatte Gnäus Publins Magnus Pompeius (106-48) mit seinem römischen Heer Syrien unterworfen. Da wandten sich nun die beiden feindlichen Brüder an den römischen Feldherrn mit der Bitte um eine Entscheidung über die Thronbesetzung. Neben diesen beiden Parteien stellte sich bei Pompejus noch eine dritte ein. *Es war eine Abordnung des jüdischen Volkes, die für die Wiederherstellung der alten Theokratie ohne König eintrat.

Der kriegerische Aristobulos zielte mit seinen Plänen auf die absolute Unabhängigkeit seines Volkes hin. Zu diesem Zweck provozierte er eine militärische Entscheidung und verschanzte sich auf dem Tempelberg. Die römischen Truppen stürmten den Tempelberg und machten die den Tempeldienst verrichtenden Priester nieder. Doch unmittelbar nach den Kampfhandlungen ordnete Pompejus die Wiederaufnahme des Tempeldienstes an. Hyrkanos II. wurde als Hoher Priester, jedoch ohne Königswürde, bestätigt und zum Ethnarchen, einem abhängigen Fürsten unter römischer Oberhoheit. Damit war die nahezu achtzigjährige Unabhängigkeit des Staates Judäa beendet.

Ausgangspunkt für die spätere Regentschaft des Königs Herodes war Caesars Invasion in Ägypten. Als dort der römische Feldherr in kriegerische Schwierigkeiten geriet, wurde er von Antipas, dem Statthalter von Idumäa und Vater des späteren Herodes I. mit einer starken Truppenmacht unterstützt. Als Belohnung für sein Engagement in Ägypten verlieh Caesar ihm das römische Bürgerrecht und setzte ihn als Statthalter von Judäa ein. Mit der neuen Statthalterschaft erhielten die Juden ihre innere Autonomie zurück und konnten in eigener Gerichtsbarkeit entscheiden. Doch es gilt festzuhalten, daß Antipas kein Sohn des jüdischen Volkes war.

Unter Anwendung einer klugen Hauspolitik setzte Antipas seine beiden Söhne als Landvogte ein. Der ältere, Phasael, übernahm das Amt in Judäa, der jüngere, Herodes, wurde Landvogt in Galiläa. Letzterer führte einen skrupellosen Kampf gegen die versprengten Anhänger des um die absolute Unabhängigkeit Judäas kämpfenden Aristobulos.,Als ein Unterführer des Freiheitskämpfers in Gefangenschaft gerät, läßt Herodes den Gefangenen ohne Urteilsspruch des hierfür zuständigen Synedrions (Hoher Rat) hinrichten. Aber nicht nur die Angehörigen des Hingerichteten, sondern auch Vertreter vornehmer Familien in Jerusalem, die den Ideen der Freiheits- kämpfer fernstanden, erhoben Klage vor dem Hohen Rat. Der Hohe Priester Hyrkanos mußte dem Begehren der Kläger nachgeben. Freilich fürchtete er den Zorn des Statthalters Antipas, weil er ja in dessen Abhängigkeit stand. Durch einen Einspruch konnte Hyrkanos das fällige Urteil hinauszögern, wodurch es Herodes gelang, Jerusalem heimlich zu verlassen und zu den Römern nach Damaskus zu fliehen. Diese Hilfe konnte Herodes aber nicht daran hindern, später, als er König von Judäa geworden war, Hyrkanos und alle anderen Mitglieder des Hohen Rates töten zu lassen.

Caesars Nachfolger, Marcus Antonius, ernannte den romtreuen Herodes und dessen älteren Bruder Phasael zu Fürsten ohne Königstitel. Damit war das Amt des Hohen Priesters bedeutungslos geworden. Aber noch einmal errangen die Juden für kurze Zeit ihre Unabhängigkeit zurück. Durch den Einfall der Parther kam der Sohn des Aristobulos, Antigonos, als König und Hoher Priester in sein Land zurück , während Herodes nach Rom fliehen mußte. Dank seiner guten Beziehungen zu Marcus Antonius wurde Herodes 40 Jahre vor unserer Zeitrechnung in einer römischen Senatssitzung zum „König von Judäa" ernannt. Doch sein Königreich mußte er erst noch erobern, was ihm aber mit Unterstützung römischer Truppen gelang. Antigonos geriet nach der Eroberung von Jerusalem in Gefangenschaft und wurde enthauptet. Damit endete die Herrschaft der aus dem jüdischen Volke stammenden Dynastie der Hasmonäer. Die Nachfolge wurde von einem von fremder Hand eingesetzten nichtjüdischen König, eben jenem Herodes angetreten.

Herodes liquidierte nun alle möglichen Thronkonkurrenten. Unter dem von der Republik zum Kaiserreich umgestalteten römischen Imperium erwies er sich als treuer Paladin des Kaisers Augustus. In Samaria, einem Teil des ehemaligen Nordreiches Israel, baute er neu die Stadt Samaria Sebaste mit einem Tempel zu Ehren des römischen Kaisers Augustus. An der Küste ließ er die Hafenstadt Caesarea entstehen, in der neben einem Theater , einem Amphitheater und einem Hippodrom ebenfalls ein Augustustempel gebaut wurde. Vielleicht hielt ihn die Erinnerung an den Freiheitssturm der Makkabäer im Jahre 167 vor Christi davor zurück, auch in Jerusalem einen Augustustempel errichten zu lassen. Doch scheute er nicht, ein griechisches Theater und einen Circus bauen zu lassen. Über dem Haupteingang zum Tempel ließ er als Hohn über die jüdische Religion zum Zeichen der Macht des heidnischen Roms einen großen vergoldeten Adler anbringen. Er versuchte mit allen Mitteln, den Juden die griechisch-römische Lebensweise aufzudrängen. Das Volk mußte die Last jener ungeheuren Kosten, welche das Baugeschehen und der teure Hofstaat verschlangen, aufbringen. An die Stelle des Synedrions war ein dem König blind ergebener Thronrat getreten, der mit Verwandten und Günstlingen des Herodes besetzt war. Das Amt des Hohen Priesters war zu einem Instrument der Willkür geworden. Gegen den aufkeimenden Zorn des Volkes schützte sich Herodes mit einer Leibwache aus thrakischen, gallischen und germanischen Söldnern. Jede Auflehnung wurde mit harter Gewalt niedergedrückt. Herodes starb im Jahre vier vor unserer Zeitrechnung nach langem schwerem Leiden im Alter von 70 Jahren. Sollte Jesus um das Jahr sieben vor unserer Zeitrechnung geboren sein, könnte der Bericht von dem Blutbad stimmen, das Herodes unter den zweijährigen Knäblein angeordnet haben soll, bevor er seiner Krankheit erlag.

In seinem Testament bestimmte Herodes seinen Sohn Archelaos zum Erben seines Königtums. Doch der Kaiser in Rom, Augustus, bestätigte die Königswürde nicht mehr, wohl aber die Herrscherbefugnis als Ethnarch. Fortwährende Aufstände in Galiläa und Judäa gaben Augustus Veranlassung, Archelaos, der mit seinem Schreckensregiment letztlich als Urheber dieser Unruhen angesehen werden kann, nach Gallien zu verbannen. Den Juden blieb als Relikt ihrer Autonomie nur das Amt des Hohen Priesters und ein neues Synedrion mit eigener Gerichtsbarkeit. Doch die Vollstreckung eines Todesurteils lag in der Machtbefugnis eines Prokurators, der ab dem Jahre sechs in Judäa als römischer Verwaltungsbeamter fungierte. `

Anläßlich einer Volkszählung, dem Zensus, kommt es in Judäa erneut zu einem Aufstand, der von einer Schar patriotischer Extremisten, den Zeloten , angefacht wird. Die Zeloten waren eine radikale jüdische Partei, die jeglichen Steuertribut an die römische Besatzungsmacht ablehnte, weil sie auf Grund ihrer theologisch-messianischen Ideen nur Gott als den einzigen Regenten der jüdischen Nation ansahen.

Im Jahre 26 wurde Pontius Pilatus Prokurator in Judäa. Er verstand es meisterhaft, mit Gewalttaten und einer grenzenlosen Grausamkeit das jüdische Volk zu reizen. Doch wurde er schon nach zehn Jahren von den Römern wieder abgerufen. Wegen seiner Härte und Brutalität wurde er nach Vienna, dem heutigen Vienne, in Südfrankreich verbannt, wo er Selbstmord verübt haben soll.

Die sadduzäische Priesteraristokratie hatte zu dieser Zeit nicht nur in den Pharisäern einen Gegenspieler. In viel stärkerem Maße wurde sie von der asketisch lebenden Sekte Essenern am Toten Meer angefeindet. Die Essener lebten in einer Mönchsgemeinschaft und waren erfüllt von der Hoffnung auf eine Endzeit mit einem neuen Tempel und einem reinen, von ihnen zu verrichtenden Dienst. Die Essener trieben Handwerk, Ackerbau und Viehzucht. Kriegshandwerk und Handel verabscheuten sie genauso wie Sklaverei und blutige Opfer. Ihr asketisches Leben gipfelte in der Forderung der Ehelosigkeit. Splittergruppen von ihnen führten im ganzen Lande verstreut ein Leben in aller Stille. Während es die Zeloten für richtig hielten, sich mit Feuer und Schwert für die Sache Gottes zu engagieren, litten andere Gruppen, die sich um Messiasse und Propheten scharten, unter den Verfolgungen durch den Statthalter, und viele ihrer Mitglieder erlitten den Kreuzestod. Eine jener Grup- pen hatte sich um den Rabbi Josua versammelt, der von den Christen Jesus genannt wird. Sieht man von den Aufzeichnungen seiner Anhänger ab, so ist festzustellen, daß so gut wie kein historisches Material über ihn vorliegt. Der Talmud, das Buch des nachbiblischen frühen Judentums berichtet nur an ganz wenigen Stellen über Jesus und dann auch nur in einer gewissen Polemik. Man darf nämlich nicht übersehen, daß zu jener Zeit die Schule des aus Babylon zurückgekehrten Juden Hillel Hassaken sehr hoch im Ansehen stand, und seine religiöse Auffassung wohl als die stärkste Konkurrenz zur Lehre des Jesus von Nazareth aufgefaßt werden kann. Die Hillelsche

Schule forderte mit Nachdruck eine ständige Neubetrachtung des jüdischen Gesetzes und eine Auslegung unter Berücksichtigung der jeweiligen Situation im Wandel der Zeiten. Hillel kehrte die biblische Forderung der Nächstenliebe um in die Aussage, keinem anderen das zuzufügen, was einem selbst unlieb ist. Damit wurde die aktive Verhaltensweise des biblischen Postulates zu einem passiven Unterlassen. Hillel war Mitglied des Synedrions. So fand seine Gesetzesinterpretation auch Berücksichtigung im Talmud. Das Wirken des Jesus von Nazareth hingegen erfuhr zu seinen Lebenszeiten im jüdischen Volke bei weiten nicht den Popularitätsgrad, den wir beim Lesen des Neuen Testamentes vermuten können. Erst nach seinem irdischen Tod brach seine Saat auf, die mit der Dynamik des aufkeimenden Senfkornes verglichen werden kann.

Für Judäa schien sich noch einmal unter seinem letzten König Agrippa I., einem Enkel von Herodes dem Großen, eine Chance des Überlebens abzuzeichnen . Doch der König starb zu früh. Er war erst 54 Jahre alt. Nach seinem Tode wurde Israel wegen der Minderjährigkeit seines Sohnes Agrippa II. erneut der Regierungsgewalt römischer Prokuratoren unterstellt, deren

grausames Regiment wieder die patriotischen Zeloten auf den Plan rief. Mit einer Forderung von 17 Talenten Gold aus dem Tempelschatz, das ist rund eine Tonne Gold, lösten die Römer wiederum einen Krieg des kleinen tapferen Volkes gegen die damalige Weltmacht aus. Trotz Widerstand der friedfertigen Parteien wird im Jahre 66 unter Führung der Zeloten die römische Besatzung niedergemacht. Am Ende dieses ungleichen Kampfes mit wechselndem Kriegsglück fällt im Jahre 70 Jerusalem, der Tempel geht dabei in Flammen auf, und drei Jahre später wird auch die Festung Masada am Toten Meer erobert.

Im Christentum herrscht vielf ach die Meinung vor, daß die Zerstörung des Tempels und das Ende des jüdischen Staates eine Folgeerscheinung der Ablehnung der Christusbotschaft durch das jüdische Volk war. Aber das jüdische Volk war nicht tot. In Jabne, einem kleinen Orte südlich von Jaffa, versammelte der Gelehrte Jochanan ben Sakkai Freunde und Schüler. Für ihn war das Wesen des jüdischen Volkes und seine Religion durchaus nicht an Tempel und Opferaltar gebunden. Schon in der babylonischen Gefangenschaft, fernab der heiligen Stätten, hatte der monotheistische Glaube sich aus allem Kultleben herauszulösen begonnen. Wenn auch durch den wiedererbauten Tempel Kult- und Opferfeiern erneut in den Mittelpunkt gerückt waren, verkündete der Anhänger der pharisäischen Friedenspartei und Anhänger der Hillelschen Schule, Jochanan, daß Wohltätigkeit die Opfer ersetze, gemäß dem Gotteswort: Ich habe am Wohltun Gefallen und nicht an Opfern. Mit dem Verlust des Tempels hatten der Hohe Priester und die Priesterschaft ihre Existenzberechtigung verloren. Die Verehrung des Allmächtigen vollzog sich nun im jüdischen Heim. Mittelpunkt des jüdischen Glaubens wurde die Heilige Schrift. Als Autoritätspersonen galten die Rabbiner, die als Erforscher, Deuter, Erhalter und Lehrer des Gesetzes anerkannt wurden. Sie waren Sachkundige in allen religiösen Fragen, und weil die Thora auch Weisungen für das alltägliche Leben enthält, befaßten sich die Rabbiner auch mit zivilrechtlichen Fragen. Die Rabbiner wurden, und das ist wohl in keinem anderen Volke je geschehen, als Gelehrte Führer ihres Volkes, die nur auf Grund ihrer geistigen Fähigkeiten ihre Autorität erlangten, wobei weder Herkunft noch Titel oder Reichtum eine Rolle spielten. Die religiösen und richterlichen Befugnisse übertrug Jochanan einem „Hohen Rat der Ältesten", einem neuen Synedrion.

Eine besondere Eigenart in der jüdischen Religion möchte ich als das Prinzip der Auslese bezeichnen. Schon die Sage um Noe trennte im Grunde die wenigen im Namen des Schöpfers Lebenden von den übrigen Menschen der Welt. Das zweite Ereignis in dieser Betrachtung ist der Auszug Abrahams aus Mesopotamien, und dann folgt der Große Exodus des jüdischen Volkes aus Ägypten. Eine weitere Auslese fand statt durch die Teilung des jüdischen Staates in ein Nord- und ein Südreich. Nach Auffassung der Pharisäer mußte auch zur Makkabäerzeit die Einheit des Volkes zugunsten der Reinheit des Glaubens geopfert werden. Einer weiteren Abspaltung eines auserwählten Kreises begegnen wir in Jabne, als sich dort nach der großen Katastrophe im Jahre 70 eine neue, auserwählte Gemeinschaft formierte. Dieses elitäre Prinzip steht dem aus dem Judentum hervorgegangenen Christentum mit seiner katholischen, das aber heißt mit seiner die gesamte Menschheit umfassenden Gemeinschaft entgegen.

Als die Schüler Hillels in Jabne ihre Arbeit aufnahmen, hatte der jüdische Priesteradel bereits allen Einfluß eingebüßt, und auch die Reste der essenischen Gemeinden hatten ihre Wirkungskraft verloren. So scheint die geschichtliche Entwicklung beziehungsweise die Lenkung Gottes den Glaubensvorstellungen der Pharisäer das Weiterbestehen gesichert zu haben. In Jabne wurde alles gesammelt, was aus dem Religionsgut noch herbeizu- schaffen war. Alte Bräuche wurden aufgeschrieben wie auch die Berichte von Priestern über den Tempel und seinen Dienst. Schließlich lebte man in der Vorstellung, daß Gott zu jeder Zeit sein Heiligtum wieder aufrichten könne, und für diese Stunde X galt es, bereit zu sein. Die so gesammelten Zeugnisse waren der Beginn der Mischna , die ihrerseits wiederum die Grundlage zum Talmud bildet.

Der gesammelte Traditionsstoff wurde in den nachfolgenden Generationen von Gelehrten nach Sachgebieten ausgewählt und geordnet. Was in der Sammlung nicht berücksichtigt wurde, lebte in mündlicher Überlieferung fort. Doch mit dieser Aktion war unter der Entwicklung des jüdischen Glaubensgutes noch kein Schlußstrich gezogen. Eine über die Mischna selbst

entbrannte Diskussion sollte in den folgenden Jahrhunderten nicht zu Ende gehen. Dieser Diskussionstext, Gemara genannt, stellt den überwiegenden Teil des Talmud dar. In die Gemara wurden auch früher ausgesonderte Texte der in Jabne zusammengetragenen Berichte wieder aufgenommen. Da sich der Schwerpunkt des jüdischen Geisteslebens nach Babylon verlagerte, kam es dort um das Jahr 500 zur Auflage des babylonischen Talmud. Aber auch jetzt waren die Diskussionen noch nicht abgeschlossen. Ab dem neunten Jahrhundert wurde der Talmud weiterhin kommentiert, und zwar nicht nur im babylonischen, sondern im verstärkten Maße auch im arabisch-spanischen und französischen Raum.

Hierbei spielten auch um die Jahrtausend wende die beiden Talmudschulen in Mainz und Worms eine nicht unbedeutende Rolle. Doch wir müssen bei der Betrachtung der jüdischen Religion und ihrer Entwicklung noch einmal auf das Jahr 312 zurückkommen. Denn mit diesem Datum wurde nicht nur für das Judentum, sondern letztlich in seinen Konsequenzen auch für das Christentum eine unheilvolle Zeit eingeleitet. Mit dem Sieg des heidnischen Kaisers Konstantin über seinen Rivalen Maxentius wurde der Weg des Christentums zur Staatsreligion im römischen Weltreich geebnet. Dadurch erwuchs dem Judentum ein Konkurrent, der bis in unsere Tage entgegen dem von Jesus erneuerten Postulat der Nächstenliebe, wie sie im dritten Buch Mose (19:18) formuliert ist und im Matthäusevangelium (22:36-40) bestätigt wird, mit leidenschaftlichem Haß die jüdische Religion bekämpfte und ihre Anhänger diskriminierte.

Während die Entwicklung des Christentums zur Staatsreligion eine Säkularisierung bedeutet, verstehen viele Christen, Laien sowie Kirchenfürsten, ihre neue Machtstellung als ein von Gott geschenktes Privileg, das sie berechtigt, Andersdenkende mit roher Gewalt auszuschalten. Der große Gelehrte und Humanist Reuchlin, einer der wenigen Christen, die der hebräischen Sprache kundig waren, schreibt hierzu im Jahre 1510 in seinem Gutachten über den Talmud in Bezug auf die Auseinandersetzung mit dem Judentum, daß gegen Geistiges man nur mit geistigen Waffen, nicht aber mit roher Gewalt angehen könne. Betrachtet man aber die geschichtlichen Ereignisse, muß man dem Christentum vorwerfen, daß solche Gedanken, wie sie Reuchlin niedergeschrieben hat, nur selten zum Geist des Christentums gehört haben.

Eifrig bemühten sich die Christen nun, ihre neue Machtposition auszubauen. Im Jahre 315 wird den Juden unter Androhung der Verbrennung bei lebendigem Leibe verboten, bei Christen für den jüdischen Glauben zu werben oder zum Christentum übergetretene Glaubensbrüder zu behelligen. Ein Edikt von 355 untersagt den Juden die Beschneidung christlicher oder heidnischer Sklaven. Die Ehe zwischen Juden und Christen wurde verboten. Um die Juden wirtschaftlich auszumanövrieren, durften sie christlichen Sklaven weder kaufen noch halten. Dieses Verbot wird kurze Zeit später auch auf heidnische Sklaven ausgedehnt. Man ginge von einer falschen Voraussetzung aus, wollte man die Maßnahmen als einen humanitären Akt zu Gunsten versklavter Menschen betrachten. Nein, hier sollte nur das wirtschaftliche Fundament der Juden zerstört werden. Denn gegen die Sklaverei hatte die christliche Kirche durchaus nichts einzuwenden. Sklaven gehörten damals zur Wirtschaftssstruktur. Ohne Sklaven waren damals weder Landwirtschaft noch Handwerkerbetriebe, weder Reedereien noch Handels- unternehmen zu betreiben.

Ein weiterer Schlag gegen die Existenz des J udentums im Römischen Reich bringt ein Gesetz aus dem Jahre 357. Danach stand nur noch der christlichen Kirche das Recht auf Mission zu, um neue Anhänger für ihre Lehre zu gewinnen. In dieser Zeit der Bedrängnis entschließt sich der jüdische Patriarch Hillel II. unter Verzicht auf Vorrechte seiner Patriarchengewalt zu einer Dezentralisierung der jüdischen Gemeindeverwaltungen. Ihm lag der sichere Fortbestand des jüdischen Glaubens mehr am Herzen als die unabdingbare Hegemonie eines palästinensischen Zentrums. Weitere Konzilbeschlüsse engten die Freiheit der Juden noch mehr ein. Auf dem Konzil zu Epoaon in Burgund wird 517 den Juden die Tischgemeinschaft mit Christen untersagt. Seit dem Konzil zu Clermont durfte kein Jude mehr als Richter zwischen Christen fungieren. Ein Konzilsbeschluß aus dem Jahre 538 verbot den Juden sogar, sich zwischen Gründonnerstag und dem Ostertag bei Christen sehen zu lassen. Die gesellschaftliche

Unterdrückung der Juden setzte sich über die folgenden Jahrhunderte in unverminderter Heftigkeit fort. Auch Luther, der sich anfangs als Fürsprecher der Juden zeigte, weil er hoffte, durch seine positive Einstellung zum Alten Testament und seine Kontroversen mit dem Papsttum die Juden in seinem Sinne zu christianisieren, veröffentlichte 1543 seine gegen die Juden gerichtete Schrift „Von den Jüden und ihren Lügen". Darin warf er den Juden alles vor, was man schon bis dahin an Greuelmärchen erfunden hatte. Luthers Worte hatten Gewicht genug, die Situation der Juden zu verschlimmern. Auch er sprach von Ritualmord und Zauberei, Hochverrat wider das Reich und Brunnenvergiftungen. Als Rat erteilte er den Christen, die Synagogen und jüdischen Schulen anzuzünden, ihre Häuser zu zerstören und ihr Vermögen zu konfiszieren. Hier zeigte sich Luther als ein guter Lehrer jener nationalsozialistischen Schergen, die diese Ratschläge im November 1938 in die Tat umsetzten. Doch auch diese Hetze konnte den Geist des Judentums nicht töten.

Hatte bis zu dieser Zeit das Judentum sein religiöses Leben auf die Gesetze der Thora ausgerichtet, so suchten jetzt im sechzehnten Jahrhundert die von Leid und Verfolgung bedrängten Juden ihren Halt nicht nur im überlieferten Gesetz, sondern sie nahmen auch Zuflucht zum Übersinnlichen. Man versuchte, in die Geheimnisse der außernatürlichen Welt einzudringen, indem das Rationale durch die Kontemplation ersetzt wurde. Kabbala nannte man die Strömung innerhalb der jüdischen Mystik. Kabbala bedeutet „Überlieferung", „empfangene Lehre' ' und bringt zum Ausdruck, daß göttliche Offenbarung nicht nur aus den Gesetzestexten der Schrift, sondern auch durch innere Aufnahme, introvertierte Beschaulichkeit und ein In-sich-Versenken dem Menschen zuteil wird. Die ersten Spuren dieser Geistesströmung lassen sich bis ins 13. Jahrhundert zurückverfolgen. Doch nicht nur die reine Mystik ist der Inhalt der Kabbala. Not lehrt nicht nur beten. In Bedrängnis geraten sucht der Mensch oft Zuflucht im Orakel. Aus falschen Assoziationen zu Zahlen und Buchstaben versuchte man eine tiefere Bedeutung aus dem Bibeltext herauszuinterpretieren. Dadurch entstanden etliche Geheimlehren, die beispielsweise von Engeln, Dämonen und der Seelen-Wanderung berichten. Auch Geisterbeschwörungen, Zauber und ein Namenskult waren Bestandteil der Kabbala. Gnostische Züge waren ebenfalls zu erkennen. Mit allen Mitteln versuchte der Kabbalist zur Erkenntnis des „verborgenen Gottes" zu gelangen, um seine Seele mit ihm zu vereinen. In den beiden Hauptwerken der Kabbala, dem ‚Buch der Schöpfung", den Sepher Jezirah, aus dem zweiten nachchristlichen Jahrhundert, und dem ‚Buch des Lichtglanzes' , dem Sohar aus dem 13. Jahrhundert wird angeblich ein Welt- wissen aus der Zeit Adams vermittelt, das uns im Grunde in allen Büchern über die menschliche Urweisheit begegnet. Ein Engel soll Adam gelehrt haben, wie er das verlorene Glück wiedergewinnen könne. Denn mit der Sünde war Adam aus der Einheit mit Gott herausgetreten. Dabei wurde das menschliche Bewußtsein von dem Zustand des Vergessens überlagert. Aufgabe des Menschen ist es nun, aus dem Zustand des Vergessens wieder aufzutauchen.

Die letzte Phase der jüdischen Mystik begegnet uns im Chassidismus, der in der ersten Hälfte des achtzehnten Jahrhunderts in Polen und in der Ukraine entstand. Die Hinwendung zur Liebe Gottes führte hier zu einer Abkehr von der kasuistischen Gesetzeserfüllung. Im Sadiq, dem Gerechten, der die Gnade, das Charisma, besitzt, begegnen wir dem Idealbild des chassidistischen Juden, der seinem Mitmenschen zum rechten Umgang mit Gott verhilft.

Der heutige Staat Israel steht der geschichtlich gewachsenen Erfahrung und Wandlung des jüdischen Gottesglaubens entgegen. Zwar existieren die prophetischen Aussagen, daß das jüdische Volk wieder zu einer Einheit gelangen werde, was aber nicht heißt, daß es sich dabei um eine national- staatliche Institution handelt. Schließlich hat das jüdische Volk durch das babylonische Exil und die Zerstreuung nach der Katastrophe des Jahres 70 erkannt, daß auch ohne ritualisierten Opferdienst, ohne zentrale Kultstätte und erst recht ohne bestehende nationale Institution der Mensch mit Gott in Verbindung steht. Doch genauso, wie damals das jüdische Volk Samuel aufforderte, nach dem Vorbild der umliegenden Staaten einen jüdischen König zu ernennen, bewirkte die nationalstaatliche Zielsetzung des europäischen Bürgertums, das nicht bereit war, den nationalen Minderheiten innerhalb der Staatsgrenzen nationale Selbstbestimmungen einzuräumen, eine Abkapselung des Judentums, die bald in einen eigenen Nationalismus, den Zionismus, umschlug. Mit dem Ideengut dieser Bewegung trat vor allem gegen Ende des 19. Jahrhunderts der jüdisch österreichische Schriftsteller Theodor Herzl (1860-1904) mit seinem Hauptwerk „Der Judenstaat" an die Öffentlichkeit. Diese nationalstaatliche Bestrebung ist im Grunde eine klare Reaktion der Juden auf die vom europäischen Bürgertum herbeigeführte Situation, die in der Affäre Dreyfuß wohl ihren damals deutlichsten Niederschlag gefunden hatte. Aber auch die Verse von Wilhelm Busch zeigen uns ein Bild jenes Geistes, der im neunzehnten Jahrhundert, dem Wilhelminischen Zeitalter, vorherrschte. Es möge hier der sechste Vers im ersten Kapitel der „Frommen Helene" in Erinnerung gebracht werden, wo es heißt:

„ Und der Jud mit krummer Ferse,
Krummer Nas' und krummer Hos',
Schlängelt sich zur hohen Börse
Tiefverderbt und seelenlos. "

Die Forderung nach einem eigenen autonomen Nationalstaat sollte sich dann in unserem Jahrhundert in Israel verwirklichen. Nur trafen hier, da das alte biblische Land der Juden nicht unbewohnt war, zwei grundsätzlich verschiedene Entwicklungsprozesse aufeinander. Während die europäischen Staaten in den beiden Weltkriegen versuchten, die einzelnen arabischen antikolonialistischen Befreiungsbewegungen gegeneinander auszuspielen, um damit ihre Machtpositionen zu erhalten, prallt dieses progressive nationalstaatliche Bestreben der arabischen Länder beim Zionismus auf einen veralteten, reaktionären europäischen Nationalismus des verflossenen Jahrhunderts, der mit überholten kolonialistischen Zielsetzungen eine aus heutiger Sicht antiquierte nationalstaatliche Idee zu verwirklichen sucht.

Es steht außer Zweifel, daß die zionistische Bewegung von den europäischen Staaten und auch von einflußreichen Juden in den USA unterstützt wird. Jedoch waren ihr in der Balfour-Deklaration, die 1920 in den Friedensvertrag mit der Türkei als dem Vorbesitzer Palästinas aufgenommen wurde, Grenzen gesetzt. Diese Deklaration entspricht in ihrem Wortlaut dem unter dem 2. November 1917 datierten Brief des ehemaligen britischen Außenministers Arthur James Earl of Balfour (1848-1930). Der Brief hat folgenden Wortlaut:

„Die Regierung seiner Majestät ist der Errichtung einer nationalen Heimstätte für das jüdische Volk in Palästina günstig gesonnen und wird die Erreichung dieses Zieles nach Kräften fördern, wobei klar verstanden sein soll, daß nichts geschehen darf, was die bürgerlichen und religiösen Rechte der bestehenden nichtjüdischen Gemeinschaften in Palästina oder die Rechte und den polititschen Status der Juden in anderen Ländern beeinträchtigen könnte."

In der zionistischen Bewegung werden die eschatologisch-messianischen Motive des religiösen Judentums, wie sie vor allem im Ostjudentum die

Zeit des Mittelalters und der Renaissance überdauert haben, zu einer politischen Ideologie umfunktioniert. Lange verhielten sich weite Kreise des Judentums in England, Amerika und - vor 1933 - in Deutschland dem Zionismus gegenüber indifferent, ja zuweilen sogar ablehnend; denn es ist ein Unterschied, ob man sich als Mitglied der jüdischen Glaubensgemeinschaft betrachtet oder sich auf Grund seiner blutsmäßigen Abstammung einer säkularisierenden nationalistischen Bewegung verpflichtet fühlt. Ob Nichtjuden den Staat Israel nun als eine von Gott gewollte Institution betrachten oder nicht, ist nicht ausschlaggebend für das Judentum. Denn der Jude selbst lebt heute noch in der Erwartung eines Messias, eines Gesalbten aus dem Hause David. Dieser Messias soll das Volk in sein Land zurückführen und den Tempel aufbauen. Dann wird Gott in seiner Herrlichkeit nach Jerusalem zurückkehren und sein himmlisches Königtum auch auf die Erde übertragen; und es wird nach Isaias (65: 17) ein neuer Himmel und eine neue Erde geschaffen und das Vergangene vergessen sein.

Ich fürchte nur, daß die Interpretation dieser Worte in unserer materialistisch-sinnenhaften Welt zu Fehlvorstellungen führt. Auch der Hinweis auf den Sproß aus dem Hause Davids dürfte nicht dem in der Bibel (1. Samuel 8) niedergelegten Sinn göttlicher Vorstellungen entsprechen. Denn es ist nicht zu vermuten, daß irdische Vorstellungen von einem Staatsgebilde, dem sogenannten himmlischen Reiche Gottes, auch nur annähernd vergleichbar sind.

DAS CHRISTENTUM

„Unter den Propheten haben wir einige vor anderen bevorzugt. Mit einigen sprach Gott selbst (und gab ihnen Gesetze), andere erhob er noch höher im Rang. Jesus, dem Sohne Marias, gaben wir Wunderkraft und rüsteten ihn mit dem Heiligen Geist. Hätte es Gott nur gewollt: Die nach ihm Lebenden, da ihnen so deutliche Belehrung geworden war, würden nicht so verschiedener Meinungen sein; aber sie sind uneinig; einer glaubt, der andere leugnet.hätte Gott nur gewollt, sie hätten nicht gestritten; aber Gott tut, was er will. ' "

Mit diesen Worten ist das Urteil eines Mannes niedergelegt, der sechshundert Jahre nach Jesus die Entwicklung der jüdischen und christlichen Religion kritisch untersucht hat und sich berufen fühlte, dem Gottsuchenden eine neue Interpretation Gottes als Wegweiser aufzustellen. Wir finden diese Worte im Koran, 2,254.

Während bei der Betrachtung der jüdischen Religion Moses kaum in den Vordergrund rückt, beginnt die Diskussion um das Christentum mit den Fragen um die Person des Jesus von Nazareth. Dabei können wir uns der Auffassung des jüdischen Dichters und theologischen Denkers Ben-Chorin anschließen, der in seinem Buche „Bruder Jesus" die Auffassung vertritt, daß es sich bei Jesus wahrhaftig um eine historische Gestalt handelt, wenngleich auch nicht alle Details der Überlieferung als historisch gesichert angesehen werden können. Es dürfte aber auch, wie Rousseau es ausdrückte, für die christliche Lehre egal sein, ob Jesus gelebt hat oder nicht; es müßte dann nur der Erfinder der Evangelien so groß wie Jesus gewesen sein. Es gibt in der Tat nur sehr wenige Aufzeichnungen aus der damaligen Zeit, die die Existenz des Rabbi Jesus erwähnen. Bei dieser Beurteilung muß nämlich das Neue Testament ohne Berücksichtigung bleiben, da es ja bei dieser Frage als zweckgebunden und somit nicht als objektiv im Sinne einer wissenschaftlichen Geschichtsforschung betrachtet werden kann.

Mit Sicherheit kann angenommen werden, daß schon damals die geistige Ausbildung eines heranwachsenden Juden beachtlich war. In den Häusern der frommen Juden wurde die Thora gelesen, und in den Küster- oder Dorfschulen wurden Lesen und Schreiben gelehrt; sodaß ein interessierter junger Mann schließlich die Bibelrollen im Hause selbst lesen konnte und auch die vielen anderen Schriften, die nicht. in den amtlichen jüdischen Kanon aufgenommen worden sind. Es ist also nichts Außergewöhnliches, wenn ein Mann wie Jesus sich schon in frühen Jahren mit dem Inhalt des Bibeltextes vertraut gemacht hat. Man will sogar festgestellt haben, daß Jesus nicht nur der aramäischen und griechischen Umgangssprache mächtig war, sondern auch die in hebräischer Sprache geschriebene Bibel lesen konnte. Somit war ihm, wie jedem seiner jüdischen Mitbürger, Gelegenheit gegeben, nicht nur die in den Heiligen Schriften enthaltenen Ge- und Verbote, die Lehrsätze und erbaulichen Geschichten zur Kenntnis zu nehmen, sondern auch den als Gott bezeichneten Herrn der Schöpfung zu erkennen. Seine Erkenntnis schildern uns die beiden Evangelien des Matthäus (11:25) und des Lukas (10:21):

„Alles ist mir gegeben von meinem Vater.

Niemand kennt den Sohn als der Vater

Und den Vater kennt niemand als der Sohn

Und wem es der Sohn offenbaren will. "

Anhänger Jesu mögen darin eine Eigendarstellung des Messias sehen, Gegner der christlichen Lehre werden es als Arroganz und Hybris auslegen. Aber ohne entscheidende Aussage über die Person Jesu, ob er Gott oder Mensch ist, muß ihm zugestanden werden, daß er den Inhalt der Thora anders erkannte als seine Stammesgenossen und viele andere Menschen, die nach ihm die Bibel gelesen haben. Die von Jesus gewonnene Erkenntnis, beziehungsweise das in seinem Bewußtsein vorhandene Wissen, zwingt ihn zu der Auseinandersetzung mit den geistigen Strömungen in seinem Lebensraum. Objekt solcher Auseinandersetzungen sind zunächst einmal die Zeloten, die sich für einen unabhängigen jüdischen Nationalstaat einsetzten. Wenn auch in Lukas 22 von der Aufforderung an seine Jünger zu lesen ist, sich mit dem Schwerte zu bewaffnen, ist dies nicht als Ausdruck einer weltlichen Machtpolitik anzusehen, die das Ziel verfolgt, das römische Joch abzuschütteln, sondern hier gilt das Schwert lediglich als Sinnbild einer geistigen Waffe. Die Bestätigung dieser Interpretation zeigen die nachfolgenden Sätze. Als nämlich die Jünger dem Rabbi Jesus zwei Schwerter vorwiesen, beendete er ihr Tun und die Diskussion mit den Worten: „Es ist genug." Für Jesus ein Zeichen, daß er nicht verstanden worden war.

Auch von der Sekte der Essener distanzierte sich Jesus, da er ihre Abstinenz nicht als Inhalt eines menschlichen Lebens anerkennen konnte. Jesus den Sadduzäern zuzurechnen, wird in der Literatur oft abgelehnt, da

die Sadduzäer die aristokratische Oberschicht im jüdischen Volke bildeten, Jesus aber als Sohn eines angeblich ‚armen Zimmermannes' hierzu in
einem klassenmäßigen Gegensatz gestanden habe. Liest man aber das Lukasevangelium, so fällt auf, daß Maria, die Mutter Jesu, eine Verwandte
jener Elisabeth war, die als Mutter des Propheten Johannes mit dem
Priester Zacharias verheiratet war. So heißt es im Lukasevangelium (1:5):
„Da lebte ein Priester mit Namen Zacharias aus der Klasse der Abia, der
hatte eine Frau aus den Töchtern Aarons, und ihr Name war Elisabeth." Da
die jüdische Traditionsliteratur von den Rivalen der Sadduzäer, von den
Pharisäern redigiert worden ist, wissen wir auch von der Partei des jüdischen Priesteradels wenig. Die Differenzen zwischen Jesus und den Sadduzäern ist meines Erachtens nicht von der sozialen Seite her bedingt,
sondern liegt in der ablehnenden Haltung der Sadduzäer zur Frage der
Auferstehung (Markus 12: 18). In einem Streitgespräch legten die Sadduzäer Jesus die Frage vor, wie sich die ehelichen Beziehungen von zwei
Menschen nach dem Tode auswirken. Sie berichten von einer Frau, die
nach dem Tode ihres Mannes dessen Bruder heiratete und, als dieser
starb, mit dem dritten und nach dessen Tode auch mit dem vierten Bruder
eine Ehe eingegangen war. Das ging so weiter, bis sie aller Brüder Gattin
gewesen war. Als die Sadduzäer nun wissen wollten, wessen Frau die
mehrfache Witwe in einem neuen Leben nach der Auferstehung sei, antwortete Jesus, daß in einem künftigen Leben zwischen den Menschen keine geschlechtliche Verbindung mehr bestehen werde. Bezüglich der Auf-
erstehungsfrage wies Jesus aber auch auf 2. Mose, 3:6 hin, wo Gott nicht
als ein Gott der Toten, sondern der Lebendigen geschildet wird, weil ihm
alle leben.

Als Gegenpartei der Sadduzäer kann man wohl die Pharisäer bezeichnen,
die in der jüdischen Religion im Gegensatz zum aristokratischen Tempelkult mehr die persönliche Entscheidungsfreiheit des Menschen in den
Vordergrund stellten. Geistesgeschichtlich wurzelt ihre Anschauung in
dem Werk des Reformators Esra aus dem Jahre 458, vor unserer Zeitrechnung. Die Evangelien berichten in erster Linie von der Auseinandersetzung zwischen ihnen und Jesus. Daß hier zu Recht ein Ansatzpunkt zur
Kritik bestand, bestätigt selbst der jerusalemische Talmud, der von vielen
typischen Verhaltensweisen negativer Art im Lager der Pharisäer spricht.
Wie weit die Selbstkritik der Pharisäer reicht, läßt sich in der Mischna
nachlesen. Dort heißt es, daß ein törichter Frommer, ein guter Gottloser,
ein pharisäisch Weib und die Kasteiungen der Pharisäer die Welt verdür-
ben.

Ben Chorin, der Jesus als Mensch, aber nicht als Messias sieht, will im Wirken Jesu drei Stadien erkannt haben: Eschatologie, Introversion und Passion. Aus Matthäus 10:23: „Ihr werdet nicht zu Ende sein mit den Städten Israels, bis kommen wird der Menschensohn" ', leitet Chorin die eschatologische Phase ab, in der Jesus den Ausbruch des Gottesreiches unmittelbar erwartet haben soll. Scheinbar gibt ihm das gleiche Evangelium (16:28) recht: „Wahrlich ich sage Euch: Unter denen, die hier stehen, sind einige, die den Tod nicht kosten werden, bis sie den Menschensohn kommen sehen in seinem Reiche." Die gleiche Darstellung findet sich noch im Markusevagelium (9:1) und bei Lukas (9:27). Erst nach Ausbleiben des geschichtlichen Ereignisses - so argumentiert Chorin - hätte Jesus auf das Reich Gottes im Inneren des Menschen hingewiesen. Nur wer zwischen Zeit und Ewigkeit sowie zwischen Materie und Geist nicht unterscheidet, kann aus diesen Bibelstellen einen Wechsel von der Eschatologie zur Introversion herauslesen. Ebenso scheint Chorin die Situation voll zu verkennen, wenn er ein Versagen der jesuanischen Lehre darin erkennen will, daß die Gemeinde seiner Jünger angeblich mit der äußeren Drangsal nicht fertig wird. Dies hätte zum letzten Stadium , der Passionsphase, im Leben Jesu geführt. Seiner Ansicht nach war dies für Jesus die letzte Konsequenz, die er auf sich genommen hat, als er sein Werk gescheitert sah.

Zu der Chorinschen Theorie ist anzumerken, daß Jesus niemals ein Gottesreich hier auf Erden entgegen der theokratischen Staatsauffassung des Judentums propagiert hat. Er hat im Gegenteil, wie die Evangelien immer wieder berichten, stets betont, daß sein Reich nicht von dieser Welt sei. Denken wir nur an sein Verhalten, als das Volk nach der wunderbaren Brotvermehrung am See Tiberias ihn zum König hat machen wollen. Nach Johannes 6:15 zog Jesus sich auf den Berg zurück, um einem solchen irdischen Amte zu entgehen.

In den Evangelien treffen wir aber immer wieder auf Situationen, wo die Jünger Jesu durchaus im Gegensatz zur Lehre Jesu an irdischen Machtdemonstrationen interessiert waren. So griffen zum Beispiel bei der Verhaftung Jesu einige zu ihren Waffen, was nach Matthäus (26:52) Jesus zu den Worten veranlaßt haben soll: „Stecke Dein Schwert an seinen Platz! Denn alle, die das Schwert ergreifen, werden durch das Schwert umkommenl" Hier findet auch die Handlungsweise eines Judas ihre Erklärung, wenn wir ihn dem Lager der zelotischen Partei zurechnen. Als Judas erkannte, daß Jesus nicht die Absicht hatte, einen neuen, unabhängigen jüdischen Nationalstaat zu errichten, mußte er sich von Jesus trennen. Denn er hatte vermutlich die Worte Jesu nur auf die Errichtung eines Gottesreiches hier auf Erden bezogen. Durch die Auslieferung an den Hohen Rat und an die noch vorherrschende sadduzäische Partei hatte Judas versucht, sich eines politischen Gegners - oder aus seiner Sicht vielleicht auch nur eines dummen Schwätzers - zu entledigen. Vermutlich hatte Judas damals die gleiche Meinung wie heute Chorin, daß Jesus erst nach einer sich nicht bewahrheitenden Naherwartung zu einer introvertierten Haltung gekommen sei: Das Reich Gottes ist mitten unter uns.

Man darf nicht vergessen, daß das jüdische Volk in jenen Tagen ständig den Messias und damit das Ende aller Dinge erwartete. Selbst noch kurz vor der Zerstörung des Tempels in Jerusalem während des Aufstandes in den Jahren 66/70 gab es Propheten, die den Belagerten das kurz bevorstehende Eingreifen Gottes voraussagten. Als einen anderen Hinweis auf die kurz bevorstehende Erscheinung des Messias galt das Erlöschen einer Flamme des siebenarmigen Leuchters im Jahre 30, als Pilatus Statthalter geworden war. Im Frühjahr 31 versuchten dann auch galiläische Festpilger eine messias- politische Passahrevolte. Pilatus gelingt es, den Aufstand blutig nieder- zuschlagen. In Lukas 13 kommt Jesus auf dieses Ereignis zu sprechen und will vom politischen Messiasgedanken weg auf die innere Auffassung vom Gottesreich hinweisen. Damit distanziert er sich ganz klar von den Bestrebungen nationaler Fanatiker.

Mit Jesus von Nazareth ist das geistige Gottesreich in das Bewußtsein seiner Jünger gerückt und hat in den Herzen vieler Menschen seitdem Wurzeln geschlagen. Der Samen ist aufgegangen. Wenn auch vieles, um in der Sprache der Bibel zu bleiben, auf den Weg fiel und zertreten wurde oder mit Dornen aufwuchs und erstickte. Es ähneln Jesu Worte inhaltlich dem Traum des Isaias. Danach ist es nur wenigen gegeben, die Geheimnisse des metaphysischen Gottesreiches zu verstehen, während viele schauend nicht sehen und hörend nicht hören. Selbst in engstem Kreise wurde Jesus nicht immer verstanden. Das erklärt auch, warum selbst einige Jünger die erste Nachricht von der Auferstehung aus dem Grabe für leeres Gerede hielten (Lukas 24: 1 1). In bezug auf die zeitliche Bestimmung künftiger Ereignisse hatte Jesus sich nirgendwo festgelegt; denn bei der Beantwortung der Frage nach dem Sinn des Lebens kann das Vorher und Nachher keine Rolle spielen, weil wir als Menschen die Gesetze des Universums nicht erfassen können. Wie die großen Propheten vor Jesus in Bildern sprachen, in denen Doppelereignisse gekoppelt waren, sprach auch er. Isaias beispielsweise verband die Geburt des Messias aus der Jungfrau seherisch mit dem syrisch-ephraimitischen Krieg; Jesus schilderte den Untergang Jerusalems im Zusammenhang mit dem Ende der Welt. Ganz deutlich erkennen wir die zeitliche Unbestimmbarkeit seiner Ankündigungen im ersten Kapitel der Apostelgeschichte, wonach er auf die Frage, ob schon in jener Zeit das Königtum für Israel aufgerichtet werden sollte, antwortete: „Nicht Eure Sache ist es, Zeit oder Stunde zu wissen, die der Vater festgelegt hat in der ihm eigenen Macht." Man kann sicher sein, daß, wäre Jesus dem Zeitgeist der Naherwartung unterlegen gewesen, ein solcher Fehlschlag polemisch von seinen Gegnern ausgeschlachtet worden wäre. Aber nichts dergleichen ist uns überliefert. Genauso wenig, wie es uns Menschen möglich ist, nach wissenschaftlichen Spielregeln die Existenz oder Nichtexistenz Gottes zu beweisen, können wir eine wissenschaftliche Aussage über die Göttlichkeit des Jesus von Nazareth machen. Erst durch den Glauben beziehungsweise Nichtglauben vollzieht sich die Scheidung der Geister. Glauben heißt aber nicht einfach ‚für-wahr-halten", sondern bedeutet, aus einer Kraft leben, die nicht im Menschen ist, sondern aus dem Vertrauen auf die Führung Gottes erwächst.

Hier zeigt sich das tragische Moment, das im Christentum liegt. Christen und auch ihre Gegner versuchen stets, Christus in der materiellen Welt zu lokalisieren und in ein irdisches Schema zu pressen. Dabei wird aber immer vergessen, daß Christus die Übersetzung Gottes in die Sprache des Menschen ist und er mit irdischen Maßstäben nicht gemessen werden kann. Für die christliche Lehre ist im Grunde der historische Jesus, dessen Existenz von niemandem mehr ernsthaft bezweifelt wird, uninteressant. Wesentlich ist seine Aussage in Wort und Tat. Auch nicht seine Geburt in Bethlehem ist das große Ereignis, sondern die Wiedergeburt von oben ist das Wesentliche, wie es in Johannes 3 aufgezeichnet ist.

Eine Antwort auf die Frage, welche Stellung Christus in der Schöpfung einnimmt, gibt uns Paulus in seinem Brief an die Kolosser. Hier führt er im ersten Kapitel, Satz 15, aus: „Er (Jesus Christus, Anm. d. Verf.) ist das Bild Gottes, des Unsichtbaren, der Erstgeborene aller Schöpfung." Wenn wir den Ausführungen des Johannesevangeliums (17) folgen, erkennen wir die Sonderstellung Jesu in seinem Gebet, in welchem er um seine eigene Verherrlichung bittet, um Gottes Hilfe für die Apostel und für alle Gläubigen und - im Wissen um das irdische Leben - um die Einheit der Christen:

„ Vater .. verherrliche Deinen Sohn,
damit der Sohn Dich verherrliche
Wie Du ihm Macht gegeben hast über alles Fleisch,
Damit er allem, was Du ihm gabst, ewiges Leben gebe.

Das aber ist das ewige Leben,

Daß sie Dich erkennen,

Den allein wahren Gott,

Und den Du gesandt hast: Jesus Christus.

Ich habe Dich verherrlicht auf Erden,

Indem ich das Werk vollbrachte,

Das zu vollbringen Du mir übergeben hast.

Und nun verherrliche Du mich, Du Vater,

Bei Dir mit der Herrlichkeit,

Die ich bei Dir hatte,

Ehe die Welt war …

Man kann nun dem kritischen Gedanken verfallen, daß hier jemand sich selbst überschätzt. Dies warfen die Juden Jesus auch vor und fragten ihn, wozu er sich selbst mache. Nach Johannes (8154) antwortete er: „Wenn ich mich selbst ehre, so ist meine Ehre nichts; mein Vater ist es, der mich ehrt, er, von dem ihr sagt: er ist unser Gott." Ein wenig später soll er im selben Gespräch seine Existenz so beschrieben haben: „Ehe Abraham ward, bin ich." Eine solche Aussage ist nur möglich, wenn Jesus im außer-materiellen Bereich von einer weiterreichenden Existenz ist als alle anderen Menschen. Abraham wurde, aber Jesus ist. Den Inhalt dieser Aussage finden wir noch intensiver dargelegt im Prolog des Johannesevangeliums, das sich zunächst an die hellenistischen Leser wendet und dessen Grundmotiv die Selbstoffenbarung Jesu als des vom Vater gesandten, ihm wesensgleichen Gottessohnes darstellt, der zur Rettung der Welt im wahren Sinne Mensch geworden ist:

„Im Anfang war das Wort (logos, Anm. d. Verf.)

Und das Wort war bei Gott

Und Gott war das Wort.

Dieses war im Anfang bei Gott.

Alle Dinge sind durch es geschaffen worden

Und ohne es selbst wurde nichts, was geschaffen ist."

In princípio erat verbum

et verbum erat apud deum

et deus erat verbum.

Hoc erat in princípio apud deum.

Omnia per ipsum facta sunt

et sine ipso factum est nihil quodfactum est...

Das gleiche Zeugnis gibt uns Paulus, der Interpret der Lehre Christi, der erst nach der Himmelfahrt Christi zu der Jüngerschar gestoßen ist, im ersten Kapitel seines Briefes an die Kolosser (16 u. 17): „Denn in ihm wurde alles geschaffen, was im Himmel ist und auf Erden, das Sichtbare und das Unsichtbare, ob Throne oder Herrschaften, Mächte oder Gewalten, alles ist durch ihn und auf ihn hin geschaffen. Er ist vor allem und alles hat in ihm Bestand."

Nach Johannes 14:17 ff erklärte Jesus, warum die Welt den Geist der Wahrheit nicht empfangen kann mit der Unmöglichkeit der physischen Sichtbarkeit. Nur bei dem, der den Geist kennt, wird er sein. Ist dieser Zustand erreicht, dann ist Jesus in seinem Vater und der Gläubige in Jesus und Jesus in dem Gläubigen. Differenzierung und Einheit steht bei dieser Aussage in einer Wechselwirkung, die nur unter der Voraussetzung verstanden werden kann, daß der in dem Glauben, wie er aus den Texten des Neuen Testamentes spricht, Sehende sein Herz für die Kategorien öffnet, die die uns bekannten Dimensionen einschließen, aber in größerer Weite noch mehr beinhalten. Wir spüren diese für uns nicht begreifbare Weite auch bei seinem Friedensgruß. Jesus sprach hebräisch: Schalom. Schalom bedeutet aber nicht nur Frieden, sondern auch Freude und Gemeinschaft. Und wenn er seinen Jüngern sagt, Schalom lasse ich Euch zurück und mein Schalom gebe ich Euch, und dabei betont, daß dieses Schalom-Darreichen etwas anderes ist als das, was die (materielle) Welt gibt, so ist nochmals zu unterstreichen, daß uns hier Kunde zuteil wird von einer Seinsform, die unser Begriffsvermögen übersteigt und wo wir schlechthin den Ausdruck Gott verwenden. Jesus sagt aber nicht Gott, sondern Vater, und bestätigt in Vers 28, daß der Vater größer sei als er.

Die hier auffallende Differenzierung finden wir wieder im Brief des Apostel Paulus an die Philipper. Er ermahnt seine Gemeinde im geistigen Glaubenskampfe festzustehen. Dabei gibt er das Schalom Jesu wie folgt wieder: „Es geht nun um eine Mahnung in Christus, um einen Zuspruch der Liebe, um Gemeinschaft des Geistes, um Mitgefühl und Erbarmen." Er stellt Jesus als Vorbild hin, der frei war von Selbstsucht und Dünkel und „da er (Jesus, Anm. d. Verf.) in Gestalt Gottes war, dachte er nicht, am Gleich-sein mit Gott selbstsüchtig festhalten zu müssen, sondern er entäußerte sich selbst, nahm Knechtsgestalt an und wurde uns Menschen gleich."

Als eigentliches Selbstzeugnis gelten im Neuen Testament die Aussagen der synoptischen Evangelien: Mt 16:13 , Mk 8:27-9,1 und Lk 9: 18-21. Der Bericht schildert, wie sich Jesus von den für seine Predigt unempfänglichen Juden zurückzieht und seine Apostel auf die Passion vorbereitet, die der erleiden kann, der Jesus im Geiste nachfolgt und sein Kreuz auf sich nimmt. Denn wer Jesus folgt, muß bereit sein, auf Interessen, die dem Gottesreich entgegen sind, zu verzichten. Vorher aber wird in den synoptischen Evangelien geschildert, für wen man Jesus hält. S0 berichten ihm die Jünger, daß einige ihn für Johannes den Täufer, andere für Elias, wiederum andere für Jeremias oder für einen der Propheten hielten. Abgesehen davon, daß diese Aussage eine landläufige Auffassung der Seelenwanderung (Reinkarnation) wiedergibt, hielten die Juden Jesus für einen Rabbi, wie sie in jenen Tagen überall in Judäa anzutreffen waren. Doch als die Jünger ihre Auffassung wiedergaben, er, Jesus, sei der Messias, legte Jesus dar, daß ein solches Wissen nicht aus menschlicher Erkenntnisfähigkeit (aus Fleisch und Blut) hervorgegangen sein kann, sondern auf Grund göttlicher Offenbarung.

Darauf bittet er die Apostel, über diese Erkenntnis zu schweigen, weil das Volk das Auftauchen des Messias als ein politisches Ereignis aufgefaßt hätte.Denn für die Juden war die Ankunft des Messias verbunden mit der Erneuerung eines freien jüdischen Staates mit einer Vorrangstellung in der Völkerfamilie. Genau das aber entsprach nicht der von Jesus zu erfüllenden Aufgabe. Seine Aufgabe war und ist das Hinausführen des Menschen aus der Bindung an seine materielle Umwelt in die Souveränität des Geistes. Im Alten Testament heißt es: „Macht Euch die Erde untertan. " Seid also nicht Sklave des Irdischen, sondern beherrscht es aus dem Geist heraus. So sieht auch Jesus seine Familie nach den Worten des Lukasevangeliums: „Meine Mutter und Brüder sind jene, die das Wort Gottes tun und hören." Spätestens hier ist der Standort Jesu in der neuen geistigen Welt zu erkennen. Hier bleibt auch das Erkennen von Ben Chorin zurück, der in Jesus zwar seinen Bruder und Mitmenschen, aber nicht den Messias sehen will. In Timotheus 2:5 und 6 behauptet Paulus: „Denn nur e i n e n Gott gibt es und e i n e n Mittler zwischen Gott und den Menschen, den

Menschen Christus Jesus, der sich selbst hingab als Lösepreis für alle, das Zeugnis zur rechten Zeit", und nach Johannes (10:25) erwidert Jesus die brennende Frage der Juden, ob er der Messias sei, mit den Worten: „Ich sagte es Euch, und doch glaubt Ihr nicht. Die Werke, die ich tue im Namen meines Vaters, sie geben Zeugnis über mich."

Im Hebräerbrief (2: 17) schildert Paulus die Stellung Jesu in der Welt mit den Worten: „Darum mußte er in allem den Brüdern gleich werden, damit er ein mitfühlender und getreuer Hoher Priester werde im Dienste vor Gott, um die Sünden des Volkes zu sühnen."

Johannes bezeichnet im ersten Kapitel seines Evangeliums Jesus als das fleischgewordene Wort beziehungsweise als Gottes unmittelbare Tat. Die Schwierigkeit, die Beziehung Gottes zu uns Menschen durch die Gestalt Jesu zu begreifen und in unserer Sprache darzustellen, führte in der Geschichte des Christentums zu etlichen Auseinandersetzungen, die zu Aufspaltungen der doch in ihrem Wesen als katholisch, d. h. als allgemein bezeichneten Gemeinschaft der in Gott Lebenden führten.

Von nennenswerter Bedeutung ist die Auffassung der „Alexandrinischen Schule" zu nennen. Alexandria war lange Zeit ein geistiges Zentrum im Mittelmeerraum. Hier hatte sich die Gnosis entwickelt, und so ist es nicht außergewöhnlich, daß man an diesem Ort versuchte, auch dem christlichen Glauben eine philosophische Grundlage zu verschaffen. So wurde in Alexandrien seit Anfang des vierten Jahrhunderts in der Nachfolge des Athanasios (295-373) die volle Gottheit Christi unterstrichen; denn man war der Auffassung, daß nur durch die Vereinigung des göttlichen Christus mit der menschlichen Natur die Menschheit von dem Verderben des Todes erlöst werden könnte.

Eine entgegengesetzte Auffassung vertrat der alexandrinische Priester Arius. Er wollte Jesus nicht mit Gott gleichsetzen, weil der geborene Sohn mit dem ungeborenen Vater nicht wesensgleich sein könne. Vielmehr sei der Sohn als Geschöpf des Vaters ihm untergeordnet; denn der Sohn sei nur als erstes aller Geschöpfe aus dem Nichts geschaffen in der Zeit, und nur auf Grund seiner sittlichen Bewährung, der er unterworfen war, habe Gott ihm die Würde seines Sohnes verliehen. In abgeschwächter Form wurde dieser Gedanke dann noch in der Antiochischen Schule mit der Betonung der Menschheit Jesu und deren Unterscheidung von der ersten göttlichen Natur weiterverfolgt.

Der Arianismus, wie man die Lehre des Arius nennt, fand bis ins siebte Jahrhundert große Anerkennung unter den Germanen und hat noch heute im Osten seine Anhängerschaft, wenngleich diese Lehre sowohl auf dem Konzil zu Nicäa (325) als auch auf dem Konzil zu Konstantinopel (381) verworfen wurde.

„Ich glaube an den einen Gott, den allmächtigen Vater, den Schöpfer des Himmels und der Erde, aller sichtbaren und unsichtbaren Dinge und an den einen Herrn Jesus. Christus, Gottes eingeborenen Sohn. Er ist aus dem Vater geboren vor aller Zeit. Gott von Gott, Licht vom Lichte, wahrer Gott von wahrem Gott, gezeugt, nicht geschaffen, eines Wesens mit dem Vater ..."

In diesem Nicaenum, dem nicaenischen Glaubensbekenntnis, wird durch das Wort „Homousios" die Wesenheit mit Gott besonders herausgestellt, wenngleich die späteren Jungnicaener in abgeschwächter Form nur noch von „Wesensgleich" sprachen.

Der mehr rationalistische Gedanke der Eigenschöpflichkeit des Jesus von Nazareth, wie er weiterhin in der Antiochischen Schule vertreten wurde, veranlaßte zu Beginn des fünften Jahrhunderts den Patriarchen von Konstantinopel, sich gegen die Bezeichnung Marias als „Gottesgebärerin" auszusprechen. Die damit verbundene Betonung der selbständigen Bedeutung der Menschheit Jesu wurde als Zerstörung der Einheit des Gottmenschen aufgefaßt und auf dem vierten ökomenischen Konzil von Chalcedon (451) als Irrlehre verfemt. Nestorius (nach 381 bis um 451) wollte den Begriff „Christusgebärerin" einführen, doch seine Gegner setzten sich mit dem Begriff ‚Gottesgebärerin' durch. Letztlich scheint es eine Frage des Standpunktes zu sein. Maria hat ein Kind geboren, das nach christlicher Auffassung Gott und Mensch zugleich ist. Doch der rein biologische Prozeß war die Geburt eines menschlichen Körpers. Jesus aber sagte: „Ehe Abraham ward, bin ich. " ' Es kann also nicht das Geistwesen Christus geboren werden, wenn es schon ist. Gott als Wesen ohne Anfang, als ens absolutum, hat keinen Ursprung. Das ist auch die Auffassung des Christentums. Wie aber soll das Gotteswesen eine Mutter haben? Es ist durchaus möglich, daß aus dem Unterbewußtsein der Menschheit die Erinnerung an ein Urmatriachat hervorgebrochen ist, dessen Personifikation eben Maria ist. Jedenfalls kann Maria als die Mutter des Menschen Jesus gelten, in seiner Göttlichkeit war er und ist er absolut.

Das Urteil des Konzils zu Chalcedon hinderte die Nestorianer jedoch nicht, außerhalb der damaligen Reichsgrenzen gen Osten eine eigene Kirchengemeinschaft mit starker theologischer und missionarischer Aktivität zu begründen. Ihre Lehre drang über Indien bis nach China vor. Sie nahmen die Thomaschristen in ihre Reihen auf und vereinigten sich im 16./17. Jahr- hundert zum Teil als , ,unierte Syrer' ' mit der römisch-katholischen Kirche. Eine weitere Besonderheit in der Aussage über das Wesen Jesu stellt der Monophysitismus, die Lehre von der einen göttlichen Natur Christi, dar. Der Vorsteher eines großen Klosters bei Konstantinopel, Euchytes, erkannte in Christus keine wahre menschliche Natur. Nach seiner Auffassung hatte zwar die zweite göttliche Person die menschliche Natur angenommen, die jedoch von der Gottheit aufgesogen worden ist, sodaß in Christus nur noch eine einzige Natur, nämlich die göttliche, übriggeblieben ist. Beide Naturen haben sich so zu einer Person vereinigt. Hoheit habe sich mit Niedrigkeit, Kraft mit Schwäche und Ewigkeit mit Sterblichkeit verbunden. Während im Urchristentum Jesus als Gottessohn mit einem Bekenntnis zur Menschwerdung Gottes (Inkarnation), seiner Leidensgeschichte (Passion), der Auferstehung und seiner Wiederkehr zum Endgericht (Parusie) verstanden wurde und als Christus, der , ,Herr'' , seine Bedeutung hatte, entwickelte sich durch die Auseinandersetzung mit der Gnosis und der griechischen Philosophie der Trinitätsgedanke. Dieser hatte zunächst eine Unterordnung des Sohnes unter den Vater und des Heiligen Geistes unter den Sohn zum Inhalt, wandelte sich aber in der Auseinandersetzung mit dem Arianismus zu einer Gleichsetzung der drei Personen (= Erscheinungsformen) in der einen, göttlichen Substanz. Daneben hielt das Abendland schon alleine wegen des Vorbildgedankens an der Menschheit Jesu fest und kommt zu der Formel von der einen Person und den zwei Naturen, während der Arianis- mus die Menschlichkeit und Geschöpflichkeit Jesu betonte, der Monophysitismus die göttliche Natur hervorhob und die Nestorianer wieder die menschliche Person neben die göttliche stellten. Wir sehen, daß die Lehre des Nestorius sich gar nicht so sehr von der abendländischen Theologie, die auf dem vierten ökumenischen Konzil zu Chalcedon für das Christentum die noch heute gültige Form durchsetzte, abweicht. Tatsächlich ist der Hintergrund für die Auseinandersetzung auf dem Konzil zu Ephesus mit Nestorius weniger in einer verschiedenartigen Theologie zu sehen, als vielmehr in einer kirchenpolitischen Rivalität zwischen dem Patriarchen zu Konstantinopel und dem zu Alexandria, Kyrill, jenem einflußreichen Vertreter der jungen Alexandrinischen Schule und Wegbereiter des in die Mystik führenden Monophysitismus.

In allen diesen theologischen Aueinandersetzungen spüren wir, daß die Erforschung der von Gott geoffenbarten Wahrheiten über die Kräfte des menschlichen Verstandes hinausgeht. Unsere Erkenntnisfähigkeit ist hier an einer Grenze angekommen, die wir, solange wir durch unser Menschsein in der Gefangenschaft der Materie leben, nicht überschreiten können. Das aber birgt die große Gefahr eines Fehlurteils in sich, weil wir aus unserer menschlichen Erfahrung und Perspektive heraus nur mit so unzureichenden Begriffen wie Gott, Gottessohn und Mensch (im Sinne einer geistigen Substanz) operieren können und dabei sowohl räumliche Orte als auch Zeitpunkte diesen, von uns eben nicht definierbaren Begriffen, zuordnen wollen. Alle Aussagen in dieser Beziehung sind mit gefährlichen Mängeln behaftet und führen leider immer wieder zu Fehlurteilen. Stellen wir uns doch Jesus als Mittler zwischen Gott und uns Menschen nicht vor wie den Gesandten eines fremden Herrschers, sondern als eine Art und Weise der göttlichen Offenbarung. Wenn wir schon das, was wir Gott nennen, nicht voll erfassen können, sollten wir auch in Demut bekennen, daß wir sein Handeln genauso wenig zuerfassen vermögen.

Der Streit um die Göttlichkeit des Jesus von Nazareth wird vermutlich anhalten, solange die Menschheit existiert und das Wesen Gottes von uns nicht erfaßt werden kann. Wenn wir aber Jesus als die Aussage Gottes in unserer menschlichen Erkenntnisfähigkeit verstehen, sollte auch hier versucht werden, den Wahrheitsgehalt dieser Aussage zu erfassen. Es gilt also, die Aussage der einige Jahre nach Jesu Tod beziehungsweise Himmelfahrt niedergeschriebenen Worte und die in Briefen aufgezeichnete Lehrmeinung seiner Jünger zu analysieren. Leidenschaftliche Angriffe gegen den Begriff der Gotteskindschaft Jesu richtete Rabbi Abbahu, der um 300 in Caesarea durch seine wortgewandten Predigten viele Zuschauer fesselte. Gott ist einem irdischen König nicht gleich, führte er aus. Er hat weder einen Vater noch einen Sohn, noch einen Bruder. Dabei betonte er den Sinn des biblischen Verses: „Ich bin der Erste und der Letzte und es gibt keinen Gott außer mir." Abbahu ließ auch den Lehrsatz von der Himmelfahrt Christi nicht gelten, wenn auch die Christen sich dabei auf das Alte Testament beriefen, wo nach Genesis (5:24) Henoch, ohne den Tod zu sehen, von Gott entrückt wurde. Im Hebräerbrief (1 1:5) wird hierauf noch einmal Bezug genommen. Abbahu läßt dies nicht gelten, weil er den Ausdruck ‚von Gott entrückt werden' oder ‚Gott nahm ihn zu sich' mit ‚Gott ließ ihn sterben' übersetzt. Wenn auch vielfach behauptet wird, daß der Inhalt des Neuen Testamentes mehr durch die Weltanschauung des Apostels Paulus geprägt worden sei, sind diese Schriften doch unverfälschter überliefert als der Inhalt des Alten Testamentes.

Nach dem Evangelisten Johannes (18:37) legt Jesus dem römischen Statthalter Pilatus dar, daß er (Jesus) in die Welt gekommen sei, um Zeugnis zu geben für die Wahrheit. Nach den Aufzeichnungen des Evangelisten Lukas erläuterte Jesus in seiner Bergpredigt den Unterschied zu der von den Pharisäern vertretenen Gesetzesauffassung und Lebenshaltung gegenüber seiner Lehre. Dabei betonte Jesus, daß seine Botschaft das alttestamentliche Gesetz nicht aufhebt, sondern erfüllt und daß seine Forderungen die höchste Vollendung des richtig verstandenen Gesetzes darstellt. Wenn in den Büchern Moses steht, „Du sollst nicht töten' ', sagt Jesus, daß schon das Zürnen ein Vergehen gegen Gottes Gesetz sei. Für ihn liegt der Tatbestand des Ehebruches schon vor, wenn der Mann eine andere Frau mit begehrlicher Absicht anschaut. Gleichermaßen lehnt er den Eid als Bekräftigung einer Aussage ab, denn für ihn heißt es nur ‚Ja' oder ‚Nein'. Das mosaische Gesetz „Du sollst kein falsches Zeugnis geben" wird auch im babylonischen Talmud sehr stark betont mit den Worten: „Wortbetrug ist schlimmer als Geldbetrug." Hier wird die Unwahrheit, also die Lüge, direkt als Betrug hingestellt. Jesu Forderung zielt auf eine klare Entscheidung: Betrug oder nicht Betrug, Ja oder Nein. Etwas anderes läßt er nicht gelten. Von Grautönen wie Notlüge, Schutzbehauptung oder etwas Ähnlichem ist da keine Rede.

Das Postulat, jemandem auch die andere Wange hinzuhalten, wenn man auf die eine geschlagen wird, findet seine Erläuterung in Johannes 14. Als nämlich Jesus beim Verhör durch den Hohen Priester von einem der Diener auf Grund seiner scharfen Antwort geschlagen wurde, entgegnete er: „Habe ich unrecht geredet, so bezeuge das Unrecht, wenn aber recht, was schlägst Du mich?"

Seine Nächstenliebe gipfelt in der Umwandlung der mosaischen Aussage: , ‚Du sollst Deinen Nächsten lieben und Deinen Feind hassen", in das absolute Postulat: „Liebet Eure Feinde und tuet Gutes denen, die Euch hassen, und betet für die, die Euch verfolgen und verleumden." (Matthäus 5:44) Almosen geben, beten und fasten solle man nicht, um sein Tun öffentlich zur Schau zu stellen, sondern in stiller Bescheidenheit. Auch der Urteilsspruch über einen Mitmenschen steht uns nicht zu, weil wir nicht in sein Herz sehen können. Dann aber gibt Jesus den Hinweis, daß derjenige, der den Vater im Himmel um etwas bittet, gehört wird, und so spricht er das Vater-unser, dessen einzelne Formulierungen auch schon im Alten Testament vorhanden sind.

Die viel gestalteten christlichen Kirchen sehen die Bibel, vor allem das Neue Testament, als von menschlichen Verfassern unter besonderer Einwirkung des ‚Geistes der Wahrheit' geschriebenes Buch an. Dabei gilt vor allem das Neue Testament, in dem die vier Evangelien, die Apostelgeschichte, die vierzehn Briefe des Apostels Paulus, die sieben katholischen Briefe und die Offenbarung des Johannes zusammengefaßt sind, als heilige Urkunde aus apostolischer Zeit. Gleichrangig steht daneben die Autorität der von Christus gegründeten Kirche als höchste Instanz über allem, was die christliche Offenbarung betrifft. Damit besteht jedoch die Gefahr, daß der Zeitgeist die überlieferten Wahrheiten verfälscht. Denn schon das junge Christentum , das sich praktisch von einer jüdischen Sekte zu einer eigenständigen Religion mit dem katholischen Anspruch wandelte, hat sich seit der ersten Stunde bis heute stets mit den ihm begegnenden Kulturen auseinandersetzen müssen. Doch es ist wichtig zu wissen, daß durch das katholische Postulat das Christentum an keine Kultur gebunden ist. Denn die Aussage Christi steht über allem. Nicht umsonst fühlte sich Papst Pius XII. in seinem Bibelrundschreiben vom 30. September 1943 veranlaßt, der Christenheit zu schreiben: „Die Heilige Schrift nicht kennen, heißt Christus nicht kennen."

Die Entstehung des Neuen Testamentes fällt in das erste Jahrhundert nach Christi Geburt. Die ältesten Schriften hiervon sind die Paulusbriefe aus dem fünften und sechsten Jahrzehnt. Der jüngste Beitrag, die Offenbarung des Johannes, stammt vermutlich aus dem Jahre 95. Originaltexte der Bibel gibt es jedoch weder aus dem Alten noch dem Neuen Testament. Es existieren nur Abschriften, die, vor allem im Neuen Testament, eine gute Übereinstimmung aufweisen. Man darf beim Lesen dieser Schriften jedoch nicht übersehen, daß deren Abfassung stets aus einer bestimmten Situation in einer gezielten Absicht geschrieben wurde, und das beim Abschreiben, was damals die einzige Vervielfältigungsmöglichkeit war, nicht nur Fehler, son- dern auch aus der Sicht des Schreibers für notwendig erachtete Textvariationen entstanden sind, was vor allem bei Übersetzungen nicht zu vermeiden ist. Neben den vier Evangelien, die 1564 als echt anerkannt worden sind, gibt es auch noch eine Anzahl apokrypher, das heißt „verborgener, untergeschobener" Schriften, die nicht in das Neue Testament aufgenommen worden sind, da ihr Inhalt angeblich nicht vollständig die von Jesus vorgelebte und gepredigte Offenbarung Gottes wiedergibt. Meines Erachtens dürften auch die anerkannten vier Evangelien einiges enthalten, das nicht mit dem Wesen der verkündeten Wahrheit identifiziert werden kann. Hierzu rechne ich zunächst die Berichte über die weltliche Geburt in Bethlehem, die Geschichte von dem Zwölf jährigen im Tempel und von der Hochzeit zu Kanaan sowie die Vertreibung der Geldwechsler aus dem Tempel. Auch die Worte Jesu am Kreuze: „Mein Gott, mein Gott, warum hast du mich verlassen?" erscheinen mir in ihrer Echtheit sehr zweifelhaft (Matth. 27:46, Mark. 15:34). Wäre bei der Geburt in Bethlehem wirklich soviel Wunderbares geschehen, wie uns die Evangelien berichten, hätte die Öffentlichkeit diesem Jesus viel mehr Aufmerksamkeit entgegengebracht und ihn in seiner Jugend schon mehr beachtet. Das über seine Jugendzeit berichtende apokryphe Thomasevangelium dürfte mit seinen Berichten fürwahr nur einem Wunschtraum des Autors entsprechen. Die biblischen Texte weisen vielmehr darauf hin, daß Jesus bis zum Beginn seines Wirkens in totaler Anonymität lebte.

Bei der Geschichte vom zwölf jährigen Jesus im Tempel, wie wir sie im Lukasevangelium (2:4l-52) finden, soll uns dargelegt werden, daß Jesus noch vor seinem dreizehnten Lebensjahr den Schriftgelehrten in Kenntnis und Auslegung der Thora überlegen war. Denn nach der noch heute gültigen Auffassung der Juden ist ein Knabe erst ab dreizehn Jahren ein Barmizwa, ein Sohn des Gesetzes.

Sowohl die Verwandlung des Wassers in Wein als auch die Tempelreinigung können höchstens als Gleichnisse gewertet werden. Denn man muß sich einmal das Geschehen vor Augen führen. Während die Weinproduktion einen Fall reinster Magie darstellt, ist die Sache mit den Geldwechslern schon ein Politikum. Im Tempel in Jerusalem, dem Mittelpunkt des Judentums, wo für den Tempelkult Opfertiere angeboten wurden und das zum Opfern für unwürdig gehaltene Geld der römischen Besatzungsmacht in jüdische Währung eingetauscht werden konnte, wo ständig ein reges Treiben herrschte, soll Jesus mit einigen Gesinnungsgenossen gewaltsam alles in Unordnung gebracht haben? Gerade Jesus, der jeder physischen Gewalt abhold gewesen sein soll? Was würde wohl geschehen, wenn heute in Lourdes oder an einem anderen Wallfahrtsort eine Gruppe von fünf oder zehn Männern die wohl äußerst kitschigen Andenkenstände zerstörte? Wenn nicht vom Volke gelyncht, würden diese Störenfriede doch zumindest von der Polizei verhaftet werden. Erst recht wäre das in dem Tempelbezirk von Jerusalem geschehen. Die Echtheit der Jesusworte, die er am Ende seines Lebens gesagt haben soll, sind deshalb anzuzweifeln, weil die Evangelien unterschiedliche Aussagen machen. Während Matthäus und Markus einen Satz aus dem 22. Psalm zitieren, der den Titel „Der Gerechte in Todesnot' " trägt, zitiert Lukas einen Satz aus dem Psalm 31: „In deine Hand empfehle ich meinen Geist! Du erlösest mich, Herr, getreuer Gott" (Vers 6). Aus allen drei Evangelien ist die Deutung zu erkennen, daß hier der Mensch Jesus zu seinem Herrn und Gott spricht. Ohne die Fähigkeit anzuzweifeln, daß Jesus diese Psalme auswendig konnte, klingt die Schilderung seines Todes weniger theatralisch und daher der von ihm dargestellten Wesensart wirklichkeitsnaher im Johannesevangelium (19:30): „Als nun Jesus den Essig genommen hatte, sprach er: ‚Es ist vollbracht." Und er neigte das Haupt und gab seinen Geist auf."

In dem apokryphen Petrusevangelium werden die letzten Worte Jesu wiedergegeben mit: „Meine Kraft! Meine Kraft! Hast mich verlassen!" Über die Bedeutung des Kreuzes auf Golgatha ist den apokryphen Johannesakten zu entnehmen, daß Jesus seinem Apostel Johannes eingab, auf den Ölberg zu fliehen, wo er folgendes zu seinem Jünger gesprochen haben soll: „Johannes, für das Volk da unten werde ich (in diesem Augenblick, Anm. d. Verf.) in Jerusalem gekreuzigt . . ." Dann zeigt Jesus dem Johannes ein Kreuz aus Licht, an dem er (Johannes) selbst den Herrn sah. Und weiter heißt es: „ ... Doch hatte er keine Gestalt, sondern alleine eine Stimme .... die zu mir sagte: ‚Johannes, einer (wenigstens) muß dies von mir hören; denn einen habe ich nötig, der es hören soll. Dieses Kreuz aus Licht wird bald Logos von mir genannt euretwegen, bald Vernunft, bald Jesus, bald Christus, bald Tür, bald Weg, bald Brot, bald Same, bald Auferstehung, bald Sohn, bald Vater, bald Geist, bald Leben, bald Wahrheit, bald Glaube, bald Gnade. So wenigstens den Menschen gegenüber. Was es (das Kreuz) aber wirklich ist, an und für sich betrachtet und auf uns bezogen, (das will ich Dir, wie folgt, verständlich machen) es ist das, was alle Dinge in Grenzen hält und das, was vor dem keinen bestimmten Platz hatte, nun aber befestigt ist, kraftvoll emporführt; es ist Harmonie der Weisheit, Weisheit nämlich in (vollendeter) Harmonie. Es gibt (im All zunächst) zur Rechten und zur Linken (Orte): Mächte, Gewalten, Herrschaften und (andererseits) Dämonen, Energien, Bedräuungen, Wallungen, Teufeleien, den Satan und die untere Wurzel, aus der die Natur dessen, was entsteht, hervorgegangen ist. Dies Kreuz also ist es, das das All durch das Wort befestigt und das, was von seiner Entstehung her auch das untere bildet, in Grenzen gebracht, danach aber auch als das Eine alles festgemacht hat. Jedoch ist das nicht das Kreuz aus Holz, das Du sehen wirst, wenn Du von hier (nach Jerusalem) hinabsteigst. Ebenso bin ich, den Du jetzt zwar nicht siehst, dessen Stimme Du aber hörst, der, der (in Jerusalem) am Kreuze (hängt). Für das, was ich gar nicht bin, was ich für die anderen vielen war. Vielmehr, was man von mir sagen wird, das ist armselig und meiner nicht würdig. Da man nun den Ort der Ruhe weder sehen noch beschreiben kann, um so viel weniger wird man mich, den Herrn dieses (Ortes), zu sehen bekommen." " Interessant ist, daß Mohammed in der vierten Sure des Korans (Vers 158), vermutlich in Anlehnung an die Lehre der Monophysiten, den Kreuzestod Jesu entschieden ablehnt. Er schrieb: „Sie haben ihn aber nicht getötet und nicht gekreuzigt , sondern einen anderen, der ihm ähnlich war. In der Tat sind die verschiedenen Ansichten hierin nur Zweifel, weil man keine bestimmte Kenntnis hatte, sondern nur vorgefaßten Vermutungen folgte." In einer anderen Übersetzung heißt es: , „. . . sondern es schien ihnen, sie hätten ihn gekreuzigt. In der Tat bleiben nur Zweifel..."

In den Sätzen des apokryphen Petrusevangeliums kommt die messianische Aussage Jesu vielleicht stärker zum Ausdruck als in den kanonischen Evangelien der Bibel. Aber auch dort finden wir immer wieder Hinweise darauf, daß Jesus sich nicht einfach als Rabbi oder Wanderprediger versteht. Als er nach Lukas (12: 13) von einem Unbekannten angerufen wird, in einem Erbstreit gemäß der Thora als Rechtsgrundlage zu entscheiden, lehnte Jesus dieses Ansinnen ab. Bekanntermaßen war die Thora ja nicht nur Richtschnur der jüdischen Religion, sondern zugleich das Gesetzbuch für straf- und zivilrechtliche Angelegenheiten. Jesus fühlte sich aber weder als Richter noch als Erbschlichter, sondern rein als Verkünder einer unjuristischen Moral, unabhängig von der Thora und unbeeinflußt von dem jüdischen Thoragehorsam.

Kritiker des Christentums behaupten, daß nicht Christus, sondern der Apostel Paulus der eigentliche Begründer des Christentums sei. Er habe das schlichte Leben und das klägliche Ende jenes galiläischen Wanderpredigers zu einer grandiosen Heilsgeschichte von weltumspannendem Ausmaß umfunktioniert. Tatsächlich kann Paulus als Hauptautor des Neuen Testamentes angesprochen werden, wenn man das auf seine Initiative zurückzuführende Lukasevangelium, die Apostelgeschichte und seine vierzehn Briefe dem Umfang nach betrachtet. Denn diese Schriften nehmen etwas über die Hälfte des Neuen Testamentes ein. Als gesetzestreuer Pharisäer galt er unter dem Namen Saulus als ein radikaler Verfolger der christlichen Gemeinde. Bei einer Verfolgungsaktion um das Jahr 34 wurde er durch eine plötzliche Christusvision zum einflußreichsten Missionar und Theologen der jungen Kirche. Als römischem Bürger gelang es ihm, sich den Drohungen der fanatischen Pharisäer zu entziehen und sich der römischen Gerichtsbarkeit zu unterstellen. Auch während seiner zweijährigen Haft in der Hafenstadt Caesarea und seiner Gefangenschaft in Rom, wohin ihn der Prokurator Festus im Jahre 60 unter Bedeckung hatte bringen lassen, konnte Paulus seine Lehrtätigkeit bis zu seinem Tode, dessen Datum nicht bekannt ist, fortsetzen. Es spricht einiges dafür, daß das Todesjahr vor dem Jahre 64 anzusetzen ist. Paulus hatte sich den Zorn der Pharisäer zugezogen, weil er als ehemaliger Rabbiner den Auserwähltenstatus des jüdischen Volkes bestritt und dem die These von der Gleichheit aller Menschen vor Gott entgegengestellt hat. Damit war aber die jüdische Religion ihrer Grundlage beraubt. Mit der paulinischen Interpretation des Christentums wuchs die junge Christenschar aus dem Status einer jüdischen Sekte heraus zu einer universellen Weltreligion.

Zunächst nämlich unterschieden sich die Mitglieder der von Christus zurückgelassenen kleinen Glaubensgemeinschaft im Äußeren nicht von den anderen Juden. Diese Judenchristen lebten ebenfalls streng nach jüdischer Sitte und den Gesetzen des Alten Testamentes. Sie besuchten wie ihre Landsleute den Tempel und die Synagogen, wie es auch Jesus getan hatte, feierten aber im Andenken an seinen Tod zusätzlich das Abendmahl.

Die erste größere christliche Gemeinde außerhalb Jerusalems war in Antiochia, der damaligen Hauptstadt Syriens, dem heutigen Antakya. Diese Gemeinde bestand nicht nur aus Juden, sondern auch aus einer Vielzahl bekehrter I-leiden. Leiter der Gemeinde war der aus Cypern stammende Barnabas, der bald Paulus zu seiner Unterstützung zu sich holte. Hier in Antiochia kam es zu einem Meinungsstreit zwischen Judenchristen und Heidenchristen. Die Judenchristen vertraten die Meinung, daß ein wahrer Christ zunächst nach jüdischem Gesetz sich beschneiden lassen müsse. Außerdem habe er das mosaische Gesetz wie die Juden zu befolgen. Ein in Jerusalem zusammengetretenes Konzil entschied sich für die paulinische Auffassung, daß Heidenchristen vom (jüdischen) Gesetz unabhängig seien, sich jedoch von Götzenopferfleisch, von Blut, von Ersticktem und von Unzucht freihalten sollen (Apostelgeschichte 15:29). Bereits schon im zehnten Kapitel der Apostelgeschichte wird von der Taufe des nichtjüdischen Cornelius, Hauptmann der italischen Kohorte, durch Petrus berichtet. Durch ein Gesicht war vorher dem Apostel Petrus das Ende des jüdischen Zeremonialgesetzes verdeutlicht worden.

Mit der Konzilsentscheidung von Jerusalem war für die Christen die Barriere der jüdischen Religionsgesetze beseitigt und der Weg wieder frei zum

Ursprung des Gottesglaubens, aus dem das jüdische Volk schon soviel Kraft geschöpft hatte, aber durch seine Säkularisierung zum Gefangenen eigener Gesetze geworden war. Doch auch das Christentum ist späterhin von einem solchen Säkularisierungsprozeß nicht bewahrt geblieben.

Das von Jesus in unser Bewußtsein eingepflanzte immaterielle Gottesreich, das eben nicht von dieser Welt ist, vereinigt in sich alle Geistwesen, ob mit menschlichem Körper oder ohne, die nur Gott als höhere Instanz im Glauben anerkennen. Eine solche Versammlung, griechisch Ecclesia, entspricht dem Worte nach unserem Begriff Kirche. Damit ist aber weder das Gebäude für den Gottesdienst gemeint noch der Verwaltungsapparat einer Religionsgemeinschaft. Christ sein heißt also, in der Ecclesia, in der Versammlung der an Gott Glaubenden zu leben. Genauso, wie die Urkirche zwischen den Judenchristen und den Heidenchristen unterschied, zeigt heute die Kirche Differenzierungen in den verschiedenen Formen, wie sie uns im Katholizismus, dem Protestantismus, in der Orthodoxie, der koptischen Kirche und den vielen anderen monotheistischen Religionsgemeinschaften, die sich auf Christus berufen, begegnen. In dem Jerusalemer Apostelkonzil wurde uns gesagt, was Ökumene ist. Dort wurde sie uns vorexerziert. Heute wird zwar viel von Ökumene gesprochen, doch die Vertreter der einzelnen Religionsgemeinschaften haben sich hinter geschichtlich gewachsenen Traditionen und von Menschenhirnen geschaffenen Gesetzen verbarrikadiert und wehren sich aus menschlicher Engstirnigkeit heraus gegen das Prinzip des Geistes Gottes, der damals den Aposteln den Weg zur Ecclesia Christi gezeigt hat. Alle, die im Glauben an Gott leben, Katholiken, Protestanten, Juden, Mohammedaner, die an Manitu glaubenden Indianer und im Eingottglauben lebenden Hindus könnten hier auf Erden schon im Reiche Christi fern aller materiellen Fesseln leben, wenn sie nicht nur von Ökumene redeten, sondern auch Ökumene in die Tat umsetzten. Ich erinnere noch einmal an Johannes 10:16, wo von einer Herde und einem Hirten die Rede ist.

Im elften Kapitel der Apostelgeschichte lesen wir, wie Petrus sich vor der Gemeinde der Judenchristen wegen der Taufe unbeschnittener Heiden rechtfertigt. In einem Gesicht hatte er die an ihn gerichteten Worte gehört: „Was Gott rein gemacht hat, sollst Du nicht unrein nennen." Darauf erinnerte sich Petrus an die Worte Jesu, mit denen er den Unterschied religiöser Kulthandlungen und der Stellung des Menschen zu Gott erläuterte: „Johannes -taufte mit Wasser, Ihr aber werdet getauft werden mit heiligem Geist." Immer wieder wird der Leser des Neuen Testamentes in bezug auf den Gottesglauben durch die Zitate Jesu vom Körperlichen fort-

und auf die geistige Substanz in uns hingewiesen. Unter dem römischen Kaiser Diokletian (um 243-313), dem letzten erbitterten Verfolger des Christentums, kommt es in Rom zu Thronstreitigkeiten, aus denen Konstantin, der Sohn des von Diokletian als ‚Caesar' über Gallien und Britannien ernannten Constantius Chlorus, als Sieger hervorging. Konstantin war bis kurz vor seinem Tode Anhänger des Mithrakultes. Durch seinen Freund Eusebius, der Bischof von Caesarea war, hatte Konstantin gute Beziehungen zu den Christen in seinem Reich. In der Entscheidungsschlacht über den künftigen Regenten im Römerreiche am 17. 10. 312 in der Nähe der Tiberbrücke fiel Konstantin der Sieg über seine Rivalen zu, weil nicht zuletzt eine starke, aus christlichen Soldaten sich rekrutierende Einheit die Entscheidung herbeiführte. Der Legende nach soll Konstantin über der von ihm verehrten Sonne ein strahlendes Kreuz gesehen und dabei die Worte vernommen haben: „In diesem Zeichen wirst du siegen."

Es ist für die Entwicklung des Christentums egal, ob der Kaiser durch diese Worte oder aus Dankbarkeit gegenüber den christlichen Mitstreitern bewegt wurde, im Jahre 313 einen Erlaß herauszugeben, der das Christentum von aller Verfolgung in seinem Reich befreite und damit den Weg zur Staatsreligion ebnete. Dies wurde es unter Kaiser Theodosius I. (um 347-395). So gut, wie dieses Ereignis oberflächlich betrachtet für die Sache des Christentums zu sein schien, waren die Auswirkungen für die christliche Lehre jedoch nicht. Denn mit der Stunde, in der die christliche Religion Staatsreligion wurde, bekam der von Christus verkündete Gottesglauben in Form materialistischen Gedankengutes Fesseln angelegt. Unter dem Einfluß der griechischen Denkweise entbrannte der Streit um die Lehre von den drei göttlichen Personen und den zwei Naturen Christi. Man versuchte, mit menschlichem Verstand das Wesen Gottes und des Gottmenschen nach den Regeln des wissenschaftlichen Arbeitens zu erforschen. Im lateinischen Abendland stand das geheimnisvolle Zusammenwirken von göttlicher Gnade und menschlichem Willen im Vordergrund, was letztlich bestimmend ist für das religiös-sittliche Verhalten des Menschen. Die damals angefachten Diskussionen, die bis heute, wie uns der Meinungsstreit der katholischen Kirche mit Professor Küng zeigt, noch nicht beendet sind, führten zu Aussagen, die entweder als Dogma zementiert oder als Irrlehren gebrandmarkt wurden, ohne sich ins Bewußtsein zu rufen, daß wir Menschen gar nicht in der Lage sind, das Wesen Gottes bis ins Letzte hin begreifen zu können. Gerade die Bibel zeigt uns immer wieder durch ihre Aussagen in Gleichnissen, daß selbst der Mensch, dem göttliche Offenbarung zuteil wurde, nicht in der Lage ist, diese Erkenntnis in unsere Sprache zu übertragen. Zu behaupten, dies trotzdem tun zu können, und dann ein unzureichendes Urteil als das einzig Wahre zu propagieren, möge letztlich der großen Nachsicht Gottes wegen niemandem als Verfehlung angelastet werden. Denn handelt nicht auch der recht, der aus eigenem Wissen heraus subjektiv sein Tun für richtig hält, solange er damit die Handlungsfreiheit seiner Mitmenschen nicht beeinträchtigt?

Durch die Erhebung zur Staatsreligion waren die Anhänger der christlichen Lehre keinen Verfolgungen im Römerreich mehr ausgesetzt. Es gab jetzt aber auch keine Märtyrer mehr. Da aber das Sinnenhafte im Menschen nach greifbaren Vorbildern verlangt, wurde bald ein neuer Heldentypus geschaffen. Die Initialzündung war die Beschreibung der Lebensgeschichte des Ägypters Antonius durch den Bischof von Alexandria, Athanasius. Antonius hatte sein Leben als Einsiedler gefristet , als er im Alter von 105 Jahren starb. Durch seine Schrift hatte Athanasius die Weltentsagung der Mönche als neues Heldentum proklamiert. Mit dem Zusammenschluß von Einsiedlern in Klöstern waren Mönchsorden entstanden, die zunächst im Orient ihre Heimat hatten. Im Abendland war um 500 Benedikt von Nursia (um 480-547) derjenige, der das Klosterleben in Europa organisierte. Er gründete damals das Kloster Montecassino in Süditalien. Eigentumsverzicht, Keuschheit, Gehorsam und Abstand vom umherschweifenden Leben der Wandermönche waren die Grundlagen dieses Ordens.

Doch die Benediktiner sind nicht der einzige Mönchsorden geblieben. Durch Bernhard von Clairvaux (um 1090-1153) erlangte der 1098 gegründete Zisterzienserorden seine hohe Bedeutung. Auf Franz von Assisi geht der Bettelorden der Franziskaner zurück und der Priester Dominikus (um 1181-1221) aus Altkastilien war der Ordensstifter der Dominikaner. Seelsorge, wissenschaftliche Arbeit und Aufgaben der Erziehung sind das Leitbild des Jesuitenordens, der letzten großen, durch Ignatius von Loyola (1491-1556) gegründeten Klostergemeinschaft.Mit der Christianisierung der Germanen und Slawen wanderte der Schwerpunkt des Christentums weiter nach Norden. Bald ruhte die Vormachtstellung des Christentums auf der Institution des ‚Heiligen Römischen Reiches deutscher Nation' . Karl der Große wurde als Frankenkönig Schutzherr der römischen Kirche. Mit seiner Krönung zum Kaiser am 25. Dezember 800 in Rom durch Papst Leo III. wurde diese Stellung manifestiert. Damit entbrannte aber auch der Zweikampf zwischen der weltlichen Staatsmacht und der römischen

Kirche um die oberste Gewalt im europäischen Kaiserreich, der im Investiturstreit gipfelte.

Die Kirche, ursprünglich doch das geistige Reich Christi, wurde immer mehr als eine politische Partei angesehen, die im innerstaatlichen Bereich den Gegenpol zu der eigentlichen Staatsmacht bildete und sich außenpolitisch vor allem gegen den Religionskonkurrenten Islam verteidigen mußte. Denn ebenfalls in der Annahme, das Reich Gottes hier auf Erden mit Feuer und Schwert vollenden zu müssen, drangen die Anhänger Mohammeds zuerst über Nordafrika und Spanien einerseits, später unter den Osmanen über Griechenland und den Balkan andererseits gegen Mitteleuropa vor. Dies wiederum löste die mittelalterlichen Kreuzzugsbewegungen aus, deren Ziel die Wiedereroberung früher christlicher Gebiete war. Nach der Eroberung der iberischen Halbinsel wurde der Tatendrang der ‚christlichen Kämpfer' in neue Bahnen gelenkt. Die angestrebte Befreiung des nicht vergessenen christlichen äthiopischen Reiches aus der Umklammerung des Islam führte zur Umseglung Afrikas. Dann lockte der neue Seeweg nach Indien, und bald schwammen die ersten Karavellen der Eroberer auf dem Atlantik in Richtung auf die Neue Welt. Auch so läßt sich eine Motivation für die Entdeckung des neuen Erdteiles erklären.

Das geistige Leben des Mittelalters war bestimmt durch die Scholastik. Dieses philosophische System versuchte, von aristotelischer Denkweise beeinflußt, die Bibel, wie sie nun einmal trotz fehlerhafter Übersetzungen vorlag, die Ausführungen der Kirchenväter, die Konzilsbeschlüsse und die päpstlichen Entscheidungen als absolute Wahrheit auszugeben. Persönlichkeiten der Scholastik waren der Erzbischof Anselm von Canterbury (1033- 1109), der Dominikanerpater, Kirchenlehrer, Naturkundler und Philosoph Albertus Magnus (1193 oder 1206 bis 1280) sowie Thomas von Aquin.

Genauso, wie im 13. Jahrhundert die Kabbala das religiöse Leben der Juden beeinflußte, erfuhr auch der christliche Glaube neue Impulse durch die aufkommende Mystik. Gleichzeitig breitete sich aber ein Schatten über das christliche Abendland aus, der von dem Teufels- und Hexenwahn und der damit in Zusammenhang stehenden Inquisition verursacht wurde. Mit dem Aufkommen des Humanismus und der Renaissance, so sagt man, sei das Mittelalter zu Ende gegangen. Das mag stimmen. Nicht aber stimmt die Behauptung, daß sich erst zu diesem Zeitpunkt die Spaltung des Christentums vollzog. Tatsächlich war die christliche Kirche schon früher gespalten. Die Ostkirchen unterstanden nie dem päpstlichen Primat.

Dies aber nicht nur aus poliltischen oder geographischen Gründen, sondern vor allem wegen unterschiedlicher Lehrmeinungen.

Der ältesten Abspaltung begegnen wir in den altorientalischen National-kirchen der Thomaschristen an der Westküste Indiens. Im vierten Jahr-hundert beschäftigte die Lehre des Arius die Konzile. Die Armenier in der Türkei und die Kopten in Ägypten und Äthiopien hängen sich im fünften Jahrhundert der monophysitistischen Lehre an. Auch die nestorianischen und die westsyrisch-jakobitischen Christen hatten sich schon frühzeitig von der europäischen Christengemeinschaft abgespalten. Die Trennung zwischen Rom und der orthodoxen Ostkirche zeichnete sich erstmals im 9. Jahrhundert ab und wurde im 11. Jahrhundert durch den Primatenan-spruch des Bischofs von Rom besiegelt. Heute ist die Ostkirche in zahlrei-che Landes- oder Nationalkirchen aufgesplittert, die dem jeweils höchs-ten Bischof des betreffenden Landes, dem Patriarchen, unterstehen. Ne-ben den Patriarchen von Konstantinopel, Alexandrien, Antiochien und Je-rusalem ist noch der Patriarch von Moskau zu nennen, dem nach 1945 auch die orthodoxen Kirchen von Lettland, Estland und Litauen zwangs-läufig unterstellt wurden. Darüber hinaus finden wir in der ganzen Welt mehr oder weniger große Orthodoxengemeinden, vor allem in Polen, Finnland, Rumänien, Bulgarien, Jugoslawien, Albanien und Griechenland. Die Zahl der orthodoxen Christen wird auf eindreiviertelmillionen Gläubi-ge geschätzt. Sondert man alle sogenannten Irrlehren aus, so bleibt für die römisch-christliche Kirche folgende Lehrmeinung:

1) Jesus ist eines Wesens mit Gott
2) Maria gilt als die Gottesgebärerín
3) In Jesus haben sich die göttliche und die menschliche Natur vereinigt

In bezug auf das Verhältnis zwischen Gott und Menschheit machte im Jah-re 400 der britische Mönch Pelagius von sich reden. Er pochte auf die Kraft des Menschen zu allem Guten. Für ihn ist der Mensch heute genauso wie die ersten Menschen vor dem Sündenfall, der für das Menschenge-schlecht keine Kollektivschuld ausgelöst hat. Die notwendige Erlösung für die gefallene Menschennatur leugnete er. Dieser Auffassung trat Augus-tinus entgegen. Er äußerte sich positiv über das geheimnisvolle Zusam-menwirken von menschlichem Willen und göttlicher Gnade. Hier sei auf Matthäus 16:17 verwiesen, wo Christus von der Gnade der Offenbarung spricht. Auch hier vollzieht sich das Geheimnis des Eindringens Gottes in die menschliche Natur, die wir in freier Willensentscheidung gläubig akzeptieren oder verneinen müssen.

Es war nicht Luthers Absicht, eine neue Kirche zu gründen, sondern man muß ihm unterstellen, daß er zumindest im Anfang seiner Arbeit nichts anderes wollte, als durch Rückgriff auf das Urchristentum und die Bibel den Weg zur Kirche, zur Ecclesia, zum immateriellen Gottesreich wieder freimachen. Mit seiner Reformbewegung löste er wieder die Einheit von Kirche und Staat auf und trennte die Philosophie von der Theologie. Er erteilte unter Hinweis auf die Offenbarung Christi dem Aristotelismus und allen anderen Philosophien eine Absage. Diesem Gedanken begegnen wir wieder bei Karl Barth nach dessen Auffassung eine philosophische Schule weder den Weg zum Christentum ebnen noch als Fundament dienen kann. Auch von katholischer Seite wird heute das religiöse Anliegen Luthers akzeptiert, wenngleich die Einseitigkeit seiner Lehre auf Ablehnung stößt. Im Gegensatz zum Anglikanismus geht es dem Lutheraner nicht um die Frage der Suprematie des Papstes, sondern darum, ob das radikale Nein zu jeglicher Philosophie griechischer Herkunft im Gegensatz zur katholischen Theologie dem Wahrheitsgehalt der biblischen Offenbarung nähersteht.

Man kann Philosophie als das Streben des Menschen nach Wahrheit in den fundamentalen Fragen des Daseins und dessen Grundlagen definieren; und man geht nicht fehl in der Behauptung, daß ein solches Unterfangen jedem denkenden Menschen zu eigen ist, denn er ist doch stets bemüht, seine täglich gemachten Erfahrungen in ein Ordnungssystem zu bringen. Schwierig aber kann sich die Aufgabe gestalten, in ein solches selbst aufgebautes Ordnungssystem eine Religion, der man begegnet, zu integrieren oder umgekehrt, sein eigenes System in eine Religion einzugliedern. Es wird zwar immer wieder behauptet, daß ein solches Problem nicht besteht, wenn der Mensch in einem festgefügten Gesellschaftssystem aufwächst. Das ist aber nur zutreffend, wenn die Führer dieser Gesellschaft den übrigen Menschen Wissen unterschlagen und die menschliche Erkenntnisfähigkeit nicht trainiert ist. Im Normalfall stehen wir täglich vor der Aufgabe, Erfahrungen und Erkenntnisse in unser bestehendes Denksystem einzugliedern, wodurch wir - wenn wir unsere Denkfähigkeit gegen „panem et circenses", d. h. Mit anderen Worten gegen ein konsumorientiertes Verhalten eingetauscht haben - fast ständig in geistige Konfliktsituationen geraten, da uns dann eine rationale Erkenntnis der Wahrheit nicht gegeben ist.

Als Lehrgrundlage der lutherischen Kirche gilt in erster Linie die von Philipp Melanchthon (1497-1560), dem engen Mitarbeiter Luthers, 1530 verfaßte Bekenntnisschrift der „Augsburgischen Konfession". In dieser Schrift finden wir keine neuen religiösen Darstellungen, sondern es wurde der Anspruch der Reformation auf die Übereinstimmung ihrer Anschauungen mit der Bibel und der Urkirche dargelegt und die bestehenden Unstimmigkeiten auf die später eingeführten Ordnungen zurückgeführt. Die Augsburger Konfession betont die Übereinstimmung der protestantischen Lehre mit den Aussagen der Bibel und der Urkirche ohne die Einbringung absolut neuer Ideen. Sie bezeugt den einen Glauben und war nicht auf eine konfessionelle Trennung, sondern auf Einheitlichkeit ausgelegt.

Wenn auch Luther am 31. 10. 1517 seine Thesen an der Schloßkirche zu Wittenberg anschlug, kann dieses Datum nicht als der Beginn der Reformation gelten. Schon vorher war in der Bewegung des Böhmen Jan (Johannes) Hus (1369-1415) ein Wetterleuchten am religiösen Himmel Europas zu erkennen. Denn die Wurzeln der Reformation lagen sowohl in den wissenschaftlichen Entdeckungen, dem durch die Entdeckung Amerikas veränderten Weltbild, dem Zerrfall der Reichsidee auf Kosten der Entstehung der Nationalstaaten, demäntik-humanistischen Wissenschaftsbegriff, als auch nicht zuletzt in dem neuen Selbstverständnis des Menschen in unserem Kulturkreis.

Die Zahl der in der evangelischen Kirche zusammengefaßten Gruppen wächst noch heute immer stärker an. Da ist die lutherische Kirche neben der reformierten, die in Johannes Calvin (eigtl. Jean Cauvin, 1509- 1 564) ihren Begründer sieht. In England begegnen wir der Anglikanischen Kirche, von der sich wiederum die schottische Presbyterialkirche abgesondert hat. Während die Presbyterialkirche hauptsächlich die bischöfliche Verfassung der Anglikanischen Staatskirche ablehnt, geht die ablehnende Haltung der religiösen Vereinigung der Quäker, die als einzige Quelle des religiösen Lebens ein ‚inneres Licht' akzeptieren, soweit, daß sie Kirche und Sakramente verneinen. Eine weitere Gruppe, die Methodisten, gestaltet ihr religiöses Leben durch gemeinsames Beten, Bibellesen und Fasten. Eine Abart der Methodisten ist die Heilsarmee mit ihrer vorbildlichen Liebestätigkeit. Die Aufzählung wäre nicht vollständig, würde man die Existenz jener Gruppen unerwähnt lassen, die sich vor allem auf dem amerikanischen Kontinent einen Namen gemacht haben. Es sind dies die Baptisten und Mormonen, sowie die Adventisten und die auch in Europa stark vertretenen Zeugen Jehovas oder „Ernste Bibelforscher".

Der oberste Kirchenherr der Anglikanischen Kirche, the Church of England, ist der englische König. Trotz des Staatscharakters dieser Kirche ist nur etwa die Hälfte des englischen Volkes anglikanisch. Der übrige Teil der Bevölkerung gehört irgendwelchen freikirchlichen Religionsgemeinschaften an. Auslösendes Moment für die Abspaltung der Anglikanischen Kirche war die Eheschließung Heinrichs VIII. im Jahre 1534, die wegen der Scheidungsfrage vom Papst nicht gebilligt werden konnte. Vorherrschend in der englischen Kirche sind die Glaubenslehren der lutherischen und der reformierten Religionen, während Verfassung und Kultus noch stark katholische Elemente aufweisen. Kirchengesetze müssen vom Parlament genehmigt werden. Im übrigen zeichnen sich in der Anglikanischen Kirche drei Tendenzen ab, die sich in der High Church mit starker Anlehnung an den katholischen Ritus, der Low Church mit betonter Bibelfrömmigkeit, missionarischen und soziologischen Bestrebungen und der Broad Church mit einer von der deutschen Theologie beeinflußten wissenschaftlich-kritischen Richtung darstellen.

Beiden genannten Religionsgruppen taucht immer wieder der Begriff Kirche auf. Anglikanische Staatskirche, Landeskirche, evangelische oder katholische Kirche, Presbyterialkirche und so fort. In diesem Zusammenhang hat der Begriff Kirche längst nicht mehr seine ursprüngliche Bedeutung. Hier ist er nur noch Ausdruck für eine Religionspartei; denn die wahre Kirche ist und bleibt die allgemeine, im ursprünglichen Wortsinn katholische Gemeinschaft von Geistern diesseits und jenseits der Grenze zwischen der materiellen und metaphysischen Welt.

Während Karl V. als letzter Kaiser des Heiligen Römischen Reiches Deutscher Nation angesehen werden kann, bedeutet das Konzil zu Trient, mit dem die katholische Kirche römischer Prägung ihre Gegenreformation einleitete , das Ende des universalen Papsttums in Europa. Träger der Gegenreformation war der Jesuitenorden. Die römische Kirche hatte sich zu jenerZeit nicht nur mit den Ideen Martin Luthers, sondern auch mit dem Gedankengut des Schweizers Ulrich Zwingli (1484-1531) und des Franzosen Johannes Calvin auseinanderzusetzen. Im Gegensatz zur katholischen Lehre sagt der Calvinismus, daß Gott von sich aus die Menschen zur Seligkeit oder zur Verdammnis bestimmt. Hierbei beruft sich Calvin auf den Römerbrief des Apostels Paulus (8:30): , ,Denen, die er im voraus erkannte, die bestimmte er auch im voraus zur Teilhabe an der Bildgestalt seines Sohnes, auf daß er sei Erstgeborener unter vielen Brüdern: Die er aber vorherbestimmte, die rief er auch, und die er rief, die machte er auch gerecht, die er aber gerecht machte, die verherrlichte er auch." In demselben Brief (9218) schrieb er weiter: „So erbarmt er sich also, wessen er will, und verstockt, wen er will."

Nimmt man diese Tatsache absolut, so scheint die calvinistische Prädestinationslehre zu Recht die Möglichkeit des Menschen, sich freiwillig für oder gegen Gott im Glauben zu entscheiden, zu verneinen. Man muß sich dann aber auch die Frage stellen, wie der calvinistische oder überhaupt der evangelische Christ, der ja dem Glauben der Prädestinationslehre anhängt, noch in einem Gebet an Gott Bitten aussprechen kann, wenn sein Lebensablauf doch festliegt? Überlegungen am Rande der calvinistischen Ethik weisen auf Parallelen zum Kapitalismus. Denn der Calvinismus sieht in dem durch Arbeitserfolg erreichten Wohlstand ein Zeichen göttlicher Erwählung. Aus gleicher Wurzel stammt auch die Haltung des weißen Amerikaners, der die Versklavung des Negers unter der Herrschaft des weißen Mannes als göttlichen Ratschluß ansah. In der lutherischen Kirche gilt die Prädestinationslehre zwar ebenfalls, wird hier aber weniger betont.

Kehren wir zurück zum Neuen Testament, so finden wir im fünften Kapitel des Römerbriefes die paulinische Meinung, daß wir durch unsere Entscheidung zum Glauben in die Gnade Gottes gelangen. Solange wir aber durch unseren Glauben in der Gnade Gottes stehen, so ist im zehnten Kapitel des ersten Korintherbriefes zu lesen, wird Gott uns keine Anfechtung zukommen lassen, die über unsere Kräfte geht, sondern er wird uns stets einen Ausgang schaffen, den wir bestehen können. Auch die Schlußworte des zweiten Korintherbriefes weisen darauf hin, daß Gott erst auf unser Verhalten reagiert: „Seid friedsam, und der Gott der Liebe wird mit Euch sein."

Der Gedanke der göttlichen Vorbestimmung wirkte seit Augustinus tatsächlich beängstigend. Er entstand aus der Betonung Gottes als Urgrund allen Geschehens, vernachlässigte aber total den geschichtlichen Dialog Gottes mit den Menschen, wie er in Christus seine größte Demonstration gefunden hat. Nach Augustinus kann der Mensch nur durch die Gnade von der Erbsünde, die der Kirchenlehrer als Begierlichkeit, doch nie als persönliche Schuld oder Sünde sah, gelöst werden. Ob er aber die Gnade erhält oder nicht, liegt alleine im Ermessen Gottes. Demnach hätte der Mensch aber auch keine Freiheit zum Guten mehr. Luthers Auffassung von der Alleinwirksamkeit der Gnade steht also im Gegensatz zur paulinischen Darlegung, die durch Melanchthon wieder im Protestantismus Fuß gefaßt hat. Ohne Zweifel war Melanchthon als Humanist mit aristotelischem Gedankengut behaftet. Trotzdem klingt seine synergistische Theorie, die auch der paulinischen Auffassung entspricht, plausibel, wonach der Mensch erst durch das Zusammenwirken des menschlichen Strebens mit der göttlichen Gnade zum Heil gelangen kann.

Der Hauptunterschied zwischen den Auffassungen der beiden großen protestantischen Religionsgruppen liegt in der Auffassung vom Abendmahl. Während für Luther in den Abendmahlsbestandteilen die leibhaftige Gegenwart Christi gesehen wird, bedeutet für Calvin der Empfang von Brot und Wein nur ein geistiger Genuß des Leibes und Blutes Christi. Ein solcher Meinungsdisput kann jedoch nur für den von Wichtigkeit sein, der ohne die mystische Bedeutung Christi rein aus der Erfahrung einer aus der materiellen Umgebung geborenen Philosophie zu urteilen imstande ist. Wer nicht den geistigen Gehalt der Wandlung von Brot und Wein in das Fleisch und Blut Jesu Christi erfaßt, erfassen kann oder erfassen will, wird als materialistisch denkender Mensch auch nach diesem geistigen Akt der Wandlung feststellen müssen, daß trotz aller Zauberformeln das Brot Brot und der Wein Wein geblieben ist. Das eigentliche Christentum versteht sich aber als mehr als nur eine Religion, die in kultischen Formen ihre Existenz fristet.

Das fürchterlichste Ergebnis mißverstandenen Christentums war der gegen Ende des Mittelalters das religiöse und politische Bild Europas umkrempelnde große Religionskrieg, der als Dreißigjähriger Krieg in den Jahren 1618 bis 1648 die europäische Bevölkerung im Namen Jesu Christi mehr als nur dezimierte.

Die gegen Ende des 17. Jahrhunderts einsetzende ‚Aufklärung' spaltete die bis dahin in Europa zu beobachtende kirchliche Einheitskultur, indem sie eine weltliche Sparte abteilte, die auch von der Gegenströmung, dem im 18. und 19. Jahrhundert auftretenden deutschen Idealismus nicht mehr beseitigt werden konnte.

Der heutige kapitalistische und kommunistische Materialismus zwingt das Christentum in eine Einheitsfront, die aber nur Bestand haben kann, wenn alle Kirchengruppen sich von ihren im Laufe der verflossenen 2000 Jahre hinzugewachsenen Sonderheiten und von den von fälschlich verstandenen wissenschaftlichen Theorien beeinflußten Lehrmeinungen trennen und sich auf die beiden Gebote Christi, die Liebe zu Gott und dem Nächsten besinnen.

Es ist aber die Einigung aller Christen in einer Religion erst ein kleiner Meilenstein auf dem Wege, den die Menschheit zurückzulegen hat. Wir dürfen nämlich nicht übersehen, daß noch andere Religionen das gleiche Ziel, ein Leben in der wahren Erkenntnis Gottes, vor sich haben. Erst in diesem Bewußtsein nämlich lassen sich die Worte Jesu begreifen, wenn er sagt, daß es einst nur eine Herde sein wird, die der göttliche Hirte leitet.

DER ISLAM

Wer das Wirken Mohammeds verstehen und die Ausgangsbasis des Islam begreifen will, muß zunächst einen Blick auf die wirtschaftliche und politische Situation der arabischen Halbinsel werfen. Nur dann wird man die große Leistung Mohammeds begreifen können, der aus seinem Glauben an Gott heraus eine Religion schuf, die der kulturellen und geistigen Entwicklung der Menschheit gewaltigen Auftrieb gab. Vor allem aber sollte Mohammeds kompromißlosem Bekenntnis zu seiner monotheistischen Gottesauffassung die ihm zustehende gebührende Beachtung gezollt werden. Wie dem Judentum und den christlichen Religionen viele Schwachstellen nachzuweisen sind, zeigt auch der Islam Entwicklungen auf, die der Menschheit weniger dienlich waren oder sind. Gerade aber an diesem Punkt erkennen wir die Bedeutung meiner eingangs gebrachten Definition der Religionen, die eben göttliche u n d menschliche Gesetze in sich einschließen. Wir haben auch bei den anderen Religionen erkennen können, daß diese sich nicht ohne erkennbaren Einfluß von wirtschaftlichen, machtpolitischen, philosophischen, ethischen und schließlich technischen Einflüssen den Menschen präsentieren. Um sich an den Wahrheitsgehalt einer religiösen Lehre herantasten zu können, scheint es mir unerläßlich, solche Faktoren mit aufzuzeigen, was letztlich auf eine chronologische Darstellung der wesentlichsten Entwicklungsstufen der einzelnen Religionen hinausläuft.

Die Entstehung des Islams ist beeinflußt von der politischen Lage im sechsten Jahrhundert auf der arabischen Halbinsel und dem rivalisierenden Kampf zwischen dem byzantinischen Kaiserreich im Westen und dem persisch-sassanidischen Reich im Osten.

Groß war die byzantinische Macht. Der Reichtum war nicht nur in der Hauptstadt Konstantinopel zu erkennen, wo am 25. Dezember 537 Kaiser Justinian (482 oder 483 bis 565) die Hagia Sophia einweihte, sondern auch in Antiochia, Jerusalem und Alexandria. In dem machtvollen Perserreich galt die Lehre Zarathustras als offizielle Religion. Doch wegen der dort herrschenden großen religiösen Toleranz war das persische Reich gleichzeitig Fluchthafen für die aus Byzanz verbannten Nestorianer und auch für die Juden, die hier im Osten Schutz vor der Verfolgung der Christen fanden.

In ihren Kämpfen um die weltweite wirtschaftliche Vormachtstellung im vorderen Orient bedienten sich diese beiden Reiche jener arabischen Stämme, die unter dem Begriff Sarazenen, das sind die unter dem Zelt (griechisch skene) Lebenden, Eingang in die Geschichtsschreibung gefunden haben. Es waren die Menschen, die in dem Wüstengebiet zwischen Syrien und den wirtschaftlich und kulturell gut entwickelten südarabischen Staaten ihr karges Leben fristeten. Je nach ihrem politischen Bündnis drangen dabei die entsprechenden religiösen Ansichten in diesen arabischen Raum ein. Esstritten sich in diesem Spannungsfeld die um ihr Jesusbild rivalisierenden christlichen Gruppen mit den Juden um die Echtheit ihres Glaubens. So kam es in den Oasen der Hedschas, dem Gebiet zwischen dem Roten Meer und dem Hochland von Nadschd, zur Verfolgung monophysitischer Christen. Darin sah Byzanz eine Gefahr für seine politische Machtposition. Ein Bündnis mit den christlichen Äthiopiern ermöglichte einen Gegenschlag über das Rote Meer. Doch wurden die Äthiopier nach wechselvollen Kämpfen schließlich zurückgedrängt. Aus dieser Zeit berichtet vermutlich die einhundertfünfte Sure , in der von einem Marsch der mit Äthiopien Verbündeten Südaraber unter einem jemenitischen König oder Vizekönig mit dem Namen Abraha ibn Al-Saba, einem angeblich ehemaligen Sklaven eines byzantinischen Kaufmannes, die Rede ist. Das Jahr, in dem dieser Marsch stattgefunden haben soll, gilt als das Geburtsjahr Mohammeds. Abraha ibn Al-Saba hatte als Angehöriger der christlichen Religion zu Sana eine prächtige Kirche erbauen lassen und damit viele Araber von dem Besuch der Kaaba in Mekka abgehalten. Die Kaaba war aber schon vor der Begründung des Islam eine religiöse Kultstätte. Die nicht zuletzt auch wirtschaftlichen Rivalitäten zwischen Sana und Mekka führten letztlich zu jener Expedition gegen Mekka, zu der angeblich auch einige Elefanten eingesetzt waren. Dabei soll jedoeh ein großer Schwarm Vögel glühende Steine auf dieses Expeditioncorps geworfen und damit die Angreifer vernichtet haben. So jedenfalls berichtet der Koran.

Mit dem Kräfteverfall der beiden mächtigen Reiche Byzanz und Persien schwand auch die politische Bedeutung Südarabiens. Das war dann die Chance für die nomadisierenden Araber zu einem wirtschaftlichen und sozialen Aufstieg. Denn jetzt konnten sie den Zwischenhandel von Nord nach Süd selbst in die Hand nehmen. Doch Hagbier und Gewinnsucht zerstörten das bisherige Stammesgefüge. Die daraus resultierenden wirren Zustände machten das Land reif für die Aufnahme einer neuen politischen und moralischen Kraft, die den Menschen in diesem Land durch das Erscheinen Mohammeds vermittelt wurde.

Gilt Jesus bei den Christen als der menschgewordene Sohn Gottes und damit als Gott in seiner zweiten Person (Erscheinung), so sieht der Islam Gott als den absolut Einen und damit als den Anderen gegenüber der Vielheit des Irdischen an. Der Islam deutet die Trinität, Vater, Sohn und Heiliger Geist als Tritheismus, also als drei differenzierte Gottheiten. Zweifelsohne liegt hier ein Fehlverständnis der christlichen Glaubensaussage vor. Doch islamische Theologen gehen so weit, die Aussagen über die Göttlichkeit Jesu als eine Manipulation späterer Zeit, beispielsweise von einem Paulus oder einem der Konzilien, anzusehen. Mit dem Verwerfen solcher Aussagen betrachtet sich der Islam als die wiederhergestellte Urreligion, die Gott schon dem Abraham verkündet hatte. Mekka, der Geburtsort Mohammeds, war bereits zu einer Zeit, aus der uns kaum etwas überliefert ist, Schnittpunkt mehrerer Handelswege, die in Nord-Süd-Richtung von Palästina nach dem Jemen führten und in Ost- West-Richtung die Verbindung vom Persischen Golf zum Roten Meer und damit nach Äthiopien herstellten.

Die Kaaba, seit langem schon als Heiligtum verehrt, bot den Kaufleuten Schutz vor Belästigungen. Dieses Heiligtum mit seiner Tempelanlage war seit dem fünften Jahrhundert unter Kontrolle der Koreischiten, aus deren Stamm Mohammed, eigentlich Abdul Kasim Muhammad ibn Adallah (um 570-632), hervorging. Mohammed war als Waise in der Obhut seines Onkels Abu Talib aufgewachsen. Der Legende nach begegnete Mohammed in Boßra, wohin er seinen Onkel auf Handelsreisen begleitete, dem christlichen Mönch Bahira, der in Mohammed einen Boten Gottes erkannt haben will. Diese Darstellung

soll nicht zuletzt die Tatsache erhärten, daß der Islam das Erbe einer großen monotheistischen Religion angetreten hat. Seitens des Christentums wurde diese Legende so ausgelegt, daß der Mönch Bahira sogar des Propheten geistlicher Ratgeber gewesen sei. Diese Aussage erfolgte mit dem Hintergedanken, die Originalität des Islams zu zerstören.

Während die Anhänger der verschiedenen christlichen Glaubensrichtungen sich gegenseitig als Irrlehrer oder Ketzer bezichtigen, traten die Juden als eine geschlossene Gemeinschaft auf, die als Handelsherren den arabischen Kollegen eine große Konkurrenz waren. Doch über ihre berufliche Betätigung hin- aus versäumten die Juden es auch nicht, Wißbegierigen die Geschichte der Bibel auszulegen. Auch von dieser Seite her hat man versucht, Mohammed anzugreifen, indem man ihm nachsagte, den Inhalt des Korans mit Hilfe andersgläubiger Menschen und unter Verwendung derer Wissen zusammen- gestellt zu haben. Mohammed wehrte sich gegen diese Unterstellung in der sechzehnten Sure, Vers 104, in der er ausführte, daß ein gewisser Mensch, womit er auf die angebliche Mithilfe eines gelehrten Rabbiners, Addallah ibn Salam, anspielt, ja doch eine fremde Sprache spreche, und die des Korans doch die deutliche arabische sei. Noch einmal setzt sich Mohammed in 25,5 mit diesen Anschuldigungen auseinander. Wiederum wird ihm vorgeworfen, daß im Koran nichts als Fabeln der Vorfahren enthalten seien, die er, Mohammed, habe abschreiben lassen. Hiergegen wehrt er sich mit Vers 7: , ‚Der hat ihm den Koran offenbart, der die Geheimnisse der Himmel und der Erde kennt, der wahrhaftig und barmherzig ist.‘ Jedoch gesteht Mohammed seine Entlehnung aus der Thora und den Evangelien in 10,95 selbst ein: „Bist Du im Zweifel über etwas, was wir Dir jetzt offenbart haben (die Berichte über frühere Zeiten), so frage nur die, welche die Schrift vor Dir gelesen ...“

Weiterhin beruft sich Mohammed darauf, daß Allah immer wieder Menschen als Propheten ausgeschickt habe, seine Offenbarungen zu verkünden. Mohammed verweist auf die Patriarchen des Alten Testamentes, die nicht nur Juden waren, sondern auch gleichzeitig Stammväter der Sarazenen. Weiterhin war Moses mit Botschaften für Israel betraut, der Babylonier Mani war ebenfalls mit einer neuen Religionslehre in die Öffentlichkeit getreten, Buddha hatte eine neue Weltreligion gelehrt, Zarathustra breitete seine Lehre in Persien aus, und die Lehre Jesu hatte ihre Verbreitung im Abendland gefunden.

Freilich waren Mohammed die Ideen des Christentums und der Juden bekannt. Doch hatte er weder Verständnis für die Differenzen zwischen der jüdischen und christlichen Lehre noch für die unterschiedlichen Darstellungen des Jesus von Nazareth im christlichen Lager. Einmal war es der Monophysitismus, ein andermal der Nestorianismus, der die Wahrheit für sich in Anspruch nahm. Mohammed, und das ist das verdienstvolle an diesem Menschen, war aus dem Innersten seiner Seele um Klärung bemüht. Denn nach seiner Auffassung lebten die Araber im Gegensatz zu den Juden und Christen ohne Zuspruch Gottes. Er zweifelte nicht daran, daß Allah zwar durch Abraham den Arabern gepredigt habe, doch sei dies in Vergessenheit geraten.

In seinem Bemühen um Erkenntnis der Wahrheit betete Mohammed zu Gott, er bat um Erleuchtung und meditierte, bis er eines Tages seine erste Offenbarung erhielt. Wie bei allen Offenbarungen, die wir aus dem Alten Testament kennen, ist der Empfänger zunächst voller Schrecken und Angst, bis er das Geschehene erfaßt. Dann kommt, wie auch bei Mohammed zu erkennen war, die Angst, daß er sich getäuscht habe. Mohammeds Bericht zufolge will er zunächst mit einem Wesen konfrontiert gewesen sein, daß er als Gottesboten - nach muselmanischer Überlieferung soll es der Engel Gabriel gewesen sein - ansah, was wir Christen als Odem Gottes oder Wort Gottes definieren würden. Diese Erscheinung lehrte Mohammed in der Nacht vom 26. zum 27. Ramadan die Anfangsworte des Korans: „Im Namen Allahs, des Allbarmherzigen" Die bei solcher Offenbarung empfundenen körperlichen Strapazen vergleicht Mohammed mit dem Gefühl, als ob einem die Seele aus dem Leib gerissen würde. Folgt man den Überlieferungen, so soll Mohammed versucht haben, seine Wahrnehmungen schnell zum Ausdruck zu bringen, was jedoch ein Stammeln verursachte, dessen Ergebnis vielleicht jene Konsonanten sind, die sich am Anfang verschiedener Suren befinden. Die Ermahnung, seine Zunge erst zu lösen, wenn das Wissen in der

Seele gesammelt und geordnet ist, finden wir in Sure 75,17-20: „Rühre nicht Deine Zunge, um ihn (das Lesen des Korans, Anm. d. Verf.) zu beschleunigen; denn unsere Seele ist es ‚ihn zu sammeln und ihn Dir vorzulesen , und wenn wir ihn Dir vorlesen, dann folge nur der Vorlesung und dann liegt es uns ob, ihn Dir zu erklären."

In der 20. Sure, Vers 115, wurde Mohammed das Gebet empfohlen: „O Herr, vermehre meine Erkenntnis." Damit sollte Mohammeds Eifer gezügelt werden. Er war angehalten, dem Wort Gottes, nämlich dem Engel Gabriel, nicht ins Wort zu fallen und auch den Inhalt des Korans nicht eher mitzuteilen, bis er durch weitere Erklärungen ihm (Mohammed) selbst klar geworden sei.

Mohammed war wie Jesus und andere, die eine Botschaft aus der Geisteswelt ihren Mitmenschen zu überbringen haben, der Ungläubigkeit oder zumindest der Skepsis seiner Umwelt gegenübergestellt. Stets werden für solche Botschaften Beweise gefordert. Doch daß Gott ist, kann nun einmal nicht mit unseren wissenschaftlichen Methoden bewiesen werden. Auch die größten Anstrengungen einer philosophischen Beweisführung reichen nicht aus, da das Fundament eines jeden Denkgebäudes auf einer Hypothese, einer Annahme, aufgebaut werden muß, deren Richtigkeit nicht nachgewiesen werden kann. So ist es zu erklären, daß die rationalistischen Philosophen des 18. Jahrhunderts in Europa und auch etliche christliche Theologen Mohammed als einen Betrüger darzustellen versuchen. Für diesen „Betrug" fand nur Voltaire eine Entschuldigung, weil er darin die einzige Möglichkeit für Mohammed sah, seinem Volke im internationalen Kräfteverhältnis eine bessere Position zu erobern.

Bei aller negativen Kritik an Mohammed gilt es festzuhalten, daß er mit aller Konsequenz den Glauben an den ei n e n Gott, also den Monotheismus, lehrte. Während das Judentum durch eine falsch verstandene buchstäbliche Gesetzestreue den Sinn der göttlichen Offenbarung verfehlte und das Christentum dem Einfluß heidnischer Religionen und Philosophien, die es zu integrieren versuchte, teilweise unterlag, versuchte Mohammed als der letzte, als das Siegel der Propheten, im Koran Allahs ‚unverfälschtes" Wort niederzulegen. Freilich darf hier nicht übersehen werden, daß auch der Islam durch seinen irdischen Machtanspruch göttlichen Willen mit menschlichen Gedankengängen vermischt hat. Mohammed war sich der Tatsache bewußt, daß die Niederschrift des Korans nicht überall als ein Handeln im Auftrage Gottes anerkannt werden würde. In der zehnten Sure ist dargelegt, daß Ungläubige Mohammed als Zauberer einstuften. In den ersten Versen dieser Sure hält er den Zweiflern das Wissen entgegen, daß wir Menschen nur Gott dienen dürfen, weil wir alle einstmals zu ihm zurückkehren werden. Mohammed versucht, dies von Gott erhaltene Wissen in ausgeschmückten, aber eindrucksvollen Beschreibungen zu vermitteln. Das sollte kein Grund sein, ihn der Unlauterkeit zu bezichtigen; denn auch Jesus sprach gemäß den Ausführungen der Bibel in Gleichnissen.

Gleich Jesus verkündete Mohammed, daß der irdische Tod nicht das Ende des Menschen sei, und widersprach denen, die nur darauf bedacht sind, sich das tägliche Leben so angenehm wie möglich zu machen, die Forderung der Ehre als höchstes anzuerkennen und bereit sind, sich in unvermeidliche Schicksalsschläge zu fügen.

Der Beginn seines (Mohammeds) Wirkens vollzog sich zunächst in seinem Familienkreis. Dann waren Jugendliche aus den Häusern einflußreicher Familien Mekkas angesprochen. Aufgenommen wurde darauf die Lehre auch von freigelassenen Sklaven. Somit waren die ersten Anhänger dieser neuen Religion Menschen, die unabhängig gegenüber dem Konformismus der etablierten Gesellschaft waren.

Dementsprechend argumentierten vor allem die Mitglieder des in Mekka tonangebenden Volksstammes der Koreischiten: „Wir sehen dich für nichts anders (einen Menschen von Fleisch und Blut) an als einen Menschen, der uns ganz gleich steht, und wir sehen niemanden, der folgt, als nur die Niedrigsten unter uns und zwar nur aus Voreiligkeit und Unbesonnenheit. Wir bemerken durchaus keinen Vorzug in euch; darum halten wir euch für Lügner." (11,28) Die Feindschaft der angesehen Koreischiten gegenüber Mohammed ist nicht nur aus reinem traditionsgebundenen Patriotismus zu erklären. Vielmehr spielen hierbei wirtschaftliche Gründe eine Rolle. Sie fürchteten in der Verurteilung des bisherigen Götzendienstes an der Kaaba auch eine wirtschaftliche Schädigung ihres Wallfahrts-, Handels- und Messegeschäftes. Kurzum erklärten sie Mohammed für besessen. Der ihnen entgegengebrachte Boykott und die Verfolgungen veranlaßten eine Gruppe von Moslems zu einer vorübergehenden Emigration in das monotheistische Äthiopien. Hierzu hatte der Negus seine Zustimmung gegeben. Die Jahre von 620 bis 622 waren für Mohammed und seine Anhänger sehr hart. Die Abkehr vieler Anhänger wirkte sich auf seine Fähigkeit aus, Offenbarungen zu empfangen. Mag hier der eigene Wunsch, die harte Offenbarungslehre zu mildern, um nicht seine Anhänger gänzlich zu verlieren, alle anderen Empfindungen überspielt haben, oder war es, wie die islamische Tradition es schildert, der Satan, jedenfalls versuchte Mohammed mit den polytheistischen Koreischiten einen Kompromiß zu schließen. So schrieb er in der Sure 5 3 , Vers 20 und 21, über drei Göttinnen der heidnischen Araber: , ‚Was denkt ihr denn wohl von Al-Lat und Al-Uzza und von Manat, der anderen dritten Göttin? ' " Ursprünglich soll hier der Text geheißen haben: , ‚Dies sind zwei hochfliegende Schwäne, ihre Fürsprache werde erhofft."

Mit dieser Aussage wurde Mohammed von allen Bewohnern Mekkas, außer den Christen und den Juden, als Prophet anerkannt. Doch schon am nächsten Tag korrigierte er seine Worte und ließ die Uneinigkeit wieder ausbrechen. Wir wissen nicht, woher er zu solchem Handeln die Kraft schöpfte, indem er sich, den Propheten, korrigierte und sich damit wieder in eine ungünstige Lage brachte. War er wirklich der Täuschung Satans unterlegen, als er versuchte, Schwierigkeiten aus dem Weg zu gehen? Oder vernahm er erst nach dieser Falschaussage die Worte der Wahrheit? Jedenfalls heißt es im Koran dann weiter: „Habt Ihr nur die Söhne und Allah die Töchter? Wahrlich, das wäre eine ungerechte Verteilung, und jene sind nur leere Namen, die Ihr und Eure Väter für die Götzen ausdachtet, wozu Allah keine Erlaubnis gegeben hat. Aber sie folgen nur einer Wahnidee und den Gelüsten ihres Herzens, obgleich ihnen die wahre Leitung von ihrem Herzen geworden ist. Soll der Mensch wohl erhalten, was er nur wünscht? Allah ist der Letzte und der Erste! "

Mit dieser neuen Erklärung waren die Götter im Bereich des Islams endgültig von ihrem Thron gestoßen. Mohammed hatte sich von den Priestern und Anhängern dieser Götterwelt distanziert und alles, was mit der traditionellen arabischen Religion zu tun hatte, als heidnisch und ungläubig erklärt. Es soll hier nicht unerwähnt bleiben, daß die Araber vor dem Auftreten Mohammeds neben Al-Uzza, Al-Lat und Manat sowie anderen Naturgewaltgötzen und Geistern auch schon eine Hauptgottheit mit dem Namen Allah verehrt hatten, die jedoch in der Konkurrenz mit anderen Göttern in den Hintergrund gedrängt worden war. Es galt somit der Name Allah bei den Arabern schon immer als Bezeichnung für eine Gottheit, nur die göttliche Einmaligkeit war ihnen fremd. Noch ein anderer Name steht für die Bezeichnung des von Mohammed verkündeten Gottes: Ar-Rahman. Das heißt soviel wie Allbarmherziger und fand vermutlich vorwiegend Anwendung in den jüdisch-christlichen Kreisen in Mekka, wo Mohammed sein Wissen über Gott vertiefte. Viele wollten Mohammed unterstellen, daß er mit Allah und Ar-Rahman zwei verschiedene Wesen göttlich verehrte. Ähnliches haben wir ja in der Trinität des Christentums. Mohammed kontert diese Anschuldigung in Sure 17, Vers 111, wenn er schreibt: „Ruft ihn Allah oder Rahman, wie ihr ihn auch anruft, das steht sich gleich; denn er hat die herrlichsten Namen."

An die Adresse der Christenheit gerichtet, die sich wegen der verschiedenartigsten ideologischen Basen, die im Glauben durchaus als nebensächlich anzusehen sind, befehdeten, schreibt Mohammed weiter: , ,Lob sei Allah, der weder einen Sohn noch sonst einen Gefährten hat in seiner Herrschaft und der auch (etwa wegen irgendeiner Schwäche) keinen Helfer braucht." Dabei setzt er die Ergänzung hinzu, daß er, Mohammed, die Größe Gottes verherrlichen und verkünden solle. Es ist zu vermuten, daß Mohammed keinen allzu großen Unterschied zwischen Juden und Christen machte, denn er sah in erster Linie in ihnen die Übermittler einer im Grunde gleichlautenden Botschaft. Aber die Verkündung dieser Botschaft bedeutete einen vollen Bruch mit der arabischen Ethik. Die zur Schau getragene Vornehmheit wurde jetzt als Eitelkeit gebrandmarkt. Den die Sinne peitschenden Leidenschaften wurde Einhalt geboten und die Vernunft über die Sinne gestellt. Jetzt galten Ehrlichkeit, Zurückhaltung im Geschlechtsleben, Frömmigkeit gegenüber Gott und die Nächstenliebe. Der Brief des Apostels Paulus an die Philipper (2: 1--4) hat auch hier seine Gültigkeit. Der Apostel ermahnte in diesem Brief die Gemeinde zur Liebe in Christus, Gemeinschaft des Geistes, sowie Mitgefühl und Erbarmen aus gleichgestimmter Seele. Niemand solle nur auf das Seine bedacht sein und jeder solle sich freimachen von Selbstsucht und eitlem Dünkel.

Für den Moslem, was soviel heißt wie: Dem Willen Allahs unterworfen, war die Tatsache, daß der Koran in gutem Arabisch abgefaßt war, ein Beweis für die Echtheit der Offenbarung und ein Gegenbeweis dafür, daß Mohammed sein Wissen von ausländischen Juden oder Christen bezogen haben soll. In der zu ihm sprechenden Stimme hörte er das Wesentliche der Botschaft, die auch den ,Leuten der Schrift' , also den Autoren des Alten und des Neuen Testamentes, geoffenbart worden war.

Der Tod seiner Frau Chadidscha war für Mohammed ein schwerer Schlag, denn mit dieser Frau hatte ihn eine gemeinsame Treue verbunden. Vor allem zu Beginn der ihm zuteilgewordenen Offenbarung war sie ihm Halt in seinen seelischen Zweifeln gewesen. Doch dieser Verlust war nicht der einzige, der ihn schwer traf. Schon kurze Zeit nach dem Tode seiner Frau starb auch sein Onkel Abu Talib, der als Führer der Sippe ihm jeden Schutz gewährt hatte. Jetzt war Mohammed mit seiner knapp einhundert Seelen zählenden Gemeinde dem Spott und den Schikanen der Koreischiten schutz- los ausgeliefert. In dieser fatalen Situation aber kam ihm ein glücklicher Umstand, oder war es Allahs schützende Hand, zu Hilfe. In Medina, dreihundertfünfzig Kilometer nordwestlich von Mekka, lebten sehr viele Juden, die weitgehend arabische Sitten angenommen hatten und einen arabischen Dialekt sprachen. Doch trotz dieser äußerlichen Integration kam es in der Stadt oft zu Auseinandersetzungen zwischen den einzelnen Bevölkerungsgruppen. Die bei den Juden immer noch lebendige Naherwartung des Messias war die Grundlage der These, daß dieser Messias bei seiner Ankunft die polytheistischen Araber vernichten werde. Auf den gelegentlichen Pilgerfahrten der Araber aus Medina nach Mekka hörten sie von

den Predigten Mohammeds, der sich Abgesandter Gottes nannte und wie die Juden streng monotheistisch war. Darüber hinaus übte er Kritik an der im Judentum und Christentum falsch verstandenen Offenbarung der Vorväter. Wen wundert es da, wenn die in Medina ansässigen Araber Mohammed zu sich einluden. Denn sie sahen in ihm den verheißenen Messias, mit dem die Juden ständig drohten. Nun konnten sie den Juden zuvorkommen, wenn sie Mohammeds Lehre annahmen. Unter diesen Voraussetzungen konnte der auf dem Alten und dem Neuen Testament begründete Islam (= Hingebung) seine Wurzeln schlagen. Die im Jahre 622 stattgefundene Hedschra, die Auswanderung des Propheten, nicht die Flucht, kann somit zu Recht als die Geburtsstunde der dritten großen monotheistischen Religion unserer Zeit angesehen werden.

Auf Betreiben Mohammeds wurde in Medina das Zusammenleben der verschiedenen Volksgruppen, wie Juden, Medinenser und Mekkaner, durch einen Pakt geregelt. Eine gläubige Schutz- und Trutzgemeinschaft wurde gegründet, die ausdrücklich auch die dortige machtvolle jüdische Gemeinde mit einbezog. Jedoch gab es bestimmte Regeln, die nur für die eigenen Glaubensgenossen verbindlich waren. So durfte einem Ungläubigen nicht geholfen werden, wenn dadurch ein Gläubiger einen Nachteil erfuhr. Im fünfzehnten Absatz dieses Paktes ist eine Forderung verankert, die noch in der heutigen arabischen Politik ihre Gültigkeit hat: , ,Im Falle eines Konfliktes dürfen die Gläubigen keinen Separatfrieden mit den Feinden schließen. ' '

Im Gegensatz zu Jesus, der es ablehnte, im jüdischen Volke als Schiedsrichter zu fungieren (Lukas 12: 13), übernimmt Mohammed in der Glaubensgemeinschaft der Medinenser ein gewisses Richteramt. Diese Funktion ist im 23. Absatz jenes Paktes festgelegt: „Wenn irgend etwas euch entzweit, was immer der Gegenstand sei, wendet euch an Allah und Mohammed. " Wenn dieser Pakt auch noch nicht das Grundgesetz eines arabischen Staates darstellte, sicherte er doch Mohammed, der Allahs Stimme vernimmt, vor den Gläubigen in Medina einen hohen Autoritätsgrad zu.

In der Absicht, sich mit den Juden gleichzusetzen, hatte Mohammed schon in Mekka den Freitag als den Tag des gemeinsamen Gebetes festgelegt. Denn freitags begannen auch die Juden sich für den Sabbat vorzubereiten. Auch hieraus mag zu erkennen sein, daß Mohammed sich sehr stark zur jüdischen Religion hingezogen fühlte, wenngleich er nicht deren Auffassung teilen konnte, daß Gott am Sabbat, dem siebenten Tag der Weltschöpfung, ruhen mußte. So distanzierte er sich von dem Sabbat, schrieb aber seinen Glaubensbrüdern vor, sich zum Gebet gegen Jerusalem zu verneigen. In Anlehnung an die jüdischen Vorschriften legte Mohammed auch die Gebetszeiten im Tagesablauf fest. Er erlaubte die Ehe mit Frauen aus der Gemeinschaft der Leute der Schrift, womit er Juden und Christen meinte, die ja im Besitz der Bibel sind. In Bezug auf die Ernährungsvorschriften lockerte er die scharfen jüdischen Bestimmungen ebenso wie die alten arabischen und folgte mehr den christlichen und gnostischen Vorstellungen, indem er lediglich den Genuß von Schweinefleisch und das Verzehren des Fleisches eines Tieres untersagte, das verendet, gewürgt oder Götzen geopfert worden ist. Auch der Genuß des Blutes blieb verboten.

Die Erwerbsbedingungen der Mohammedaner in Medina waren zunächst sehr schlecht. Viele hungerten. So auch Mohammeds Familie. Doch hier bot die geographische Lage Medinas einen Ausweg, weil es möglich war , von dieser Stadt aus die nach Norden ziehenden Handelskarawanen der Mekkaner zu kontrollieren. Im Klartext heißt dies Überfall und Ausplünderung. Wenn eine solche Handlungsweise für die damaligen Verhältnisse auf der arabischen Halbinsel auch nichts Außergewöhnliches war, verirrte sich Mohammed doch in das Gestrüpp der physischen Gewalt, wodurch dem religiösen Gehalt seiner Lehre eine starke materielle, das heißt weltliche Komponente angelastet wurde. Kann man die Speisevorschriften noch als sinnvolle und notwendige Lebensregel für den physisch-psychischen Leib des Menschen betrachten, müssen die kriegerischen Handlungen als rein machtpolitisches Instrument angesehen werden.

Erfolgreiche Angriffe auf kleinere Mekkaner Karawanen waren das Präludium für einen beachtlichen Sieg der Gefolgsleute Mohammeds, als sie 624 bei Bedr gegen eine bedeutende Übermacht der Mekkaner kämpfen mußten. Doch das Kriegsglück blieb den Mohammedanern nicht ständig hold. Seine erste Niederlage erlebte der Prophet in der Schlacht am Berg Ohud oder Uhad am 26. 3. 625. Nach diesem Ereignis meldete sich eine Medinenser Oppositionsgruppe, die weder die Wahrheit des Monotheismus noch die Tatsache in Zweifel zog, daß Mohammed von Allah Offenbarungen empfing. Aber sie machte darauf aufmerksam, daß die Offenbarungen sich manchmal widersprechen, und äußerte die Vermutung, daß Mohammed die Offenbarungen zum eigenen Vorteil zensiere. Vielleicht würde er auch einiges hinzuerfinden. Auch die Kritiken der Juden erreichten zu diesem Zeitpunkt eine gefährliche Bedeutung. Längst war das einst so gute Verhältnis zu den Juden gestört. Jetzt aber wurde Mohammed zu einer Stellungnahme herausgefordert in der Frage, warum er nicht dem jüdischen Glauben beitrat, wo doch die jüdischen Propheten ebenfalls von Allah ihre Offenbarungen empfangen hatten. Außerdem solle er begründen, warum seine Offenbarungen teilweise der Thora widersprechen. Mohammed berief sich auf Abraham, der in der Tat schon seinem Volke den Monotheismus im Auftrage Allahs gepredigt hatte und weder Jude noch Christ war.

Im Alten Testament steht geschrieben, daß Abrahahm mit seiner ägyptischen Magd Hagar den Sohn Ismael hatte. Dieser gilt als der Stammvater der Araber. Nach babylonischem Recht - Abraham stammte ja aus dem Zweistromland - gebar eine Magd stellvertretend für die Frau, weil diese außerstande war, ihrem Gemahl Kinder zu schenken. Nun war anläßlich des Bundes, den Gott mit Abraham vor der Zeugung Ismaels geschlossen hatte, das Land zwischen Nil und Euphrat den Nachkommen zugesprochen worden. Für Mohammed war Abraham der erste, der Allahs Willen unterworfen war. Also war er in vollem Sinne der Wortbedeutung der erste Moslem. Aus dieser Sicht ist nach Mohammeds Ansicht für einen Monotheisten ein Bei- tritt zum sich später herauskristallisierenden Judentum oder Christentum nicht mehr diskutabel. Im Grunde bestätigt auch Paulus, daß der Glaube an Gott das Wesentliche ist. In seinem Brief an die Römer schreibt er, daß schon bei Abraham der Glaube an Gott das Entscheidende war und die im jüdischen Gesetz verankerte Beschneidung erst nachträglich hinzukam. Denn des Glaubens wegen ist Abraham der Vater aller Gotteskinder. Wie wenig die Nachkommenschaft der Juden als Kinder Abrahams bedeutet, zeigt Matthäus in 3:9 auf. Danach soll Johannes den Pharisäern und Sadduzäern entgegenhalten haben: „...bildet Euch nicht ein, Euch vorsagen zu dürfen: Wir haben Abraham zum Vater! Denn ich sage Euch: Gott kann aus diesen Steinen dem Abraham Kinder erwecken."

Nach dem Bruch mit den Juden änderte Mohammed auch die Gebetsrichtung. Da sich nach Sure 14, Vers 39, Hagar mit ihrem Sohne Ismael in Mekka niedergelassen haben soll, war für Mohammed diese Änderung angebracht. Denn nach Sure 2, Vers 144, sind die Mohammedaner von Allah zu Mittlern zwischen den Völkern und zu Wächtern unter den Menschen geworden. In Vers 114 führt Mohammed aus, daß die Juden von den Christen behaupten, sie hätten keine Gewißheit über die Wahrheit ihrer Religion, was umgekehrt die Christen auch von den Juden behaupten würden. Auch dies sei ein Grund zur Änderung der Gebetsrichtung gewesen, damit man unterscheiden könne zwischen denen, die dem Propheten folgen, und denen, die sich von ihm abwenden.

Die tiefe Religiosität Mohammeds kann nicht in Zweifel gezogen werden. Auch nicht seine Überzeugung, daß er durch die ihm zuteil gewordenen Offenbarungen in engem Kontakt zu Allah stand und ihm schließlich die Aufgabe zuteil geworden war, Allahs Einzigkeit und Allahs Gesetz als oberstes Postulat seinen arabischen Mitmenschen zu verkünden. Mit dem Islam, der Unterwerfung des Menschen unter Gottes Gnade, steht Mohammed ganz dicht neben der christlichen Auffassung, daß sich der Mensch nicht aus eigener Kraft produzieren kann, sich also nicht zu dem machen kann, der er sein will, wenn er sich nicht der Gnade Gottes unterwirft. Denn nur durch diese Unterwerfung, den Islam, kann die Problematik des Lebenssinnes gelöst werden, kann das menschliche Verhalten verbessert werden und unsere Gesellschaft sich vervollkommnen.

Erinnern wir uns noch einmal an das lateinische Wort religere, von dem der Begriff Religion abgeleitet ist. Der Sinn dieses Wortes lag in der Beachtung göttlicher und menschlicher Gesetze. Mohammed hatte in Mekka ja fast ausschließlich den Glauben an den einen Gott verkündet. In Medina, wo eine Glaubensgemeinschaft heranwuchs, waren aber auch rein weltliche Belange zu regeln, die durch Mohammed gemäß den ihm gemachten Offenbarungen Eingang in den Koran gefunden haben. Die Skala dieser Regelungen reicht vom sexuellen Verhalten bis zum Krieg, wobei ein Mordfall als ein kleiner Krieg zu katalogisieren ist. Unter diesen Voraussetzungen konnte Mohammed religiöse Gegner, die durch die Verweltlichung des Islams auch gleichzeitig politische Gegner waren, aus dem Wege räumen. Die Liquidierung der jüdischen Einwohner von Medina war damit genauso durch die Offenbarung gerechtfertigt wie der Raubüberfall auf Karawanen der in Mekka residierenden Koreischiten.

Für die Gemeinschaft der Mohammedaner schrieb Allah in Anlehnung an die mosaische Regelung des „Auge um Auge . . .“ vor, daß ein Rächer keinen größeren Schaden verursachen dürfe, als er selber erlitten hatte. Außerdem dürfe eine Vergeltung keine weitere Wiedervergeltung nach sich ziehen. Dieben wird nach dem gleichen Gesetz im arabischen Lager die Hand abgeschlagen, und es wurde die Tötung weiblicher Säuglinge verboten. Die vom Islam angeblich befürwortete Polygamie, die sich nach dem Koran auf eine Heirat mit bis zu vier Frauen erstreckt, erscheint uns in einem anderen Licht, wenn wir in der vierten Sure, Vers vier, lesen, daß, um zwischen den Frauen Frieden halten zu können, die Einehe zu bevorzugen ist oder man mit Sklavinnen leben soll. Betrachtet man die auch heute noch stellenweise zu beobachtenden matriarchalischen Züge im Stammesleben nomadisierender Araber und berücksichtigt die im Koran vorgenommene Verbindung der Ehegesetze mit der Gerechtigkeit gegenüber Waisen, so wird einem klar, daß hier nicht die Einschränkung sexueller Triebhaftigkeit im Vordergrund stand, sondern sowohl der häusliche Friede und damit der Bestand der Familie als auch die Fürsorge für die durch Kriege oder andere Ereignisse verursachte große Anzahl von Witwen und Waisen gesichert wurde. Gerade die Waisen wurden oft von ihrem Vormund schlecht behandelt, weil man in den Besitz ihrer Habe gelangen wollte. In dieser Regelung erkennt man sehr deutlich die gesellschaftsgebundene Komponente der Religion.

Die Einheit aller Menschen wird in Sure 49, Vers 14, hervorgehoben. Dort wird dargelegt, daß alle.Menschen von einem Manne und einem Weibe abstammen und deswegen in Stämme und Völker aufgeteilt sind, „ ... damit ihr liebevoll einander kennen möget". Denn als einziger Rangunterschied vor Allah gilt die Frömmigkeit. In dem vorausgehenden Vers 13 wird den Gläubigen nahegelegt, sorgfältig den Argwohn zu vermeiden. „Denn", so heißt es, „mancher Argwohn ist Sünde. Forscht nicht neugierig nach den Fehlern anderer, und keiner spreche Böses vom anderen (in seiner Abwesenheit) ... Sehet, Allah ist versöhnend und barmherzig".

Das erste, wenn auch mit einer Niederlage verbundene militärische Unternehmen der Mohammedaner gegen das byzantinische Reich erfolgte im September des Jahres 629 bei Mota im ehemaligen Land Edom, im Südosten des Toten Meeres. Erfolg brachte aber der mehr politische Eroberungszug gen Mekka, den Mohammed zu Beginn des Jahres 630 mit einem Heer von l0.000Mann unternahm. Ob die Macht des Islam unter dem Willen Allahs, die Schachzüge eines begabten Politikers oder gar die Überlegungen der mekkanischen Handelsleute Grundlage dieses Erfolges waren, bleibt jedem selbst zu entscheiden. Die Handelsherren in Mekka hatten mit der Annahme des Islams unter Beibehaltung der von Mohammed befürworteten Verehrung der heiligen Stätte der Kaaba ein neues Aufblühen ihres Gemeinwesens zu erwarten. Jedenfalls war der Zug nach Mekka für Mohammed ruhmreich. Nur eine kleine Schar von Fanatikern, die sich irgendwo in der Stadt verschanzt hatten, leistete geringen Widerstand, konnte aber ohne große Mühe in die Flucht geschlagen werden. Mohammed ordnete die Wallfahrtsregeln zur Kaaba neu. Die Beibehaltung dieses Kultes war der Schlüssel zu den Herzen der Mekkaner, die nunmehr Mohammed und den Islam anerkannten. Damit war Mekka Zentralheiligtum des Islams und mit Medina und Jerusalem eine der heiligsten Städte dieser Religion geworden.

Mit seinem Tode im Jahre 632 hatte Mohammed in einer Zeitspanne von dreiundzwanzig Jahren Allahs ‚unverfälschtes' Wort in arabischer Sprache nicht nur seinen heidnischen Landsleuten, sondern der ganzen Welt mitgeteilt. Diese Offenbarung wurde unter dem dritten Kalifen Othman zwischen 644 und 656 in verbindlicher Weise im Koran zusammengefaßt. Der Koran, das heilige Buch der Moslems, gilt für sie als Allahs Wort und entspricht im Christentum den Evangelien. Hier werden die eschatologischen Fragen, die Fragen nach dem Endschicksal von Mensch und Welt sowie der letzten Dinge behandelt.

Wie die Bibel bestätigt auch der Koran, daß Allah das absolute Sein und der Ursprung unserer Welt ist. In Anlehnung an die Zehn Gebote des Judentums heißt es in Sure 17, Vers 23: „Setzt nicht neben Allah, den wahren Gott, noch einen anderen Gott; denn sonst fällst Du in Schmach und Armut." Am Ende aller Zeiten wird die Welt zu Allah zurückkehren. Aus Feuer habe Allah Engel als seine Diener geschaffen. Auch die aus altem arabischem Geistesgut bekannten Dschinnen sind Gottes Geschöpfe. Der Teufel wird in uneinheitlicher Aussage teils als zu den Dschinnen gehörend, teils aber auch als ein sich Gottes Willen widersetzender Engel angesehen. Als erster Mensch wird der aus Lehm geschaffene Adam genannt. Den Menschen hat Allah zum guten Tun und zur Glaubensentscheidung unbeschränkte Willensfreiheit verliehen, wenngleich im göttlichen Buche auf Grund der Allwissenheit Allahs das Schicksal des Menschen vorgezeichnet ist.

Es wird behauptet, daß der Islam den Glauben an ein vorherbestimmtes Schicksal (Prädestination) lehrt. Wäre dem so, könnte in dieser Religion aber nicht von einem freien Willen die Rede sein. In Sure 3, Vers 141, klingt so etwas Ähnliches in Bezug auf Prädestination an, wenn das wechselnde Kriegsglück und die damit verbundenen Niederlagen von Gott zur Prüfung geschickt werden, oder wenn es in Vers 146 heißt: „Kein Mensch kann sterben, ohne den Willen Allahs, wie geschrieben in dem Buche, das die Zeitbestimmung aller Dinge enthält." . . . Meines Wissens ist in keiner islamischen Schriftquelle ein echter Hinweis auf eine Prädestinationslehre gegeben. Sollte der Mohammedaner solcher Theorie anhängen, könnte es für ihn nämlich nicht das Problem der Sünde geben, dem als Konflikt zwischen göttlicher Allmacht und menschlichem freiem Willen im Islam ein großer Raum zugedacht ist. Der dem Islam fälschlich nachgesagte Glaube an ein vorbestimmtes Schicksal ist vorislamisches Geistesgut, nach dem der Glaube an das blinde Walten eines unpersönlichen Geschickes die Menschen zu einer fatalistischen Lebenshaltung bewog. Doch gerade der Islam setzt dem beduinischen Fatalismus, der aus der totalen Abhängigkeit des Nomaden von der Natur geboren wurde, den Glauben an den gütigen Gott entgegen, der sich um jeden einzelnen Menschen persönlich kümmert. Hier besteht gegenüber dem christlichen Gottesglauben nicht mehr die geringste Abweichung.

Für den Mohammedaner ist Allah kein unversöhnlicher Rachegott, sondern er ist barmherzig gegen unbedachte Sünder, die bereuen. Neben den täglichen Gebeten sind dem Mohammedaner das Fasten im Monat Ramadan aufgegeben, die einmal im Leben durchzuführende Pilgerfahrt nach Mekka und die Armensteuer. Dazu kommen die schon beschriebenen Speiseverbote. Der Selbstmord ist genauso verboten wie das früher übliche Töten unerwünschter weiblicher Nachkommenschaft.

Neben der Verkündung des göttlichen Willens sind die staatspolitischen Leistungen Mohammeds nicht zu verkennen. Schließlich ist der Islam nicht nur Religion, sondern das tragende Element eines von Mohammed gegründeten Staates. Auch haben die unter islamischer Kultur geschaffenen Werte ihre Wurzeln im Koran und in der von Mohammed geschaffenen Ideologie. Während der Christ unter der Einwirkung der Zivilisation dazu neigt, seinen Glauben in das ‚stille Kämmerlein' zu verlagern, und christliche Politik immer unter dem Odium der Heuchelei steht, bilden im Islam Staat und Religion von Anfang an eine Einheit. Diese Haltung der Mohammedaner ist vielleicht noch stärker ausgeprägt als im Judentum, das doch zweitweise in einem theokratischen Staat lebte. Die Einheit von Staat und Religion im Islam ist auch mit ein Grund, warum selten ein Moslem zu einer anderen Religionsgemeinschaft konvertiert. Denn ein solcher Religionswechsel ist aus islamischer Sicht keine Privatangelegenheit. Ein Abwenden vom Islam schließt den betreffenden Menschen automatisch aus der sozialen Lebensgemeinschaft aus. Ihm droht nach islamischem Gesetz sogar die Todesstrafe. Aber selbst, wenn er mit dem Leben davonkommen sollte, ist er in seiner Umgebung heimatlos.

Mit seiner Lehre war es Mohammed gelungen, die staatliche Einigung der arabischen Stämme herbeizuführen. Nach einem Aufschwung aus dem Nichts haben dann die Araber sich selbst eine Welt zu Füßen gelegt. In den ersten zehn Jahren nach dem Tode des Propheten verlor das byzantinische Reich Palästina, Syrien und Ägypten. Erst hundert Jahre später konnte das Vordringen der arabischen Macht auf den Feldern zwischen Tours und Portiers in Südfrankreich gestoppt werden. Nicht auf geistiger Ebene, sondern auf dem Schlachtfeld fiel die Entscheidung, nach der das Abendland seine christliche Religion und Kultur behielt. Doch die Expansion des Islams war damit nicht gestoppt. In der zweiten Hälfte des 15. Jahrhunderts war der Islam über Indien bis in die malaiische Inselwelt vorgedrungen. 1529 und 1683 standen abermals die Heere des Islams in Europa, diesmal unter den Osmanen vor den Toren Wiens.

Das große islamische Reich wurde von Kalifen, den ‚Stellvertretern' Mohammeds geleitet, die in Bagdad residierten. Ihre Aufgabe war es, das islamische Reich so zu regieren, daß die von Mohammed gegebene Ordnung eingehalten wurde. Es ist aber nicht zu leugnen, daß die Berührung mit dem Mittelmeerraum nicht ohne Einfluß auf den Islam geblieben ist. Die antike Philosophie, besonders das Gedankengut des Aristoteles, das römische Rechtsdenken und die byzantinische Staats- und Verwaltungskunst haben deutliche Spuren hinterlassen. So haben neuplatonische, gnostische und auch indische Ideen eine islamische Mystik zu Tage gebracht, die zu einer asketischen Weltabkehr führte. Ziel dieser mystischen Religionsauffassung war eine gewisse „Vergottung" des Menschen, die in der Meditation durch eine Vereinigung mit Gott gegeben war. Unter dem Titel „Wiederbelebung der Religionswissenschaft" versuchte der 1111 verstorbene moslemische Theologe Al-Ghazzali das Ergebnis der islamischen Mystik, die verinnerlichte Frömmigkeit, mit der orthodoxen Gottesfurcht und Gesetzesfrömmigkeit der Lehre Mohammeds zu vereinigen. Diese mystische Bewegung ist aus besonderer Ernsthaftigkeit des Islams erwachsen. Schon im elften Jahrhundert gab es gewisse Zusammenschlüsse von Meistern und Schülern, die in kleinen Zirkeln mystische Erfahrungen sammelten und in Systeme zu ordnen versuchten. Doch mit Beginn des zwölften Jahrhunderts trat eine Wende ein. Der Massenbetrieb in den Klöstern führte zur mystischen Verflachung. Diese Entwicklung leuchtet ein, weil Mystik eine Lebensform für den einzelnen darstellt, und organisierte Mystik einen Widerspruch in sich darstellt.

Auch der Islam blieb von spalterischen Tendenzen nicht verschont. Die überwiegende Zahl der Korananhänger hält an der orthodoxen Tradition, der Gewohnheit (Sunna) , fest. Die sunnitische Lehre enthält neben den Lehrsätzen des Korans die ‚Hadith' genannten Berichte über normative Aussagen des Propheten. Schließlich enthält der Koran nicht alle Hinweise Mohammeds für Situationen des persönlichen und staatlichen Lebens. Schon alleine die Tatsache, daß der Islam in den eroberten Gebieten Situationen gegenüberstand, die von Mohammed nicht vorhergesehen werden konnten, rechtfertigen die Aussagen der Sunna. Hier sind vor allem die fünf Hauptpflichten des Mohammedaners zusammengefaßt, die man als das islamische Glaubensbekenntnis bezeichnen kann. Danach zählt der gebotene Heilige Krieg für die Sache des Islam nicht zu den Hauptpflichten des orthodoxen Moslems.

Hauptsächlich bei den im persischen Raum anzutreffenden Schiiten werden die drei ersten Kalifen als Usurpatoren abgelehnt. Dort erkennt man nur Ali, den Vetter und Schwiegersohn Mohammeds, als rechtmäßigen Nachfolger des Propheten an. Für die Schiiten gelten nur Alis Nachkommen als Imane, als „Führer der Gemeinde", und Träger geheimen Wissens. Die zirka 41 Millionen Schiiten bilden gegenüber den rund 388 Millionen Sunniten eine Minderheit. Doch gibt es noch weitere Splittergruppen oder Sekten, die sich in der Antwort auf die Frage nach der Zahl der rechtmäßigen Imane unterscheiden.

Eine puritanische Rückkehr zum Ur-Islam finden wir in der vor allem in Saudiarabien vorherrschenden Bewegung der Wahabiten, die alles abweisen, was nicht auf den Koran und die Prophetentradition zurückgeführt werden kann. Doch alle diese Richtungen bilden letztlich in der großen islamischen Religion nach außen hin eine geschlossene Einheit.

Diese Einheit ist vor allem ausgeprägt in dem monistischen Menschenbild, wie es auch im Judentum und im Christentum zu finden ist. Im Islam sind Leib und Seele eine Einheit, die nur unterbrochen wird, wenn die Seele im Tode zu Grunde geht. Doch sie ersteht mit dem Körper zusammen wiederauf.

Man soll auch heute die Kraft des Islams nicht unterschätzen. Denn diese Religion gewinnt vor allem in Afrika und Asien zunehmend an Einfluß. Ursachen lassen sich sehr leicht erkennen. Das Christentum versuchte aus den Menschen in den Missionsgebieten Europäer zu machen. Es strebte einen Kulturimperialismus an. Damit trat es als Religion der Kolonialmächte auf und ist durch seine konfessionelle Aufspaltung in sich und vor allem nach außen hin zerstritten. Der Islam hingegen bringt den Andersgläubigen eine einigende Religion, die auch das Kulturgut der missionierten Völker anerkennt und nicht revolutionär zu ändern sucht. Der Islam scheint überhaupt die einzige religiöse Macht zu sein, die in den Ländern der dritten Welt dem Einfluß des Materialismus, vor allem dem marxistischen Imperialismus Paroli bieten kann. Da, wo das Christentum, gleich welcher Konfession, ohne Erfolg bleibt, ja sogar Verluste hinnehmen muß, ist der Islam auf dem Vormarsch. Er versucht, sowohl westlichen als auch östlichen Einflüssen zum Trotz, gestützt auf seine sowohl religiösen als auch politischen Normen, eine neue, bessere Gesellschaft aufzubauen, wo die ehemaligen Kolonialmächte versagt haben. Heute strebt der Islam danach, sowohl den Kommunismus als auch den Kapitalismus durch die bessere islamische Gesellschaftsordnung zu ersetzen.

Daß die monotheistischen Religionen bei redlichem Tun aber auch einander näherkommen können, stellte Papst Johannes Paul II. unter Beweis, als er im Mai 1980 in Nairobi vor führenden Moslems die gemeinsamen Werte des Islams und des Katholizismus betonte, indem er darauf hinwies, daß man doch in beiden Glaubensformen zu dem „einen, lebendigen, gnadenreichen und allmächtigen Schöpfer des Himmels und der Erden" aufschaue und diesen Gedanken in die Tat umsetzte, und mit Moslems gemeinsam ein Gebet sprach.

Das Wort Kult ist eine Ableitung des lateinischen Wortes „culbus", was mit Pflege, Bebauung oder Verehrung wiederzugeben ist. Somit sind auch die Begriffe Kultus oder Kult und Kultur in ihrer Wurzel identisch, weil ursprünglich die Religionen in magischen oder pseudomagischen Formen alle Gebiete des menschlichen Handelns bestimmt haben. Heute verstehen wir unter Kultur die Gesamtheit unseres Tuns zur Beherrschung der Natur. Das beginnt mit der Körperpflege und reicht bis zum wissenschaftlichen Streben, wobei Kunst und Geldwesen eingeschlossen sind. Alles aber hat seinen Ursprung im sakralen Bereich einer Religion. Ein deutliches Beispiel liefert uns der Parsismus, bei dem in der Verflechtung von Kultur und Religion der richtig betriebene Ackerbau zu einem religiösen Postulat erhoben ist.

Erst das Bestreben, die Welt und das menschliche Leben ohne Bindung an das allumfassende Sein zu gestalten, führte zu einer (falschen) Beschränkung des Religionsbegriffes, indem Religion als etwas auf das Übernatürliche Ausgerichtete betrachtet wird, das dem als rein Weltliches Empfundenen entgegensteht. Es ist aber nicht erst der Rationalismus der Gegenwart, der in seiner konsequenten Hinwendung zum rein Sinnenhaften alle Verbindungen zum außermateriellen Sein unterbricht, sondern wir begegnen diesen Bestrebungen auch schon im Sophismus der Antike. Die vielen psychosomatischen Erkrankungen zeigen auf, was es bedeutet, wenn die Verbindung zu der Welt des Geistes verloren geht. Durch den Verlust dieser Bindung steht der Mensch nur noch im materiellen Teil der Welt. ,,Denn was nutzt es dem Menschen, wenn er die ganze (materielle, Anm. d. Verf.) Welt gewinnt, aber an seiner Seele Schaden leidet? Oder was kann der Mensch geben als Gegenpreis für seine Psyche?" (Matth. 16:26). Es sei hier jedem freigestellt, in diesem Bibelzitat das Wort Psyche auch mit Leben oder Seele zu übersetzen. Beides ist nach dem griechischen Text zulässig.

In dem mit Kultus oder Kult bezeichneten Bereich einer Religion finden durch symbolhafte Handlungen die Beziehungen des Menschen zum Außermateriellen ihren Ausdruck. Dabei bestätigt das assoziativ Sinnenhafte in der kultischen Handlung die Doppelexistenz des Menschen als ein Wesen mit Körper und Geist. Viele den heutigen Kulthandlungen zugrunde liegenden Regeln sind Überreste ursprünglicher, rein magischer Aktivitäten. Doch durch den Verlust der Wesenssubstanz ist meist nur noch die äußere Form erhalten geblieben. Dadurch wurde der Sinn der kultischen Handlung entstellt und das Unbegreifliche erfuhr eine neue Deutung, die vielfach auf Unverständnis stößt.

Aus der Forschung wissen wir, daß schon der Mensch der Eiszeit eine starke Bindung zum Metaphysischen hatte. Neben Totenbestattung und Opferdienst haben wir Zeugnisse von einer dritten Form geistiger Tätigkeit durch das kultische Bild, das sich mit Fragen von Geburt und Tod beschäftigt. Es sind Bilder von der Tötung der Tiere, der Geburt und der Zeugung. Auffallend oft finden wir aus jener Zeit Abbildungen tragender oder gebärender Tiere. Genauso wie für uns heute stand in der damaligen Zeit das Bild für das Abgebildete, und es ist nichts als der Glaube an die magische Kraft, daß sich das, was mit dem Bild oder einer Statue geschieht, gleichzeitig mit dem Abgebildeten ereignet. Diese zu allen Zeiten und in allen Kulturen erkennbare Form des Zaubers ist letztlich Ursache für das islamische Verbot der bildhaften Darstellung von Menschen. Andererseits lebt dieser Glaube fort in dem Herumtragen von Statuen und Bildern in Prozessionen oder Aufmärschen religiöser beziehungsweise profaner Art. Schilderungen wie in Oskar Wildes Roman „Das Bildnis des Dorian Grey" liegen auf gleicher Ebene. Ursache dieses Zauberkultes sind die immer wieder zu verzeichnenden Ereignisse, die sich der menschlichen Kontrolle entziehen, weil sie anderen Kräften des Universums gehorchen und nur im metaphysischen Bereich aufgespürt werden können.

Das Wissen von der Macht solcher Kräfte drängt den Menschen zu deren Besitz, weil er sich sonst der Welt schutzlos ausgeliefert fühlt. Nicht umsonst kämpften einstmals Völkerstämme um das Wissen der Paradiesbewohner, wie es nach der Bibel in dem Gleichnis von Eva und der Schlange dargestellt wird. Schließlich ist das auch heute noch der Grund für unser Bemühen, die Welt zu begreifen. Doch trotz der Experimente mit atomaren Kräften, trotz so großer Theorien wie die der Relativität und der Quanten, trotz solcher Männer wie Shakespeare, Goethe, Platon, Sokrates, Konfuzius und der Aussagen des Jesu Christi ist uns dieses Begreifen bis heute noch nicht gelungen. Stattdessen verlieren wir uns in pseudoreligiösen Riten wie Jugendweihen, Fahnenweihen und Vereidigungen. Gerade jene Initiationsriten zur Aufnahme Jugendlicher in die Gemeinschaft der Erwachsenen finden wir in nahezu allen Kulturen, wenn auch unter verschiedenen Namen. So kannte vermutlich schon der Cro-Magnonmensch den Initiationsritus wie er noch heute bei Eingeborenenvölkern in der ganzen Welt vollzogen wird. Vielfach findet in einem solchen Kult für den Novizen ein symbolisches Sterben und das Auferstehen eines neuen Menschen statt, der mitunter sogar noch einen neuen Namen erhält. Taufe und Konfirmation sind ähnliche Kulthandlungen.

Bei den Hirten und Jägerstämmen bilden mitunter die einzelnen Altersklassen besondere Gemeinschaften, aus denen sich auch die in der modernen Zivilisation vorhandenen Männerbünde herleiten. Oft bewahren solche Gruppen ein Wissen, das nur an Eingeweihte weitergegeben wird und damit einer Geheimhaltung unterliegt. Je nach ihrem Bezug zur Öffentlichkeit bleiben solche Vereinigungen im Verborgenen und werden zu einem Geheimbund.

Religiöse Kulthandlungen setzen bei dem Ausführenden besondere Eigenschaften voraus, wie beispielsweise die Reinheit, das Fasten und schließlich die Kleidung. Hinzu kommt, daß für Kulthandlungen besondere Orte ausgewählt werden, wie zum Beispiel Tempel oder Haine. Auch die Auswahl des Zeitpunktes unterliegt besonderen Regeln. Dabei ist hier nicht nur an die Tageszeit gedacht, sondern auch an die Feste und Feiern im Kreis- lauf des Jahres. Höhepunkte der kultischen Handlungen sind Opfer und Gebete, die von Umzügen, Tänzen, Musik oder schweigendem Verweilen umrahmt sein können. Zweifellos sind die Reaktionen des Menschen auf kultische Ereignisse durch das assoziative Gedächtnis geprägt.

Man geht nicht fehl in der Annahme, daß der Kult aus den mystischen Vorstellungen des Bannens und Abwehrens von Gefahren und der Massierung und Ausrichtung des vorhandenen Kräftepotentials entstanden ist. Die Mittel hierzu waren eben Opfer und Gebet. Wer die Bedeutung des Kultes untersuchen will, kommt immer wieder über Zaubersymbole in den Bereich des Schamanentums und gelangt dabei zu der Erkenntnis, daß dem Menschen noch ungeheuere Kräfte zur Verfügung stehen, die er jedoch nur durch die Abkehr von der rein materialistisch ausgerichteten Lebensart für sich einsetzen kann.

Schon die kultische Reinheit resultiert aus dem Glauben an Kräfte, die vollkommen getrennt von physischer Stärke auf jede Weise zum Guten oder Bösen wirken. Sie zu besitzen galt seit je als der größte Vorteil. Es ist die Macht im Sinne des geheimnisvoll Ungewöhnlichen, Überlegenen und ganz Anderen, der der Mensch nur im religiösen Erlebnis gewahr wird. Nur dort wird ihm diese Macht bewußt. Das polynesische Wort hierzu ist ‚Mana' und steht im Gegensatz zu dem aus der gleichen Sprache entstammenden Begriff ‚Tabu', das mit seiner Kraftladung Gefahrenzentren bildet, deren Berührung streng zu meiden ist. Daraus leitet sich das religiöse Verbot: „Du sollst nicht ...! " ab. Neben diesen tabuisierten Kraftladungen gibt es in einigen Religionen noch die Tabus an sich, wie Leichen, Menstruierende und Wöchnerinnen. Die Scheu vor der gefahrbringenden Kraftladung führte dann zu dem ängstlichen Bestreben, Unreinheiten zu entfernen.

Wie stark der Reinheitsbegriff von seiner Urbedeutung abgewichen ist und einer neuen Interpretation bedarf, zeigt uns das Buch Isaias 29:13, wo auf die Fehldeutung des Reinheitsbegriffes hingewiesen wird. Dort wird er als angelerntes Menschengebot hingestellt: , ‚Der Herr sprach: weil dies Volk da mit seinem Munde sich naht und mit seinen Lippen mir Ehre erweist, während sein Herz von mir fern ist und so ihre Furcht vor mir nur angelerntes Menschengebot ist, (14) ... da wird vergehen seiner weisen Weisheit, sich verbergen seiner klugen Klugheit." Hier wird das Tabu, die Gottesfurcht, als ein oberflächliches Menschengebot dargestellt, das nicht bis in den Grund des Herzens, nicht bis ins Metaphysische hineinreicht. Die wahre Reinheit erklären uns sowohl Matth. 15:1-20 als auch Markus 7 :1-11. Danach waren die Pharisäer und einige Schriftgelehrte über Jesus erbost, weil er seinen Jüngern erlaubte, auch mit ungewaschenen Fingern zu essen. Denn das jüdische Reinheitsgebot forderte nicht nur saubere Hände, sondern auch gewaschene Früchte und gespülte Becher, Krüge und Kupfergeschirr, sowie gereinigte Liegepolster. Jesus aber erklärte, daß nichts , was von außen in den Menschen hineingeht, ihn verunreinigen kann; sondern nur das, was aus dem Menschen herauskommt, seine Gedanken und Taten, verunreinigen den Menschen. „Denn von ihnen, aus den Herzen der Menschen, kommen die bösen Gedanken, Unzucht, Diebstahl und Mord." (Markus 7:21) Den Pharisäern wirft Jesus vor, daß sie nur das Äußere des Bechers und der Schüssel reinigen, die innen aber mit Raub und Unmäßigkeit angefüllt sind (Matth. 23:25). , ‚Aber nur die, die reinen Herzens sind, werden Gott schauen." (Matth. 4:8) Demnach sind also die menschlichen Reinheitsgebote oberflächliche Abirrungen von dem eigentlichen Grund.

In der Hinwendung zur rein sinnenhaften Welt versteht man folglich unter Reinigung die Beseitigung des stofflich Bösen durch Waschungen, Ätzungen, Schlagen, Abreiben, Salben, Räucherungen und sogar künstlich herbeigeführter Erbrechungen. Auch die Taufe kann in ihrem Ursprung als Waschung angesehen werden, bis dann nach den Worten von Johannes dem Täufer (Matth. 3:11) Jesus nicht mehr mit Wasser, sondern mit dem Heiligen Geist taufte.

Wie umfangreich das jüdische Reinigungszeremoniell war, kann der Interessent im dritten Buch Mose, Leviticus, Kapitel 13, nachlesen. So ist auch die Handlungsweise Jesu zu verstehen, der nach der Heilung eines Aussätzigen (Matth. 8:1-4) diesen zu den jüdischen Priestern schickte, damit er sich dem jüdischen Reinheitszeremoniell unterziehe. Auch diese Geste beweist, daß Jesus in keiner Weise irgendwelche politischen oder wirtschaftlichen Reformideen verwirklichen wollte, sondern daß er nur die Menschen auf das einzig wahre und ewige Gesetz des Lebens hinführen wollte: „Dies soll man tun, und jenes nicht unterlassen." (Matth. 23:23) Augustinus beschreibt das Gesetz als Gottes Plan oder Wille, der die natürliche Ordnung eingehalten wissen will.

Reinheitsvorstellungen sind auch die Grundlage für Fastenvorschriften. So ist beispielsweise vor dem Genuß heiliger Speisen ein Fasten angeordnet, damit sich nicht Heiliges mit Profanem vermischt. Ganz konsequent im Fasten gibt sich der Islam. Über den neunten Monat des mohammedani- schen Mondjahres, den Ramadan, erstreckt sich eine 30tägige strenge Fastenzeit, in der sich der Körper ausruhen soll. Die religiöse Kulthandlung dient damit zugleich dem körperlichen Wohl. Wie weit das Fasten den Menschen an die Quelle des Unbewußten heranführen kann, ist nicht nur an dem Lebenswandel der Schamanen und Yogis zu erkennen. Auch Mohammed fastete, um zu den Erkenntnissen der Offenbarung vordringen zu können. Von Jesus hören wir es nur einmal, daß er 40 Tage fastete. Ferner ist aus dem Neuen Testament (Matth. 9: 14) zu erkennen, daß das Fasten erforderlich ist bei dem Ringen des Menschen um Erkenntnis. Weiter heißt es dort, daß speziell für die Jünger um Jesus bei ihrem Ringen um Erkenntnis das Fasten nicht erforderlich war, solange Jesus, als die Inkarnation des göttlichen Geistes, unmittelbar anwesend war; und aus Matth. 17:21 ist zu erkennen, wie die Wunderkraft des Glaubens nur durch Gebet und Fasten erhalten werden kann.

Während man im Fasten noch nachweislich einen Zugang zum Außersinnhaften finden kann, spielt die Kleidung eigentlich nur eine rein symbolische Rolle im Kult. Schließlich ersetzt die Kleidung des Menschen nicht nur das Fell, sondern wir empfinden mitunter auch eine Macht, die von ihr ausgeht. Nicht umsonst gilt das Sprichwort, daß Kleider Leute machen. Von dem Glauben an die Macht des Kleides war (nach Matth. 9:20) auch jene kranke Frau überzeugt, die das Kleid Jesu zu erhaschen versuchte, um mit der von dort ausgehenden Kraft wieder gesund zu werden. Auch das Verschenken des Kleides, wie es Jonathan zur Besiegelung der Blutsbrüderschaft mit David tat, kann als kultische Handlung gewertet werden.

Jonathan verschenkte sowohl sein Obergewand als auch sein Waffen-kleid. So befahl (1. Mose 35:2) Jakob seiner Familie als kultische Handlung die Kleider zu wechseln, um vor Gott rein zu sein, bevor er mit seiner Sippe nach Bethel pilgerte, wo er Gott einen Altar errichtete. Einer Weiterentwicklung des Kleiderkultes entsprechen heute Uniformen, Amtstrachten und Insignien.

Doch auch das Gegenteil der Kleidung, die Nacktheit, hat ihre kultische Bedeutung, weil dem unbedeckten Körper zuweilen eine ungebrochene, geheimnisvolle Macht zugeschrieben wird. In diesem Falle gilt Nacktheit als Lösung von allen Bindungen mit dem Ziel der bedingungslosen Hingabe an das Göttliche. Reste dieser Einstellung finden wir noch heute in der Entblößung eines Körperteiles. So zelebriert der hinduistische Priester mit bloßem Oberkörper; und das in unserer Zivilisation übliche Ziehen des Hutes, was aus germanischem und griechischem Brauchtum abgeleitet ist, ist ebenfalls als ein Überbleibsel der Entblößung unseres Körpers anzusehen. Heilige Haine, Tempel, Moscheen und Kirchen sind ein weiterer Hinweis auf die Bindung des Menschen an den Kult. Vielleicht aber zeigt uns das Wort Kirche als Bezeichung des christlichen Gotteshauses, daß man dem Ortsbegriff auch noch eine andere Bedeutung zuordnen kann. Denn schließ- lich steht der Begriff Kirche auch noch für die christliche Gemeinschaft. Will man erläutern, was diese mit Kirche benannte Gemeinschaft eigentlich ist, müssen wir auf zwei verschiedene Erscheinungsbilder unser Augenmerk richten. Betrachtet man alleine nur die geschichtliche Erscheinung der Kir- che einschließlich ihrer religiösen, sozialen und kulturellen Bedeutung und läßt auch ihre Fehlleistungen nicht unberücksichtigt, so kann man in dem so verwendeten Begriff Kirche nichts anderes als einen weltlichen und gesellschaftlichen Verband sehen.

So betrachtet ist die Kirche nichts anderes als ein Verein nach §§ 21 ff des Bürgerlichen Gesetzbuches. Gerade aus diesem Blickwinkel heraus erwachsen am häufigsten die negativen Kritiken an der Kirche. Es kann auch nicht bestritten werden, daß diese Kritiken zu Recht vorgebracht werden. Aber die so angesprochene Kirche ist - genau wie das Kirchengebäude - nicht mit dem vollen Begriffsinhalt , ‚Kirche' " identisch. Denn der ursprüngliche Begriff Kirche für das religiöse Kultgebäude hat einen Bedeutungswandel erfahren. Die eigentliche Bedeutung des Begriffes „Kirche" wird erkennbar, wenn wir versuchen, das zwölfte Kapitel im ersten Korintherbrief des Apostels Paulus zu begreifen. In seiner fast mystischen Schau bezeichnet Paulus die Geisteswelt mit Christus und vergleicht den einzelnen Menschen mit den Gliedern eines Körpers, jenes Körpers, den er Christus nennt.

In diesem Sinne sind auch die augustinischen Worte von der Einheit Christi mit den Christen zu verstehen. Augustinus drückte es so aus: „Wir sind nicht bloß Christen geworden, sondern Christus. ' " Eine weitere Bestätigung der Teilnahme des Menschen an der Göttlichkeit finden wir im zweiten Petrusbrief (1:4): „Dadurch wurden uns die kostbarsten und größten Verheißungen geschenkt, damit ihr durch sie teilhaft werdet göttlicher Natur, die ihr entronnen seid den verderblichen Lüsten der Welt."

Die für uns Menschen kaum faßbare Negierung aller Dimensionen kommt im Johannesevangelium (17:21 ff) noch stärker zum Ausdruck: „. . . damit alle eins seien wie Du, Vater, in mir bist und ich in Dir bin . . . auf daß sie vollkommen seien in Einheit . . .damit die Liebe, mit der du mich geliebt hast, in ihnen sei und ich in ihnen."

Kirche ist somit als „mystischer Leib Christi" die innige Verbindung Gottes mit den Menschen und die Basis des christlichen Erlösungsgeheimnisses. Doch trotz dieser Einheit bewahren alle Glieder dieses „Leibes", also jeder einzelne Mensch, ihre persönliche Freiheit. Diese geistbezogene Lebensweise, wie sie als Lehre Christi im Neuen Testament aufgezeichnet wurde, wird wie in anderen Religionen nur zu leicht unter dem Sand von Kulthandlungen begraben.

In seinem Hirtenbrief „Aufstieg oder Niedergang der Kirche?" schreibt der Kardinal-Erzbischof Suhard von Paris: „. . . wenn es auch zutrifft, daß die Kirche das Reich der Seelen ist, daß sie ein absolut überirdisches Ziel anstrebt und daß sie sich infolgedessen nicht unmittelbar mit dem Glück und der Kultur hier auf Erden abgibt, so befaßt sie sich hiermit doch unter einem anderen Gesichtspunkt: Da der Mensch aus Leib und Seele besteht, da er sterblich und unsterblich ist, so ist sie besorgt um alles, was seinem natürlichen und übernatürlichen Wohle dient. Denn die Gnade zerstört nicht die Natur: Sie erhebt und vervollkommnet sie . . ."

Es ist gegen eine Kulthandlung grundsätzlich nichts einzuwenden, wenn der Handelnde sich der Bedeutung seines Handelns voll bewußt ist. Das jedoch möchte ich für den Normalfall bestreiten. Zu oft wird der Kult des Kultes wegen vollzogen, wobei dann aus der sakralen Handlung ein Götzen- dienst wird. Hart an dieser Grenze steht zum Beispiel die Heiligenverehrung in der katholischen Kirche. Auch im Islam treffen wir auf die Verehrung von Heiligen, wenn auch die orthodoxe Richtung sich lange dagegen gewehrt hatte. Aber die ungeheure Kluft zwischen Allah und seinen Geschöpfen mußte ausgefüllt werden. So begann auch die islamische Theologie, fromme Verehrung gottbegnadeter Menschen zu dulden, wenngleich sie in einer solchen Heiligenverehrung nicht ohne Grund einen gefährlichen Schritt in Richtung zur Vielgötterei sieht. In diese Richtung sind auch die Weichen gestellt bei der göttlichen Verehrung des Jesu von Nazareth in Form des in der Krippe liegenden Jesuskindchens oder des Kruzifixes. Wenn nicht gerade zu einer polytheistischen Religion, so ist doch hier der Weg zu einer henotheistischen geöffnet, der mitunter nur unzureichend von der Dreieinigkeitstheorie kompensiert werden kann. Denn wer unterscheidet schon die menschliche Erscheinung des Jesu von Nazareth von der Göttlichkeit des christlichen Logos? Während in den christlichen Kirchen(gebäuden) neben den henotheistisch motivierenden Heiligenaltären zwar Altäre mit dem Kruzifix und eventuell auch mit dem Bild eines älteren Mannes als Gottvater neben bildhaften Szenen aus der biblischen Geschichte zu finden sind, bleibt ein Altar zu Ehren des Heiligen Geistes eine ausgesprochene Seltenheit. Gerade aber mit dem Begriff des Heiligen Geistes wird uns Menschen das dargebracht, was wir unter Gott verstehen sollten.

Der unzureichende Versuch einer Darstellung des Göttlichen zeigt, daß wir an der Grenze unseres sinnenhaften Vorstellungsvermögens angekommen sind. Das hieraus resultierende Verbot einer bildhaften Darstellung des Göttlichen im Islam erweist sich als sehr sinnvoll in bezug auf einen totalen Monotheismus. Leider hat sich diese Ansicht im Christentum zum Schaden eines wahren Erkennens des Göttlichen nicht durchsetzen können. Denn die christlichen Altarbilder weichen in unrealistischer Größenordnung von dem eigentlichen geistigen Gehalt der christlichen Lehre ab. Es ist bedrückend, festzustellen, daß diese Abweichungen im Christentum durch die Elemente gottesdienstlicher Feiern verstärkt werden, in die heidnische Kulthandlungen eingeflochten sind, auch wenn einige dieser Handlungen einen Umweg über den jüdischen Religionskult gemacht haben.

Hier ist auch die Wurzel des mißverstandenen Christusbildes zu finden. Die Christenheit erkennt in Jesus von Nazareth den Reformator jener patriarchalischen und monotheistischen Hirtenreligion, der von den Propheten seines Volkes als der von Gott angekündigte Messias erwartet wurde und nach seinem irdischen Tode zur Rechten seines Vaters zurückgekehrt ist. Wie wollen wir uns aber anmaßen, über die Göttlichkeit Jesu Christi zu urteilen, wo wir als Menschen noch nicht einmal Gott begreifen können.

Wir versuchen, die Gestalt des Jesu von Nazareth nach den uns geläufigen wissenschaftlichen Methoden zu analysieren, wollen ihm Tatbestände zuordnen oder absprechen und übersehen dabei, daß es einen historisch-materiegebundenen Menschen Jesus gab und eine in besonderem Maße ausgebildete Beziehung zu einer Macht, die jener Vater nannte, die viele Gott nennen und damit die unabhängige, in sich beständige Macht außerhalb unseres wissen- schaftlich erfaßbaren Bereiches meinen.

Man kann zwar Jesus von Nazareth mit anderen Religionslehrern vergleichen, doch das Geheimnis, daß die Inkarnation des göttlichen Wortes in sich birgt, wird uns als Menschen während unserer materiellen Existenz stets verborgen bleiben. Hier helfen keine Definitionen und auch keine Analysen. Das „Auffahren in den Himmel" und das „Sitzen zur Rechten des Vaters" darf nicht als eine Ortsbestimmung aufgefaßt werden. Diese Begriffe dürfen nur als ein Aufgehen in eine nichtmaterielle Existenzweise, als das Auf gehen in das Reich Gottes, begriffen werden.

Zu den vom Christentum übernommenen kultischen Einrichtungen gehört auch die aus jüdischer Wurzel entspringende Sonntagsruhe oder Sonntagsheiligung. Schon die Verlagerung der Gottesfeier vom Samstag (Sabbat) auf den Sonntag zeigt eine beabsichtigte Störung der alttestamentlichen Kultordnung und wurde durch den Einfluß des Mithrakultes (Sonnengott) ausgelöst. Bezüglich religiöser Feiern äußerte sich Paulus in seinem Brief an die Kolosser und betont dabei die Distanz des Christentums gegenüber den heidnischen Kultbräuchen. So wurden seiner Auffassung nach mit Christus alle sinnenhaften Mächte entwaffnet, weil dem freien Menschen, dem Christen, niemand mehr Richter sein kann in Frage von Speise und Trank, dem Feiern von Festen, Neumonden und Sabbaten. Denn alles (2: 17) seien nur die vorausfallenden Schatten des wahren Christus gewesen. Mit Christus aber sind wir nach Paulus den Weltelementen gestorben und frei von menschlichen Weisungen. „Fasse es nicht an! - Koste nicht davon! - Berühre es nichtl" (Kolosserbrief 2:21) Solche Verbote haben zwar den Anschein von Weisheit bei eigenwilliger Kulthandlung, bei Selbst- Verachtung und schonungsloser Härte gegen den Leib, doch sie dienen nicht irgendwie der Buße, sondern lediglich zur Befriedigung des Fleisches.

Es wäre jedoch falsch, Feste und Feiern grundsätzlich abzulehnen, solange man die Existenz psychischer Kräfte anerkennt, weil - wie bereits erwähnt - in der Versammlung Gleichgesinnter sich solche Kräfte vervielfachen. Doch müssen wir bei allen Handlungen bewußt unseren Geist herrschen lassen über unsere Sinnlichkeit, weil wir nur so frei werden von dem Götzendienst der Habsucht, der Lüge, der Leidenschaft, der bösen Begierde, der Unlauterkeit, des Zornes, der Lästerung und der Unzucht. Wie sich alte Kultbräuche in jüngere Religionen integrieren und für einen neuen Zweck umfunktionieren lassen, ist leicht am Beispiel des christlichen Weihnachtsfestes zu sehen. Das Geburtsfest Jesu wird eingerahmt und erdrückt von heidnischen Kultbräuchen, die neu interpretiert wurden.Lassen wir bei der Betrachtung dieses Festes die heute im Vordergrund stehende Geschenk- und Warenumsatzeuphorie beiseite und betrachten einmal den Ursprung dieses Festes. Zunächst ist anzumerken, daß das christliche Weihnachtsfest aus dem vierten Jahrhundert stammt und von der römischen Kirche im fünften Jahrhundert auf den Tag der Mithra-Riten zur Geburt der Sonne und dem Ende der Saturnalien festgelegt wurde. Mit der Fixierung des Weihnachtsfestes auf den 25. Dezember, der als der Geburtstag des unbesiegbaren Sonnengottes Mithra galt, erklärten die Christen Jesus als die wahre Sonne der Gerechtigkeit. Man braucht sich auch nicht darüber zu streiten, ob die Kerzen am Weihnachtsbaum ihren Ursprung im nordischen Julfest haben oder überliefertes Brauchtum der Römer sind, weil diese zu den Saturnalien, einem Fest in der Mitte des Dezembers, Kerzen abzubrennen pflegten. Jedenfalls sind sie keine christliche Erfindung.

Bei Betrachtung des Osterfestes, das an oberster Stelle im Festkalender der christlichen Kirche steht und den Sieg Christi über die Welt in Erinnerung bringen soll, müssen wir feststellen, daß der Name dieses Festes auf die germanische Göttin Ostara zurückzuführen ist und der Osterhase und das im Mittelpunkt stehende Osterei wahrlich nicht christlichen Ursprungs sind.

So sind Weihnachten und Ostern primär keine christlichen Feste, sondern zeugen in ihrer Symbolik von der im Weltenlauf immer erkennbaren Erneuerung oder Wiedergeburt, wie sie auch in anderen zyklischen Religionen zu finden ist. Die germanische Götterdämmerung und die anschließende Welterneuerung sind hierfür ebenso ein Beispiel wie der Osiriskult. Doch unterscheidet sich das Christentum insofern von den anderen Religionen, daß die Geburt in Bethlehem und die Auferstehung Christi als ein einmaliges Ereignis gelten und der kultische Ritus nur ein Gedenken darstellt. Heidnischen Ursprungs ist auch die Darstellung Gottes als Gottvater, wie ihn Michelangelo gemalt hat. Als Vorbild diente dem großen Maler das Bild des griechischen Vatergottes Zeus, den man sich als einen Mann in den mittleren Jahren mit dichtem Vollbart auf wolkigem Thron vorgestellt hatte. Es ist eben für uns Menschen schwer, uns von der materiellen Sinnenhaftigkeit zu lösen und des anderen, geistigen Bereichs der menschlichen Existenz bewußt zu werden. Solche wie hier an der christlichen Religion gezeigten Beispiele begegnen uns in den anderen Religionen in noch viel stärkerem Umfange, was bisher sich Christen nennende Menschen veranlaßte und noch heute veranlaßt, andere Religionen global als heidnisch und damit gegen den Schöpfungsplan Gottes gerichtet, abzustempeln. Wer aber im Glashaus sitzt, sollte nicht mit Steinen werfen. Die Verehrung Buddhas als Gott in der Spätform des Buddhismus' zeigt uns deutlich das Streben des Menschen, sinnlich Unfaßbares in materielle Analogien umzusetzen. Ist aber erst einmal das geistige Objekt materialisiert, der Gottesbegriff scheinbar in eine sinnenhaft erfaßbare Form gepreßt, wird auch die geistige Verbindung durch Kultformen parallelisiert.

Wenn in der katholischen Religion zum Beispiel für die Sakramente die drei Voraussetzungen des äußeren Zeichens, der inneren Gnade und der Einsetzung durch Jesus Christus gegeben sein müssen, so spielt doch das äußere Zeichen als Kulthandlung im Normalfall die Hauptrolle. Wir kennen die Vorschriften, die für eine gültige Taufe erforderlich sind. Es ist aber im Christentum leider ein großer Unterschied, nach welchem Ritus der Täufling zum Christ wurde. Konvertiert er, so wird der Taufritus der neuen Konfession wiederholt. Scheinbar war man sich bei der bürokratischen Festlegung der Kultformen nicht bewußt, daß die einzige wahre Form der Taufe jene unter dem Begriff „Begierdetaufe" verstandene Taufform ist. Hierbei ist nämlich einzig und alleine der Wille zum Glauben bestimmend, das J a-Sagen zu Gott, und es ist fast gottes- und menschenunwürdig, nach einem solchen geistigen Akt eine besondere kultische Taufform zu einem späteren Zeitpunkt aus konfessionellem Prestigedenken heraus zu wiederholen.

Die Widersinnigkeit eines gedankenlos vollzogenen Kultes erscheint noch deutlicher, wenn ein nur nach weltlich-bürokratischen Vorschriften, also standesamtlich getrautes Ehepaar nach Jahren des Zusammenlebens die sogenannte kirchliche Trauung nachholt. Es ist dies ein total bedeutungsloses Unterfangen, weil auch nach geltendem Kirchenrecht eine Ehe nicht vor dem Altar, sondern durch die geschlechtliche Vereinigung geschlossen wird.

Perversionen zu religiösem Kult zeigen uns jene Fackelzüge aus politischem Anlaß, Treuegelöbnisse der Rekruten im Fackelschein, Schiffstaufen, Fahnenweihen, Jugendweihen und jede Form von Vereidigungen. Alle diese profanen Zeremonien sind von allem geistigen Gehalt gelöste Kultformen, die vielleicht noch einen formaljuristischen Akt als Kernpunkt haben, doch vom Geistigen her hohl und ohne jegliche Bedeutung sind. Denn wo die Herrschaft eines göttlichen Geistes negiert wird, verliert der religiöse Kult vor der geistigen Dimension der Gott-Mensch-Beziehung seine Bedeutung und ist dem Mißbrauch im profanen Bereich ausgeliefert.

Sollen wir uns aber von allen kultischen Handlungen loslösen? Ich muß diese Frage verneinen. Denn Kulthandlungen sind wie ein Damm, der, wenn er zerstört wird, menschlichen und gesellschaftlichen Katastrophen freien Lauf läßt. Wir neigen zwar heute dazu, alles Irrationale aus unserem Leben zu verbannen und uns von jedem sogenannten Aberglauben im weitesten Sinne, also von jedem Glauben mit transzendentem Inhalt zu befreien. Damit lösen wir uns aber gleichzeitig von allen moralischen und geistigseelischen Traditionen. Die Folge ist weiterhin der Verlust des Glaubens an den Sinn unseres Lebens.

Wir müssen uns bewußt werden, daß glauben und denken einander nicht ausschließen. Fast sieht es so aus, als ob eine, wenn auch falsche, Ehrfurcht vor der Wissenschaft uns blind macht gegenüber den gewaltigen psychischen Kräften, die unseren Lebensweg nicht nur beeinflussen, sondern auch beherrschen. Wir meinen, unser Denken hätte den Glauben besiegt. Die Erde, früher als große Mutter verehrt, ist zur trockenen Materie geworden. Geist, den wir fälschlich mit Intellekt gleichsetzen, ist für uns, statt Vater des Weltalls zu sein, nur noch der Ich-Gedanke des Menschen. Kein Wunder, daß wir mit dem Gebetstext des Vaterunsers nichts mehr anzufangen wissen.

Freilich ist der bloße Vollzug kultischer Zeremonien nutz- und bedeutungslos, wenn man nichts von ihrem symbolischen Zweck weiß. Kultische Handlungen erhalten erst ihren Wert, wenn man sich bemüht, ihren Bezug zum lebendigen Menschen zu erfahren. Dann nämlich erst beginnt man zu verstehen, daß ihre Bezogenheit auf den Menschen von höchster Wichtigkeit ist.

In kirchlichen Kreisen wird heute viel von der ökumenischen Bewegung gesprochen, und man wertet es bereits als Anfangserfolge, wenn in einem Gottesdienst die Kultformen der verschiedenen Konfessionen zusammen oder wechselseitig vollzogen werden. Ich erinnere mich in diesem Zusammenhang an meine eigene Hochzeit, die eine konfessionelle Mischehe begründete. Normalerweise wird bei der Trauung den Ehepartnern das Versprechen abgenommen, ihre Kinder im Sinne einer bestimmten Konfession zu erziehen. Es war hier keine ökumenische Hochzeit im sprachüblichen Sinne; aber der Dechant, der uns traute, nahm uns das Versprechen ab, unsere Kinder christlich zu erziehen. Das war meines Erachtens bei Hintanstellung der Kultform wahrer ökumenischer Geist. Denn solange wir unter Ökumene nur die Vereinheitlichung von Kultformen und die historisch gewachsenen Vorstellungen in Lehren festlegen, die nicht den Kern der eigentlichen göttlichen Offenbarung treffen, werden sich weder die gespaltenen christlichen Glaubensgemeinschaften vereinigen , noch wird man eine Klammer finden können, die alle jene auf einen Gott ausgerichteten Religionen in einer Einheit zusammenschließt. Diese Einheit kann nur erreicht werden, wenn wir rein formelle Kultformen zurückstellen und uns in den Religionen auf den Gehalt des Gottesglaubens konzentrieren. Ich sehe für die ökumenische Bewegung jedoch noch zwei größere Hindernisse als die Vereinheitlichung der Kultformen. Es sind dies die in jeder Religion gewachsene Tradition und mit ihr die unterschiedlichsten ethischen Auffassungen. Denn wir müssen uns erinnern, daß Religionen von göttlichen und menschlichen Gesetzen geprägt wurden. Erst wenn diese Barrieren beseitigt sind, können Christen, Juden, Mohammedaner, Hindus und alle anderen Menschen, die den Sinn ihres Lebens auf den Glauben an jene eine, ursprüngliche und allmächtige Kraft ausgerichtet haben, Schulter an Schulter zusammen den wahren Lebensweg beschreiten.

Die jüdischen Zehn Gebote schreiben vor, den Namen Gottes nicht zu mißbrauchen. In diesem Zusammenhang ist von einer Kultform nichts gesagt. In diesem Satz ist aber die Verbindung des Menschen zur Schöpfungsmacht und Schöpfungsordnung in einem rein geistigen Verhältnis angesprochen und bar jedes sinnenhaft an die Materie gebundenen Handelns. Dem Glauben an Gott pflegen wir durch das Gebet als Form des unmittelbaren Umganges mit dem absoluten Sein Ausdruck zu verleihen. Während vor allem in der indischen Mystik das Gebet durch schweigendes Versunkensein seinen Ausdruck findet, ist ansonsten das Gebet im kultischen Bereich an Zeiten, Orte, Haltung und Richtung gebunden. Rosenkränze, Gebetsmühlen und ähnliche äußere Hilfen vervollständigen die Kultformen. Das Gebet an sich läßt viele Formen zu. Wir kennen es als vorgefertigte Sätze, die mehr oder weniger dem augenblicklichen Gebetsziel entsprechen, bis hin zu einem Eins-Fühlen mit Gott, wenn er in uns und wir in ihm sind. Ob nun ein Gebet alleine verrichtet wird, oder in einer Gemeinschaft, ist von dem Sinn oder Ziel des Betens abhängig. So kann man im Grunde nicht die Auffassung jener ignorieren, die von einer gemeinschaftlichen Kulthandlung für das Gebet nichts wissen wollen, sondern es vorziehen, das einzelne Gebet „im stillen Kämmerlein" zu verrichten. Zweifellos sind solche Gebete sehr wertvoll. Wenn wir jedoch andererseits den Menschen als ein zur Gemeinschaft strebendes Wesen betrachten, sollte man auch gemeinsame Kulthandlungen nicht ablehnen. Aus diesem Grunde letztlich kann keine Religionsgemeinschaft auf ihre wie auch immer gestalteten Zusammenkünfte verzichten. Wie weit ein solches gemeinschaftliches Tun nur psychische Kräfte freisetzt oder auch göttliches Handeln motiviert, sei dahingestellt. Paulus macht hierin keinen Unterschied , wenn er in seinem ersten Korintherbrief (l2:6) schreibt: , ,Es gibt Verschiedenheiten unter den wirkenden Kräften, doch es ist derselbe Gott, der alles in allem wirkt."

Es ist auch nicht das Erscheinungsbild zu leugnen, daß der Mensch als Herdentier sich in einer Gemeinschaft durch eine uns noch immer unbekannte Kraft psychisch anders verhält als in seiner Substanz als Binzelwesen. Es soll sogar die Aura des einzelnen mit anderen zu einer Einheit zusammen-fließen, wenn Menschen sich auf ein Gruppenziel ausrichten, wie beispielsweise bei religiösen Veranstaltungen, bei Konzerten oder gar bei politischen Demonstrationen fanatischer Extremisten. Dieses Phänomen mag vielleicht auch eine Erklärung sein für das Zustandekommen einer Massenhysterie oder Panik. Wir empfinden die gegenseitige Verbundenheit von Menschen sowohl bei einem feierlichen Gottesdienst als auch bei einer Staatsfeier oder bei der Entfaltung jener Massenstimmung im Festkreislauf des Jahres, die besonders zum Weihnachtsfest, dem Jahreswechsel und den Karnevalstagen erkennbar wird. Freilich kann man sich hiervon auch distanzieren und sich aus der Gesellschaft ausschließen. Desgleichen wird der auf eine einsame Insel verschlagene Schiffbrüchige oder der in einem fremden Kulturkreis Lebende von der psychischen Erscheinung solcher Ereignisse nicht berührt. Andererseits sieht es aber so aus, daß man die aus einer psychisch zusammen- geschlossenen Gemeinschaft freigesetzte geistige Kraft nicht unterschätzen sollte. Aus dieser Überlegung heraus ist es gar nicht so absurd, in einer Gemeinschaft für die Gesundheit eines Mitmenschen zu beten oder gar um das richtige Wetter für eine gute Ernte. In diesem Zusammenhang möchte ich eine Meldung der in Koblenz erscheinenden Rhein-Zeitung vom 3. 11. 1981 zitieren: „Dschiddah: Tausende von Bewohnern des ölreichen Wüstenlandes Saudi-Arabien haben am Montag in Moscheen um Regen gebetet, nachdem König Chalid dazu einen öffentlichen Feiertag angeordnet hatte. Schulen und Universitäten schlossen für einen Tag, und private sowie öffentliche Unternehmen waren aufgerufen, ihre Mitarbeiter statt hinter Ladentheken und Schreibtische zum Gebet zu schicken. Anhaltende Dürreperioden bedrohen die Region. Die libysche Nachrichtenagentur hatte in der vergangenen Woche gemeldet, daß es in den von Trockenheit betroffenen libyschen Gebieten geregnet habe, nachdem die Bewohner darum gebetet hatten."

Wenn auch diese Gebete an Gott gerichtet sind, wird man auch ohne Glauben an die Existenz einer Göttlichkeit die magische Wirkung eines solchen Gebetes nicht verneinen können. Wer aber die Existenz eines göttlichen Seins anerkennt, wird die Möglichkeit zu einem gemeinschaftlichen Gebet nicht verpassen.

So zitierte Matthäus (21:22) folgende Jesusworte: „Und alles, was ihr glaubensvoll im Gebet erfleht, werdet ihr empfangen."

Im Islam ist das Gebet ein Akt in der Gemeinschaft und stets in gleicher Form. Es 'ist Liturgie und Kult. Eine individuelle Zwiesprache mit Gott ist erst das Ergebnis islamischer Mystik.

Die Aufzählung kultischer Formen wären unvollständig, wenn nicht neben dem Gebet auch das Opfer erwähnt würde. Eng verbunden mit dem Gebet ist zunächst das Bittopfer, das zum Ziele hat, die über dem Menschen stehende Macht durch eine Gabe günstig zu stimmen. Es kann da bei primitiven Glaubensvorstellungen vorkommen, daß die Opfergabe zurückgenommen wird, wenn das Erbetene ausbleibt.

Das Dankesopfer als zweite Opferart kann sich mitunter mit der Erwartung verbinden, auch künftig den göttlichen Segen dem Opfernden zukommen zu lassen.

Die Vorstellung, daß göttlicher Zorn die Menschen bedroht, führte zu den sogenannten Sühne- oder Sündopfern, die sich bis zum Opfern von Menschen steigern können.

Opfergaben sind so gesehen nichts anderes als Zahlungsmittel bei einem Handels- oder Kaufvertrag mit einem Transzendentalobjekt, sei es Gott oder Schicksal genannt, dessen Wechselkurs jedoch einseitig vom Menschen festgelegt wird. Man kann sich von dem Geruch der Geschäftemacherei beim Opfern nur frei machen, wenn man bedenkt und danach handelt, daß Opfern ein freiwilliges Geben ist ohne Erwartung einer Gegenleistung. Der Koran sieht dies gleichsam als Gerechtigkeit an. Sure 2, Vers 178: „Nicht wer sein Antlitz beim Gebet nach Osten oder Westen richtet, sondern der ist gerecht, . . . wer voll Liebe von seinem Vermögen den Anverwandten, Waisen, Armen, Pilgern und jedem, der darum bittet, gibt."

Ähnlich wie im Koran mahnt das Buch Micha des Alten Testamentes, sinnlose Opferhandlungen abzustellen (6:8): „Nichts als Recht tun und Liebe üben und in Demut wandeln mit deinem Gott! " Tatsächlich gibt es nur ein wahres Opfer, das von allen Kulthandlungen losgelöst ist. Es ist die Liebe.

In der Christenheit spricht man darüber hinaus von dem Kreuzesopfer Christi. Nun, wenn Jesus Christus neben dem wahren Menschen auch wahrer Gott sein soll, so stellt sich die Frage, wem dieses Opfer gebracht werden sollte. Wem sollte Gott sich opfern, wenn wir mit Gott die oberste Macht im Sein bezeichnen wollen? Der Opfertod Christi ist dann weder ein Bittopfer noch ein Sühneopfer. Von einem Dankesopfer ist hier ganz zu schweigen. In der Hingabe Jesu Christi erleben wir einen Akt der reinen Liebe, in dem das „Do-ut-des", das Prinzip von Gabe und Gegengabe, ausgeschaltet ist.

Diese Liebe, die Christus uns Menschen lehrte und vorlebte, besteht in der freiwilligen Entscheidung, sich hinzugeben und zu dienen. Das Matthäusevangelium drückt es so aus: „Der Größte unter euch soll euer Diener sein! " Das Freiwillige dabei ist die Handlung nach eigener Willensentscheidung und nicht nach dem Willen eines anderen. Nur in solcher Haltung erlangt der Mensch echte Autorität vor sich selbst und vor seinem Nächsten. Autorität durch Dienen! Friedrich dem Großen werden folgende Worte zugeschrieben: „Je suis le premier serviteur d'etat." Das heißt zu deutsch: Ich bin der erste Diener des Staates. Aus einem solchen Satz erkennen wir, daß in dem Postulat, seinen Nächsten zu lieben wie sich selbst, die Forderung nach einem geistkontrollierten Dienen enthalten ist. Denn auch gegenüber der eigenen Person sollte die geistige Willenskraft den Grad des Dienens bestimmen, damit das Handeln des Menschen nicht durch seine Triebe bestimmt wird.

Liebe heißt damit, alles Geschaffene bejahen und sich mit ihm verbunden wissen. Es ist ein Ineinander-Durchdrungensein. So ist Liebe nicht Egoismus, nicht irdische Macht, nicht Angst, nicht Haß, nicht Lüge und auch nicht Geheimniskrämerei. „Liebe, das ist alles geben und sich selber ganz" , sagte Thérèse von Lisieux, und nach Thomas von Aquin gehört zum Wesen der Liebe, zum Geliebten zu werden. Im Sudetenland soll einmal die ‚weise Frau' eines Dorfes gesagt haben: „Wer nur sich selbst liebt, ist nur er selbst und hat nur die eigene Kraft und weiß nur, was er gelernt hat. Wenn er andere liebt, wird er stärker, wenn er die Bäume, die Felder, die Erde liebt, bekommt er ihre Kraft. Wenn er Gott liebt, wird er unüberwindlich. " Nicht von ungefähr stellte auch Paulus die Liebe über alles. Es ist das Schicksal des Menschen, daß er ohne feierliches Zeremoniell nicht auszukommen scheint. Damit verliert sich aber jedes religiöse Streben in einer sinnenhaften Kulthandlung. Die Beziehungen zum außermateriellen Seinsbereich beschränken sich mit zunehmender Hinwendung des Menschen zum Diesseits, wie wir es vor allem in unserer Zivilisation zu verzeichnen haben, auf den zeitlich begrenzten engen Rahmen sogenannter Gottesdienste. Dabei macht sich eine Bewußtseinsspaltung bemerkbar, indem man zwischen Heiligem und Profanem differenziert. Gelobt der Mensch während des Gottesdienstes noch, friedvoll zu sein und seinem Mitmenschen verzeihen zu wollen, verweigert er außerhalb des Gotteshauses seinem Nachbarn den Gruß, weil er mit ihm in Streit lebt, und frisiert seine Steuererklärung zu seinem Gunsten, womit er sich seinen diesbezüglichen Verpflichtungen gegenüber der Allgemeinheit entzieht.

Die Verlagerung religiösen Lebens auf kultisches Zeremoniell läßt sich sehr deutlich an der Entwicklung im Christentum sehen. Aus der häuslichen Feier des gemeinsamen Abendmahles erwuchs die eucharistische Gemeindefeier unter dem Vorsitz des Bischofs. Die schlichte Wiederholung des Herrenmahles wurde zu einer heiligen Handlung, die den Charakter eines Opfermahles hervortreten ließ. So wurde aus dem Erinnerungsmahl die dank-sagende Eucharistie mit dem Charakter des Zurüstens der Gaben (Offertorium) und letztlich des Opferns. Eingeleitet wurde diese Gemeindefeier durch den Lehrgottesdienst mit Lesungen aus dem Alten Testament, der Apostelgeschichte, den Apostelbriefen oder der geheimen Offenbarung, Epistel genannt, und aus einem der vier Evangelien, Evangelium genannt.

Die begleitenden Zeremonien unterscheiden sich in der äußeren Form nicht von heidnischen Bräuchen, was den bekehrten Heiden die Aufgabe ihrer eigenen, prunkvollen Gottesdienste erleichterte. Indem die christliche Kirche stets versuchte, nichtchristliche Religionsformen in ihren Kult zu integrieren, verlor sie immer mehr Substanz, was zunächst dank der autoritären Machtstellung der christlichen Priesterschaft nicht zutage treten konnte, aber Ausgangspunkt jeder Reformbestrebung und Sektenbildung war. Auch die heutigen Gottesdienstexperimente, die die Menschen in die Kirche locken sollen, sind nur auf eine Äußerlichkeit ausgerichtet, ohne den eigentlichen Glauben im geringsten anzusprechen.

Die im Laufe der Jahrhunderte sich entwickelnden Organisationsformen im christlichen Gottesdienst stehen im krassen Widerspruch zur frühchristlichen Auffassung, wonach damals der Gottesdienst, das Dem-Herren-Dienen, das ganze Leben umschloß, während wir heute unter Gottesdienst nur noch die knappe Stunde Aufenthalt der in Steinen sich darstellenden Kirche verstehen.

Anders ist es im Judentum. Wenn auch der gemeinsame Gottesdienst Mittelpunkt des Gemeindelebens ist, kennt das Judentum seit der Zerstörung des Tempels keinen eigentlichen Opferkult mehr und auch keinen sakralen Bereich, in welchem der Beter oder Opfernde räumlich Gott unmittelbar gegenüberstehen kann. Der jüdische Gottesdienst ist heute ein reiner Laiengottesdienst, der immer dann möglich ist, wenn sich zehn volljährige männliche Juden zum Gebet vereinen.

Kulthandlungen bergen stets die Gefahr in sich, daß sich der Mensch der Nähe Gottes nur noch bei bestimmten, vorgeschriebenen Zeremonien bewußt ist. Gott ist aber ständig bei uns, mit uns, ja, auf für uns unverständliche Art auch in uns. Dies läßt sich jedoch nicht rational erfassen, sondern nur aus dem Blickwinkel des Mystischen verstehen.

Religionen haben nicht nur ihre eigenen Kultvorschriften und einen mehr oder weniger umfangreichen Gesetzeskodex entwickelt, sondern sie versuchen auch, ihren Anhängern eine bestimmte Gottesvorstellung zu vermitteln. Die dabei erkennbaren Unterschiede sind für viele Menschen ein Grund, an der Existenz eines göttlichen Wesens zu zweifeln oder gar eine ablehnende Haltung diesbezüglich einzunehmen. Zu Beginn meiner Ausführungen empfahl ich, zwei verschiedene Wege zu untersuchen, die zur Wahrheit und damit zu der Gotteserkenntnis führen könnten. Dabei endete der Weg der Ratio an der Grenze der rationalen Erkenntnisfähigkeit. Mystische Erfahrungen oder Erkenntnisse durch einen göttlichen Gnadensakt führen aber als Weg durch ein Moor, wo viele Irrlichter uns vom Weg des Suchens nach der absoluten Wahrheit abirren lassen können. Wie eine Landkarte sollten Religionen uns hier eine Orientierungshilfe geben. Doch nützt auch die beste Karte nichts, wenn wir nicht die Zeichen in einer solchen Karte lesen können. So ist in den Religionen das Ziel unseres Weges, nennen wir es Wahrheit oder Gott, auch nur symbolhaft dargestellt.

Eine dieser symbolhaften Darstellungsarten sind beispielsweise Tiere. Bei den Babyloniern galten die uns bekannten Sternzeichen wie Löwe, Widder, Stier, Krebs, Fisch und Skorpion als Götter. Die ägyptische Göttin Hathor trug einen Kuhkopf, Amon den Kopf eines Widders, und der indische Gott Ganescha ist mit einem Elefantenkopf versehen. Zeus konnte die verschiedensten Tiergestalten annehmen, wenn er sich den von ihm geliebten Frauen oder Knaben näherte. Im Christentum versinnbildlicht man den Heiligen Geist durch eine Taube und stellt Jesus als das Lamm Gottes dar. Aber auch Löwe, Fisch und die am Kreuze erhöhte Schlange zählen zu den Darstellungsarten Christi. Letztlich ist noch die Darstellung Gottes als Mensch durch mögliche Inkarnationen zu erwähnen. In den Allegorien zum Christusbild finden wir vom psychologischen Standpunkt aus noch den Hinweis, daß in Jesus Christus die Instinktnatur genauso vertreten war wie die Geistnatur.

Auch die den Gottheiten geweihten Tiere bringen uns gedanklich sehr nahe an die bildhaften Gottesvorstellungen heran. Beispiele liefern uns Katze und Eber, die der germanischen Göttin Freya gewidmet waren. Pferd und Rabe waren dem Gott Wotan heilig. Als Sinnbilder für den göttlichen Geist, der den vier Evangelisten die Kraft zur Abfassung ihrer Schriften gab, leiten sich für Johannes der Adler, für Lukas der Stier und für Markus der Löwe ab. Nur bei Matthäus ist es ein Engel. Als Engel sah auch Mohammed das Wort Gottes, den Logos. Kurzum, wir Menschen versuchen immer wieder den Gottesbegriff darzustellen und verfallen dabei der Ansicht, das Dargestellte als Gott zu betrachten, auch wenn es heißt: Du sollst dir von Gott kein Bild machen.

Wer aber oder was ist Gott? Eine solche Fragestellung mag vielleicht ketzerisch klingen. Doch soll mit dieser Formulierung verdeutlicht werden, daß Gott nicht als eine bestimmte Personifizierung zu betrachten ist. Gehen wir deshalb zunächst einmal von einem Weltbild aus, das durch welche auch immer mögliche Art in das Bewußtsein des einzelnen Menschen gelangt ist. In einem solchen Weltbild haben wir gleichzeitig ein Ordnungsprinzip vor uns, in das der Mensch wohl oder übel eingegliedert ist. Die Angleichung an dieses Ordnungsprinzip ist aber nichts anderes, als die Urform religiösen Handelns schlechthin. In dieses Handeln eingeschlossen ist gleichzeitig die Auseinandersetzung mit der Macht, die wir Menschen verschiedenartig benennen und im abendländischen Sprachgebrauch mit Gott bezeichnen. Mit diesem Wort pflegen wir den Ursprung allen Seins zu benennen, wobei wir diesem Begriff je nach Weltanschauung und Kulturkreis die verschiedensten Eigenschaften zuordnen. Soweit es sich um die monotheistischen Religionen Judentum, Christentum und Islam handelt, lassen sich die Gott zugeordneten Wesensarten hauptsächlich aus dem Alten Testament ableiten. Andere Religionen greifen hier auf Schriften, Überlieferungen oder Offenbarungen zurück, deren Ursprung aus Erkenntnis des Göttlichen oder göttlichen Offenbarungen nicht angezweifelt werden sollte. Anzuzweifeln sind jedoch die Auslegungen, die durch Übersetzungen oder Übertragungen in andere Kulturkreise verfälscht sein können. So kann beispielsweise die Lektüre des Alten Testamentes verwirren, wenn dort von dargebrachten Opfern eines Kain, Abel, Noe oder Abraham die Rede ist, während an anderer Stelle eine gegensätzliche Auffassung vertreten wird:

Psalm 40:7: Schlachtopfer und Gaben liebtest du nicht; aber die Ohren hast du mir aufgetan. Brandopfer und Sündopfer verlangtest du nicht.

Psalm 51:18: Denn Schlachtopfer können dir nicht gefallen; brächte ich Brandopfer dar, so hättest du keine Lust.

Hosea 6:6: Denn Brudersinn (Liebe, Anm. d. Verf.) will ich, nicht Opfer, Erkenntnis Gottes statt Brandopfer.

Wenn dann noch von Gottessöhnen gesprochen wird, wie im sechsten Kapitel der Genesis, wonach Gottessöhne Töchter der Menschen sich nahmen, so wird das Verständnis des Begriffes Gott erschwert; und es ist dann nicht mehr verwunderlich, wenn der Gedanke aufkommt, daß diese Gottessöhne Astronauten aus fernem Weltenraum sein könnten. Zweifellos handelt es sich auch hier um eine Fehlinterpretation bei der Übersetzung. Von ähnlichen Schwierigkeiten zeugt Psalm 89:7: „Denn wer in den Wolken ist vergleichbar dem Herren, ähnlich dem Herren unter den Gottessöhnen?" Hier ist der Begriff Sohn genau sowenig mit dem Sohnbegriff unserer bürgerlichen Gesetze gleich wie zu Beginn des Buches Hiob (Job), wo geschildert wird, wie sich Gottessöhne, unter denen sich auch der Satan befand, vor dem Herrn versammelten, um einige Aktionen zu besprechen. Ganz verwirrend wird es, wenn Mose Schwiegervater Jetro, der Gott Brand- und Schlachtopfer darbrachte, im zweiten Buch Mose (18:11) spricht: „Jetzt erkenne ich, daß der Herr größer ist als alle anderen Götter."

Aus diesen Bibeltexten ist zu erkennen, daß der Monotheismus sich stets mit der eigenen Form der Gottesvorstellung und dem aus der Sinnenhaftigkeit des Menschen resultierenden Drang nach - im wahrsten Sinne des Wortes -- „begreifbaren" Göttern auseinanderzusetzen hat. Gerade dies Ringen um eine wahre Gotteserkenntnis spiegelt sich deutlich im Alten Testament wider und zwar nicht nur in den dargestellten Ereignissen, sondern auch in der Textauslegung. Die Textauslegung umfaßt dabei nicht nur

eine moderne Kommentierung des Bibeltextes in der Bandbreite zwischen der wörtlichen Annahme und einer symbolhaften Auslegung, sondern auch den Einfluß des jeweiligen Kulturgutes und Weltverständnisses der Übersetzer und Redakteure vergangener Epochen.

Wenn es aber im zweiten Buch Mose (15:11) heißt: „Wer gleicht Dir (JHWH) unter den Göttern (ELOHIM)?" bedeutet an dieser Stelle ELOHIM nicht die Schöpfungsmacht Gott, sondern es sind damit diejenigen Menschen gemeint, die sich auf übernatürliche Mächte berufen und vorgeben, auf Grund ihres Wissens und vor allem auf Grund ihrer Macht den sonst unnahbaren Göttern oder Gott nahe zu sein oder gar von Unwissenden für Götter gehalten werden, beziehungsweise sich von Unwissenden als

Götter verehren lassen. Man denke dabei nur an die Göttlichkeit der römischen Kaiser.

In den deutschsprachigen Bibeln wird für alle diese unterschiedlichen Begriffe das Wort Gott benutzt. Die Notwendigkeit einer Differenzierung dieses Begriffes wird uns im 82. Psalm vor Augen geführt, wo die Schöpfungsmacht Gott an Priester, Staatsmänner und Richter die Frage richtet: „Wie lange wollt ihr frevlerisch richten, für die Ruchlosen Partei ergreifen?Schafft doch Recht den Unterdrückten und Waisen, sprechet den frei von Schuld, der arm und bedürftig ist, entreißt die Armen und Bedrückten aus der Frevler Gewalt, denn diese Elohim haben weder Wissen noch Einsicht … ihr seid zwar göttliche Wesen und Söhne des Allerhöchsten … doch sterben müßt ihr wie Menschen und stürzen wie einer unter den Fürsten."

Ich will für die Erklärung des Gottesbegriffes noch einmal den Vergleich mit einem Würfel heranziehen und an meine diesbezüglichen Ausführungen im zweiten Kapitel erinnern. Dort habe ich gezeigt, daß die jeweils neun Striche zwar den Eindruck eines Würfels vermitteln, aber doch keine Würfel sind. Denken wir uns das Modell eines Würfels, so müssen wir uns entscheiden, ob dieser Würfel ein Kubikzentimeter, ein Kubikdezimeter, ein Kubikmeter oder noch größer sein soll. Wir fragen uns, ob der Würfel einfarbig oder bunt, mit glatter oder rauher Oberfläche, aus Holz, Plastik, Metall, Elfenbein oder einem anderen Material sein kann. Doch ganz gleich, wie wir uns den Würfel denken, wir denken einen Würfel. Platon würde sagen, wir haben die Idee des Würfels; damit möchte ich nun hinüber zu der Idee Gottes. Wir kennen aus allen Religionen mehr oder weniger unterschiedliche Gottesvorstellungen. Der Mohammedaner unterscheidet sich in seiner Ansicht von der des Christen, der Hindu denkt anders über Gott als der Jude. Aber, und dessen müssen wir uns voll bewußt sein, was verschieden ist, ist nicht die Idee Gottes, sondern nur unsere subjektiven Vorstellungen von ihm. Genauso, wie in einem ein Kubikzentimeter großen, roten, glatt polierten Würfel aus Holz die gleiche Idee des Würfels enthalten ist wie in einem ein Kubikmeter großen, rohbehauenem Würfel aus grauem Stein, liegt in dem Begriff Allah die gleiche Idee wie in Jehova, Gott oder Christus, wobei im letzten Namen nicht der Mensch Jesus, sondern ebenfalls die Idee Gottes angesprochen ist, die in jedem von uns lebendig werden kann.

Wir müssen uns davon frei machen, uns den Begriff Gott sinnenhaft faßbar als ein mit bestimmten Eigenschaften behaftetes Wesen vorzustellen.

Der Begriff Gott ist somit auch nicht maskulin wie die Begriffsbezeichnung, sondern vereinigt, wenn wir in der Grammatik der europäischen Sprachen bleiben, in sich alle drei Geschlechter, wie er, monotheistisch, alles in sich vereinigt. Alles, was aus ihm hervorgegangen ist, ist noch in ihm, und er ist in allem, ohne sich in der Idee des Pantheismus zu verlieren. Wir Menschen müssen uns immer wieder eingestehen, daß wir mit unseren sinnenhaften Begriffen Metaphysisches einfach nicht ausdrücken können. Hier steht der Mensch an der Grenze seiner begrifflichen geistigen Fähigkeiten.

Der Ursprung des Namens JHWH ist umstritten. Man kann die Bedeutung des Wortes wiedergeben mit „der Haucher" oder mit der (als Meteoritenstein) Niederfahrende - wobei man einen Gedankensprung zur Kaaba machen kann -, mit der (im Blitz) Fällende - hier besteht eine Analogie zum germanischen Gott Thor --, mit der Zerstörende (man denke an den indischen Gott Schiwa), mit der Seiende oder mit der Ins-Dasein-Rufende. Im 2. Buch Mose, 3:14, wird Gott definiert als „Ich bin, der ich bin". In einer anderen Übersetzung lautet dieser Satz: „Ich werde sein, der ich sein werde", mit der Bedeutung: Wer ich bin, wird sich zeigen. Für die Juden wurde JHWH zum Eigenname und blieb nicht einfach Gottesbegriff. Es war aber dieser Eigenname den Juden so heilig, und die Furcht vor der Übertretung des zweiten Gebotes so groß, daß sie diesen Namen nicht mehr aussprachen und das Ersatzwort Adonai (Herr) benutzten. Im zweiten Gebot heißt es nämlich: „Du sollst den Namen des Herrn, deines Gottes, nicht mißbrauchen; denn der Herr läßt denjenigen nicht ungestraft, der seinen Namen zu eitlen Zwecken mißbraucht."

Denken wir an den Anfang des Johannesevangeliums: „Im Anfang war das Wort, und das Wort war bei Gott, und Gott war das Wort." Diese Aussage entspricht dem alttestamentalischen Begriff JHWH ELOHIM: Gott der Herr. Das ist aber das zur Erkenntnis führende „lebendige Wort der Schöpfung", und letztlich ist JHWH das eigentlich lebende Wort, das uns Menschen leitet, nachdem wir es aus JHWH ELOHIM erkannt haben. ELOHIM - JHWH ELOHIM - JHWH, das ist somit die Erklärung der über uns Menschen und über der Welt bestehenden Macht, die TRINITÄT, die uns aus dem Neuen Testament als GOTTVATER, SOHN und HEILIGER GEIST bekannt ist.

Es ist nicht geklärt, ob JHWH als ursprünglicher Naturgott irgendwelcher Nomadenstämme galt. Denn oft wird der Donner als Stimme Gottes angesehen. So läßt sich aus den Ereignissen am Berge Sinai - wo immer diese Stelle auch sein mag - die Bezeichnung JHWH einem Vulkangott zuordnen. Die in der jüdischen Religion zu verzeichnende Vermenschlichung des absoluten Gottes, die zu dem Begriff Adonai führte, ist nicht zuletzt dem kulturellen Einfluß Babylons, Griechenlands und eventuell Ägyptens zuzuschreiben. Denn im Laufe der Zeit wandelte sich das ‚Wort Gottes' in das Bild eines rachsüchtigen Gottes, der wie ein Mensch spricht und handelt und nur mit teuren Brand- und Sühneopfern versöhnt werden kann. Damit standen die Menschen einem bestechlichen und erpreßbaren Gott gegenüber. Noch heute gelten solche 'einfältigen Gottesvorstellungen auch in nichtjüdischen Religionen. Sie verleiten zu der Ansicht, mit Gott Geschäfte abschließen zu können, indem sie für sein Tätigwerden eine Gegenleistung versprechen, die von den Menschen jedoch nur selten eingehalten wird. Der Weg zu einer wahren Gottesvorstellung führt aber nur über eine Absage an solche Auffassungen. So - aber auch nur so - ist dann jene These zu verstehen, nach der man nur zu einem wahren Glauben an das Göttliche gelangen kann, an ein Erfahren des JHWH/ELOHIM, wenn man zunächst zwecks Loslösung von Jahwe/ Adonai zum Atheisten wird. Um zu einer wahren Gottesauffassung zu gelangen, muß der Mensch sich von jenen Primitivformen von Göttern, Götzen und einem rein sinnenhaften Gott lossagen.

Die verschiedenartigen Gottesbegriffe im Alten Testament weisen darauf hin, daß es sich in dieser Schrift nicht um eine geschlossene historische Aufzeichnung vom Weltenbeginn bis zur Entwicklung des jüdischen Volkes zu einem Gottesvolk handelt, sondern daß verschiedene Ereignisse ineinander verflochten wurden. Beispielsweise schließt Gott im 17. Kapitel der Genesis mit Abraham einen Bund und fordert als äußeres Zeichen, also als Kulthandlung, die Beschneidung der Vorhaut alles Männlichen im Alter von acht Tagen. Im fünften Kapitel des Buches Josua lesen wir, daß zwar die aus Ägypten Ausgezogenen beschnitten waren, aber alles Volk, was auf dem Wege durch die Wüste in jenen 40 Jahren geboren war, nicht beschnitten wurde, obwohl ihr Führer, Moses, in ständigem persönlichen Kontakt mit Gott gestanden hat. Es ist die Forderung der Beschneidung auch nicht in den Zehn Geboten enthalten.

Ebenfalls widersprüchlich erscheint der Text im Buche Exodus (6:3), wo die Rede Gottes an Moses wie folgt zitiert wird: „Ich bin unter dem Namen des höchsten Gottes dem Abraham, dem Isaak und dem Jakob erschienen. Aber meinen Namen Jahwe habe ich ihnen nicht kundgetan." In Genesis 12:8 hingegen ist zu lesen, daß Abraham dem Herren einen Altar baute und seinen Namen anrief. Dieser Widerspruch läßt sich nur aus der

Zusammenkopie verschiedenster Texte erklären. Vielleicht liegt hier eine Nahtstelle zwischen Abraham und Abram. Es ist nämlich zu vermuten, daß die im Alten Testament erwähnten Namen Abram und Abraham sich nicht auf die gleiche Person beziehen. Denn mit Abram-Abraham wird eine Zeitspanne' in der Geschichte der Menschheit überbrückt, die wir erst heute, im Gegensatz zu der Zeit der Abfassung des Alten Testamentes, erkennen können. Hatte man doch damals die Auffassung vertreten, daß die Menschheit nur eine Vergangenheit von 3000 bis 4000 Jahren habe. Ein weiteres Beispiel für die Schwierigkeit der Textauslegung bietet uns die Sache mit dem Paradies. Hier erwarten uns einige Denkaufgaben, sofern wir bereit sind, jene kindliche Darstellung der Ereignisse in den Uranfängen der Menschheit nach dem heutigen Bibeltext nicht wörtlich zu nehmen. Nach dem Wortlaut des Alten Testamentes war Adam und Eva die Auflage gemacht worden, nichts von einem bestimmten Baume des Paradieses zu essen. Gott der Herr, also JHWH ELOHIM, das zur Erkenntnis führende lebendige Wort der Schöpfung, hatte gemäß Genesis 2:8 einen Garten in Eden gen Osten gepflanzt. Das Wort Eden kann aber auch Land bedeuten oder in Anlehnung an die sumerische Sprache Steppe. Der Begriff gen Osten (KDM) kann wegen seiner Richtung zum Sonnenaufgang auch Morgen oder das Frühe oder aber das Vergangene bedeuten. Somit wäre das Paradies eine von Menschen in der Vorzeit kultivierte Fläche in einer Steppe.

Desgleichen läßt die Beschreibung von der Entstehung der Frau eine andere Übersetzung zu. Anstatt des Tiefschlafes, der über den Menschen Adam kam, kann auch ein Versinken in den Zustand der Erkenntnisfähigkeit aus dem Unbewußten als Übersetzung gelten. Das Wort Rippe kann wiedergegeben werden mit Gebogen-Seiendes oder einfach Seiendes beziehungsweise Wesen. Fleisch hat den gleichen Wortstamm wie Botschaft und statt verschließen kann man auch überbringen sagen. Mit diesen Übersetzungsvorgaben liest sich jener Bericht etwas anders: Nachdem Gott der Herr den Menschen in den Zustand der Erlebnisfähigkeit hat versinken lassen, nahm er etwas von seinem (des Menschen)(tierhaften?) Wesen und gab ihm dafür eine Botschaft. Im Klartext ist das die Beschreibung des Ausbruches der menschlichen Gesellschaft aus dem bis dahin herrschenden Urmatriarchat. War bis zu diesem Zeitpunkt die Zeugung abhängig von dem arterhaltenden Paarungstrieb des Mannes, der Mann aber nicht nur als Jungtier von der Fürsorge der Mutter abhängig, sondern außerdem nach der Geschlechtsreife auf die Gunst des Weibes angewiesen, so erkennt jetzt der Mensch in dem „Bein von meinem Bein und

Fleisch von meinem Fleisch" die Gleichberechtigung von Mann und Frau. Damit entsteht auch eine geistige Beziehung zu der von ihm gezeugten Nachkommenschaft und zu seinem Geschlechtspartner. Aus der jetzt erkannten Fürsorgepflicht heraus trennt sich der Mann von seiner Herkunftsfamilie und hängt seinem Weibe an, ohne dabei den Status der Gleichberechtigung zu überschreiten. Es wird nicht die Frau zum Acker des männlichen Samens, sondern beide Partner werden zu gleichen Teilen in ihren Kindern – und nicht im Geschlechtsakt – zu einem Fleisch.

Als die große Auseinandersetzung zwischen Gott und den von ihm geschaffenen Menschen gilt der Sündenfall im Paradies, wo nach der einfachen Darstellung der Bibel die Erbsünde entstanden sein soll, jene Kollektivschuld aller Menschen gegen Gott. Diese Darstellung ist aber genauso unlogisch wie die Kollektivschuld des jüdischen Volkes an der Ermordung des Jesus von Nazareth. Die Anerkennung einer Kollektivschuld wäre ein Verstoß gegen den Grundsatz des freien Willens, der von Jesus Christus in jedem Menschen vorausgesetzt wird. Schon im Alten Testament ist ein Hinweis enthalten, daß eine Kollektivschuld keine göttliche Einrichtung sein kann. Wir finden diesen Hinweis in dem Bericht über Moses, als er nach dem Rückfall der Juden in die Anbetung des „Goldenen Kalbes" Gott für sein Volk um Vergebung bat. Sollte Gott dies nicht tun, so wollte Moses aus seinem (Gottes) Buch gestrichen werden. Die Antwort des Herren aber lautete: „Nur wer sich persönlich gegen mich versündigt hat,m den streiche ich aus meinem Buch (Exodus 32:32)." Somit ist es dem Menschen in der ihm gegebenen Willensfreiheit selbst überlassen, sich für oder gegen Gott zu entscheiden.

Einen weiteren Einblick in das Verhältnis zwichen Gott und den Menschen erhalten wir durch den Bericht von Kain und Abel. Zunächst muß man auch hier das gleiche gesagt werden wie bei Adam und Eva. Denn wie diese waren auch Kain und Abel keine Einzelwesen, sondern die Typisierung menschlicher Charaktergruppen. Als Kain-Menschen sind die jenen anzusehen, die sich aller Verantwortung entziehen, weil sie von einer triebhaften Egozentrik beherrscht werde. John F. Kennedy charakterisierte diese Menschen als jene, die nicht fragen, was man der Gesellschaft geben kann, sondern nur danach fragen, was der Staat ihnen gibt. In eben dieser tierhaften Egozentrik

begegnen wir der Wurzel aller Sünde, deren Gegenstück die altruistische Liebe' zu unseren Mitmenschen ist. Diese Liebe lebt aus der dem Menschen von Gott eingeräumten Freiheit gemäß dem göttlichen Imperativ, wie er im 4. Kapitel, Absatz 7; der Genesis aufgezeichnet steht: „Du aber herrsche über die Sünde."

Wir dürfen auch nicht die biblische Schilderung als Tatsache hinnehmen, wonach einst der „liebe Gott" wie ein Mensch auf der Erde herumgewandelt ist. Auch sein Gespräch mit Kain war nicht so, wie wir es gewohnt sind, uns mit unserem Nachbarn über den Gartenzaun hin zu unterhalten. Vielmehr muß das Sprechen Gottes das Erkennen des lebendigen Wortes in uns selbst sein. Das setzt voraus, daß wir und Gott ineinander verwoben sind. Wir sind in Gott und Gott ist in uns. Die Kain-Menschen der Bibel und die in der heutigen Zeit hören diese Stimme nicht. Sie dienen noch jener Urwelt, aus der der im Geiste JHWHs lebende Abel-Mensch einstmals hervorgegangen war. Diesem Abel-Menschen war das Hirtenamt zugeordnet, was sich nicht in einer Fürsorge für eine Tierherde versteht, sondern sich auf die aus der zwischenmenschlichen Verbindung resultierenden Verantwortung bezieht. Man darf nicht übersehen, daß das Hirtenamt in vielen Kulturen ein Ehrentitel ist. Noch heute gilt in der christlichen Religion der Hirte mit dem lateinischen Namen Pastor als eine Amtsbezeichnung.

Wie schon dargelegt, können Gott keine Opfer im kultischen Sinne wohlgefällig sein. So muß die in der Genesis beschriebene Opferszene von Kain und Abel als eine spätere Einflechtung betrachtet werden. Der Bericht über den Brudermord hingegen kann mit dem Einfall unzivilisierter Horden in das Paradies in Zusammenhang gebracht werden. Er stellt aber gleichzeitig auch die tödliche Eigenschaft des Neides heraus, die in dem Menschengeschlecht Wurzeln geschlagen hat. Doch dem neidvollen Menschen wird, wie in der Genesis beschrieben, der von ihm bebaute Ackerboden keine Frucht bringen. Der Mensch wird (vor Neid) ziel- und heimatlos auf der Erde herumirren (1. Mose, 4:12). So stehen die Kainmenschen zwischen zwei Welten. Denn sie wollen sich weder dem göttlichen Gesetz der Nächstenliebe unterwerfen, noch können sie wegen ihres Wissens um dieses Gesetz von der göttlichen Ordnung in die Stufe der Vorkultur zurück, wo nur das Faustrecht des natürlich Stärkeren gilt.

Das in der Bibel erwähnte Kainszeichen ist weniger als Kennzeichen eines Mörders anzusehen, sondern vielmehr als Schutzzeichen für alle, die verfolgt werden. Auch der Brudermörder ist hier einbezogen. „Der Herr machte dem Kain ein Zeichen, damit ihn niemand erschlage, wer immer ihn finde." (1. Mose, 4:15)

Mit der Vernichtung der Abelmenschen hatte die Menschheit in ihrer Entwicklung einen großen Rückschlag erlitten, der in der Sprache der Bibel erst durch die Geburt von Seth, dem Ersatzsproß für Abel, ausgeglichen werden konnte. Denn, so heißt es, als diesem (Seth) der Sohn Enos geboren wurde, fing man an, des Herren Namen anzurufen (Genesis, 4:26). Man restaurierte die menschlichen Lebensprinzipien auf der Basis der geistigen Überreste aus der Abelzeit.

„Man fing an, des Herren Namen anzurufen"; daß aber heißt doch nichts anderes, als daß nunmehr im Geiste des lebendigen Wortes, also im Geiste JHWHs gesprochen und gehandelt wurde. Auch hierbei ist jene ursprünglich geistige Gottesvorstellung zu erkennen, die fernab von dem Gedanken einer Inkarnation steht. Denn des Herren Namen anrufen heißt, in seinem Namen leben.

Lange vor der Kultur des „fruchtbaren Halbmondes" hatte das Geschlecht der Enos gelebt. Wenn auch die Spuren dieses Geschlechtes uns verlorengegangen sind, hat aber der Name JHWHS, also der Geist des Herren, viele Generationen in dem Gedächtnis der Menschen überlebt. Diesem von Generation zu Generation weitergegebenen Namen steht die Behauptung konträr gegenüber, daß wir Menschen erschaffen worden seien, um irgendeinem Gott oder Göttern durch Brand- oder Speiseopfer zu dienen und demütig um eine göttliche Gunst zu bitten. Denn der Kern der menschlichen Freiheit liegt im Geiste JHWHs. Mit JHWH ist aber nicht jener verfälschte Gottesbegriff angesprochen, in dessen Namen Waffen gesegnet oder andere Menschenrassen ausgerottet werden, damit sich ein sogenanntes auserwähltes Volk auf den freigewordenen Weiden und Ölfeldern ansiedeln kann. Es ist auch nicht der Gott, in dessen Namen ein heiliger Krieg geführt werden kann.

Wie ein von Gott abgerücktes Leben sich gestaltet, zeigt uns das Alte Testament in den Berichten von den Nachkommen Kains. Es sagte Lamech zu seinen Frauen (l. Mose, 4:23): „Einen Mann erschlug ich für meine Wunde, einen Knaben für meine Striemen. Denn siebenmal wird Kain gerächt, dagegen siebenundsiebzigmal Lamech. ' ' (1. Mose, 4:24) Es zeigt sich, daß sich zu diesem Zeitpunkt bereits der Wandel vom Matriarchat zum Patriarchat vollzogen hatte und ein maßloser, auf reinem Egoismus begründeter Revanchismus als ethische Handlung dargestellt wurde. Damit konnten sich die Mächtigen, jene Elohim, gegenüber dem einfachen Volke alles herausnehmen. Und das taten sie auch. Für sie war eben Gesetz, was dem Stärkeren nützte. Doch mit dieser Ethik zogen Not und Elend bei den Menschen auf diesem Erdenkreis ein.

Abermals soll nach den Berichten der Bibel analog der Gottesvorstellungen der Sumerer, Griechen, Inder und anderer Völker der Urgeist dieser Welt Menschengestalt angenommen und mit Abraham gesprochen haben. Wenn auch aus der Machtfülle Gottes so etwas durchaus möglich sein kann, zeigt die geschilderte Begegnung mit Abraham jedoch einen Charakterzug, der zwar auf einen Menschen passen könnte, aber dem Wesen eines absoluten Seins in keinster Weise entspricht. Ich denke hier an die Vernichtung von Sodom und Gomorrha. Abrahams Handel mit Gott um das Leben der Bewohner dieser beiden Städte ist nicht erklärbar für das Verhalten eines Menschen gegenüber der allmächtigen Schöpferkraft.

Für Gott finden wir in den Texten um Abraham noch eine andere Bezeichnung. Es ist der Name El Schaddaj. Nach Josua 24:2 hatten die Vorfahren Abrahams anderen Göttern gedient, bei deren Beschreibung wieder die Bezeichnung Elohim Verwendung fand. Es war zu jener Zeit üblich, daß, wenn man in ein anderes Land zog, man den dort verehrten Göttern Opfer brachte. In Kanaan verehrte man zu dieser Zeit den Gott Schaddaj. Es herrschte hier auch der Brauch der Beschneidung vor, die am achten Lebens- tage des Neugeborenen zu erfolgen hatte. Da aber Abrahams Sohn Ismael, den ihm seine Magd Hagar geboren hatte, bei der Schließung des Bundes mit Gott bereits dreizehn Jahre alt war, kam der richtige Bund mit E1 Schaddaj erst durch seinen Sohn Isaak zustande.

Die Ausweisung der Magd mit ihrem Sohn Ismael kann niemals auf Anordnung des das Gesetz der Liebe repräsentierenden Gottes JHWH erfolgt sein. Wenn hier ein Elohim darauf bestand, daß Abraham dem Wunsche seiner Frau Sara entsprechen solle, kann es sich höchstens um einen Priester jenes Beschneidungskultes, aber nicht um Gott, gehandelt haben.

Die am meisten beachtete Geschichte um Abraham ist die so genannte Glaubensprobe. Nach vielen frühere Religionsanschauungen war die höchste Gabe, die der Mensch Gott darbringen konnte, das Opfer der Erstgeburt. Dieser Brauch war auch in Kanaan verbreitet. Doch soll der Mensch nicht danach fragen, wie andere ihre Götter verehren, um es diesen Menschen gleichzutun (5. Mose, 12:30). Schon im nächsten Vers heißt es, daß das, was zu Kanaan geschehe, dem Herren ein Greuel sei, weil die Kanaaniter in Ausübung ihres religiösen Glaubens alles, was dem Allmächtigen entgegensteht, verrichten, einschließlich der Verbrennung ihrer Söhne und Töchter zu Ehren ihrer Götter. Nun wird aber auch von Abraham dieses Opfer gefordert. Diese Anordnung kann ebenfalls nur von jenen Mächtigen gekommen sein, die das Land beherrschten. Abraham fürchtete diese Mächtigen. Aber er überwindet schließlich seine Angst vor den irdischen Machthabern und läßt seinen Sohn am Leben.

Man muß sich natürlich die Frage vorlegen, wie nun der Mensch sein Wissen von und über Gott erhalten hat. Eine Antwort hierauf ist aber erst möglich, wenn wir das, was wir Gott nennen, begriffen haben. Religionen können von uns analysiert werden, doch eine Gotteserkenntnis ist nur über den Glauben möglich. Über die Schwierigkeit der Gotteserkenntnis schreibt Abdul-Baha, der Sohn Baha Ullahs:

„. . . Wenn wir uns zu Gott wenden, müssen wir unser Herz auf einen bestimmten Mittelpunkt lenken. Wenn der Mensch Gott auf eine andere Weise als durch seine Manifestation anbetet, muß er sich zuerst eine Vorstellung von Gott machen, und diese Vorstellung ist nur ein Gebilde seines eigenen Geistes. Da aber das Endliche das Unendliche nicht begreifen kann, so kann Gott auf diese Weise nicht begriffen werden. Das, was der Mensch sich mit seinem eigenen Geist vorstellt, kann er begreifen. Aber das, was er begreifen kann, ist nicht Gott. Die Vorstellung, die sich ein Mensch von Gott macht, ist nur ein Trugbild, ein Bild, eine Einbildung, eine Täuschung. Es gibt keine Verbindung zwischen einer solchen Vorstellung und dem allerhöchsten Wesen. Wenn jemand Gott erkennen will, so muß er ihn in dem vollkommenen Spiegel Christi oder Baha Ullahs finden. In jedem dieser Spiegel wird er die Sonne der Göttlichkeit widergespiegelt sehen."

Aus der Geschichte der Menschheit sind uns viele Männer und Frauen bekannt, die uns von Gott Zeugnis gegeben haben. Manche Religionen pflegen solchen Menschen den Ehrentitel eines Heiligen zuzuerkennen. Diese Heiligen sind nun aber nicht Menschen, die ihr ganzes Leben betend verbringen oder verbracht haben, um so eine immaterielle Versicherungsprämie für ihr Leben nach dem Tode zu erwerben, sondern es sind Menschen, die an entscheidender Stelle im Geiste des Urquelles allen Lebens und Seins gehandelt haben. Wie weit die überlieferten Schilderungen den eigentlichen Tatsachen entsprechen, muß man dahingestellt sein lassen.

Es gibt nun in der Weltgeschichte keinen Mann, von dem wir außer aus der religiösen Tradition so wenig wissen, der aber mit seinem Wirken soviele Emotionen geweckt hat, wie Jesus von Nazareth. Wenn auch durch manche falsche Auslegung seiner Lehre Tod, Not und Elend in die Welt gekommen ist, haben Handlungen im richtigen Verständnis seiner Lehre uns in nicht meßbarem Umfange, Freude, Zuversicht und das Gefühl der Geborgenheit in Gott beschert. Viel ist um das Wesen seiner Person gestritten worden, ob er Gott oder Mensch sei, oder gar ein Scharlatan. Doch bei einer versuchten Wertung von allem, was uns über das Leben und Wirken Jesu überliefert worden ist, kann es als unbestritten angesehen werden, daß er versucht hat, uns Menschen in unserer Sprache das Wesen Gottes zu erläutern. Er lehrte uns so, was Freiheit ist, erläuterte das damit verbundene Hirtenamt der Verantwortung unseres Handelns, was uns letztlich zur Rechtfertigung vor dem absoluten Sein zwingt. Diesbezüglich lautete seine Ermahnung: Nur wer in meinem Namen handelt, handelt im Namen des Absoluten, und den werde ich vor meinem Vater bezeugen. Nur wer das Prinzip des Göttlichen nicht erfaßt hat, kann hier von einer Anmaßung Jesu sprechen. Denn letztlich weisen diese Worte auf den Sinn unseres Lebens hin, der im Glauben, also im positiven Handeln aus Verantwortung besteht. Wir dürfen, und da glaube ich, auch den paulinischen Christusbegriff richtig zu interpretieren, in Christus nicht mehr die physische Existenz Jesu und auch nicht dessen menschliches Geistwesen verstehen, sondern eine geistige Universalität, die sich im Zusammenschluß der geistigen Weltsubstanz nach dem Gesetz der Liebe präsentiert.

Wir entschuldigen oder begründen gerne unser eigenes Handeln nach dem ethischen Grundsatz des Alten Testamentes, dem Auge-um-Auge-Prinzip. Diese Haltung steht aber diametral dem Leben nach dem Gesetz der Liebe gegenüber. Denn über die Liebe schreibt Paulus, daß sie alles erträgt, alles glaubt, alles hofft, alles duldet und niemals aufhört. Erkenntnisse, so schreibt er, nehmen ein Ende, aber die Liebe führt zur Vollendung. Nicht zu Unrecht stellt Paulus diese Liebe als ordnende Macht über alles andere und hebt sie unter den sogenannten drei göttlichen Tugenden, neben Glauben und Hoffnung, als die größte hervor. Schließlich ist diese Liebe mit dem identisch, was Jesus das Gesetz nennt, das er zu erfüllen kam. Doch man muß sich auch fragen, ob diese Liebe möglich ist ohne den Glauben, den Matthäus (7:2l) folgendermaßen definiert: „Nicht jeder, der zu mir sagt, Herr! Herr! wird eingehen in das Himmelreich, sondern wer den Willen unseres Vaters tut, der im Himmel ist."

Hier wird Glauben zu aktiver Tat. Denn ohne Werke, so schreibt Jakobus in den katholischen Briefen, ist der Glaube tot. Wenn er dabei schreibt, daß der Mensch nicht durch den Glauben alleine, sondern nur in Verbindung mit seinen Werken gerechtfertigt ist, so betont er damit, daß nicht das Lippenbekenntnis Herr! Herr! mit Glauben identisch ist, sondern das Handeln im Namen Gottes hier als die wesentliche Substanz anzusehen ist. Unsere Sprache ist zu schwach, um uns den Inhalt des Wortes ‚Glauben' ganz zu eröffnen. Wir glauben, so sagt man, oder wir glauben nicht. Doch was glauben wir? In einem Kirchenlied heißt es: „Wahrer Gott, wir glauben Dir." Das heißt doch soviel wie, daß wir glauben, was wir irgendwie aus göttlichem Munde gehört haben. Ich möchte das intransitive Verb ‚glauben' am liebsten grammatikalisch umfunktionieren in ein transitives Verb und sagen: Gott, ich glaube Dich. Wir müssen den Glauben transitiv machen und dadurch aktiv werden.

So fordert Jesus nach dem Matthäusevangelium (10:32): „Ein jeder nun, der mich bekennt vor den Menschen, zu dem werde ich mich auch bekennen vor meinem Vater im Himmel. " Das entspricht auch dem in Samuel (2:30) zitierten göttlichen Wort: „Ich ehre denjenigen, der mich ehrt." Wie hart die Forderung des bekennenden Glaubens sein kann, entnehmen wir Johannes 5:44. In der Diskussion mit den Pharisäern sagt Jesus, daß dieser Glaube nur dann besteht, wenn wir nicht die Ehre unserer Mitmenschen, sondern allein die Ehre, das heißt die Anerkennung durch Gott suchen, auf die wir guten Grundes hoffen können. Weiter führte Jesus (nach Johannes 5:37,38) aus: „Und der Vater, der mich sandte, er selbst gab Zeugnis über mich, doch habt ihr weder seine Stimme jemals gehört noch seine Gestalt gesehen; auch sein Wort habt ihr nicht in euch wohnen, weil ihr dem, den er sandte, nicht glaubt."

In den Sprüchen des Alten Testamentes heißt es in 16:4, daß Gott alles um seiner selbst willen, zu seinem eigenen Zweck gemacht habe. Nicht der Schöpfung wegen ist etwas da, sondern Gottes wegen, der mit der Schöpfung seine Liebe offenbart, wobei wir die Liebe als das Produkt der unendlich ewigen Quelle auffassen. Wir erinnern uns: Der Gottesbegriff der Quelle war Elohim, jener Name, der im ersten Satz der Bibel steht. Ich glaube, wir kommen dem Schöpfungsgedanken sehr nahe - die absolute Unendlichkeit läßt sich von uns Menschen sowieso nicht erfassen -, wenn wir unsere Existenz als Objekt betrachten, das existieren muß, um die ausstrahlende Liebe Gottes empfangen und reflektieren zu können.

Dann müssen wir uns aber auch fragen, was Gott machte, als unsere Welt noch nicht existierte, und was er machen wird, wenn die Welt aufgehört hat zu sein. In dieser Fragestellung aber läßt sich die Beschränkung unseres Denkvermögens erkennen, weil wir über das raumzeitliche Denken nicht hinauskommen. Damit aber bleibt die Antwort auf jene Frage für uns verborgen, solange wir an unserer materiellen Existenz, an unsere körperliche Komponente gebunden sind. Wir Menschen sind zwar in der Lage, gewisse Erkenntnisse zu machen. Aber wir sollen uns vor der falschen Hoffnung hüten, als irdische Menschen einstmals alles erfassen zu können. In diesem Sinne sind auch die Worte der Zehn Gebote zu verstehen, die im zweiten Buch Mose, Kapitel 20, aufgezeichnet sind:

„Du sollst Dir kein falsches Gottesbild machen, noch irgendeine Abbildung von dem, was droben im Himmel oder auf der Erde unten oder im Wasser unter dem Erdboden ist! "

Wir können nicht leugnen, daß der Mensch in seiner ein bis zwei Millionen Jahre währenden irdischen Existenz stets versuchte, alles die menschlichen Kräfte Überbietende als Götter oder göttliche Wesen zu betrachten. Das erklärt nicht nur die Berichte von Übermenschen in den Götter- und Heldenepen vergangener Kulturepochen und die Existenz polytheistischer Religionen, sondern findet sich auch im heutigen Trend, Idole aus den verschiedenen Lebensbereichen wie Politik, Militär, Medizin, Sport oder Kunst zu vergöttlichen. Ich erinnere da nur an den feststehenden Begriff der ‚göttlichen' Greta Garbo. Auf gleicher Welle liegt auch die Begriffsformulierung der ‚Angebeteten' im Liebesverhältnis der Brautleute. Nicht nur in diesem Falle kann aber eine solche Vergöttlichung sich zu einem späteren Zeitpunkt in eine Verteufelung umwandeln.

Wir merken gar nicht, wie leichtfertig wir uns selbstgeschaffenen Gottheiten wie Lebensstandard, Macht, Reichtum oder bestehenden Gewohnheiten unterwerfen. Die Neigung zu solchen oder ähnlichen Bindungen scheint zur Wesensart des Menschen zu gehören. Wir wollen Götter, nur greifbar müssen sie sein. Diesen Bedürfnissen ist zum Beispiel auch der Erfolg eines Erich von Däniken zuzuschreiben, indem er der religiösen Unsicherheit, der Angst vor einer ungewissen und deshalb unheimlichen Zukunft und der Entwicklung zu einer Massengesellschaft ohne Persönlichkeitswerte ein Ordnungsprinzip entgegenstellte. Aus der gleichen Situation ist der Hang zu okkulten Praktiken zu verstehen. Für Däniken ist Jehowa - wie er in einer Kurzgeschichte für eine Gefangenenzeitschrift 1970 in der Strafanstalt Rengsdorf schrieb – ein Computer, der in allen Kriminal- und Rechtsfällen blitzschnell ein gerechtes Urteil zu fällen vermag. Nach Dänikens Auffassung wird unser Schicksal von göttlichen, d. h. von uns an

Macht überlegenen Astronauten gelenkt, die unser Menschengeschlecht geschaffen oder doch zumindest veredelt haben sollen.

Solange wir Menschen uns nicht von der Vorstellung befreien können, daß der ‚liebe Gott' sich in unserem dreidimensionalen Raum über den Wolken befindet, steuern wir in bezug auf die Wahrheit auf einem Gegenkurs. Auf gleichem Gegenkurs befand sich auch der berühmte Arzt Rudolf Virchow, als er seine Behauptung aufstellte, daß er zwar schon viele Tiere und Menschen seziert habe, daß er Gehirne, Herzen und Leber zerschnitten, aber nirgends auch nur eine Spur von einer Seele gefunden habe. Auch hier zeigt sich uns die typisches Haltung eines Menschen, der sich nichts Außermaterielles, auch keinen außermateriellen Gott vorstellen kann. Denn von Außermateriellem können wir uns keine Vorstellungen machen. Zu Recht erkennen wir damit die Richtigkeit der Warnung monotheistischer Religionen, uns von Gott kein Bild zu machen. Das, was wir Gott nennen, dieses Etwas, über dem nichts Größeres gedacht werden kann, ist nicht mit unserem dimensionsgebundenen Denken erfaßbar. Das aber ist kein Grund, die materielle Welt um uns nicht zu erforschen. Um so besser gelingt es uns dann, eine Ahnung von der Größe des Weltgeistes zu bekommen, wobei wir mit einsichtiger Bescheidenheit erkennen müssen, daß wir weder mit unserer Logik noch mit unseren Sinnen je das absolute Sein begreifen können. Weder der uns bekannte dreidimensionale Raum, noch seine Erweiterung in eine vierte oder noch höhere Dimension einschließlich der Zeitdimension und des Kräftepotentials führt hier zum Ziel. Hier folge ich den Gedankengängen des Religionsphilosophen Karl Heim, wenn ich die mehrdimensionale materielle Welt der Ich-Erfahrung gegenüberstelle, aber nicht, wie Heim, neben dem dimensionalen Weltraum und dem eigenen Ich-Raum einen dritten, polaren Du-Raum gleichwertig hinzufüge, sondern Welt und Ich-Erfahrung als polare Gebilde in den Aktivitätsursprung unserer Du-Erfahrung hineinstelle. Nur so lassen sich, fernab jeder pantheistischen Vorstellung, die Worte Christi im Johannesevangelium (6:56) verstehen: ‚ ‚Wer mein Fleisch ißt und mein Blut trinkt, bleibt in mir und ich in ihm. " Hierbei ist der Verzehr von Fleisch und Blut aufzufassen als das Sinnbild für ein Eintauchen in den Glauben und die Liebe Gottes.

Der Vorstoß über die Grenzen unserer mit Dimensionen definierten sinnenhaft erfahrbaren Welt gelingt uns nur mit Hilfe des Glaubens, wobei unter Glaube nicht die ungeprüfte Übernahme oder Anerkennung fremder Aussagen gemeint ist, sondern analog der Gottesdefinition als „tätiger Wille" ein Handeln in Liebe als Antwort auf die Entscheidungsfrage des erfahrenen „Du" zu verstehen ist. Damit bestätigt sich zugleich die Auffassung des Religionsphilosophen Rasmus Nielsen (1809-1884), für den die beiden Begriffe Wissen und Glauben unabhängig voneinander existieren und sich dahingehend ausschließen, daß man weder vom Wissen zum Glauben noch vom Glauben zum Wissen gelangen kann.

Sowohl Christen als auch Juden sehen in Gott die schaffende, freie und befreiende Tat. Die griechischen Denker definierten Gott als das höchste Sein, das selbst keinerlei Bedingungen unterworfen ist, aber alles andere Sein bedingt und von der Welt getrennt war. So galten für Sokrates die griechischen Götter als mythische Verkleidung und Symbole der Kräfte des höchsten Seins, das sich nur dem einsichtigen Philosophen präsentiert. Dieses Sein stellte für Sokrates die vollkommene Einheit des Wahren, Guten und Schönen dar. Solch monotheistischer Gottesvorstellung konnte das junge Christentum unter Verzicht auf die Betonung des Willens die Lehre vom Schöpfer, Erhalter und Erlöser hinzufügen. Erst Luther rückte in seinem Gottesbegriff den tätigen Willen wieder in den Vordergrund. Er zeigte aber auch den Menschen den Weg zu sich selbst über die dadurch erkennbare Freiheit. Noch weiter weg von einer sinnenhaften Gottesvorstellung, die sich womöglich nur noch in einer reinen Kultform äußert, führt Kants Aussage über Gott als ein Postulat der praktischen Vernunft. Es ist einfach nicht möglich, zu definieren, was Gott ist. Denn jedes Attribut, jede Erläuterung, hat den Gehalt im Sinnenhaften unserer materiellen Welt. Die Unbeschreiblichkeit Gottes würde aber durch jedes Eigen oder noch höhere Dimension einschließlich der Zeitdimension und des Kräftepotentials führt hier zum Ziel. Hier folge ich den Gedankengängen des Religionsphilosophen Karl Heim, wenn ich die mehrdimensionale materielle Welt der Ich-Erfahrung gegenüberstelle, aber nicht, wie Heim, neben dem dimensionalen Weltraum und dem eigenen Ich-Raum einen dritten, polaren Du-Raum gleichwertig hinzufüge, sondern Welt und Ich-Erfahrung als polare Gebilde in den Aktivitätsursprung unserer Du-Erfahrung hineinstelle. Nur so lassen sich, fernab jeder pantheistischen Vorstellung, die Worte Christi im Johannesevangelium (6:56) verstehen: , ‚Wer mein Fleisch ißt und mein Blut trinkt, bleibt in mir und ich in ihm. " Hierbei ist der Verzehr von Fleisch und Blut aufzufassen als das Sinnbild für ein Eintauchen in den Glauben und die Liebe Gottes.

Der Vorstoß über die Grenzen unserer mit Dimensionen definierten sinnenhaft erfahrbaren Welt gelingt uns nur mit Hilfe des Glaubens, wobei unter Glaube nicht die ungeprüfte Übernahme oder Anerkennung fremder Aussagen gemeint ist, sondern analog der Gottesdefinition als „tätiger Wille" ein Handeln in Liebe als Antwort auf die Entscheidungsfrage des erfahrenen „Du" zu verstehen ist. Damit bestätigt sich zugleich die Auffassung des Religionsphilosophen Rasmus Nielsen (1809-1884), für den die beiden Begriffe Wissen und Glauben unabhängig voneinander existieren und sich dahingehend ausschließen, daß man weder vom Wissen zum Glauben noch vom Glauben zum Wissen gelangen kann.

Sowohl Christen als auch Juden sehen in Gott die schaffende, freie und befreiende Tat. Die griechischen Denker definierten Gott als das höchste Sein, das selbst keinerlei Bedingungen unterworfen ist, aber alles andere Sein bedingt und von der Welt getrennt war. So galten für Sokrates die griechischen Götter als mythische Verkleidung und Symbole der Kräfte des höchsten Seins, das sich nur dem einsichtigen Philosophen präsentiert. Dieses Sein stellte für Sokrates die vollkommene Einheit des Wahren, Guten und Schönen dar. Solch monotheistischer Gottesvorstellung konnte das junge Christentum unter Verzicht auf die Betonung des Willens die Lehre vom Schöpfer, Erhalter und Erlöser hinzufügen. Erst Luther rückte in seinem Gottesbegriff den tätigen Willen wieder in den Vordergrund. Er zeigte aber auch den Menschen den Weg zu sich selbst über die dadurch erkennbare Freiheit. Noch weiter weg von einer sinnenhaften Gottesvorstellung, die sich womöglich nur noch in einer reinen Kultform äußert, führt Kants Aussage über Gott als ein Postulat der praktischen Vernunft.

Es ist einfach nicht möglich, zu definieren, was Gott ist. Denn jedes Attribut, jede Erläuterung, hat den Gehalt im Sinnenhaften unserer materiellen Welt. Die Unbeschreiblichkeit Gottes würde aber durch jedes Eigenschaftswort eingeschränkt und damit verfälscht. Gott ist eben das unbeschreibbare und unfaßbare Sein an sich. Er ist zugleich außerhalb und innerhalb der Welt. Er ist ewig, wenn Ewigkeit das Gegenteil der Addition aller Zeiten ist und die Zeiten doch mit einschließt. Er ist außerhalb unseres Raumes, und trotzdem ist er uns gegenwärtig. Sein Sein äußert sich in der Liebe, die den Kosmos hervorgebracht hat. Denn die Liebe ist der Drang des uneigennützigen Gebens. So ist die Welt und ihr Sinn die Liebe, und wir Menschen haben aus dieser göttlichen Liebe heraus die Freiheit, uns für oder gegen diese Liebe und damit für oder gegen Gott zu entscheiden. Ein Für oder Gegen Gott heißt gleichzeitig eine Entscheidung für oder gegen seine Schöpfung, sprich: seine Welt. Somit ist Glaube die positive Einstellung zur Welt und zum Sein und äußert sich in dem Streben nach Hingabe. Dieses Hingeben sollte man nicht mit Opfer gleichsetzen, weil ein Opfer immer den Beigeschmack des Verzichtes hat. Das Sich-

Hingeben aus Liebe erfolgt in freier Willensentscheidung und bringt keinen Verlust wie das Verzichten, sondern Gewinn. Den Christen sei gesagt, daß so gesehen Jesus keinen Opfertod erlitten hat, sondern Gott in diesem Menschen aus Nazareth einen Schöpfungsakt vollzog, der nicht wie bei der Schöpfung der Welt im Materiellen verharrte, sondern sich im Geistigen vollzog. Diese beiden Schöpfungen erscheinen uns Menschen hintereinander geschaltet, und durch die zeitliche Reihenfolge drängt sich in uns eine Bewertung im Sinne einer Entwicklung vom Materiellen zum Geistigen auf. Da aber Ewigkeitunabhängig ist von der Zeit, ist eine solche Wertung nicht möglich, zumal das göttliche Signal in der irdischen Existenz Jesu Christi nicht als die einzige Offenbarung Gottes in unserer Zeit zu betrachten ist.

Gerne nennt man Gott den Weltenherrscher. Es ist ein irreführender Vergleich, wenn wir Gott in Gedanken an der Spitze eines Imperiums analog zu menschlichen Staaten sehen. Jesus nannte Gott unseren Vater. In der jüdisch-patriarchalischen Kultur war der Vater der Führer einer Sippe, der Richter, aber auch der Lehrer, der mit dem Einsatz seiner Person seiner Familie alles gab. So gibt auch Gott uns alles, was er geben kann, und das ist eben alles.

Eine Ahnung von diesem Geben erfahren wir im Gebet, wenn wir das Gebet nicht mit einem bürokratischen Antrag auf Zuweisung eines Gegenstandes oder Rechtes vergleichen, es aber auch nicht sprechen wie ein Gedicht, sondern uns im Beten einzufühlen versuchen in die Universalität des Seins, wobei gleichzeitig ein Abrücken von unserer materiellen Umgebung spürbar wird. Dann nämlich betrachtet man die Materie und die sinnenhafte Bindung zu ihr nicht mehr als die einzige Lebensäußerung und beginnt, diesen Erfahrungszustand, das eigentliche Beten, zeitlich auszudehnen und zum Lebensinhalt zu machen. Genau wie die Liebe ein Geben ohne Verzicht ist, ist das Beten ein Eindringen in das Göttliche ohne Erwartung von materiebezogenen Geschenken.

Die Distanz zu Raum, Zeit und Materie, die durch das Beten erreicht wird, hat nichts mit einer Weltflucht zu tun. Schließlich ist der Mensch nicht geschaffen worden, um sich hinter Klostermauern zu verkriechen, sondern um offen und frei dem Kosmos als der Liebesgabe Gottes entgegenzutreten und zu versuchen, diese Welt zu begreifen. Im materiellen Bereich geschieht dies durch fleißiges Forschen, im geistigen Bereich durch die Hingabe im Glauben an das ewige, Gott genannte Sein. Vergegenwärtigt man sich nun, daß der Weg zu Gott nicht über die Konzentration auf Sinne und

Materie führt, sondern über die Hingabe im Glauben, dann steht der Mensch auch nicht mehr unendlich fern von Gott, sondern ist mit dem ewigen Sein durch die Liebe verflochten. Aus dem Bestreben , den rein aus der raumzeitlichen Perspektive betrachteten, scheinbar großen Abstand zwischen Gott und uns Menschen zu überwinden, wird die schon in den ersten Jahrhunderten seiner Existenz aufkommende These des jungen Christentums von der Gottgleichheit Jesu verständlich. Man wollte in der Einheit der beiden Personen mit Christus einen greifbaren Stützpfeiler für die vom Menschen zu Gott führende Brücke. Wer aber will bestreiten, daß sich in Jesus nicht doch die totale Offenbarung Gottes gegenüber den Menschen vollzogen hat? Wie sagte dazu Mohammed im Koran? "Allah gab Jesus Wunderkraft und rüstete ihn mit dem Heiligen Geist." Wir können uns über Gott nur bedingt äußern. Wie wollen wir dann aber die Göttlichkeit Jesu absolut definieren können? Hier sollten wir Menschen uns , statt uns ein Urteil anzumaßen, mit dem ständigen Gebet zu Gott bescheiden.

Für Jesus war damals seine Standortbestimmung klar. Als die Juden ihm vorwarfen, er mache sich selbst zu Gott, verwies jener (laut Johannes 10:34) auf den 82. Psalm des Alten Testamentes, wo es heißt: „Göttliche Wesen seid ihr und Söhne des Allerhöchsten mitsamt. " Dann fuhr er fort. „Wenn es (das Gesetz) jene Götter nannte, an die das Wort Gottes erging, und wenn die Schrift nicht außer Geltung kommen kann, wie wollt ihr dem, den der Vater geheiligt und in die Welt gesandt hat, sagen: Du lästerst, weil ich sage: Sohn Gottes bin ich?" Es wäre aber auch der Schluß falsch, Jesus lediglich als einen Elohim in der Bedeutung eines Priesters, Zauberers oder Mächtigen dieser Welt zu bezeichnen. Vielmehr wird jetzt, nach einer versuchten Gottesdarstellung, auch der Begriff des Messias oder Christus verständlicher sein. Schließlich können wir einen Messias nur begreifen als die Übersetzung des Gottesbegriffes in unsere Sprache, in die materiegebundene Sprache der Menschheit.

Dieser uns so übermittelte Gottesbegriff bestätigt den schon im Alten Testament als Gesetz benannten Lebenssinn, der in einfacher Form lautet:

„Liebe Gott in der Begegnung mit deiner Umwelt." Damit kommen wir auch der Aussage des zweiten Vatikanischen Konzils nahe (1962-1965), wonach Gott in unserer Welt verborgen und für unsere Ratio unbegreiflich bleibt. Faßt man den Umweltbegriff eng, so haben wir die beiden Gebote des Alten Testamentes über die Gottes- und Nächstenliebe (5. Mose,

6:5, und 3. Mose, 18:19), die im Matthäusevangelium (22:37--39) vereinigt sind, als das größte Gebot vor uns. Gerade um dieses Gebot aber handelt es sich, wenn Jesus (Math. 5:17) sagt: „Denkt nicht, ich sei gekommen, das Gesetz oder die Propheten aufzuheben, sondern ich bin gekommen, um es zu erfüllen." Das Gesetz aber ist jenes Wort, von dem der Mensch lebt, weil es hervorgeht aus dem Munde Gottes, und nicht das Brot alleine (Matth. 4:4). Es handelt sich hier um das Gesetz, in dem weder verlogene Politik noch üble Nachrede über einen Mitmenschen Platz hat, nach dem nicht Sachzwang, sondern nur die Liebe zu allem Denkbaren, gleichermaßen die Liebe zum Geiste Gottes wie zur Materie, die Liebe zum Nächsten wie zu uns selbst unser Handeln bestimmt. Diese Liebe ist die Entlassung von allem, was uns umgibt, aus unserer Egozentrik; sie ist das Freisetzen der Welt aus unserem selbstsüchtigen Wunschdenken und hat nichts gemein mit jenem gierigen Besitztrieb, der fälschlich von vielen Menschen mit der Vokabel Liebe belegt wird.

Nur wenn wir dieses Gesetz befolgen, werden wir frei und erfahren dabei den Sinn des Lebens. Nach diesem Sinn des Lebens beginnt der Mensch jedesmal zu fragen, wenn er in seinem Willen oder Begehren auf Widerstände stößt. Dann sucht er nach einem Verantwortlichen für das empfundene Chaos, wenn er nicht aus der Meinung heraus resigniert, daß doch alles letztlich gar keinen Sinn habe. Neidisch schaut er dann zu jenen hinüber, denen die Frage nach dem Sinn des Lebens noch nicht aufgegangen ist, weil jene diesen Widerständen noch nicht gegenüberstanden oder Genugtuung in partiellen Lebensäußerungen wie Arbeit, Spiel, Sport oder einem anderen Erlebnis empfinden. Doch wer den Fehdehandschuh des Lebens aufnimmt, muß sich mit der Frage nach dem Sinn seiner Existenz auseinandersetzen. Wenn ich bei der Definition des Lebenssinnes den Begriff der Begegnung verwende, dann bedeutet dies zunächst Auseinandersetzung, es bedeutet das Bewußtwerden der Ich-Du-Polarität gemäß Matthäus 10:34: „Ich bin nicht gekommen, Frieden zu bringen, sondern das Schwert." Das Schwert bedeutet hier eben dieses polare Verhältnis, die Auseinandersetzung oder das Gegenüberstellen. Denn nur durch das Bewußtwerden des Ichs gegenüber dem Nicht-Ich finden wir den metaphysischen Weg in das Meer der Einheit. Nur durch die Polarität vom Ich und der Welt gelangen wir zur Einheit in Gott, was Christen in dem Gebetssatz „zu uns komme Dein Reich" im Vaterunser zum Ausdruck bringen. Aus der Erkenntnis des Ichs suchen wir als Außenstehende zunächst nach dem Sinn unseres Lebens, nach einem Wegweiser. Aus der Erkenntnis des Außenseins in Bezug auf die Dingwelt erwächst der Wunsch nach Vereinigung mit und im Reiche Gottes, der Du-Sphäre.

Für den oberflächlichen, nur nach Action hungernden Menschen mag eine solche Erläuterung kaum etwas bedeuten. Er versteht es auch nicht, wenn er diese Erkenntnis nur probeweise zu kosten versucht, denn nur durch das Engagement des ganzen Menschen kann dieser zum eigentlichen Sinn der Welt vordringen. Die positive Einstellung zur göttlichen Weltordnung und der definierte Lebenssinn muß so in das Bewußtsein eindringen, daß wir ständig im Namen des Vaters, des Schöpfers und Erhalters der Welt leben, der den gleichen Namen hat wie sein Sohn, das fleischgewordene Wort, und wie der Heilige Geist. Dann ist Gott in uns und wir in ihm.

Dieses Wissen ist der Wahrheitsgehalt und seine Verkündung die Aufgabe aller Religionen. Alles andere führt zu einer Verunreinigung des Glaubens und füllt unsere religiösen Kulte mit unverständlichen und oft irreführenden Gesten aus. Gott kann aber nur dann von uns erkannt werden, wenn wir ihn aus den Gefängnissen von Tabernakel, Tempel und anderen Kultgehäusen befreien und ihm die Ketten des Kultes abnehmen, die unsere Sinnenhaftigkeit ihm angelegt hat. Nur dann nämlich werden wir unsere eigene Freiheit richtig erkennen und wiederfinden. Warum sollten wir nur an bestimmten Plätzen oder in bestimmten Häusern beten können? Sagte nicht Jesus selbst, daß überall dort, wo zwei in seinem Namen versammelt seien, er mitten unter ihnen wäre? Beten kann man daher doch überall, wo man sich befindet. Denn Gott wohnt nicht in dem, was von Händen gemacht ist (Apostelgeschichte 7:48, 49), denn der Himmel ist sein Thron, die Erde der Schemel seiner Füße. Und weiter heißt es: „Welches Haus wollt ihr mir bauen", spricht der Herr, „oder welches ist die Stätte meiner Ruhe? Hat nicht meine Hand alles gemacht?"

Wir fragen uns heute oft, warum Gott nicht mehr zu uns so spricht, wie es in früheren Zeiten geschehen sein soll. Ich glaube, daß es daran liegt, daß wir nicht mehr in uns hineinhören können. Bei unserer rationalen Denkweise übersehen wir, daß unser Bewußtsein nicht die ganze menschliche Psyche ist. Hinzu kommt bei Christen, daß sie ihre kirchliche Organisation und die Bibel wie einen eisernen Vorhang zwischen das Bewußtsein und das Irrationale gestellt haben. Zwar erkennt die katholische Kirche das Vorhandensein von „somnia a deo missa", den von Gott geschickten Träumen an, doch bemüht sich unverständlicher Weise kein Theologe, ernsthaft Träume zu deuten. Im protestantischen Bereich scheint eine solche Möglichkeit von vornherein ausgeschlossen zu sein.

Jesus hat versucht, uns klarzumachen, daß das Gesetz des Lebens nicht in die Verwaltung einer Obrigkeit gehört, sondern als das katholische oder allgemeine Prinzip jeden Menschen aus dem Sklavendasein der Unwissenheit in die Freiheit der Entscheidung und Verantwortung gegenüber dem Urgrund der Welt entläßt.

Untersucht man nun das Alte Testament auf seine Aussage über Gott, so ist, wie wir gesehen haben, hier große Vorsicht im Hinblick auf die Wechselbeziehung zwischen Gott und Mensch geboten, ohne die Gott, so eigenartig es auch klingen mag, nicht erkannt werden kann.

Die angesprochene Wechselbeziehung zwischen Gott und dem Menschen äußert sich in den Ge- und Verboten der Heiligen Schriften. So steht beispielsweise neben dem Verbot in Bezug auf das Essen der Früchte vom Baume der Erkenntnis von Gut und Böse (1. Mose, 3) das Gebot, daß der Mensch sich die Erde untertan machen solle (1. Mose, 1:28). Letzteres lesen wir noch einmal in der Noegeschichte (1. Mose, 9:7): „Regt Euch auf der Erde und beherrscht sie! " Die Existenznot nach der Sintflut muß groß gewesen sein, denn hier ging es um das nackte Überleben. Daher gab es in den Noeschen Gesetzen für den Menschen kein Tabu mehr, außer, daß kein lebendes Fleisch, in dem noch Blut fließt, gegessen werden durfte.

Mögen diese Gebote auch nicht direkt von Gott verbal den Menschen als Gesetz verkündet worden sein, so wurden sie doch aus der Weisheit und Welterfahrenheit verantwortungsvoller Priester oder anderer Volksführer als Kulturgut eingeführt. Spätestens in unseren Tagen läßt sich erkennen, daß mit diesen Geboten den M enschen kein Freibrief für eine absolute Weltherrschaft gegeben wurde. Die ins Haus stehenden Umweltprobleme und die drohende Überbevölkerung sprechen da eine andere Sprache. Eine größere Macht grenzt unsere Herrschaft über die Materie ein. Wird diese Grenze überschritten, so bedeutet das die Nichtanerkennung des göttlichen Weltgesetzes und führt als Sünde in Tod und Chaos. Wir sehen daran ganz deutlich, daß die uns wesenseigene Freiheit einen Entscheidungszwang für oder gegen die Weltordnung in sich birgt und uns gleichzeitig in eine Verantwortung zwingt.

Das Wissen des Geistes in die menschliche Sprache zu übertragen, wird immer mit Mängeln und Fehlern verbunden sein. Religionen bauen meist auf schriftlich niedergelegten Offenbarungen auf. Doch selten sind diese Schriften von dem Religionsgründer selbst herausgegeben worden. Meist sind es ‚Nacherzählungen', die zwar auf der Grundlage einer göttlichen

Offenbarung aufgebaut sein mögen, doch letztlich in einem von Menschen abgefaßten Text uns vorliegen.

So ist bei den einzelnen Religionen durch unvollständige Wortauslegungen, falsche Übersetzungen und unzureichende mündliche Überlieferungen mit Unrichtigkeiten im Schrifttum zu rechnen. Bestehen schon bei den Offenbarungen Schwierigkeiten, das Vernommene in die menschliche Sprache zu übersetzen, sind Darstellungen und Beispiele wiederum abhängig von der kulturellen und zivilisatorischen Entwicklungsstufe des jeweiligen Volkes und auch des Offenbarers. Dazu kommt, daß Worte einem Bedeutungswandel unterliegen und schließlich ein Übersetzer ebenfalls einen Tatbestand so überträgt, wie er ihn selbst auf faßt, was nicht unbedingt objektiv sein muß. Wie dies in der Praxis aussieht, zeigen uns zum Beispiel die Vorworte zu den einzelnen Bibelausgaben. So sind die Herausgeber ihren Erklärungen nach stets im Rahmen der Möglichkeiten bemüht, auf Urtexte zurückzugreifen. Solche Erklärungen zeigen aber, daß die Schriften immer der Gefahr unterliegen, einen sinnentstellenden Text wiederzugeben. Nicht von ungefähr sucht beispielsweise die moderne Bibelforschung durch Auswerten von Papyri, Licht in das Dunkel der verschiedenartig vorhandenen Texte zu bringen. Schon die Kirchenväter, vor allem Augustinus, haben das Studium der alten Sprachen und das Heranziehen von Urtexten empfohlen.

So ist es nicht verwunderlich , wenn im Vorwort einer Auflage des Neuen Testamentes zu lesen ist, daß die betreffende Ausgabe zwei Extreme zu vermeiden sucht: Das eine ist die zu wörtliche Wiedergabe des Schrifttextes, die dem Geist der deutschen Sprache nicht Rechnung trägt, das andere die zu freie Wiedergabe, die die kraftvolle Weihe und Würde des Bibelwortes beeinträchtigt. Bei solchen Erklärungen ist die Frage nach der Wahrheit für jeden denkenden Menschen angebracht.

Auch der uns heute vorliegende Koran hat ähnliche Schwächen. Denn man darf nicht vergessen, daß die einzelnen Suren nach ihrer Offenbarung zunächst von den Gläubigen auswendig gelernt und dann nur auf primitiven Unterlagen wie Palmblättern, Steinen, Holz, Knochen oder Lederteilchen niedergeschrieben wurden. Es ist dabei nicht auszuschließen, daß hier kleinere Teile verlorengingen oder gar in ihrem Sinn entstellt wurden. Erst nach Mohammeds Tod wurden die Suren auf Veranlassung des ersten Kalifen, Abu Bekr, dem Vater von Mohammeds Lieblingsfrau Aischa, gesammelt. Ähnliche Beeinträchtigungen sind auch in den Schriften anderer Religionen erkennbar. In der katholischen Kirche gilt seit dem Konzil zu Trient als authentische Bibelübersetzung die Vulgata. Sie ist das Werk des Hieronymus (um 347 bis 420) und wurde um das Jahr 405 abgeschlossen. Hieronymus hatte für seine Vulgata den Text der ältesten lateinischen Bibelübersetzung, der Itala, revidiert und teilweise den hebräischen Text neu übersetzt. Seine Arbeit stieß bei Augustinus auf Kritik, weil Hieronymus versucht hatte, die im Galaterbrief (2: 1 1 ff) dargestellte Konfrontation zwischen den „Apostelfürsten" zu vertuschen. Doch unbeachtet dessen stimmt die heutige Vulgata in vielen Einzelheiten auch nicht mehr mit der Ausgabe des Hieronymus' überein, sodaß 1933 eine eigene, mit der Aufgabe der Text- Wiederherstellung beauftragte Benediktinerabtei „St. Hieronymus" in Rom gegründet wurde. Diese Bemühungen lassen den Schluß zu, daß an der Behauptung, alle Übersetzungstexte und Kopien unterlägen einer göttlichen Inspiration, nicht mehr festgehalten werden kann.

Vielleicht ist es gut so, daß wir auch das Fehlerhafte in der Tradition erkennen. Das nämlich wird uns davor bewahren, unser Leben in einer technisch perfekten Welt nur durch formelles Nachahmen religiöser Vorbilder auszurichten. Die Nachahmung sollte sich auf die innere Aufrichtung unserer Seele konzentrieren, die es uns ermöglicht, mutig einen eigenen, inneren Weg zu sehen. Wir müssen lernen, bewußt zu leben; denn nur dann können wir die Zeichen aus dem Unbewußten erkennen und verstehen.

Wir sprechen oft von einer „Inneren Stimme" in uns. Im einfachsten Falle begegnen wir dieser , ‚Inneren Stimme' ', wenn wir gereizt auf einen Vorwurf reagieren. Damit erhalten wir das Signal, daß in unserem Inneren etwas nicht in Ordnung ist. Hier muß unser Bemühen anfangen, äußeren Einflüssen zuvorzukommen, indem wir vorher uns selbst Fehler vorwerfen. Erst dann nämlich ist es möglich, an sich selbst zu arbeiten, indem wir nach eigenen Fehlern suchen. Da gibt es unterlassene Handlungen, unkontrollierte Handlungen, unüberlegte Worte oder gedankenloses Mitreißenlassen in einem Kollektiv. Gefährlich ist es, wenn man aus Angst, etwas zu Versäumen, sich gedankenlos an allgemeinem Trubel beteiligt. Hier müssen wir uns vor dem Handeln für eine von den in unserem Inneren zu vernehmenden Stimmen entscheiden. Freilich ist eine solche Entscheidung nicht einfach. Doch sollte niemand den gefaßten Entschluß seines Nächsten verurteilen. Selbst die moderne Tiefenpsychologie unterscheidet hier nämlich einen kollektiven Moralkodex von einer individuellen Stimme des Gewissens, die oft als göttliche Weisung verstanden wird.

Genauso, wie die Begriffe Gott und Religion oft mißdeutet werden, bedarf der Begriff Freiheit noch eine zum Verständnis führende Erklärung. Es ist grundsätzlich falsch, unter Freiheit den Zustand zu verstehen, der dem einzelnen oder einer Gruppe von Menschen die Möglichkeit einräumt, eigene Ziele ohne Berücksichtigung fremder Belange zu verfolgen und durchzusetzen. Weil der Mensch die Bindung zum Ursprung der Welt in einem falsch verstandenen Freiheitsbegriff überwiegend gelöst hat und sich selbst fälschlich als das Maß aller Dinge betrachtet, kommt es durch diese Auffassung von Freiheit zu Störungen im sozialen Bereich. Engstirniger persönlicher oder nationaler Egoismus führt dann zu Freiheitsbeschränkungen der Mitmenschen. Um aus dieser Misere herauszukommen, bedarf es aber keiner politischen Ideologie. Schließlich haben wir in unserer Welt schon alle Gesellschaftsformen ausprobiert. Aber alle scheiterten und werden immer wieder scheitern, wenn nicht jeder einzelne Mensch sich dem Ursprung der Welt öffnet und die zerstörte Bindung dorthin von sich aus wieder herstellt. Dies ist aber nur möglich durch das Instrument der Liebe im religiösen Sinne mit den beiden Komponenten Vergebung und Vertrauen. Denn nur wer in der Liebe lebt, lebt entspannt und frei.

Auch eine Missionstätigkeit kann zur Einschränkung der dem Menschen zugeordneten Freiheit führen. In seinem Auftrag an die Apostel zur Missionierung hat Jesus zwar gesagt, daß sie in alle Welt gehen und alle Völker lehren sollen, doch von dem Aufzwingen einer bestimmten Lebensart in einer bestimmten kultischen Gemeinschaft war keine Rede. Denn eine Glaubensüberzeugung läßt sich nicht erzwingen. Paulus ermahnte in seinem Brief an die Römer (l4:l bis 15:13) sogar die Christen, dann nicht nach der richtigen Überzeugung des Gewissens zu handeln, wenn durch dieses Tun das ängstliche Gewissen eines Mitmenschen ernstlich verletzt werden könnte. Denn Mensch sein heißt gewaltfrei leben. Gerade aber die christlichen Kirchen - wenn auch nicht nur diese - haben sich in der Vergangenheit oft durch eine intolerante Haltung hervorgetan. Hier sei auf den Gesinnungs- wandel hingewiesen, der im zweiten Vatikanischen Konzil spürbar wurde. Danach lehnt die katholische Kirche nichts von alledem ab, was in anderen Religionen wahr und heilig ist. Denn nicht die Vielfalt der Religionen sei von Übel, sondern die Entzweiung. Eine ähnliche Auffassung vor einer amerikanischen Zuhörerschaft äußerte Abdul-Baha: „Wenn wir die Religionen durchforschen, um die ihnen zugrunde liegenden Prinzipien zu entdecken, so werden wir sie in Übereinstimmung finden, denn ihre grundlegende Wirklichkeit ist eine und nicht vielerlei."

In Verkennung der Größe des Menschen durch den Besitz seiner Freiheit prägte Jean Paul Sartre für seine Existenzphilosophie den Leitsatz, daß der Mensch zur Freiheit verurteilt sei. Doch in diesem Satz ist schon eine Aussage enthalten, die den sartreschen Freiheitsbegriff einschränkt: Der Mensch ist verurteilt. Dieser Satz steht im Passiv. Mit dem Menschen geschieht etwas, beziehungsweise ist etwas geschehen. Er ist verurteilt. Wir müssen fragen: Wer hat verurteilt? Jemanden verurteilen kann aber nur, wer dazu auch die Macht hat. Wer aber hat die Macht über den Menschen? Sind es Naturgesetze? Ist es das anonyme Schicksal? Oder ist es ein personenhaftes Wesen, von uns Gott genannt? Es ist kaum anzunehmen, daß Naturgesetze aus sich selbst heraus existieren. Vielmehr bedürfen sie eines Ursprungs. Anonymer wirkt der Begriff Schicksal. Wenn wir auf den Ursprung des Wortes zurückgehen, erkennen wir die Ableitung aus dem Veranlassungswort ‚schicken' in der Bedeutung ‚vonstatten gehen lassen". Wir benutzen dieses Wort heute nur noch in seiner reflexiven Form: sich anschicken. Gehen wir aber auf die heute gebräuchliche Form, so bedeutet Schicksal eine Anordnung, die von einem Absender, Gott genannt, getroffen wird. Das Verurteilt sein Sartres wird dann zu dem, was ein willenhaftes, persönliches Wesen uns geschickt hat. Damit wird aber die Freiheit zu einer Gabe Gottes.

Zur Erfüllung der göttlichen Gebote bedarf es keiner menschlichen Organisation. Jeder Mensch hat für sich seine Entscheidung in absoluter Freiheit zu treffen. Dies formulierte Paulus in seinem Brief an die Galater (5:1) so: „Für die Freiheit hat Christus uns befreit; steht also fest und laßt euch nicht wieder unter das Joch der Knechtschaft bringen." Man kann den Religionsgemeinschaften den Auftrag geben, den Menschen den Blick zum Allmächtigen zu ermöglichen. Doch der Glaube muß in jedem einzelnen Menschen selbst erwachsen.

Freiheit ist für uns Menschen ein großes Wort. Doch wird es oft genug mißbraucht, oder es führt zumindest zu Verwirrungen. Nicht überall, wo das Adjektiv frei verwendet wird, herrscht Freiheit. Schließlich bedarf der Freiheitsbegriff einer Spezifizierung. Wir sprechen von politischer, nationaler oder persönlicher Freiheit. Im religiösen Bereich ist aber mit dem Freiheitsbegriff die innere Freiheit gemeint. Diese innere Freiheit wurde im jüdischen Volke durch seine Religion gesichert. Wer sich mit dem Freiheitskampf dieses Volkes gegen die römische Besatzungsmacht beschäftigt, wird rasch den Unterschied zwischen der politischen und der die Würde des Menschen ausmachenden inneren Freiheit, die im Wirken des Jesus von Nazareth wohl den absoluten Höhepunkt erreichte, erkennen.

Es soll hier im religiösen Bereich von jener fundamentalen Freiheit die Rede sein, die dem Menschen nicht die Wahl läßt, sich ihrer zu bedienen oder sich von ihr zu distanzieren. Wir kommen nicht an der Tatsache vorbei, daß der Mensch nicht mehr wie das Tier in einem universalen Naturzusammenhang eingespannt ist, sondern seine Wesensprägung selbst in die Hand zu nehmen und zu verantworten hat. Die Entscheidungshilfen erhält der Mensch dabei durch sein Gewissen, das sich aus unmittelbarer Lebenserfahrung bildet.

Die sich in einer Ich-Du-Polarität darstellende Freiheit hat zur Folge, daß sich die Du-Welt in ihrer Selbständigkeit dem Vorhaben des Menschen verschließen kann. Hier ist die Freiheit des Willens von der Möglichkeit der Tat getrennt. Die Wertung des Menschen ist aber nur durch die Willensentscheidung bestimmbar. Sie gilt auch, wenn der Mensch seinen Willen nicht in die Tat umsetzen kann. Umgekehrt ist das Ergebnis der Tat nach der Willensabsicht zu beurteilen. Diese Urteile können aber nicht von uns Menschen, sondern nur von einem absoluten Sein gefällt werden, wenngleich die Antwort auf unser Tun schon in unserer materiellen Welt zu finden ist. Im ersten Buche Samuel (2:30) wird eine diesbezügliche Aussage Gottes wie folgt wiedergegeben: „Ich ehre denjenigen, der mich ehrt, wer mich aber verachtet, wird zuschanden." Die Frage, ob wir Gott in seiner Schöpfung ehren, beantwortet die uns umgebende Natur.

Dort finden wir viel Unehrenhaftes. Wir nennen es Umweltschäden. Um eines kurzfristigen Vorteils wegen zerstören wir unsere eigenen Lebensbedingungen. Wälder wurden abgeholzt, um Schiffe zu bauen. Karge Berghänge im Mittelmeerraum und die Lüneburger Heide sind das Ergebnis. Wirtschaftlicher Ackerbau veranlaßte uns, quadratkilometergroße Flächen von allem ursprünglichen Pflanzenwuchs zu räumen. Wind aber fegt den fruchtbaren Ackerboden weg. Energiegewinnungsanlagen, seien es Verbrennungsmotore oder Kraftwerke, zerstören die für unsere Atmung so notwendige Lufthülle unseres Planeten, und mit den Insekten- und Unkrautvernichtungsmitteln zerstören wir das biologische Gleichgewicht. Bei unserem freiheitlichen Handeln waren die negativen Auswirkungen nicht einkalkuliert worden. Plötzlich aber wird es uns schwindlig, und wir versuchen die Flucht in eine selbstgezimmerte Sklaverei in Form einer sozialistischen Gesellschaftsordnung, um von dem Gott Staat mehr Fürsorge und Schutz vor den über uns stehenden Mächten fordern zu können. Diese Mächte des Lebens begegnen uns teilweise als Naturgewalten, teilweise in einer göttlichen Allmacht. Wir brauchen uns ihnen weder entgegenzustellen noch zu unterwerfen, wenn es gelingt, uns selbst in die Summe dieser Mächte zu integrieren. Dann sind wir genausowenig Sklave der Welt wie auch das einzelne Organ nicht Sklave unseres Körpers ist, sondern mit ihm eine Einheit bildet. Zu erforschen, welche Aufgabe in dem gigantischen Weltsystem für uns reserviert ist, findet ihren Niederschlag in der Verantwortung eines jeden von uns. In unserer Freiheit müssen wir Antwort geben auf das Sein. Diese Antwort ist Glauben. In ihm erfahren wir den Sinn unseres Lebens, den zu erforschen uns die Religionen helfen sollen.

Religionen sind zwei Elemente zu eigen. Vordergründig stehen dort Lehren und Gesetze, die auf wissenschaftlichen Erkenntnissen beruhen oder überliefertes Wissen vermitteln und somit Ausdruck einer bestimmten Kultur sind. Hier finden wir die Unterscheidungsmerkmale der Religionen und die Ursachen jenes machtpolitischen Strebens, das aus der Überzeugung erwächst, daß die eigene Kulturstufe die bestmögliche ist. Das zweite Element enthält die Erfahrung von dem Ursprung allen Seins, das aus sich heraus existiert: Gott. Fehler in einer religiösen Lehre resultieren aus der subjektiven Wertung des kulturellen Elementes, wenn menschliche Hybris dieses als absolute Wahrheit hinstellt. Hier kann Religion zum Opiat des Volkes werden, vor allem, wenn nur noch unüberlegtes Herunterleiern vorgeschriebener Gebetstexte oder ein rein gewohnheitsmäßiger Gang zum Gotteshaus als Ausdruck religiösen Verhaltens angesehen wird. Doch Religion fordert vielmehr den ganzen Menschen mit seinem vollen Willen und der sich zwischen Glauben und Gnade aufschaukelnden Kraft, die in einem uns Menschen geheimnisvoll sich darstellenden realen Vorgang Vermehrung erfährt.

Ich möchte in diesem Zusammenhang einige Gedanken von Baruch (Benedictus) de Spinoza (1632- 1677) wiedergeben, jenes Menschen , der am 24. November 1632 in Amsterdam als Sohn jüdischer Eltern geboren wurde. Früh schon hatte er seinen Geist von den orthodoxen Zwängen des Talmud befreit. Dieser Einstellung wegen wurde er mit 24 Jahren aus der jüdischen Gemeinde ausgestoßen. Seine religiösen Ansichten erlaubten es ihm aber auch nicht, sich einer christlichen Religionsgemeinschaft anzuschließen. Er hatte Gott in der Bibel gefunden und konnte deshalb folgendes schreiben: „Es wäre Torheit, wollte man etwas, das durch das Zeugnis so vieler Propheten bekräftigt worden ist, das den nicht eben Starken im Geiste soviel Trost gebracht hat, das für den Staat nicht geringen Nutzen bedeutet und das wir ruhig ohne Gefahr und Schaden glauben dürfen, trotzdem nicht anerkennen, und zwar deshalb, weil es nicht mathematisch zu beweisen ist."

Spinoza verurteilte alle staatlichen und kirchlichen Übergriffe auf einen frei gelebten Glauben der Liebe. Für ihn war die absolute Existenz Gottes die Voraussetzung seiner gesamten Philosophie. Für ihn war Gott das Sicherste, was man sich überhaupt denken kann, zugleich aber auch das, was man sich überhaupt-nicht vorzustellen vermag. Weil sich für ihn Gott überall in der Natur manifestierte, hält man ihn im allgemeinen für einen Pantheisten. Dieses möchte ich anzweifeln, da er ja Gott nicht ausschließlich in unserer sinnenhaft-materiellen Welt suchte. Trotz seines zurückgezogenen Lebensstils bejahte er die Eingebundenheit des Menschen in die materielle Welt. So heißt es dementsprechend in seinen Schriften: , ,Nur ein finsterer und trauriger Aberglaube verbietet, sich zu ergötzen. Keine Gottheit rechnet uns Tränen und Furcht als Tugend an. Es ist umgekehrt. Freude ist gehörig in allen Stufen des Daseins. Dem weisen Menschen ziemt es, sich mit Maß an wohlschmeckenden Speisen zu laben und zu stärken, an der Lieblichkeit grünender Pflanzen, an Schmuck, Musik, körperlichen Spielen, Theatern." '

Auch für Christus war die ganze Fülle des Lebens dem Menschen gegeben: Gefühl, Verstand, Wille und Geist. Wir haben ein richtiges Gottes-Verständnis, wenn wir erkannt haben, daß Gott nicht über uns thront, sondern in uns regiert. Als Mensch steht es uns nicht an, uns von der Natur zu trennen, weil wir Geist und Tier zugleich sind. Oder anders ausgedrückt: Der Mensch ist an die Natur gebundener Geist. Wir sollen zwar zur Natur nein sagen können, aber wir dürfen die Natur nicht töten. Durch das Nein sollen wir jedoch der Natur im Geiste überlegen sein.

Wir beobachten bei vielen Mitmenschen, daß ihnen eine Möglichkeit, Meister ihres Schicksals zu sein, zu viel Verantwortung aufbürdet. Deshalb sehnen sie sich nach vermeintlich hohen Mächten, die ihnen Glück bringen oder denen man die Schuld an einem Unglück zuordnen kann. Doch diese Haltung ist ein Verzicht auf die Freiheit. Im Gegensatz zum Triebverhalten setzt das Leben in Freiheit ein Wollen voraus, daß sich nicht nur auf ein Ziel hinbewegt, sondern sich auch für dieses Ziel entscheidet. Dabei ist die wertende Entscheidung zum Ziel ein freier und geistiger Akt des Denkens. Dieses Vermögen, sich bewußt ein Ziel zu setzen, bezeichnen wir mit Wille, der immer die vollkommene Selbstverwirklichung des Ichs zum Ziel haben muß und nur in einer persönlichen Konfrontation mit dem Absoluten oder Göttlichen möglich ist; wobei alles, was nicht aus gläubiger Überzeugung geschieht, Sünde ist (Röm. 14:23).

Freiheit ist somit ein Wesensbestandteil des Menschen. Der Mensch hat nicht ein Recht auf Freiheit, sondern er hat die Freiheit. Er kann zur Natur und allem anderen nein sagen. Jeder einzelne hat die Fähigkeit, sein assoziatives Gedächtnis für sich selbst zu programmieren und sich frei zu entscheiden, wobei er jedoch auch alle Verantwortung seiner Entscheidung und alle Konsequenzen zu übernehmen hat. Die Verwirklichung der übrigen, von der zivilisierten Menschheit aufgestellten Forderungen auf Leben, Eigentum, Glück, Arbeit und so weiter sollten nicht als Natur- oder Menschenrechte, sondern als Grundforderung unserer Zivilisation deklariert werden. Denn es darf nicht übersehen werden, daß solche erklärten Rechte nichts nützen, wenn sie nicht von einer von Menschen geschaffenen Institution garantiert und geschützt werden können. Die Geschichte und auch die Gegenwart zeigen zu deutlich, wie solche anerkannten Grundforderungen verschiedenartig ausgelegt und mißbraucht werden. Hiervor warnt auch der Artikel 30 der am 10. Dezember 1948 erfolgten „Allgemeinen Erklärung der Menschenrechte" durch die Vereinten Nationen.

Die Freiheit ist dem Menschen aber immer gegeben. Wie sollte sonst Schiller zu der Formulierung gekommen sein, in der er klar und richtig zwischen der eigentlichen geistigen Freiheit des Menschen und dem, was in politischen Parolen als Freiheit herumgeistert, unterscheidet:

„Der Mensch ist frei,

Und wär in Ketten er geboren. "

Es gilt für uns Menschen, den Willen zur wahren Freiheit durch den Glauben an das ewige und absolute Sein, mit dem wir durch die Ich-Du-Beziehung verbunden sind, zu manifestieren. Denn wer sich dieser Beziehung nicht bewußt wird, dient irgendwelchen Götzen. Die Wahrheit des Glaubens basiert nicht auf einer materiellen Sinnenhaftigkeit, sondern ist eingebettet in der Liebe zu Gott, die wir in dem Ja zu seiner Schöpfung und in der Liebe zu unseren Mitmenschen zu verwirklichen haben. Das aber ist das göttliche Gesetz und sollte die eigentliche Aussage einer jeden Religion sein.